U0153798

Dialog der Phronesis
詮釋與實踐

張鼎國 著

汪文聖 / 洪世謙 編

政大出版社
Chengchi University Press

本書經國立政治大學出版委員會
人文學門編輯委員會審閱通過

國家圖書館出版品預行編目（CIP）資料

詮釋與實踐／張鼎國著；汪文聖，洪世謙編. — 初版. — 臺
北市：政大出版社, 2011. 12
　　面；　公分

　　ISBN　978-986-6475-16-0（平裝）

　　1. 哲學　2. 詮釋學　3. 文集

107　　　　　　　　　　　　　　　100026241

詮釋與實踐

作　　　者｜張鼎國
編　　　者｜汪文聖、洪世謙

發 行 人　吳思華
發 行 所　國立政治大學
出 版 者　政大出版社
執行編輯　吳儀君
地　　址　11605台北市文山區指南路二段64號
電　　話　886-2-29393091#80626
傳　　真　886-2-29387546
網　　址　http://nccupress.nccu.edu.tw

經　　銷　元照出版公司
地　　址　10047台北市中正區館前路18號5樓
網　　址　http://www.angle.com.tw
電　　話　886-2-23756688
傳　　真　886-2-23318496
郵撥帳號　19246890
戶　　名　元照出版有限公司

法律顧問　黃旭田律師
電　　話　886-2-23913808

排　　版　日盛印製廠股份有限公司
印　　製　敏強企業有限公司
初版一刷　2011年12月
定　　價　450元
I S B N　9789866475160
G P N　1010004460

政府出版品展售處
• 國家書店松江門市：104台北市松江路209號1樓
　電話：886-2-25180207
• 五南文化廣場台中總店：400台中市中山路6號
　電話：886-4-22260330

CONTENTS

主編序／汪文聖   i

謝謝張老師，明天見／洪世謙   iii

序／陳榮灼   vii

理解詮釋與對話交流的哲學詮釋學實踐者——張鼎國老師／陳宣而 xi

第一部　詮釋學論爭及當代哲學對話

黎德爾論「第二哲學」   003

義理詮釋、自我理解與文化診療   027

理解，詮釋與對話：   045
　從哲學詮釋學的實踐觀點論多元主義

「書寫誌異」與「詮釋求通」——   067
　追究一場南轅北轍的哲學對話

文化傳承與社會批判——   093
　回顧Apel、Habermas、Gadamer與Ricoeur間的詮釋學論爭

「較好地」還是「不同地」理解？   113
　從詮釋學論爭看經典註疏中的詮釋定位與取向問題

詮釋學論爭在爭什麼：理解對話與爭議析辯？ 137
　高達美與阿佩爾兩種取徑的評比

經典詮釋與修辭學傳統：   161
　一個西方詮釋學爭論的意義探討

詮釋、修辭與論辯溝通   181

共通感、團結與共識：　　　　　　　　　　197
　　對當代詮釋學思考下的相關實踐議題之審思

詮釋學與詮釋理論　　　　　　　　　　　　215

全球化與文化際理解溝通：　　　　　　　　243
　　詮釋學交互方式的適用性探討

生活世界與理解溝通　　　　　　　　　　　259

第二部　面對未來──重探與追蹤

德國哲學與德國哲學界現狀──　　　　　　285
　　從兩篇文章談起

海德格的「現象學方法概念」再探　　　　　301

「實踐智」與新亞里斯多德主義　　　　　　317

海德格、高達美與希臘人　　　　　　　　　331

指南山麓論「指南」──　　　　　　　　　353
　　康德哲學中「啟蒙」與「思想中定向」問題的探討

歷史、歷史意識與實效歷史──　　　　　　375
　　論高達美哲學詮釋學中「歷史性」概念之演變

文本與詮釋──　　　　　　　　　　　　　397
　　論高達美如何理解康德《判斷力批判》

佇立時間邊緣的希臘神殿：　　　　　　　　421
　　從海德格《藝術作品起源》回探《存有與時間》的詮釋學出路

「誰是我們？」／「我們是誰？」　　　　　449
　　對海德格納粹時期「政治」探問的回顧

主編序

　　有了資深學者陳榮灼兄與陳宣而及洪世謙兩位新進學者分別從不同身分與角度來為鼎國的論文集寫序，我的這篇序文真是有點多餘。但我不妨以另個立場，也就是將此論文集編輯的來龍去脈做個說明，作為這短短序文的主要內容。

　　去（2010）年9月9日尚以系主任身分在開校務會議的時刻，我突然收到鼎國愛妻慧卿嫂的電話，謂鼎國已走了。我匆匆地回到系辦，將此厄耗告知當時在系上的助教與幾位同仁後，隨即趕到醫院。慧卿嫂引領我去瞻仰鼎國的大體，在行三鞠躬禮時曾對鼎國說：我們會將你的後事辦好的。

　　除了為鼎國辦了告別式與追思會外，系上還有一份更大的任務是為鼎國出版他的論文集。

　　鼎國長期以來可說是因公而忘私。為了學生、系院校、台哲會、國科會、教育部的公事，竟挪不出一些時間與心力將過去所發表的論文集結成一本有系統的專書出版，以至於對於升等的私事他也毫不放在心上。這充分表示鼎國是一位著重實質內涵而毫不計較形式名利的學者。

　　但或許常人之區分實質與形式對於鼎國已不是個問題。在參與他幾年來主持的經典讀書會，以及瞭解他一而再主持申請哲學經典購書計畫的用意，更鑒於他重視對話的詮釋學學風背景，我想鼎國關心的是海德格所重視的實作（Vollzug），而一切的內容（Gehalt）與關涉（Bezug），更何況是常以外在關係（relationship）來呈現的形式，更要以實作為基礎。

　　我以為海德格企圖將實作的概念作為一般所謂實踐的前置條件，這個實作是從海德格所說事實性生活經驗中泉湧其動力出來的。鼎國在一種極為素樸的生活中對於事實性生活經驗有著強烈的敏感度，故我覺得他的實踐感是極為根本的。他在辭世前幾年重視康德的共通感（sensus communis），似乎是重視康德就之而談的審美判斷；但他更關心海德格的政治哲學，類似漢娜鄂蘭之將共通感關連到政治哲學去。這或許即是鼎國所重視的深刻而根本之實踐意義所在。

　　如果對話與書寫本身也是一種具動態性實作的話，那麼所呈現出來的一本書就是建立在外在關係的靜態成果。我不知鼎國是否認為我們為他編輯論文集是多

餘的，因它畢竟少了在書寫中自我對話的內在張力，更遑論與他者對話時的思想激盪。

　　但就如同鼎國另一方面購置哲學經典的動機在於讓學子能與經典有對話的機會，鼎國也該會允許我們集結其論文成就一家之言，並以經典的面貌讓莘莘學子常與之對話，從而讓後學有機會承繼其實作的腳步吧！

　　目前在鼎國的學生中，洪世謙算是較早從國外學成歸國任教者。我們就委託他帶領著鼎國的其他學生，將鼎國歷年來的論文做了一番彙整。世謙曾建議了幾個可能的論文集書名。我有個機會在廣州和中山大學的倪梁康談及書名的事，因他也想為鼎國的書在大陸出簡體版本。我們談到似乎德國甚至整個歐陸哲學的書名常用兩個概念來表示，如「存有與時間」、「真理與方法」等，因而就選定鼎國的論文集以《詮釋與實踐》為書名。

　　另外，除了洪世謙以主編的身分對於此書作序外，我知道在德國波鴻大學也攻讀詮釋學的陳宣而博士近來曾研究了鼎國的一些著作，故就也請她對於此書就其內容大概而寫一篇序文。今年 7 月在巴黎的國際中國哲學會議期間，我見到了長期為鼎國所推崇，也常關心鼎國著作的陳榮灼教授，則請他就更為縱深的視野來寫寫一篇序言。我們讀到他（她）們皆在對鼎國的真情流露中凝結出了珠璣的字句，更加深了我們對於鼎國人格的緬懷，及對於其學術精神與成就的尊崇。

　　今（2011）年 7 月底我卸下了主任一職，旋即在 8 月 31 日來美國紐約佛丹大學（Fordham University）進行一年的學術研究。離台之前我對於鼎國論文集的出版進度還放不下心。一年來，靜蘭、易儒與目前的孝儀助教，先後帶領著系上同學對鼎國的論文做收錄、騰寫與校對的工作。在此對她（他）們的辛勞表示感謝之意。對於政大出版社之慨允出版鼎國的論文集，我當然也要代表系上對之表示感謝；惟忝以為政大出版社自有責任為長期曾貢獻本校良多的一位傑出教授出版其著作，當然爾後也將以曾出版此堪稱經典的著作為榮。

汪文聖

寫於紐約市 2011 年中秋夜

謝謝張老師，明天見

　　這篇文章遲遲無法下筆，延宕多日。一方面是因為我從小就不是一個知道怎麼和老師相處的學生。另方面，我總希望多點時間，以延遲的方式，細細回想我與張老師相處時許多不經意或早已遺忘的小細節。而這些小細節在多年後的今日，像小水紋逐漸擴散在我整個腦海中。也印證了死亡不是結束，而是以到達邊緣的方式，不斷展開對存在的延續和增補。

　　記得與張老師的相遇，是在我研二上學期的「詮釋學論爭」，也是從那整學年的堂課之中，我理解到所謂的實踐，不僅只有馬克思所談的社會實踐。實踐的方式也不單指衝撞與對抗；抑或說，張老師以詮釋學的角度，讓我理解哲學所思考的，不僅是對社會制度的批判及改革，還包括一種人文的實踐。這樣的實踐探問著每一個人該如何立命處事，探問與他者共存的問題，最後透過這一套不斷追問的過程，確立面對世界的姿態。換言之，不論是馬克思或高達美的社會實踐，都思考著人對於世界的投入，都在探尋進入世界的方式，而這樣的探問是為了人的解放，為了重獲人的精神。它使人不再禁錮在社會制度、科學理性、國家權威、道德令式或者由各類不同事物所建構出來的虛假意識，人不再是作為工具性存在，而是作為處於世界之中的存在者。

　　也正是在「詮釋學論爭」的課堂上，我首次感受到了古希臘哲學對於當代哲學的重要性，不論是詮釋學抑或是後來我所熟悉當代法國哲學中的傅科、德希達與巴迪悟，這些人無一例外的不斷地重回古希臘哲學，從傳統哲學中找尋回應當代問題的出路。這讓我理解到重探歷史與傳統的重要性，也只有奠基在歷史基礎上的反思，才讓思考具備厚度及廣度，也讓我們的思考跳脫眼前的局限和框架，從更長的歷史角度反思當前處境。這樣的思考路徑不僅影響了我碩士階段的論文寫作，至今仍影響著我閱讀當代法國思想家的角度。當代法國哲學並非如一般人所認為的斷裂或另類，它不是從天而降的靈光一現，也不是漂浮在空中的絢爛幻影，更非華麗詞藻的堆疊，而是一連串奠基在歷史基礎之上的批判、反思和再理解。

　　在碩士論文的寫作階段，張老師曾跟我說：「你知道有一種分有，不是切分

的概念，而是分享的概念。這樣的分有不會因為分給他者而愈來愈少，而是相反地，會因為愈分享給他者而無窮盡地不斷增生。」我當時聽起來只覺得是個很棒的說法，卻沒有太多體認。一直到了擔任教職後，每每上課和學生們針對某些概念不斷地試圖將自己的理解與他們分享時，我發現明明備課時還有些焦慮，不曉得是否有能力將這概念詮釋得讓學生理解。透過對話的分享，我除了更深入理解某個概念外，也擴大了對這概念的理解，愈能以不同的方式重新理解、再詮釋，增補了文本本身的意義。我這時才意會到，分享真的不會愈分愈少，而是愈分愈多。只有在分享當中，我們跳脫了計算，我們不吝嗇於給予，甚至這個過程中不存在損失或消耗的概念，有的只有不間斷的擴散。是從自己走向他者，並與他者共存於更大的文本之中，共同生產更豐富的意義。

　　結束碩士階段，在負笈法國之前，我央請同為張老師指導學生的意雯，一同去老師新店家中辭行。席間，老師提醒我要傾聽他者的聲音。至今回想起來，這依舊是中肯而深摯的教誨。在這之前，面對體制的壓迫與暴力，我總只能憤怒以對，我甚至無法諒解人們對於不正義的冷漠或者對處於弱勢的人無動於衷。多年之後，我的研究主題也涉及了他者，包括全球化之下，對於外勞、外傭、無國籍者或者非法居留、難民等移動者的處境，以及在國內，那些聲音總是微弱到不被聽聞的底層弱勢者。這些可見或不可見的他者，實際上都是與我們共存於同一世界的他者，因此只有更認真的面對帶有異質性的他者，才能使我們共存的世界，既具有多元差異，又共創、共顯人類生存的普世價值。

　　現在回想起過往的種種，老師雖然沉默，但他的話語間不失幽默，更像是個智者給予我許多啟發及安定的力量。從實踐哲學、實效歷史、對話分享及傾聽他者，無一不影響著我日後的哲學思考。尤其張老師晚年，在 2005 至 2006 年的國科會計畫：「當代實踐哲學課題研究」，針對全球化、他者、「我們」等議題進行研究，強調跨界及他者在理解、詮釋和變革中所扮演的重要性。延續著多年的關懷，張老師在最後一篇遺作中，重新追問了當前人類如何共存的可能性。透過將政治還原為公眾空間的概念，將政治視為是人對存有物的整體理解以及人與其他存有者的整體關係，使政治參與還給眾人，也開放給眾人，尤其是少數者，從而重構「世界」圖像，「讓每一個人自身『存在』的方式，進入實際歷史與共同命運。探討『共同存有』問題，所有人共同的世界」。這些深刻的思想，不僅看見一位哲學家對於世界的關懷及期盼，也同時對於思考當前人類存在的問題，給予

了啟發式的開端。這些亦是作為我目前及日後持續思考的終極關懷。

如同一開始所說，從小我就是個不太知道怎麼和老師相處的學生，所以在政大期間，即便張老師對我受益良多，包括求學做人、對哲學的崇敬和謙卑、對古希臘及詮釋學的興趣等等，這些都深深地銘刻在我人生的道路上。只是我一直不知道以什麼方式告訴張老師，我幸運地在求學的路上遇到他，他以自身行動，以一種非語言的方式，以他特有的實踐哲學，修正我閱讀及性個上的躁進，並為我開啟哲學的另一個面向，相信心細的張老師能感受到我那份說不出口的感激。

張老師的驟然離開，讓所有認識他的師長、朋友感到扼腕。作為學生的我們也在驚訝之餘，頓時失去了知識上、心靈和精神上的依靠。然而張老師卻也同時留給了我們更多，彷彿作為一個更大的存有及更大的文本，讓我們這群學生即便在多年之後，仍持續投入張老師所揭露的境域，對他進行重新再理解的工作，慢慢地捕捉張老師的思想軌跡。受所長汪文聖老師及彭文林老師之託，建議我邀請幾位張老師的學生共同編輯紀念論文集，在二位老師的建議下，邀集了包括欣白、名珍、建國、育兆共同擔任這項工作。除了欣白與名珍，我與編輯小組的其他成員素未謀面，然而這項工作讓我們這群授業於張老師的學生跨越時間、空間，重新的共在、共通於由張老師替我們開啟的場域中。

紀念論文集的編排方式，在小組成員多次討論後，希望論文集一方面重新理解張老師的學術旨趣及哲學關懷，另方面也試圖凸顯張老師特有的學術風格及其重要性，因此在文集的編排上，就以上述兩點為思考的方向。

詮釋學無疑是構成張老師學術研究的基礎，然而對張老師來說，詮釋學除了是理解與對話外，更是一門實踐的哲學。因此，對於詮釋學的論爭及討論，構成了張老師學術工作重要的一環。正如張老師所指出，詮釋學的經典解讀及對話活動牽涉「不同地理解」、「不同思考的他人」，以及「對其他人的理解」三個層次。而「對於持不同意見者」及「同一文本的不同解讀」更是長久以來詮釋學所面臨的艱鉅工作。也因此包括 Apel、Habermas 的批判詮釋學、Ricoeur 的反思詮釋學抑或是 Gadamer 實踐詮釋學，甚至包括 Derrida 的解構哲學，張老師都試圖以詮釋學的方法保持對話的開放性並聽到他者的聲音，讓這些不同詮釋學，在爭論、對話的過程中重新豐富文本並理解他者。這同時也看出了張老師哲學上的實踐性格，如同高達美在重視經典的同時，不忘對於傳統的批判與反思。老師的實踐哲學，從詮釋學出發，以書寫、對話、詮釋和修辭作為行動，以反思傳統、權

威、歷史作為實踐，試圖回應當代問題。這是張老師的哲學中，特有的實踐向度，一種積極介入的哲學態度。正如同張老師所說，真正的詮釋理解是要能講述給別人，讓別人相信其效應並採納其要旨，成為可共同實踐的理念。因此，本論文集的第一部——「詮釋學論爭及當代哲學對話」，收錄關於詮釋學或對於詮釋學文本的解讀，或者以詮釋學的觀點出發，所引發的對話和探討。這部分強調的是張老師一貫的哲學關懷：詮釋、理解、對話與實踐。

在一份由師母所寄來的張老師寫作計畫中，張老師提到該年度要進行「哲學流派發展或哲學家論述」，計畫中詳列了許多流派及哲學家。這也凸顯了張老師學術工作的第二個特點，即張老師長年來所強調的人文學面向。立基於對過去的重新理解與爬梳，強調人文所具有時間向度，對於過去的理解不僅在於閱讀歷史，更在於透過歷史的厚度，以一種穿透的方式聯結過去、現在與未來，亦即將未來的反思與出口，立著於實效歷史（effective history）的基礎上。張老師指出：「實效歷史指出人類有效性、歷史性的存在如何可能彰顯存有的意義。語言活動、問答、對話、交流、溝通，環繞所有理解和詮釋進行的具體實現，都不再只是個別主體性本身的問題，而是分有和共享發生的範圍。」因此本論文集的第二部——「面對未來——重探與追蹤」，收錄張老師對於亞里斯多德、康德、海德格等不同時代哲學家的重新理解，以及透過這些歷史向度的考察，打開當代問題的缺口，並作為朝向未來的可能性。

德希達曾說，追憶不是單純地對過去的召喚，亦非使過去重新再現，而是為了描繪未來。悼念他者是永遠不可能完成的，因為他者早已無可化約地內化於主體之中，他者的他異性已在主體之中延異，這種延異確認了他者對於主體生命的刻痕及影響，肯定了他者在主體不斷重構的過程中扮演的重要性。然而，這種不可能完成的悼念也同時構成了無止境的悼念，他者仍以一種不在場的方式與主體相遇，主體透過追憶表現為無盡的友誼、責任與承諾，這樣的承諾無法兌現，不是經濟式的，卻永久有效。

最後，僅代表所有編輯小組成員

謝謝張老師，明天見。

洪世謙

2011 年 6 月 於高雄・西子灣

序

　　雖然我只是較鼎國癡長數年，但由於他一生都十分客套地以老師尊稱我，所以茲容我以一如往昔與他討論哲學的方式來為其論文集撰序。縱使鼎國已無法親自參與對話，不過，特別地對於我所提出之不同意見與問題，很盼望其傳人與後學將來可以做出回應。Gadamer 畢生堅持「對話」（dialogue）乃係哲學活動之基本型式，而「對話」之本質結構就是「發問」（questioning）與「回答」（answering）。作為其再傳弟子的鼎國當會喜歡這種撰寫方式。

I.

　　鼎國一生鍾情於德國哲學，而其研究重點主要特別集中於德國的實踐哲學與美學。在方法論上他追隨現象學和解釋學之進路。不過，鼎國最早的興趣是落在海德格之《存有與時間》的思想。而相應於德國於七〇年代出現的「實踐哲學轉向」，其研究也隨著作出「迴真向俗」之改變。因此，後來於 Tübingen 大學其博士論文便是以 Gadamer 之解釋學實踐思想為題。而他的論文導師 Bubner 教授不但為 Gadamer 之愛徒，且是著名的黑格爾專家。由於 Bubner 早年曾執教於法蘭克福大學，日夕與 Apel 和 Habermas 相過從。因此，後來鼎國亦對「批判理論」產生濃厚的興趣。

　　從這本論文集之豐富內容可以清楚見出鼎國一生於德國哲學研究上用功之勤。除了嚴肅的學術課題外，他對德國哲學界之發展動態也非常關切。即使學成歸國後還對此時加報導。其目標不僅在於提高國人於這方面的認識，且還希望藉此將德國對思想文化之重視精神移植至本土。

II.

　　於鼎國一生的哲學旅途明顯地出現兩次轉向：先有「實踐哲學轉向」，後則有「美學的轉向」。在此一角度來看，可以說鼎國走過尼采相同的路徑。尼采早期便孜孜于透過深化康德之道德哲學來揚棄柏拉圖主義，晚年則喊出「藝術是

最後的救贖力量」之口號。然而差異的是：首先，尼采係屬于19世紀，鼎國則是屬于20世紀。其次，當年尼采是隻身上道，而鼎國是與當代德國哲學之發展同步前進。最後，與尼采自嘆來得太早迥殊，鼎國較能認同黑格爾在《法哲學原理》中之著名論調：雅典娜女神的貓頭鷹只於傍晚才起飛。

不過，更重要的是，鼎國信奉黑格爾對哲學所賦予的定義：「於思想中掌握其時代。」職是之故，鼎國之著作雖然大都旁徵博引，但却毫無那種亂拋書包的經院式學究作風之弊，反而給人一股強烈的時代感。

當然，從一反思的觀點以言，我便頗長期間置疑一向強調實踐哲學的鼎國之轉向藝術哲學是否代表某種方式的退縮。因為正如十分清楚地表現于馬克斯的著名論點：「哲學致力於理解世界，其目標在於改變世界。」但藝術如何能有助于改變世界呢？百年來中國不是充滿大大小小之連串革命嗎？然而却迄今尚未成功！

但是今次再度來德却使我有機緣體會到鼎國之轉向的深層意義，然而也同時見出個中一些可能的局限。上月底於柏林所舉行之「洪堡基金會」的年會中，當被問及與20年前相比德國有何變化時，我的答案是：「The German people are now more relaxed」這不但引得滿堂大笑，且還立即追問：「Is it good or bad?」於回應中我說：「Of course, this is positive」這樣在場的德國人方有釋然之感！凡熟悉其民風者都知道德國人向來非常嚴肅、不苟言笑，加上其可長時間保持沈默之作風，常使人有一般十分難以親近之感！無疑，其優點顯諸於做事非常全神貫注、嚴謹與值得信賴。可是其過於重理性的傾向便往往產生「得理不饒人」的負面效果！於此一角度看來 Holocaust 之出現絕非偶然，因為「以理殺人」便是個中的關鍵所在。

另一方面，今天任何置身於柏林的訪客都不再占染到普魯士之軍事色彩了；反而會立即發現這是一充滿藝術氣息的大都會！如果說柏林未來可再度成為歐洲的文化首都，大概鮮有人對此持反調。

古人云：「春江水暖鴨先知。」留德長達七年的鼎國大柢早已洞悉此種變化走向，因而很早便追隨 Gadamer 邁上「藝術哲學」之轉折。近年來 Gadamer 之大弟子 Dieter Henrich 對這方面的一些理論成果作出了可喜的初步性總結。於此點上亦可見出鼎國早慧之處！

然而，即便於其「藝術哲學之轉向」後，鼎國孜孜于要為康德的「知性美學」翻案。而更一般以言，他常嘆息未能於實踐哲學之層次將 Gadamer 的解釋

學與 Apel 和 Habermas 的批判理論融合而深感遺憾！對此一宏願與鴻圖，於表欣賞之同時我却現想補充一點：無論 Gadamer、Apel 或 Habermas 都仍受囿于康德之「理性與感性」二分。換言之，與康德同過、這三位當代德國哲大師均忽視了海德格所縈懷之「非心理學義」、「非感性義」的「純情」（pure feeling）。而這正是康德所言之「崇高」與「美感」的歸宿向度。另一方面，即令 Habermas 近年來對「道德情感」已多所重視，不過，由于欠缺「純情」之概念，其「溝通倫理學」却始終給人一種「智不窮源」的印象。實際上，作為整個德國哲學開山祖師的萊布尼茲亦早已指出：「只有通過內在的情感我們方有關于思惟的知識〔＝自我認識〕」（It is only by internal feeling that we have knowledge (connoissons) of thinking.）。從一世界哲學的角度以觀，萊布尼茲這一「情先於知」的洞見正好與在其前的明代理學家劉蕺山和在其後的法國現學家 Michel Henry 相呼應。可以說，依劉蕺山，對此一立場之漠視正係王陽明「良知說」的病因所在；而在 Michel Henry 看來，亦惟有回歸此一論調方可克服胡塞爾底「意向現象學」之局限！

　　無可否認，海德格之存有思想始終仍是鼎國一生之「至愛」。鼎國曾表示對我之深入海德格思想又不受其所困囿而感到欣羨！當時我只是笑而不答。現我想補上一句：如果真能順著海德格重視「發問」之路數走下去，則便可以吸收其長處而揚棄其缺點！即使就鼎國所感到困惑之其與納粹的關連以言，也可見出縱然於三零年代海德格思想已於道家哲學之影響下出現「轉折」（Kehre），但是其行徑仍未能擺脫那種「真理化身」甚至喜歡「替天行道」的傳統作風。當他面對 Jaspers 試圖為一己之向希特勒靠攏而說道：「為了保衛德國文化之純粹性」（um die Reinheit der deustchen Kultur zu verteidigen），這清楚地顯示出其「盲點」所在。難怪乎 Jaspers 立刻將他攆出門外！不過，我們也不應因人廢言，儘管海德格為人也十分冷酷，但其於馬堡大學開頭授課便能強調「情」之存有論涵義！職是之故，我對鼎國追隨 Gadamer 的論調：「《存有與時間》是一本失敗之作！」有所保留。

　　總括而言，我本想邀約鼎國共同思考下列的問題：怎樣結合儒家與德國哲學以真正解決「情理交融如何可能？」這一帶有強烈現實意義的時代課題。因為，中德兩民族不但於「重視歷史」上十分相似，而且兩者必須先從「意識」上變更，方能有「存在」上改革。不同者是儒家是以「重情」為主。此外、一

般人或許不知道鼎國竟然非常推崇我的老師牟宗三先生。他不但十分熟稔其著作，而且還視牟先生為當代中國哲學家之楷模。另一方面，我原欲同時向鼎國指出：無疑作為德國哲學正統之「德國唯心論」乃至 Habermas 的「溝通行動理論」均是一種「極端的理性主義」立場。不過，德國哲學還有萊布尼茲和尼采。而正如 Michel Henry 所強調：「生命具有兩點本質特徵：內在性與情感性。尼采的思想……視之為思想的目標。」（Ce sont les deux caractères essentiels de la vie, l'immanence et l'affectivité, que la pensée de Nietzsche ...... pense jusqu'au bout.）

最後，值得補充的是：雖然一般而言德國人在現實表現上給人一種枯燥無趣的印象，但其精神世界卻是異常地豐富。這單就其音樂傳統已可見一斑。而當人進入由萊布尼茲首其端，中間經歷康德、黑格爾、叔本華、尼采、胡塞爾、海德格，乃至今日的 Habermas 之偉大哲學傳統，真的仿如置身於《華嚴經》所言之「蓮花藏世界」。鼎國在台灣大學的一位老師黃振華教授嘗宣稱：「不懂德文便與哲學無緣。」這一論調無疑十分難以使人信服。可是，若無德文的閱讀能力，則在精神世界之遊歷上，絕對是一莫大損失！鼎國或許受其老師之言論所激發，早於出國前便具備良好之德語基礎。另一位留德前輩高信先生於生前嘗感嘆國人赴歐只孜孜於趕快完成學位，以便回國即可謀取教席。然鼎國卻絕非這些急功好利之徒。而從其返國後之辛勤教學與撰述，可以見出其欲與國內學界乃至一般讀者分享德國精神食糧之殷切與熱誠！

III.

兩週前剛赴巴黎參加國際中國哲學會議，不覺回想起個人首次在歐洲參加國際中國哲學會議，乃係1991年於慕尼黑所舉行那一屆。當時便是由鼎國驅車一起赴會。然而「昔人已乘黃鶴去，此地空餘黃鶴樓。」十年前為年豐之遺作出版寫導言，今天又逢同樣早逝的鼎國論文集面世而撰序。下筆實難禁淚湧！鼎國終生視德國為其精神故鄉，現今我也竟又在德國為其論文集寫序，這或許可為鼎國帶來安魂之效果。而於當年鼎國赴德求學上，我嘗起過一點「因緣」上之作用。現希望於發揮其思想上，也可有「增上緣」之功能！

陳榮灼

2011 年 7 月中旬寫於漢諾威萊布尼茲圖書館

理解詮釋與對話交流的哲學詮釋學實踐者——張鼎國老師

一、前言

　　1989 年深秋我初到德國南方的古老大學城杜賓根時，便認識了為人親切、待我如兄長的張鼎國老師。當時初接觸哲學的我對鼎國老師的研究領域瞭解不多，兩年後我轉往位於魯爾工業區波鴻市的魯爾大學就讀，而鼎國老師在 1994 年便已取得博士學位返台服務，直到 2002 年我開始攻讀博士學位，進一步廣泛閱讀他人的博士論文與升等論文時才發現，原來我們的研究主題竟然都與高達美的哲學詮釋學有關！2008 年畢業返台與鼎國老師在詮釋學研討會上重逢，對於高達美的詮釋學我們雖持不同觀點及評價，然而他不僅無門戶之見，更不遺餘力提攜後進，推薦我進入國科會人文學中心擔任博士後研究員，由此顯示的是鼎國老師包容不同哲學立場與觀點的寬大胸懷。當時正逢國科會一項進行已近十年仍未完成的大型研究計畫「台灣地區近五十年來哲學學門研究成果報告」亟需人手支援，以便於該年底完成「歐陸哲學——詮釋學部分」研究成果的結案報告，鼎國老師推薦我著手這項工作，使得我有機會一方面廣泛接觸 2000 年以前各類詮釋學研究成果，另一方面更藉此機會瞭解鼎國老師的詮釋學思想，領略他深遠無比的哲學心靈暨人文關懷。

二、張鼎國老師的詮釋學研究風格、理念與貢獻

　　無論是 1994 年於德國杜賓根大學，跟隨哲學詮釋學大師高達美之嫡傳弟子 Rüdiger Bubner 教授，以德文撰寫的博士論文《歷史、理解與實踐：一個特別關注高達美哲學詮釋學之趨近於實踐哲學傳統的研究》（ *Geschichte, Verstehen und Praxis. Eine Untersuchung zur philosophischen Hermeneutik Gadamers unter besonderer Berücksichtigung ihrer Annäherung an die Tradition der praktischen Philosophie.* Marburg: Tectum 1994 ），或者是畢業返台後所發表的、為數眾多的會議論文、期刊論文與專書論文，鼎國老師可以說一路走來始終如一地貫徹他對高

達美哲學詮釋學觀點與主張所標示的「詮釋求通」的理念。「詮釋求通」不單是他用來標示與推崇高達美哲學詮釋學的理念，更是他自己奉行不渝、力求實踐的生活與治學信念。從學術研究領域對哲學傳統經典的理解、詮釋與探究，到日常生活領域與家人、學生和同事間的相處、交談與溝通，鼎國老師總是抱持他一貫重視實踐向度的立場，溫和而堅定地秉持他所推崇的理解詮釋、語言溝通與對話交流的哲學詮釋學理念，以達致對他人觀點與思想理念的適切理解以及與他人視域的融合，力求「將人我之際轉化成具有『共同歸屬』的同伴關係」。

也因此，我們看到他不論是在 1998 年於中央研究院中山人文社會科學研究所發表的〈理解、詮釋與對話：從哲學詮釋學的實踐觀點論多元主義〉這篇文章中，鉅細靡遺地從詮釋學的當今發展、其與傳統詮釋學的區別，及其具普遍性意義的理解、詮釋及語言等概念的重要性的說明，到哲學詮釋學「透過理解、詮釋以達成自我理解」的應用問題的討論，到最後用視域融合的對話觀點，探討多元差異之間如何可能調和並存的問題，並且提出在後現代情境中「多元而不紊亂的哲學論述的可貴」。還是在 2005 年澳門中國哲學會「訓詁、詮釋與文化重塑研討會」所發表的論文〈全球化與文化際理解溝通：詮釋學對話模式的適用性探討〉之中，對詮釋學對話模式於全球化處境下之適用性問題所提出的討論。抑或在 2008 年發表的〈文本與詮釋：論高達美如何理解康德《判斷力批判》〉這篇文章中，探討高達美在《真理與方法》中對康德《判斷力批判》的初步解讀和批評，不但將高達美對所謂「『奠基於康德之上的主觀主義及不可知論』的不滿」理解為「《判斷力批判》的效應歷史問題」，並將此篇文章視為「對高達美所主張文本詮釋有如對話交談的一個案例檢討」。這些在在表現鼎國老師對高達美詮釋學理念的融通與接收，不僅展現其經由詮釋與對話以達致視域融合的努力，更具體實踐他深表贊同的哲學詮釋學「透過理解、詮釋以達成自我理解」的應用概念。

此外，我們還看到他在 1998 年發表的〈「書寫誌異」與「詮釋求通」：追究一場南轅北轍的哲學對話〉這篇文章中，不但用「詮釋與解構」、「融通與歧異」、「持續與斷裂」、「哲學與文學」等對比強烈之命題，不僅生動而精確地勾勒出德希達與高達美這兩種不同世代之間思考風格與哲學理念的迥異，更從兩人在巴黎所進行的文化論戰，與雙方所各自捍衛因而針鋒相對的哲學立場中，進一步領悟他們對於當今哲學思考所具有的重大意義。他特別點出，這場論爭尤其對於「當代哲學思考要如何繼續發展的共同性課題」，對於「當今哲學論述應該以怎樣

的方式、風格、文體、規模、路向、用心、策略進行下去」等一連串的實際問題，都具有極為值得借鏡的思考素材，並有待我們進一步去把握及發揮。這篇論文不僅內容嚴謹，文筆更似利刃，引領讀者進入宛如華山論劍的哲學功夫對決，招招扣人心弦、精彩無比。最妙之處在於文章最後他用「非結論」委婉點出自己的詮釋學立場：「詮釋學既不提供也不堅持一絕對立場，卻又無意和『解構』一般逞巧思奔馳，不知止於何處。」進而引用高達美的說法表示：「詮釋學不適宜說出最後定論，不適合說最後的話（das letzte Wort），因為隨時會有更新更佳的詮釋出現。所以詮釋與對話的開放進行，向著更寬闊開敞處繼續探索，這就是哲學思考不停活動、持續探問追索的方式：亦即始終自處在問與答、同一與差異、熟悉與陌生、信賴與猜忌之間，在疑似斷裂不通之處欣見柳暗花明。」在百家爭鳴、各有千秋的哲學領域之中能夠秉持這般深刻見識與恢弘氣度，鼎國老師自己不也正是一位，套用他形容高達美的話，「堅持著一份並非微不足道的光與熱存在著的」理解詮釋、語言溝通、對話交流的哲學詮釋學實踐者？

2000 年之前國內的詮釋學研究論文，以英美研究成果的翻譯及介紹性的文章居多，深入剖析、評論、比較、綜觀詮釋學問題者相對較少，像鼎國老師這樣既能密切關注當代詮釋學最新研究與發展趨勢，力求與國外的哲學研究保持同步，又能夠從西方哲學傳統與思想發展脈絡去剖析海德格與高達美詮釋學之思想精髓，甚至更進一步抱持詮釋學「詮釋求通」、「對話交流」理念去進行哲學探究與對話者便不多見了！鼎國老師的驟然離世，怎能不是華語哲學界的一大憾事！

陳宣而
德國波鴻魯爾大學哲學博士

Dialog der Phronesis

第一部

詮釋學論爭及當代哲學
對話

黎德爾論「第二哲學」

《國立政治大學哲學學報》第 3 期（1996.12）

前言

　　黎德爾（Manfred Riedel）為德國哲學界極富盛名的哲學教授之一，原為德國 Erlangen 紐倫堡大學「倫理學」講座教授，兩德統一後，毅然回到研究、教學資源與條件都比原西德相去甚遠的東德 Halle 大學任教。黎氏一向的專業研究主題以倫理學、政治哲學、詮釋學及廣義的實踐哲學幾個範圍為主，對亞里斯多德、康德、黑格爾、尼采、狄爾泰、海德格、布洛赫、高達美等專家哲學都用力甚深，著述宏富，又曾擔任國際性的「馬丁・海德格協會」（Martin Heidergger Gesellschaft, e. V./Meβkirch）會長一職多年（1989-1993），在推動海德格及現象學、詮釋學研究方面貢獻卓著。這許多可詳加介紹的成就當中，其實「廣義的實踐哲學」才真正是他最為專注的研究領域，也是他最傑出的貢獻所在，因為這一項主題，才是貫穿在他對於所有哲學專家、哲學專題的研究中，一條明確無疑的主要線索，並且構成他不只是一位哲學教授、同時還是一位能開創哲學新局的當代思想家的思考特色；尤其難能可貴的是他的身體力行，更親身應驗他所倡議的一套實踐哲學在當今時代中所能扮演的角色。而這裡所謂的「廣義的實踐哲學」，則是本文擬加討論的一種針對時代需要而起、而且深切反省當今哲學思考處境的、新倡議的「第二哲學」（eine **zweite** Philosophie/a **second** philosophy）。

　　1936 年出生於德東的杜林根邦（Thüringen）境內 Etzoldshain 地方，黎德爾先後在原東德的萊比錫和原西德的海德堡大學研讀哲學、歷史、德國文學等科目，在哲學思考方面，影響他思路格局之拓展最力的首推海德格（Martin Heidegger, 1889-1976）的原創思想；其次是兩位受業老師的啟發：一位是原先執

教於萊比錫的新馬克思主義左派哲學大師布洛赫（Ernst Bloch, 1885-1977），另一位則是當代德國著名的「哲學詮釋學」代表人物高達美（Hans-Georg Gadamer, 1900- ）。1960 出黎德爾於海德堡大學取得哲學博士學位時，論文指導教授即為高達美和 Karl Löwith（1897-1973）這兩位德國哲學界名師，而博士論文的題目則是《黑格爾思想中的理論與實踐》（Riedel, 1965），[1] 由此可見他很早就開始關心到「實踐」這個特殊的哲學議題。但獲得哲學博士學位，在德國還只是哲學事業或志業的初步條件而已，黎德爾 1961 到 1968 年間在海德堡大學和瑪堡兩所大學任哲學系助理，1968 年於海德堡完成教授升等資格後，曾歷任海德堡、沙爾布律根（Saarbrücken）、紐倫堡大學哲學教授，1971 年起才在 Erlangen 的紐倫堡大學任正教授職，講授哲學及倫理學、政治哲學，一直到 1994 因兩德統一後而重返德東 Halle-Wittenberg 任教為止。期間亦曾經於 1980 到 1981 年客座紐約 New School for Social Research，擔任該校 Theodor-Heuss-Professur 講座，1983 及 1984 年又分別客座義大利杜林（Türin）及羅馬大學講學，頗具國際知名度。

　　黎德爾專攻實踐哲學可謂融會貫通，卓然自成一家，除前述高達美等人的啟發外，黎德爾也深受亦師亦友的 Münster 大學哲學教授 Joachim Ritter（1903-1974）[2] 影響，又鑽研故由德赴美的著名政治思想史學者 Leo Strauss（1899-1973）[3] 的主要著作。從事升等論文撰述前後一段時間，對政治哲學課題尤感興趣，這方面著述極多（Riedel, 1969; 1970; 1972a; 1972b; 1973; 1975）。[4]

1　黎德爾歷年來著述目錄，以及由他所編纂的若干重要的哲學論文集和專書，可參考本文附錄的文獻；文中引用黎氏本人著作，一律以出版年代為準，後附頁數，用例如 Riedel, 1990: 25 即 1990 出版的著作第 25 頁；引用黎德爾所編書、以及其他相關二手資料時用例略同於此。又黎德爾發表的論文及演講為數極多，但多半已收入所列各論文集中，本文僅列少數未收入結集且直接有引用到的重要單篇文章。

2　Joachim Ritter 為六〇、七〇年代間德國哲學界另一位聲名不下高達美的名師，研究方向以亞里斯多德、黑格爾、歷史哲學、實踐哲學為主，從 1946 年起至 1969 年退休為止長年執教 Münster 大學，門下傑出學生極多，著名如 Odo Marquard（1928- ）、Robert Spaemann（1927- ）、法學家 Martin Kriele（1931- ）、Ernst-Wolfgang Böckenförde（19??- ）等，時人稱為 Münster 學派，或依照 Joachim Ritter 教授 60 歲時學界祝壽論文集書名，稱呼此學圈為 Cololgium Philosophium（1965）。此一學圈對實踐哲學、傳統精神哲學、文化科學的研究甚為提倡，且理論基礎上貢獻良多。

3　Leo Strauss（1899-1973）、Joachim Ritter（1903-1974）、Hans-Georg Gadamer（1900- ）三人曾於二〇年代初，同時聽海德格講授亞里斯多德倫理學的課目，日後三人從不同學派著手、各在不同地方重振實踐哲學傳統的重要哲學家。另一位海德格早年同時期弟子則是專供政治思想的 Hannah Arendt（1906-1975）。前三人的影響在黎德爾著作隨時可見。

4　黎德爾在英語世界主要以政治哲學研究而知名，他唯一的一部英譯著作為 1982 年的政治哲學論文集：*Between Tradition and Revolution–The Hegelian Trans-formation of Political Philosophy*（Walter Wright

特別具有意義的是他曾在 Joachim Ritter 的鼓勵下，分別於 1972 和 1974 年彙編出兩大冊、厚達一千兩百餘頁的《實踐哲學之復振》，[5] 系統化呈現 1961 年以來實踐哲學在德國重新興起並普遍受重視的情況，並邀集各學派知名學者為此專題論文集撰稿。1971 年 J. Ritter 教授開創且主編 12 巨冊、至今已歷 20 餘年尚未完成的《哲學的歷史大辭書》[6] 時，黎德爾亦受命擔任「倫理學與實踐哲學」部分的編審工作。

　　如此長久以來的專志投入，以及紮實而深入的哲學基礎研究工作，加上由海德格拋出的「哲學的終結」之思考新局新任務的刺激，正是促使黎德爾持續探討新的實踐哲學的背景。新的實踐哲學，其實不外是從舊的實踐哲學傳統裡重新復振起來的，而黎德爾因緣際會，在哲學的結束與再開始之間、在時代的危機與轉機當中，憑藉著其豐厚的學力漸次開展出一套獨具特色的「第二哲學」。

一、何謂「第二哲學」？

　　「第二哲學」之名稱，出自 1987 年黎德爾接受任教地紐倫堡地方報刊的一篇專訪。訪談間，黎德爾提到當前高唱入雲的「哲學之終結」（Ende der Philosophie/end of philosophy）一語，所指的應該是從亞里斯多德以來，經笛卡爾、康德、黑格爾直到胡塞爾，那種只思替科學知識尋求基礎、奠定其成立依據的第一哲學之結束，那也就是我們所熟知的、專事探詢存有與認知問題的第一哲學（die erste Philosophie/the first Philosophy/*prima philosophia*）；而另一方面，針對著這種西方哲學單向的傳統模式，很早就從懷疑大師尼采開始，逐漸醞釀著一番深刻反省，而且在 20 世紀海德格之後，蔚然造就出一種全新哲學思考路徑的嘗試：

────────

　英譯，Cambridge University Press 1984）；另外 1975 年論亞里斯多德哲學與近代政治語言的德文專著，其導論部分也曾由 George Elliott Tucker 譯成英文發表："Political Language and Philosophy," *The Independent Journal Philosophy* II 1978: 107-112。黎德爾在義大利語哲學界則享有較高知名度。

5　*Rehabilitierung der praktischen Philosophie*, Band 1, 2，詳見文獻。

6　*Historisches Wörterbuch der Philosophie*（1971-），德國哲學界工程最浩大的一套哲學專業辭典，目前已出 9 冊，連索引共 13 冊，預計到 2005 年完成。

但是隨著尼采以及從尼采到海德格的轉向，由於現在時代問題
（Zeitfragen）是跟存有問題（Seinsfrage），而這兩方面的問題又都
是跟著探問怎樣做才最好的意義問題（Frage nach dem Sinn für das
Tunliche）一起提出的，於是產生了一番到向另外一種哲學的突破。這
正是通往一種第二哲學的道路，（……）。他並不和實踐哲學的議論課題
（Thematik）相吻合，也不和詮釋學的相吻合，而毋寧是移動在 »這之
間« 的（»dazwischen«）。（Riedel, 1988: 207）[7]

訪問者（Dr. Reinhard Kudot）緊跟隨他這個答問之際冒出的新穎詞彙，又
在接下來的提問中一再指稱這個「第二哲學」之說，促使黎德爾進一步解說清
楚他想表達的意思；而結果這篇訪問就用〈贊成一種第二哲學〉的標題刊出。
待第二年，當黎德爾把他總共十幾篇論文、演講稿和對他的訪問編輯成書時，
不但特別加入 1987 年這篇訪問作為全書的總結，更直接採用了《贊成一種第二
哲學》（Für eine zweite Philosophie）當作一個明確而醒目的書名。此處「贊成」
（für/for）一字當然也可以譯作「同意」、「論成」、「倡議」或「為了」等等其他的
用詞，但無論如何，「第二哲學」這個概念從此就和黎德爾結下了不解之緣，成
為他努力為當代哲學尋求新出路的一個鮮明而引人矚目的答案，或至少是他所嘗
試的解答的一個新名稱。然而「第二哲學」這個概念究竟指謂的是什麼？或說黎
德爾藉由這個新名詞的提出，究竟想要表達出怎樣的深邃思考經驗、思考心得，
想要替「第一哲學」之後的哲學提供怎樣的出路、描繪怎樣的遠景？正是在這本
演講論文集的，〈前言〉裡，他開宗明義地提出下列一段解題式的說明：

如果世界的改變碰到了界限處，那麼這些界限就會被認識。哲學一旦認
識了這些界限，就會放棄掉（原先的）希望，不再期望我們對世界的概
念都會停止不動，而且會變成一幅幅的圖像；彷彿圖像只要讓人觀看，
無須再作任何詮釋似的。這樣書來能緊貼著時代進行的不是 »第一« 或

7　按：以斜體字加重語氣及使用 » « 為特殊字詞標記號，皆為保留原文用例，（ ）符號中的內容則為筆者
所添加，以下引述時處理方式同。又 Zeitfragen 一字中 Zeit 雖可譯作「時間」亦可譯作「時代」，但
此處當譯成「時代的各種問題」，尤其應注意原文用的是複數。

»最後的《哲學，而毋寧是一種》第二《哲學：在實踐意圖下的詮釋學（*Hermeneutik in praktischer Absicht*）。（Riedel, 1988: 7）[8]

「第二哲學」是哲學認識到自身發展的困境，以及隨之而來的必要的轉折與突破之後，所走上的另一條（第二條）道路；它和詮釋學以及實踐哲學兩方面都有密切的關係，它尤其強調的是：要以一再的詮釋、再詮釋來具體且持續地進行哲學事業。行文或談話間，黎德爾有時也會用「具有實踐意圖的詮釋學」一語（"Hermeneutik mit der praktischen Absicht"）來形容他的一套自成一格的哲學思考工作。只是這裡所指的詮釋學，雖然是和經過海德格、高達美等發展出來的「哲學詮釋學」（philosophische Hermeneutik）有直接的關聯，但同時卻又並不盡於此，並不止於此。黎德爾其實在相當程度上，依然回溯到古典詮釋學、浪漫主義時代早期詮釋學，以致史萊爾馬赫（Friedrich Ernst Daniel Schleiermacher, 1768-1834）和狄爾泰（Wilhelm Dilthey, 1833-1911），尤其是後二人的美學、詩學及文學藝術理論；並且能一再藉由詮釋過程，開採出無數哲學傳統中的寶貴理論資源。所以，黎德爾的詮釋學不再汲汲於強調一些關於人的理解、詮釋、語言活動上，屬於理論描述性的基本特徵（Grundbezüge/basic characters），不再像高達美那樣，要從普遍的哲學基本面上營建詮釋學的特色和其不可否定的「普效性」或「普全性」（Universalität/university），他真正關心的反而是：如何在實踐應用的層面上，去充分發揮詮釋工作處處可得的效應，並且將其隨機化作付之行動、解決問題的力量，同時也將哲學還原到古代與生命密切本身相關的原本面貌。「第二哲學」整體而言，可以說是海德格之後的，以詮釋學方式運作，而關懷內容上更貼近生命與歷史真實的一種新的實踐哲學。

　　事實上從黎德爾的博士論文開始，我們始終都可以讀到一番清晰明確的努力

8　「圖像」（Bild）之說，是指我們對世界的認識變為一成不變的東西，好像一幅一幅圖像置放著不動，而且我們一廂情願地相信這些就是事物如實呈現出來的樣子，忠實反映著事物不易的本質。這正是典型的西方傳統「第一哲學」的迷思；而黎德爾之所以會如此開始論述「第二哲學」，顯然是受到海德格一篇著名論文〈世界圖像的時代〉（"Die Zeit des Weltbildes"，1938 年的作品，見《海德格全集》第 6 冊：頁 75-113）的影響，該短文的宗旨正在闡明：那樣子的時代（即第一哲學、形上學的時代）該結束了。又引文中「緊貼著時代進行的」（an der Zeit）這個介詞片語，引證黑格爾的名言：「至於個人，畢竟每一個人皆為他的時代之子；而哲學亦然，是為思想中所把握到的她的時代」（《法哲學綱要》序言）。而此語已成當代實踐哲學復起之聲中，一句共同遵奉的座右銘。

企圖：讓理論經營的建構工作，無時無刻不是受著實踐上的訴求導引著前進；如此堅定不移地對實踐要求與實踐效應的情有獨鍾，實際上一直決定著他各個範圍內的哲學性詮釋工作之進行，而其中最為顯著的一個範圍，即是前言列舉過的對傳統實踐哲學的重新研究，以及如何將實踐哲學重要課題，亦即直接關係到人的行為與行為之規範的種種切身課題，再度置諸今日的現實處境下與以顯題化（Thematisierung/thematization），用以轉移為當前思考的首要任務。所以早在1972及1974年所編論文集裡，黎德爾就揭櫫「實踐哲學之復振」（Rehabilitierung der praktischen Philosophie/Rehabilitation of the practical philosophy）的重要性與迫切性，我們甚至可以說，他後來倡議的「第二哲學」不外就是擬運用詮釋學探索方式，實際去復興實踐哲學傳統的一種高度自覺的哲學歷史思考工作：

> 這裡關係到的是重新爭取回一個直到 19 世紀初，仍然在 »實踐哲學« 這個指導概念下構成哲學課程一堅實部分的那個探問以及論證的領域，其任務在：對於人的行為規範之有效（die Geltung）（»我們應該做什麼«）、以及對於行為目標的權衡及選擇（»我們能夠如何生活«）提出解說和論據。（見 Riedel 所編書〈前言〉1972: 11）

二、「第二哲學」與實踐哲學傳統

　　黎德爾師承高達美的哲學詮釋學，高達美曾經把由亞里斯多德倫理學、城邦政治學奠定基礎的西方實踐哲學傳統，直稱之為希臘哲學所流傳下來的「第二道傳統脈系」（die zweite Traditionslinie）[9]——那是哲學傳承之族譜另一條綿延不絕的支系，至少曾傳到18 世紀 Christian Wolff（1679-1754）時仍維繫不墜，直到康德建立起哲學倫理學或及道德形上學的新說之後，前者的聲勢才稍事見挫。[10] 所以可以說，早在亞里斯多德那時候就有「第二」哲學了，也就是他的一

---

[9]　例見 Gadamer, *GW*（2: 499）。另參考《真理與方法》中論亞里斯多德倫理學對詮釋學之相關性的一節，*GW*（1: 317 ff.）。

[10]　參見高達美的論文〈論一種哲學倫理學的可能性〉（"Über die Möglichkeit einer philosophischen Ethik"），《高達美著作集》*GW*（4: 175-188）。

套「實踐」哲學，這一點應該曾對黎德爾的「第二哲學」之說，有著很強烈的啟示作用。[11] 但是無論如何，黎氏「第二哲學」和整個西方實踐哲學傳統，乃至於實踐哲學在今天的復甦、再開拓、繼續傳承下去，確是具有絕對不可否認的密切相連性的。當然這其間牽涉到的，首先就是對「實踐哲學」重新定位的問題；而對「第二哲學」而言，這正是一個非常嚴肅的關鍵性問題，也決定「第二哲學」在今天該是怎樣一種性格、從事何種研究課題及思考任務的哲學這些個問題。

原意為「愛智」的「哲學」一語，在西方從希臘以來給予人們的印象就是一門理論觀照的、沉思默想的、思辨性的學問：「智慧」（σοφια/sophia）是透過純理論性的思辨活動去獲得的，以致於一直到今天，像「理論哲學」（theoretische Philosophie/theoretical philosophy）這樣的講法，聽起來好像變成了同語重複（Pleonasmus/pleonasm），像是種不必要的修飾般，徒然使得意思重複且累贅。這是因為「理論」（θεωρια/theoria）一詞原本在希臘文中，就指的是一種經方法訓練出的認知與思索態度，要對所探討的對象事物進行觀察、考究、思慮，是一種無利害關涉的注視審思，以便使得事物自實用上的指示及目的關聯中解脫開來，成為不涉及行為實踐、也不涉及價值評定的，純粹是以「為知識而知識」的態度專注於認知的對象而已（參考 Riedel 所編書〈前言〉1972: 9 ff.）。哲學思考中這樣特別看重理論知解活動的最早趨勢，經由亞里斯多德一直發展到黑格爾，到 19 世紀更片面被簡化為哲學就是「理論的哲學」這一固定樣本。甚至後來新康德主義的學者們及狄爾泰，也紛紛尋求另一種理論基礎，以進一步實現歷史、實踐哲學的徹底理論化。這樣高舉「理論之優位」（Primat der Theorie）的結果，到 20 世紀各實證學科主張的「價值中立之設定」（Wertfreiheitspostulat）當中，更是達了前所未有的地步。另一方面，而既然哲學如此理所當然地一路發展、表現為一門理論觀照之學，是則「理論哲學」一語也就成為同義字重複的套套邏輯句語了。

由此可見，若說哲學從定義上（per difinitionem）而言就是「理論的」，其

---

11 參見 Riedel（1990b: 68）。但高達美提出此一說法，原有委婉批評海德格的用意在內，他發覺後者僅看到亞里斯多德邏輯思想、形上學理論的部分，卻忽略同樣的哲學傳統仍有許多尚待發掘、尚待詮釋的其他洞見；如今唯有轉向形上學傳統以外的另一值得重新相提並論、等量齊觀的傳統，才能幫我們擺脫「世界黑夜」（Weltnacht）或「存有遺忘」（Seinsvergessenheit）的夢魘。可參考《高達美著作集》GW（2: 447）。

實並不為過,甚且哲學自身的歷史發展也應證著此說;反觀「實踐哲學」這個用語,在上述主流發展的對照之下,不但未必言之成理,甚至於會有變成 contradictio in adjecto(修飾用語之矛盾)之虞——即所謂被選用來形容一事物的修飾語詞,和它所要形容的事物之本性根本就是互相矛盾的。但事實果真是如此的嗎?哲學確實是脫離行為實踐的,不顧現實處境、實際歷史發展的種種考量的嗎?甚至進一步逼問:哲學應該繼續這樣發展下去嗎?在黎德爾1972及1974年所編書《實踐哲學之復振》裡,不只一家一派,而是許多家、許多派的哲學人,都異口同聲地對哲學就等於理論哲學之說提出嚴肅的質疑:他們不但再次肯定哲學當中涉及無數的實踐課題,指陳思辨活動中間預設有相當的認知興趣,更且強調哲學本身就是在實踐的進行脈絡下循序完成的。

例如 Helmut Kuhn 那一篇論文:〈»實踐哲學« 是一個套套邏輯語嗎?〉("Ist »praktische Philosophie« eine Tautologie?" 文見 Riedel ed., 1972: 57 ff.),談論的也正是這個問題。 Kuhn 認為「實踐哲學」一詞雖然不能作為一套套邏輯與看待,但是「哲學」與「實踐哲學」之間的分別,同樣也不能被確認作是一種真正的對分(Dichotomie),亦即不能被看待成兩套相互對立且各自發展成長的不同、也不相干的東西。相反的,如果我們追溯到最早的希臘哲學:「毋寧說會得到這樣的結論:即在尚未加以特殊化的哲學當中,實踐之事(das Praktische)已然可最為一項真確無妄的要素在起著作用」(Kuhn, 1972: 57)。哲學本身就是起自於實踐中的活動,同時她也把無數的實踐之事物置諸她的思考範圍當中;更重要的是,它在各方面所達致的種種卓越見解,往往也實際左右著一個時代前行發展的取向。

Wolfgang Wieland 在同一冊文集也曾提出同樣的結論:「因而真正的哲學總是也是實踐哲學的,這也就是因為她作為哲學總是實踐的」(Wieland, 1972: 534)。哲學的問題不只是對物的,同時也是對人的、對事的,換言之,是包含著實踐上的問題在內;因為哲學不僅止於探問知識是否可能成立、如何可能成立,還繼續深入追究知識之價值意義(Wissenwert; Wieland, 1972: 532 ff.),而後者正是實踐哲學的關心所在。高達美在此文集裡的文章:〈詮釋學作為實踐哲學〉("Hermeneutik als praktische Philosophie"),更是遠超出他自己在《真理與方法》(1960)裡的語言存有論架構,非常直接有力地宣告「哲學詮釋學」與「實踐哲學」兩者之間,始終不可劃分的緊密關係:「詮釋學就是哲學,而且作為哲

學（她就是）實踐哲學」（Riedel ed., 1972: 343）。[12] 所以當黎德爾也跟著強烈主張「哲學的核心裡就是實踐的（praktisch practical）」（Riedel, 1979: 44）時，他一方面雖然承認，如今「實踐哲學」還是以一種類比的方式和「理論哲學」相提並論的，但另一方面，他深信「實踐哲學」足以標示一種對哲學更具普遍性、整全性的看法，而且這條路徑將會更加切合當今時代需要，不再讓哲學只限制於科學理論的困局裡。黎德爾他是這樣理解、看待「實踐哲學」的：

> 她是哲學而且本身這樣一種哲學（她就是關於）實踐的理論。這個用語（按指「實踐哲學」一詞）不是同語重複，並未包括著概念之重複在內，它毋寧標示出（對）哲學的普遍看法，也就是鍥而不捨的嘗試，要把各科學的知識（Wissen/knowledge）關聯到智慧（Weisheit/wisdom）上去，關聯到基本規範（Grundnormen/basic norms）和價值（Werte/values）的那個領域去，其（按：指那個領域，即智慧之領域）並不是嚴格意義下的 »科學«。（Riedel, 1979: 132）

事實上，早在形上學主宰西方哲學為期將近兩千年之初始，哲學及曾確切無疑地以「實踐哲學」之名出現著，且實際關切、處理著人事間的實踐性課題：它就是一套「*作為倫理及政治行為之學說的關於社會—歷史世界之理論*」（Riedel 所編書《導論》1990: 21）；至 19 世紀末的狄爾泰還一度欲以「歷史性精神科學」（historische Geisteswissenschaften）之名重建這一類的科學性研究範疇，以對抗自然科學群的單向度進展。從蘇格拉底逢人就問：「什麼是善？」的問題[13] 肇始，倫理學乃至於實踐哲學就繼續不斷地占據哲學思考上的一席之位，並且在當代、在戰後隨同「亞里斯多德復興及黑格爾復興」[14] 的趨勢，又普遍在歐陸學界重受重視。順此潮流，尤其自 Joachim Ritter 於 1961 年那篇論文（見 Riedel ed., 1974:

---

[12] "Hermeneutik ist Philosophie, und als Philosophie praktische Philosophie" 此文為高達美相當重要的一篇文章，文中極力強調詮釋學與實踐哲學之間的根本性相同；但未收入《著作集》，而曾經收入另一冊高達美論文集 *Vernuft im Zeitalter der Wissenschaft – Aufsätze* (1976), 108。

[13] 參閱高達美的短文〈蘇格拉底的問題與亞里斯多德〉（Gadamer, *GW* 7: 373-380），以及他另一部重要著作《在柏拉圖與亞里斯多德之間的善觀念》（*GW* 7: 128 ff.）。黎德爾自己對此原初哲學問題發展的看法，可參考 1990 年論文集的兩篇文章（Riedel, 1990: 131 ff., 355 ff.）。

[14] "Aristotles- und Hegelrenaissance nach 1945"，語見 Riedel ed.（1972: 11）。

479-500）開始，歐洲學界常籠統地稱呼這樣去重建亞里斯多德實踐哲學傳統的新學說為新亞里斯多德主義（Neo-Aristotelianism），某種程度上說，或就等於新黑格爾學說（Neo-Hegelianism）。[15]

簡略而言，這種多方進行的舊哲學傳統之翻新工作當中，主要強調的是在關於歷史、實踐層面的思考方式，宜多加注重的首先就是有關 *Ethos* 的一切，亦及凝結於歷史現實中的倫理之常，是共同接受且認定的道德規範認為所應具備的實質生活內涵，以及直接表現於行為舉止上的價值美德，乃至於社會群體匯聚眾議的協同實踐目標。在此，亞里斯多德的倫理學、城邦政治學傳統，黑格爾的客觀精神學說，都是新研究興趣的主題；以至於古代、中世紀、近代、現代所有人間實務之學：有關政治、經濟、法律、社會、倫理道德、歷史等等側面的理論（亦及諸多有關 *societas – communitas civilis sive politica* 之理論經營），更紛紛恢復成學者關注的焦點。至於黎德爾個人，他在這些領域裡的表現與研究成績，甚至如上述直接貢獻於重建實踐哲學傳統的事實，則都是學界有目共睹且備受好評，其「第二哲學」因而和實踐哲學傳統有不可分之勢，也有不可分之實。

其實我們不該忘記，黎德爾的哲學啟蒙師，正是極度強調實踐與奮爭精神的「左派導師」布洛赫（詳見 Riedel, 1994），由此可見他之注重實踐哲學傳統，也絕非全然以亞里斯多德及黑格爾的實踐理論為參照準繩。他同時也注意到其他像 Thomas Aquinas、Machiavelli、Hugo Grotius、Thomas Hobbes、John Locke、Christian Wolff 的古典社會政治哲學理論；尤甚像許多當代德國哲學界學者一樣，[16] 格外關注對德國觀念論中的實踐哲學層面之再研究。換言之，就算在德國觀念論這種一個思想體系接著一個思想體系出現的理論哲學高峰期，我們現在也發覺其間不只無例外地具備對實踐領域的探討，同時更深刻反映著每一位哲學家在理論經營及實踐訴求之間緊密互動的痕跡。例如黎德爾的黑格爾研究是廣泛受到稱頌的，但除了對黑格爾法哲學、客觀精神理論的探究外，他亦跟隨布洛赫的「回溯費希特」（Rekurs auf Fichte）之主張（1994: 107 ff.），就是一個顯例：

---

[15] 參見 Herbert Schädelbach, "What is Neo-Aristotelianism?" *Praxis International* 7(1987): 225-245。

[16] 僅舉較知名幾位為例：Walter Schulz（1912-199?）、Friedrich Kaulbach（1912-1992）、Karl-Heinz Ilting（1925-1984）、Dieter Henrich（1927-）、Reinhard Maurer（1935-）、Gerold Prauss（1936-）、Günther Bien（1936-）、Oswald Schwemmer（1941-）、Ludwig Siep（1942-）、Volker Gerhardt（1944-）和 Wolfgang Kersting（1946-）等。

那位以「實際做行」（Tathandlung）斷然開出完整體系，高度發揮「力爭精神學說」（Prinzip des Strebens/the doctrine of the striving）的德國哲學家，德國觀念論哲學開拓上的關鍵人物費希特（Johann Gottlieb Fichte, 1762-1814）。[17]

　　黎德爾與其他特重亞里斯多德、黑格爾實踐哲學的當代學者另一點不同的地方是：他並不因此而偏廢康德的哲學倫理學之貢獻，他尤其強調康德《判斷力批判》以至於更後期的歷史哲學及法、政哲學理論（參考 Riedel ed., 1974b）。1989年《判斷力與理性》一書，更希望發揮詮釋學之真誠，還康德哲學一個本來面目，欲以康德的關於「判斷力」（Utreilskraft/judgement）的學說，重建「實踐理性之優位」的批判哲學真正根本要義。因而他比較能在康德與黑格爾之間取得一種平衡，而不致於像如高達美或 Rüdiger Bubner（1944-）等學者般，單方面倒向黑格爾，當然也不會像 Karl-Otto Apel（1922-）般，單方面倒向康德。如此，黎德爾「第二哲學」所涉及的實踐哲學傳統，才能始終是更具包容力的、取材更寬廣而多樣的理論與概念之詮釋工作，繼續在今世發揮諸多優秀學理之精華。

三、理論、科學與實踐

　　如前所述，黎德爾「第二哲學」的構想即其具體成型，基本上是一種擺脫困境，重振哲學聲勢與實效的努力。這套游移在「詮釋學」與「實踐哲學」之間左右逢源的「第二哲學」，顧名思義，原本是針對著「第一哲學」而興起的，因而自甘名之為「第二」；而後者指的是直到胡賽爾「現象學作為一門嚴謹的科學」為止，所代表的那一套黎德爾認為可統稱之為「科學理論」（Wissenschaftstheorie/theory of science）的舊的哲學架構模式下的哲學。但是經過上述有關「第二哲學」及復興實踐哲學傳統間關係的討論，正可以看出「第二哲學」對於理論、科學與實踐三者間的關聯與輕重取捨，其實已另有相當不同於以往的看法。

　　英國哲學家羅素（Bertrand Russell, 1872-1970）曾經替「哲學」當作一集合概念下過如此的定義：哲學就是「那些還沒有被科學地探討到的東西」（was

---

[17] 費希特是黎德爾心目中，任何形式的愛國主義（Partriotismus）所不得不重新面對的那位哲學家（參見 Riedel, 1993; 1994: 109 ff.；另參考 Gander, 1992 一文）。

noch nicht wissenschaftlich behandelt worden ist）；這個說法正充分反映了當年盛行的一股實証主義的學風，或說就是完全把哲學等同於「科學理論」的那種看法。如此觀點下，哲學的存身之處就在為科學研究、科學探討的活動服務，其存在價值則是為著科學的繼續進展奠底或預作準備，而且最好能夠「鞠躬盡瘁，死而後已」，因為一旦哲學被徹底地科學化之後，傳統的哲學即將完全喪失其價值和意義，只有被取代、被克服掉的份了。一如人類進步史上哲學曾超克、取代了被視同迷信、無知的宗教信仰般，科學也終必淘汰掉玄思冥想，既不能精確陳述、也缺乏實證可能的老哲學。現在黎德爾故意引用羅素的話，但是僅稍作更動，結果卻旨趣迥異；他審視當今哲學的處境而認為：哲學該被理解為是所有那些「不再能夠被科學地探討的東西」（was *nicht mehr wissenschaftlich behandelt warden kann*）之集合概念（Riedel, 1979: 128）。

　　這樣一來哲學與科學之間的關係，幾乎就整個被翻轉了過來，姑且不去追問哲學本身究竟是不是一門科學這樣的老問題，哲學繼續為各別分科的科學作奠腳石的光景已經斷然不復存在：哲學不再默默替科學的進展服務，待科學無所不能、可以解決一切問題之後，哲學也就可以被否定掉了。相反地，哲學現在根本不再相信各門科學能解決掉所有的問題，哲學該開始認真反省各科學的極限，深思各科學自身無法觸及的真正關鍵性問題所在。哲學的存在，不單曾經是其他各科學的肇端與發源，如今甚至也一直延伸到各門科學都無法突破的自身極限處，繼續檢視它們的發展。哲學還會持續存在且發揮其作用，正是因為科學以及因科學進步而獲得的各種知識技術，如果缺乏一種真正的智慧導引，不但不能解決所有問題，反而會增加人世間更多的困難與災禍。這樣看似危言聳聽的講法，事實上早已經成為兩次世界大戰以後西方思想界的普遍共識，而前述海德格「哲學之終結」之說，追根究底，其實也正是如此真實歷史階段處境下，經過一番徹底深思覺醒之後所發出的哲學警語。如今「第二哲學」抗拒哲學的繼續科學理論化，憑藉的就是返回「實踐哲學」傳統，重現哲學當中的實踐課題與實踐目標，再次把哲學和實際人生結合起來。所以黎德爾肯定地說：

> 哲學的核心就是 »實踐的«（»praktisch«），前提是，我們如此全面地理解實踐，一如實踐作為哲學所謂何事之描述那樣要求（我們）去理解般：當作語言與行動間原初的互相搭配（*Zusammenspiel*），而生命自身正在其中進行一場演出（*sich......abspielen*）。（Riedel, 1979: 44）

　　這一段明顯是受了海德格行文風格影響的文字裡，黎德爾運用了不少修辭效果，但他真正不可忽略的重點，其實是要指出哲學原本該在整個生命過程裡扮演的整合性、連貫性之指導地位，亦即前所提及要把科學的、技術的知識，重新回引到指導我們追求人生整體之善的實踐智慧上。這段引言另一方面同時還可以看出，對黎德爾而言，語言表達論述與行動投入履踐兩者皆不可偏廢，而且一定要有完美無缺的互相配合、互相要求，使得知行之際合匯為一，理論與實踐同時兼顧。我們每一個人的整個生命過程，面對的無數困難與問題，都是在知行之際、言說與履踐之間，理論思辨及行動實現的搭配下一步完成的。下文將會看到，這是他不同意高達美詮釋學只停止於語言思考的一個重要論據，也是他特別重視對「行為」、「規範」及「價值」等問題反覆鑽研的理由。

四、行為、規範與價值判斷

　　海德格1964年演講稿〈哲學的終結集思考的任務〉，論及「哲學之終結」時說：「哲學終止在現在的這個時代裡，她在社會群體性行動著的人類之合科學性（Wissenschaftlichkeit）當中找到了她的位置」（Heidegger, 1969: 64）。海德格的警世之語，不僅是浩歎西方形上學發展到了現代的科學與技術，已面臨無以為繼的窘困，更迫切的是要反對專屬於人的存在之行為、規範和價值的領域，也陷入進一步被科學化、對象化之危機。現在直接回應海德格世紀之歎的「第二哲學」，循著詮釋學的途徑從事「實踐哲學」之探索，固然並沒有把自身完全等同於一種實踐，但是卻轉向在理論與實踐之間，尋求一條能使兩者更加互相呼應的非科學之路。如果僅就所探討研究的中心課題來看，黎德爾的「第二哲學」實即一種針對時代需求而起的哲學的新倫理學。

　　倫理學之研究並非純然置身事外的理論觀照，而使直接涉及己身行動舉止的做與不做（Tun und Lassen）[18] 等問題，是要對「此時此刻之恰當且正確者之意義」（"Sinn für das Tunliche und Richtige heir und jetzt"）（Riedel, 1990: 68）有相應的理解、有相當契入其間的對相關處境之把握。同時這樣切身且投入式的思量

18　參見1982年的一篇訪問，篇名就是 "Zwischen Tun und Lassen" 收錄於 Riedel（1988: 199-204）。另見Riedel（1988: 218）等多處。

反省，具有不可否定其與自身之聯繫性的規範及約束（Verbindlichkeit/obligation, readiness to oblige）效力，並且會持續轉變成行為取向上的明白偏好及舉止進退上的堅定態度。倫理學研究所以會在「第二哲學」中占有很重要的份量，正是因為這其中所涉及的「實踐知識」（Prakitsches Wissen），是具有同「良心問題」（Riedel, 1988: 206）一樣的切身規範性與約束性力量的。如果借用 Walter Schulz 的新書《倫理學的諸基本問題》之論述主旨來講，可以說所有倫理思考，最終不外是要在有限主體的要積極投身置入、或只是消極地聽任其變（Engagement und Resignation）之間，產生一足夠有力的導引方向、促進決斷的直接作用（Schulz, 1989: 418 ff.）。黎德爾在政治、社會、歷史領域裡的哲學思索，透過各類行為的解析研究，肯定行為規範的持續有效（Geltung/validity），釐清價值詮釋及意義確定的過程，這些正是連高達美都有所不足處，而今亟待油重新展開的行為理論研究之角度加以補足：

> 能夠被 »理解« 者，不只是語言（H.-G. Gadamer），毋寧是 »主觀上所意認為的意義«（M. Weber, "subjektiv gemeinter Sinn"），其為行動者在他關係到其他的人之際以做與不做（Tun und Lassen）聯結起來的（／的意義）」。（Riedel, 1979: 27）[19]

高達美直接追隨海德格之後，因此對存有學轉向仍舊樂此不疲，但結果卻很可能造成他自己也承認的一面倒向歷史、傳統、權威所構成的世界，造成內容上的單向發展（eine inhaltliche Einseitigkeit），[20] 忽略繼續向未來拓展的需要。顯然黎德爾正是對這樣無止境地擴大語言之範域，將語言無限存有學化（Ontologisierung/ontologization）[21] 的素樸手法，並不全然同意。除了包括詮釋、講解、論述、溝通等等言語表達（Ausdrucke/expressions）的層次之外，更需要

---

19 黎德爾這裡針對的是高達美常被引述的那句名言：「能夠被理解到的存有，就是語言」（"Sein, das verstanden warden kann, ist Sprache."/ "Being, that which can be understood, is language."）。見 Gadamer（GW 1: 478; GW 2: 334; GW 8: 7）等處。

20 高達美 1965 年〈第二版前言〉回應各方對《真理與方法》的評論時，自己也承認如此，但表示這正是為著稍事扭轉海德格的末世之論，見 Gadamer（GW 2: 447）；並參見前註 11。眾多批評中，同為海德格學生的 Walter Schulz 講的最直率：高達美是以「過去」（Vergangenheit）取代了海德格的「存有」（Sein）之地位；語見 Schulz（1972: 540）。

21 參見《真理與方法》第三部分，Gadamer（GW 1: 387 ff.）。

深入探討的還有如何付諸實際行為（Handlungen/actions, deed）的問題：換而言之，黎德爾另外還在行為理論（Handlungstheorie/theory of action）上下過相當的工夫，因此他在行為決斷所涉及的各個關鍵環節上，處理的比高達美更見積極而透徹，這也是他所以能實地營建一種「第二哲學」所憑藉的實力基礎。行為理論，照黎德爾的看法，必須要從詮釋學與分析理論兩方面同時來探究（Funk-Kolleg, 1984: 164）——分析的進路主要是從觀察者進行描述的角度著手，因而適合於依據普遍的合法則性去弄清楚行為發生的過程；[22] 詮釋學卻選擇另一個角度，把行為本身放置在它的特殊的目的、企圖、期望所構成的關係脈絡裡，因而可以就行為的特殊性去進行理解。行為理論，在黎德爾較早的著述當中，從一開始就是直接作為倫理學研究的最基本學科（Grunddisziplin）來看待的（Riedel, 1979: 17ff.）。

其實從本世紀初期以降，Karl Jaspers 早已指出理性（Vernunft/reason）與個人的事實存在（Existenz/existence）是不可分的，海德格也接著強調價值與事實（Werte und Tatsache/value and fact）之劃分，在存有學上根本是有困難的；[23] 高達美承續海德格之後，更是一貫主張構成人之根本存有方式的理解活動，原來就是合理論認知及實踐遵循為一體的（Gadamer, GW 2: 458），而黎德爾的「第二哲學」，則是這條路子上繼續跨出去的一大步。重返人實際存在於其間的生命世界，探討歷史傳承與群體互動脈絡中，日常生活世界裡的意義、價值與規範，原本是 20 世紀實踐哲學再度出發的主要動力之一，而如此展現出的思考性任務，其根本態度，將不再是以追究最終真理為己任的為求知而求知，而是知善即行善。「善」不是對象，而是知生死（Riedel, 1988: 221），知命，知有限存在在歷史當中的意義創造及價值取捨。如此這般關乎行止抉擇的知識，它需要的是另一種對於價值與意義的把握方式，而詮釋學尋求理解之道的嘗試，在這裡正可以居中發揮積極的作用，甚至成為長久不息的持續努力。

不論我們面對的是面對個人的有限生命之妥善安排，或是群體歷史命運

---

22 黎德爾亦借重分析哲學的方法研究行為理論，參見 Riedel（1978: 162 ff.; 1988: 139 ff.）等處。

23 海德格在著名的《論人文主義信函》（1946）裡，雖然否認他要經營一種新倫理學的意圖，但是明確指出一種前於存有學也先於倫理學的原初性思考，自身就是一種真正的行為實踐的過程；此信函現收入 Heidegger（GA 9: 313 ff.）。黎德爾正和海德格一致，同樣也認為真正的思考就是一種行為（Denken/Handeln）。

的扭轉開關，新的倫理學是一種進行價值詮釋以及決定價值取向的倫理學，或直接用黎德爾的話來說，就是一套「價值評估的詮釋學」（"Hermeneutik der Wertung"）（Riedel, 1979: 101 ff.），並且以論述性質的語言概念之詮釋（Begriffsinterpretation, Interpretation der Sprache）作為最主要的工作內容。黎德爾自己對政治語言、政治概念的解讀分析，就是一個最好的例子，亦即他曾稱之為是「後設政治學」（Metapolitik）的那種研究方式（Riedel, 1975; 1978a; 1972b）。同樣的在有關倫理議題的探究上，我們也必須面對倫理道德的語言及語言論述進行深入的研究、分析與詮釋，尤其是各式各樣道德論據（Moralbegründungen）的研究；因而論據的檢證，價值與意義的發掘與評估，以便從中尋找或重建行為可遵循的規範，則是所有權勢與充分理解的終極目的。如黎德爾所言：「規範性的判斷都是和價值詮釋相連繫著的」（Riedel, 1979: 98），一切直接對行為起著規範與方向指導作用的「價值判斷」（Werturteil/judgment of value），都要建基於不斷進行的各種「價值詮釋」（Wertinterpretation/interpretation of value）之上，亦即要透過詮釋學的介入與運作，形成黎德爾所言三種倫理學論據類別中的第三種類型（Riedel, 1979: 93-96）。唯獨這樣的「價值詮釋學」所強調的該是投入的詮釋與理解，因而不適合冠之以「後設」之名。

　　此外，黎德爾對於哲學家究竟是怎樣一種人，哲學思考究竟是怎麼一種活動的普遍疑問，也曾提供過一個他自己的，相當古典而保守，卻是十分中肯的答覆，值得在此做一對照；其實藉由對他這項回答正可見其明確的心志，要把哲學家拉回到貼近現實的生活世界裡面，是哲學家重新進入行為履踐的脈絡當中扮演著積極且投入的角色：「從事哲學思考的人是這樣的某一個人，他 »懂得好好地去思考«（der »gut zu denken versteht«）── »好«（»gut«）的意思是說 »概念精確的«（»begrifflich genau«），»全面的«（»universal«）而且 »指導著行為方向的«（»handlungsorientierend«）」（Riedel, 1979: 121-122）。[24]

　　行為、規範及價值評斷的研究，使黎德爾早先對政治學概念語言的探討，匯

24　實際而論，這樣的說明所指的正是希臘文所說的 ευ λεγειν 的本意（Riedel, 1979: 122），而且此處「講述得好」或「論述得好」（ευ λεγειν）正是和「行為得好」或即「實踐得好」（ευ πραττειν）相提並論且相輔相成的，亞里斯多德倫理學中一個幸福的人即為一個「活得好」且「做得好」的人（ευζωια και ευπραζια /one who lives well and does well；見 NE 1098b 22-23）。

聚至更廣大詳實的論議範圍。政治學按亞里斯多德的學說，原該是倫理之善擴至最大領域皆最高價值的實踐哲學之完成，而黎德爾重新從關於人在社群、在歷史中的行為之規範和價值意義去深入探究，去提出價值詮釋及價值判斷的新倫理學，正是用行為理論和價值詮釋學作為建立「第二哲學」的實質性內涵，並構成其學說的最大特色。所以黎德爾在 Erlangen 的紐倫堡大學，能長達二十餘年擔任「倫理學」講座的講座教授，藉由一部部著作經營他的新實踐哲學理論。

五、「第二哲學」與詮釋的哲學論述

「第二哲學」並不再自視為一套「哲學詮釋學」，有意蛻化轉變成一種新的「詮釋學哲學」（hermeneutische Philosophie），亦即具有詮釋學性格的哲學思考、哲學論述工作。因為接受、繼續一整套完全步於海德格、高達美之後的「哲學詮釋學」（philosophische Hermeneutik），顯然並不是黎德爾的哲學志業，然而他深知一種「具有詮釋性格的哲學」──或可逕行譯作「詮釋哲學」（hermeneutische Philosophie）[25] ──卻已經是當今哲學思考活動無法迴避的一條道路。要進行詮釋，當然是要先承認有所承繼，但是與此同時既然還要堅持著詮釋，又正表示著不滿於完全認同已有的一切，不得不思慮如何繼續創新改進，以合時宜。「第二哲學」之為「第二哲學」，實際上也就正是這樣一種自處在承續過去、開拓未來之間，持續進行著的用心投入的哲學思考詮釋任務，如此，也唯有如此，始構成黎德爾常說的「哲學之現在性」（Gegenwärtigkeit der Philosophie）（Riedel, 1990b: 68）。換言之，哲學思考之重要性和它的任務，最後仍然在於能投注於對於當下所處時代的回應。回應，其實也就是對於現在整體情勢評估下的「責任」或「答覆」（Verantwortung/responsibility，或即 answering for），是面對當前處境的困阨，經深思熟慮以提出一回答、回應。所有的哲學思考，可貴之處即在於能夠回應時代所共同遭遇的難題，提出解決之道並指點可行的方向，能夠出自這個時代

---

25 Otto Pöggeler 應該是最早以海德格式詮釋學為準提出此說的學者，見其所編書 *Hermeneutische Philosophie: Zehn Sufsätze* (Müchen: Nymphenberger Verlag 1972)；高達美 1985 年為《著作全集》前兩冊問世所著〈導讀〉中，也自稱其全體哲學思考為一種「詮釋學的哲學」（*GW* 2: 9 ff.），因為他最早的數十年實際教學經驗裡，真正從事的即為一種 hermeneutische Philosophie（*GW* 2: 492）。

之中而回答這個時代的問題，詮釋學的哲學在這一點自然也不例外。[26]

事實上，黎德爾從未把「詮釋學」單純看待成是一個學派認同或學派歸屬的問題，他甚至認為嚴格說來，包括高達美在內的詮釋學思考都尚未能進行到底，許多關於理解詮釋活動的根本基礎問題，至今仍舊未能得到充分的分析。藉詮釋以求理解的工作，對歷史性存在著的人來說，固然是隨時不愁沒有豐富的素材可供採用的，這在海德格對人的歷史性存在的描述、以及在高達美對傳統、歷史權威的極度推崇中已然明確可見，不容質疑。但是黎德爾對詮釋學或說詮釋性質的哲學研究與論述工作，可以說是始終抱持著為嚴肅、積極且要求嚴謹的態度，以期從中開展出豐富而具體可見實效的研究成果，尤其是對未來發展具有積極啟發意義者。否則的話，詮釋學的下場很可能被批評為只落入極具貶義的所謂「搞點詮釋」（hermeneuteln）而已（見 Riedel, 1979: 124 ff.）。[27] 因此之故，「第二哲學」與「詮釋學」之間的關係，仍須進一步澄清，並且特別要針對著詮釋學工作與時代需求之間相互呼應，彼此配合的角度來看待之。

前述對黎德爾影響甚多的 Joachim Ritter 自己雖然不屬於詮釋學傳統，但是在五〇年代中就意識到詮釋學探究方法對實踐哲學、倫理學理論建構的可能貢獻，因而率先強調：針對人類行為與存在的意義指涉上的多重性（Vieldeutigkeit）及意義上的繁複性（Mehrsinnigkeit），用詮釋的方式（hermeneutisch）來重新開拓這個研究領域實屬必要（見 Ritter, 1969: 64）。而黎德爾最主要的見地與成就，即表現在他懂得活用詮釋學上透過概念解析、詮釋以求通盤理解的方式，積極開拓出一條讓實踐哲學再度振興起來，再度顯題化的途徑，亦即「第二哲學」要走的「第二條」路徑，促使哲學思考與歷史進程兩者再次連接起來。

因此對黎德爾而言，不斷嘗試達成全面理解的「詮釋、再詮釋」的詮釋學研究方法，即表現上一節所說的：以「概念之詮釋」（Begriffsinterpretation）

---

26 高達美大力開闢的詮釋學之路，在黎德爾心目中正是一種能在時代當中擔當起回應時代之任務的思考方式，見高達美 90 歲時黎氏發表於《新蘇黎士報》的祝壽文〈思想在時代中的責任：高達美和他的哲學之路〉（Riedel, 1990: 67-68）。

27 按：這是語言學家 Harald Weinrich 所造的一個新字，用來嘲諷當代所謂「詮釋學者們」（Hermeneutiker）的學術研究活動；而正像許多以 –eln 結尾的貶抑動詞，例如康德所批評的粗淺的啟蒙運動中的 "vernunfteln" 之理性的空洞、浮泛的普遍性知識一樣，「搞點詮釋」（"hermeneuteln"）在這裡也是非常輕視而有意貶損其價值的說法。

與「概念之澄清」（Begriffsklärung/-clarification）為運作主軸之詮釋性質的哲學事業；說得更具體些，對他而言，哲學思辨內容就是以「概念史研究」（Begriffsgeschichte/history of ideas）與「概念分析」（Begriffsanalyse/analysis of concepts）兩大項目作為主要重心（參見 Riedel, 1979: 125-126; 1988: 26-27）。所以他主張說：「在哲學中（按相對於經驗科學的方法），我們有概念詮釋——利用詮釋學和邏輯為手段的概念之澄清的方法」（Riedel, 1979: 123）。哲學是概念思維、概念詮釋以至於概念確認與傳述的工作：康德稱哲學為「由概念而來的知識」（Erkenntnis aus Begriffen），黑格爾也聲稱哲學從科學知識一直到辯證思維，就是要承擔起「概念之緊張費力」（die Anstrengung des Begriffes）為己任，去辛苦進行「概念地思考」（das begreiffende Denken）[28] 之整全的開展。哲學可謂捨概念而無存，但概念的語言，卻是歷史傳承、時境變遷下需要一再詮釋的對象，沒有詮釋的擴充求全以融合不同視域，概念徒然是零散孤立，毫無生命力、影響力的古典字句堆沏而已。因此黎德爾說：

> 哲學可以被定義為概念詮釋（Begriffsinterpretation）之學，其目標在澄
> 清所有哲學活動之前，已然在文化宇宙中（im kulturellen Universum），
> 在宗教、藝術、詩文、經濟和政治等型態裡詮釋過的種種經驗內涵及意
> 義內涵。（Riedel, 1979: 126）

黎德爾在較早的著述當中，傾向的是要建立一套「詮釋學的批判論」（"ein hermeneutischer Kritizismus"）（Riedel, 1978: 38 ff.），以康德哲學若干精細的論證架構，配合詮釋的進行，但同時也注意例如分析哲學、批判理論等不同學派對「解釋—理解」（Erklägen – Verstehen/Explanation – Understanding）爭論的各種立場。但愈到後來，他愈回轉到寄望於詮釋學本身（時間上正好和他擔任海德格協會主席，與高達美來往更密切的那段期間相合），而且他毫不諱言他自己的詮釋工作是無時無刻不受到實踐考量的引導的。前述1987年題名〈贊成一種第二哲學〉的那篇訪問裡，黎德爾已一再強調西方古代哲學中原本有著「聽的優先性」（Primat des Hörens），而非像後來以視覺和觸覺為主的方式（Riedel,

---

[28] Hegel, *Phänomenologie des Geistes* (Hamburg: Felix Meiner 1952), Vorrede 48.

1988: 210 ff.）。「聽的優先性」是對話活動當中所表現出來的特殊語言結構，因而遍在於一切語言論述的活動當中，具有關鍵性的地位。而今黎德爾更認為，順著詮釋學訓練的要求，詮釋工作者應該培養出一種開啟「聆聽的向度」（"die akroamatische Dimension"）之能力（Riedel, 1988: 210 ff.），一種盡可能開拓「聽的空間」（Hörraum）（Riedel, 1990: 8-9）的能力。詮釋學在「第二哲學」裡的功能，其所發揮的積極作用，就是要在對話式的詮釋與理解當中，聽取、保存且繼續發揮無數透過「詮釋學之德」（eine hermeneutische Tugend）（Riedel, 1969: 9），透過「詮釋學之正義」（hermeneutische Gerechtigkeit）（Riedel, 1989: 7）所能獲得的義理之精華，滿足時代需求上給予實踐方面的指導性原則。這正是黎德爾的詮釋性質的哲學一直在繼續進行的方式。

六、結論

　　黎德爾之治哲學，無論在思考方向的調整和議題內容的深化方面，接受海德格、高達美式「哲學詮釋學」啟發甚鉅，甚至在行文風格及筆法上，常見前者影響，而撰寫學術論文時表現的廣博深思、對前哲學說要旨的詮釋之審慎周詳、乃至於對重要概念的解析之精確明細，卻又能直追後者的功力。但是他哲學思想上的影響來源並不僅限於此，他更隨時密切觀察同時代各思潮、各學派的進展：像分析哲學 William K. Frankena（Riedel, 1979: 94）、Georg Henrik von Wright、A. C. Danto 等人（Riedel, 1978: 162 ff.），以及 C.G. Hempel 和 P. Oppenheim 的科學理論，都常被引來做對比式的研究（Riedel, 1978; 1979）；在倫理學說及行為理論研究上，黎德爾更對同時發展中的 Karl-Otto Apel 的超驗語用學、Jürgen Habermas 的溝通行為理論、Hans Albert 的批判理性主義投注許多注意力，也充分瞭解彼等對詮釋學探討所能發揮的補助作用。

　　特別值得一提的是，從他早年親炙的哲學啟蒙師布洛赫（1954-1957/Leipzig）那裡，黎德爾懂得一切指向未來的真正哲學思考，即恪遵「希望原則」（*Das Prinzip der Hoffnung/The Priciple of Hope*）的「烏托邦式」（utopisch/utopian）哲學，其偉大之處，正在於血肉裡其實都澎湃著一股原本為道德上的脈動驅使（"der ursprünglich ethische Impuls" Riedel, 1994）。這樣的力量，事實上也一直是黎德爾為學處世的導引，不但表現作為一位哲學教授、哲學研究者的終身職志當

中，更感人的是表現在他於兩德統一前後，重新可以自由來往時，先是來回奔走兩地，之後毅然重返離萊比錫不遠的 Halle 大學任教，在德國學者中論統一利弊的喧鬧（"Zwischenruf"）聲中投注一股身體力行的清流，被學界稱譽為「活生生的智識分子愛國主義」（Gander, 1992）。他回到哲學早已因淪為官方意識形態教育而無存的德東，由更具「在地性」的尼采與康德哲學出發，大有重振威瑪、耶拿（都在 Halle 附近）在德國文化史上輝煌一頁的企圖。1991 年類似「德東行紀」的一冊《時機反轉在德國：被遺忘國度中的行程》（Riedel, 1991），是極成功的一部哲學思考兼感時憶舊的著作；1992 至 1993 年耶誕新年假期於電視發表的 "Erfurter Gespräch" 談話，號召共創文化哲學的德國而非單單是政治的統一，重建時間中可長可久的祖國（"Vaterland in der Zeit"）而非空間擴張的祖國（按後者是發動兩次世界大戰的起因），更是廣受舉國重視且大加讚許，為哲學家論國事世局少見的佳作之一。黎德爾今年正 60 整歲，高達美曾戲稱詮釋學家一定要活得夠久，並且作品會愈來愈佳精，相信再能假以時日，黎德爾全心全意投入的「第二哲學」志業，必然會有更見精彩的表現。

　　「第二哲學」是繼尼采、海德格對西方哲學傳統的第一哲學——形上學、存有學、存有理論——實際發展嚴加批判後，由黎德爾明確揭示一種新的思考途徑，一種自處於實踐議題與詮釋之間的哲學工作繼續前進所值得去走的一條道路。第二哲學之為「第二」，無關乎位階的高低、秩序的先後，而毋寧說更表現為哲學思考本身恆常另謀一「開始」的「再開始」。就這一層意義而言，「第二哲學」之所以為「第二」、自稱為「第二」，重點並非放置在時間意義上的「後於」或「晚於」第一哲學的發展，機來也無虞會再被「第三哲學」甚至「第四哲學」取代之。「第二哲學」應該更是深切洞察傳統「第一哲學」進行至今所造成的困境後，不得不對「第一哲學」的基本特性及格局檢討批評，另思改進之道，同時也正因此而促成哲學思考自身一番「轉化」，要求投向一種視野更寬廣、自覺更高更敏銳，與時代性的實踐課題、歷史任務更能緊密相結合的新思維方式與態度。「第二哲學」因之將依舊自視為要求嚴謹、步調踏實的哲學思辨工作，依舊致力於概念性的陳述與解說，一如前文所述：概念的解析闡述以及概念史的追究詮釋，對黎德爾而言，即為哲學自身發為活動的實質內容。這一高度思考性也是實踐性的人類活動在諸多困擾、諸多混淆的當今之世，正企待我們能再接再厲，將其轉向「具有實踐意圖的詮釋學」之思考途徑上向前邁進。

參考文獻

黎德爾著述目錄

Riedel, Manfred. 1965. *Theorie und Praxis im Denken Hegels. Interprepationen zu den Grund-stellungen der neuzeitlichen Subjektivität*. Stuttgart: Kohlhammer.

——. 1969. *Studien zu Hegels Rechtphilosophie*. Frankfurt am Main: Suhrkamp.

——. 1970. *Bürgerliche Gesellschaft und Staat*. Berlin: Neuwied.

——. 1972a. "Über einige Aporien der praktischen Philosophie Aristotles." In *Rehabilitierung der praktischen Philosophie*, Band 1: Geschichte, Probleme, Aufgaben, hrsg. von Manfred Riedel. Freiburg im Breisgau: Rombach Verlag, pp. 79-97.

——. 1972b. "Bürger, Staatsbürger, Bürgertujm." In *Geschtliche Grundbegriffe. Historisches Lexikon zur politisch-sozialen Sprache in Deutschland*, Bd. 1, hrsg. von Otto Brunner. Stuttgart, pp. 672-725.

——. 1973. *System und Geschichte. Studien zum historischen Standort von Hegels Philosophie*. Frankfurt am Main: Suhrkamp.

——. 1975. *Metaphysik und metapolitik. Studien zu Aristotles und zur politischen Sprache der neuzeitlichen Philosophie*. Frankfurt am Main: Suhrkamp.

——. 1978. *Verstehen oder Erklären? Zur Theorie und Geschichte der hermeneutischen Wissenschaften*. Stuttgart: Klett-Cotta.

——. 1978a. "Political Language and Philosophy." Trans. by George Elliott Tucker, *The Independent Journal Philosophy* II(1978): 107-112.

——. 1979. *Norm und Werturteil*. Stuutgart: Reclam.

——. 1982. *Zwischen Tradition und Revolution. Studien zu Hegels Rechtsphilosophie*. Stuttgart: Klett-Cotta.

——. 1984. *Between Tradition and Revolution. The Hegalian Transformation of Political Philosophy*. Trans. by Walter Wright. Cambridge University Press.

——. 1988. *Für eine zweite Philosophie. Vorträge und Abhandlungen*. Frankfurt am Main: Suhrkamp.

——. 1989. *Urteilskraft und Vernuft. Kants ursprüngliche Fragestellung*. Frankfurt am Main: Suhrkamp.

——. 1990a. *Hören auf die Sprache. Die akroamatische Dimension der Hermeneutik*. Frankfurt am Main: Suhrkamp.

——. 1990b. "Die Verantwortung des Denkens in der Zeit – Gadamer und sein philosophischer Weg." *Neue Züricher Zeitung* 10. /11. Februar(Nr34): 67-68.

——. 1991. *Zeitkehre in Deutschland. Wege in das vergessene Land*. Berlin Siedler.

——. 1993. "Menschenrechtsuniversalismus und Partriotismus – Kants politisches Vermächtnis an unsere Zeit." *Allgemeine Zeitschrift für Philosophie* 18(1993): 1-22.

——. 1994. *Tradition und Utopie. Ernst Blochs Philosophie im Licht unserer geschicht-lichen Denkerfahrung*. Frankfurt am Main: Suhrkamp.

黎德爾編輯的幾本重要的哲學論文集和專書（都和實踐哲學有關）

Riedel, M. (Ed.). 1970. *Wilhelm Dilthey: Der Aufbau der geshichtlichen Welt in den Geisteswissen-schaften*. Hrsg. Mit einer Einleitung von Manfren Riedel. Frankfurt am Main: Suhrkamp.

——. 1972. *Rehabilitierung der praktischen Philosophie*. Band 1: Geschichte Probleme, Aufgaben. Freiburg im Breisgau: Rombach.

——. 1974a. *Rehabilitierung der praktischen Philosophie*. Band 2: Rezeption Argumen-tation, Diskussion. Freiburg im Breisgau: Rombach.

——. 1974b. *Immanuel Kant: Schriften zur Geschichtsphilosophie*. Hrsg. mit einer Enleitung von Manfred Riedel. Stuttgart: Reclam.

——. 1975. *Materialien zu Hegels Rechtsphilosophie*. Band 1, 2. Hrsg. von Manfred Riedel. Frankfurt am Main: Suhrkamp.

——. 1981. *Eduard Gans, Naturrecht und Universalrechtsgeschite*. Hrsg. von Manfred Riedel. Stuttgart: Klett-Cotta.

——. 1990. *Hegel und die antike Dialektik*. Hrsg. von Manfred Riedel. Frankfurt am Main: Suhrkamp.

Apel, Karl-Otto, Dietrich Böhler und Gerd Kadelbach (Hrsg.). 1984. *Das Funk-Kolleg Praktische Philosophie/Ethik: Dialoge 1*. Frankfurt am Main: Fischer. (Riedel: 163-223)

Gadamer, Hans-Georg

GW   Gesammelte Werke 10 Bde. Tübingen: J.C.B. Mohr 1986-1995.（縮寫為：*GW* 冊數：頁數）

——. 1976. *Vernunft im Zeitalter der Wissenschaft. Aufsätze*. Frankfurt am Main: Suhrkamp.

Gander, Hans-Helmuth. 1992. "Lebendiger intellktueller Patriotismus – Ein Gespräch mit Manfred Riedel." *Information Philosophie* Nr. 5(Dezember): 34-37.

Hegel, G. W. F.

PhG   Phänomenlogie des Geistes. Hamburg: Felix Meiner 1952.

Rph   Grundlinien der Philosophie des Rechts. Hamburg: Felix Meiner 1955.

Heidegger, Martin

GA　Gesamtausgabe Bd. 1-. Frankfurt am Main: Klostermann 1975-.（縮寫為：*GA* 冊數：頁數）

——. 1969. *Zur Sache des Denkens*. Tübingen: Max Niemeyer.

Kuhn, Helmut. 1970. "Ist praktische Philosophie eine Tautologie?" In *Rehabilitierung der praktischen Philosophie*, Band 1. Freiburg i. Br.: Rombach, pp. 57-78.

Mehring, Reinhard. 1991. "Kehre durch Erinnerungsarbeit?" In *Politisches Denken: Jahrbuch 1991*. Stuttgart: Metzler, pp. 185-187.

Pöggeler, Otto (Hrsg.). 1970. *Hermeneutische Philosophie. Zehn Aufsätze*. Müchen: Nymphenberger Verlag.

Ritter, Joachim. 1969. *Metaphysik und Politik. Studien zu Aristotles und Hegel*. Frankfurt am Main: Suhrkamp.

Schnädelbach, Herbert. 1987. "What is Neo-Aristotelianism?" *Praxis International* 7: 225-245.

Schulz, Walter. 1972. *Philosophie in der veränderten Welt*. Pfülligen: Günther Neske.

——. 1989. *Grundprobleme der Ethik*. Pfülligen: Günther Neske.

Wieland, Wolfgang. 1972. "Praktische Philosophie und Wissenschaftstheorie." In *Rehabilitierung der praktischen Philosophie*, Band 1. Freiburg i. Br.: Rombach, pp. 505-534.

義理詮釋、自我理解與文化診療

《應用哲學與文化治療學術研討會論文》（1997）

Dialog der Phronesis

前言

　　本文目的，期望從當代哲學詮釋學與詮釋理論當中特別重視理解應用問題之觀點，說明詮釋學如何強調一切理解活動所必然涉及到的歷史脈絡與社會實踐脈絡，並且依據這種新的結合理論與實踐的方式，重行檢討文化診療學或即文化治療學的現代意義與實踐可能。因此本文將會指出，哲學詮釋學之於應用哲學，原本就有一層屬於前者自身內在發展上的親和性關係，而我們順成其理路的充分開展，更不難發現：原先專注於文本（Text/text）中之義理詮釋的詮釋學理論，一經被提升至普遍性之層次時，則單一文本的模式，即大幅推移至上下文本或說前後文本（Kontext/context）的融會貫通，同時閱讀者本身，也不再只是單純地解讀一篇文本對象而已。因為每一詮釋者本人，更且必須要能在他的詮釋活動當中，進行直接面對自身的自我理解，以掌握自身處於歷史及實踐之際的真實定位，並且由此審度籌畫一己所能致力經營的方向。如此明顯可見的發展趨勢和基本持態，實質上正符合著以往所謂文化治療學（Kulturtherapie/therapy of culture）對於哲學思想之根本任務的主張，亦即要就時代發展的現今處境與所面對著的瓶頸加以診斷（Zeitdiagnose/diagnose of the time），描述現況、追究起因，並且更要指點出可能的未來方向導引（Orientierung/direction）。

　　從這樣的基本構想出發，我們將先行闡述當代以海德格（Martin Heidegger）[1]

1　Martin Heidegger（1889-1976）。本文引註以德文原版《海德格全集》（*Gesamtausgabe*）為準，一律縮寫成：*GA* 冊數：頁數，版本詳參考文獻。

和高達美（Hans-Georg Gadamer）[2] 為主的哲學詮釋學演變特色（第一節）；其次我們可以看出，哲學詮釋學絕不是只自限於以文本閱讀模式為主的義理疏解而已，更蘊藏著一番實踐上的考量與省思（第二節）；而其終究實效，可說正表現在理解與自我理解兩者間的相互發用上（第三節）；這樣達成的自我理解，並不一意著重獨立、超乎世外的自我，或是只重複強調自我的主體性，反而會明確刻劃出每一自我存在的有限性與歷史性，從而彰顯個別自我所處身其間的歷史與實踐脈絡（第四節）；如此融合個人於文化發展承傳當中，正就是一切文化批判、文化治療學的基本理念，也勾勒出哲學思想工作可由義理詮釋出發、再經由自我理解的充實，而最終邁向文化診療的時代任務（第五節和第六節）。

一、當代哲學詮釋學的發展特色

詮釋學原本就是關於「理解」（Verstehen/understading）與「詮釋」（Auslegung/interpretation）之技巧應用的系統理論，曾經分別對照著不同的特定解讀文本而有聖經詮釋學、法律詮釋學、或語言學詮釋學等特殊形式出現，然而自從詮釋學於 20 世紀初期和現象學（Phänomenologie/phenomenology）發展同步進行，轉生出當代哲學詮釋學的雛型後，可說自此即進入了全然不同的階段。現象學當作嚴謹（streng/rigorous）且實事求是（zur Sache, sachlich/actual, factual）的嶄新哲學思考方式，打開詮釋活動的無所不包的視野，促成對人的理解、詮釋及語言之全面反思，並因此而確定了通往哲學詮釋學之路程。

以下我們分別從當代哲學詮釋學對詮釋學作用有效範圍的極度普遍化（Universalisierung/universalization），以及對於「理解」、「詮釋」、「語言」（Sprache/language）、「語言的」（Sprachlichkeit）等詮釋學概念的深思及徹底的顯題化（Thematisierung/thematization）這兩個角度，來檢視當代詮釋學之異於古典詮釋學的發展特徵，和其特殊哲學性格。

首先，從當代詮釋學的發展史看，自 Friedrich Ernst Daniel Schleiermacher（1768-1834）開始，簡單說來不外即為從特殊的（speziell/particular）詮釋學發

2　Hans-Georg Gadamer（1900-2002）。本文引註以德文原版《高達美作品集》（*Gesammelte Werke*）為準，一律縮寫成：*GW* 冊數：頁數，版本詳參考文獻。

展到普遍的（allgemein/universal）詮釋學之演變歷程。[3] 她擺脫了原先個別領域的、工具性的地位，不再只是一門單薄的輔助性學科（Hilfsdisziplin），而是在面對如何去正確詮釋傳統文本的義理內涵之同時，也逐漸遠離專屬技術層面之考量或規則化，轉移到從更高層次從事自我反省，以達成理論之深化。從這個時候開始，詮釋學要經由義理詮釋而走回詮釋者對於自己、以及對自身理解活動雙方面的自我理解，就已經成為一個明確的努力方向了。高達美自己常以由方法問題轉渡到哲學問題的焦點不同，拿來判定傳統詮釋學與當代詮釋學的分野（例 *GW* 2: 92 ff.），因而原屬規則性、方法性及技巧性的一些個別應用理論，理當逐漸拓展成最後包含所有人類認知與實踐軌跡在內的一番全盤性省察。高達美可謂緊隨海德格（*GA* 12: 93, 114）之後，不再視詮釋學為特殊的方法之學，而是普遍性的、對於人的根源性認知行為的完整而徹底的哲學思索。待高達美寫完《真理與方法》之後，這份努力，即明確地以詮釋學的「普遍性聲稱」（或譯「訴求」Universalitätsanspruch/the claim to universality）[4] 之名出現，藉以確認詮釋學經驗、詮釋學反思的範圍與作用向度真正無所不至，一如語言交談、論述、詮釋、溝通以致於相互瞭解（Verständigung/Understanding）所及的範域一樣寬廣無限。

　　但是另一方面，Schleiermacher 精心思慮普遍詮釋學規劃之際，也正式以理解為詮釋學的真正核心問題，詮釋學即理解之學，而詮釋則為推動理解遂成的技巧藝術，是理解趨向完成的表達方式。此後相應著普遍詮釋學的規劃，而大幅度提升理解活動與詮釋活動的決定性地位之同時，「理解」與「詮釋」的作用或承載幅度（Tra*G*Weite/range），也就同樣愈來愈擴大，影響愈來愈深遠而明顯，可謂隨同上項當代詮釋學普遍性聲稱與普效性訴求而無限擴充，遍及到所有的認知行為活動裡面貫穿為一體。這又促成高達美繼詮釋學非方法之學的主張後，另一項追隨海德格的基本看法：即理解概念亦非方法概念（Methodenbegriff/concept of method），也不是有獨到之妙的特殊認知方式，而追根究底，毋寧說它正是人之所以為人，其存有樣式最根源性的存有活動（Heidegger, *GA* 2: 190 ff., 444 ff.; Gadamer, *GW* 1: 264; *GW* 2: 438, 440），而詮釋則屬能佐成這種理解活動履行或完

3　Schleiermacher, *Hermeneutik und Kritik* (Frankfurt am Main: Suhrkamp 1977), 75。另參考 Gadamer（*GW* 1: 188 ff.; *GW* 2: 219 ff.）。

4　在 1966 年的短文 "Die Universalität des hermeneutischen Problem"（*GW* 2: 119-231）中陳述最明白，另見 Gadamer（*GW* 2: 8, 255 ff., 439 ff.）。

成的實際歷程。理解為人的歷史性、精神性生命活動之本源，而詮釋則是理解的履行乃至成全之道（Vollzugsweise），一切存有及存有之意義皆從中展現，這樣的主張可說已提升為當代哲學詮釋學的新典型模式。

　　理解與詮釋結合成如此生生不息的生命基源活動，實則是構成了包含歷史傳承、實踐互動在內的更大作用領域的詮釋學反思或詮釋學經驗範圍。而語言，正是使得理解與詮釋活動能無遠弗屆，能滲透一切、無所不包的媒介體（medium），本身即具有存有學上的特殊意義，而非僅為屈居人的眾多其他活動中，任憑使喚的一套工具項（instrumentarium）而已。並非理解去抓取、借用（greifen nach/reach for, grasp at）語言，而是理解根本就在語言中實現它自己。換言之，語言不再是存有之中的一個項目，而是使理解終究能達致一切存有，也就是說使一切存有能成為可以理解的（verständlich/understandable）的導引和依據。此所以高達美《真理與方法》整個第三部分，都在集中討論這個被他名之為「一切理解之語言性」（die Sprachlichkeit alles Verstehens）的課題：[5]

> 毋寧說語言就是那個普遍的媒介體（Medium），在其中理解（Verstehen）完成自己。理解的完成之方式（Vollzugsweise）就是詮釋（Auslegung）。……所有的理解都是詮釋，而所有的詮釋都在一個語言之媒介體裡開展其自身，她（按：指語言）會讓對象在言語中得到表達（zu Worte kommen），但同時仍然是詮釋者自己的語言。（GW 1: 392 斜體部分為原文中加強語氣者）

這是何以高達美說詮釋學的存有學轉向，是要以語言為主導線索達成之的緣故（GW 1: 385 ff.），用另外一句更直接有力而肯定的講法來表達，簡潔陳述出語言、理解與存有三者間的關連，亦即將同樣的思考說成是：

能夠被理解到的存有，就是語言。

"Sein, das verstanden werden kann, *ist Sprache*."

（Being, that which can be understood, *is language*.）

（按 GW 1: 478; GW 2: 334; GW 8: 7 等處原文皆為斜體印出。）

5　除了《真理與方法》第三部分 GW（1: 385 ff.）外，另見 GW（2: 143, 184 ff., 199 ff.）、GW（10: 14ff.）。

換從這個角度來看，詮釋學之普遍訴求，主要是奠基在種種理解詮釋據之以活動、並能藉此得到表達的語言當中，因而語言這一特殊現象，就成為一切存有之不可繼續探底（Unhintergehbarkeit, *GW* 2: 255）的終極現象。語言、理解、和詮釋的徹底普遍化、顯題化，交織出詮釋學經驗理論的根本性主從脈絡。所以說海德格的存有問題，到高達美時，已然被引領到一個完全要用詮釋學來看待的層面，也完全和語言問題縮結在一起，稍後我們會再看到，這種根本立場在詮釋學之實踐問題思考上，如何強化成詮釋的對話性格而獲得進一步發揮。

二、義理詮釋中的實踐考量與實踐向度

高達美繼海德格之後，把詮釋看待成是最終意義的理解之自我完成、自我履行（Vollzug, sich vollziehen/performance, execution）的方式，可說是把 Schleiermacher 以來提高理解作用地位的舉動，繼續貫徹到底，但這同時，也就更進一步開拓出詮釋學理論自身內在的實踐面向與實踐性格。事實上詮釋學，尤其是高達美的哲學詮釋學，可以說從開始到最後都是和實踐哲學緊密相聯結在一起的。[6] 高達美的〈哲學自述〉裡曾強調，他的詮釋學理論是積20、30年之久的教學詮釋工作而來的，是與哲學傳統、大師文本長期對談的成果，真正出諸實踐又應驗回履行的理論。[7] 其實，高達美深受海德格早年解讀亞里斯多德《尼科瑪倫理學》第六卷的啟發，對於一種凌駕理論（theoria/theory）之知與技術（techne/technic）之知其上的實踐（praxis/practice）之知——即實踐智慧（phronesis/practical wisdom, prudence）——始終抱持極大興趣，也投注極大期望。他1930年一篇以〈實踐之知〉[8] 為名的短文，正代表這個方向的起步，而1978年出版的《柏拉圖與亞里斯多德之際的善觀念》[9] 一書，則屬這方面思

6　參見拙作 Geschichte, *Verstehen und Praxis. Eine Untersuchung zur philosophischen Hermeneutik Gadamers unter besonderer Berücksichtigung ihrer Annäherung an die Tradition der praktischen Philosophie* (Marburg 1994)，特別是前言、第四章和結論；另參考 Carsten Dutt 的《高達美訪談錄》，特別是第三篇：C. Dutt hrsg., *Hans-Georg Gadamer im Gespräch* (Heidelberg 1992), 65 ff.。

7　Gadamer, "Darstellung (1973)." In *GW* 2: 479 ff.，另見 *GW*（2: 3）。

8　Gadamer, "Praktisches Wissen." In *GW* 5: 230 ff.。Manfred Riedel 認為此文是高達美全程思考的最早胚體細胞（Keimzelle）。

9　Gadamer, "Die Idee des Guten Zwischen Plato und Aristoteles." In *GW* 7: 128 ff.。此書被推許為高達美繼

考的續集大成。同時即使在詮釋學理論特徵的開展方面，高達美也一再強調亞里斯多德倫理學或廣義之實踐哲學，對詮釋哲學理論起的模範作用。[10] 1971年〈詮釋學作為實踐哲學〉一文裡，他甚且簡潔有力地明白宣示：「詮釋學就是哲學，而且作為哲學（她就是）實踐哲學」（Hermeneutik ist Philosophie, und als Philosophie praktische Philosophie.）。[11] 針對本文要討論的應用哲學、文化批判或文化治療的主題而言，哲學詮釋學與實踐哲學互相發明的積極意義，尤其顯見在其對於「應用」問題（Anwendung/application）的再探究與「生活世界」（Lebenswelt/life-world）之轉向。前者觸及的是一切義理詮釋如何落實在自我理解之講求上，因而瞭解一切理解詮釋皆有一產生實效的作用，後者則指出所有實效之源源發生，最終只在豐富每一詮釋者與他人共處其間的實際生活世界。

　　詮釋學發展的歷史上對於「應用」（Anwendung）問題曾經提出獨特的看法，而在高達美的哲學詮釋學裡更特意重提，再加進一步的發揮，並因此更為凸顯出當代詮釋學中不容忽視的實踐向度。他引述18世紀虔敬教派詮釋學者J. J. Rambach 的解經學觀點，後者認為要完全領會經書奧義，只有互為表裡的詮釋之巧思（subtilitas intelligendi）和理解之巧思（subtilitas explicandi）尚且不足，還需要再加應用之巧思（subtilitas applicandi），才能真正瞭解到經文的教誨啟迪。因此應該是這三種巧思巧能合起來，才構成理解的履行及完成之道（*GW* 1: 312）。高達美對此深表贊同，但他認為我們應該從中體認的深義是：其實在所有理解當中，始終有一層應用考量，即如何把所要理解的文本，實際應用到詮釋者現在所處情境上。文本中的義理之所以有價值，就在於它能被充分應用以促成詮釋者對自身處境有較好、較適切的瞭解掌握，能夠以更為整全的觀點，歸諸到生活世界的完滿充實上。

　　所以高達美雖然重提此說，卻不同意我們再繼續把理解、詮釋、應用看待成三項被分離開的特殊技巧。相反的，他堅持：「應用是詮釋學過程裡一個和理解及詮釋同樣整合不可缺（integrierend/integral）的構成部分」（*GW* 1: 313）。

《真理與方法》後的第二部真正主要著作。

[10] 見 *GW*（1: 317 ff.）、*GW*（2: 301 ff., 319 ff.）、*GW*（4: 216 ff., 243 ff.）、*GW*（7: 373 ff.）、*GW*（10: 238 ff., 259 ff.）。

[11] 見 Gadamer, "Hermeneutik als praktische Philosophie." In *Vernunft im Zeitalter der Wissenschaft.* (Frankfurt am Main 1976), 108（按：此文未收入《高達美作品集》）。

「應用」問題涉及的不僅是單純的、個別領域的詮釋能否「是用」（Applikation/application）的問題。無論神學詮釋學或語文學詮釋學中，所有針對特殊個案詮釋的檢討，都不是為了理論而理論，為了認知而認知，然後再嘗試看看如此獲得的理論知識，是否亦具有實用上的價值。一切涉及歷史與實踐的人文精神科學，進行的研究工作都是在更貼近實際人生的軌跡上運作的。而偏重歷史性思考的詮釋學理論，其實自始至終都蘊含著如何以詮釋理解所得的義理，實質上開啟我們具體生命真正可能的整全表現為效用。「理解在這裡一直都已經是應用了」（Verstehen ist hier immer schon Anwendung./Understanding here is always application. *GW* 1: 314）。換言之，應用問題所關注的適用與否，並不是一個後起的、附加性的技術應用問題，而是從一開始就和理解的活動、詮釋的努力同步運作著的一項整合性的關鍵原則。因此當哲學詮釋學討論應用問題時，就特別注意道：「這其中所涉及到的是一個蘊含於一切理解之內的要素」（*GW* 2: 260）。唯有將此整合要素重新提出，甚至要格外強調它，才能瞭解真正的理解（das wirkliche Verständnis/the actual understanding）其發生應該是一種對我們造成實際效應、亦即產生一定實質性作用（Wirkung/effect）者。所以說，透過對應用問題的再思考，在這裡，「理解證實自身為一種實效，並且知道自身是這樣一種實效」（*GW* 1: 326）。而一切實質性效果的發生、以致於自知其產生的作用，不外即回轉落實於人的具體的生命世界，也就是說每一個人的真實生命事實上生活、存在於其中的這個世界。

　　從胡賽爾到海德格，再從海德格到高達美，對於生活世界的一致著重與深刻反思，構成現象學到詮釋學有跡可循的完整脈絡，也是高達美認為現象學最具革命性的理論貢獻。[12] 理論、實踐與技術應用，思考、行為與實際生活，現實、理想與價值追求，都是統合表現且再作用於這個日常（alltäglich/everydays）的生活的世界裡面的。這種回歸到具體而實在的生活世界的努力，高達美稱之為「生活世界之轉向」（lebensweltliche Wendung/life-worldly turn），[13] 而且質言之，這一轉向可說要比緊隨海德格之後的存有學轉向（ontologische Wendung/ontological turn）更具意義，充分表述出當代哲學詮釋學的實踐性格。另一方面，這一轉向

---

[12] Gadamer（*GW* 3: 147 ff., 160 ff.; *GW* 2: 3 ff.）。按高達美仍常自稱為一現象學家。

[13] 參考前引拙作，*Geschichte, Verstehen und Praxis*, 114-116。

相對於《真理與方法》中只側重歷史傳統的「一內涵性轉向」（eine inhaltliche Wendung）[14] 而言，更能夠相當程度修正了後者之內涵上的片面性，這點也算是高達美後來深自體悟得到的一層繼續發展。

三、理解與自我理解：哲學詮釋學的對話性格

此所以高達美在寫給 Leo Strauss 的一封信裡表示，應用問題才是他對實踐考量方面的真正核心問題，而詮釋過程中所要求達致的視域融合，也只是應用考慮放置在歷史意識發生方式的一種特殊形式（Sonderform/a special form）[15] 而已。哲學詮釋學的交談與對話性格，簡單來說，就是表現在理解與自我理解之間，持續不斷地互相發用上的，而其實際成效，則表現在高達美所說的「視域融合」（Horizontverschmelzung/fusion of horizons）[16] 之可能性。「視域融合」的積極且具體的效用簡單地說，不外即透過交談對話，實質上促成一種對於自我理解的更正，使得自我理解不斷翻新，不停留在已知已見的局限中。一切理解活動的最後目的，不外是持續增進人的自我理解——這可以說是詮釋學上將理解行為看做是最根源、且最普遍性存有活動之後，所表現出的極具建設性、且實際影響極深遠的一項中心主張。從這樣的基本觀點出發，哲學詮釋學逐漸發展出極力強調交談（Gespräch/conversation）或即對話（Dialog/dialogue）的特色，主張連最初、最基本的文本詮釋工作，都必須再從有效、有意義的對話之重建去看待。這就是高達美何以要把語言中的對話結構（Dialogstruktur/structure of dialogue）置諸中心思考課題的緣由（GW 2: 13），並且據此發展他自己一套可冠以「詮釋學交談」之名（hermeneutisches Gespräch/hermeneutical conversation）[17] 的積極模式。這也是前述一切理解之語言性（Sprachlichkeit alles Verstehens）移置在實踐層面考慮時，更進一步的創新主張，因為語言之為語言，是唯有在活潑、生動而具體的對話交談之執行當中，使得以完全開展的。所以照高達美的看法，原本專屬

14　見 Gadamer（GW 2: 447-448）。

15　Leo Strauss and Hans-Georg Gadamer, "Correspondence Concerning Wahrheit und Methode." *The Independent Journal of Philosophy* II (1978): 9.

16　參見 Gadamer（GW 1: 307 ff., 379 ff., 401; GW 2: 55 f., 351, 475）。

17　參見 Gadamer（GW 1: 372 ff., 391, 465 ff.; GW 2: 13, 238）。

義理文本詮釋的注疏工作，其實也應該像是一場跨越時間隔距，向傑出的傳統經典提問，以聽取其回答的生動對話一樣。應用問題，實即問與答的辯證發展脈絡之具體化。如此情況之下，文典內涵的深義，才能真正被學習、獲取得到（aneignen/appropriate, make one's own），而文典積藏的豐富意蘊可跨越時空鴻溝持續有效，則義理詮釋可開啟的實際效果，也才能滿足自我理解的無盡的要求。

　　這種詮釋學工作上的歷史性格與實踐性格，在高達美的詮釋學交談理論中對於對話關係的著重，以及由此所可能達致的視域交融的說法當中，都受到前所未有的重視。這是高達美哲學詮釋學特殊的貢獻所在，而且實際上，這也是他對海德格業已展開的詮釋學語言思考，稍作重心轉移後所得致的豐碩成果。他和海德格相同的地方，在於根據前述理解和語言的普遍化、極致化之後，把人的存在於世界當中的在世存有（In-der-Welt-sein/Being-in-the-World），擴展為更生動靈活的在語言當中的存有（In-der-Sprache-sein/Being-in-the-Language），而他和海德格不同的地方，則在於他再進一步，把個別的自我又引領進入歷史的、群體的在交談對話中的存有（in-dem-Gespräch-sein/Being-in-the-Dialogue）。如此融合過去與現在、個人與群體、歷史與實踐的共有、共享、共謀未來的共同存有方式，高達美稱之為最真實的「交談對話的共同體」（Gesprächsgemeinschaft/community of discourse），[18] 這其中所有的活動，都具有高度的社會生活世界的意義，而一切直接關係著思考、行為之世界經驗的開啟，也都無不包含在其中。

　　德國詩哲賀德齡（Friedrich Hölderlin, 1770-1843）不僅是德國觀念論發展上的要角，其詩文也是海德格思想中的最愛，尤其他的詩句：「自從我們存在為一場交談以來」（"seit ein Gespräch wir sind"），[19] 更為海氏思索語言現象的奧妙之際一再引述的名言，其後復成為 Karl-Otto Apel、Manfred Riedel、Jean Grondin 及高達美等當代詮釋理論學者追究語言問題時的一座標竿。海德格雖然已注意到在語言中不只是講話說話（sprechen/speak），同時還有緘默（schweigen / be silent）以及聆聽（hören/listen）等要素在內，[20] 但海氏畢竟和黑格爾、尼采無異，仍是屬於自說自話的獨語（Monolog/monologue）風格，能夠入其法眼的經

18　參見 Gadamer（*GW* 2: 255）。
19　特別在海德格《賀德齡與詩的本質》一書，例見 Heidegger（*GA* 4: 38; *GA* 12: 79 ff.）。
20　例如 Heidegger（*GA* 2: 217-218; *GA* 12: 243）等處多有論及。

典文本確實無多。真正能深思詮釋之精義，開示一層聽取的向度者，則是其後的高達美和 Manfred Riedel 兩人，亦即新形成的一種可稱為「交談對話的詮釋學」（Gesprächshermeneutik/Hermeneutics of Dialogue）。[21]

所以前述賀德齡的詩句，依照高達美之意更完美的表達應該連同原文下一句併讀：「自從我們是一場交談／並且互相聽到起」（"Seit ein Gespräch wir sind/Und hören können von einander"）[22] ——自從我們的存在成為一場交談、而且能夠在交談當中互相聽到對方（的時刻）開始——這樣才能更貼切地道出交談詮釋學特重聆聽向度的真諦，而把理解活動拓展至共同實踐的層面。聽，不僅要相互聽到對方（voneinander zu hören/from each other）、還要求要真正能聽取而交融互疊（aufeinander zu hören/upon each other），使得我以外的其他人、其他意見與聲音，能以比我更強勢的姿態融入，從更勝一籌的事理理解打開每一有限視域的局部性。這種積極的聆聽向度一旦打開後，交談對話才真正進入互動流轉的運行空間，也才開始有互相造成實質影響、彼此產生交互作用的結果出現。視域融合之說，在此也不只是一種單純甚至空談的理想，而是確實在你我交談對話中不斷努力以赴的追求方向與實際任務。

如此一來，上述高達美主張透過聆聽向度的持續開啟，而後形成的所謂交談對話共同體（Gesprächsgemeinschaft），其實也正是所有有限主體在歷史歸屬與社會連繫方面的最終憑據與依歸。所有有限的存有以你—我夥伴（Partner）的關係，緊密形成一共同參與其中、共享共有並充分交流（communion）之存有共同體（In-der-Gemeinschaft-sein/Being-in-the-Community）的新組合結構。

四、有限主體的歷史關連與社會關連

哲學詮釋學從文本詮釋、義理啟迪為出發點，目的卻在於達成真實無欺的自我理解，而如是自我理解所理解領會到的實質內容，不外即人的存在之「有

---

21 特別參考 Manfred Riedel, *Hören auf die Sprache*. Die akroamatische Dimension der Hermeneutik (Frankfurt am Main 1990)。

22 Hans-Georg Gadamer 於 1990 年在 Bamberg 的演講 "Hegel und die Sprache der Metaphysik" 這篇演講未收入全集，而刊印於 *Sprache und Ethik im technologischen Zeitalter*. Bamberger Hegelwoche 1990 (Bamberg 1991), 38；另參考 Carsten Dutt 的《高達美訪談錄》，同註 21 第 13 頁。

限性」（Endlichkeit/finitude）與「歷史性」（Geschichtlichkeit/historicality）。換言之，從理解詮釋工作歷程裡實際所開示出的一套自我理解，不再是傳統意義的一套主體性哲學，繼續把一切客觀性皆奠基於主體性上，視客觀性為從主體性所源生出者（Heidegger, *GA* 9: 374）。相反的，主體是而且只能是有限性的主體，是離不開所處歷史關聯與社會關聯之外遺世孤立的主體。高達美有時候甚至說，這是他和海德格共同推動的、對於所謂「超驗主體性」哲學（transzendentale Subjektivität/transcendental subjectivity）以及「自我意識」（Selbstbewußtsein/self-consciousness）之優位（Primat/priority）的徹底批判，以便重建詮釋與溝通交談的重要性。

　　從這樣的思考得出的結果，則是重新刻劃每一個人的「對歷史傳統的歸屬性」、以及在「社會群體當中的相互關聯性」，並且一再強調，這才是我們每一個人不容否認的歷史與社會生活之真實狀態。放到歷史傳承當中來看，「歷史意識」（das historische Bewußtsein/the historical consciousness）之受到實際歷史的影響與作用，遠大於個人的歷史意識能以主體姿態反過來去作用於歷史。[23] 放在社會群體生活互動的脈絡裡面來看，則每一個個人受到群體之型塑左右，也遠超過個人想像得到、或是願意承認的地步。歷史現實裡，沒有一個人是從一個零點（Nullpunkt/zero），或說像一張白紙（ein weißes Blatt/a white paper）那麼樣出發的，歷史傳承與社會化（Sozialisierung/socialization）過程當中，每一個人都帶有先前的來自於外界的印記或鑄型（Prägung），這使我們開啟視野，但同時也限制住我們當前的視野，有待從更寬廣的視域導引而得以開拓融合。認為個人的思想及行為都完全獨立自主，不假外求也無須溝通檢視的，是根本不合實情的想法，也往往是各種弊病的起因。

　　「一種真正的歷史思考，必須同時也思考到自身的歷史性」（*GW* 1: 366）。錯誤地看待歷史性之事實，有意或無意地忽視了歷史對歷史中有限存有者的實際作用，在高達美的哲學裡皆屬於無法接受的態度，而且放置在關於行為實踐的思考的脈絡時亦然。歷史和語言一樣，都是無法被私有化（privatisiert）的東西，詮

23　按：此說正是高達美最著名也最突出的雙義性原則——作用歷史原則或譯實效歷史原則（das Prinzip der Wirkungsgeschichte: das wirkungsgeschichtliche Bewußtsein/the principle of the effective-history）。參見 Gadamer（*GW* 1: 305-312; *GW* 2: 228 ff., 239 ff.）。

釋學經驗告訴我們，如果有人認為可以在文典詮釋、在歷史傳統中，找出「只對自己一個人有效、只對自己一個人可以理解的真理」（für einen selber gültige und verstöndliche Wahrheit/the truth which is valid and intelligible for one himself），那就錯得離譜而且完全不符歷史性共有的真意了（*GW* 1: 304, 309）。

> 事實上，歷史並不屬於我們（所有），而是我們都歸屬於歷史。早在我們回到自我思慮中理解自己之前，我們就以很顯然的方式，在我們生活於其中的家庭、社會和國家裡理解到自己。主體性的焦點是一面哈哈鏡。個體對自身的自我思慮，僅只是歷史生命連續不可分的流轉脈動中的微光一閃。因此個人的前見（先見、先有判斷／Vorurteile）遠比他的判斷，更是他自身存有的歷史實在性。（*GW* 1: 281）

家庭、社會、國家，即黑格爾所言客觀精神的開展場域及辯證進行階段，在這其間，原本而單純的主體性（Subjektivität），須步步進展至主體際性或主體間性（Intersubjektivität）的寬敞而實在的活動領域裡，亦即一切普遍者得以具體化（Konkretisierung des Allgemeinen）的表現場所。高達美特別欣賞黑格爾的客觀精神學說（Lehre vom objektiven Geist）或即現實界學說（Wirklichkeitslehre），其實正是因為要極度強調有限主體的歷史歸屬與社會關聯之故。[24] 個別人在歷史當中的存有（In-der-Geschichte-sein/Being-in-the-History），實則同時亦是在社會群體當中的存有（In-der-Gesellschaft-sein/Being-in-the-Society）。高達美與黑格爾不同的，甚而可說更勝過黑格爾的地方，則在於他大力主張歷史性存有無法窮盡於自我認知（*GW* 1: 307），因而也無法像黑格爾那樣由絕對知識構成理論系統之完成（Vollendung/completion, perfection）。此所以整體而言，這也是高達美寧取柏拉圖活潑開放的對話模式，而不願完全接受黑格爾嚴謹統一又趨於絕對的辯證模式之理由。他的黑格爾研究也一再強調：「辯證必須要收回於詮釋學中」[25] ——收回到詮釋學理解對話的更穩健包容、流動融通的廣闊思考脈絡中去。

24　參見前引拙作 *Geschichte, Verstehen und Praxis*, 180 ff., 188 ff.。

25　"Dialektik muß sich in Hermeneutik zurücknehmen." 參見 Hans-Georg Gadamer and Jürgen Habermas, "Das Erbe Hegels. Zwei Reden aus Anlaßdes Hegel-Preises." (Frankfurt am Main 1979), 77, 90（按：此文未收入《高達美作品集》）。

五、文化進展與文化反省

對當代哲學詮釋學的前述概要探討，不難發現，目前不論詮釋學或詮釋理論，皆具有一共同傾向，就是把哲學思想工作看待成是普遍性、全面性的實際詮釋活動，而這些活動的動機與活動中懸念不忘者，則是要進行理解、要追尋並掌握住一切詮釋活動過程裡得以開啟出的內涵意義。表面上看來，這樣的目標仍舊沿襲著從前詮釋文本、要從傳統文典中擷取義理精華的模式並無差異，但是實際上正因為理解文本兼具促成自我理解之效，因為從自我的歷史歸屬與實踐要求上洞悉其有限性，因而整個詮釋努力當中，必然更強調置身移入多元互動的充分交流，而後共同理清呈現出一番有待同心協力以赴的整全之貌。在這裡，高達美在文典詮釋中所強調的「整全性的先著」（或譯為「整全性的先行把握」Vorgriff zur Vollkommenheit），[26] 換成對個人行為實踐上的自我要求與期許，以及對集體文化活動、族群歷史生命的反思與批判時，也是同樣具有高度啟發性的說法。

西方哲學思想發展上，出現過許多不同形式的文化批判，而其中有兩位思想家最令人矚目。法國哲學家盧梭（J. J. Rousseau, 1712-1778）曾強烈批判唯理性文化的偏頗扭曲，蒙蔽了天性的良善；他要把文化發展方向往回拉，贊成返璞歸真，回到人與人融洽相處、人與自然諧和並存的景象。德國思想家尼采（Friedrich Nietzsche, 1844-1900）則批判文化的停滯靜默、疲敝不振，顯見不出生命激昂奮起的力量；他要把文化發展的方向向上抬，採取狂熱的意志重建，進行價值重估以振衰起敝，推向詮釋（interpretieren/to interpret）再詮釋的思想投入工作。如今哲學詮釋學格外珍視傳統遺產，而又能面對現實處境，開啟未來展望，表現的正是一種更為融通整合的實踐態度，而且所要成全者，不外即致力開顯出整個歷史生命可能通達的全體大用的領域。高達美的哲學詮釋學對於文化、歷史、生命與現實世界，可謂一以貫之地用無所不包的詮釋學經驗貫通起來，而又特別注重在當前的生活世界裡，以無私無我的交談對話、溝通融合方式進行其理解詮釋之志業，可以說提供了另一番積極從事文化批判工作的風貌。

按照這種先尊重共同承繼，再協力開創新局的哲學立場，要真正投入文化批

26　參見 Gadamer（*GW* 1: 299 ff.; *GW* 2: 61 ff.）。

判的工作，就需要先能有入世的精神，接受歷史且進入歷史，履行實踐且繼續實踐，而前述詮釋學生活世界的轉向，亦為一個看重此世此生的明白表徵。哲學的這種入世性格，換由另一位後現代的詮釋學者 Gianni Vattimo[27] 代言，則又極度強調詮釋學與倫理學兩相結合的可能性與必要性；要將真實生命世界與共同生活世界的種種關懷，透過相互取得一致共識的交談模式，轉化為履行實踐的動力。這才是詮釋學被提升至哲學層面後真正應有的具體表現。Vattimo 的思考，事實上和許多新一代詮釋學者（廣義的），如 Manfred Riedel、Jean Grondin、Franco Volpi、Franco Bianco、Richard Rorty、Peter Christopher Smith、Georgia Warnke 等人同出一轍，都相當受到高達美詮釋學的影響。

　　另一位與高達美齊名的當代法國詮釋學家 Paul Ricoeur，也同樣表現出對文化反思的關注以及對行為履踐的重視，他從 Freud 精神分析對傳統自我意識的逆轉中，解讀出一套並不悲觀妥協的文化詮釋學（Hermeneutics of Culture）之實踐方式。[28] Ricoeur 自己的現象學詮釋學接續胡賽爾、海德格之後，可謂和高達美平行發展，學說規模與內容上，卻因為不斷與結構主義、符號學、心裡分析、社會學等領域進行交談，表現得比高達美更見圓融多樣，更能以「敘事性」與「時間性」一對主軸，闡釋他對歷史長河及文化成長的反省所得。Ricoeur 的詮釋學整體上從文本（text）邁向行為（action）：最早雖然從詮釋與詮釋間無可避免的衝突著手，中間卻見及自我理解的曲折前行，而其主體詮釋學（Hermeneutics of Subject）最終也同樣轉投注到文化詮釋學的更寬廣面向，與高達美特別重視詮釋學和實踐智慧之間的關係，實具有互相呼應的效果。[29]

六、文化治療學的當代哲學意義

　　哲學家關心文化發展，針砭現世弊病，思慮人類未來的種種努力，可謂由

---

[27] Gianni Vattimo, "Die Säkularisierung der Philosophie." In *Beiträge zur Hermeneutik aus Italien* (Freiburg i. Br. 1993), 207-222.

[28] Paul Ricoeur, "Psychoanalysis and Contemporary Culture." In *The Conflicts of Interpretations* (Northwestern UP 1974), 121-159.

[29] Domenico Jervolino, "Gadamer and Ricoeur on the Hermeneutics of Praxis." In *Paul Ricoeur. The Hermeneutics of Action*, ed. Richard Kearney (London 1996), 63-79.

來已久，且未嘗止歇。「文化治療學」（Kulturtherapie）之名雖然出現較晚，但各種形式之文化批判憂時憂民，尋求精神出路與依歸的思考嘗試，則屬哲學史上屢見不鮮的實例。早在西元第一世紀前期，一心結合猶太民族信仰和希臘思想家哲學理論的非羅（Philo of Alexandria, B. C. 25-A. D. 40），就曾在他的著作《論靜觀默思的生命》（*De vita contemplativa*）裡報導過一個當時定居亞歷山大城，自稱 therapeutés 的僧尼群居團體，意即自視為上帝的僕役、人間的照顧者（*therapeutés*/Therapeutist），他們認為上帝是絕對超越的他者，世人惟有透過以哲學靜思和《舊約》聖經詮釋作為心靈的慰藉與診治，才得以擺脫有限身心的惱苦紛亂，獲得向上揚昇的救贖力量。如此「治療」（Therapie/therapy）一詞在心靈思考上的作用而言，更接近古希臘文 *terapeia* 原意，是指一種參與期間的陪伴、服務、效勞（Dienen, Dienst/service, duty）、是照顧（Pflege/care），是一種積極從旁幫助以成全之的活動和努力；因而「治療師」（Therepeutist）也非現代具備專業醫療護理訓練，能夠用藥物、手術醫治並照料病患、傷者的人員，而是類似一位 *therapeutés* 般，是 Diener 或 Pfleger（servant, nurse）的地位。哲學思想之促成文化診療的效果，並不是現代所謂臨床醫學的醫療技術一樣，好像一切發展症狀都可以控制在握，可以對生病中的文化施加專業的治療處理（Behandlungen/medical treatments），而是要促使文化活動更能從事精神上的自我反省，能回轉本源而更見充實自己。這點正如高達美一向強調的：精神科學領域裡的詮釋學，從來不會致力獲取一種「統治知識」（Herrschaftswissen/knowledge to control），不論要詮釋的對象是法律的意旨、上帝的許諾或經典文籍的義理，詮釋的進行都是輔佐助成的服務的形式（Dienstformen）而非主導控制的形式（Herrschaftsformen）。[30] 而且正因為是為著應該有效的事理（was gelten soll/what ought to be of value, to be valid; *GW* 1: 318）服務，詮釋當中才包含著應用的實效。

　　哲學詮釋學所倡議者，即先回轉到義理詮釋所能掌握住的傳統之真實，同時理解自我之有限性與必然歸屬所在，而能一再將過去、現在與未來的不同視域融合起來，從整全的觀點出發，讓應該有效、有價值而美好的事物繼續發揮其長久的應用實效（Wirkungen/effects）。事實上這樣重視經典承傳研讀，關心

30　參見 Gadamer（*GW* 1: 316）。

時代議題，籌謀將來展望的思考任務，也一直都是哲學家的探討事理真相的主要動力，而且當前哲學思想工作者，也一直都是哲學家的探討事理真相的主要動力，而且當前哲學思想工作者，對於文化診療、科技反省等時代課題，也表現得尤其關切。例如 Hans-Ludwig Ollig 為德國學術圖書協會（Wissenschaftliche Buchgesellschaft）彙編八〇年代德國最重要哲學論文時，即別有深意地把文集的書名定為《哲學作為時代的診斷》（*Philosophie als Zeitdiagnose*），[31] 當然診斷尚未必及於治療，各種病理病狀的析解及其發生癥結的診斷挖掘，還僅止於有效治療的準備工作而已。但哲學之理當密切關注人類社會當前所共同面對的時代議題，並且從通盤思考的宏觀立場出發，從而指陳出每一問題的關係脈絡中造成困境發生的癥結所在，以改換整體視野的審查角度，則是從事哲學思考工作者不容旁貸的職責，也正是八〇年代以來德國哲學家們普遍覺醒後的共識。

再如1989到1990年間 Hannover 哲學研究院舉辦一系列公開演說裡，受邀演講的哲學家們同樣也都思考到哲學家如何善盡社會職責的問題：哲學應該是關乎整體現實界（Gesamtwirklichkeit）的宏觀理論，而其思慮之所得，也必須轉回到現實層面顯見其功效。[32] 這和前述高達美所言出於實踐、回轉履行到實踐的「實踐之知」，以及他援引胡賽爾所說的出自生活世界、又回轉充實生活世界的「生活世界之知」，同樣異曲同工地表現出哲學思辨的最終關懷所在。如果套用 Walther Ch. Zimmerli 的新近出版書名而論，哲學家們對當前科技進展、工程責任、遺傳技術、戰備與和平等議題之進行思辨反省，正表示著哲學並非不問世事，相反的始終不忘要插手或說干預現況（Einmischungen）。[33] 哲學家要發言就是要發揮哲學思考的柔性的力量（die sanfte Macht），在現實議題的釐清紓解當中殫精竭慮，展示其指引方向的作用。

歷史生命無法化作全然客觀、對立於己身之外的研究對象，人世現實亦非一成不變、僵固停滯的現狀實況，而是處於各種力量交互作用下恆常發展變動的整

---

[31]　參考 Hans-Ludwig Ollig ed., *Philosophie als Zeitdiagnose* (Darmstadt 1991)，書中為八〇年代間最能替哲學思考打開新方向的十餘篇論文，分成「當前處境（Gegenwartssituation）的分析」和「當前處境的實踐性克服」兩部分，故不僅有時代診斷之意圖，更具有具體規劃可能出路的文化治療之事實。

[32]　Peter Koslowski hrsg., *Orietierung durch Philosophie* (Tübingen: Mohr 1991)。另見拙文，〈德國哲學與德國哲學現況〉，《哲學雜誌》第 11 期，頁 239（1995）。

[33]　Walther Ch. Zimmerli, *Einmischungen. Die sanfte Macht der Philosophie* (Darmstadt 1993).

體現實世界。思考的力量，哲學批判反省覺悟的力量，正是影響現實取向之所有力量中一樁犖犖大者。哲學的力量貌似柔和迂迴，看遠不看近，因為提不出立竿見影的明確藍圖，所以既缺少藥到病除的快意，又顯現不出起死回生的神蹟；但是，文化治療的意義與功效，其實沒有比喚起文化活動自身生命力更為強而有力者。哲學詮釋學不只促使我們回顧文化傳統，開採經典文獻中蘊藏豐富的義理詮釋的世界，更幫助我們透過理解活動的反覆創新、視域交融的流通努力，以進行持續不歇的自我反思，因而對於當代哲學意義的文化診療，必然會有極大的發展空間與欣然可期的一定貢獻。

參考文獻

Gadamer, Hans-Georg. *Gesammelte Werke* 10 Bde. Tübingen: J. C. B. Mohr 1986-1995.
（縮寫為：*GW* 冊數：頁數）

Heidegger, Martin. *Gesamtausgabe* Bd. 1-, Frankfurt am Main: Klostermann 1975-.（縮寫
為：*GA* 冊數：頁數）

Chang, Ting-Kuo. 1994. *Geschichte, Verstehent und Praxis*. Eine Untersuchung zur
philosophischen Hermeneutik Gadamers unter besonderer Berücksichtigung ihrer
Annäherung an die Tradition der praktischen Philosophie, Marburg: Tectum.

Dutt, Carsten (Hrsg.). 1992. *Hans-Georg Gadamer im Gespräch*. Heidelberg: Carl Winter.

Gadamer, Hans-Georg. 1976. *Vernunft im Zeitalter der Wissenschaft*. Aufsätze, Frankfurt
am Main: Suhrkamp.

——. 1993. *Über die Verborgenheit der Gesundheit*. Frankfurt am Main: Suhrkamp.

Gadamer, H.-G. and Habermas J. 1979. *Das Erbe Hegels*. Zwei Reden aus Anlaß des
Hegel-Preises. Frankfurt am Main: Suhrkamp.

Gadamer, H.-G. et al. 1991. *Sprache und Ethik im technologischen Zeitalter*. Bamberger
Hegelwoche 1990. Bamberg: Fränkischer Tag.

Jervolino, Domenico, 1996. "Gadamer and Ricoeur on the Hermeneutics of Praxis." In *Paul
Ricoeur. The Hermeneutics of Action*, ed. R. Kearney. London, pp. 63-79.

Koslowski, Peter (Hrsg.). 1991. *Orietierung durch Philosopie*. Tübingen: Mohr.

Ollig, Hans-Ludwig (Hrsg.). 1991. *Philosophie als Zeitdiagnose*. AnsAtze der deutschen
Gegenwartsphilosophie. Darmstadt: Wissenschaftliche Buchgesellschaft.

Ricoeur, Paul. 1974. *The Conflicts of Interpretations*, Northwestern University Press.

Riedel, Manfred. 1990. *Hören auf die Sprache*, Die akroamatische Dimension der
Hermeneutik, Frankfurt am Main: Suhrkamp.

Strauss, Leo and H.-G. Gadamer. 1978. "Correspondence Concerning Wahrheit und
Methode." *The Independent Journal of Philosophy* II: 5-12.

Vattimo, Gianni. 1993. "Die Säkularisierung der Philosophie." In *Beitrüge zur Hermeneutik
aus Italien*, Freiburg i. Br. Alber, pp. 207-222.

Zimmerli, W. Ch. 1993. *Die sanfte Macht der Philosophie*. Darmstadt: Wissenschaftliche
Buchgesellschaft.

理解，詮釋與對話
從哲學詮釋學的實踐觀點論多元主義
《多元主義：政治思想論文集》（1998.3）

Dialog der Phronesis

前言

哲學詮釋學（Philosophische Hermeneutik/philosophical hermeneutics）為當代德國哲學思潮中發展甚為長久，且極具影響力的一股思考與研究趨勢，而且其傳播所及，早已超出德國甚至於歐陸的範圍，其作用實效之寬闊，更廣汎見諸於各個學門，絕非僅限於充任人文精神科學之認知方法論而已。哲學詮釋學不只是20世紀的一套哲學新說，同時更具實質意義的是：她既然自稱為「哲學的」詮釋學，對於一切理解、語言、詮釋活動的普及和普效性（Universalität/Universality）就有高度的自覺，並視之為所有歷史性存有之活動的真正最終基礎所在，因此在哲學詮釋學的發展過程裡，一直對時代所重視的普遍性議題投注極大關注，對時代的進展變遷也能始終亦步亦趨，緊隨不捨。哲學詮釋學的這種實踐性格，亦即對哲學與時代之間的關係特別重視的看法，可用一句黑格爾名言來表達：「至於個人，畢竟每一個人皆為他的時代之子；而哲學亦然，是為思想中所把握到的她的時代」（《法哲學綱要》序言）。[1]

多元主義（Pluralismus/pluralism）不僅是傳統政治、社會哲學裡的重要課題，更為當前崇尚自由發展、和平演變的時代精神所熱切推許。舉凡各項文化

1　"Was das Individuum betrifft, so ist es ohnehin jedes ein Sohn seiner Zeit; so ist auch die Philosophie, ihre Zeit in Gedanken erfaßt." Hegel, *Grundlinien der Philosophie des Rechts* (Hamburg: Felix Meiner 1955), 16。詮釋學何以特別重視此言，可參見 Rüdiger Bubner, "Philosophie ist ihre Zeit, in Gadanken erfaßt." *Hermeneutik und Ideologiekritik* (Frankfurt am Main: Suhrkamp 1971), 120-159。

傳承與創新活動中多元的價值取向、意義確認、宗教信仰相容並存，到不同的生活習俗、族群聚落、語言溝通，以至於性別、年齡、出身、興趣、嗜好等等個別差異，理當得以並行不悖、和而不同，皆屬以自由精神為最高嚮往的當今時代表徵。因此對多元主義的理解與詮釋，對於其所代表的意義之領會開展，及實踐上的具體要求，自然也是哲學詮釋學應該關心的焦點。而且更重要的是，詮釋學原本從理解和詮釋出發，最後卻歸結於保持多元交談（Gespräch/conversation）與對話（Dialog/dialogue）的開放與暢通，因而對當前多元價值與意義如何可能共存並進的問題，我們相信她一定會有其獨到的見解。

本文以海德格（Martin Heidegger）[2] 及高達美（Hans-Georg Gadamer）[3] 兩人為主軸發展出的哲學詮釋學為準，先概述詮釋學發展歷程上、尤其到高達美時表現出強烈認同於實踐哲學傳統的主張（第二節）；隨後探討文本詮釋學與行為詮釋學兩種模式的不同重點，再次凸顯理解詮釋中隱含的對行為實踐要求之強度（第三節）；繼而更指出如此要求所欲達成者，不外即哲學反思中之自我理解，然而其結果卻絕非一意強調獨立自主的自我，而是真切領悟到每一個人自身恆處於歷史與群體脈絡中的自我理解（第四節）。

第五節和第六兩節則進入真正探討的主題部分，意在確認哲學詮釋學作為一種對話交談的詮釋學（Gesprächshermeneutik/hermeneutics of dialogue）[4] 之進展特徵，其究竟宗旨，在於謀求事理層次上的相互理解同意（Verständigung/understanding, agreement），正如同傳統詮釋活動裡，讀者與文本作者間可達致的「視域融合」（Horizontver-schmelzung/fusion of horizons）一般（第五節）；隨後再針對此一全新的哲學思考模式，進一步研議哲學詮釋學關於理解、詮釋與對話的深切省思，如何能呼應著當代的多元主義論述與主張（第六節）。

2　Martin Heidegger（1889-1976）。本文引註以德文版《海德格全集》（*Gesamtausgabe*）為準，一律縮寫成：*GA* 冊數：頁數，版本詳參考書目。

3　Hans-Georg Gadamer（1900-）。本文引註以德文版《高達美作品集》（*Gesammelte Werke*）為準，一律縮寫成：*GW* 冊數：頁數，版本詳參考書目。

4　交談詮釋學（Gesprächshermeneutik）一詞最早由 Jean Grondin 及 Manfred Riedel 提出，Riedel 最早稱高達美的思考為「詮釋學的交談辯證」（hermeneutische Gesprächsdialektik, 1986, 1-28; 1991, 96），另見 Grondin（1991: 473）、Chang（1994: 60-61）和 Günter Figal 等。按高達美於《真理與方法》（1960）還只提到一種詮釋學的交談（ein hermeneutisches Gespräch，例如 *GW* 1: 391 ff.），但未用及「交談詮釋學」一語，後來則接受此說，並且屢次自己使用於像接受 Carsten Dutt 訪談等場合（Dutt, 1993）。

一、哲學詮釋的實踐向度

詮釋學，尤其是高達美的哲學詮釋學，自始到終都含有一種對實踐哲學的高度肯定在內，而且是隨著時間的反覆考察，愈來愈成為明白表述出的根本認同，這一點，可說是目前愈來愈受到識者重視的當代詮釋學特色（Riedel, 1990; Figal, 1992; Volpi, 1992; Dutt, 1993; Chang, 1994）。詮釋學之名源起於古代希臘神話的信使神（Hermes），諸神的傳訊者，他身負宣示、傳譯、解說的任務，而往返於神界與人界之間（Palmer, 1969: 12-32; Kerenyi, 1964: 42-52）。神話之後的詮釋學作為一種技巧之術的理論，則是針對著面對特定文典要加以解讀及詮釋時，所涉及的方法而產生的，目的在以利於對文典中義理的明瞭，以至於理解所得的傳遞。此所以早期的詮釋學理論，內容上多偏重語言學、文法學、文本批評之可循規則、範例的整理彙編，提供類似解經注釋（exegesis）技巧學的規模法度，結果就多見方法問題的精益求精，少有哲學思索的更上層樓。據此，詮釋工作者投身於經典文籍的詮釋、解讀、註疏與迻譯之間，他們所依仗的詮釋學只是作為一門輔助學科（Hilfsdisziplin），用以擷取義理之精華，而往來古今之際，跨越時間距離的鴻溝。而後，正因為所有歷史性學科都離不開詮釋性的理解，詮釋學就儼然成為所有涉及歷史研究的精神科學（Geisteswissenschaften/the humanities, moral sciences）裡，方法運用與對象範圍確定上不可或缺的一個基礎部分，這也就是從 Friedrich E. D. Schleiermacher（1768-1834）發展到 Wilhelm Dilthey（1833-1911）之際，歐陸詮釋學的主要學術貢獻所在。

但是詮釋（Auslegung/interpretation）究竟是一種認知還是一種實踐？如果詮釋是為了達成理解（Verstehen/understanding），那麼詮釋與理解的關係如何劃分？或說詮釋究竟如何佐成理解，而消融於和所欲理解的事理本身（die Sache selbst）的合匯為一當中？這種種的問題，其實亦即要追問說詮釋如何完成，完成之後所獲取者，當屬怎樣的一種知識，能夠對我們產生何種積極實效？而這樣的深切反省，這種對詮釋學發展上的自我定位的努力，卻是詮釋學自身進行當中的一連串真正重要的、內在性而不可迴避的問題。顯然可見的，閱讀活動是屬於各色各樣人類行為當中的一種，而且是特別要等到人類文明發展到相當階段時，才可能隨之而起，與書寫文本的出現和普及同步興起。所以詮釋該是一種後起的活動，正好像理解也是在一定的、已經給予的脈絡中才會發生一樣；詮釋與理解

都不是無端無由、憑空而起的，同時其產生結果也都必然是在實際上有所著落、其影響有所應證的。而事實上，一切關於人類歷史生命、社會活動與精神發展的精神科學之知識性格，究竟而論，皆應歸屬於此，這也是高達美《真理與方法》（*Wahrheit und Methode*, 1960）第二部分特別要擴展到精神科學領域，探討此處真理之彰顯、知識之獲取，實有遠超出方法規格限制之外者的一大原因。

　　詮釋學所講的經驗知識既非講求嚴格方法的，各別專業領域的科學知識，亦非按部就班，可付諸實際操作的技術知識，而是更接近於一種出自每一詮釋者之歷史真實處境與社會關係脈絡（Zusammenhang/coherence, connection），而又能夠歸結應用於現實生活世界（Lebenswelt/life-word）裡的實踐知識（Praktisches Wissen）。[5] 這種知識並不特意追究先驗超驗（transzendental）層面上知識如何可能的問題，而總是密切關係著事實上的歷史傳承，其中具體的、實質或實務性經驗，以及如何把這些傳承繼續進行下去。高達美常用亞里思多德「實踐智」（Phronesis）概念來描述這種詮釋學的整合性經驗知識，並因而肯定亞氏的倫理學乃至整套實踐哲學，對於當代詮釋學理論具有一典型模範的作用。[6] 一篇未收入《作品集》的論文〈詮釋學作為實踐哲學〉（1971）裡，他甚至直接有力地宣告哲學詮釋學與實踐哲學兩者之間，始終不可劃分開的緊密關係：

> 詮釋學就是哲學，而且作為哲學〔她就是〕實踐哲學。（1976: 108）
> "Hermeneutik ist Philosophie, und als Philosophie praktische Philosophie."

　　於是當詮釋學逐步由專業技巧之學轉變為普遍認知之學時，詮釋學原本蘊含著的實踐向度，著重持續性、整合性履行與應用的一貫主張，也就益發明顯而確

5　高達美早年深受海德格解讀亞里思多德《尼科瑪倫理學》第 6 卷的啟發，對一種凌駕理論（*theoria*/theory）之知與技術（*techne*/technic）之知的實踐（praxis/practice）之知，亦即亞里思多德所說的實踐智慧（phronesis/practical wisdom, or prudence）始終抱持著極大興趣，也投注極大能開展新局的期望。他 1930 年一篇以〈實踐之知〉（"Praktisches Wissen" *GW* 5: 230 ff.）為名的短文，正代表這個方向最早的一個起步，而被 Manfred Riedel 等學者視為高達美全部思想的胚芽（Keimzelle）；後來 1978 年出版的《柏拉圖與亞里思多德之際的善觀念》（*GW* 7: 128 ff.），則屬這一思考方向的繼續，和古典實踐哲學的集大成之作。參考 Riedel（1986: 7; 1990: 103, 131 ff.）、Volpi（1992: 5-23）、Chang（1994: 95 ff., 140 ff.）。

6　參見 *GW*（1: 317 ff.）、*GW*（2: 301 ff., 319 ff.）、*GW*（4: 216 ff., 243 ff.）、*GW*（7: 373 ff.）、*GW*（10: 238 ff., 259 ff.）。另參考拙作，Chang（1994: 導論、第四、五章和結論）部分，以及拙作，〈「實踐智」與新亞里思多德主義〉，《哲學雜誌》第 19 期，頁 66-84（1997 年 2 月）。

定。原先以文典解讀為重心所在的詮釋活動，也轉變成為深入思考行為實踐的哲學性訴求。尤其在和批判理論（Kritische Theorie/Critical Theory）進行的一場爭議對話之後，高達美更加確認詮釋學的普遍性聲稱（Universalitätsanspruch/claim on universality），也更加強調要由嚴肅而認真的實踐完成（Vollzug/performance, solemnization）之積極性角度，去證驗哲學詮釋學之無所不及的範圍與作用。這一思考取向，再回過頭來配合他《真理與方法》（1960）第三部分──亦即以語言（Sprache/language）為詮釋學之普遍的存有論上的主導側面（*GW* 1: 387 ff.），因而放置在無所不包含在內的語言之媒介（medium）當中，即形成一個高達美所謂的「交談對話之共同體」（Gesprächsgemeinschaft/dialogue-community）的出現。而高達美第一次提出這個新詞，正是在那篇與批判理論爭論的總答辯的文章裡（*GW* 2: 251 ff.），而且他很清楚地指出這裡要表達的思考，跟一切最終實踐之間的深切關聯：

> 但是哲學詮釋學她的要求延伸得更廣。她要求得到普遍性。她提出此要求的理由是，理解（Verstehen）和互相瞭解（Verständigung）原本都不是指稱一種經方法訓練的處理文本的態度，而是人類社會生活的履行形式，這就最終的表述而言就是一個交談的共同體。沒有任何東西，沒有任何的世界經驗，是被排除在這個交談共同體之外的。現代科學的專精化及其愈來愈窄的專業圈知識不能，物質化的勞動力及其各種組織形式不能，就連維持著社會現狀的政治統治及行政管理機構，也不能處置在這個實踐理性（與不理性）的普全媒介體之外。（*GW* 2: 255）

這個由我們所有人共同構成的交談對話之共同體，其實也正是《真理與方法》裡已非常強調的，一個分享歷史文化的經驗之共同體（Erfahrungsgemeinschaft/experience-community, *GW* 1: 367），以及因此而成為一個共創真實命運的生活之共同體（Lebensgemeinschaft/life-community, *GW* 1: 450），更進一步擴展充實之而然的；這也可以說是一個真實化、生活化且不斷在進行活動中的語言共同體（Sprachgemeinschaft/linguistical community）的具象化，成為高達美後來自稱他的詮釋學是一套交談詮釋學（Gesprächshermeneutik），而非從前舊式的重構詮釋學（Rekonstruktionshermeneutik）的一項具體特徵（Dutt, 1993: 24）。

二、從文本（Text）詮釋學到行為（Handlung/Action）詮釋學

　　整體而論，當代詮釋學刻意突出一切理解與詮釋活動的語言性（Sprachlichkeit/language, of the language），從而使得往來運作於語言當中的理解和詮釋躍居為真正的中心議題，不再單獨限於與文本的接觸，而是遍及到一切有意義及創造意義的踐行活動，貫通起各式各樣的，可能的與現實的，過去、現在與未來的經驗世界。語言中的觀見所得（Sprachansicht）即是對世界的觀見所得（Weltansicht），擁有語言（Sprachhabe）和擁有世界（Welthabe）也是二合為一的事情（參考 *GW* 1: 442 ff.; Apel, 1963: 34, 52 ff.）。這是詮釋學發展上得之相當不易的一個突破，也因而顯現出與傳統詮釋學完全不同的另一番局面。高達美繼海德格之後，對此可以說一直有很明確的一種自覺。

> 詮釋學所置諸中心的語言性，不只是本文（Text）的語言性而已。它也正意指著一切人類行為與創制（Handeln und Schaffen）的基本存有條件，就像亞里思多德強而有力地用 *zoon logon echon*〔按中譯可作：「擁有語言的生命」，舊譯則是依拉丁文 *anima rationalis* 而譯作「理性的動物」〕把人和一切其他生物區隔開來一樣。（*GW* 10: 328）

　　事實上回溯海德格最早的現象學方法理念之經營，我們不難發現，他從一開始所講求的「理解」（Verstehen/understanding）不僅正是一個特屬於詮釋學的普遍概念，更重要的是這個概念，在他原本就是結合著「行為」（Handeln/acting, practice）之實現概念而論的。換言之，當代詮釋學注意的焦點，與其說仍是特殊文本的詮釋與解讀的工作，不如說早已轉移到從意義之理解領會出發，所必然涉及的行為實踐之要求與考量這些重點上。而前述高達美詮釋學之借重實踐哲學傳統，以至於發揮理解的應用向度，原先就都是接踵海德格而來，繼續深刻化這方面的洞見。海德格著名的《論人文主義信函》（1946）裏，所以會把思想（Denken/thinking）與行為（Handeln/acting）視為同樣的實踐過程（Heidegger, *GA* 9: 313 ff.），其實可以說早就有跡可尋，不只1927年的《存有與時間》，緊接著1928年的《現象學諸基本問題》裡我們都可以讀到同樣的看法：

理解作為自我籌劃（Sichentwerfen/projection）是此有之發生（Geschehen/happening）的基本方式。它是，我們也可以說，行為的真正意義。理解不是一種認識的方式，而是人存在的基本規定。[7]

在海德格心目中，理解一直就是一項適足以表徵人之所以為人的最根本、最突出的存在特徵（Existenzial/existentiale），而非只是一般的認知方式之一；而我們透過理解過程所掌握到的，當然也不再只是零碎的、個別片斷的普通知識，毋寧是將每一個人的存有在此的特殊存在方式，當作一番整全的、實質上操之在我的存有之能夠如何（Seinkönnen/potentiality-for-Being）——能夠成為或成就出怎麼樣的真實屬己的存有方式——而且這不是後來的、要添加上去的，而是基於理解的運作特性讓人認清這原本就是可能的（Möglichsein/Being-possible），[8] 也因而是要從現在到向未來，在生命當中戮力以履行之的。這一層見解，正是經由高達美的繼續發揮，而終於成為哲學詮釋學的中心思想特色之一。如較後起的 Günter Figal 就指出文本的模式是這樣的：在這一模式中，行為所關涉到的整體脈絡，最後都能在這活動之完成歷程裡顯現出來；若再進一步言之，理解活動最終不外完成一切自由（Freiheit/freedom）所及的範圍，打開所有歷史性可能者的整體活動空間。[9] 如此一來，理解與詮釋不只是面對典籍、處理文本時的特殊方法技巧，而是整個個人生命活動歷程中普遍運行的軌跡，而對話交談，則進一步拓展到更大的可能經驗層面，是歷史性生命的行為履踐所能達致的全部效用範圍。

從這樣的重心轉變再回顧從前，我們不難理會，《真理與方法》第三部分論述理解與語言之間不可分的普遍關連時，早已不僅僅關涉到文本（Sein zum Text/Being toward text）的觀點及範圍，它更應該是把語言的整個詮釋作用與效果，擴展到我們所有的生命實踐（Lebenspraxis/life-practice）當中去彰顯出來

---

[7] "Das Verstehen als Sichentwerfen ist die Grundart des Geschehen des Daseins. Es ist, wie wir auch sagen können, der eigentliche Sinn des Handelns, ... Das Verstehen ist keine Art des Erkennens, sondern die Grundbestimmung des Existierens." Heidegger, *GA* 24: 393；另參考 *GA*（2: 190 ff., 444）。

[8] "Das im Verstehen als Existenzial Gekonnte ist kein Was, sondern das Sein als Existieren. Im Verstehen liegt existenzial die Seinsart des Daseins als Sein-können. Da-sein ist nicht ein Vorhandenes, das als Zugabe noch besitzt, etwas zu können, sondern es ist primär Möglichsein." Heidegger, *SZ* 143, *GA* 2: 190-191.

[9] Günter Figal, "Verstehen als geschichtliche Phronesis." *Internationale Zeitschrift für Philosophie* 1(1992): 24-37.

（Dutt, 1993: 35-36，參見 Gadamer, *GW* 2: 251 f.）。這一說法高達美自己也深表同意，他甚至更進一步指出：他於《真理與方法》（1960）之後30年來致力於一種交談哲學（Philosophie des Gesprächs）的運作方式，其實就是要把原先環繞著文本打轉的理解與詮釋，重新投注回當前的行為實現之脈絡關聯裡，以便藉由對話交談的實際運作，更加豐富哲學與時代之間的交互關係。而這樣一來，哲學詮釋學在當代哲學論述中的意義與重要性，因而也更為大幅提高起來，因為她不只投入到經典古籍的傳習註釋，也投入當代哲學多元論述的相互理解，尋求共見共識的努力中。哲學詮釋學在六〇年代與傳統方法論詮釋學，在七〇年代與「批判理論」，在八〇年代時與「解構」（deconstruction）理論，以及不時與其他思潮或個別哲學家的精彩對話，其真正重要的意義，都不外是藉由相異立場間的交談對話，以便促進更佳自我理解及進一步發展的具體事例。

三、詮釋學與自我理解：歷史性理解詮釋中的應用問題

　　哲學詮釋學之不同於傳統詮釋學，首先表現於不再自視為一門方法之學（Methodenlehre/methodology）；詮釋學不應該只是單純的詮釋技巧而已，更是一套完整的、哲學性的理解理論（Verstehenstheorie/theory of understanding）。同時從海德格、高達美以來，這種新的理解理論也不再視理解為一個孤立的現象，而是歷史性生命依存於語言當中的全面活動。但高達美更勝於海德格的地方，則在於他更進一步強調內在於理解中的根本的應用（Anwendung/application）問題，並進而主張詮釋學的根本任務，是在於促成詮釋者作為一歷史生命的自我理解。用他自己的話來說，理解作為一種無時不忘的應用，始終也正是要同時「贏得一番加寬而又加深的的自我理解（Selbstverständnis/self-understanding）」（Gadamer, 1976: 108），亦即能從更為清楚詳實的處境脈絡間重新認識自我。

　　所以在高達美心目中，一切理解活動中的最終目的，無外乎是在履行詮釋要求的進行之間完成或說繼續推進自我理解。詮釋與理解，在哲學詮釋學的最寬廣的思考國度裡，早已超脫出枝節性的技巧之術，也不滿足於小章小節的字句解讀之用，而大幅度提昇至欲窮究歷史性生命存在的真實面目之大用。而這一番最終的、透徹的自我理解與自我省悟，更加強化其一貫透過對話交談、以促成視域融合的實踐詮釋工作的主張。從這樣的整全觀點重新出發，哲學詮釋學的基本新

立場可以表述為：語言是托載著理解並使得理解成為可能的、至大無外的媒介體（Medium），而非只是一套可用可不用的工具（Instrumentarium）；詮釋在語言當中，則有如理解活動的實際執行、履行方式一般，或說就是理解的成全之道（Vollzugsweise/way of performance），理解由詮釋的持續進行當中完成自己，也自知其可能的應用與發揮（GW 1: 392）。理解、詮釋與應用是完全整合在一起，相互配合著進行的歷史思考方式，是三者合一的一個統一體（GW 1: 312 ff.）；然而終究而論，沒有任何其他的應用，會比能把理解詮釋之所得應用到自己身上（auf sich selbst anwenden），也就是比自我理解更主要、更切要的應用。所以高達美近年接受訪問時，仍一貫強調說：

> 在一切的理解當中，都有理解自己本身（Sich-selbst-Verstehen）作為第三個實行的要素在內——一種用應用的樣式，虔信教派（Pietismus/Pietism）時人稱之為應用巧思（subtilitas applicandi）。不僅理解與詮釋，更還有應用、還有理解自己本身，也是每一次詮釋學的進行程序中之部分。（參見 Dutt, 1993: 10）

應用始終參與在理解中而共同決定著理解對象，換言之對高達美言：「應用是詮釋學過程裡，一個和理解及詮釋同樣整合不可或缺（integrierend/integral）的構成部分」（GW 1: 313）：而應用問題的最後實際成效，就是返轉至自身，理解一切歷史思考本身的歷史性與有限性，一種詮釋學經驗中的終究自我理解。歷史性（Geschichtlichkeit/historicality）與有限性（Endlichkeit/finitude）兩個概念，一直都是海德格和高達美的哲學思考中最基本的底層預設，它們先由海德格的存在思考加以凸顯出來，卻在高達美的詮釋學理論裡得到充分發揮。高達美尤其一向主張：「一種真實的歷史思維必須同時思考到自身的歷史性」（GW 1: 304, 366），亦即以歷史性存在之事實置諸於一切反思活動的基底處。

哲學詮釋學從人的歷史生命出發，特別強調主體是而且只能是有限性的主體，是離不開所處歷史關聯與社會關聯之外遺世孤立的主體，從這樣的思考得出的結果，則是重新肯定每一個人對歷史傳統的歸屬性（Zugehörigkeit/belonging to），以及在社會群體當中的關聯性（Zusammenhang/context），並真正承認：這才是我們每一個人不容否認的歷史與生活之真實狀態。放在歷史傳承當中來看，個人的歷史意識（das historische Bewußtsein/the historical consciousness）之受到

實際歷史的影響與作用，遠超過他能以主體姿態反過來要去作用於歷史；[10] 放在社會群體生活互動的脈絡裡面來看，則每一個個人受到群體之左右型塑的程度，也遠非個人想像得到、或是願意承認的地步。歷史歸屬性和群體關聯性，適足以重新體悟個體歷史經驗之有限：而現在詮釋學經驗的積極意義，就是要透過這樣一種深刻的自我認識，促成一切理解活動當中皆可見的理解與自我理解之相互發明。所以說：

> 經驗就是對於人類有限性的經驗。經驗的根本意義在於，誰明瞭到它，誰就知道他並非時代與未來的主人。（……）真正的經驗，是那種在其中人會意識到他的有限性的經驗。（GW 1: 363）

這個「我們的歷史經驗之有限性」（GW 1: 236 ff., 461）的課題，不但成為詮釋學層層探向歷史傳統深義時，真正獲致的肯定結論，同時也形成繼續建構關係著現在與未來的其他可能經驗時，不得不正視之的根本事實。甚至於連詮釋學對自身的理解，都因而為之大幅改觀。而這也是交談詮釋學脫離與傳統對話之範疇，轉向實踐開創的一個新契機，充分體認自身歷史性與有限性之後一種新的開放的態度，而如此開放而積極朗健的為學態度，卻正是以適度的自謙作為起步的。下一段引文足以凸顯出詮釋學的自我理解之所得，結果正在於不再自稱是任何最終的或絕對的哲學立場，而在於實質上促使語言中的交談溝通以及達成相互理解的可能。

> 「詮釋學的」哲學並不把自己理解成一種「絕對的」（absolute）立場，而是理解為一條經驗的路途（ein Weg der Erfahrung/one way of experience）。她堅持著，除了讓交談保持開放之外，再沒有更高的原則了。然而這也始終是說，在事先就要承認談話夥伴（Gesprächspartner）可能是對的，甚至說是優於自己的。這樣子會是太少了嗎？（GW 2: 505）

10　按：此說正是高達美最著名也最突出的雙義性原則——作用歷史原則或譯實效歷史原則（das Prinzip der Wirkungsgesehichte: das wirkungsgeschichtliche Be wußtsein/the principle of the effective-history）。參見 Gadamer（GW 1: 305-312; GW 2: 228 ff., 239 ff.）。

　　語言的生命是在持續的對話交談當中表現著，正如歷史的生命，是在歷史的流傳延續當中才得以維繫著一樣；唯有透過雙方、乃至於多方不斷往返進行的對談講話，語言始能獲得且維持住其生命力，而得到整全幅度的持久向前開展。詮釋學不僅在詮釋文本、理解歷史傳統中找到了自己的工作定位，同時也毫無遲疑地投向與相異者、陌生者對話交談之際的互動，期待由此走出一條無盡的自我充實之大道。如果能從真實無欺的自我理解中洞悉一切歷史生命之有限，從而轉身投入最富原創力的語言遊戲─交談對話當中，那麼不論依舊是和特定傳統文本進行詮釋性對話，或是於現實世界裡協同籌思當前處境、共謀未來展望的大計方針，詮釋學都不會也不該變成缺席者。相反的，由於她的積極參與，反而會為語言表達的形形色色見解，開啟各種可能的進行視域交融之門戶，更讓語言可能達致的「詮釋學宇宙」（das hermeneutische Universum/the hermeneutical universe），整個地充實飽滿了起來。

> 語言總是只在交談中的。語言只有在講話的去與來之間實現自己（完成自己），在其間一句話語給出了另一句話語，而且在其間我們和其他人一同講述著的語言、我們互相發現到其他人的語言，才充分鮮活地發展開來（sich ausleben/live one's life fully）。（GW 2: 144）

四、詮釋與對話：論視域融合（Horizontverschmelzung）

　　從前幾節的討論已經可以看得出來，高達美一直持有一種強烈而獨特的主張，肯定語言之最根源意義的現象是要在對話中去把握（GW 2: 332），對話交談才是首要的語言表現（Sprachlichkeit/language, of the language），相較之下，書寫（Schriftlichkeit/writing）則只是第二義的（GW 1: 396; GW 2: 309, 344 ff.）。固然意義的區隔與固定，離開文字符號的書寫不足以見其效，尤其在歷史傳承的觀點上更是如此，但高達美要極力強調者在於，一切書面記載的符號語言（Zeichen-sprache/the sign language）原本都關涉到真正的講話交談的互動下的語言（Sprache der Rede/language of speech），而且唯有透過還原到生動的交談對話情境當中，才能完成對文本的理解詮釋工作。甚至哲學性的文典都不是真正的文本或作品，而只是思想家隔著時代進行思想性對話的一篇篇文稿

（Beiträge/contributions），[11] 而且一旦如此對話不再繼續進行下去時，那些哲理典冊，也就喪失掉展現其義理多樣性開顯的機會。

把詮釋當作對話的過程看待，所要藉以顯示的主要問題在於：如何在閱讀文本時，發現且面對文本當中的「他性」（Andersheit/otherness），從而必須把文本當成一個自有主見、不容強行竄改其意的「你」來對待。所謂「他性」，原意是指「其他的」、「不同的」、「另外一種的」，這裡則是說在實質內容與意義上，文本自有所本，凡是讀者不當的、先入為主的意見與看法（Voreingenommenheit），都會由於如此機會（按即去對照文本之本意）而得以受到揚棄、修正、擴增與補全，因為文本之實質真理永遠有可能出現而贏得上風（GW 1: 274）。所以文本中實際含蘊著的真理，始終具有它自己的持續性、恆常性，是經歷過時間的考驗而後證成自身的。一切經典性著作之備受珍視、廣泛流傳，一再被閱讀領會當中，固然會不時引申新解發生，但追究其引人入勝、啟發深思的最終來源則始終為一，亦即文本中所陳述的事理本身（die Sache selbst）。

因此文本中的「他性」或「他異性」，表面上看來是強調文本義理與詮釋者之間的差距，實則卻正好強化了文本自身的地位，減低詮釋者喧賓奪主、自作主張的自我膨脹，反過來要求把文本當做一個不可否認、不可歪曲而且不容輕視的「你」來相對待之。唯有如此，才能重建出表現詮釋活動當中富於生命力的對話結構（Dialogstruktur/structure of dialogue），從而使得視域融合的詮釋效果真正得以產生。因而這裡所說的「你」不僅是一個普通的、一般隨遇而然的「你」，更應該是一位必須審慎對待、是一位宜當尊崇之，以便能向他學習、聆聽他的高見的「你」。此所以高達美於行文之際，一律把這樣的一個「你」書寫為一個大寫的「你」（Du/you），[12] 俾能凸顯出這一層特別考慮到的意思。畢竟一個人稱指謂的「你」，要勝過所有用到字尾 –heit（/-ness）來構其抽象意含的名詞，而更能夠

---

11 Gadamer（GW 2: 13）；另參見 Heidegger（GA 12: 117）。

12 按：德文人稱代名詞「你」除了放在句首或是在書寫信函中以外，原本是不用寫成大寫的。參見 Gadamer（GW 1: 364 ff.），這和 das andere 會被書寫成 der Andere 或者複數的 die Anderen 有異曲同工之妙。可說是高達美為了要表達充分尊重他異性、貶低、淡化自我性的一種特殊筆法。1986 年《作品集》第一、二冊序文裡，高達美又再稱之為「他者之特殊現象」（das besondere Phäomen des Anderen/the special Phenomenon of the Other），唯有「他者」之出現及受看重，才足以打破一般的自我中心（Ichzentriertheit）之妄執，見 Gadamer（GW 2: 9）。

把高達美交談對話的詮釋學特性，及其追求目標生動地點畫出來。如此著墨下，一個「你」不是平板單調的不變對象，不是無生命的呈現，而是受到重視、注意去聆聽的存在者，是能夠直接與我們發生關聯且產生互動者；不論那實際上是一篇傑出的文本，或是交談共同體之中的一位他者。換而言之，高達美這套充滿實踐求全精神的哲學思想裡，所有的他者、他人，終究都不是全然無關的陌生者，而是經過相互認同、承認共同歸屬，也會表現出共同關心與興趣的別人（另一個人），以高達美的話來說，這恰好是如夥伴（Partner/partner）關係一般，是可以交談、可共事，可增益己所不能的夥伴關係。

　　因此一場真正的、彼此受益的對話，必須說話交談的對象同時也就是聆聽的對象，他不能只是一個講話時的受話者（Adressat/addressee），只是被動地在接受講話人的意見，甚至於在接受講話者的教訓而已，他更要也能夠是一個主動的發言講話者，能表達出自己對所談論著的事物之立場及見解，並且反過來要求他的談話對手聆聽反應。所謂交談或對話，正在於它的進行過程並非自說自話，不是一人獨白（Monolog/monologue）；所有的對話之為對話，理當是有往有來（Hin und Her/to and fro），在交互的引導進行當中，彼此各具啟發助益之功效的雙向乃至於多向活動。甚至於說，一個真正會進行談話的人，是能夠在交談之際幫助對方抒發己見，能讓別人表達得更清楚有力（"den Partner sogar stärker machen!"）的人（*GW* 1: 372 ff.）。而且高達美更認為，古典希臘哲學以來的辯證（Dialektik/dialectics）的藝術，其實即屬於能表現出這樣的思考成就者：知道如何使得別人所說的話從事理本身來看更為有力，表述得更為清晰、強烈而令人信服。[13] 如此不在乎誰對誰錯，只關切共同理解、只關心如何深入共有的事理本身的相對待態度，才是他所說的「視域融合」（Horizontverschmelzung）的意義，以及交談對話所期望達致的真實成效。

　　視域概念（Begriff des Horizontes）本質上即屬於處境（Situation）概
　　念。視域就是所見的領域（Gesichtskreis），它包含收攝從一個點出發所

---

13 高達美思想中「對話」（Dialog）是優於「辯證」（Dialektik）的，「辯證」固是進行「對話」的一大輔助力量，促使達成共同所見所之知，但這一思考藝術，畢竟是要被收攝於「對話」的持續進行當中（*GW* 1: 372 ff.）。這也是高達美的黑格爾研究，何以會常被評論為帶有柏拉圖思想色彩的緣故（*GW* 3: 3 ff.）。

有可看見的東西在內。於是應用到思維的意識時，我們會講說視域的偏
狹，說視域可能的擴大，說新視域的開啟等等。（……）誰沒有視域，
就是一個看得不夠遠的人，而高估近在他身邊的事物。相反的有視域則
表示：不自局限在鄰近的事物上，而是能夠超越過它們而向外觀看。誰
有視域，誰就知道依照遠近、大小正確評估這個視域裡的一切。（GW 1:
307）

　　視域的存在固然是因為自知所見所知有一局限，但是能正視一己視域之有限
性的事實，反而能不受鄰近身邊事物之牽絆，而極目張望，看向遠方，期待新
的、不一樣的東西出現。基於詮釋學自我理解的自知之明，高達美在這裡提出的
視域融合新說，其實正是要清楚認知並承認每一視域都是有限的、有其形式的條
件的，進而愈加明瞭開拓視域、從事對談之必要與迫切性。人的存在在此表現出
一種歷史受動性（die geschichtliche Bewegtheit），這也是經由他在者的受動性；
因而他更不能、也未曾劃地自限或固定不動，事實上對他而言，也根本沒有一個
完全封閉的（geschlossen/closed）視域可言。「視域毋寧是某種東西，我們移遊
進入其中，而它也隨著我們一起遷移」（GW 1: 309）。視域與視域之間是相互推
移、交會、重疊、融合著的，並因此而造成突破，融入新的視域，取消舊有界
線。問題不在於推開、排斥甚至於否定掉不同的視域，也不在於各堅持己見、爭
論誰是誰非，而是要能自行移置（Sichversetzen/put oneself into）到相異的視域
裡，再回頭重新審視自己原有的視域，從更大的範圍內去加以更新變革。視域交
融的說法，根本上就要先承認每一個視域都是局部的、片面的而有限的，堅持執
守著固定不變的領域，認為這就是全部的真理，那樣只會造成自欺欺人的假相。
而真正的理解，確切地說，正是要讓這樣錯認為是為著自己存在著的視域（按此
處為複數）相互融合變動（GW 1: 313）。事實上，這樣描述的視域融合不是最終
的結果，而只是不斷進行的過程，因為每一次新的視域融合，永遠都只是視域相
交融合過程的一個階段（Phasenmoment）而已，一個仍有待繼續辯證發展、繼續
從事融合的過渡階段，它將隨著無盡的交談對話進行下去。交談對話中的同伴，
那個被視之為一個「你」的可能的他在者，就是隱然出現於原有視域盡頭處向我
們招喚著的導引者，他指引著相異的視域、更大的視域之存在，也催使我們投身
進入只有在交談中進行並完成的語言遊戲。

真正的夥伴關係，即前述對話共同體裡面的語言交談同伴關係，不是自外於共同體之運作活動者所能理解的；但是另一方面，這樣的互動互益的夥伴關係，正是促成彼此間對話交談，嘗試謀求視域交融，得以互相瞭解所必要的基礎。高達美哲學詮釋學的視域融合說，就是要在所有從事理性言說的有限的詮釋者之間，藉由原屬「你」與「我」的有限視域之交互作用，開拓出一共同參與其間的世界——得出一個「我們」的世界（Ich-Du-Wir/I-You-We）。[14] 而高達美哲學思想最切題於多元主義者，在於他一再強調共同而非相同，所有的成員同是共同關切事務的參與者，共同價值意義的營建者，雖然他們原本各有不同的興趣、經驗背景與期望。強調多元並進且相容無礙的互動過程，而不強求定於一尊的終究結果及定論，這正是當代哲學中肯定多元論述的精神之表現。

五、哲學對話與多元論述

（一）什麼是多元論主義？

從哲學思想的發展歷史來說，多元主義的出現可說是起因於對一元論（Monismus/monism）和二元論（Dualismus/dualism）的不以為然，認為宇宙與人世雙方面的現象，都無法僅僅歸諸於簡單的一元、或相對性的二元原則去加以把握得住的。多元所要強調者就是實質上無隸屬、無高低的並列式多元，強調的是一種堅持主張「多數」、「複數」為終究基礎的基本哲學立場（Mehrheits-oder Vielheitsstandpunkt），因此「多」是指無定數的「多」，「多」不再只是和「一」相對而稱的「多」，更要是根本就取消掉「一」、否定掉「一」的「多」，它不但

---

[14] Ich-Du/Ich-Wir/Wir-Wir（「我—你」／「我—我們」／「我們—我們」）這三層關係，遍佈於我們共同所有的生活世界中，也是詮釋學相互理解所貫穿而成的整個實踐的領域（參見 Dutt, 1993: 66）；另參考 GW（2: 417 ff.）高達美十分讚賞 Leo Strauss 的見解，認為現代政治社會哲學中對「你」的問題之重視，其基本精神，實則早已包含在古代政治理論所特別著重的「友情」（Freundschaft/friendship）概念當中。"Ich, das Wir, und Wir, das Ich ist"（「我，這就是我們，而且我們，這就是我」）原為黑格爾用來描述「精神」（Geist）概念的一句話，「意識」至此始進入「自我意識」；此處高達美把所有歷史文本、及其他相異思想等等可能的交談對象都看待成一個「你」，透過不斷發生於「你」、「我」之間詮釋理解所達成的視域交融，若配合黑格爾這句話來看，正是要致力建構出一個「我們」共有共享的精神世界。參見 Gadamer（GW 3: 51）。

不承認有什麼可以貫通一切的「一」，也不滿足於用簡單的二元對立的架構來說明一切事理皆歸因於「一」。

因此，若依照嚴格意義而論，只有古代希臘的原子論（Atomismus/atomism）或近代的單子論說（Monadenlehre/monadology），才適宜被稱之為哲學思想上所主張的多元主義。而事實上在德語哲學語彙裡，Christian Wolff 最早使用 Pluralismus 一詞時，他指的也正是萊布尼茲式的單子論（Leibnizens Monadologie）（Samson, 1989: 988）。不論我們稱說真正的不變實體是單子或原子，其出現於哲學論述裡，最被看重的特性就在於其數量上是多，是無盡地多，是不可數地多，而且彼此間無分上下先後，也沒有從屬關係存在其間，甚至於是不相往來的，所謂「沒有窗戶」的並列。所以在哲學傳統裡，照多元主義的看法，一個世界或一個特定體系應該是由諸多不同的、互相獨立的階層或元素所構成的，它們各有其自身的合法則性（Gesetzmäßigkeit/lawfulness），而並非彼此相互推演而出，也不是共同從一個比它們都更高級層次的原則導演出來的。沒有一樣事物或一項原理，可以包含著（umfassen/include）所有其他事物或原理在內，也沒有一樣事物或一項原理，可以是支配、掌控著（herrschen über/dominate over）一切其他事物或原理的運動。

康德之使用多元主義一語，則是同時針對著邏輯判斷上（logisch）、審美鑑賞上（ästhetisch），以及道德思考上（moralisch）的自我主義（Egoismus）而發的一種矯治之道（*Werke* 10: 409-411），其最屬難能可貴的思考方式就在於：並不允許好像全世界都在自己一個人身上似地行事，而是無論在思量及處事態度上，都把自己看待成只是世界公民（Weltbürger/citizen of world）的其中之一。要矯正從一己立場出發去決定一切事物的唯我傾向，就必須同時想到還有其他的人、其他的立場和看法；因而在康德來說，多元論的（pluralistisch）就等於是同樣也對其他人為可以接受的（"zugleich für andere" *Werke* 8: 370-371），不只是對自己一人有效，也對其他人為有效的。不傾向於將自己的判斷視作最終標準，承認還需要有外在的真理判準（*criterium veritatis externum*），尊重相異的其他人和其他意見，這正是和當代多元主義精神遙相呼應的見解，而康德這樣的用法，其實也是較合乎 Chr. Wolff 原意的，亦即以多元論者（Pluralisten）與自我論者（Egoisten）相對立而稱說的（Samson, 1989: 988）。

如果多元主義是指這樣一種從多數（Mehrheit, Vielheit, Mehrzahl）出發，以

多數存在的事實立場來思索問題的基本哲學主張，那麼它必須要反對任何絕對化的、定於一尊的一元論思想，同時也不能滿足於只作二元劃分的樸素二元論模式的思考。無論傳統存有論或認識論裡，哲學的多元主義都反對絕對的統一以及單存的二元區隔。主體與客體、主觀與客觀的對立，即為近代西方哲學三百多年來亟欲克服的一道鴻溝；而訴諸一超越絕對者（或至少是超越的）的存有思考模式，以提供終極意義或最後實在解答，卻早已不再是令人信服的方案。況且，當今哲學思考不願再自限於存有與認知的框架，只尋求單純化、歸約化的認識標準或絕對化的存有奠基，毋寧更關懷實際生活形式與價值取捨之切身問題，換言之，現在的多元論事實上更關係到的是行為實踐的領域，和如何多元互動的課題。我們從前述哲學詮釋學特重對話溝通的實踐主張來看，多元主義不但早已脫離了傳統上所說的實體的多元主義（substantive pluralism——有許多不同的實體存在著），也無關乎屬性的多元主義（attributive pluralism——有許多不同種類的屬性存在著），或許更接近於一種新興的存在抉擇、價值判斷及生活形式安排上的多元主義（有許多不同的生活方式、價值意義取向，同時或異時存在於一個共有的世界裡），而且這些多元存在不僅能夠並行不悖，甚至還能夠讓我們在諸多有限性存在的交互啟迪當中，仍試圖得致可融通匯集的主張，或凝聚出合乎共識共見的主要關懷所在。

（二）多元論述如何可能？

　　哲學思考當容納多元的開放領域，允許不同的論述方法以及新的可能性出現，這已經是目前普遍接受的一種看法。但是多元論述當中如何尋求出主軸，或者問說：究竟還需不需要有一主軸，有一主要的哲學論述進行模式？主軸未必是超越的、後設的，或說是 meta 級的，而是不可否認的一個共同關涉的焦點（Bezugspunkt），關係到一個共同的中心。以高達美的實踐思考為例，我們要問：類似這種當代的新亞里思多德主義之 *Phronesis* 思想是否足以充任之？這個他們舊說重提的「實踐知識」或「實踐智慧」概念，是否就足以提供一個新的、當代哲學的多元論述的主軸？

　　前述以康德為例時指出，多元主義原本是刻意要和自我主義相區隔的；而前述高達美哲學詮釋學所特別著重的對談模式，以及經由對談以達成的視域交融的理論，實質上正式是排除唯我主義觀點的絕佳設計。高達美要求的是無遲

疑的投身置入（einrücken/enter, engage）（*GW* 1: 295），投入到歷史長河裡去，促成傳統的一次又一次再發生，同時也投入到多元際無盡的交談對話中，確保問題與答案的辯證性開展。多元主義思想可望有利於當代哲學論述者，不僅在這裡初顯端倪，更且發現到其真實的可能性與可行性。因為，即使是最多樣化的（mannigfachst/the most manifold, most various）生活狀態與生命關懷，也全都是語言可以包括、可以把握、可以論述得出來的（*GW* 1: 452），而這一點正是高達美所極力強調的語言性（Sprachlichkeit）或語言論述性（Sprachverfaßtheit）之要旨及實現原則。多元、多樣化、多義、多重或多面、多向度的生命發揮表現，都是置諸語言之無所不包的實質媒介體（medium）當中，置諸語言之多重論述性格當中才具體可能且實際可行的。當語言不再是被視為固定不變的研究對象，而是充滿生命力的對話活動時，語言的開放性實際就是最大的開放包容的空間，亦即前述的「詮釋學宇宙」（das hermeneutische Universum ──「上下四方、古往今來」），而探問、問題的提出，則在這其間扮演著一個至為重要的角色：

> 探問（Frage/question）的本質即在於諸多可能性的置之開放並保持著開放。（Offenlegen und Offenhalten der Möglichkeiten）。（*GW* 1: 304）（按此處「可能性」為複數。）

問題的提出（Fragestellung/guestion）預設著開放性（Offenheit/openness），預設著問與答的辯證開啟之無限空間與無盡可能，從而更成為持續彰顯自身的真理可能被獲取的最佳保證（*GW* 1: 471-72）。在詮釋、理解與應用考慮交織而成的語言對話世界裡，在問題與回答之網狀相連的語用脈絡裡，是唯有不斷面對當前處境，不斷提出問題，以尋求答案，同時也讓自己被置諸問題當中，而必須給以回應和答覆，亦即要跨進入一開放探索的歷程裡，在語言詮釋及交談理解的反覆進行當中，擷取一切真理會開顯出來的機會。所以這樣在持續進行當中保持著的多元與開放，不單是只有在形式上還允許未來持續發展的開放性，更且是真正能促成、能接受多元實質意義在其中出現的開放，並且還可依此期待、籌措未來而將來的意義及真理的多面性開顯。

　　如此觀點下，我們真正期盼著的是有主題、有實質內容、也有目標範圍的多方進言、共謀轉圜，而非任憑每一個人自說自話、競相標奇立異的隨興演出，就此一往奔逐，不知伊于胡底。如此交談對話式的開放，不是正反兩大陣營反

覆無窮的消耗纏鬥，而是真正共同營建具有啟發性、創造性可能的實踐任務。相異觀點的存在和交互作用，僅只是對話交談的開端與過程，如何從對話走向溝通瞭解，則是詮釋學任務必須發揮作用的地方。高達美指出當哲學以詮釋學的普遍姿態展開哲學論述時，她同時就是理解藝術的理論兼實踐，她的目標在於如何把一切陌生的（即不熟悉的）、他種異類的，以及轉變成陌生疏離的事物（das Fremde, Fremdartige, Fremdgewordene）再重新置回語言當中，成為對話與溝通的問答與講述題材（Gadamer, 1976: 123）。溝通雖然未必會達致能一致接受的同意（Einverständnis/agreement），卻是相互理解的不二法門，因而是同屬語言與生命共同體一分子者無法迴避的努力方向。所以高達美心目中的詮釋學，其實正是這樣一種「相互理解的藝術」（"die Kunst der Verständigung" Dutt, 1993: 66）。

六、結論

如果說，我們當前所共同期盼的多元主義，並不是任憑一盤散砂地呈現無相關的多、無連貫的多、無交集、無意義的多，那麼，我們現在正可以透過對話的持續性與開放性來保障多元化的主張，以成就一種在誠意交談中仍尋求相互融通的多元觀點，而非僅僅是一味堅持己見、或刻意要彼此標新競異的極端多元化。後現代思考中的分馳競飆，異型比炫，游走於邊緣，喧囂在解構；所有的所有，似乎皆屬另類的另類。如此固然可以有眾說紛紜，不必要強制定於一尊、亦無須只取法乎一端的多元並列之美勝，可以聽任其無盡展現、觀見其精彩繽紛，但畢竟哲學所關注乎時代、時代所期待於思想者，仍然會冀望從中能達致可以齊心戮力以赴的共識共見，營造彼此休戚相關、福禍與共的實際未來命運。哲學上最大而切要的問題，始終在於每一思考者對於人自身的瞭解、決定和充實，在於方向的確定與意義的追求。

所以像高達美這般提倡開放融通，鼓勵交談對話的哲學詮釋學思想，其對多元主義的積極意義就在於：事實上我們今日已經不可能再從後設之超越層次（meta-level），也無從期待有一套廣博精深的哲學體系出現，以堂皇大敘事的姿態去包括一切，同時也解決掉所有的問題。一如前述引文所言，即使哲學詮釋學本身也不會將自己視作為一個最終的、絕對的立場，而只是指出所有理解詮釋的開展及運作，都會走上尋求對話交談、視域融通的路途，不論面對的是傳統的

文本或同時代的其他學說。這樣等於替當代哲學論述找到了一條可行且值得去走的路，可以轉化為一種具體而積極有為的態度，蘊藉於經典閱讀、詮釋交談以至於理解會通之際，從而產生各種不同價值、意義與生活形式的多元主義。故而一方面，能各自以其獨特的方式和觀點回到固有傳統文本，以發掘其豐富的語言蘊含，解讀其多樣展現的義理精髓，自然是屬於這種當代多元主義的一個重要部分，而且更是有憑有據、穩健踏實的一種為學表現。但是另一方面，保持開放的心靈，不斷地探問，用心地聽取，在相異的聲音、不同的論述當中擷長補短，促成真理的開顯與意義的發明，不頑強堅持一己有限之見，不自視可以成就絕對的最終立場，同樣也是體現當前多元融通精神的可貴思考態度。

　　對於高達美本人而言，相異、差異正是交談對話的起點而非結局，歧異激發理解詮釋的努力，以促成相互瞭解溝通的可能。交談詮釋學期望的自由化與多元化趨勢，恰恰不是聽任一切發展流迸四散，不知所從也不知所止。相反的是要在問與答、聽與說、你與我，給予和獲取、陌生與熟悉的開放互動空間中，進行對話辯證，把握事理真實；唯有認真參與在相異視域間去完成的詮釋與理解的生命，才能促成共屬於全體的多重多樣價值意義的展現，以至於彼此間的互相欣賞包容，激盪與創發。

參考文獻

Gadamer, Hans-Georg

GW   Gesammelte Werke, 10 Bde. Tübingen: J.C.B.Mohr 1986-1995.（縮寫為 *GW* 冊數：頁數）

Heidegger, Martin

GA   Gesamtausgabe, Bd. 1~. Frankfurt am Main: Klostermann 1975-.（縮寫為 *GA* 冊數：頁數）

Apel, Karl-Otto. 1963. *Die Idee der Sprache in der Tradition des Humanismus von Dante bis Vico*. Bonn: Bouvier. (*Archiv für Begriffsgeschichte*, Bd.8)

——. 1979. "The Common Presuppositions of Hermeneutics and Ethics." In *Studies in Phenomenology and the Human Sciences*, ed. John Sallis. Humanities Press, pp. 3-7.

Chang,Ting-Kuo.1994 *Geschichte, Verstehen und Praxi. Eine Untersuchung zur philosophischen Hermeneutik Gadamers unter besonderer Berücksichtigung ihrer Annäherung an die Tradition der praktischen Philosophie*. Marburg: Tectum.

Dutt, Carsten (Hrsg.). 1993. *Hans-Georg Gadamer im Gespräch*. Heidelberg: Carl Winter.

Figal, Günter. "*Verstehen als geschichtliche Phronesis*. Eine Erörterung der philosophischen Hermeneutik." *Internationale Zeitschrift für Philosophie* 1: 24-37.

Gadamer, Hans-Georg. 1976. *Vernunft im Zeitalter der Wissenschaft*. Frankfurt am Main: Suhrkamp.

Grondin, Jean. 1991. "Ist die Hermeneutik eine Krankheit?" *Zeitschrift für philosophische Forschung* 45(1991): 430-438.

——. 1994. *Der Sinn für Hermeneutik*. Darmstadt: Wissenschaftliche Buchgesellschaft.

Hegel, G.W.F. 1820. *Grundlinien der Philosophie des Rechts*. Hamburg: Felix Meiner 1955.

Kant, Immanuel. *Werke Werke in zehn Bänden*, hrsg. von Wilhelm Weischedel. Darmstadt 1983.（縮寫為 *Werke* 冊數：頁數）

Kerenyi, K. 1964. "Hermeneia und Hermeneutik." In *Griechische Grundbegriffe*, ed. K. Kerenyi. Mainz, pp. 42-52.

Palmer, Richard E. 1969. *Hermeneutics. Interpretation Theory in Schleiermacher, Dilthey, Heidegger, and Gadamer*. Northwestern UP.

Paul, Ellen F., Fred D. Miller and Jeffrey Paul. 1994. *Cultural Pluralism & Moral Knowledge*. Cambridge University Press. (Social Philosophy & Policy Ser., 256 p.)

Riedel, Manfred. 1990. *Hören auf die Sprache: Die akroamatische Dimension der*

Hermeneutik. Frankurt am Main: Suhrkamp.

——. 1986. "Zwischen Plato und Aristoteles." *Allgemeine Zeitschrift für Philosophie* 11(1986): 1-28.

Samson, L. 1989. Artikel "Pluralismus." In *Historisches Philosophisches Wörterbuch*, Bd. 7. Basel: Schwabe & Co., pp. 988-995.

Smith, P. Christopher. 1991. *Hermeneutics and Human Finitude: Toward a Theory of Ethical Understanding*. New York: Fordham University Press.

Volpi, Franco. 1992. "Hermeneutik, praktische Philosophie, Neoaristotelismus." *Internationale Zeitschrift für Philosophihe* 1: 5-23.

「書寫誌異」與「詮釋求通」
追究一場南轅北轍的哲學對話

《東吳哲學學報》第 4 期（1998.4）

前言

　　高達美與德希達、詮釋與解構、融通與歧異、持續與斷裂、德意志與法蘭西、哲學與文學……，這篇論文一開始，就用了一個包含著夠多、夠強烈差異之命題方式，來看待一場當代思潮中的文化論戰；或者說，一件發生於當代哲學界的重大事件。本文嘗試著以「詮釋求通」標示高達美（Hans-Georg Gadamer, 1900-2002）的哲學理念，用「書寫誌異」形容德希達（Jacques Derrida, 1930-2004）的思考特色，用在敘述今日歐陸哲學中兩個世代，一老一少，各領風騷的兩位思想家於八○年代初的一次邂逅，一場精彩卻不怎麼成功的對話；然而其談論話題針鋒相對之下，正代表著兩大思想陣營之間的相互激盪，其結果可以說至今仍餘波迴漾，發人省思。尤其對於當代哲學思考要如何繼續發展的共同性課題，對於當今哲學論述應該以怎樣的方式、風格、文體、規模、路向、用心與策略進行下去等等一連串的實際問題，這場論爭裡都有非常值得借鏡的思考素材，有待進一步把握及發揮。

一、巴黎會談

　　這場論戰或事件的兩位主角，都是著作等身的知名人物，一位是創新當代哲學詮釋學不作第二人想的碩學鴻儒，知古通今，為學沉穩而篤實；一位是後結構主義時代「解構」（deconstruction）之說的堂堂代表人，思路獨特，詞鋒犀利，行文議論靈巧而高妙。事件的緣起，為 1981 年 4 下旬高達美應邀至法國，

在「巴黎哥德學院」（Goethe Institut Paris）所做的一場公開演講，講題為近 20、30 年來法國及德國哲學同感興趣的〈文本與詮釋〉（"Text und Interpretation"）。4 月 25 日高達美開講，在巴黎 Sorbonne 大學德國文學系教授件 Philippe Forget 的安排與主持下，德希達隨後在第二天發表了一篇反諷意味濃厚的評論，向「高達美教授」提出三個問題。而且他原本用了一個醒目但相當挑釁的題目：〈善良的權力意志〉，用非常誇張的概念併構方式，一舉攻向高達美整個哲學裡最柔弱的一個環節；其副標題則是〈對漢斯・格奧格・高達美的一番反響〉（"Bonnes Volonté de Puissance/Une Réponse à Hans-Georg Gadamer"）。1984 年以這場巴黎會談為主幹的的德文論文集《文本與詮釋》（以下簡稱 TI）[1] 中保留住主標題，而把副標題改為〈對漢斯・格奧格・高達美的三個問題〉（"Guter Wille zur Macht (I): Drei Fragen an Hans-Georg Gadamer"）：但是主標題之後又被加了個 "(I)" 表示「第一回合」。

　　當然高達美亦非等閒，在座聆聽之後立即起身致答，他簡明有力地再次澄清自己的立場，並援引柏拉圖所云「出自善意的論難」（"ευμενεις ελενχοι"）之語，說明他不時講到的善意，不論是在詮釋理解或交談溝通上，恰恰都是足以區分開「辯證」（Dialektik）與「詭辯」（Sophistik）的憑據（TI 59），而非如德希達有意誤導的強加之辭，要把「善的意志」說成是某種德國觀念論哲學的形上學遺痕，甚至是餘孽。到 1984 年德文本的文集出版時，主編者，即當時促成這場遭遇及會談的主事者 Philippe Forget 亦曾順應著高達美的答辯語氣，自行替這篇簡短回覆加上一個針鋒相對的標題：〈而仍然是的：善良意願的力量〉（"Und dennoch: Macht des Guten Willens"），[2] 利用字詞概念的巧妙移位，畫龍點睛地凸顯兩造之間一來一往，刻劃出唇槍舌劍的熱烈論戰氣氛。

　　第三天主客易位。這次該輪到德希達主講，他選擇的題目是：〈詮釋署名（尼采／海德格）〉，德譯 "Die Unterschriften interpretieren (Nietzsche/Heidegger)"；而德文版文集裡編者又額外加上個大標題：〈善良的權力意志（第

---

[1]　Philippe Forget hrsg., *Text und Interpretation. Eine deutsch-französishe Debatte mit Beiträge von Jacques Derrida, Philippe Forget, Manfred Frank, Hans-Georg Gadamer, Jean Greisch und François Laruelle* (München: Wilhelm Fink 1984)；以下稱為 *TI*。

[2]　*TI* 59-61。按此一標題更動得極恰當且巧妙，尤其 "Macht" 在此不再指稱「權力」的伸張和展現而是「力量」或「影響」的緣起；且高達美本人最多只會說「意願」而不會說「意志」。詳見本文第五節。

二回合）〉，印成 "Guter Wille zur Macht (II)"，有意讓整整三天的交手串成一場高手過招的連鎖反應。然而這篇演講稿裡，德希達已不再有一語涉及高達美，而改用解讀海德格著兩大冊《尼采》中第二、第三兩章文本的方式，直接提出兩個問題加以研究：一個是關於尼采的名字的問題，另一個是關於「全體性」（Ganzheit）的問題。不過他現在質疑的對象，已經是海德格而非高達美了；簡單地說，他著力批評的是海德格的尼采詮釋，是「海德格」和「尼采」這兩個名字間錯綜複雜的糾葛，而間接地更據此質疑詮釋活動的正當性與合法性，並且批判詮釋的強制暴力及形上思考痕跡。還有更厲害的一點是，他在此特別挑出一個黑格爾式的「全體性」概念進行論評，隱然塗抹出一片「黑格爾—海德格—高達美」的沉重的德意志形上學傳統殘餘之陰霾，私底下卻把他心目中堪稱「顛覆」與「解構」高手兼精神先驅的德國哲人尼采，拉攏到輕快自在而活力充沛的法蘭西思想陣容當中。一個絕佳的策略，用以一舉「解構」掉海德格、高達美式的「詮釋」鉅構。

　　這場原先苦心安排，也令人充滿期待的遭遇或盛會，就在如此連續三天以來的「各自表述」當中結束，或至少是告一段落。其間出人意料的過程與結局，甚至讓一手安排這場大師會的 Philippe Forget 也不禁要用「不會吧」或者說「不可能」（unwahrscheinlich/improbale）一語形容之。然而事後他也還是整理出所有相關論文，在 1984 年把上述文稿收齊以德文出版，並且更撰述一篇以〈一場不像發生過的爭論的若干線索〉（"Leitfaden einer unwahrscheinlichen Debatte", *TI* 7-23）為題的論文充當該書導論，引介這場論戰。

　　對於德希達而言，他在巴黎事件中可以說充分達到了「誌異」的戲劇性效果，明確標舉出他與高達美詮釋學思想間根本無法調和的差異所在，甚至還抨擊到高達美一向尊重且護衛的啟蒙業師海德格；他以逸待勞地又完成了一次成功的演出，因而對他而言這場對話或爭論或交手，或不管它叫什麼，總之是曲終落幕了。　年輕的德希達從此不再拾起這個話題，也不再主動論及高達美的詮釋學。可是另一方面，會談當時就已經81歲高齡的高達美，卻念念不忘此番邂逅；他幾度後續「求通」，一心秉持「善良的意願」想把對話當中沒說清楚的事情說個明白。例如他日後（1984）正式刊出的〈詮釋與文本〉文稿就是經過大幅度增修

的，[3] 也正式列入《高達美作品集》（以下簡稱 *GW*）。[4] 關鍵性的文稿及若干評論發表後，這個事件也引起廣泛的注意和傳誦，成為國際哲學界好奇但未免不明其妙的話題。於是，1989 年紐約州立大學又出版了一部英文論文集《對話與解構：高達美─德希達的會戰》（以下簡稱 *DD*）。[5] 該書第一部分刊載前述幾篇對談的完整文稿英譯，第二部分則至少收錄三篇高達美這一方面對此次會面的後續反應，第三部分再輯錄美、英、德、法四國學人對巴黎對話的進一步評論共 15 篇，振奮於德希達或偏護著高達美的、從哲學和文學角度議論者兼而有之，由此可見這場巴黎會面備受重視程度之一斑。

高達美這方面除增訂原講稿，深具用心地增加了他對各類「文本」概念的進一步分析和解說外，又分別援引兩首法文、德文詩作進行詮釋，從實務上展現他自己與德希達大相逕庭的文本閱讀態度和詮釋風格。此外，他 1981 年稍後的文章〈哲學與文學〉（"Philosophie und Literatur" *GW* 8: 240-257），以及 1982 年演講〈聽─看─說〉（"Hören-Sehen-Lesen" *GW* 8: 271-278），同樣圍繞著相關的主題加以論述：1984 年回信 Fred R. Dallmayr 時因為重提德希達對話，藉機會再慎重澄清其中的若干要點；[6] 1986 年兩篇重要演講稿〈詮釋與解構〉[7] 和〈早期浪漫主義、詮釋學、解構主義〉，[8] 仍然非常正面地繼續回應著巴黎會談的議題。甚至

3　正式刊印稿較原講稿多出 13 頁，約三分之一篇幅，主要增加的內容為高達美再深入解析各種不同的文本，也加上自己對兩首詩的詮釋做佐證：一首是法國詩人 Stephane Mallarmé 的十四行詩，一首是德國詩人莫里克（Eduard Mörike）的作品〈在一盞燈上〉（"Auf eine Lampe"），後一首詩作詮釋對這次會談的回顧尤其重要，可參照文末中譯。至於 1981 年的演說原稿，高達美曾於 1982 年 11 月 20 日在美國 Temple 大學「詮釋面面觀」研討會之場合重新宣讀，事後並由 Dennis Schmidt 譯成英文，發表 Brice R. Wachterhauser ed., *Hermeneutics and Mordern Philosophy* (Albany: State University of New York Press 1986), 377-396；相信這才是最接近 1981 年巴黎原講稿的形式及內容。

4　德文版高達美《作品集》（*Gesammelte Werke*. Tübingen: J.C. B. Mohr 1954-1994），將一律縮寫成：*GW* 冊數：頁數。〈文本與詮釋〉一文修訂稿見 *GW* 2: 300-360。

5　Diane P. Michelfelder and Richard E. Palmer eds., *Dialogue and Deconstuction: The Gadamer – Derrida Encounter* (Albany: State University of New York 1989)；以下簡稱 *DD*。

6　深受歐陸思潮影響的美國哲學家 Fred R. Dallmayr 於 1985 年發表論文 "Hermeneutics and Deconstruction: Gadamer and Derrida in Dialogue" 後來刊在其論文集 *Critical Encounters: Between Philosophy and Politcs* (University of Notre Dame Press 1987), 130-158，並曾局部轉載於 *DD* 75-92，高達美針對此文回信英譯附錄於 *DD* 93-101，德文原稿以〈解構與詮釋學〉（"Dekonstruktion und Hermeneutik"）為題收入於 *GW* 10: 139-147。

7　原 1985 年在義大利拿波里的講稿，次年出版（"Interpretazione e deconstruzione"），德文稿則以〈拆解與解構〉（"Destruktion und Deconstruktion"）為題收入 *GW* 10: 139-147。英譯見 *DD* 102-113。

8　"Früromantik, Hermeneutik, Deconstruktivismus." *GW* 10: 125-137，英譯曾以〈詮釋學與邏各斯中心主

於直到他1994年出版最後一冊《作品集》時，那裡面首度發表的一篇文章〈詮釋學追隨蹤跡〉（"Hermeneutik auf der Spur" *GW* 10: 148-174），依舊念茲在茲地要把詮釋學與「解構」間的差異交待個清楚。這真可說是身體力行，頑強應證他1985年講的話所言不虛：「誰要讓我關心到解構之事而堅持訴說著差異，誰就站在一場對話的開始而非它的終點」（*GW* 2: 372, *DD* 133）。的確，對於高達美的詮釋學思考模式來說，差異一向是對話交談的開始而不是結束，正如同時間距離與陌生疏離感之出現，都應該只會強化詮釋的動機，而非徒然造成理解的障礙甚或斷裂一般。「這是我和德希達爭議的題目。差異是在同一中的，否則同一就不會是同一。思考是包含著推延和距離（Aufschub und Abstand/deferral and distance）的，不然思考就不成其為思考」（*GW* 10: 137, *DD* 125）。同樣也正是出自這份堅持，高達美一方就始終無法像德希達那般灑脫，而多了一層不得不繼續檢討、申訴、論辯下去的理由和負擔。

二、詮釋學（Hermeneutik）與解構（decontruction）

巴黎會談一般也常被視為「德法詮釋學論戰」的一個重要部分，其實它可以說是早就註定要發生的事情。海德格的思想、德國的現象學與詮釋學，對戰前以至戰後法國哲學發展都有舉足輕重的影響，這是無容否認的事實。德希達的解構之業在歐陸哲學中可謂「異」軍突起，發跡於1967年連續三部著作，[9] 隨後並在美國「耶魯學派」文學理論推波助瀾下，迅速成為後現代狀況中展露頭角的法國哲學界新人之一。從德國哲學界的觀察角度來看，無論德希達的解構或是整個法國的後結構主義以至於後現代思潮，似乎都難脫不夠嚴謹、遊戲之作，甚或非理性思考之嫌。對於德國人而言，法國哲學家大量應用德語世界的黑格爾、胡賽爾、海德格、尼采、弗洛以德、馬克思等人的理論，卻開拓出風格與視域完全不

義〉（"Hermeneutics and Logocentrism"）為題刊於 *DD* 114-125。

9　指1967同一年內以法文出版的三部著作。至於文本撰寫參考的主要為英譯本：*Speech and Phenomena: And Other Essays on Husserl's Theory of Signs* (Northwestern University Press 1973); *Of Grammatology* (Johns Hopkins University Press 1976); *Writing and Difference* (The University of Chicago Press 1978)，以及法文原1972年初版的英譯本 *Margins of Philosophy* (The University of Chicago 1982) 和德希達訪問錄 *Positions* (The University of Chicago Press 1981) 等資料。

同的思想學說，確實令人耳目一新，但也不免有些半信半疑。若針就德希達這個個案來說，他似乎學到了海德格那套對傳統存有學的「拆解」（Destruktion）的功夫，但同時又變本加厲（／或青出於藍？）延續著海德格對於整個從古希臘至今的形上學之批判，即全盤否定式的那種批判。他是否把海德格之後的詮釋學工作推展到某種非理性的極端？例如像精研歐陸思潮的 Richard Kearney 即曾轉述一般觀點，認為「解構是一種虛無主義的策略，荒謬的放縱雜處，耽溺於恣意專斷的遊戲」。[10] 德希達當然深切瞭解如是這般的疑慮，例如他接受德國哲學界 Florian Rötzer 訪問時，就曾經直接對此有所回應，同時也劃分開解構與詮釋之界限：

> 我主張解構並不是非理性的。但它也並不指望製造出一種新的理性或理性的秩序。充其量，它是我們所生活其中的合理性之改變的一個癥候。可是這樣尚未說盡解構這個概念。還有另方面讓我感到更大興趣的。再說，它（解構）非關一種傳統意味下的新詮釋學。詮釋學是一種普遍的閱讀或解譯——宗教、文學、或哲學文本之實踐活動，它先行假定文本是可以就某一特定意思下被閱讀的，還有當你詳加思慮文本的密實（density）時，你必然會達致那個意思、內容、以及意義。我對詮釋學有相當的尊重，也認為一門詮釋之學（a hermeneutical science）是所有領域裡都需要的。但是解構並非詮釋學，因為當作文本的最終標準的意義，總是被分隔開或為複式而不能夠接合起來的。想要達到一基本或原始的意義之努力，從一開始就註定要成為一種增殖和劃分，使得維繫在一個、意義上走不可能的事。當我說不可能時，那不該表示一個界限，一次擱淺，而是說一篇文本之能夠有意義，是因為始源（the origin）是包含著差異或分劃或散播（difference or division or dissemination）的。無論如何，這是詮釋之學的一個界限。那應該表示一種純粹的詮釋之學終究並不閱讀文本。好吧可以說它讀，但是有一個點，到那裡它並不閱讀文本，到那裡文本無法在古典意含的閱讀概念下被閱讀。[11]

---

[10]　Richard Kearney, *States of Mind – Dialogues with Comtemporary Thinkers on European Mind* (Manchester University Press 1995), 172.

[11]　F. Rötzer, *Conversations with French Philosophers* (New Jersey: Humanities Press 1995), 45.

　　大致說來，德希達真正關心的是書寫而非閱讀，遑論及詮釋；高達美則執意要講明如何經由還原到活生生的對話溝通以達成理解之歷程，所以後者關切的就是閱讀、詮釋而非書寫。其實整體而論，德希達的解構一開始就預設著文本概念和書寫概念的徹底改變，連帶的當然會大大衝擊到涉及詮釋學核心的詮釋概念與閱讀概念。所以早在1971年的一場演說裡，德希達就透露出書寫雖然並不脫離閱讀，但是卻具有遠較詮釋學式解讀或闡釋更為重要的特殊任務：「書寫是閱讀，而且『在最終的分析之下』並不引發起一種詮釋學式的文字闡釋，不去解譯出一項意義或真理」。[12] 最佳的解構式書寫範式不外是「終結書本而開始書寫」，這同時也等於「關閉概念（Begriff/concept）而打開場域（Feld/field）」，用嘉年華會般無窮更換面具的方式去造就差異的無盡散播（Dissemination）。[13] 至於高達美則不然，對他而言一切的書寫，最終不外是要讓人閱讀理解的：文本自有其意義與價值，會令人讀之又讀、不斷交談，愈是傑出的文本愈益使然。所以說，面對任何跟文本有關的問題時，一方強調的是我們要去加以詮釋、對談，另一方卻強調我們要去再加書寫、不斷塗抹修正，以隨寫隨刪擦（under erasure/*sous rature*）的方式持續播散「差異」、抗拒「同一」下去。兩者在此幾無交集共識可言。

　　解構之說的中心標竿是中文譯作「延異」的 *différance* 這個既非概念又非字詞的東西，德希達首創的發明。[14] 按法語中 différer 這個動詞，原兼有英文 differ「歧異」、「差異」、「區分」、「不同於」，再加上 defer「延遲」、「推緩」兩個動詞的意含；德希達把原本該拼寫成 *différence* 的名詞型式稍加更動，大膽啟用拼音字母的第一個字母，那個狀似金字塔型的 A 加入其中而書寫為 *différance*，一方面巧妙地並未影響到發音變異，另方面卻把傳統上忠實於語音的同一哲學（Identitätsphilosophi/Philosophy of identity）體系悉數推倒在一座堂皇大陵墓中。

12　Jacques Derrida, *Margins of Philosophy* (Ibid.), 329.

13　"The End of the Book and the Beginning of Writing" 參見 *Of Grammatology* 一書頁 6 至 26；「擴散」或「散播」之說見 Jacques Derrida, *Dissemination* (The Chicago University Press 1981)。

14　「延異」之說參考德希達 "Différance" 一文（*Margins of Philosophy*, Ibid., 1-27）及無數德希達訪談錄中的隨機解說；最佳二手評介為 David Wood 和 Robert Bernasconi 合編的小冊文集 *Derrida and Différance* (Northwestern University Press 1988)，內含訪問記一篇。又德語論述中常把此語寫／印作 Differänz，實為畫蛇添足的仿冒。

因此這個精心設計的，微妙的，聽不到而只能用眼睛讀、用心看並且因而去思索的頭號差異，始終以無定論的姿態表現且貫徹著解構的精神。解構所直接訴諸行動的至上法則就是雙重性以至於多重性─雙重的書寫，雙重的閱讀，恆常以不斷衍生發展、擴散演變的姿態延續著無止境的破除與代換。所以解構的宗旨及策略，扼要言之正是：「解構（……）必須藉由一種雙重姿態、一種雙重科學，一種雙重書寫來實踐一種對古典對立的的翻轉，以及一種對系統的普遍代換」。[15] 解構的目的從來不在於建立起某種單一且固定意義的東西，反而要如實揭示聖經創世紀以來一切僭越的「巴別塔」（古代在巴比倫的 Babel 所建之塔）構築必然遭譴而趨於潰崩的命運。解構之出現與存在的理由，不外乎呼應著後現代狀況，適時指出一切在思考與語言中致力的統一性理論建構，終究逃脫不掉巴別塔式表演、執行和重演（the Babelian Performance）的結局。[16]

如果說解構的終極目的，正是在於反覆操演著凸顯差異、與延宕、與時空斷裂的這麼一個 différance 的話，那麼它勢必將堅持反對任何建構的企圖，尤其會強烈質疑那些在預期著融通合一之止境的理論。如冤家對頭般，不幸的詮釋學的理解理論（Verstehenstheorie/theory of understanding）卻正是這樣一套理論，而且為當今之世相當成功且備受重視的理論。況且反過來看，源起於德國而完成在高達美手中的當代哲學詮釋學自身，既然提出一項普全性（Universalität/university）的主張，聲稱經由詮釋以求理解的語言活動是遍在有效的歷程，那麼它勢必也該對於明白反對任何普遍有效性、反對系統建構性的「解構」活動有所反應，或提出相異的修正立場。說詮釋學與解構之間的爭議遲早會產生的理由也正在於此。

三、哲學、文學與文學

如果再回到 1981 年的巴黎之會，其實高達美〈文本與詮釋〉一文的最後一句話，也就是他的結論，和德希達〈三個問題〉結束語一段欲言又止的那句反

15　*Margins of Philosophy* (Ibid.), 329；另參見同書 65 頁的句子：「兩份文本，兩隻手，兩種觀看，兩種聽法。同時而又分隔開地在一起」（"Two texts, two hands, two visions, two ways of listening. Together simultaneously and separately."）。

16　可參閱德希達著 "Des Tours de Babel" 一文，選刊於 *A Derrida Reader: Between the Blinds*, ed. Peggy Kamuf (Columbia University Press 1991), 244-253。

問，兩相對比之下，正適足以貼切辨識出兩大陣營之間，對於「文本」這個概念認知與定位上的根本差異，進而瞭解到雙方在觸及「文本」問題時南轅北轍的兩種態度。高達美的那句話，不僅是他文中詮釋德國詩人 Mörike 詩篇 "Aufeine Lampe" 之結論收尾的話，其實更是他一生所致力的詮釋學活動與詮釋反思，就其內在精神或最高活動指導原則上而言一番設好的寫照：「詮釋的人，給了他的諸多理由後，消失不見，而文本在說話」。[17] 高達美要表達的意思十分清楚：文本自身才是真正至關緊要者，惟有在肯定著文本本身是有意義的情況下，隨之而起的詮釋活動也才會有意義。[18] 文本之存在及繼續存在實為詮釋學的根本命脈。

相反的，德希達提質疑時的最後一句話卻非任何肯定陳述：它不是明白的結論，而像略帶嘲諷的反問：

> 在這些個疑問和評論的網絡糾纏中，我在這裡聽任它們以省略刪節而又即興湊合的形式（糾纏下去），難道沒有讓人看到另一種關於「文本」的想法嗎？（*TI* 58, *DD* 54）

顯然德希達的用意，反倒要迂迴而誇張地提出詰難，迫使高達美見識到他自己對「文本」問題的另類看法，從而也表達出對「詮釋求通」或「求同」的根本不以為然。簡單地說：如果不是仍舊有一種傳統的形上學思維模式殘存於其中，亦即以「同一」（Identität/identity）、以「現呈在」（Präsenz/presence）為核心的「邏各斯中心論」（Logozentrismus/logocentrism）陰魂不散，同時又掌握到一個「全體性」當作最終歸宿的話，我們又有何理由相信「求通」、「求同」就一定會通於一或同於一，而且一定就是那個從一開始就預期會掌握到的那個原初之「一」本身呢？要在一個「一」之下，在一個確定的一「自身之下」（κατα εαυτον）去進行理解詮釋是不可能的事情，德希達真正對詮釋無法相容的，其實

---

17 "Der Interpret, der seine Gründe beibrachte, verschwindet, und der Text spricht" (*TI* 55, *GW* 2: 360)；按此處 Gründe 可譯作理由、根據、原因、動機。又英譯中動詞 give 當對照德文改作過去式 "The interpreter, who gives (gave) his reasons, disappears – and the text speaks" (*DD* 51)。

18 用英語說 "Text speaks" 和 "Text matters" 兩句話時可合而言之，一齊指向文本當中的事理本身（die Sache selbst）；所以此處可參考高達美接受 Richard Kearney 的那篇訪問，標題正式 "Hans-Georg Gadamer: Text matters" 英文訪問刊在 Richard Kearney, *States of Mind* (Ibid.), 272-289。

也僅只是這一項窮究到底的深切質疑。

由前節的討論已然可見，不論「文本」、「閱讀」、「書寫」、「詮釋」這幾個關鍵性概念的任何之一，正反雙方不但論點各異，就連提出自身看法的態度都相去甚遠，而今關係到「文本」時情況尤烈。尤其德希達這一邊根本不必陳述己方的總結立場，只針對對方的立場提出一個反立場（Gegenposition），這樣就夠了，沒有必要繼續對壘下去。諸多立場（positions）的衍生繁複，以至諸多概念的消失於無形於無所在之處（non-place/*non-lieu*），原本就是「書寫誌異」的一大特徵，現在用以對付高達美哲學更見靈活且綽綽有餘。解構在這裡要展現的不是自我封閉式的虛無，而是經由無盡重複、再三增衍的激烈轉換運動，促成對異己（不同於己見者、不同於已有之定見者）的真正開放，如此而已。

至於高達美則始終不渝地認為，文本概念（Textbegriff）是一個徹頭徹尾的詮釋學概念（"ein hermeneutischer Begriff" *DD* 31, *TI* 35），而不是一個解構論的概念或說是某種用以誌異的借用工具，甚至於是嬉戲場地。因為每一篇文本不單是要被加以詮釋的，更且是事實上就需要著詮釋的，是沒有詮釋就不行的，事實上詮釋根本就是文本的存有方式。文本具有相當特殊的地位，必須認真對待，是嚴肅而值得重視之的，它絕非一般的泛泛之作或遊戲之作，更不是單純聽任文字遊戲流散擴張的場所及痕跡。因此在詮釋學思考上，高達美特意標舉的一向是經典文本（das Klassische），是那些經過歷史洪流篩選存留者；而在文學著作的取材方面，他所推崇的則是「優秀的」、「傑出的」、或「卓越的」（eminent）文本，特指所有作品當中那些真正充滿豐富義蘊及真理內涵之佼佼者。[19]「文本」必須被理解為一個詮釋學概念，可以說是高達美在這場論戰中堅定不移的立場，整個詮釋學的工作都是以這個確定的立場為基礎的，同時一切進行詮釋理解的語言活動，也必須始終護持著這樣的基本立場才行。《真理與方法》中文本被生動地描述為一個交談對象的「你」（Du/You）來看待，實際上正表現出他這種尊重文本優位的態度，和期望通過文本、通過交談對象以啟迪自我的良善心願。

所以高達美心目中的詮釋學任務，基本上不外就是一番「和文本進入對話」（ein In-das-Gespräch-komme mit dem Text）的努力與嘗試，以重新製造詮釋者

---

[19]「經典文本」之說參見 *GW* 1: 290；「卓越文本」之說除〈文本與詮釋〉外特別見〈卓越文本及其真理〉一文（"Der eminente Text und seine Wahrheit"），*GW* 8: 286-295。

與文本之間原初狀態下的意義交往（Sinnkommunikation）（*GW* 1: 374）。高達美固然同樣看重藝術、文學，也有他自己一套文學、藝術理論，甚至還有不少評價相當高的詩文評論的作品集，但是他無法同意在哲學論述和文學表達的關係這一點上，偏愛著轉身投向書寫以標新造異的文學創作性華彩，應該或能掩得住哲學議題本身的意義內含及其嚴肅性。事實上他更進而指出，德希達《書寫學》（Grammatologie）裡高談的那種用在誌異的 *écriture*，果真想要充任一種「無定的多義性之模式」（Modell unbestimmter Vieldeutigkeit），其實還遠不如 Paul Celan 詩作中多重興發的藝術表現得更見精彩盡致（*GW* 9: 462）。哲學並未要執意排斥文學，卻自有其無法全然由文學取而代之的論述與進行方式，以及藉此所能、所嘗試要表達的內容與意義。語言僵死，概念老化，思維的停滯不前以至方向的迷失，這些個當代哲學反觀傳統舊說時的困惑與疑慮，大可不必像德希達解構哲學與文學界線以尋求一新生「怪胎」般，化一切思考之努力為一場「白色神話（"White Mythology"）」般的夢境，執意放棄通常性的概念澄清和解析工作，而聽任眾多的隱喻（metaphor）、轉喻換喻（metonymy），諷喻（irony）以至於亂喻（catachresis/κατα χροησις）交織揮灑出一片齊天飛舞的景象。[20]

四、拆解（Destruktion）、開採（Abbau）與解構（deconstruction）

敘述了這麼多的差異之後，話說回來，高達美與德希達畢竟仍有一共同點，就是如 Man Frenk 所說的，兩者真正關切的、所要處理的都是「黑格爾之後、尼采之後、以及海德格之後的哲學」這個大問題。[21] 或如 Heinz Kimmerle《高達美、德希達以及沒完沒了》[22] 文中所言，這場大論戰的背景是在如何解說從蘇格

---

20 按〈白色神話〉為德希達一篇重要著作標題，全名是 "White Mythology: Metaphor in the Text of Philosophy." In *Margins of Philosophy* (Ibid.), 207-271；德希達自己實地合文學及哲學風格的知名代表作為論黑格爾的《喪鐘》（*Glas*. Lincoln: University of Nebraska Press 1986）一書。文本在此只是套用「白色神話」其名反指德希達的思考風格。

21 參見 *DD* 151 頁起，*TI* 181 頁起以及 Manfred Frank 有關德法詮釋學和文本理論同異的研究集 *Das Sagbare und das Unsagbare*. Studien zur deutsch-Französischen Hermeneutik und Texttheorie (Frankfurt am Main: Suhrkamp 1989)。

22 Heinz Kimmerle, "Gadamer, Derrida und kein Ende." *Allgemeine Zeitschrift für Philosophie* 16(1991): 59-69, 60-61.

拉底、柏拉圖到黑格爾及尼采的整個哲學，特別是在海德格嚴苛的全盤性形上學批判之後；因為高達美和德希達兩人皆屬海德格之後不同途徑的努力。換言之，其實在這場論戰的表面且短暫的熱鬧背後，真正蘊含著的一個關鍵而值得大家深思的哲學問題應該是；後現代，或者不管我們稱我們這個時代是什麼時代，她的哲學論述應該以怎樣的方式進行下去，可以由怎樣的風格展現出來？甚至當我們要問：哲學思考工作的內容是什麼？課題是什麼？她可以努力做怎樣的事情？又應該以怎樣的成果作為預期的目標？這些前所未有的新時代、新處境的新哲學課題，正以千頭萬緒之姿態，從這場論戰中「尼采」、「海德格」、「高達美」、「德希達」這四個人名的一團糾結當中萌生出來的。所以最好的頭緒，還是先回到海德格的形上學批判，以及其中扮演關鍵性角色的「拆解」（Destruktion）之說，再由此探討 Abbau、Destruktion、*deconstruction* 三種說法之間的微妙同異關係，俾便說明詮釋與解構兩者間的不同用心。23

　　德希達與高達美，可以說是以不同角度，不同程度在激烈進行著或善意轉化著海德格的「拆解」之事業。對高達美志在重建的詮釋學哲學而言，「拆解」首先是指重新「開啟」（aufmachen）、「打開」（öffnen）、「清理釋放」（freimachen）的意思，是要把僵固、硬化、停滯不通的地方疏通，好讓積掩、遮蔽、固結之物重新活絡起來，以便能夠再度從中獲取得更多、更新而且更適用的東西。因此，德文 Destruktion 從來就未曾具有像它在法文或英文同形字 destruction 那樣的「摧毀」或「破壞」之意，如果特別要指後述的意思，高達美說，會用 Zerströrung 這個字才對。高達美在這裡儼然以相當權威的態度認為：「拆解在海德格那裡的意思從來就不是摧毀（Zerströrung），而是開採（Abbau）。它應該把僵化的概念鑄造導引回到其原初的思想經驗去，好讓這些（原初思考經驗）說話」（*GW* 10: 145; *GW* 10: 132-133）。何況究竟而言，這原本正是一切詮釋學，無論是方法論的或非方法論的，為求能夠達成一般性理解所必須執行的工作，並沒有什麼值得其懷疑之處，更不必說要把這樣的基本準備步驟，誇大成純粹是為了

---

23 本文較注重以詮釋學立場看待高達美如何重解「拆解」，如要瞭解德希達的解構是如何繼續且擴大著海德格的「拆解」，可參考 Rodolphe Gasché 的著作 *The Tain of the Mirrow: Derrida and the Philosophy of Reflexion* (Harvard university Press 1986), 109-120。至於「拆解」原貌可參考 Thomas Buchheim 所編書中各家評論 *Destuktion und Übersetzung: Zu den Aufgaben von Philosophiegeschichte nach Martin Heidegger* (Weinheim: VCH, Acta Humaniora 1989)。

否定而否定的極端目的（／甚至於可以說是無目的？）。

　　從高達美自己是繼承著海德格的哲學詮釋工作這個角度來看，出自海德格的「拆解」一語所指的應當純粹是一件積極、肯定之事，其中聽不到一點點消極、任性、否定意義、甚至於玩鬧態度的那種「摧毀」的企圖或語調。「拆解」無足怪異，也不弄玄虛，只是一種會令人充滿期待的開採或開挖（Abbau）而已；關於這點，是他從二〇年代開始追隨海德格之際就已經深信不疑的：「拆解對我們來說就是開採，是從遮蔽當中開挖出來。當我們表示破壞之意時，我們不講Destruktion，而是講 Zerströrung」。[24] 海德格借助對傳統存有學的拆解工作，拓墾出一片經營關於人的存有自身的「存在分析」（Existenzanalyse）之沃土，是為了構思一套全新的「基礎存有學」（Fundamentalontologie），克盡哲學欲追求存有之意義問題的思考任務。至於到《存有與時間》一書未完，也無意繼續完成後，「拆解」即轉化為克服傳統形上學語言困境，及謀求思考再開端之道。可見拆解始終是為了改造，拆解是為了重建，拆解從來不是、也不應該是只為了拆解而拆解。面對德希達的咄咄逼人之勢，高達美不禁要問：德希達刻意鑄造出一個特異又冗贅的 "deconstrucion" 一語，莫非是因為他從海德格的 "Destruktion" 一詞裡，只聽到一片損毀破壞、玉石瓦片俱碎之音（GW 10: 132-133, DD 121）？這可以說是高達美反過來對德希達提出的一項反擊，兼具替海德格開脫的附帶效果。

　　如果再從如何面對傳統的態度來進一步講述，高達美對於傳統以至於前人的成果，基本態度上是格外重視「開採」（Abbau）而遠勝過於「拆解」（Destruktion）的，他更注重如何成全繼續，如何融會貫通合一，古為今用。所以他斷然不會盲目步隨「解構」的熱潮起舞，一味否定、貶抑或擅改、解構前人傳下的作品，卻知道怎樣精挑細選地去採集詮釋，結果不僅要將開採之所得善加「保存」（bewahren）並「證實」（bewähren）其可貴的意義何在，還要讓生疏湮沒的作品重新對我們說話，再度發揮其不失時效的作用。就此而論，高達美正適當發揮著海德格晚期，要將希臘人的理性、思維、論議、說話的邏各斯（λογος/logos），還原到蒐羅、擇取、集聚等語言活動（λεγειν/Sammlung,

---

24　見 GW 10: 132, DD 121，另可參考 GW 10: 45, DD 99。按英譯稿把 Abbau 譯為 dismantling，意在拆解開，中譯「開採」、「開挖」則側重在 Abbau 在採礦時的意思：卸開、敲開之後而有所得。

Auslesen/collection, selection）時所嘗試的新思考方向：而哲學詮釋學之可貴，也正在於它這種開朗穩健、有守有為的態度能恰如其份，吻合著它所描述的有限存在在歷史中的存有之進行方式。

五、攻三招，守三招──爭議什麼？論辯什麼？

然而這樣的態度對待古人的文本或許可行，一旦換作和今人進行面對面的對談、爭議時卻未必管用，尤其當它碰上了異常刁鑽的解構者之場合。由此可以想見，儘管高達美這邊事先的預期，可能如其所言的善良的，他是準備要對話，也希望對話會導致融通的（*DD* 93, *GW* 10: 138; *DD* 114, *GW* 10: 458），可是實際結局則不得不說令人大失所望。若是這裡再轉回德希達這邊來看：事實上，這兩位解構的大師出招是犀利的，策略是高明的，態度是針砭且激將的，而隨之而後的斷裂是無情的。他絲毫無意看到「解構」和「詮釋」並置並列，當然他不欲讓「解構」被「詮釋」所收編的不妥協之心，更是昭然若揭，無融商權餘地。本節下列三段重點問題的解析，實即針對巴黎會談次日雙邊三問三答的直接反應，追究其間無從調解的巨大差距以及終必漸行漸遠之後果。

（一）意志與意願──是權力還是力量？

德希達提出的第一個問題，在指出高達美〈文本與詮釋〉中所謂的「善良意願」，其實正是從康德到海德格皆訴諸的抽象、空洞且根本和實際作為相反的「善良意志」，並因而把高達美歸入已成昨日黃花的「意志形上學之年代」（Epoche der Metaphysik des Willens）（*DD* 53, *TI* 57）。如前所述，德希達故意用併構成的〈善良的權力意志〉為題，有心使得康德、黑格爾、尼采──尤其是海德格所詮釋的尼采、海德格到高達美都無所逃脫。這對於把哲學工作看成是歷代哲學經典詮釋的高達美，對於喜歡「穿過掛滿一幅幅祖先畫像的長廊一路瀏覽下來」的他而言，可真是一大打擊。特別是高達美自己，一方面並不在意詮釋工作當中幾乎不可避免的錯亂與失誤，另方面樂觀地相信只要持續交談溝通，最後一

定會獲致共同結論的想法，在此更加遭遇到真正的嚴酷挑戰。[25] 這裡德希達解構的一擊，可以說正中高達美詮釋學的弱點。

　　但持平而論，批評高達美太過樂天求全、志在求同求融通或許沒錯，要說詮釋學仍屬意志形上學卻非常值得商榷，關鍵就在於始自康德 "der gute Wille" 一語當中的 Wille（英文的 will 及法文的 *votonté* 亦然），其實可以兼具中文所謂「意志」與「意願」之分際。然而德希達在閱讀這個語彙時，好像只讀了第一遍而忘了讀第二遍了。「意志」之說建築在強勢的自我之上，表達的是單向決心和企圖，是要加以伸張或貫徹的主觀要求，亦即從 Willensanspannung 的強度走向 Machtsanspruch（按即基於意志力之強度以要求權力的取得以至於支配的行使）；但「意願」（Wollen/willingness）則迴響於雙向的交往及相互關係間，強調的是善意的出發並期待因此獲得對應的回報。對努力破除傳統主體性思維模式的高達美而言，他說的詮釋與對話中的善意都非關意志的伸張，而係推動與維繫對話進行的基礎和力量，重點在促使每一位參與談話者都願意努力去理解對方的發言，也願意讓自己所說的話真能夠被人理解，即使他和德希達的這番對話也不該例外。

　　事實上，高達美晚期愈來愈相信詮釋學所描述者不只限於文本經驗，而且更涉及人與人之間相互瞭解的整個領域（*GW* 10: 148），或者就如他在巴黎明確表達的態度：一切詮釋與對話活動的進行，是志在促成相互瞭解的發生（Verständigungsgeschehen/a communicative event）的；這也是他後來的詮釋學會被稱做「交談對話的詮釋學」（Gesprächshermeneutik）[26] 之原因。因此，高達美面對指責時，立即反駁他說的善意實乃柏拉圖對話錄「出自答意的論難」（"ευμενεις ελενχοι"）的意思，它指的正是一種進行而非中斷對話的基本意願，以及由此可以預期的雙贏效果；因為善意的對話甚至於包括如何使得對手更

25　德希達之前，如哈伯馬斯等多人都批評過高達美如此幾近乎天真的樂觀想法；參見 Nicolas Davey, "A World of Hope and Optimism despite Present Difficulties – Gadamer's Critique of Perspectivism." *Man and World* 23(1990): 273-294。但高達美對此疑問有一個很妙的間接回答：「悲觀主義是一種正直感的欠缺」（"Pessimismus ist ein Mangel an Aufrichtigkeit."）。按 "Auifrichtikeit" 可譯作「正直」、「真誠」、或「坦率」；語見 Carsten Dutt hrsg., *Hans–Georg Gadamer im Gespräch* (Heidelberg: Carl Winter 1993), 71。

26　參閱拙作，〈理解、詮釋與對話——從哲學詮釋學的實踐觀點論多元主義〉中央研究院中山人文社會科學研究所「多元主義學術研討會」（1996 年 5 月，台北：南港），會議論文集刊印中。

強、更能說出他真正想要說明的事理本身（die Sache selbst）。[27] 假如連這一點都沒有的話，人類的群居生活以至社會的穩定長存將根本不再可能（*DD* 57, *TI* 61）。因而高達美辯說那既非一道德籲求（Appell/appeal），也和倫理學無關，更不知道怎麼會牽扯到建立於主體性之上的意志形上學時代（*TI* 59, *DD* 55）。他的真正心意，始終關注著那種有助於相異觀點間進行溝通以至於「視域融合」（Horizontverschmelzung），[28] 的良性的互動影響，所以說德文版所加標題〈而仍然是的：善良意願的力量〉（"Und dennoch: Macht des Guten Willens"），確實很能點出他要傳遞的訊息，申明良善的心願而非意志。

（二）精神分析與尼采──是同一還是歧異？

　　遺憾的是，如此這般善良的意願在巴黎似乎是行不通的。高達美想要接受挑戰（*défi*/challenge），結果卻得到否定（*déni*/denial）；同樣的也可以說高達美想要提出的是 défi，但結果卻被對方解讀成 déni。說這場對話南轅北轍，說這番爭執 unwahrscheinlich 的原因正在於此。因此德希達的第二及第二波發難，如果說不是對高達美深懷戒心，那就是太過於高瞻遠矚，竟然想要把後者拉拔到一個其人其思想都無法進入的領域──「終極差異」的領域去。故而德希達的第二項質疑是：詮釋學是否在強制進行著無法被接受的合併，要把一種心理分析的詮釋學整合到一種普遍的詮釋學當中？甚至於或許更進一步，要一併把尼采、德希達之流不輕易妥協的異議分子，盡皆網羅進哲學詮釋學一向鍥而不捨，發願追求「視域融合」的最終止境裡去？高達美或許正冀望著以單純的詮釋脈絡的擴大說，來解決差異存在的局面和難題，然則德希達眼中所看到的，卻可以說是除了差異之外仍舊還是差異。會談的結果竟然要演變為從此分道揚鑣，至此已成註定之勢。

　　德希達第二個問題的策略是凸顯反立場（contra-position/Gegenposition）而不欲和詮釋學並列並置（juxtaposition/Nebeneinanderstellung），更強力拒斥來自於詮釋學的任何收編和統一的意圖或意願。三問三答當中爭論的雖然是高達

---

27 高達美在晚年許多談話場合形容詮釋學對話是一種謀求相互理解（Verständingung）的藝術，這同時即包括：有時候要承認自己講的不對，也願意聽聽別人講什麼，甚至幫助對方講得更好更清楚，亦即「使對手更強」（"Den Gegner stärker zu machen!"），更能講出他要講的事理本身。

28 按「視域融合」（Horizontverschmelzung）說為高達美詮釋學的核心思想之一，見《真理與方法》（*GW* 1 311 ff., 380 ff.）及其他著作中多有論述。

美談「精神分析」的例子，但背後真正進行拉鋸的焦點則是尼采及「解構」本身。所以在這裡，德希達明白反對高達美的擴張詮釋脈絡之說，批評〈文本與詮釋〉主張在活生生的對話（im lebendigen Dialog/in living dialogue）當中擴充生活體驗之脈絡（der Lebenszusammenhang/un vécu/a lived experience）的說法，正是他自己最最乎不以為然的問題所在（DD 53, TI 57）。與此完成相反地，他本人傾向於認為意義的統一性與詮釋對話的連續性皆非必然，處處存在破痕裂隙（breach/rapture/Bruch）才是真的，甚至說一種對於文本脈絡（context/Kontext, Zusammenhang）以至於文本概念本身的無所不至的重新結構（an overall re-structuring）才是必然的——說得再明白些實即是說：解構（de-con-struction）終究為必要且不可免的。所以當德希達用「相反地難道不是……？」反問句形式表達過上述思考後（參考 DD 53, TI 57），換言之，他現在也就正式表明要選擇歧異而不求同一，接下來當然更選擇中止談話而非繼續溝通之途。

（三）延續與斷裂——是融通還是破滅？

因而到最後一個問題時，表面上儘管仍關係到善良意志這個被認為是前置公設般的結構，而實質上已聽到關係斷裂兼又溝通破滅的宣告。德希達提出的是一個迥然不同的相異觀點：

> 即使不問心理分析，我們仍大有理由詢問高達美教授所稱為「理解」（verstehen）、「理解他人」（verstehen des anderen）、「與他人相理解」（sich miteinander verstehen）的所指為何？不管我們從相互瞭解 Verstädigung/consensus）抑或從（Schleiermacher 的）誤解（Mißverständnis/misunderstandimg）出發，我們畢竟總要自問，難道理解的條件不恰好是遠非（像昨晚描述的）關係的持續發展（continuity of rapport），而毋寧是關係的斷裂（interruption of rapport）嗎，是作為某種特定關係的斷裂，一種所有調停的揚棄嗎？（DD 53, TI 58）

圖窮見匕，一刀兩斷——原來實際上中斷關係，放棄尋覓一致性默契，並否定有任何與「詮釋」共同共通之處，這才是解構大師在這裡早已備妥的最後一道巴黎甜點（／按此節引文中法文 rapport 兼有「關係」、「關聯」及「一致」、「共同處」等意思，用英語 relation 及德語 Bezug 則無法表達）。

　　此外德希達又指出，高達美老愛用「我們大家都知道的經驗」（thal experience that we all know/die Erfahrung, die wir alle kennen）一語，描述詮釋學認為大家共同所有的、非關形上學的經驗；但是形上學本身不是常常，甚而在一切情況下，都被設想為經驗的描述，設想為經驗的自我呈現嗎？「那麼一來在我這一方面，我自己也不敢確定，我們到底有沒有進行高達美教授指稱的那種經驗，亦即在對話中達到充分一致理解、或是證實成功而獲得同意的經驗」（DD 54, TI 58）。如果根本沒有人有過這樣的經驗，再如果即使有人有而不願承認他會有，那麼得不到善意回應的善良意願，就只好從此為一陣夢幻泡影，消失於無形，消失於堅持不要被同化的差異當中。高達美在巴黎踢到的不是鐵板，而是棉花。

　　詮釋學與解構理論之間顯然有甚大甚多的差異，以致為互相排斥，不能妥協的：一個能包容差異而又不放棄對話文談的局面，在巴黎難能實現一會談的結果是各說各話，是斷裂。細觀解構的一方，似乎對詮釋的一方可能表露出的 Machtsanspruch 步步為營，深怕某種形式的並列、包含、收編、統一悄然得逞，而寧可保持兩條路線各走各的現狀。反過來看，高達美才是始終未忘情於溝通交流的那一方，他甚至從事前到事後不變地，都以詮釋與解構皆屬海德格式形上學批判後，兩條不同地另闢蹊徑之努力的調和式說法，嘗試說明兩者間仍可異中求同的希望。他看到的是有差異、有矛盾所以才有辯證，而既然有辯證、有對話就終必會有融合一致的光明遠景。海德格晚年，眾所周知的，在苦於語言匱乏之下曾捨形上學語言而親近於詩的語言，而高述美認為：

> 除了他（／海德格）自己的努力，欲借助賀德齡的詩的語言克服「形上學語言」之外，依我看來只有兩條路可走並且有人走過，以對抗專適合於辯證法的存有學自我馴服（die Ontologische Selbstzähmung）而指出一條豁然開朗的路。一條路是從辯證走回對話，走回到相互交談。這是我自己在我的哲學詮釋學裡嘗試去走的路。另一條主要是由德希達指點的，是解構的路。」（GW 2: 367-368, DD 109）

　　但是在德希達眼中，高達美會這樣說是因為他始終志在融合求通，卻故意避開或不承認眼前的差異之事實；德希達要激化歧異，斷絕對話溝通，讓兩條路沒有交會，實在也有其不得不然之勢。

六、尼采、海德格與形上學

　　建構與拆解、意志與意願、持續與斷裂、交談對話與反諷迴避，本文撰寫到這裡，並非在羅織著是非對錯的片面指責，更無意進行孰優孰劣的超然評斷，或是單純想要去選邊靠攏。但據實而論，對於尼采思想及地位的評價，的確正是巴黎會談中相持不下的爭議焦點。哲學史上一前一後出現尼采和海德格兩位思想家，曾經各以不同的強烈撼動之姿，令人直觸及「哲學或形而上思考何以為繼」的課題。現在高達美與德希達的一場不像爭執的爭執，過程和結局無非延續著同一課題的思考，以及各自不同的答案。同一與差異，似乎並非專屬形上學的問題，同時也蔓延到形上學之外、形上學之後，以及一切關於形上學而引起的繼續的爭辯當中。因此本文最後仍要藉由「尼采、海德格與形上學」轉回這個問題，從這裡再論及詮釋學與解構理論二者和哲學、形上學之間的關係。

　　德希達，正像當代大多數法國哲學家一樣，始終相常推崇尼采：尼采，因為他強而有力地對詮釋（interpretation）、展視（perspective）、重新評價（revaluation）、差異（difference）諸多概念的極端發展，哲學史上無人出其右。「尼采，遠非單純地停留（和黑格爾一起且依照海德格所希望地那樣）在形上學裡面的」，[29] 而是能運用他的獨特文字魅力，創造哲學思想上前世無人能及的新起點，造就新局面。而且事實上尼采思想研究，也曾在海德格思想發展中扮演著重要角色，甚而是促成其思考「轉折」（Kehre）的一大要素。但高達美完全無視於一般評論，反而宣稱海德格和尼采至多只算「短暫的道上同志」（"eine kurze Weggenossenschaft mit Nietzsche", *GW* 2: 364, *DD* 105）而已。尼采從未在高達美本人心目中占有一席之位倒是真的；尤其和與他同時代的狄爾泰（Wilhelm Dilthey, 1833-1911）相較，無論為學之真誠、推動學術思想之功績、對後世啟迪貢獻各方而論，尼采都只是個「正相反者」（Antipode）。[30] 尼采遠不如狄爾泰，

29　*Of Grammatology* 18 頁起，可見德希達之不滿於海德格的尼采詮釋可謂由來已久（1947）；而德希達之肯定且有意效仿尼采，可參閱其《鞭策——尼采之風格》小書 *Spurs: Nietzsche's Styles* (The University of Chicago 1987)。

30　高達美曾引早年同窗 Leo Strauss 言，謂尼采之對於海德格，正如狄爾泰之對於高達美一樣，高達美深以為然（*GW* 2: 334, *TI* 28, *DD* 25）。狄爾泰之重要性可見 1991 年的〈詮釋學與狄爾泰學派〉（"Die Hermeneutik und die Dilthey-Schule"），刊在 *GW* 10: 185-205。

也遠不如更早的另一位充滿謙卑精神，懂得如何深切反省自制，致力揚昇宗救信仰情操的祈克果（Sören Kierkegaard, 1813-1855）。跟他們一比，尼采只是個無法交談的對象罷了。例如在高達美眼中，像是祈克果充滿著生命張力的那種「或是此或是彼」（entweder - oder/either - or）的存在抉擇之意義彰顯，似乎可以經由詮釋學上講求的辯證溝通而轉化成「既是此又是彼」（sowohl - als auch/both - and）的兩成其美，然而一旦沾染上尼采或德希達那種為強調差異而執著於差異的風格，卻相當可能玩弄成「既非此亦非彼」（weder - noch/neither - nor）的徹底虛無（參見 *GW* 10: 143, *DD* 97-98）。所以和許多新一代的詮釋學理論者不同的是，高達美從來不願意認為詮釋學跟尼采思想有什麼關係，或說前者有任何可以得益於後者的地方。

　　而在德希達看來，尼采卻不愧為當今許多法國哲人的精神導師。和《文本與詮釋》裡表露的遺憾（*GW* 2: 334, *TI* 28, *DD* 25）完全相反，高達美的法國同行們真正學到了尼采思想中「嘗試兼探索的精神」（das Versucheriche/the seductive／或直接翻譯成「誘惑」），而且正用來巧妙對付著德國學界從歷史上系統建構、直到目前系統詮釋的每一個巨頭：從康德、黑格爾、胡賽爾、海德格，直到現在的高達美、哈伯馬斯等，無一倖免。形上學的系統建構、系統詮釋、以及轉向社會領域的體系批判，始終都還是形上學——形上學變成不折不扣的貶詞，專門給德裔異己戴的大帽子。例如像海德格的尼采詮釋與批判，與其說是成功地將尼采定位為最後一位形上學家，還不如說是應證著海德格自己又掉回形上學的窘相（*DD* 58-71）。德希達信手拈一句尼采戲言「我忘了我的傘」（"Ich habe meinen Schirm vergessen."），即足以解構掉海德格整個反傳統名言「存有遺忘」（Seinsvergessenheit）下的一套理論，以及他積聚整十年精力的尼采研究（1936-1946）的成績，而進一步更藉此暗示海德格乃至高達美一路深具形上學色彩的詮釋學，實為一套「存有物事之詮釋學」（Ontohermeneutik, *GW* 10: 200），實為一種在無定論時代仍舊強求定論的不智。於是高達美後來也回敬一記，改稱德希達如此一味沉迷於玩弄解讀遊戲，早已玩成了一種執迷不悟、無由變通的「解構主義」（Dekonstruktivismus），[31] 結果反而更像是一種形上學遺緒。但是就

31　"Frühromantik, Hermeneutik, Dekonstruktivismus" *GW* 10: 125-137，英譯以 "Hermeneutics and Logocentrism" 為題刊於 *DD*（114-125）。

事論事，海德格的存在分析無論題材、方法、語彙和出發點，都完全不同傳統形上學的存有論思考格局，而德希達更從未主張、也不會承認解構是一套固定不變的理論或什麼主義的。所以顯見這樣子欲加之罪、何患無辭的來回往復下，所謂「善良的意願」在雙方都已然磨損，無以為繼。

　　真正在這場南轅北轍的精彩交鋒之後還會繼續下去的，唯一僅有的仍是哲學思考，是經常會讓人起爭論，是經常會讓人不知該何以為繼的形而上探索。例如就連德希達接受 Richard Kearney 訪問時也曾答稱：「在某種意義上，說解構仍然是在形上學之內是對的。（……）因而我總覺得，認為我們可以跳出形上學之外的念頭是十分幼稚的」。[32] 每一個人都儘可高談闊論形上學的終結，但真想要真正造成形上學的終止或關閉（clôture），看來還顯然不是一件容易的事情。於是，就像海德格四〇年代出人意料地指稱尼采是最後一位形上學家般，如今德希達也大有理由批評海德格的尼采詮釋，其實是海德格自己落回形上學的表現，同時更附帶地譏諷高達美充滿辯證遺風的交談對話，無異於「迷失在統結的形上學草原上的羊隻」（GW 10: 139, DD 94）。同樣地，難說有朝一日會不會又有後起之秀再接再厲，邊以德希達為西方形上學最後一人，而把形上思考及形上探索推向另一番不同的境地去。康德《純粹理性批判》第一版前言描繪的那般場景：「這個無盡爭議的形上學戰場」（"Der Kampfplatz dieser endlosen Streitigkeiten heißt nun Metaphysik."），[33] 現在到 20 世紀末「哲學終止」與「形上學完成」高唱入雲之際，好像反而搬到了一個更加炫麗的舞台照常上演，且速度成倍數加快。

　　巴黎會談中，德希達的表演無疑是成功的，「書寫誌異」是有趣且引人注目的。但是，這真有點像最近出版的一本評介當代思潮的專著，論及德希達部分時搬出兩百年前德國哲學家 Johann Gottfried Herder 的那一句話：「天啊！什麼差別嘛？法國人這裡真愛搞怪呀」（"Gott! Welcher Unterschied! Wie hier der Franzose das Jolie liebt."）。[34] 用這個法文字造個句子來講正是："C'est bien jolie, mais......"（「這倒是挺有意思的，可是……」）。可是，至少詮釋學這方面依舊

32　Richard Kearney, *States of Mind* (Ibid. 10), 161-162.

33　I. Kant, *Kritik der reinen Vernunft* A VIII (Hamburg: Felix Meiner 1956), 5.

34　*Welten im Kopf. Profile der Gegenwartsphilosophie* (Darmstadt: Wissenschaftliche Buchgesellschaft 1996): Teil II Frankreich/Italien, 75.

可以老神在在，繼續憑藉絜實承傳及開放的對話努力推動「詮釋求通」，對解構大師德希達投來的 logoscentrism 矛頭不以為意：因為「高達美（雖說）設置邏各斯（logos），但不是一個有中心的邏各斯。高達美的邏各斯是無根的，並不繫著在一個先驗主體或一套方法論程序上。那是一種原則上總是尚未完成的邏各斯」。[35] 畢竟高達美詮釋學主張的也是要肯定「理解總是不同地進行理解（Anders-verstehen/understanding-differently）」（DD 96, GW 10: 141; GW 1: 302 ff.）這一歷史性存有之事實，只不過他一向是把「差異」置放在「求同求通」的歷程之下的，甚而應該是當作刺激這般歷程前進開展的主要因素。這樣一貫的主張、立場和態度，忠實反映在「哲學詮釋學」的自我理解上：

> 「詮釋學的」哲學並不把自己理解成一種「絕對」（absolute）立場，而是理解為一條經驗之路（ein Weg der Erfahrung/one way of experience）。他堅持著，除了讓交談保持著開放之外，再沒有更高的原則了。然而這也始終是說，事先就要承認談話夥伴（Gesprächspartner）可能是對的，甚至是優於自己的。這樣子會是太少了嗎？（GW 2: 505）

但高達美唯獨抱憾的是一位如此難得的對手，竟交談至如此下場，甚至直到1993 年他在接受訪問時，仍讚嘆德希達的腦袋和反應，卻委婉表達他不會進行真正對談的遺憾：「那不是他的長處」[36]。

因此回顧巴黎會談針鋒相對的焦點，高達美前述「善良意願」並不是一個無條件的公設，反而是他自己在巴黎拋出的另一涉及基本態度的設問，才真正算是可以衡量這場對話的另一項極具意義的指標——也就是他在〈文本與詮釋〉中先著一步提出的問題：「語言究竟應該是『橋樑』還是『柵欄』？」（Brücke oder Schranke/a bridge or a barrier）。[37] 對高達美自己而言，語言當然應該恆常是尋求對話溝通、互相理解的橋樑，而非一意要促使關係斷裂，徒然成為自設障礙或畫地為限時的柵欄。這是他全部詮釋學工作，也包括他在巴黎的那一場對談在內，

---

35 此為 James Risser 替高達美提出的辯護，見〈蘇格拉底的兩張臉孔：高達美／德希達〉（"The Two Faces of Socrates: Gadamer/Derrida." DD 176-185, 185）。

36 Casten Dutt hrsg., Hans-Georg Gadamer im Gespräch (Ibid. 25), 43.

37 GW 2: 336, TI 31, DD 27。另參考《真理與方法》第三部分。

始終未變的初衷：

> 因而我認為當我說我們所是的對話是一場無盡的對話時，我是完全立場
> 一致的。沒有一句話是最後一句話，正像並沒有最初的第一句話一樣。
> 每一句話自身總是一個答覆，而且總是正興起著一個新的問題。（*DD*
> 95, *GW* 10: 140）

詮釋學家高達美心目中的語言就是一個眾皆參與的公共領域也是歷史領域，讓無盡問與答的辯證開展脈絡就此展開，並且期望經由不斷詮釋、中介的談話活動裡，追求及營建出共有的、可相互融通的意義來。所以說：

> 語言總是只有在交談中的。語言只有在講話的去與來之間實現自己（完
> 成自己），在其間一句話語給出了另一句話語，而且在其間我們和其他
> 人一同講的語言、我們互相發現到其他人的語言，才充分鮮活起來。
> （*GW* 2: 144）

至於在這些人類的無止盡且無國界的交談對話當中，語言思考實際上會帶給我們怎樣的成果，又理當要交由何人評價，甚至於如何去決定誰講得好、誰答得妙等等問題，就都只有留待聆聽對話、繼續交談的一批人再接再厲來提問求解。語言對話，永遠由在語言對話當中的人（Im-Gespräch-sein）來推動進行並檢討改善，同時也在此處看見到每一有限者在其中的自我成長與自我超昇。

七、非結論

詮釋學既不提供也不堅持一個絕對立場，卻又無意和「解構」一般逞巧思奔馳，不知止於何處。事實上，包括高達美在內的許多詮釋學者都同樣表示過：詮釋學不適宜說出最後定論，不適合說最後的話（das letzte Wort），因為隨時會有更新更佳的詮釋出現。所以詮釋與對話的開放進行，向著更寬闊開敞處繼續探索，這就是哲學思考不停活動、持續探問追索的方式：亦即始終自處在問與答、同一與差異、熟悉與陌生、信賴與猜忌之間，在疑似斷裂不通之處欣見柳暗花明。如今，在追究這場精彩多姿的當代哲學對話後也許我們可以再問的是：哲學枯萎了嗎？形上學已然結束或被終結掉了嗎？或許在回顧這場充滿無盡差

異的對話交鋒之餘，既然一時間沒有更好的、更新、更完善的論述可以構築堂皇大結論，亦且無妨再拾起高達美事後特意援引的詩篇《在一盞燈上》（*Eduard MörikAuf eine Lampe*）譯成中文附錄於後，看看這位曾經在《真理與方法》結尾部分暢談「光的形上學」（Lichtmetaphysik, *GW* 1: 486 頁起），暢談理解詮釋、語言溝通、對話交流之詮釋學實踐任務的學者，自己是如何堅持著一份並非微不足道的光與熱存在著的：

Noch unverrückt, o schöne Lampe, schmückest du,

Still undisturbed, oh beautiful lamp thou adornst,

無憂無擾，哦美麗的燈盞，這裝飾著你，

An leichten Ketten zierlich aufgehangen hier.

On a light chain gracefully hung here.

以一條輕巧鍊璉優雅端懸於此。

Die Decke des nun fast vergeßnen Lustgemachs.

The ceiling of a now almost forgotten pleasure room.

如今幾乎被遺忘的遊戲間天花板上。

Auf deiner weißsen Marmorschale, deren Rand

On your white marble skin, whose round

在你的白色大里市罩殼，邊緣處

Der Efreukranz von goldengrünem Erz umflicht.

The ivy wreath of golden green metal woven round.

常春藤花冠由金閃青銅環鑲而成。

Schlingt fröhlich eine Kinderschar den Ringelreihen.

A troop of children joyfully twist in the ring dance.

一群孩子們攜手圍著圈快樂起舞。

Wie reizend alles! Lichen, und ein sanfter Geist

How attractive everyone laughing, and a gentle spirit

可愛動人地所有稚子歡笑燦爛，而一片柔和的精神

Des Ernestes doch ergossen um die ganze Form......

Of seriousness indeed suffuses the whole form......

屬於那確然認真的，充盈揚溢在整個形表……

Ein Kunstgebild der echten Art. Wer achtet sein?

An artist shape of the authentic kind. Being noticed be whom?

一幅一種真正藝術的圖構。誰注意到它的存有？

Was aber schön ist, selig scheint es in im selbst.

But what is beautiful shines blissfully in itself.

但是優美的東西，悠遊然又自顯猶如在其自身當中。

（德文原詩引自 *GW* 2: 359 及 *TI* 54，英譯引自 *DD* 298。按：《真理與方法》中高達美最後重返柏拉圖學說，指出所有「美」和「善」的事物，皆是以光輝照耀的方式一再顯現其身的，因而這首德文詩會是甚為他所喜愛的一首，用在巴黎會談之後卻也不失貼切。惟詩文第七行 "alles" 後的驚嘆號當為高達美自行添加的，又末句中譯「優美的」、「悠遊然」、「又自顯明」、「猶如在」等語，雖然未能精確譯出原文字義，但吻合高達美詮釋此詩時格外強調由 "schön"、"selig"、"scheinen "、"selbst" 這幾個字所造成的疊音聯義的效果。高達美的詮釋參見 *GW* 2: 359-360, *TI* 54-55, *DD* 49-51。）

文化傳承與社會批判
回顧 Apel、Habermas、Gadamer 和 Ricoeur 間的詮釋學論爭

《國立政治大學哲學學報》第 5 期（1999.1）

前言

　　本文擬從目前歐洲極具份量的四位哲學家之間，曾經環繞著當代詮釋學（Hermeneutik/hermeneutics）思考所引起的一連串對話爭論著手，一窺哲學思想對於社會發展與文化反省的密切關係。基本上這場哲學對話發生於歐陸兩大哲學陣營之間：一方面是詮釋學，另一方面為批判理論（Kritische Theorie/Critical Theory），對話的時間延續得相當長久，結果在雙方面都起著積極而正面的作用。至於本文標題所言「文化傳承」和「社會批判」，則正是兩種理論在開始時各自看重的哲學思考工作重心所在，而後經過交互往返的辯論當中，其實任何一方都無法抹煞對方的見解與貢獻，也不能單純地將對方的立場包容或納攝到己身之中。於是這樣就產生並應驗著一場真正哲學性對話的意義，亦即是說，於交相攻錯的同時也各別擴大視野，促使自身經營的理論有更深層的反省與發展，從而更能強化其付諸實踐上的效應與影響。

一

　　哲學詮釋學從 1960 年開始，主要由于高達美（Hans-Georg Gadamer, 1900-2002）的大力倡議並根本革新而成為歐陸繼現象學之後的一大顯學，影響所及更從哲學拓展到其他各學科領域。[1] 但是與此同時，高達美式新詮釋學逐

1　高達美的《真理與方法》（*Wahrheit und Methode*）完稿於 1959 年，1960 年初版問世，對話或爭論也由

漸建立起來的權威性引導地位，也不斷遭受到來自各方面的挑戰和質疑。因為高達美詮釋學承續海德格（Martin Heidegger, 1889-1976）思想特色，欲彰顯人類理解活動的歷史性和語言性，意圖用「歷史」和「語言」兩條主軸貫通整體文化傳繼的實踐面向。然而相對的，他對於一般性科學理論的系統營建，與特殊性學科方法程序講求的側面則較少著墨，對於社會現實的批判與改造更未展示明顯的態度與興趣，甚至因為過於強調歷史傳統而讓人有保守主義的評價。至於較早發源於法蘭克福，戰後到六○至七○年代又迅速成長而廣受重視的批判理論，卻是從社會科學方法論的反省角度入手，部分採用了詮釋學對客觀主義唯科學論（Szientistik）的批評及其一貫重視語言問題、實踐問題的觀點，但基本態度上卻無法贊同詮釋學方面所宣稱的「普全性」（Universalität）之哲學訴求，而重拾 19 世紀以來另一更具社會改革推動力的方向，亦即「意識形態批判」（Ideologiekritik）的學說。其結果則不但在知識追究上表現更強勢的作為，後來並且更繼續建立詳實論述的「溝通行動理論」（kommunikative Handlung）取而代之。本文在此正要指出，這無異於用積極針砭的「社會批判」任務，來和高達美詮釋學融通求全的「文化傳承」使命形成分庭抗禮之勢，從而展開當代思考的另一新頁。

　　因此順著論戰發生經過，本文將從1960 年代初期法蘭克福學派方面，阿佩爾（Karl-Otto Apel, 1922- ）及哈伯馬斯（Jürgen Habermas, 1930- ）先後對高達美詮釋學發難開始，追究到七○年代中期雙方不斷地往來答復。[2] 另外當論戰已發展到壁壘分明的高峰時，1973 年起法國學者呂克爾（Paul Ricoeur, 1913- ）也加入雙方對談當中：他一方而雖然善意地以同為現象學詮釋學的立場，肯定高達美所繼續的海德格思考路線，但另方面也能夠認同批判理論在重建社會科學方法學上的辯證論述方式，而提出一種新的具批判性格的詮釋學的說法，以補高達美

此開啟。以下引述高達美皆以全集版（*Gesammelte Werke*. Bd 1-10. Tübingen: Mohr 1985-1994）為準，縮寫成 *GW*。

2　詮釋學與意織型態批判雙方較早的辯論主要集中在兩份資料裡：一份是 1971 年的論文集 *Hermeneutik und Ideologiekritik* (Frankfurt am Main/Suhrkamp)，以下縮寫為 *HI* 後加頁數；另一份是 1975 年 2 月出版的 *Cultural Hermeneutics* 期刊第 2 卷第 4 號轉載高達美 Rüdiger Bubner 等在 Boston 發表的相關論文，該期專題並附上多位美國學者間的現場討論。

之不足。[3] 而呂克爾和高達美之間的對話，一直進行到八〇年代中期仍在持續著。[4] 又由於這連續數場爭論涉及的不僅是知識論取捨或形上學立場的差異，而更重要是屬於政治學及倫理學向度的社會性實踐定位的問題，以及有關於文化傳統認同與文化價值取向上的不同的評估及期許，因而對往後整個八〇到九〇年代的當代哲學論述和對談，始終有一定程度的借鏡作用與影響力存在。

二

意識形態批判理論方面對高達美的批評，並非始於哈伯馬斯，而是由和高達美同樣深入研究過海德格思想，當時任教於基爾（Kiel）大學的阿佩爾率先發動的，而且也延續得最久。阿佩爾對海德格思想的高度興趣和精細探索，已見諸其早年一篇對「理解」（Verstehen）的問題史兼概念史研究論文，[5] 以及 1963 年升等論文的長篇導言當中。[6] 在那篇導言裡，阿佩爾是把海德格哲學看待成一套針對語言問題而發的「先驗詮釋學」（transzendentale Hermeneutik），不但意義深遠，而且在詮釋學可以得到的理解之深度（Tiefe），和專門從事普遍規則解說活動的「技術─科學的精確性」（die technisch-szentifische Exaktheit）造成鮮明的兩極性對立。於是在凸顯這兩者間的辯證牽制當中，阿佩爾開始在康德先驗哲學追問知識成立之可能性條件的企圖，以及符號學中說明語言運作的語用學進行方式之間，謹慎地尋求能夠切合新時代科學知識領域的理想運作模式。換言之，這裡原為阿佩爾利用當代語用學（Pragmatik）思考改造康德先驗哲學的起點，其原本

3　呂克爾的論文多收入其《詮釋的衝突》（*The Conflict of Interpretations*. Northwestern University Press 1974）和《詮釋學與人文科學》（*Hermeneutics & the Human Sciences*. Cambridge University Press 1981）。另外 1982 年高達美與呂克爾有一場正面對話，雙方宣讀文稿、現場問答及討論記錄等資料以〈詮釋的衝突：與高達美的論爭〉（"The Conflict of Interpretations: Debate with Hans-Georg Gadamer"）為題，刊在 Mario J. Valdés ed., *Reflection & Imagination: A Ricoeur Reader* (Harverster Wheatsheaf 1991), 216-241。

4　高達美 1984 的英文論稿〈懷疑的詮釋學〉（"Hermeneutics of Suspicion"）主要仍在答覆呂克爾等法國詮釋學思考，現刊在 Gary Shapiro and Alan Sica eds., *Hermeneutics: Questions and Prospects* (The University of Massachusetts Press 1984), 54-65。

5　Karl-Otto Apel, "Das Versehen:Eine Prolemgeschichte als Begriffsgeschichte." *Archiv für Begriffsgeschichte*, Bd. 1 (1995), 142-199.

6　Karl-Otto Apel, *Die Idee der Sprache in der Tradition des Humanismus von Dante bis Vico. Archiv für Begriffsgeschichte*, Bd. 8 (1963).

就是和海德格語言詮釋論有密切關聯的。

　　例如他將海德格的「在世存有」（In-der-Welt-sein）之說，更新為「在語言中的存有」（In-der-Sprache-sein）的說法，已然顯見後來通過海德格對康德先驗哲學進行語用學轉向的動機。[7] 從這裡進一步考察，不難看出阿佩爾哲學思考從最早開始以兩大預設出發：一是先驗奠基（transzendentale Begründung），一是先在性置身投入與承擔（leibliches Engagement *a priori*），而兩者都是在對語言的反思中完成的。他的詮釋學思考和高達美同樣注重理解活動中的語言性，但是隨後的發展則採取了理解的社會性優於歷史性的立場，也就是說，主體際（intersubjektiv）之間可共通的理解（Verstehen）與相互理解（Verständigung），更優先於高達美所強調那種理解，亦即是說有限性的歷史個人如何融入恆常超出個人之上的「實效歷史」（Wirkungsgeschichte）的問題。我們可以看到整個論戰中阿佩爾站在哈伯馬斯一邊，而且他自己的理論建構也與哈伯馬斯互相援引呼應。簡略而言，阿佩爾的哲學轉化是從傳統哲學中的個別意識及主體的奠基思考，轉化為主體際性的含有嚴格的同意之意思下的相互理解之奠基方式，相互理解同時也必須是一種主體際的達成協議（按即德文 "intersubjektive Verständigung"）。這裡不是在講歷史機緣下，在個別的或某些人身上「發生」（Geschehen）的特殊的真理，而是在講那些論述上普遍有效，任何人都會承認且接受為真的知識、學說、理論，不論那是關於自然、關於人文及社會變遷的學術性知識。如此基調的理論構思的性格，促使他終必會和高達美詮釋學走上不同的途徑。

　　所以阿佩爾 1963 年對《真理與方法》的書評，[8] 已經立即指出高達美詮釋學中可產生「規制性質」（das Regulativ）的成份不夠，不足以說明普遍有效性的（allgemeingültug）理論陳述，以及基於如是陳述可以提出的確實知識如何可能成立的問題。他的貢獻只能限定在發揮「矯正性質」（das Korrektiv）的效果上，也就是說：即針對近代以來蔚為主流的由方法理念所導致的唯科學論，重心及方向上稍加修正而已，對於一種真正知識的全面性探討卻力有未逮。高達美沒有真正

7　同上，52 頁起。
8　*Hegel-Studien*, Bd. 2 (1963), 314-322，這是高達美極重視的書評之一，見 *GW* 2: 437。

重視到當時另一位詮釋學者，講求客觀性及方法論的 Emolio Betti[9] 向他質疑的問題之重要性：即我們該要如何區分什麼是「理論的」（theoretisch），以及什麼是「獨斷的」（dogmatisch），而這對一切學術而言卻是最基本的一個區分。

由於高達美對黑格爾的研究是這篇書評的重點，因此阿佩爾在肯定高達美將黑格爾的辯證（Dialektik）轉接回柏拉圖的對話（Dialog）之餘，主要批評詮釋學在此並未認知到黑格爾的「科學的開始的問題」（Anfang der Wissenschaft）。[10]按照高達美的說法，詮釋（Auslegung）的活動是受制於他所謂「詮釋學處境」（die hermeneutische Situation）的限定的，它雖然不是任意而然的，卻也不是一個真實的開始，而只是在問與答的辯證進行中發生的事情。阿佩爾則指出如此的「詮釋學循環」（die hermeneutische Zirkel）隱含一連串的危險，因為這涉及到每一門科學中知識的主體、知識的開始、知識在進行中專業上之可控制性、以及知識的進步之可能性等等問題。如果這些問題不弄清楚，那正是高達美所以只能講我們每一次的理解，都是在做「不同地」理解（*Anders*-verstehen），卻不能講是在做「更好地」理解（Besser-verstehen）之真正困難所在。

書評最後阿佩爾甚至暗示高達美並未完成「*哲學的詮釋學*」，因為他充其量也只是進行了豐富的歷史傳介的所謂「*詮釋學的哲學*」；而後者又是因為他確實做了許多傳統思維再詮釋的工作。阿佩爾深感婉惜的是，但這樣一來高達美他無法較細緻地處理「反思層級問題」（Reflexionsstufenproblematik），從而也無法回答哲學思考自身可能性之先驗條件何在，和程序上該如何進行等切要問題。阿佩爾主張真正哲學的詮釋學，是一種他自己仍在追求中的先驗的詮釋學，它除了要有像黑格爾一樣，在辯證進展中逐步走向最終作為一個整體出現的真理的能耐之外，還必須要能夠像康德先驗哲學，以及《存有與時間》中的海德格一樣，提出嚴密論述一切認知（Wissen）與自我認知（Sichwissen）之原初基礎何在的真正哲學性解答。哲學知識應該如同每一門專業知識一樣，一方面追求知識上辯證累積性的進步發展，另一方面還要在進步發展中澄清自身開始的基礎，亦即反思辯證與深層奠基的雙軌運作與同步開展。依阿佩爾之見，高達美哲學似乎在這兩方面都表現得不夠理想，於是兩者間原本同屬詮釋學思考的進展差距就由此拉開。

9　Emolio Betti（1980-1968）也是高達美相當重視的一位批評者，兩人間另有一場論戰。
10　*Hegel-Studien*, Bd. 2 (1963), 319.

　　如前所述，阿佩爾一生的學術努力可以用「先驗語用學」（*Transzendental-pragmatik*）標誌之，而較早的成果皆屬論述細密的長篇論文，收到《哲學的轉型》兩冊論文集裡。其中 1967 年〈溝通共同體的先在性和倫理學的置基〉[11] 較明白透露阿佩爾想要超越海德格思考之際，他自己的出發點和他的目的何在，並因而進一步拉開他和高達美詮釋學的距離。他這裡是從倫理學如何奠基的規範角度，提出前述相互理解之「規範性理想」（das normative Ideal）當作最終不可逾越者（nichthintergehbar）的可能性和必要性，並申述這是透過先在性的溝通共同體而然，也是只有在理想的、無限制的（unbegrenzt）溝通當中才能夠被實現的。換言之，確實應該有一理想的「溝通共同體」（Kommunikationsgemeinschaft）被當作一基本前提被預設著，同時又是溝通共同體中每一成員已經共同遵守，共同執行也共同預期的，它必須是能夠被實現，也總是已經在實現著的。證立普遍知識的科學理論到證立普遍道德的哲學倫理學之間，原本就應該是相通的，理論必須在不斷的實踐當中被體現著。高達美詮釋學原本可以在這中間扮演一個重要的角色，卻因為無法證立具普遍規範性的道德基礎而功虧一簣。他和海德格都是只進行到一個「準先驗」（quasi-transzendental）的地步，而未能更進一步成為一種先驗的「規範性詮釋學」（normative），除非詮釋學也以一套規範倫理學（normative Ethik）為其預設，除非我們在所謂傳統中介（Traditions-vermittlung）的傳介轉化過程當中，也能夠親身積極擔負起「投入的意識形態批判」（engagierte）的工作，[12] 這其實即阿佩爾和哈伯馬斯在社會科學（Sozialwissenschaften）方法及基礎反思上欲加完成的新任務。

　　到 1968 年〈科學論、詮釋學、意識形態批判：一個認知人類學觀點的科學理論之設計〉一文，阿佩爾呼應著哈伯馬斯《知識與旨趣》的知識類型考察及反省工作，於是對高達美詮釋學的負面評價與批判性定位益加明確，這也是它被選為《詮釋學與意識形態批判》首篇的原因。《真理與方法》中詮釋學的普遍性聲稱，其實存在著一個知識理論上的限制。因為這時候，他自己設計並提出一套以

---

[11] "Das Apriori der Kommunikationsgemeinschaft und die Grundlagen der Ethik" 為 1967 年 5 月的研究成果，現刊 Apel 的著作集《哲學的轉型》下冊（*Transformation der Philosophie*, Band 2. Frankfurt am Main: Suhrkamp 1973, 358-435），批評高達美的部分集中在 383 頁以下。

[12] 同上，頁 389-390。

「知識人類學」（Erkenntnisanthropologie）為名的新的科學理論，其內容上和哈伯馬斯最終用解放（Emanzipation）旨趣為準的批判性社會科學，益加保持同聲相應的匯流趨勢。

　　阿佩爾認為高達美哲學詮釋學的長處及強度，在於他對歷史論的客觀主義式的方法理念之批判，但是當他過於看重真理而輕視方法，以至於把「方法上的抽離」（methodische Abstraktion）完全排斥到真理問題之外，那麼後果就會相當嚴重的。他會始終停留在歷史人文的傳統當中，無法在專業認知上及道德規範上，把社會整體導向更好的未來。套用阿佩爾的質疑為例子：我們不能把法官或導播的行為模式，和一個只是居間通譯者（Dolmetscher）的角色混為一談（HI 31-32）。醫師與病人之間的對話情境，特別是像心理分析治療師和精神官能患者間的治療行為的進行，最能說明這一點。法官、裁判要進行裁決、斷定事實，導演、導播必須決定開播、放送、喊停，同樣的醫師與治療者也無法和病患進行無止境的對話溝通，而總得在適當的時機，做出符合專業水準也經得起道德良心審斷的結論，對問題的癥結有一舒解。簡而言之正像在進行專業的判斷時一樣，局部中斷詮釋學溝通實屬必要，否則無法達成任何明晰的判斷，促使可以改善現況的成果出現（HI 39）。如此，阿佩爾的論據也支持著哈伯馬斯重用心理分析模式，去強化「批判性反思」（kritische Reflexion）地位的主張，一貫批評高達美詮釋學反思只偏向保持住歷史性連續的成就，卻無力擔當起社會批判性反省並提出適切診治對策之任務。

　　於是阿佩爾在論文最後部分的結論中，主張進行客觀解說（Erklären）的唯科學論和進行意義理解的詮釋學兩種互補的方式，應該在意識形態批判中被辯證地綜合起來：「這個理解與解說之間的辯證中介的專業術語稱做意識形態批判」（HI 44）。換言之在接近六〇年代末期，他名之為「政治解放喚醒期」（die politisch-emanzipatoriche Erweckungszeit）[13] 那個年代，阿佩爾也迅速把自己原先方法論及科學理論的精心思考，銜接上意識形態批判的發展方向。這使得他和哈伯馬斯的合作關係愈來愈密切，和海德格及高達美式詮釋學則漸行漸遠。

　　1970 年發表於高達美祝壽文集上的〈唯科學論或先驗詮釋學？〉批評絲毫

13　Karl-Otto Apel, *Diskurs und Verantwortung. Das Problem des Übergangs zur postkonventionellen Moral* (Frankfurt am Main: Suhrkamp 1988), 378.

未見放鬆，但是對於他稍早就已指出的主體問題，此文中有進一步的申論。他在此提出探討的是實用主義符號學中「符號詮釋之主體的問題」，附帶地轉回頭批評高達美在海德格之後片面轉向而認同於歷史傳統，結果卻模糊掉詮釋主體之意識的做法不當，那樣無法取得詮釋學上決定性的進步。這特別要歸咎於他未認識到一種能夠超過時代限制之詮釋主體的問題。如果哲學詮釋學的「意義理解」（Sinnverstehen），和任何學術性的意義理解應無軒輊，結果都會取得一研究者社群或共同體（Gemeinschaft）的一致承認與共同接受，其中關鍵正在於一種理想狀態的共同主體性或說主體際性。真正的主體不是個別的、受歷史環境限制而存在的人，「而是當作無限制的詮釋共同體的成員和代表」，他們足以跨越一切時代情境差異而構成一種最終意義的「詮釋共同體之主體」（Interpretationsgemeinschaft）（HI 143）。這和詮釋學要促成歷史中的融合式的意義理解之發生不同，「詮釋社群」則須要表現出具體以及可共通的知識成就和改進效果，此即阿佩爾稱之為「反思成績」（Reflexionsleistung）者（HI 143）。包括道德主張的優越性，知識成立的普遍有效性及行為互動的正當合理性，最終都以此為先驗基礎而獲得不至於落空的保障。

　　另外延續著 1963 年書評的意見，阿佩爾在此再度強調一種「規制性原則」（regulatives Prinzip）是詮釋學不可或缺的要件，從長期性的觀點來看，只有去實現這樣一種真正理想主體的運作，詮釋學必須轉向這種批判性自我意識的建立才能滿足如此條件。特別值得注意的是，阿佩爾直到 1997 年發表的文章中始終維持著如是見解和批評，同一篇文章中也說明阿佩爾是如何從最早由詮釋學起步，後來則轉篇意識形態批判的立場，而且更和哈伯瑪斯一同在八〇年代開拓「論述倫理學」（Diskursethik）的哲學新思考。[14]

三

　　根據哈伯瑪斯的自述，他從 1961 至 1964 年間任職海德堡時，曾因為受高達

---

[14] Karl-Otto Apel, "Regulative Ideas or Truth-happening? An Attempt to Answer the Question of the Conditions of the Possibility of Valid Understanding." *The Philosophy of Hans-Georg Gadamer* (1997), *The Library of Living Philosophers* (23): 67-94.

美《真理與方法》一書的幫助而重返學院式哲學之路。[15] 然而，他當時對詮釋學思考的興趣，相當程度上已相應著阿佩爾的哲學思考進展，一方面欲關聯著社會科學邏輯的問題立論，另一方面則想拿詮釋學語言思考和維根斯坦後期哲學相比較。不論是否如 Nicholson 所言，哈伯馬斯 1965 年就職演說時，就已經充分吸收了高達美詮釋學的部分論證，[16] 但至少在他 1966 年 4 月完稿的，對於當時所見的、關係到社會科學方法基礎論大量新興思潮進路之文獻報導中，可以看出他對詮釋學理論達致的成果評價並不低。[17] 不過整體上而言，他似乎只願意汲取詮釋學反思的實踐性內涵，以及其在語言互動上可發揮的效果，並將之直接提升到社會性反思與批判的更高層級上，認為如此才能使上揚至更具使命感的社會哲學層次，去扮演促成實際進步與解放的積極任務，而非只停留在理解傳統的歷史哲學層面。哈伯馬斯的哲學思考強調的是社會性，是如何通過持續不斷的意識形態批判的執行，無論在個人化及社會化雙方面的互動過程上，同樣貫徹且實現著批判與解放的認知興趣。

　　畢竟哈伯馬斯是從《社會科學的邏輯》起步的，他主要關懷的始能發揮批判與解放旨趣的社會科學，而非屬於傳統人文精神科學（Geisteswissenschaften）重視的那一套舊理念。在他眼中，高達美重新借重古代的教化人文主義（Bildungshumanismus）傳統，所恢復提倡的一些概念，如今而言都是格格不入的，已屬於以往貴族與精英教育中鼓吹的理想。時至今日，傳統與權威早已皆非適當的取法對象，出身於戰後才開始接受高等教育的哈伯馬斯這一代學者，特別體認到堅持平等主義的（equalitarian）現代民主社會基礎的理念，才是避免重蹈歷史覆轍的唯一期望。教育過程中「被教導」（Belehrtwerden）本身就不算是平等的溝通互動，唯有透過一再反思批判而學習，才能獲得真正的知識，並塑造出獨立自主的人格。因此哈伯馬斯直截了當地指責高達美：「他看不到權威和理性

15　參見 1985 年 5 月接受 *New Left Review* 的訪問，轉刊在 Habermas, *Die Neue Unübersichtlichkeit* (Frankfurt: Suhrkamp 1985), 213-257, 214。

16　Graeme Nicholson, "Answers to Critical Theory." In *Gadamer and Hermeneutics*, ed. Hugh J. Silverman (London: Routledge 1991), 151-162, 151.

17　原刊 *Philosophische Rundschau*, Beihelf 5 (1967). In *Zur Logik der Sozialwissenschaft* (Frankfurt am Main: Suhrkamp 1982), 271-305. 按《詮釋學與意識形態批判》論戰文集中僅摘錄其中很少數直接引起高達美方面回辯與爭議的段落（*HI* 45-56），並非全文，且原文對高達美詮釋學於當代社會思潮有貢獻之處亦多有肯定。

之間的對立」（*HI* 46 ff., 156）；知識的來源一依賴理性的反思的力量，「權威與知識之間是不相交幅的」（*HI* 50）。社會科學的知識不能一味承襲過去，而是要邁向未來，起著針砭矯正以指陳更佳未來可能境地之功效，而信賴傳統與權威的詮釋學於此始終用力不足，這一點可說為哈伯馬斯與高達美之間最深的裂縫。

因此哈伯馬斯對《真理與方法》的書評已指出，詮釋學所偏重的理解並未達致普遍的優先性：因為「高達美未辨認清楚在理解當中施展出的反省的力量」（*HI* 48），只停頓在他從海德格那裡承繼來的，錯誤的存有學自我理解方式。如果我們只跟隨純粹的詮釋學的取徑，將根本無法應付類似傳統上、社會中層出不窮的「虛假溝通」（Pseudokommunikation），無法自我明瞭或者拒絕被糾正，甚至於所謂「系統化扭曲的溝通」（systematisch verzerrte Kommunikation）等等現象，然則在批判理論來說，揭開種種扭曲及虛假錯誤則正是意識形態批判的責任，而其所憑藉者恰好必須是理性的反思而非權威的指導。因而與阿佩爾如出一轍，哈伯馬斯也主張承認且接受一極端理想化的先驗的語言溝通共同體，以及據此可重建出來的各種普遍性規則，那才是意識形態批判理論自身付諸實踐的方針。用他引阿佩爾的話來說明：「事實上，每一個認真論證的人必須在一確定方式下——相反於事實地（kontrafaktisch）——認定一理想溝通共同體的諸條件為已被滿足，並因而預期著一理想狀態」。[18] 哲學上，尤其是意在反省且改動現有社會結構，引導未來社會走向的哲學思考，必須要針對另一項極為嚴謹的目標，即理性知識的普遍性效力的問題。換言之其實應該有一個從自然科學、經人文學到社會科學之所有的科學之科學性的共同點，其首要表現為知識論證之有效性的聲稱或要求（Geltungsanspruch），這是要比普遍性的聲稱或要求更為直接、現實而不可忽視，更對社會整體如何可能被導向合理未來有著決定性論點。

高達美曾於 1967 年利用出版《短篇論文集》第壹冊的機會，發表〈修辭學、詮釋學與意識形態批判〉一文，對自己的《真理與方法》進行若干「後設批判的」（metakritisch）解說，其間並特別再強調且提高修辭學傳統在詮釋學思考中所占的份量，結果卻引發哈伯馬斯 1970 年對〈詮釋學的普遍性宣稱〉的更深入批評。因為當後者在完成 1968 年《知識與人類旨趣》之際，一面澄清理論與

---

18 Jürgen Habermas, *Vom sinnlichen Eindruck zum Symbolischen Ausdruck* (Frankfurt am Main: Suhrkamp 1997), 95.

實踐的關係，一面確認意識形態的揭發及清除等批判性社會科學的最高地位，並同時展開根據「溝通勝任能力」（Kommunikationskompetenz）與「詮釋勝任能力」（Interpretationskompetenz）為基準的思考建構，結果則呈現出後來「溝通行動理論」及「溝通倫理學」之系統化成就。「勝任能力」（Kompetenz）與一般所謂的主體性能力（Vermögen）不同，它同時凸顯主體及主體際之間社會實踐與自我反思上的成熟性，尤其包括在互動中溝通論辯的能力與擔當責任的態度等。這是和德文「成年」（Mündigkeit）一詞尤其相關的，它原意是指及齡而達到自主的條件，即無須再置諸監護（Vormund）之下的正式的社會成員，現在則用以表達每一個個人以及社會整體的發展成熟而進至圓滿。

因此當高達美還在強調超乎個人主觀能力與意志之上，期待實效歷史的發生機緣時，哈伯馬斯所看到的願景與遠景，則是每一個人積極投入理論兼實踐並行的社會批判及改造工作，如此正顯見社會科學中特殊且關鍵性的理論與實踐間的辯證關係，其學術性格的基礎和保障也奠定於此。該篇論文中哈伯馬斯並特別取法於心理分析作為一「深層詮釋學」（Tiefenhermeneutik）的可能性，這裡並不只是一個可能性，還包括其具體進行操作過程及預期獲致的成效在內。於是「深層詮釋學」與「後設詮釋學」（Metahermeneutik）兩種說法，就交替出現於哈伯馬斯對高達美的再次批評當中。總之詮釋學還不夠達到真正的普遍性，反思的位階必須拉開，批判的力量才能從中發揮。著重於強調傳統、權威、語言修辭以達成視域融合和歷史歸屬感的詮釋學，在意識形態的揭露與批駁上是無能為力的，於是跟高達美哲學詮釋學劃清界線（Abgrenzung），即成為哈伯馬斯批判理論早期的工作重點之一。我們必須持續對我們習以為常的知識情境與知識條件嚴加審核、再作反省，不能自陷於欠缺反思層級劃分的詮釋學循環中，只有參與認同而無從批判前進。

之後等1981年《溝通行動理論》系統成冊時，哈伯馬斯又在理論成熟度向前邁進一大步的條件下，嚴厲批評詮釋學不能把理解（Verständnis）逕自看成是同意或一致理解（Einverständnis），否則就缺少可確定的共同標準，演變為無選擇性地承認現伏，或接受歷史至今所發生的所有事實。[19] 較詮釋學說道的

---

[19] Jürgen Habermas, *Theorie des Kommunikativen Handelns*, Bd. 2 (Frankfurt am Main: Surkamp 1981), 188-196.

「事實性」（Faktizität）更為嚴肅，這裡所涉及的是「正當性」（Legatimität）可否成立的根本問題，它關係到如何選擇性知識的判斷與評價上褒貶的態度與行動，若高達美詮釋學認為我們無法超越歷史之外，結果就會徒然造成故步自封的格局。和高達美想法不同，現實人類社會中可真正發揮改革力量的「團結」（Solidarität）可沒有那麼簡單容易，而且經常會和我們所願望的相反，也就是說會以假象欺瞞的姿態出現，抗拒理性的反省檢查，全然未經反省，未遭揭穿而造成如歷史中反覆出現的集體罪行。哈伯馬斯所要求的共識（consensus）不是像高達美言只在共有的歷史傳承裡積累匯聚出的共通感（consensus communis），而是如阿佩爾般的對所有的人言之共識（consensus omnium），要求更深一層從倫理學及政治學立論基礎的意含，也兼而有認知與規範上的普遍效力性，這個意識形態批判一方的共同論稱，具有相當高度的強力訴求集不可迴避的重要性，連高達美於 1975 年在波士頓會談時就已然承認並同意的。[20] 事實上，我們在高達每日後深入討論詮釋學的實踐哲學向度時，無論涉及社會或政治議題，也往往受到批判理論更顯見其積極意圖的影響。

　　哈伯馬斯後來在一次訪問中指出，與其說我們每一個人對於傳統文化有歸屬感、親切感，還不如說時時刻刻懷著對傳統的一種深沈的愛恨之情（the profound ambivalences of the traditions），但我們自身的究竟認同，也唯有從中藉由無盡的批判使得形成。因此對傳統採取反省的距離而取得自主不但是可能的，而且也是必要的，是人類理性自我反思工作的高度表現：

> 我們不能撿拾並選取我們自己的各傳統，但是我們能夠覺知到是要靠我們決定我們如何繼續各傳統。在這方面高達美的思考太保守。這是因為傳統的每一個繼續都是選擇性的，而且正因為這種選擇性在今天必須通過批判的過濾，一種具自我意識的對歷史之取用，或者——如果你願意這樣講——通過一種罪行的覺醒。[21]

　　從這裡回顧他當時對高達美的強烈批評，不難瞭解他和阿佩爾同樣關切道德意識之成立的問題，以及後約定俗成（post-conventional）及後國族（post-

---

20　*Cultural Hermeneutics* (1975), 314.

21　Jürgen Habermas, *Autonomy & Solidarity. Interviews with Jürgen Habermas* (London: Verso 1992), 243.

national）思考路線，為什麼成為這兩位意識形態批判理論學者有志一同的訴求，也構成日後兩者聯手對抗新亞里斯多德及新黑格爾學者的有力立場。[22]

四

高達美1965年出版《真理與方法》第二版時，就明白感受並回應著來自於意識形態批判方面的批評，他回憶當初已見到意識形態批判理論的盛起，而感慨自己出書太晚，甚至謙稱不知道還有沒有必要出版此書。而今面對批判理論一波波攻勢，高達美似乎只有一再強調傳統的積極角色，它其實具有「詮釋學上的生產性」（hermeneutische Produktivität）（*GW* 1: 287）而非簡單的複製性（Reproduktivität）。傳統本身具有豐厚的實質性內容，而非一成不變的再現，至於能否從中汲取，端視我們是否能適切地由當前所處情境的視域發問，成為參與其中的一個部分而真正能得到其滋養。詮釋學的優點只是一個簡單的事實，它描述人的存有方式及理解發生的方式是如此這般，我們無須自行增添一種「反對事實」（kontrafaktisch）這樣沉重的負擔，況且這和海德格所揭開的人為有限歷史存在之事實性詮釋學根本不符合。

高達美最為著力要反駁的一點是：當我們批判傳統時，「並非傳統被批判，而是這個或那個經由傳統中介流傳下來者」，[23] 依其論說所指即某一傳統的部分，這一或那一特定的事件、成規、習俗、制度、思考態度。至於傳統本身，或說整個傳統，則非常肯定地是無法被整個置諸批判之下加以審視的。因為即使批判的活動自身，也只是在傳承過程中期望左右傳統繼續方向的力量之一，它可以糾正、修改傳統中的若干特定積習，卻無法跳出全幅傳統之外，另建和整體傳統對抗的批判立足點。哈伯馬斯對傳統的概念看得太窄，那正是他的問題所在。文化弊病的革除和社會陋習的矯正，依然是在文化發展與社會進步自身的連續性運動中發生的，並未能夠跳出整個範圍之外另尋合理性的界外立足點。

同樣的道理，當社會發生問題時，那一位專業的心理分析師有能耐讓整個

22　參閱拙作，〈「實踐智」與新亞里斯多德主義〉《哲學雜誌》第 19 期，頁 66-84（1997 年 2 月）。

23　Richard J. Bernstein, *Beyond Objectivism and Relativism. Science, Hermeneutics, and Praxis* (University of Pennsylvania Press 1983), 263.

重病沉疾的社會，躺臥在他的治療室就診位置上，幫助病患講述出內心深沉的迷惘，重拾原本無從表達的話語？意識形態批判偏好的心理分析醫療模式，實際上是無法移置到一個團體甚或整個社會上去應用的，高達美一直認為那是一個並不恰當的類比。[24]「躺在（診療室的）臥椅上的會是誰呢？」而誰人又有如此通天能耐，能站到整個歷史或整個社會群體之外（之上），去進行某種專業訓練下的診療？況且實際上對高達美而言，根本不存在著一個壞到無藥可救的社會之問題，他在 1982 年 6 月寫給另一位致力謀求社會科學哲學基礎的學者 Richard Bernstein 的回信裡有一個非論證性質的交待。「柏拉圖曾很清楚看到這點：沒有一個敗壞到如此地步的城邦，以致在其中看不見任何真正城邦實際所是的樣子。我認為實踐哲學的可能性正根據這樣的事實」。[25] 高達美是從這裡走回他視詮釋學為實踐哲學的起點的，問題是他能否據此回覆意識批判理論的抨擊？

亞里斯多德把經驗觀察如何從流動變易中建立普遍原則，比擬成一幅潰不成軍的隊伍如何重整旗鼓的圖畫，也是高達美很喜歡引用的一個鮮明的例子（例見 *GW* 1: 357-358）。社會覺醒之發生或說社會理性之起作用，情況也是如此：總會有人在潰散失序，有集體滅亡之虞的極端處境下，從少數幾個人的警惕自覺開始，影響到其他大部分乃至所有的人，重新出現也是造成一種扭轉頹勢的新契機。一個新的 Kommando（指揮、命令）的出現並再次凝固成新的有效力的秩序，是一種內部發生覺醒及促成反轉的過程，而非倚靠超越整體團隊之外強加進來的力量。

高達美認為「傳統、權威、連續性等等概念，不應該『用與事實相反的』選擇（mit "kontrafaktischen" Optionen）來加重負荷。它們闡述的是理性與合理性本質上皆為受限制性之事實」。[26] 理性如果不能認清並接受這點，則難免迷失於對生活世界抽象無益的、言過其實的雄辯滔滔（Deklamatorik）中而不自覺，反而造成欺瞞矇騙的結果。理性與批判兩者不可須臾分離，這才是當年詮釋學與意識形態批判之爭的真正意義。批判正表現在人對各種不同可能性的開放選擇當中，

24　此論點在 HI 中另篇 Hans Joachim Giegel 的論文〈反思與解放〉得到支持，見 *HI* 244-282。日後哈伯馬斯亦承認反對意見是相當重要的，見 *HI*。

25　Bernstein (1983), 263.

26　引自 1988 年高達美重替 Emilio Betti 重刊本 *Grundlegung einer allgemeinen Auslegungslehre* (Frankfurt am Main: Suhrkamp 1988) 撰寫的一後序，見該書 97 頁。

選擇之際就需要有所批判、有所分際，知道自己偏好看重什麼而看輕什麼。高達美自己的詮釋學偏重對歷史傳統的理解，並非放棄批判的無條件認同，而是把理想化地與傳統對談的方式，看待成我們現今事實上可以進行的，也正在進行下去的，一種跨越時代距離的溝通及傳續。有趣的是如此一來，呂克爾加入詮釋學論戰的時機，配合他與高達美對談的氣氛和態度，再加上他已開始從嘗試調解德國詮釋學論爭中得到新思考，適巧為一向沉重進行的德國學界作風解圍。

五

法國的詮釋學者呂克爾回顧哈伯馬斯與高達美間早先的論戰，也深知傳統扮演的角色以及其被看待的態度，是此中的一大關鍵：

> 詮釋哲學在傳統中看到的是一個歷史意識的向度，要參與文化遺產中並重新啟動它們的一面，意識形態批判在同樣傳統中看到的是扭曲與疏離的絕佳場所，而且要拿規制性的理念來反對它，這是其投向未來的，沒有界線也不受強迫的溝通之理念。[27]

換言之高達美注意的是傳統，阿佩爾和哈伯馬斯注意的則是共識。審視雙方的往復爭議後，他明快地指出詮釋學與意識形態批判爭論的焦點，是歷史傳統與社會共識，涉及的整個範圍卻關係到文化與倫理學中的價值問題。[28] 若能把問題拉上更大的視野，則詮釋與批判之爭會發會深入一層的意涵。

同為詮釋學學者，呂克爾並不全然贊成高達美的見解，他稱高達美那樣偏重傳統文化資源的哲學詮釋學，其主要關先的議題會演變成只是一種傳統的搜集回憶（recollection of tradition），而完全無視於當代可以從尼采、馬克思、弗洛以德那裡發展出來的一套「懷疑詮釋學」（hermeneutics of suspicion），結果大大減低了哲學詮釋學可能發揮的影響範圍與效能。若長此以往，高達美的詮釋學最多只

---

[27] Ricoeur, "Ethics and Culture: Habermas and Gadamer in Dialogue." *Philosophy Today* 17(1973): 153-165, 155，另參見其論文 "Hermeneutics and the Critique of Ideology." In *Hermeneutics & the Human Sciences* (London\Cambridge 1981), 63-100。

[28] Ricoeur, "The Hermeneutical Function of Distanciation." *Philosophy Today* 17(1973): 129-143.

能是一種「尊重的詮釋學」（hermeneutics of respect），充滿著對傳統宏構的仰止之情，但批判理論卻強烈表現著對傳統的攻錯之心，也絕非毫無可取。於是對傳統的評估（the assessment of tradition）的不同，正造成詮釋學與批判理論基本哲學方向上的差異，但是其實同樣在德語世界的傳統資源當中，即存在著不同取向的思想態度與成果，等待著有心人進行再次不同的詮釋與理解，形成新的理論的和學說。

　　高達美對此提出的反問，卻是一個早已有答案的反問：「每一種詮釋學形式不都是一種對一個覺察到的懷疑之克服的形式嗎？」[29] 詮釋的活動之所以必要，基本上就是已經意欲要克服某種因素所引發的懷疑或疏離，要排除時空情境變更所造成的陌生隔閡而重行理解掌握。懷疑不能籠罩一切，如果只是不易確定，更不應該因此而止步不前，如何克服懷疑才是詮釋學反思的任務。藉由對這個問題的肯定性回答，高達美委婉表達他看到的只有「一個諸詮釋間的競爭」（a competition of interpretations），非呂克爾所言的「諸詮釋間的衝突」（conflict of interpretations），這就是兩者之間的差異所在。[30] 此外高達美既然有意沖淡主題性思想的定位，對呂克爾利用心理分析，進行弗洛以德哲學式的主體考古學（archeology）也就興趣不濃。他關心的畢竟是外在的歷史之事件發生，及其影響實效，而非內在心理感受或意識變動的層面，尤其是當後者尚未發展到可以進入對話溝通的程度時。而在和批判理論對話之際，高達美對馬克思哲學也未曾顯見絲毫興趣，至於尼采，則被高達美品評為遠不如與他同時代的狄爾泰。但如此一來，正可見即使高達美在自身所熟知的傳統裡，仍是一路有所權衡取捨，並非無條件認同接受而未曾試圖保持住批判距離的。

　　至於呂克爾自己的詮釋學不僅具有懷疑的精神，也正是在貫徹著一種主張採取距離的詮釋學（hermeneutics of distanciation）之主張。他認為強調迂迴繞道（detour）而獲取和強調直接參與而獲取是不同的，後者逕自強調存有學層次的事實性，抬升存在歸屬，但是針對知識論的檢討推進上而言卻是一種走捷徑的方

---

[29] Ricoeur, P. and H.-G. Gadamer, "The Conflict of Hermeneutics: Debate with Hans-Georg Gadamer." In *Phenomenology: Dialogues and Bridges*, eds. R. Bruzina and B. Wilshire (Albany/State University of New York 1992), 299-322.

[30] "The Conflict of Hermeneutics: Debate with Hans-Georg Gadamer"，在對談中高達美以特別強調的語氣用「角逐」、「競爭」來取代「衝突」的說法，見頁 240。

式。反之強調間距始得以進行建設性的質疑，亦即應用迂迴獲得的辯證方式充實實質內含。這其中涉及的不只是存有論，同時也是知識論的問題：就以詮釋學傳統上的經文解說為例，經文意義的理解或譯領會（comprehension），必須包含著無數深入詳備的實際解釋說明（explanation）為其知識內容。詮釋學不能不同時也認真採取反思批判的態度，以增強一般性理解詮釋的具體知識成果，而批判理論更應該正視詮釋學作為其進行意識形態批判的可能性基礎。如果兩者皆能互相肯定而非彼此駁斥，到也未嘗不是一個可以辯證發展，建設性導向某種新的「批判詮釋學」（critical hermeneutics）[31] 出現的契機。

因此，呂克爾對高達美的批評雖然並不尖銳，卻也呼應著哈伯馬斯及阿佩爾的看法，懷疑高達美詮釋學只強化存有學的基本論調，或可維繫傳統與文化生命的延續，卻無從在知識論及方法學的創新上有所建樹。事實上，呂克爾身為當代詮釋學思潮中的重要代表，當然重視傳統價值的詮釋與再理解。但他適時提出認知上採取距離和存在上認同的歸屬（belonging）兩者相輔相成、不可偏廢這樣的論點，則似乎正為詮釋與批判之爭指向一積極有益的結局。

六

如果說，詮釋學的對話模式保持運作的要件是要聽到他者的聲音（the voice of the other），[32] 那麼本文梗概處理的這幾位大師之間長期對話的發展，正提醒我們：他者的聲音不只來自於詮釋者所處的歷史傳統，更大的挑戰往往由同時代甚至稍後而起的異議之聲。哲學詮釋學與意識形態批判間的爭執進行長久，本文僅只試圖用「文化傳承」與「社會批判」，當作分辨其立論重點與主要貢獻的兩條主軸，拉開其論爭的張力。早期爭論中，高達美期望的確實是持續投身致力於讓文化傳統活轉過來，當然這其中也允許、甚至要求不斷地進行反省與批判，促使遠古的源頭與當前的時代處境不會有斷裂之虞。所謂「古為今用」必須真的有用，在當前的處境中再度發揮其適用性的啟迪效益，但傳統本身卻不必只被看成過去的包袱，且傳統的繼續進行也不會排斥外來傳統的融入。如阿佩爾與哈伯馬

---

31 指 Ricoeur 自己的主張，參見 "Hermeneutics and the Critique of Ideology." (Ibid.), 87。

32 James Risser, *Hermeneutics and the Voices of the Other* (State University of New York Press 1997).

斯採用康德先驗哲學傳統、啟蒙運動傳統、19世紀意識形態批判傳統，甚至原本並非屬德語哲學界的美國實用主義符號學、分析哲學、語言行動理論等不同傳統，始終仍在努力塑造一個要對未來向度保持開放的更大的傳統之中。

　　詮釋學與意識形態批判之間的對抗，被高達美稱作一場有益而富成果的辯論（fruchtbare Diskussion），而高達美終究也要承認雙方都會同意的重點，在於理性（Vernunft）與批判（Kritik）兩者間的不可分離。理性固然從傳統中出發，也靠著傳統所提供的豐富資源來思考再思考，卻要藉由不斷進行著批判與反思去保持向前的動力，並造就創新與改革的可能性與可行性。爭論的發生很快都會變成歷史的痕跡，或許只有對話的進行才能在互相聽取與融會理中實現未來的希望。

參考文獻

林鎮國，1994。〈詮釋與批判──嘉達美與哈伯馬斯論辯的文化反思〉，沈清松主編，《詮釋與創造─傳統中華文化及其未來發展》，台北：聯經，頁421-439。

陳文團，1996。〈論人類之合理性──哈伯馬斯之共識理論〉，《哲學雜誌》第18期，頁72-103。

陳俊輝，1989。《邁向詮釋學論爭的途徑》，台北：唐山。

張鼎國，1996a。〈義理詮釋、自我理解與文化診療〉，《應用哲學與文化治療學術研討會論集》中央大學哲學研究所主編，頁77-96。

──，1996b。〈理解、詮釋與對話─從哲學詮釋學的實踐觀點論多元主義〉，蕭高彥、蘇文流主編，《多元主義》，台北：中央研究院中山人文社會科學研究所，頁307-334。

──，1997。〈「實踐智」與新亞理思多德主義〉，《哲學雜誌》第19期，頁66-84。

──，1998。〈「書寫誌異」與「詮釋求通」／一場南轅北轍的哲學對話〉，《東吳哲學學報》第3期，頁179-207。

Apel, K.-O. 1973. *Transformation der Philosophie*, 2 Bde. Frankfurt am Main/Suhrkamp.

──. 1988. *Diskurs und Verantwortung. Das Problem des Übergangs zur postkonventionellen Moral*. Frankfurt am Main: Suhrkamp.

──. 1997. "Regulative Ideas or Truth-happening? An Attempt to Answer the Question of the Conditions of the Possibility of Valid Understanding." In *The Philosophy of Hans-Georg Gadamer* (*The Library of Living Philosophers* 23), pp. 67-94.

Apel, Bormann and Bubner u. a. 1971. *Hermeneutik und Ideologiekritik*. Frankfurt am Main/Suhrkamp.

Aylesworth, G. E. 1991. "Dialogue, Text, Narrative: Confronting Gadamer and Ricoeur." In *Gadamer and Hermeneutics*, ed. Hugh J. Silverman. London/Routledge, pp. 63-81.

Bernstein, R. J. 1983. *Beyond Objectivism and Relativism*. Science, Hermeneutics, and Praxis. University of Pennsylvania Press.

Davey, N. 1985. "Habermas' Contribution to Hermeneutic Theory." *Journal of the British Society for Phenomenology* 16: 109-131.

De Boer, T. 1991. "Ricoeurs Hermeneutics." *Allgemeine Zeitschrift für Philosophie* 16(3): 1-24.

Gadamer, H.-G. 1984. "The Hermeneutics of Suspicion." In *Hermeneutics: Questions and Prospects*, eds. G. Shapiro and A. Sica, pp. 54-65.

Giddens, A. (Ed.). 1977. "Habermas' Critique of Hermeneutics." In *Studies in Social and Political Theory*. Berkeley, pp. 135-164.

Habermas, J. 1981. *Theorie des kommunikativen Handelns*, 2 Bde. Frankfurt am Main: Suhrkamp.

——. 1982. *Zur Ligik der Sozialwissenschaft*. Frankfurt am Main: Suhrkamp.

——. 1985 *Die Neue Unübersichtlichkeit*. Frankfurt: Suhrkamp.

——. 1992 *Autonomy & Solidarity. Interviews with Jürgen Habermas*. London: Verso.

——. 1997 *Vom sinnlichen Eindruck zum symbolischen Ausdruck*. Frankfurt am Main: Suhrkamp.

How, A. R. 1984. "A Case of Creative Misreading: Habermas' Evaluation of Gadamer's Hermeneutics." *Journal of the British Society for Phenomenology* 16: 132-144.

——. 1995. *The Habermas-Gadamer Debate and the Nature of the Social*. Back to Bedrock. Sydney/Avebury.

Ihde, D. 1994. "Recent Hermeneutics in Gadamer and Ricoeur." *Semiotica* 102(1/2): 157-161.

Jervolino, D. 1996. "Gadamer and Ricoeur on the hermeneutics of praxis." In *Paul Ricoeur: The Hermeneutics of Action*, ed. Kearney R. London/SAGE: Publications, pp. 63-79.

Kelly, M. 1988. "The Gadamer-Habermas Debate Revisited: the Question of Ethics." *Philosophy and Social Criticism* 14: 369-389.

Kelly, M. (Ed.). 1990. *Hermeneutics and Critical Theory in Ethics and Politics*. MIT. (= *Philosophical Forum* 21(1/2), 1989.)

Madison, G. B. 1994. "Hermeneutics: Gadamer and Ricoeur." In *Twentieth Century Continental Philosophy*, ed. Richard Kearney. London/Routledge, pp. 190-349.

Mendelson, J. 1979. "The Habermas-Gadamer Debate." *New German Critique* 18: 44-73.

Misgeld, D. 1991. "Modernity and Hermeneutics: A Critical-Theoretical Rejoinder." In *Gadamer and Hermeneutics*, ed. H. J. Silverman. London: Routledge, pp. 163-177.

Nicholson, G. 1991. "Answers to Critical Theory." In *Gadamer and Hermeneutics*, ed. H. J. Silverman. London: Routledge, pp. 151-162.

Ricoeur, P. 1973a. "Ethics and Culture: Habermas and Gadamer in Dialogue." *Philosophy Today* 17: 153-165.

——. 1973b. "The Hermeneutical Function of Distanciation." *Philosophy Today* 17: 129-143

——. 1975. "Hermeneutics and the Critique of Ideology." In *Paul Ricoeur: Hermeneutics & the Human Sciences*, ed., trans. and introduced J. B. Thompson. London/Cambridge, pp. 63-100.

Ricoeur, P. and H.-G. Gadamer. 1982. "The Conflict of Hermeneutics: Debate with Hans-Georg Gadamer." In *Phenomenology: Dialogues and Bridges*, eds. R. Bruzina and A. B. Wilshire. State University of New York, pp. 299-322.

Dialog der Phronesis

「較好地」還是「不同地」理解？
從詮釋學論爭看經典註疏中的詮釋定位與取向問題

《中國文哲研究通訊》第 9 卷第 3 期（1999.9）

前言

考察西方詮釋學發展的歷史淵源，不難發現自古以來，舉凡對於種種宗教經典、文學作品、歷史文獻、法律規章的詮釋疏解與傳播應用，始終占據著一切環繞文本而進行的理解活動之中心地位。文化變遷中，一個文本的世界早已成型，並在延續創發的過程裡據有其一席之位，強力影響著時代改造變動的進程，不曾中斷。一方面我們不得不面對卷冊繁浩的傳統世界，但另一方面，無論是可以傳誦久遠的卓越文學創作，詩歌篇章，記載詳實而考察周密的歷代典章制度，一直到至今仍深切決定著我們生活內容者，如社會規約禮儀的初創以至完備隆重，現實互動中各種律法條文的規範製訂與反覆施用檢討，都離不開後人的詮釋與理解的活動，也必須依靠理解詮釋的持續介入，各得保持其流行通用。

文本無法對整個詮釋學思考發展的全貌詳盡說明，只想借用幾次詮釋學論爭中被顯題化的幾項爭議點，探討整體而言的詮釋定位與詮釋取向上的態度問題。這種問題意識的反省及追究，或許是因為當代西方詮釋學而興起，卻絕非專屬於西方文化所專有的；而且究其結果，會對各種文化傳承之際都要面臨的經典註疏與傳統價值詮釋之課題，對各種文化的自我理解與文化間的互相理解等活動，有一定的作用。從此取材和範圍的限定出發，以下我們先陳述一種流行甚早，而且直到今日仍不乏支持者的主張，暫且稱之為「照原意」或「照原樣」作理解（第一節）。其次，將繼續檢討早期出現的「較好的」（besser/better）理解或「較佳的」理解之說，這是指針對文本原作者而言的，另一種強調後來居上的修正看法（第二節）。第三節中再集中討論當前仍極富影響力的高達美詮釋學，尤其關係到

高達美的一個較獨特的說法，即指出凡是我們在進行理解，我們所進行的即為不同的理解，或說是另一個不一樣的新的理解。若先簡略言之，高達美是為了要彰顯出人的存在之歷史性，而特別主張一切能發揮實效的理解詮釋，皆為在作「不同地」理解（Anders verstehen/to understand differently）。然而，這個有意沖淡詮釋者主導地位的新創說法，卻立即引起新一代意識形態批判理論學者的不滿，而思重返理性啟蒙的基本立場，再度倡議原本應該極具積極批判與進步意識的作「較好地」理解（Besserverstehen/to understand better）之說（第四節）。到最後一節裡（第五節）則希望透過前述考察，來反省這些不同態度的爭執中，對於我們面對自身文化傳統時，尤其是在有關經典註疏工作的理論深度及自我反省上，是否亦能有所啟發和同樣的適用性（Anwendung/application）等相關問題。

一、「照原意」或「復健」式理解

首先，「照原意」或「照原樣」理解可說是古典詮釋學工作的一項指標，這代表著一種盡可能依照原本的歷史情境與創作者心意去理解文本的努力，可以用拉丁文所言「作者的心思」（mens auctoris）或「作者的意圖」（intentio auctoris）標示其基本態度與目標。持如此看法的詮釋學理論，著重詮釋活動所得結果必須服從某種基本的客觀性的原則，必須尊重有效性的宣稱及要求（Geltungsanspruch/claim to validity），並且在詮釋的執行過程中處處講究規範（norms）的遵循與判準（criteria）的確立，質言之即是以一般性涉及詮釋活動之法規標準（canons）等層面來考慮為首的。而且這種詮釋上所信奉的宗旨，在漫長的詮釋學發展歷史中其來有自，不但在早期偏重方法論的詮釋學考量中屢見不鮮，至當代詮釋學興起之後，仍然不乏欲再度回到主觀性詮釋的擁護者。

如果翻開當代詮釋學發展的前歷史來看，F. E. D. Schleiermacher（1768-1834）那個年代的許多詮釋研究者，像是 Friedrich August Wolf（1759-1824）對古代學研究（Altertum-Wissenschaft/ancient study）的研究工具及研究方法的通盤檢討，以及 G. A. F. Ast（1776-1841）和 August Boeckh（1785-1867）兩位古典語文學者關於詮釋學的著作裡，都是把詮釋學當作一門特殊技法之學，屬於輔助性而非獨立性的學術部門。這些出身於文字學、語言學及古典文獻研究傳統的學者，在詮釋學上的貢獻主要都表現在規則的建立和方法學運作的經營上。例如 Boeckh

最有影響力的教學講義《語言學科大綱及方法學》（1886）一書，詳盡且層次分明的討論過詮釋（Interpretation）理論與評論（Kritik）理論中的方法及技術考慮後，結論就是在教導後學，如何透過各種可能的語言學重建工作去把握古典世界的精神活動（"philologische Reconstruction des Altertums"）。[1] 如此期望透過考古式廣泛挖掘原狀，搜羅套用各種歷史事實及語言使用佐證和考據，致力拼湊回客觀忠實原貌的做法，不論在後人對古代文典的研究，或對以往歷史情境的復建上皆然。於是詮釋學在這個階段的表現，就停留於如何讓古典世界顯現出其精神原貌這一點上，並以此作為詮釋學內涵的思考重心和學術任務。

即使是被譽為詮釋學之父的 Schleiermacher 本人，雖然致力於將詮釋學提升為一門超出個別領域之上的普遍之學，但他詮釋學理論的出發點，依舊是以如何避免誤解和得到正確的理解為構思主軸的。因此他把普遍詮釋學當作普遍的理解之學來經營時，特別區分兩種詮釋技巧之實踐：一種「較鬆散」的實踐是在理解自會發生的情形下，消極考慮如何避免誤解的產生，另一種則屬「較嚴格」的實踐，它注意到誤解是會發生的，因而必須無時無處不以尋求正確的理解為職志。好的詮釋和壞的詮釋的差別，不在於作品對我們是熟悉的還是陌生的，也不在於是詮釋一篇文還是一次講話，而在於詮釋是否能達致一些「精確的」（genau/exact）及「同樣的」理解。[2] 所以，儘管 Schleiermacher 已開始論及「較原作者更好地理解」之觀點（詳後），但基本上他的詮釋學無論在文法學詮釋和心理學詮釋、歷史詮釋或靈通詮釋等技巧中，同樣都強調主觀及客觀上的「復建」或「重構」（Nachkonstruieren）[3] 作為其最終可期之成果。

於是在一致性與客觀性詮釋已然蔚為古典詮釋學主流價值的情況下，深受到 Schleiermacher 的啟發與鼓舞，詮釋學迅速進展到後來的狄爾泰（William Dilthey, 1833-1911）時，一則固然由於他的繼續努力，大舉提高並奠定詮釋學的學術性地位，但另方面卻讓他的詮釋學理論，相較於後來的發展而言，更加表現為一種堅定不移的客觀主義方法論建構的立場。詮釋學在狄爾泰是被當成諸精神

---

[1] August Boeckh, *Enzyklopädie und Methodenlehre der philologischen Wissenschaften* (Leipzig 1886)。文本參照 Darmstadt: Wissenschaftliche Buchgesellschaft 1966 重印本，頁 255 起。

[2] 參閱 Schleiermacher, *Hermeneutik und Kritik*, hrsg. von Manfred Frank (Frankfurt a. M.: Suhrkamp 1977), 91-92，其中的〈1819 年講義綱要〉第 14、15、16 條。

[3] Ibid., 93.

科學（Geisteswissenschaften/human studies）的方法學而被提升、被強調的，它足以充當這些平行於自然科學獨立發展的另一群組學科之哲學基礎。因此像是要「達成一個可控制程度之客觀性（Objektivität）[4]」這樣的說法，在狄爾泰的著作中也就會經常被提示為一項基本要務，絲毫不亞於自然科學地嚴謹要求。換言之，如何尋求出原初客觀的「意義脈絡聯結」（Sinnzusammenhang/context of meaning），回返呼應人類精神在過去的某一特定情境的表現成就，進行如實的理解與詮釋，即為詮釋學應該努力的方向。

　　與上述這些早期發展特色相對照，當代的哲學詮釋學在方法論上的技術講求上，就不再像古典詮釋學那麼務求周延完備，要深入列舉各項規則的運用細節。從前似乎把詮釋學運作的整個重心，都放置在實際詮釋進行上的可靠性，以及理解時如何避免誤會之產生。但詮釋學從海德格（Martin Heidegger, 1889-1976）開始，轉從對於個人實際存在的歷史處境之反省出發，卻開拓出另一種廣泛而深層地關於詮釋理解與語言現象的普遍理論，而其涵蓋滋育的範圍，反倒更能逐漸滲透進不同的學科領域。如今的哲學詮釋學已跳脫出方法論的思考，不再局限於某種特殊類型的技術工具性質的運作，而要從事更深一層的探討，以真實呈現出人類有限存在其自身的存有方式。高達美（Hans-Georg Gadamer, 1900- ）[5] 詮釋學自稱「哲學的」詮釋學，就是緊跟隨著海德格之後，強調人的事實存在之有限性與歷史性特徵，並且順由如此基設立論，以探求某些超出方法層面之上，而屬於所有理解活動共通的性質。因此高達美詮釋學所重視的，以及他主要的理論貢獻，都集中在諸如語言、時間、歷史、命運、完滿性的先行把握，和詮釋對話的持續性與開放性這一類更廣泛而具普遍性的論題上面。

　　此所以對於詮釋學作為方法論的舊主張，高達美曾明白表示反對，並且進一步思考超越三種主體性意識之說，其分別為審美意識、歷史意識、和僅僅局限於避免誤解之技術的詮釋學意識，[6] 詮釋學工作如果只自限於達成凡事避免誤解的任務，就無法進行更深一層的自我理解，而一切哲學的知識，最終不外是在增進人對自身的認識。理解活動不是某種讓我們能更好、更容易掌握特殊對象的方法

4　例見 Dilthey, *Gesammelte Schriften* Vol. 5 (Stuttgart: Teubner 1950 ff.), 319, 328.

5　以下高達美著作將根據 Gadamer, *Gesammelte Werke* 10 Bde. (Tübingen: Mohr 1986-1995)。

6　Gadamer, *Gesammelte Werke* Vol. 1, 223.

學訓練，而是如海德格所揭示的，根本就是人的有限性歷史存在的最基礎，也是其構成上的最原初性的存有方式（Seinsweise/way of Being）。高達美詮釋學現在關心的不是「客觀的詮釋如何進行」的問題，而是「理解究竟如何可能」（"Wie ist Verstehen möglich?"）之哲學性課題，亦即不再限於特定領域的技術運作與方法操練，而是關乎一切領域的理解活動的終究性問題。[7] 詮釋學至此遂脫離技巧琢磨的方法論而跨進圓融通達存有學領域。

但高達美雖然對當代詮釋學思潮的振興功不可沒，當 1960 年《真理與方法》出版後，即使在同樣贊成詮釋學重要性的學者當中，也依然有不同的接受和批評。其中兩股較大而有力的反對聲音，最具代表性，同時也迫使高達美從六〇年代起捲入無數詮釋學論爭的往來答辯申訴，延伸出其日後理論思考上相當有意義的自我深化和轉型結果。其中一場為詮釋學與批判理論間的論戰，另一場則直接涉及詮釋學方法論及詮釋活動之客觀性的爭議。後者中論爭的嚴肅課題，即再度討論偏向客觀性重建的「照原意理解」及「照原樣理解」說，正是要走回 Schleiermacher 和狄爾泰的方法論詮釋學原有規模，以重建客觀性詮釋為宗旨。

如義大利的知名詮釋學者 Emilio Betti（1890-1968），就一向對海德格以降至高達美的發展頗有異議，他認為方法論的建構，以及精神科學客觀知識的獲得才是詮釋學的正途。[8] 包括歷史學、法學、社會學、政治學、教育學等學科可以大量應用詮釋學，是因為狄爾泰奠下的方法論及哲學基礎的思考。Betti 稍早曾在一篇題為〈詮釋學宣言〉（1954）的文獻中提出四條明確的詮釋學規準（Kanons/canons），此處正好對照出高達美詮釋學之不足，亦即後者所忽略而遭丟棄的部分。其一是「自主性」（Autonomie）規準，謂詮釋的尺度是內存於作品中之有意義形式的組合，而非外加的。二是「整體性」（Gänzlichkeit）規準，謂任何部分必須以著作的整體思想為準，而一部作品，又以當時整個時代文化背景為準。三是理解之「現實性」（Aktualität）規準，謂詮釋者該回到創作的實際狀態去理解作者原意。四為理解之「調適」（Anpassung）或稱「校準」（Abstimmung）規準，謂詮釋者所把握到的著作思想，要和原作思想相和諧一致。[9] 根據這四條規

7　《真理與方法》第二版〈序言〉，見 Gadamer, *Gesammelte Werke* Vol. 2, 440-441。

8　E. Betti, *Die Hermeneutik als allgemeine Methodik der Geisteswissenschaften* (Tübingen: Mohr 1962).

9　以上詮釋學四大規準參見 E. Betti, *Zur Grundlegung einer allgemeinen Auslegungslehre*（本文根據

準，Betti 極力反對新的哲學詮釋學不再討論作者初衷為何，不問當時書寫創作的客觀外在環境與內在主觀意念。總之，他主張繼續 Schleiermacher 和狄爾泰的書寫路線，舉凡舊有歷史情境之復原與原先客觀指涉的重構等，都是至今仍不可偏廢的指標，以免大開任意解釋的方便之門，演變成後人各說各話，莫衷一是的局面。

除 Betti 外，E. D. Hirsch 也認為高達美的詮釋學理論，以及隨後包括許多新文學理論在內的學說，提倡的詮釋作業都如同是在「驅逐作者」（banishment of the author）狀態下推行的，因此他要挺身「為作者辯護」（in defense of the author）。[10] 他甚至嚴厲批評高達美說，高達美對規範（norms）最精確的陳述，都是在宣稱規範不是什麼，而非宣稱規範是什麼。[11] 換言之，高達美在抬昇傳統經典地位及其傳統性之企圖下，標舉創造性的重複（repetition）之說，卻特別強調創新而無意重複，減低並模糊了客觀詮釋以及詮釋的有效規範等問題的深究。因此，只要一提出究竟怎樣才算是一有效詮釋（a valid interpretation）之根本性問題時，這樣的詮釋學就會暴露出它的弱點。合理的詮釋學理論應該要重新再說明「作者的意圖」（intention of the author），用以確保詮釋理解的客觀性與正確性（correctness）。

至於高達美，則始終認為詮釋理解真正起的作用不是「恢復」，而是對現在有益的「重新發現」（Wiederentdeckung/re-discovery），重新發現某些原本並非完全不知道的，但是其意義業已因為日久堙沒而變得有點陌生的東西。作者的原初意向性已經不再是一個思考上膠著的重心，如何能夠整合到當下參與的「重獲」（Wiedergewinnung）模式，在當代哲學詮釋學中是遠超過舊日的「重構」或「重建」模式的。單純的模仿、模擬，或依樣畫葫蘆似的重新恢復其精神，都不是通過詮釋以增進理解的目的。要理解一個書寫而流傳下來的文本，是因為我們關切且有心要再度掌握文本中議論的事理本身（die Sache selbst/the subject matter），從而有如參與到文本的流行適用以及繼續發揮影響當中般，獲取得其中的意義，

Tübingen: Mohr 1988 重印本），頁 21、24、34 及 41 等處。按這篇重要文獻 1988 年由高達美促使重刊，並親自為其撰寫一後記，強調他自己並未完全否定詮釋學的方法論層面，只是主張客觀性之追求不能表現詮釋學的完整風貌，見該書頁 93-98。

10　E. D. Hirsch, *Validity in Interpretation* (New Haven: Yale University Press 1967).

11　Ibid., 251.

同時也讓此意義延續下去。對有效的詮釋而言，至關緊要的是作品中的事理之真（"die sachliche Wahrheit"），[12] 而非原意或原樣該是如何，因為對於事理的理解（Sachverständnis），更要遠超過對於原先的人或原先的時代之理解。

所以事後回顧當年論戰，高達美仍申訴作者心意說不是他的選擇，甚至只談作品而不談它的流傳，亦非適當的對策，因為「作者的心意（mens auctoris）並非是說明一藝術作品之可能尺度。甚至說，只講一件作品自身，而不講它總是在被經驗到當中，不斷更新的實在性，那也是有點抽象的講法」。[13] 高達美重視的不是「照原意」亦非「照原樣」理解，卻是作品本身蘊含的意義，以及如此意義何以能一再被重新體認而得以流傳分享，那才是比方法學論戰更重要的詮釋課題。因此他接著說：

> 我的研究的意義，無論如何都不是在提供一普遍的詮釋理論和一套有關
> 其方法的細微學說，像 E. Betti 很出色地做過的那樣，而是在找到並指
> 出一切理解方式之共同處，亦即理解從來不是一種去對待一既予「對
> 象」之主觀態度，而是屬於實效歷史的，也此是說：是屬於被理解之物
> 的存有的。[14]

如何得到一種有關理解活動一般的，一個新的而且更為普遍性的理論，針對這一點而言，詮釋學裡本來就流傳已久的一句「較原作者更好地理解」，及其相關討論，反而更適合被看成是導入高達美詮釋學思考的一個歷史伏筆。

二、「較好地理解」

「較好地理解」說之出現，並非新的、普遍性的詮釋學開始以後才有的事情，但確實是在普遍性詮釋學興起後才成為愈來愈重要的，議論詮釋定位和取向問題的一個關鍵。這裡涉及的不只是一個詮釋學上的基本問題，同時也是一個思想史上的重要問題。其實思想的發展，原本就和歷史的變化、時代的更替脫不開

12　Gadamer, *Gesammelte Werke* Vol. 1, 302.
13　Gadamer, *Gesammelte Werke* Vol. 2, 441.
14　Ibid.

關聯的。這個「較好」理解論點的出現並且贏得注意，相較於前述「照原樣」或「照原意」理解，也釋放出促使詮釋學自我思考更上層樓的潛能。事實上，人的思想正和人的詮釋理解活動一般，是無法完全停留在一個只是重複前人已有知識及見解的範圍內，所以「較好地理解」和「不同地理解」終將取代「照原樣理解」及「照原意理解」，也就成為不可避免的一種發展趨勢。

早在西方宗教改革運動起，馬丁路德（Martin Luther, 1483-1546）以降直到理性主義時代，聖經詮釋學上的「唯經文論」，或所謂「依經解經原則」（das solascriptura Prinzip）興起時，用意就是要排除一切外來影響，特別是抗拒教會威權在詮釋教義上的長期壟斷及各種不合理政教措施。純粹憑藉並信賴每一個人自己透過自己閱讀理解的經文本身，經由理性反省批判以直接面對聖經的教誨，以得到「依經解經」的啟迪和訓示效果，遂成為新的潮流。如何使一部具有深奧義理的著作，其內容與精神對每一個人產生直接且實際的影響，其重要性遠超過對一部著作原始撰寫狀況及作者意圖的客觀關聯之追究。於是在啟蒙與進步思想孕育下，一種主張「較好的理解」之觀念也逐次萌發，和前述自有詮釋學以來就存在著的「照原樣理解」揉合在一起，而促成詮釋學自我理解上的微妙變化。

日後到較早期古典詮釋學內部，18 世紀的重要思想先驅 Johann Martin Cladenius（1717-1759）已首先明確提及過此說。隨後浪漫主義時期詮釋學的代表，即首度嘗試將詮釋學提升為一門普遍理解詮釋之學的 Schleiermacher，直到以詮釋學作為精神科學之學術基礎的狄爾泰等，他們一方面雖然重視的是詮釋的方法論及客觀性，另方面卻都或多或少已接受此「較好理解」之論點，並因而能夠對詮釋學的理論有相當推展。高達美對詮釋學早期歷史的考察和評述中就曾指出：

> Schleiermacher 得出一命題，主張要比一位作者他自己所理解的更好地
> 去理解他──一句準則，此後一再被引述，而近代詮釋學的整個歷史，
> 正表現在對他（此準則）的種種變換無定的解釋中。事實上詮釋學的真
> 正問題就決定於這個命題裡。[15]

不單如此，他自己也費了不少篇幅探討這其中所涉及的問題，並藉以引導出

---

[15] 見《真理與方法》，Gadamer, *Gesammelte Werke* Vol. 1, 195-196。

它自己的詮釋學基本主張。

　　這個「要求詮釋者優於他的對象的命題」，[16] 並未否定掉前面講的歷史客觀性，也不會放棄探索作者究竟原意與創作發生脈絡的問題，但是卻要更進一步從歷史的動態演進的觀點，要求後來的詮釋者以更為明瞭通透的方式，去掌握住作者原先要表達出來的意思，甚至要掌握到原作所涉及但而未能充分陳述出來的意思。相較於原作者，詮釋者總可能會以一種後來居上的姿態，到達比原作者更寬廣也更深遠的視野，從而取得對於事理本身的更佳的掌握。這是詮釋學一向所強調的詮釋學循環，絕非惡性循環，亦非原地打轉式停滯不前之理由。詮釋的進行之所以為必要，無非是以增進我們對所欲理解的文本之實質內容的領悟，並持續發揮其應用效果為其前提的。後繼者無論就歷史知識的累積，語文使用的把握，以及論說細節追究的深度，和視野拓展的廣度各方面，都足以有超出前人範圍的貢獻，或至少能夠補充其未盡之處的延伸。

　　先看 Schleiermacher 在他關於詮釋學最完整且最有系統的著作〈1819 年網要〉當中，至少有兩度提起後來詮釋者要「比作者理解得更好」的說法。第一次提出時涉及的為主觀靈通（divinatorisch/divinatory）的詮釋之法，「其任務也可以如此表述，『起先和原來的講話者同樣好而後（甚至會）比原來的講話者更好地理解他所講的話』」。[17] 值得注意的是，此處 Schleiermacher 是用到引號來提起這個句子的。據高達美的研究曾經指出，其實這句話代表當時語言學界流行的一個看法，一種詮釋規則與運作說明上，為務求詮釋之盡善盡美而經常套用的自勉之辭。但是 Schleiermacher 繼 Cladenius 後沿用此語時，他卻對此加賦予一層心理學的解釋意含。並和當時有關藝術活動中的天才（genie）創作說結合下，形成其學說裡一個特殊的環節，用意仍在直接將詮釋者與作者連接起來，使得詮釋者要等同於原作者的立場去進行理解成為可能而且值得鼓勵的事。

　　因此待 Schleiermacher 第二次肯定此言，則已是當他較詳細討論過文法詮釋，以及詮釋者對於原作語言領域（Sprachgebiet）的把握，並且又和天才的作品原屬無意識創作之說法合併而論的：

16　Ibid., 197.

17　Schleiermacher, *Hermeneutik und Kritik*, 94.

說我們必須相反於講話的其他的有機部分而意識到（作者的）語言領域，此說法中也蘊含著那個說法，即我們理解作者比他自己還好，因為在他還有許多這類未意識到的，而在我們則必須成為一個被意識到的，部分是最早的概觀中已從普遍中意識到，部分為困難出現時才在特殊中意識到的。[18]

　　高達美則稱此為一種心理學轉向的說法，稍後我們會看到他如何依據海德格的存有學轉向，去修正這個詮釋學上固有的主張。

　　狄爾泰承襲 Schleiermacher 的觀點，也贊成詮釋過程的最終目的，就在於達到理解一位原作者能比他對自身作品理解得更好的地步。他在〈詮釋學的興起〉一文中直言：「詮釋學過的最終目標是理解一個作者比他自己理解得更好。這個理念是無意識創作學說必然導致的結論」。[19] 只不過這樣的目標卻要放置在此文結語處來看，因為對狄爾泰而言，其理想中的詮釋學主要目標仍然是：要保護詮釋的普遍有效性，對抗浪漫派的突發奇想和主觀懷疑，並且要對能夠奠定一切歷史知識之確實性的那種有效性，給予一理論上的證成。真正的詮釋學理論，應該要放置在此等知識理論、邏輯學及方法學的脈絡來經營，才會成為哲學和各種歷史科學間的一個連接環節，並且讓我們順利構建起人文科學研究的基礎。[20]

　　但無論如何，較好理解之說的出現，正表示要完全照舊、照著原初情狀去理解是一項不可能也沒有必要的事。欲恢復舊觀，拼湊原貌，不論是回溯作者原意或是重建歷史實境，皆非詮釋的最後宗旨。詮釋只是達成理解的過程，而且一旦獲得理解時，即融合成為一種新的，與以往不同的領悟。這不但在詮釋學自我認識的發展上如此，就哲學思考的演進而論亦且有相似的痕跡。所以根據另一位詮釋學者 O. F. Bollnow 的研究，早在 Schleiermacher 的詮釋學說以前，康德和德國觀念論哲學家費希特也曾提起過同樣的說法。[21] 雖然他們的言論詳查之下和詮釋學理論並無關聯，反而是和哲學思想的傳承和接替相關，卻很值得在此和詮釋

18　Ibid., 104.

19　〈詮釋學的興起〉一文，見 Dilthey, *Gesammelte Schriften* Vol. 5 (Stuttgart: Teubner 1964), 330。英譯刊於 *The Hermeneutic Tradition: From Ast to Ricoeur*, eds. G. L. Ormiston and A. D. Schrift (State University of New York 1990), 113。

20　同前註，頁 331，英譯頁 114。

21　Maurizio Ferraris, *History of Hermeneutics* (Humanity Press 1996), 88-89.

學上主張的「較好理解」說法相對照來看。

康德在《純粹理性批判》裡評論柏拉圖觀念論學說時，曾表示說：

> 我只是注意到，這並非不尋常的事情，即不論在普通的談話，還是在著
> 作裡，透過一位作者對他的對象所說出來的思考之比較，甚至比他理解
> 自己更好地理解他，（這）特別是當他未充分規定他的概念，從而違背
> 著他自己的意圖去講話，或是去思考時。[22]

康德這段話原是針就他此書「論理念一般」（Von den Ideen überhaupt）而發的，涉及到他對柏拉圖觀念論的看法。但是若進一步配合他自己在〈先驗辯證論〉對理性之理念可否構成知識內容的批判與駁斥，其實這已預示著他對理性理念問題的探索，實有大幅超過柏拉圖之舉。因此康德哲學論述中強調能「比原作者理解得更好」的說法，正表達後人對前人思想能有更好的把握與發揮，也會有更清楚周延的概念陳述。此等自信與自許，對人類哲學思考的進展而言，當然是相當符合啟蒙主義基本論調的一個講法。

然而康德後不久，費希特也立即以其人之道還治其人。他的講法相常直接而極端：「體系的發明者是一回事，而體系的解釋者和追隨者則屬另一回事」。[23]他講出這一句話，原為是要針對康德哲學體系進行嶄新詮釋之強烈企圖下的表白，然而這個講法，此處卻被高達美歸之於一種詮釋學上不可能的命題。因為要按照原作者的精神去進行更高一層的發揮固然有理，但斷然把所要發揮的內容和原哲學體系截斷開來，認為兩者間可以看成是毫不相關的兩回事情，則如此主張未免失之過偏，完全否定了其間有任何關聯存在。費希特堅持此說，實為他要對抗當時正流行的康德哲學詮釋的一個下策，但是若非如此，哲學史上也不會展開德國觀念論時期一個哲學體系接續著另一個哲學體系而起的盛況。有鑑於此，或許正是這種弔詭的情形，後來會使得高達美不願再照著講「更好地理解」，而要改說成是在進行「不同地理解」的理由之一。

---

22 Kant, *Kritik der reinen Vernunft*, B. 370.
23 出於費希特〈全知識學第二導論〉，轉引自 *Gadamer, Gesammelte Werke*，第 1 冊，頁 199。按：高達美引的費希特原句與 Bollnow 所找到的並不相同。

三、「不同地」或「不一樣地」理解

其實高達美思想深受柏拉圖對話（Dialog/dialogue）與黑格爾辯證（Dialektik/dialectics）的雙重影響，對於相異思考觀點的交鋒，與其彼此牽制間的動態變化，原本並不陌生。詮釋學思維中從「照原意」的「重建」式理解，經過「較好地理解」，再轉化成高達美自己講的「不一樣地」相異理解，也正可以用柏拉圖開放對話，加上黑格爾辯證綜合的雙重作用去把握。高達美相當肯定而言：「因而黑格爾說出了決定性的真理，也就是歷史性精神的本質不在於對過去事物的恢復，而在於與當下生命的思維性中介（Vermittlung/mediation）」。[24] 這樣主張並非全然抹煞前人，也不鼓勵和原著精神背道而馳，各憑自由發揮，而只是想不斷試圖把過去與現下結合起來，以走向一較寬廣而開放的未來之務實做法。

因此早在《真理與方法》第一部分結尾處，總結對藝術審美活動的觀察時，高達美就已經很明白地表示，詮釋學上他所贊同的是黑格爾辯證綜合的「整合／組合」（Integration）模式，非「重建」（Rekonstruktion）或「再製造」（Wiederherstellen）的複製模式。故前引文中「不在於針過去事物的恢復」一語，即透露出不必完全照著原貌忠實去理解，無須重構或複製其原本的狀態。因為詮釋者不是為了復古而復古，而要強調理解上能古為今用，強調一種歷史實效的連續性與融貫性。每一次的模仿其實都已然邁向一度新的創作，期望能夠比原有的更好更豐富，而非完全照著舊有樣子再複製一次而已。但是這並不表示我們的理解詮釋，和作者的原意就轉變成毫無關聯的，而是說我們總是必須以自身所處的一個新的情境為出發點，展開另一番思慮的功夫。所以每一次的理解都是一次新的理解，而非重複舊的「照原樣」理解，高達美終將要擺脫他所謂的「觀念論與浪漫主義時期之復辟企圖」（Restaurationsversuche），[25] 自行走出一條新的詮釋學之路。這樣的基本主張從一開始就貫穿整個《真理與方法》，也構成高達美詮釋學的獨特新義。

許多當代思想家甚至於詮釋學者，都或多或少批評到高達美思想中因為太過側重「真理」（Wahrheit/truth）的發生，而有忽略或故意不提方法運作層面

---

24 Gadamer, *Gesammelte Werke* Vol. 1, 174.

25 Gadamer, *Gesammelte Werke* Vol. 2, 482.

的嫌疑。除前述 E. Betti 及 E. D. Hirsch 外，再如法國的 Paul Ricoeur 都表達過強烈的不滿以至於各種程度的質疑。一般而論，高達美在他的詮釋學裡特別想要加以發揮的關鍵處，往往也正是因為他認為以往的詮釋學過度受到一程序（Verfahren/procedure），受到一方法（Methode/method）觀念所支配的地方。《真理與方法》標題上的兩者並置，很顯然「真理」是放在「方法」前提出的。或許我們不必像某些學者故作文章，依此書所論議內容把標題解說成了是「真理而非方法」（Truth and *not* Method），或是「真理對抗方法」（Truth *versus* Method），不過現在要置「真理」於過去所側重的「方法」之前，卻是他無可質疑的堅定抉擇。詮釋學仍然是有其方法的（methodisch），也始終必須依循著某種一定方式進行，只是真理的開顯以及再度展現實效，卻並非一件嚴格講求方法層面控制下就可獲致成功的事。這從一開始就成為高達美確定不移的出發立場。

另一個確切的出發論點為，當他開始問「理解」（Verstehen/understanding）究竟如何可能時，對高達美而言，與其說理解是主體的一個舉動，一個針對其對象物而發的應對關係，不如說是一種發生（Geschehen/happening）更為恰當，而詮釋則是其執行及完成的過程（Vollzug/execution）。但與此同時，這其間還一併涉及到一個應用或適用（Anwendung/application）的問題，後一問題並不是於理解和詮釋完成之後才產生的問題，而是和理解以及詮釋一起出現的。換言之，詮釋、理解與應用，這三者始終互為環節而共同構成一不可分離的整體。因而浪漫派以來「理解總是詮釋，而詮釋因此是理解的明晰（外顯）的形式」的主張，更重要的就是還要再加上理解形成之際，同屬理解且共同構成其核心的應用與適用之考慮。[26] 經由如此轉化，高達美才能從一個新的角度提出他所稱為「理解的設計性格」（Entwurfscharakter）[27]的說法，一面呼應著海德格謂理解為人的有限存在之存有方式的認知，一面更增強海德格所強調的理解之當下及其未來向度之論旨。

初步釐清理解問題的特殊性之後，我們可以得知，高達美談理解和詮釋

---

26 參閱 Gadamer, *Gesammelte Werke* Vol. 1, 312-316。高達美在這裡以整節篇幅討論重現應用問題之重要性，作為重議幾個詮釋學基本課題的第一步。

27 *Gesammelte Werke* Vol. 2, 447.

何以不是從一種「符合」（Übereinstimmung）[28] 的關係來談，因為根本不存在著一個原意或原樣的靜態比對的關係，而一切相關論述，都要從更具動態演進意義的兩個進一步觀點審視之。一個是他較先提出的「視域融合」說（Horizontverschmelzung/fusion of horizons），另一個則是稍後才詳加發揮的，是為一種發生開展於問題與答案（Frage und Antwort/question and answer）間的「問答邏輯」或稱「問答辯證」之思考，並由此揭開他的詮釋理解皆屬開放性對話的特有理論。關於高達美主張理解不必講成是更好地理解，只要講不同地或不一樣地理解之舉，以下我們先從視域融合的說法來看，接著再考慮他被稱作問答辯證之際的一套詮釋學邏輯，以及他關於交談對話的理論。

先以上述「較好理解」之觀念在詮釋學及思想史中的出現而言，其實這正可以說明高達美一向強調的一個看法：「一篇文本的意義不只是偶然（有時候），而是一直會超過它的作者之上」。[29] 因而他在此十分肯定地認為，要鎖定作者原意或客觀歷史實境，去進行重建或重構是無法達致顯見成效的進展，反而是倒退的回向過去，與此「相反的，真實的理解則包括著如此要求，要再次贏取得對一歷史過去的種種看法，以至於這其中同時包含著我們自己的領悟在內。我們稍早時曾稱此活動為視域融合」。[30] 相應著歷史是向前變動的趨勢，真正發生在詮釋者和文本之間的理解活動，應該是一種全然的中介，也就是高達美所說的視域融合。不同的視域，總是在不斷交融以形成新視域之過程中被把握的，歷史視域中所掌握到的事理，會因為從現實處境出發的新的視域，而得到另一番不同的發揮與適用，增益著後起者可資憑藉的理解可能性。

詮釋的活動是一直不停在進行當中的，理解則不必說成是更好地理解，因為進行理解最終究意義，仍然是要著落在人的自我理解上（Sichverstehen/self-understanding）：能夠理解自身的歷史性，理解自身的有限性，理解自身歸屬於歷史傳統，且始終受到歷史傳統的實效影響之事實性，但同時也理解到自身在歷史當中規劃未來的設計之可能性。「所有這樣的理解最終都是一個自我理解

---

[28] *Gesammelte Werke* Vol.1, 378.

[29] Gadamer, *Gesammelte Werke* Vol.1, 302.

[30] Ibid., 380, cf. 301-312.

（Sichverstehen）」。[31] 而詮釋學的理解就是和自我理解，詮釋學的知識是和自我認知密切相關的，高達美最後的結論則主張：「這樣講就夠了：只要究竟而言人在理解，人是在作不同地（anders）理解」。[32] 其實我們不一定要因為凸顯理解對所原來作品有一優越性，而強說作更好地理解，說較好的理解充其量只是描述詮釋者與原作者間的一種無法消除的差異性。它總是隨著時間距離的鴻溝而被拉開，後又在繼起的新的理解之嘗試中設法彌平。

高達美為什麼說「這樣講已足」，為什麼只願意講「不同地理解」而不肯再提「較好的理解」，他究竟是太過於謙虛或是他對此另有更深一層的思慮？如前節已論及，高達美不是不知道在近代詮釋學上，存在著這樣「較好地理解」之主張，而且它曾扮演過一個相當重要的催化與促進的角色，但是他可以接受一種持續趨向新的完滿性的理解之說法，卻不盡同意「較好的」甚或「更進步的」理解之主張。理由何在？事實上，對於傳統的每一次的解釋，都屬於某種意義的更新，或說是再度找到其適用的價值，正如同高達美從法律詮釋學中所觀察到的情形一樣，每一度適當引用法律條文的司法判決，事實上正是針對著新起的狀況的一項創造性的補充。原先立法時所要彰顯的普遍精神，在每一個特殊性的新的個案之適用中得到驗證與發揮。這樣的情形有如一種他稱之為「存有之增長」（Zuwachsen des Seins）[33] 的變化，以及由此獲得的意義之充實填滿。

不同地理解正是持續創造出一個新的直接性（黑格爾的說法），某種「完滿性的前把握」（Vorgriff der Vollkommenheit）（高達美的說法），但始終還不是最終的結論，還沒有最後完成也沒有完全結束。所以高達美說：

> 理解的每一度實現都可以把自我當作為所理解事物的一個歷史可能性來認知。由於我們此有的歷史有限性，我們都會意識到，在我們之後其他的人（andere/other persons）將會不斷再作不同地（anders/differently）理解。[34]

---

[31] Ibid., 265.
[32] "Es genügt zu sagen, daß man anders verstehn, *wenn man überhaupt versteht*." (Ibid.), 302。斜體字為原文之加強語氣部分。
[33] Gadamer, *Gesammelte Werke* Vol. 1, 307.
[34] Ibid., 379.

　　歷史傳統的過程就是在此不斷地變遷當中形成的，同樣的在精神科學當中「只有當文本每一次都以不同的方式被理解時，文本才可以說得到理解」。[35] 每一次的理解，都是一次新的視域融合，而「較作者更好地理解文本」，和在不同的歷史時空處境下，進行透過發問而得的「不一樣的理解」，這兩者之間的差異就在於「不同地理解」更加強調一切文本，其蘊含的意義視域（Sinnhorizont）具有一基本上的不可封閉或說不可終結的特性（Unabschließbarkeit）。[36]「對於一部文本或一件藝術作品之真正意義的汲取（Ausschöpfung）是永無止境的，這事實上是一個無限的過程」。[37]

　　從詮釋學的實踐經驗中無法取盡（Unausschöpfbarkeit）或是無法窮盡的體會，可以說明黑格爾持續不斷重新「整合」（Integration）的說法，何以在高達美心目中始終優於 Schleiermacher 的「重建」或「重構」（Rekonstruktion）的說法，也勝過 CollinGWood 的「重演」或「再啟動」（Reenactment）的主張。[38] 意義的發掘與真理的探索都是同樣沒有止境的，即使是同一件作品，其意義的充滿正是在理解的變遷中得以表現，就像對於同一歷史事件，其意義也是在發展過程中繼續得以規定一樣。因此高達美很有理由說：「以原作者意見為目標的詮釋學還原，正像把歷史事件還原為當事人意圖一樣不恰當」。[39] 但是如何才能促成變遷的繼續，讓作品中的意義與真理得到一再發揮的機會，高達美即轉向對話與問答的關於語言性之思考。

　　高達美在這裡所看到的是「一種詮釋學上的必要性，持續不斷地超出簡單的重構之上」。[40] 他認為惟有如此才能保持長久的開放性，拓展問題的視野而恆常允許新的可能性的出現。詮釋學理解的活動不能停留在僅只是「單純的重建」（die bloße Rekonstruktion）之層級，而且更須要藉由問與答、聽與說等類似語言交往的活動，反覆帶出理解上時時更新的意義內容來。他曾指出說：「理解一問

---

[35] Ibid., 314.

[36] Ibid., 379.

[37] Ibid., 303.

[38] Ibid., 171, 375.

[39] Ibid., 379.

[40] Ibid., 380.

題，就是對它提問。理解一意見，就是把它當作對一個問題的答覆」。[41] 面對流傳下來的文本時亦復如是，重要的是經由適當的提問，讓文本重新講話，針對問題而表述出其內含意理，並因此而才是對我們是繼續有用的，是仍然會具有實效並發生影響作用的。反之當我們不再發問的時候，那麼一種只是為了歷史而歷史的復古重構態度，甚至於就僅只成為「一種不再理解（Nichtmehrverstehen/no-more-understanding）的剩餘產品，一條讓我們停頓不前的歧路」。[42] 可見高達美重視提問、探問、追問，期望由此保障上述所言的開放性，實際上正是要提出問與答的辯證關係，強調我們通過提問與探索、轉化與傳介的過程，進行詮釋理解的工作，如此去深化詮釋學的現代意義和實質貢獻。

　　另外值得注意的一點是，高達美特別提示一種理解活動上的歸屬感或共通感，主張「理解之實踐，在生活中和在科學中一般，是以相類似的方式的對那種歸屬之表達，即理解者對他所要對他所要理解的人，以及對他所要理解的事理（Sache）之從屬」。[43] 這可以說是人的存在之歷史性的另一個表達方式——亦即在實效歷史（Wirkungsgeschichte）當中，理解者恆隸屬於他所要理解的對象，因此高達美強調的是先接受、融入之後的獲取，即真實地經由參與、分享分受而成為其中的一個部分。他稱此為一種「移置入傳統發生之中」（Einrücken in ein Überlieferungsgeschehen）的舉動，意思是說讓理解歸屬於所要理解之事物，也受到所要理解之事物的決定。這樣做法因而必須把自身活動看成是流傳物持續發生影響的一個前後環節，一個承先啟後的階段或部分，先投進其中，始能理解把握。然而也正是這樣的論點，最為引起新一代意識形態批判理論的不滿和抨擊。[44]

四、重提「較好地理解」之批判與進步意含

　　前述兩股對《真理與方法》較大的反對聲浪中，出自於想要恢復原作者心願

---

[41] Ibid., 381.

[42] Ibid., 380.

[43] *Gesammelte Werke* Vol. 4, 471.

[44] 見 *Gesammelte Werke* Vol. 1, 295，並參閱拙作，〈文化傳承與社會批判——回顧 Apel、Habermas、Gadamer 與 Ricoeur 間的詮釋學論爭〉，《政治大學哲學學報》第 5 期，頁 57-76（1999 年 1 月）。

並重返客觀主義古典詮釋學的一方，並未曾對高達美思想造成太大挑戰，因為要讓哲學詮釋學走回到方法學的舊路，畢竟不再可能。但反觀另一場論戰，是由強調哲學的任務該在於透過意識形態批判，達到社會改造的革命性目標，滿足人類經由理性批判進行自我成長及社會反思目的的批判理論發起的。後者致力於對傳統因襲造成的種種意識形態加以挖掘，並施嚴格批判，而其最終宗旨，則在促進人類社會唯理性是問的高度成熟與徹底解放，以及每一個人思想行為與溝通能力之獨立自主及充分負責。高達美 1965 年出版《真理與方法》第二版時，就明白感受威脅，並積極回應著來自於意識形態批判方面的嚴厲批判。他回憶當初已見及這一新思潮的盛起，感慨自己出書太晚，甚至謙稱說不知有無必要再讓此書付印，可見其感受壓力甚深。

來自於意識形態批判理論者的反對者以阿佩爾（Karl-Otto Apel, 1922- ）和哈伯馬斯（Jürgen Habermas, 1929- ）為主要代表。他們都批評高達美不說「較好」而說「不同」的改變，並歸咎於他的詮釋學是從浪漫主義傳統（Romantik）孕育出來的，強調生命的全幅度開展，一方面不忘反諷與遊戲，一方面歌頌傳統與崇拜權威，充滿著人文主義教化精神的理想性。然而與此同時，卻忽略原有啟蒙主義運動（Aufklärung）以來理性至上，鼓吹批判與自由的自我潛能發揮，講求精研與進步的成就表現。後一傳統是批判理論精神上所承繼者，透過它更能滿足社會改革的現實性要求。阿佩爾與哈伯馬斯對高達美歷史詮釋學的不滿當中，最重要一點是「理解」（verstehen/understand）不能逕自等於「同意」（einverstanden sein/agreed），理解活動中所達成的結果之「理解」（Verständnis），也不一定就等於說「一致理解」（Einverständnis/understanding with agreement）。這如果牽涉到必須加上道德判斷的事務時，尤其更不可忽視、更不容含混。歷史是不斷進展中的各種過程的匯聚，而社會整體則為種種歷史切面共同表現出的目前總體樣貌，但是我們並非對所有既成的事實皆不思反省完全接受，而是要對各種僵化的意識形態，妨礙正常理性溝通進行的因素展開揭發與批判，重新確定歷史進展的不可逆行倒退。如此始容許我們能夠主張比較好的及更進步的共識、信念與看法，隨時提供改革行動的綱領及指導原則，而非凡事僅僅依附眷戀於往昔的續業。

批判理論方面舉過的兩個例子足以說明這個情況。阿佩爾提到第一個例子：我們經由研究調查發現到愛斯基摩人會在族群食物資源不足時，就把老年人或重病者驅趕出去，自求生存，我們雖然能理解其原由，但是道德上絕對無法贊

同其做法。[45] 這是理解不能直接等於同意的一個有力質疑。另一個反例則由哈伯馬斯提起。當人類學者對某一原始民族的部落生活進行田野調查，發現到巫師或巫術在部落生活中扮演的角色，並研究記載其進行的儀式細節和作用時，他是在進行學術性的研究工作。但這不表示我們在理解了其究竟後，研究者自己也相信或接受了巫術的信仰內容。[46] 這兩個例境裡，足以說明理解並不等於願意接受或相信為真。相反的，研究者相對於其所研究的對象，必須保持某種程序的反思優越性，喪失這一點立場，就無法論及進步，也壓擠到理性的自由與批判的發揮空間。哈伯馬斯認為這正是高達美過度抬舉詮釋對象的結果，也就是說，後者的思想中有一明顯的「單面轉向」（einseitige Wendung）[47] 的趨勢，只重過去傳統而不探向未來。其結果是把傳統看得過高，把過去看得太重要而無法擺脫其影響。彷彿對高達美而言，歷史承繼而來的都是大者，挾持著不可抗拒的權威要求後人接受而已。阿佩爾也認為高達美不願講更深及更好地理解（tiefer und besser verstehen），正是因為他缺少一種對歷史傳統也能採取批判性學習及獲取（kritische Aneignung）之表現態度。[48]

於是阿佩爾此處又提到一個新字「全都理解」（Allesverstehen），來和高達美常用的合成字「不同地理解」（Andersverstehen）對照，用意在指出高達美認為所有的理解只是不同理解的主張之不合理處。我們並非只是在許多可能的，彼此間無分高下的各種理解中，簡單地做一個自己認為是對的選擇而已。我們不能在「完全理解」（alles verstehen）狀態之下只是瞭解了事態，完全接受其為事實，卻不思任何更進一步的優劣比較和褒貶評價，也無法得到選擇取捨的憑藉和推動改革的動機。立足在專業評斷上的知識之比較和修正實為必要，否則我們永遠只擁有對既定事實的追認，談不上任何導向未來的反省批判。例如他自己稍早與高達美的爭論裡也曾指出：「我認為，在精神科學意義的歷史主義奠基和存在論詮釋學奠基之間，不能是簡單地在一變更選擇的意思下（im Sinne einer Alternative）

---

45 Karl-Otto Apel, *Transformation der Philosophie*, Bd. 2 (Frankfurt am Main: Suhrkamp 1973), 387-388.

46 Jürgen Habermas, *Theorie des kommunikativen Handelns*, 2 Bde. (Frankfurt am Main: Suhrkamp 1981), 194.

47 Ibid., 193.

48 Karl-Otto Apel, "Die hermeneutische Dimension von Sozialwissenschaft und ihre normative Grundlage." In *Mythos Wertfreiheit? Neue Beiträge zur Objektivität in den Human- und Kulturwissenschaft*, hrsg. Karl-Otto Apel and Matthias Kettner (Frankfurt am Main: Campus 1994), 34.

做決定而已」。[49] 歷史辯證下的發展必須有其進步的意含在內，這正是高達美詮釋學一方面固然勝過歷史主義方法論奠基思考，但另一方面其自身也要置諸進一步嚴苛審查，而在方法學思慮不足的缺憾上，必然會再度被後起新思維超克的原因。

批判理論者認為，高達美哲學詮釋學的長處和強度，表現在他抗拒歷史主義思考模式的延續，短處及弱點卻是因為忽視方法步驟和標準的確立，以致無由執行學術上的專業批判及評比。這樣恐怕會再度落回到一切皆屬相對的理論，甚至於演變成超級的唯歷史主義（Superhistorismus），[50] 停留於保守妥協的格局，無從促使自我提升及發展進步。批判理論學者則一貫主張研究者面對其研究對象時，不必採取一種屈居下位的姿態，相反的應該盡可能保持較高的反思位階，拉開不可盡信的懷疑距離，才能夠進行適當的批判評價，體現認知及道德反省上的自主性。專業上的保持懷疑和進行審斷，是為著能適時挖掘弊端，改革現狀以實現理想未來情境所不可避免的任務，非此不足以促成人類社會的解放和進步。

高達美則辯稱批判理論低估了詮釋學思考的普遍性和根本性：「意識形態批判只表現著詮釋學反思的一個特殊的形式，那種力求消解一特定類別的前見之形式」。[51] 換言之，社會群體中的相互溝通與意見交換上，當然會有可稱為意識形態之類的缺失及發展障礙出現，造成困擾及紛爭糾葛，但即使一心主張意識形態批判的理論者最終也將不得不承認，批判並不是為批判而批判，而是要以尋求某種能被共同接受的一致理解為目的。若是欠缺這一層自覺或自知之明，那麼意識形態批判本身會變成最嚴重的一個意識形態。事實上傳統總是根據著意識的覺醒與自由接受，在自由與認知當中接納承擔著一種持續下去的任務。高達美始終強調承襲傳統不是對流傳至今的所有一切事物的護衛或照單全收，不是保守主義式的復辟或恢復舊觀，而是以往的倫理社會生活之根本上的繼續形成。[52]

所以高達美面對意識形態批判陣營的抨擊下，依然強調哲學詮釋學並不保守，也不會欠缺改革的動力，且相反的，更能夠指出比批判理論更為有效而普遍

---

[49] Apel, Bormann and Bubner u. a., *Hermeneutik und Ideologiekritk* (Frankfurt am Main: Suhrkamp 1971), 31.

[50] 參閱拙作，〈「實踐智」與新亞里斯多德主義〉，《哲學雜誌》第 19 期，頁 66-85（1997 年 2 月）。

[51] Gadamer, *Gesammelte Werke* Vol. 2, 182.

[52] Ibid., 533-534.

的社會凝聚基石何在。他表示：

> 顯然我的批評者未認知到對詮釋學經驗的反省中存在著的有效性聲稱。
> 否則他們就不會那麼排斥這個論點，即無論在何處，只要相互理解是可
> 能的，就預設著團結。他們自己也做同樣的預設。要把如此看法加諸於
> 我是毫無理由的，好像我講「負載的一致理解」時要求的是一個方面多
> 於另一方面，是保守的團結方面而不同時是革命的團結方面。其實理性
> 之理念本身，就不能放棄普遍的一致同意之理念。這才是真正統一一切
> 的團結。[53]

　　雖然阿培爾和哈伯馬斯認為這不能單由歷史傳統所承襲的文化價值而來，還
須要追究基礎更堅實、論證更確切的知識與道德標準，但這裡所謂具支撐作用
的、負載性質的一致理解（tragendes Einverständnis），對高達美而言，才是真正
可能避免誤解的詮釋學條件。這樣的眾志團結（Solidartiät）雖說缺乏最終奠基
性質的精確論證基礎，卻是每一文化及價值體系無之不足以繼續流行的最後憑
據。因此即使是最單純的，絲毫未加任何反省批判態度的沿襲傳承，或簡單的繼
續下去而未見任何發揮創新的表現，這樣就已經是在參與歷史傳統的延續而且由
於自身的投入，已化成為傳統的一個部分。

　　顯而易見的，高達美強調傳統是一種託付或委任的關係，他特地使用拉丁文
的 traditur 一詞表達，唯有透過實際參與其間的方式去接受且承繼，需要一種肩
挑起來的積極處對態度，而非一味懷疑質問或排斥抨擊之。只是這種看法，很難
取得普遍的認同，即使在當代詮釋學內亦然。像前述法國詮釋學者 Paul Ricoeur
也曾指稱高達美如此取向只是一種「回憶搜集的詮釋學」（hermeneutics of re-
collection），其實質上建立在一種「尊重的詮釋學」（hermeneutics of respect）的保
守態度上，欠缺對現實狀況的批判和問題意識的自覺，無法成就出他本人心目中
更為理想切要的「懷疑的詮釋學」（hermentics of suspicion）。[54] 因為惟有後者才
能發揮批判的的力量，促成知識上的改革與進步。但衡諸高達美理想中的真實對

53　高達美對批判理論的綜合答覆，見 *Hermeneutik und Ideologiekritik*, 309。
54　Paul Ricoeur, "Hermeneutics and the Critique of Ideology." In *Hermeneutics & the Human Sciences*, edited
　　and translated John B. Thompson (London/Cambridge 1981), 63-100.

話狀況，其最終期望也不外是要避免各說各話（reden an einander vorbei）的情形發生。[55] 高達美只希望無論在對特定文本的詮釋上，在人的歷史性之自我理解上，以及在所有對話論爭中，都不至於落得欠缺任何交集共識的各說各話的地步，結果成為對於真正具實質內容的群體團結與凝聚力——那種福禍與共、性命攸關的共同經驗與共同體認——毫無貢獻的講話和發言。

五、結語

哲學詮釋學在本世紀中期以後的興起與迅速發展，可反映出這樣的事實：因為一個與我們息息相關的典籍的世界，從古代以至於現今，已然構築起文化傳承與群體共同生活的主要骨幹，同時也提供著當前凝聚共識、實現未來期望的資源憑藉。因此詮釋者與經典文獻的關係，詮釋者面對文本時自我的理解定位與詮釋取向的問題，就不只是一個知識論上的方法運作的考量，更且涵蘊著存有學上的思想深度，也明白指陳出我們對於人類存在的現狀反省，以及可以共同期許、可以齊力實現的未來景況。以下我們對照前面所討論過的，幾個有關人類在歷史當中該如何面對傳統，以及要讓對傳統的理解發揮怎樣功效，再從這幾種不同偏向的態度，檢討一下經典註疏工作中的定位與取向的問題。

「照原意理解」和「照原樣理解」：兩者代表的俱為客觀主義方法建構的詮釋方針與理解原則，取向則以回返到原作者，原作者時代以及原作者時代當時的讀者如何理解為主。阿佩爾曾稱此 Schleiermacher 至狄爾泰時期盛行的詮釋學，為一種「等同地照著理解」（identisches Nachverstehen）[56] 之模式。其實不論高達美說我們不必單純地重建過去，回到原作者心靈為標準，或是批判理論要求我們採取批判的態度與反思的距離，都是不以這兩者為滿足的。甚至較早時詮釋學及思想史上都有「較好理解」出現時，就已經對這種至今仍有人主張的後退式說法提出有力質疑。

「較好地理解」（Besserverstehen）：此說引出的進一步問題是，在什麼意義下

---

[55] Paul Ricoeur, "The Conflict of Interpretation: Debate with Hans-Georg Gadamer." In *A Ricoeur Reader: Reflection and Imagination*, ed. Mario J. Valdes (Harvester/Wheatsheaf 1991), 222.

[56] Karl-Otto Apel, *Transformation der Philosophie*, Bd. 2, 387.

我們可以說現在的一度新的理解，是比舊有的、原先的理解更趨於完善，更清楚而明白，其標準何在？這等於是在問：詮釋學上真理的判準是可能的嗎？是詮釋學可以提供或應該提供的嗎？高達美詮釋學在此則明確自稱他並不提供真理的判準（Wahrheitskriterium），只是志在透過詮釋對話促成真理的發生展現，並且因而能造成實際效應（Wirkungen/effects）為真正目的。

「不同地理解」（Andersverstehen）：高達美之提出此說，不應該被認為是一自行放任，似乎不管和不論什麼樣的理解詮釋與後繼論述都可以，也都是對的。因為始終還有不可取代的文本自身在講話，同時也還有不斷繼起的詮釋者的發言權，不能被否定或遭壓制。詮釋理解之際，每一個人都不可避免會夾帶進種種前判斷（Vorurteile），但是前判斷終將受到繼起的判斷之修正或排除。於是所有詮釋的工作，就是在這樣必須不斷興起重新理解的努力，但又不能和原作精神背道而馳的要求下，一種回顧舊有文化遺產而繼續向前探索可能的嘗試。哲學詮釋學或許無法在方法論層次上提供真理的判準（Wahrheitskriterium/criteria of truth），卻自認是在更高的思考層級上促成一種實踐導向（Lenken/guiding, steering）的思考效果。

「完全理解」（Allesverstehen）：出現在批判理論對高達美質疑中的說法。我們不能也不應該在一切都瞭解的情況下，僅只置身事外，無關痛癢，不涉利害，既欠缺知識上的詳盡考察與堅實論據，又迴避掉道德良知上的審度評價。其結果會落進對過去歷史知識的無止境的檢討修正中，不能真正面對未來而思有所作為。依附傳統以增進人文涵養固然重要，社會興革卻更屬不容怠忽的哲學思考之使命。

「不再理解」（Nichtmehrverstehen）：這當然更不會是面對傳統經典的一種正確態度，毋寧是思考的終止，而且表現為對傳統的棄置不顧，或者是讓傳統成為不再對當前生活起作用的傳統，高達美認為當我們只顧重建，而不再透過發問讓傳統對我們發生新義時，即為「不再理解」。但同樣當批判理論否定任何與傳統之關聯時，也會轉變為一種「不再理解」的棄絕態度。從高達美的觀點看來，意識形態批判投身烏托邦式的極度理想，輕忽傳統在我們身上起的事實上之作用，即為一種盲進而忘本的偏差表現，無法達到真正理解。

如果回到經典註疏工作的問題來看，哲學詮釋學至少在兩個方面可以提供若干啟發。首先所有詮釋理解之活動，自我定位上都不是從零點出發，而必然

包含著對既有傳統經典的尊重與傳承，以及期望令其持續發揮實效及影響的努力。權威除了經典本身的權威外，還有一個歷代註疏者隨著時代的要求而建立的權威，而後者的成敗準則要從註疏者是否能發揮經典要義，促使舊的經典展現出新時代、新處境的適用性與影響效應而論。尤其在這裡又有所謂學統、道統與正統之說，更增強傳統歸屬的重要與承傳的迫切性。其次，哲學詮釋學主張詮釋理解不是向著過去的，而是針對當下並指向未來的開放發展。這種聯結過去、現在與未來的取向不見得保證成功，而只是一項預期的、對於某種「完滿性的前把握」（Vorgriff der Vollkommenheit）而已。易言之，這既然只是一種「在前」的把握，因而不能排除再加審議修訂的未來性的向度，亦即一種保持著詮釋對話的開放之態度。當代詮釋學上的這兩項基本態度，對於歷來經典詮釋工作的延續性與開創性而言，正提供了最好的說明及未來的指引。

詮釋學論爭在爭什麼：理解對話或爭議析辯？
高達美與阿佩爾兩種取徑的評比

《哲學雜誌》第 34 期（2001.1）

Dialog der Phronesis

前言

　　這篇文章的用意是要在高達美（Hans-Georg Gadamer, geb.1900）與阿佩爾（Karl-Otto Apel, geb.1922）間，一場長達 30 餘年的詮釋學爭論當中，對比並釐清兩種不同的思考路徑。當然他們這場詮釋學論爭，並不是當代詮釋學興起後唯一的一場，甚至比較之下，也不是特別引人注意的一場。但是從這兩位都和詮釋學密切關聯的哲學家身上，我們可看到一個屬於論爭特有的現象：哲學建構的基本立場及學派屬性有別，固然會造成思維發展方向的不同，以及如何看待其他學說態度上的差異，但是隨著思考學養漸次成熟，卓然自成一家言的學術地位鞏固後，再就爭執的焦點和課題而言，各有主見的抗衡不但未曾止歇，反而以更大的挑戰性，促使哲學論述必須重新面對其彼此交疊的議題主張，繼續因進行有憑有據的爭辯發論而存在。所有爭論對話當中的質疑與詰問，始終在指向問題答案的深入思考與探索。

　　所以，不管我們說他們之間發生的是一場詮釋學論爭，還是一場詮釋學對話，也不管我們對長期論戰中不計其數的論點持題，是否都能一一掌握，我們面對雙方往返論難之際，真正值得考察的是詮釋的差異與衝突，是文本與論述方向的選取，是哲學思考立論進行的基調及步程，是哲學任務與哲學遠景的描繪。況且如今放眼哲學界，這早已不是特例，而是普遍的狀況。尤其當代思想各學派及各哲學家，彼此間甚少再保持互不交往而各自孤立發展，通常都會在自發的、或是被安排的往返論辯之間，去對共同相關議題互呈見解。於是從哲學對話中看哲學問題及哲學的發展，也就會更具有吸引力及可期性。

　　事實上，高達美和阿佩爾正是以不同的方式，在長年論戰裡標示出他們各自的學思風格與取徑。概略而言，前者一向視理解、存有、語言為三位一體的人類歷史活動，其所樹立的，是他由古返今的一套「交談對話的詮釋學」（Gesprachshermeneutik）之道的典範，堅持由充滿善意辯證的「理解對話」以達成「視域融合」（Horizontverschmelzung）的效果；而後者雖然同樣重視人類語言活動及作用，但哲學建樹上仍是本諸理性論述的銳意變革，透過一連串「爭議析辯」（Auseinandersetzungen）拓啟出一條漫漫長「諍」的批判哲學新路。一統合一區分，一寬容一嚴謹，我們有如在提出一篇對實際進行中的對話交談的後設考察，但結果上卻已因參與而融會到爭論的事理及爭論的議題當中，一同思索。詮釋學允諾我們在詮釋理解之後必有所得，那就讓我們看看從這樣的爭論對話當中，可以獲取什麼。[1]

一

　　首先，讓我們回顧一下這兩位哲學家之間的對話背景與論爭經過。

　　高達美於 1960 年始出版大幅提升當代詮釋學地位的主要著作——《真理與方法》，[2] 就連他自己都認為似乎有點來得太遲，因為當時心理分析、意識形態批判、結構主義等思潮風起雲湧，早已各據勝場。但事實證明，詮釋學主張的基本哲學新立場，對語言理解行動的極度重視，以面臨文本、投入互動遊戲的活動取代傳統上主客對立下的認知模式，迅速攫取廣泛注意並贏得深遠影響。

　　阿佩爾與高達美之間的詮釋學論爭，就始自 1963 年阿佩爾對《真理與方法》的書評，發表於《黑格爾研究》第二卷上，[3] 而高達美也在 1965 年該書第二版前言中立即有所回應。說是論爭也好，說是對話也好，事情由此發生，而事理也

1　本文原屬國科會專題研究計畫「詮釋與批判 II/II」（NSC 89-2411-H-004-017）的部分成果。由於若干資料已於其他論文發表中處理過，以下將偏重方法取徑上及哲學特性、主題差異上的對照評比，至於該詳確論述的文獻資料根據，有些僅點到為止。此外，因為比較重點落在高達美和阿佩爾身上，對哈伯馬斯（Jürgen Habermas）溝通行動理論的提及也會較少些，雖然後者和阿佩爾的關係是幾乎切不斷的。

2　以下引用高達美著作一律以 J.C.B.Mohr 出版的高達美著作集為準，其為收入者始另行交代，縮寫成：GW 冊數：頁數。Hans-Georg Gadamer, *Gesammelte Werke* 1-10 (Tubingen: Mohr 1985-1995)。

3　"Rezension von *Wahrheit und Methode*." *Hegel-Studien* 2(1963): 314-322.

必須回溯到這裡探索。但是若深究其初交鋒背景，至少有兩個名字不得不提，一是海德格（Martin Heidegger），一是當時尚未廣泛聞知而能被接受的「詮釋學」（Hermeneutik）這門學術的名稱。

阿佩爾 1950 年提出、未正式出版的博士論文《此有與認知》（*Dasein und Erkennen*），[4] 曾經以人類學中心的認知理論為旨，對海德格哲學深入詮釋；1963年出版的教授升等論文，第一章長篇導論裡更正面而且非常肯定地，把海德格哲學看作是一種其關鍵在於語言思考之先驗詮釋學（transzendentale Hermeneutik der Sprache）的努力。[5] 因而他自己早先的哲學路徑，原本也樂於接續海德格在《存有與時間》的嘗試，打算用適應當前新時代知識理論所要求的標準，建構一套新的、具先驗哲學性格之詮釋學。所以在當時不只高達美，包括阿佩爾在內，兩者都曾深受海德格原創性的語言思考所鼓舞，又都從語文現象在思想認知活動扮演的根本原初性角色出發，爭在詮釋學這片新興沃土汲取養分。

因為這層原因，我們可以說發生在阿佩爾與高達美之間的，其實正是一場真正的詮釋學論爭。而且起初在六〇到七〇年代間，阿佩爾仍常稱其爭執為「存在詮釋學」（Existenzialhermeneutik）與「先驗詮釋學」之爭，或者說是語言唯心論（Sprachidealismus）的詮釋學，與具有終極奠基意圖的、兼顧規範及批判功能的（normative und kritische）詮釋學之爭；等七〇年代中期以後到八〇年代初期，批判理論致力發展出溝通倫理學、論述倫理學的成果之後，專屬阿佩爾的「先驗語用學」（Transzendentale Sprachpragmatik）這個標誌，才逐漸取代以往常用的「先驗詮釋學」名稱。

既然阿佩爾自身起步的兩部著作都和海德格思想相關，可想而知他對那位公認為海德格嫡傳弟子高達美的著作，不會不投注極大興趣。但是和當時阿佩爾已轉向馬克思、黑格爾及早期批判理論的興趣相比較下，結果找到的卻是能相應的少，而相異的多。總的來說，阿佩爾的哲學重建是康德批判學的再發明，是先驗哲學（Transzendentalphilosophie）的現代化轉型工作，意在推出一種更具體符合

4　Karl-Otto Apel, *Dasein und Erkennen*. Eine erkenntnistheoretische Interpretation der Philosophie Martin Heideggers (unveroffentlicht)。筆者參閱的是 Bonn 大學學位論文稿。

5　Karl-Otto Apel, *Die Idee der Sprache in der Tradition des Humanismus von Dante bis Vico* (Bonn: Bouvier 1963).

黑格爾所稱理性在歷史當中持續向前進步的新哲學。高達美則已把黑格爾的辯證法逆溯接回柏拉圖的對話，鼓勵我們和傳統流傳的經典文籍進行交流對談，在理解詮釋中擷取歷代智慧精華，重新適用於當下。如此傳承復創新的過程裡，時間距離絕非妨害理解的障礙，反而促成對每一個時代都會再出現不同意義的理解翻新。

但反觀先驗詮釋學的要求卻非如此，理論的先驗／超驗之途絕不自限於過往的歷史經驗，總在嘗試由反思提升超出經驗之上而能對經驗活動有所規制，目標是放在建構的嚴謹性與論證結果的普遍有效性上。所以阿佩爾對高達美詮釋學的第一手批評，立即指點出這樣的詮釋學理解理論中，規制性原則（das regulative Prinzip）不足的一項原罪。即使阿佩爾事後回想，仍一再表示具體來說，當時「點燃」他反對異議的導火線，正式高達美所謂「不同地理解」（anders verstehen）之說，我們下文會再做說明。[6]

阿佩爾認為一種具規律性導向的、能發揮現世批判作用的詮釋學，不僅要主張不同地（anders）理解，同時也要能主張更好地（besser）或更深一層（tiefer）的理解，必須把理性論述上所能達致的詮釋進步概念包含在內。更好或更深一層地理解有兩層意含，一層是會比在它之前、作為先導的詮釋學理解理解得更好、更深入究理，另一層是比要被理解之物的文本、甚且比它的原始作者理解得更好、更深。[7] 無論就文本意義（Textsinn）或作者意思（Authorsinn）而論，皆須在詮釋理解中發掘普遍問題，排除特定誤解或誤用，使文本義理有與時代相契合的更佳適用價值，而作者意圖所在也能得到更透徹的澄清。

與此相關的，阿佩爾又明白挑戰高達美「過去優於未來」（Primat der Vergangenheit）的隱藏論調，視高達美所重視者，只是為了要促使「傳統中介」（Traditionsvermittlung）在今日重新發生，再經由我們的投入而延續下去。這樣一天真而樸素的自我期許卻未能也無意提出一個一旦現今接受，也必將於未來具有持久約束力的有效性範準。歷史傳承可以因為後人的一再更新附麗而豐盛起

6　見 *Transformation der Philosophie* (Frankfurt am Main: Suhrkamp 1973)。第一冊導論中的交代，特別是頁 46-47 註 70 條的內容討論。

7　Karl-Otto Apel, *Auseinandersetzungen. In Erpobung des transzendentalpragmatischen Ansatzes* (Frankfurt am Main: Suhrkamp 1998), 574-575.

來，但顯然不足以垂立法則或構建規範，找不到對現在、以至對未來據指導約制力量的牢靠基石。在阿佩爾的積極思考中，過去是要被克服、被超越而非被保存的。理解總是而且應該是不斷地進行反思而一再超越自身，過去如此而將來也必定會如此，否則人類知識與行動就根本無所謂進步可言。理解就其所產生的結果來而論，總是已經在進行反省地超越自身之上的行動（"Verstehen [ist] immer schön *reflexiv überholendes Verstehen*"）。[8] 這在科學史和哲學史上皆然。甚至高達美自己的哲學見解，比諸往昔也該看作是進步的成績。所以阿佩爾雖然主張理解詮釋不能不顧及客觀有效性，卻並不認為當代哲學詮釋學應該像某些詮釋學內的高達美反對者主張的，必須要走回到追求理解客觀性的古典詮釋學之路。詮釋學像任何一門科學一樣，是不斷向前推進的。

　　如果按照高達美的議論，我們必然落進這樣一個困境：「現在不能比過去理解自己更好地去理解它，只能不一樣地理解」。[9] 現在式的理解不會比過去式的理解來得更好，而只是不一樣的另一番理解，那麼在一再促成不同的理解之際，歷史究竟有沒有進步的可能？歷史有沒有在向前走，是否為不可逆轉、無法回頭的方式（in irreversibler Weise）？這樣豈不是只能說現在不再同樣地重複過去，卻無從宣稱現在會比過去更好、更合理，而將來又會比現在更好、更合理？如何保證我們不重蹈前人覆轍，把理性淘汰的、認為愚昧無知而不可適用的東西又重新拿來當作寶？理性工作的成績應該是累增的，向前精益求精，愈來愈好的。詮釋的進步向前（Fortschritt der Interpretation）事關詮釋理解活動的自我主張與自我肯定，不能夠被隨便放棄或刻意不提，真正的「普遍有效性」（Allgemeingultugkeit）正是以不斷的「反思作為」（Reflevionsleistung）步步成就出來的。進步概念的重要性對理性啟蒙而言是無可取代規避，不容模糊淡化的，否則就會丟失前進的憑據，也錯過能超越唯科學論之上追求另一種客觀有效的可能。因詮釋學興起所強調的理解詮釋活動，本身仍需要一規範奠基的憑據，而至於這個憑據的著落該置諸何處，答案非阿佩爾最著名的「反思性終極奠基」（reflexive Letztbegrundung）說莫屬。唯有在這個基礎上，理性的反思超驗的格局

8　Ibid., 575.
9　見 Karl-Otto Apel, "Szientismus oder transzendentale Hermeneutik?" 一文，刊在高達美 70 歲祝壽論文集第一冊 *Hermeneutik und Dialektik* (Tübingen: Mohr 1970), 132。

可重新確認，並有效支撐起理論體系及應用實行的有效架構。

　　基於如此見解，1970 年阿佩爾向高達美祝壽的論文，詳細敘述他不同意高達美詮釋學的四大質疑。[10] 但嚴格說來，高達美和阿佩爾並無纏訟不休的情形，反而像是各有所得，只須進一步深思而已。深思的結果，演變出高達美力求重現詮釋思考與古典實踐哲學闡述的論述，也把第三部分語言哲學理論的主張，在當代學者的實際對話和論辯中一試究竟的局面。而批判理論這一方面，阿佩爾和哈伯馬斯當年正是由詮釋學與意識形態批判之爭的一場論戰開始，逐步走上經營溝通論述哲學之路途的，其成果即為今日所熟知的溝通行動理論、溝通倫理學（Kommunikationsethik）或論述倫理學（Diskursethik）學說。[11]

　　或許是阿佩爾對高達美的不滿，也轉移至海德格身上，他於1989 年海德格百年時，為文檢討後者先驗哲學之途終究行不通的原因何在，亦即《存有與時間》何以始終未能完成結論時，就明白指出若意義理解（Sinnverstehen）未能同時在效用證成（Geltungsrechtfertigung）上相對著力，就會徒然落入在存有歷史（Seinsgeschichte）的空想，以及對重大意義總會發生的期待。這種困難同樣也表現在高達美的繼受當中。後來阿佩爾一再批評海德格和高達美兩人都只停留在「擬似先驗的」詮釋學的（quasi-transzendental hermeneutisch）格局，意思正是要藉此凸顯：就某種程度上言，彼等可說相當接近於先驗哲學的架構，但畢竟還差了一步終極奠基的貫徹性，因而也未能完成詮釋學哲學真正能發揮效應的現代哲學義涵。批判理論並未全盤否定詮釋學，甚至相當肯定詮釋學在理解性知識上拓墾出更具整合與包容的視野，卻有意透過實踐性知識的奠基而更上層樓。因而不論阿佩爾或哈伯馬斯，兩人的哲學都具有建築學的（architechtonisch）架構模式；他們要求的是能讓人更上一層樓的整幅藍圖。

　　1994 年阿佩爾依舊強調缺乏規制規約性的理念，會是任何詮釋學努力的致命傷，因為理性論述的性格即將因此而喪失不可復得；與海德格的「存有遺忘」相異，他特別稱之為「邏各斯遺忘」（Logosvergessenheit）。[12] 理性重建的哲學工

---

[10] 參見高達美 70 祝壽文集 *Hermeneutik und Dialektik* Vol. 1 (Tübingen: Mohr 1970), 139-140。

[11] 當年論戰的主要文獻編成 Apel, Bormann and Bubner u. a., *Hermeneutik und Ideologiekritik* (Frankfurt am Main: Suhrkamp 1971) 一冊論文集。另阿佩爾日後的追憶參見 Karl-Otto Apel, *Auseinandersetzungen* (Ibid.), 589 起。

[12] Apel, Karl-Otto, "Regulative Ideas or Sense-Events? An Attempt to Determine the Logos of Hermeneutics." In

作捨棄「邏各斯」（Logos）的作為是無法成就任何有效理論，因為人類語言活動的最高的表現特徵即為邏各斯。

到1997年「在世哲學家叢書」推出《高達美哲學》專輯時，[13] 阿佩爾列為首篇的評論仍延續30多年前的火力，舉列哲學詮釋學不能對有效的理解何以成立之問題提供完整說明的理由，但也增強他對海德格晚期存有思考從保留轉趨否定的表態。高達美也給予簡短但不失一貫立場的答覆。如此回顧，兩人之間的對話論爭竟然長達30餘年之久，誠屬十分難得且珍貴，不但值得研究，更重要的是看看他們是用怎樣不同的論述取徑及為學態度堅持下去的。

二

因此接著前節梗概說明後，我們就可以繼續探討：高達美詮釋學上「理解對話」，和阿佩爾這方面的「析理爭議」究竟各為何指。畢竟兩者都不是偶一提之的空泛概念，不是各自標示的獨創新名，而是兩位哲學家已數十年如一日的實際表現。我們不妨先簡稱這兩個模式為「對話模式」和「論爭模式」。其中高達美「對話模式」由來已久，且基本上正是反映著他多年來被稱為「對話詮釋學」（Gesprachshermeneutik）的一貫立場和實際作為，為當代語言思考極富創意的學說之一。

《真理與方法》第三部分裡，存有、語言和理解是緊密交織在一起的，但不可否認，與前兩編比較之下，第三篇篇幅最少，內容零碎且異質的材料，研討希臘、中世紀到近代科學的語言觀後，結論也並不清晰。或勉強可說只是從語言的思辨結構上，反映出一個沒有結論的開放式結論。然而正如 Carsten Dutt 的說法，《真理與方法》第三篇轉進到語言思考時，即已暗藏著一套交談對話的哲學（Philosophie des Gesprachs）在內，可惜當時未充分發展，高達美自稱事實上，他往後30餘年，都在繼續經營其中蘊含的一套交談詮釋學。[14] 他講的對話與辯

The Question of Hermeneutics. Essays in Honor of Joseph J. Kockelmanns, ed. T. J. Stapleton (Kluwer 1994), 37-60.

[13] *The Philosophy of Hans-Georg Gadamer*. The Liberary of Living Philosophers, Vol. XXIV (Chicago: Open Court 1997).

[14] 即為前文所言「對話詮釋學」（Gesprächshermeneutik）；持同樣觀點者還有 Manfred Riedel、Jean

證兩相結合的模式，並非只停留在開發一項哲學史上的新的結合可能而已，其後證實這也是高達美自己身體力行，一條付諸履踐的哲學論述途徑。甚至我們可以合理懷疑，對話模式就是當年與批判理論激烈對壘下的後續嘗試。

高達美的著名但也是頗有爭議的句子：「存有，其可被理解者，就是語言」（"Sein, das verstanden warden kann, ist Sprache."）。正是他以語言思考為主軸，欲進一步發揮詮釋學的存有論轉向最佳的陳述。語言為反映、表達、因而就是在其中理解一切存有的媒體，一個無所不至的中間媒介（Medium/Mitte），所有可被理解的存有，都在其中展現開顯，所有「中介」在此推動發生。不過如此主張，曾受到包括批判理論在內的批評。哈伯馬斯和阿佩爾都曾強烈抨擊此一語言唯心論，似乎一切都是語言，語言之外再無真實存有可能，那麼從社會行為的客觀連繫而言，至少有「勞動」（Arbeit）和「宰制」（Herrschaft）兩項共同構成歷史實在的重要側面被排除在外。關於這個指責，日後高達美經常談論交談對話的詮釋學，回憶若干誤解時曾表示：「我從來沒有說過一切都是語言。存有，其可被理解者，就是語言。這其中隱藏著一個限制。因此不能被理解的，會是一個無止境的任務，去找到至少可以更接近事理的話語」。[15] 這證實他原先的意思並不是說：由語言所構成的宇宙就是無界限的，含括一切在內的；相反的，這正要求我們每個人都必須走出自己的界限，才能真正進入到語言寬廣開啟的意義範圍裡去。這個包圍著我們的範圍則在進行對話交談中無限擴大，因為我們理解詮釋的同時，也就是在與異己者對談，聽取他者的聲音而有機會走出自己原有的封閉圈子，走出界限外。

所以高達美會說：「語言（就）是一個（大寫的）我們，在其中我們相互增補添加，而且在其中個人沒有固定不移的界線。可是這意思是說，我們所有的人都必須跨越我們的界限外，如此我們才理解。這是發生於活生生的對話交換中的。所有生命上共同的東西都是語言共同的東西，而語言只有在交談對話當

Grondin、Gunter Figal 等學者。關於詮釋學的對話性格，參閱拙作，〈理解、詮釋與對話：從哲學詮釋學的觀點論多元主義〉，中研院社科所《多元主義論文集》（1998 年 3 月），頁 307-335，以及〈義理詮釋、自我理解與文化診療〉，中央大學哲研所《應用哲學與文化治療學術研討會論文集》（1997 年 7 月），頁 77-96。

15 語見 *Gadamer Lesebuch*, hrsg. von Jean Grondin (Tübingen: Mohr 1997), 286。在與 Jean Grondin 的對話中，高達美澄清了許多對他的思考之誤解。

中」。[16] 交談對話就是語言的遊戲，說話的人在對話當中的交互作用與影響，在交談當之際的往來協同活動中，共同參與到原本已就置身其間的語言世界。當然這樣的主張，和他從前一再強調的問答邏輯及對話關係，甚至立基於語言交談之上的詮釋學普全性聲稱（Universalitätsanspruch）等論題，仍舊都有相當清晰而直接的連繫。

交談對話是語言最基本而生動的表現形式，語言的活力就在於互動與流通之間。當我們在一起互相講話（miteinandersprechen）時，我們不只在講，而且也在聽取別人所講的，並希望藉此達成相互瞭解（Verstandigung）。於是理解有如遊戲，理解發生的狀態有如對話遊戲的往返互動。這就是一種視域融合的過程：所有原先圍於己見的視域，都因為接觸到視域外原本未知的事物而開啟向外，進入更高一層的通透明瞭。高達美形容如此語言遊戲中，最根本的精神就是彼此相互配合、適應（sich aufeinander einspielen），於協調互補中促進溝通理解，其結果對加入對話者而言「並非自我擁有的喪失」，反倒是雙方都因此而得到了什麼，是合作達成而同時發生的自我充實與豐富。[17]

不過對話模式裡值得注意的一點是：這並不表示對話交談的過程裡是沒有衝突與爭執的。例如高達美1996 年接受 Jean Grondin 深度訪談時，就曾特別提到「事理總是爭論之事理」（"Die Sache ist immer die Streitsache."）。[18] 並強調這正是一場成功而有結果的交談對話中，不可缺少的要素。對話交談中會有爭論的成份存在，而非無條件、無意義的妥協融會，或完全放棄自己的立場。似乎高達美對話模式的構想當中，未嘗不是未包含著某種論爭模式在內。

高達美以詮釋學自我定位，但始終未忘卻與現象學的深厚淵源。現象學研究的方法和態度上，總是強調到向事物／事理本身（zu den Sachen selbst），高達美繼受海德格的詮釋學現象學，但是他把思考重心置放在由語言揭示存有的典型詮釋學立場，依然要追問事物究竟是什麼？我們又如何到向事物本身？於是 "Die Sache ist immer die Streitsache" 這句話正欲指出，真正的對話交談是能夠讓前判

---

16 討論見 *Hans-Georg Gadamer im Gesprach*, Hermeneutik-Ästhetik-Praktische Philosophie, hrsg. von Carsten Dutt (Heidelberg/Winter 1993), 36。

17 參見高達美（*GW* II: 131-132）。

18 *Gadamer Lesebuch* (Ibid.), 285.

斷（Vorurteile）帶進其中，再經過充分的意見交換與論辯，克服並消除原有偏見與囿於一己之見。因而事理也總是在爭論以至爭論的調停中逐步顯明。理解一詞的語意史研究告訴我們，理解如同法庭上為一件事起爭訟時的狀況，真正的對話當中必須要指引進這些爭執的要素進去。法學詮釋學一直是高達美詮釋學所欲取法的一面觀察理解活動的鏡子，原因在此。法理如事理，恆常是在涉訟各方交相爭議當中得到充分審度裁奪，最終有一結論判斷出現。經過往返申訴辯論之後，當事理因此澄清而結論終於得出，而適切的仲裁下達時，也就是爭執止息之際。

　　但是高達美即使強調對話中的爭議，所期望的畢竟仍是藉由彼此相異的表達走出自我設限，尋求更大的相同。他講事理總是受爭議的事理，重點放不開事理會在爭論間得到，並非誰輸誰贏的堅持上。然而正因為不夠強調論爭的張力和持久性（不認輸），無法從兩造相持不下的抗拒間，使我們提出穩固而有效的共同遵奉規準，對話模式可用以達成一時間融洽相合的交往，卻難提供長程（in the long run）互動的溝通基礎。因而阿佩爾代表的另一種論爭模式的特色，其意義及其基本運作方式，正可顯示其對照的價值。

　　這裡我們可舉列他的一本新書文集為證，說明阿佩爾30餘年來的學思歷程，正是他在學界涉入的一場接著一場「論爭」所串構成的。這本1998年的新書標題名為 *Auseinandersetzungen*，可簡單平實譯成《爭論》（複數的），或如前文所述，按照它的特殊意思譯作「爭議析辯」或「析理辨別」。因為這部起自1976年以來的論文集，內容一如書名，正記錄著他從一個先驗語用學的開端（Ansatz）為起點，逐步探試前行的理論開創之途，亦即他如何經由接二連三的哲學論戰之歷練，在「爭辯」與「爭議」中確立自己的立場、方向與議題，成就自己的哲學。甚至文集最後，還收錄著他近年來和哈伯馬斯同室操戈的三度爭論在內。

　　這部論文集前言裡，阿佩爾就開宗明義解釋了作為「爭論」的關鍵性字眼，即德文 auseinandersetzen 這個相當特別的動詞，它在德語中有著幾乎無法用其他語文譯出的語意及語用內含。它可以對人指說「和某人（激烈地）進行爭議」（*mit jemanden auseinandersetzen*），也可以對事而說「就某事（深入地）鑽研剖析」（mit etwas auseinandersetzen）。然而不論以何者為主，這都不只是簡單地和他人交談講話（Miteinanderreden），不是一般的溝通而已，而是針對著某件事情去和別人進行爭論（mit jemanden über etwas auseinandersetzen），而且通常是在重

大的意見分歧之下開始，卻未必會有終趨一致的結局。因此和某人就某事進行爭論，是明顯有不同立場與觀點下要說彼此清楚、講明白的一番努力和作為，包括針鋒相對的理由陳述，意見對抗與各自不同的論據交換對比等等。

　　如果這樣的論爭是有建設性的，阿佩爾告訴我們，這裡面至少同時包括兩件事情，相輔相成，缺一不可：即是自我立場的修正，加上和他人立場保持一定距離。論爭是立場和立場的對抗，換言之有爭論就要有面對面的抗衡（Konfrontation），並且在對抗中時時修正自己的立場，愈來愈強穩不移；而自身沒有主張、沒有固定出發點的人是無法進行爭論的。阿佩爾的立場即先驗語用學的立場，而且他對待同時代其他哲學時一向據理力爭，務須深入剖析以至於辨明事理，把一件事情尤其是自己在論爭中一再精進的主張徹底搞清楚、弄明白。此一態度可稱為批判學習式的詮釋（die kritisch aneignende Interpretation），它顯然和高達美期待視域融合的交談有所不同。爭論中蘊含著更強烈的批判的意味，因為「批判」的字源本義正是分別、分開，要明確劃分開而不混為一談。而德語auseinander這一前置詞原本就要彼此互相分開、區隔，大有談不攏、聚不合的態勢。爭論下與人交談是就事而交談，就理而爭論，而非單純為了湊合在一起對話而對話。所以在這裡與人交談要保持距離，不輕易同化或放棄立場的方式為之的。

　　雖然對話和論爭兩種模式，同樣出自對人際語言運作活動的倚重、對理解詮釋進行結果的肯定，但對談模式強調連同一起（mit-einander）、相隨相繼（auf-einander），論爭模式卻堅持區隔有別（aus-einander），遣詞用字上的有趣對照就已很清楚是在各言其志。阿佩爾的論爭模式總是進行激烈的爭執，在論述基礎上欲將自身主張徹底說明，詳加解釋，在奠基之餘堅定進展擴建。他總是在重大的意見分歧和意見相左下而不輕易折衷，不流諸妥協而堅持以理服人的論辯立場，採取真理愈辯愈明的態勢，謹慎提出理由論據的一種論述方式（argumentativer Diskurs）。這也正是阿佩爾論述倫理學的本色。

三

　　高達美重演詮釋學思想，是先經過他自身長年與經典傳統的交流累積出若干結果，而他開拓當代哲學詮釋學40年來，卻因為旁及同時代各學派間，又再持

續進行對話交談，使詮釋學的實質內涵及效用益形豐盛茁壯。回到阿佩爾與高達美這場長期論戰，兩者間到底是怎樣的一種抗衡關係？於各自發展數十年之久的情況下，再回顧原先出發點的差異去做對比，是否就評估得失而言會另有更深一層的涵義？阿佩爾在他否定詮釋學普全性聲稱的格局下，另行開展的先驗哲學特色又表現在哪些論旨上？我們先看阿佩爾整體哲學發展的階段和主要內容，再進一步評比他和高達美爭論下展現的相異特點（就論爭模式而言，相異點才是可以爭議，值得爭論的部分，至於相同點則屬理之當然，毋庸贅言者）。

　　阿佩爾的思考，較早是集中在知識的問題哲學的、解放性社會科學之上，能和哈伯馬斯批判理論的開展相互配合，但隨後就逐漸轉向普遍道德意識與道德立基的課題之上；且阿佩爾也因此從哈伯馬斯的身影旁獨立出來，展現他自己的哲學特色。八〇年代前期阿佩爾主持一連串由電台廣播播出的倫理學與實踐哲學的哲學討論節目，不僅參與者眾多，影響力更是非常廣闊；期間的演講、論文、研讀討論材料和現場哲學家、學者及聽眾學員的對談答問，前後共出版四冊文集，皆由阿佩爾主編。[19] 這一系列活動令阿佩爾在德國哲學界贏得很高讚譽，如哈伯馬斯也曾說：他和阿佩爾多年來在建構、發展論述倫理學的共同努力中，好像是採取分工方式為之的，也就是說當哈伯馬斯自己專心撰作《溝通行動理論》時，他的同伴阿佩爾已適時且非常恰當的，轉而論議道德意識重建在當今倫理實踐哲學中的重要課題。[20] 如此先知識（Wissen）再轉進道德（Moral）的論述策略，一則不會把一切期望歸諸善良的意願（Wohlwollen），再則更使得終極立基的客觀有效認知的可能性條件，同時也進一步作為論述倫理學的普遍性實踐基礎，一個同樣堅固不移的出發基準。所以現在連哈伯馬斯也相當稱道阿佩爾對高達美的批評，指出後者若只言不一樣地理解，結果會既得不到有共識能力或可以形成共識的真理（Wahrheit），同時也無從對達成的理解提供理由正當的論據

---

19 共計四冊，都是以阿佩爾為主和其他學者合編的。計有 Apel, Karl-Otto et al. hrsg., *Praktische Philosophie/Ethik*, Reader 1. (Frankfurt am Main: Fischer 1980); Apel, Karl-Otto et al. hrsg., *Parktische Philosophie/Dialog* 1. (Frankfurt am Main: Fischer 1984); Apel, Karl-Otto et al. hrsg., *Praktische Philosophie/ Dialog* 2. (Frankfurt am Main: Fischer 1984)。

20 見 Jürgen Habermas, *Moralbewusstsein und kommunikatives Handeln* (Frankfurt am Main/Suhrkamp 1983), introduction.

（Rechtfertigung）。[21]

按其實阿佩爾 1973 年結集兩冊《哲學之轉型》（*Transformation der Philosophie*），就已經同時宣佈了一個長程的龐大哲學計畫，然而 15 年之久後，1988 年才出版的《論述與責任》（*Diskurs und Verantwortung*），討論如何過渡到後約定俗成（postkonventionell）道德標準的問題。[22] 但是實際檢視，這部著作只把倫理學奠基整體計畫的第二個部分，阿佩爾稱之為 B 計畫的部分先行出版。至於事關哲學終極奠基之具體落實與系統應用的 A 計畫，雖然一再提及，卻並未正式成書。[23] 奠基計畫 A 要提出名為先驗語言記號學（Transzendentale Semiotik）的哲學理論內容，計畫 B 則為論述倫理學的應用問題與責任問題的探討與檢驗。所以預告 2000 年出版的奠基計畫 A 會繼續深究合理性（Rationalität）的型態與類別的問題，即理性化類型（Rationalizierungstypen）的研究，期以論述理性（Diskursrationalität）為準為中心，使得工具理性、策略理性都統合在最後不可逾越的論辯理性之規範指引下，如此哲學才能解決如何有效貫徹與執行（Implementation）的可能性條件的問題。

既然說先驗哲學之理性重建，那麼阿佩爾不論最後奠基說，以及其他由此進一步確定的哲學主張，都可用「理性之先驗性」（Transzendentalität der Vernunft）標示其特徵。Transzendental 這個形容特定哲學建構與論證方式的語詞，向來有「先驗」與「超驗」兩種譯法，一般而言我們依據康德哲學「先於經驗而作用於經驗者」為憑，傾向於將其譯為「先驗」，但是這其實也包括著要探索超出經驗之上而使客觀經驗成為普遍可能的條件這層意思。如今阿佩爾的哲學訴求正是要窮究至極，找到先起於事實經驗／超出其上而作用於經驗／規制著經驗的可能條件終究何在，因而讓這種先驗哲學性格益發明確。

---

[21] Habermas, *Wahrheit und Rechtfertigung*. Philosophische Aufsatze (Frankfurt am Main: Suhrkamp 1999), 91-92.

[22] Karl-Otto Apel, *Diskurs und Verantwortung*. Band I: Das Problem des Übergangs zur postkonven-tionellen Moral (Frankfurt am Main: Suhrkamp 1988).

[23] 按 Diskurs und Verantwortung 書中頁 217-222 曾提出論述倫理學奠基工作的雙階段說；1989 年訪談中又主動表示此書只是計畫 B，另有計畫 A 未出版，參見 Interview "Karl-Otto Apel uber Diskurs und Verantwortung. Anwendungsprobleme der Diskursethik." *Concordia* 17(1989): 80 起。1998 年新書前言曾明確預告 A 計畫將以 *Diskurs und Verantwortung*. Band II: Zur Implementation der Moral unter den Bedingungen sozialer Institutionen bzw. Systeme 的書名出版，但直到目前尚未見出書。

　　阿佩爾認為理性的重建走上先驗論證之路，即能解決前述高達美說不出「進行較好、較佳的理解」（Besserverstehen）、最多只能講「進行不同、不一樣的理解」（Andersverstehen）的困難，將理性論證的精神重新導回現實理解對話中起規制約束的作用。這同樣也將解決高達美只照顧到交往融合（Schmelzung）下促成相互瞭解（Verstandigung）的機會，卻無法保證得到的是不變的一致理解（Einverstandnis）之困難。不過多年後高達美仍辯稱他是要「緩和」（to mitigate）「比作者理解自己理解得更好」這句話，才改說「不同地理解」而且表示「這樣說就夠了」，[24] 對阿佩爾的擔心似乎覺得沒有必要。他表示：「每一度與傳統流傳物的遭遇，是歷史上的另一度不一樣的一個！如果人究竟有在理解，人是在作不同的理解，像我在《真理與方法》裡明白表述的」。說是保守也好，說是退讓、自謙也好，高達美似乎始終跳不出去這一步。

　　阿佩爾並非未曾受益於高達美詮釋學，但他面對後現代情境，真可謂予豈好辯哉，實乃不得不為理性架構的先驗哲學而戰。他要起而反對者，就是一切可稱為「去先驗化」或譯「離先驗化」（Detranscendentalization）的哲學傾向，涵蓋後海德格時代，除高達美外如法國德希達（Jacques Derrida），美國羅蒂（Richard Rorty）及義大利 Gianni Vattimo 等後現代詮釋學在內。此等趨勢皆為後高達美時代泛詮釋學思潮的濫觴。還有倫理論述上以慣例性質（Ublichkeiten）取代原則規範性質（Normativität）的「唯詮釋論」（Hermeneutizismus）[25] 主張者，亦屬其反對批判之列。與此相反，阿佩爾自己前稱先驗詮釋學，實即先驗語用學的理論核心，其始終未改的是他「再先驗化」或「重先驗化」（Retranscendentalization）的企圖和努力。[26] 也就是說，他始終走康德先驗哲學途徑之理性重建，方向及意圖相當堅定。這一個不變的長遠哲學計畫中保持著論述倫理學的宗旨，極力證明自身如此不會是對理性概念的一個低度決定（Unterbestimmung），而是重新讓理性積極擔當起批判與規範的強勢作為。

24　*The Philosophy of Hans-Georg Gadamer* (Ibid.), 95.

25　*Diskurs und Verantwortung*, 419.

26　參見阿佩爾一份英文稿 "Regulative Ideas or Sense-Events? An attempt to Determine the Logos of Hermeneutics." *The Question of Hermeneutics* (Ibid.), 37-60. 另見 Karl-Otto Apel, "Ist die transzendentalpragmatische Konzeption der Diskurs-rationalität eine Unterbestimmung der Vernunft?" In *Grenzbestimmung der Vernunft*, hrsg. von Petra Kolmer and Herald Korten (Freiburg/Munchen: Alber 1994), 86。

和理性之先驗性質相關，在這裡我們不得不承認，阿佩爾近十年來精心思量 Selbsteinholung 原則為一項理論創新之作，大幅增強從前僅以理想詮釋及互動共同體成員或代表的方式講述他的終極立基。動詞 einholen 有採納、彌補、追認等意含，他有時稱之為「自我納進原則」（Selbsteinholungsprinzip），時或「自我納進設準」（Selbsteinholungspostulat），為普遍且超出一切事實經驗探索的先驗學術規準。這是歷史重建工作中的最高目的，也是批判性理解的規範性基礎。這個原則於原先他在論述理想溝通詮釋共同體之先在性時，就已反覆強調：謂原則之先在性（a priori）表現於「總已經」（immer schön）採納此一原則，尤其是所謂的規制性原則為要。[27] 較諸早年阿佩爾附和著哈伯馬斯極度理想化的言說溝通情境，當時如 1970 祝壽文集論文中，他強調的則是與事實相反的預見（kontrafaktische Antizipation），強調每一詮釋者不可避免自認屬於一無限制的詮釋及互動共同體，必然地終究不可脫離溝通論證情境，並且在每一個現實的言說情境當中都預見理想溝通情境的兌現。

針對阿佩爾早期主張，Anneliese Pieper 曾仿康德斷言令式表達為：「如此行為，好像你是一個理想溝通共同體的成員！」（"Handle so, als ob du Mitglied einer idealen Kommunikationsgemeinschaft warst!"）[28] 阿佩爾認為這個語式表述固然太過簡化，讓人忽略實際行為動作的側面，因為即使康德再世，也無法再停留在完全免除行為舉止（nicht handlungsentlastet）的領域。但是這也正表示不做則已，化作行為時其首要之務，即須避免執行運作上的自相矛盾，可稱謂「履行上之自我矛盾」（performative Selbstwiderspruchen）——有時候被縮寫為 p. S. 原則或 p. S. 檢查程序。[29] 阿佩爾宣稱，如此才能確切發揮語用學上、以及一般而言的實用論立場，讓被承認的先在性原則，必然兌現於後起的實際執行語演出行為當中，否則即屬自相矛盾的原則認定。因此這不僅是認知上肯認為必然的，也是行動上時時奉為圭臬的。如今增加「自我納進設準」及 p. S. 原則，更發揮爭議論

---

27 見 1998 年的 *Auseinandersetzungen* 一著作頁 596 起，1989 年的 *Diskurt und Verantwortung* (Ibid.), 30-33, 470。

28 見 1989 Interview, 82。另見 *Diskurs und Verantwortung*, 358。

29 英譯 The Principle of avoiding the performative self-contradiction (1994), 50。另參見 Auseinandersetzungen, 159; "Ist die transzendentalpragmatische Konzeption der Diskurts-rationalität eine Unterbestimmung der Vernunft?" 77。

辯的基本精神，就是在進行中的每一步驟據理力爭。批判奠基的理性重建工作，表現為棄惡流俗積弊，務須確立在不容迴避的底線，無法繞行的基石，即所謂的終極的不可規避性（Unhintergehbarkeit）。凡事要求以此作為理論的開端，積極投入的出發點，同時也是終究須共同負起責任的歸結點。

四

阿佩爾如此堅定明晰且嘗試精確立論的哲學特性，搭配著他多年言行一致的論爭模式付諸實現，當然強力拉開他與高達美的差距。我們可以用取樣放大而不宣稱全面含括的方式，再列舉若干差異進行討論評比。

（一）人文教化理想與現實規範的差異

高達美比較像是一位秉持人文教化傳統的理想主義者，以人文學科的詮釋學為主。他所倡言的哲學思考，會倚重音樂藝術、詩歌文學的教化陶成之功，表現一位樂觀主義者的勸善之途，參與與共享的求同之路。有限的存有在求全求通之下分有大全生命，與歷史傳續融合無礙。他甚至感嘆悲觀主義是缺乏正直（Aufrechtigkeit），不夠坦率開敞的表現。唯有保持開放樂受、坦率而積極入世的態度忠實面對歷史現實，也面對人為有限歷史存有之事實——人與歷史親合相屬，融洽無間才是值得取法的對話模式。

阿佩爾則靠緊哈伯馬斯，自許為啟蒙運動與康德式批判哲學的繼承者與轉型者。哈伯馬斯認為啟蒙的精神要求我們勇往精進，在善用理智的口號 "sapere aude!" 下，走出一條真正能實踐人類自我解放宗旨的道路。這同時也意謂著脫離愚昧，去除天真無知（Naivitätsverlust），以不迴避、不倒退的態度追求每個人最高度的心智成熟自主（Mündigkeit），以及講求理性、負責任的行為表現。換言之對阿佩爾而言，規範與判準的普遍有效性，規律性的確證與深化，要由最終立基或說終極奠基來扮演重要的角色，而且始終在反思過程中預見其出現。其哲學特色如此，替高達美辯解似乎是不必要的，因為阿佩爾不正是對詮釋學做了不一樣地理解，開闢新途，而且愈論爭愈顯見他的思考獨特之處？

（二）對具體問題、實務及專業領域涉入態度的差異

除前一節的理論建構外，阿佩爾對當世現實問題的關注也不遑多讓，雖然未曾於法哲學領域立論（如哈伯馬斯），但是對例如全球化經濟活動，南北貧富差異，南美解放神學和解放倫理學，經濟企業倫理學，舊蘇聯體制崩解後的民族自決發展趨勢，甚至台灣與巴勒斯坦在聯合國排除在外的地位等等問題，都曾有所理論爭議和意見表示。例如在涉及經濟活動的經濟倫理學及企業倫理學領域進行過一場論戰，阿佩爾就曾以論述倫理學的主張抗拒制度倫理學（Institutionsethik）。對南美的解放神學倫理學也有不同意見。看來高達美即師法先賢，厚愛傳統之際，阿佩爾則針砭現世，用論證精神積極參與改革，以理性打造更好的未來，尤其是他的共同責任倫理學（Mitverantwortungsethik）學說。

公眾領域的實務討論中，尤其須以積極投入的思考（engagiertes Denken）參與其中，而重新論辯共識，營建後約定俗成層次的道德立基，成為每個人皆本諸良心與共同責任所不能違背的。因此他預告的《論述與責任》第二冊就是要討論社會制度與社會體系的條件下，如何可能經理性溝通後，即將能照著共識去執行落實。論述不只是理論的基礎，也是解消衝突對立的途徑。換言之，阿佩爾會更注重一個基本的導向（Grundorientierung），是因為他把當前的種種看作是有無盡衝突的，而非一切自然順遂的。如果當下所見及者皆是衝突與紛爭，一個基本的論理與實踐上的基本導向就益見必要，不能凡事都和既成的事實妥協。[30] 政治上、倫理上，經濟活動與文化交流上，都須要先行具備一基本導向總是已經有所規定及限制的情況之下；而論述倫理學的先驗奠基努力，就是在提供一個切合當代多元世界的合理哲學基礎。這和重視人文教化的高達美思想對照下，可說相當不同。

（三）先驗道德奠基與一般倫理應用之差異

阿佩爾主張一切現世的倫理建制，必須奠定在堅固而普遍有效的道德規範上，關心的是有效理解的可能性之條件的問題。[31] 高達美在《真理與方法》二

---

30 參閱阿佩爾 "Die Konflikte unserer Zeit und die Moglichkeit einer ethisch-politischen Grundorientierung." *Der Mensch in den Konfliktfeldern der Gegenwart* (Koln: Verlag Wissenschaft und Politik 1975), 41-64。

31 *Auseinandersetzungen*, 590-591.

版序言，雖然也以「理解如何可能？」的哲學問題形式標示他的研究主題，但又明白拒絕讓康德式「事實探究」（quaestio facti）與「法理探究」（quaestio juris）區分混入其中（這點可視為他對阿佩爾那篇書評的答覆）。[32] 因為他和海德格一致，認為理解問題不是當作主體行為的方式之一而論，理解活動根本就是合整個人類的世界經驗和生命實踐而言的。人存有著就是在理解著存有，當理解發生的時候它就是可能的，而它也確實總是如此而發生著。然而終極立基說不只是人類認知心理學理論的核心，同時更是普通的道德意識理論的磐石。唯其如此，才能進而探問如何不停留在約定俗成的層次。

然則高達美這個態度，不論放到語言論述及倫理應用上，都造成極大困難（語言論述之困難見差異六）。於此阿佩爾遂重新提出論述倫理學中獨特的應用或適用（Anwendung/application）概念，正面回應。其所涉及的問題是：論述倫理學中的道德意識學說，是否可能再被倫理概念取而代之？無論亞里斯多德言希臘城邦中的習俗倫常（ethos）概念，或是黑格爾哲學理論中說的倫理（Sittlichkeit）概念，能否再據以抨擊、甚至取代由論述倫理學上奠基所確立的道德性（Moralitat）概念？從這個批判理論這一邊的自我主張和重要辯護開始，阿佩爾要指明日常生活中的種種生活形式（Lebensform）並不足以提供如此建構基礎。批判理論背後有強烈的歷史反省的動機，表現在道德意識的重建規劃上，形成不輕易與現實妥協，也不放過歷史錯誤檢討批判的特色。關於奠基性與規範性（Normativität）的哲學探究，恆大於生活世界中遷就於正常性（Normalität）及通例慣見（Ublichkeiten）的現狀穩定。由此可見，阿佩爾益加不可能靠向高達美自己走出一條道德意識重整之路。它不只等待自然順成的發生，而且依理用力推動，讓理所當然的安排設計得到貫徹執行（Implementation）。

（四）共識理論與文化價值共通感的差異

高達美當然在戰後，曾有一文論及文化自有一「形成羣體的力量」，[33] 他指

---

32 *GW* II: 410.

33 Hans-Georg Gadamer, "Die gemeinschaftsbildende Kraft der Kultur: ein Beitrag zur Umformung deutschen Geisteslebeb." In *Die Deutschen und die deutsche Frage 1945-1955*, hrsg. von Manfred Overesch (Hannover 1985), 81-91.

的是同一文化傳統者共有共通的，所共同重視、共同維護而因此能傳承不止，是值得去保存珍惜而得以廣續流傳者。《真理與方法》卷首對教化（Bildung）與共通感（sensus communis）的討論，顯然在延續此說。但批判理論所重視的，一向就是足以形成共識（konsensbildend, konsensfahig）的理性根據，而非爭取認同的文化情感。共識是被打造而非凝聚出來的，非順從眾議而終究以理為根據。一種規制的理念要合理而非從眾，才能有不得逾越這個範圍之外的效果。此所以論述理論要的不是凝結團聚，而是無一不漏的主體際普遍有效性；不是眾人互有共通的共同感（sensus communis），而是所有的人都必須共有的共識共見（consensus omnium），屬於人類全體一致，人人該有而決無例外者。

　　所以在阿佩爾而言，對共同責任加以理性奠基的嘗試和堅持才是重點：共識建立不是歸屬感的問題，不是團結凝聚意義下的「我們」，而是指普遍言之的所有的人包括在內而論，是出自於普遍而言的理之必然，而非只是情勢演變上的不得不然、或適巧如此而然（kontingent）。前述的後約定俗成道德立基之迫切性與必要性，理由亦於此可見。

（五）關於主體性（Subjektivität）概念思考的認同差異。

　　從交談對話中的「我們」，推進到無條件的「所有的人」，高達美和阿佩爾在主體性、主體際性（Intersubjektivität）、共同主體性（Mitsubjektivität）等主張上有明顯差異。其實高達美對話哲學（Philosophie des Gesprächs）與阿佩爾論述哲學（Diskursphilosophie）的基本差異正在於此，換言之，一向強調每一個人「溝通勝任能力」（Kommunikationskompetenz）充分發展成熟的批判理論，和那種反對主體性架構、反對意識哲學型態的高達美思考，在這一點上大異其趣。

　　因為對高達美來說，晚近關於主體際性或互為主體性（Intersubjektivität）理論的出現，依舊於事無補，他甚至主張這根本是個誤導概念：「一種雙重的主體主義說」（einen verdoppelten Subjektivismus）。[34] 高達美曾宣稱他與海德格共同推動的，對近代以降主體性哲學及意識哲學的批判。而《真理與方法》中各編分別對審美意識、歷史意識和語言說話者意識的毫不放鬆的批判，正是高達美

---

[34] *Hans-Georg Gadamer im Gesprach* (Ibid.), 41.

對談哲學的一貫基調，要求每一有限的歷史存有，能與涵育滋養其自身成長教化的豐厚文化傳統對談，相融相成，並無阻隔障礙。（勉強而言，這其間或許只有一個文化主體性的問題。）因此高達美鼓吹的，是可稱為打消或沖淡主體性（Abdampfung der Subjektivität）的一種求全態度，這和他的遊戲無主體說之論旨相符，卻不為重整主體際有效理解與共識溝通的阿佩爾所能接受。

（六）語言交談與 logos 論證的差異

交談模式源出《真理與方法》第三部分，講的是存有學轉向下語言對話的詮釋學，但是只講出西方語言思考理論背景的梗概，而真正興趣在於存有學轉向的繼續，而不是認識理論的提問方式和建構野心。高達美對知識論的提問方式不以為然，其來已久。對狄爾泰的反思徹底化，回到康德的知識進路，仿《純粹理性批判》撰作《歷史理性批判》，將一切歷史知識的客觀性奠置於歷史意識之上，一直持反對與批評的態度。但是這個當代的、不一樣的詮釋學沖淡主體性思維後，是否也取消掉 logos 的辯證架構功能，轉而尋求可欲不可求，會讓人如沐春風的談話？就像海德格晚期指責整個西方傳統形上學思考「存有遺忘」（Seinsvergessenheit）的錯誤，使他自己也轉而仰望「存有歷史」（Seinsgeschichte）的開顯及「存有宿命」（Seinsgeschick）的改變一樣？

阿佩爾宣稱海德格和高達美二人刻意強調「存有發生」（Seinsgeschehen）之際，卻都犯下另一個更嚴重的「邏各斯遺忘」（Logosvergessenheit），[35] 使得詮釋學發展陷入規範性明顯削弱的困境。阿佩爾指責這是棄置邏各斯於存有事件之前，丟失構成哲學主旨與根本作為的論證精神。當然 logos 一詞進入當代哲學有許多不同的解釋，不會直接等於狹義的邏輯或思想法則。例如海德格提到「人是擁有語言的動物」時，強調人的存在作為在世存有的特殊方式，在於透過其語言揭開世界而進行理解。海德格認為，對於存在的現象學分析其 logos 就具有詮釋言說的特性（ερμενευειν），而高達美則把 logos 轉移到善意論難的對話交談。但阿佩爾的批判卻另有其根據，他根據的是溝通行動理論中凡是論據，即有其論據依憑的特殊效力來源。對阿佩爾而言，logos 是指始於亞里斯多德的一個最

35　參見 Karl-Otto Apel, "Regulative Ideas or Sense-Events?" (Ibid.), 22，另見 *Diskurs und Verantwortung* (Ibid.), 48, 49, 114, 387。

重要的哲學意義，論據及理由的提供，亦即德文的立基、奠基（begrunden）。真正秉持理性的、合乎理性的理由論據（vernunftiger Grund），唯有透過 logos 基礎才可能達致論述中的互相理解（die diskursive Verstandigung），才是真正的理解。高達美學海德格，想把康德和費希特德國古典哲學以來的「理性存有」（Vernunftwesen），變動改造成「歷史存有」，如今阿佩爾的論述倫理學，又再度提升人的理性存有於其歷史脈絡及語言活動中之主導地位，因為這正就是理性 logos 具體的表現。

（七）最後我們可以看看，這一切或許都反映著對話者及爭論者性格的差異？

高達美曾言，烏托邦思想有如「來自於遠處的嘲諷」（Anzuglichkeit aus der Ferne），既缺乏過去的憑恃，又無思考之當下參與。若一意抱持著烏托邦式理念，割裂現世的安頓，棄離原本的歸屬，徒然無可取益。至於阿佩爾，他自然不認為與事實相反的溝通共同體理念，會是一種烏托邦思維的倫理學說，相反的，這才是真正能在歷史前行中，能發生實際規則指導作用的思維原則。（1982）阿佩爾和哈伯馬斯一般，是用批判眼光審閱前人績業與眼前場景的。願景與遠景的輝映，決定於其是否可期。否則遠景未必在共識形成中具體可期的願景，願景也缺乏轉移至當下成就的動力，並能根據願景實現的要求，變更當前的場景。總之，理性籌劃且經由論辯檢證的烏托邦不可能是盲目的。

高達美取法於柏拉圖、黑格爾和海德格等哲學巨擘獨漏康德，或說他單單喜歡批判康德，倡言精神思潮與當下的中介，對他來說不一樣的理解就已經是有所批判的理解。甚至高達美對海德格也不是沒有批判的，權威的接受自然有批判的自由與效果在內。但是我們要如何求新、求異、求改變？高達美需要的正是一個不只和他融洽交談，同時更能對他批判爭論的對手。沒有就事論裡的針砭批判，沒有明確地否定掉、取消掉某些舊事舊物是不可能的，這裡依靠的就必須是有奠基所本，論理上有憑有據且實踐上具體可行，可以形成共識而被推動的改革措施。阿佩爾不失為充滿銳意改革批判氣息的對手，他早年附和哈伯馬斯的意識形態批判說只能看作預備，真正建樹則在於他自己的先驗語用學的哲學奠基。這是他一路論辯爭議展示的成績，不是默默轉化前輩遺產的承續。

其實阿佩爾和高達美兩人都是典型的爭論者，或許一個主動，一個較為被動，前者企圖較強而力求立論精闢，後者圓融通達而期盼契合互補。高達美在交

談對話間，固然保留給對手相當的餘地，也始終表達適度的尊重，卻並不因此而不堅持己見，人云亦云。即使在傳統的文本對話詮釋時，高達美的疏解都會有褒有貶，向著一個明顯的詮釋方向導引過渡。阿佩爾則下筆行文一如其議論時滔滔不絕的氣勢，為典型的好爭論者。高達美對話態度雖謙和但相當執著，更由於自身的博學而飽覽羣經，表現出能在豐厚傳統間融會貫通、出入自得的自信，甚至成為一不易挑戰的權威。

五

　　詮釋學論爭在爭什麼？如果從任何一場已發生或正進行中的論爭來看，其實我們都可以挖掘出數不清的題材，見識到哲學工作如何進行，成果如何表現。詮釋學論爭豐富了詮釋學的內涵，而不斷的對話，相呼應或相爭執，都讓詮釋學保持更佳活力。當代哲學詮釋學本身就在不斷的重新自我定位，在不斷的論爭中發展成長。從《真理與方法》問世以來40年間，不論詮釋學內部或從外部引發的論戰，大幅延伸詮釋學的影響效應範圍，也使詮釋學思考模式漸次向著其他領域滲透。

　　高達美呼籲在對話中不只自顧著講話發聲，還要會聽、會領悟，聆聽中更要有承認對方發言也有道理的心理準備（Bereitschaft），甚至說詮釋學為欣然接受異己之見的一門藝術。但這樣的態度於面對歷代經典時，確實很管用，一旦轉移到和當代哲學同好交往溝通時，卻往往滯礙難行。首先，哲學文本各有所取捨偏愛，歷史的篩選及傳統的備用不由少數人掌握，而是無所不在，隨時發用創新的變革中。阿佩爾選用的就是康德哲學藍圖的改造與轉型，其間更有意擺脫德國哲學舊傳統，向美國實用主義的普遍記號學思想取經。且批判哲學在對抗新黑格爾學說、新亞里斯多德學說方面的執著，不僅有目共睹也確實貢獻良多。無論何時何地，另一套哲學思潮方式與立場的存在及其可能發展效用，都是不可否認的事實。

　　其次如阿佩爾的論爭，一方面挑起許多對高達美式詮釋學的再反省，另方面也清楚看到他自己如何開拓哲學新路。高達美尊崇傳統承繼與創新，重視權威的形成與經典世界的不朽份量，所以交談對話的詮釋學倡言透過投身參與其間而延續分享，這其間進行的也是一種人文教化的發生過程。與此相對的，比他年輕一代的意識形態批判理論學者，卻從一開始就要滿足一種具更高約束效力的，終究

能達成解放之人類知識旨趣，實即西方近代啟蒙主義以來所講求的理性知識之效果，讓理性持續透過反思式自我批判，而趨向人類完全自主與成熟的進步之途。

　　我們閱讀審視一篇篇論戰中直接、間接的相關文本，有如聆聽雙方對話，一個個問題是為何而發，怎樣的一種質問，又延伸到怎樣的議題背景當中。於是我們竟可置身其間，同時向雙方面或且多面揣摩受教，藉由反複循著相異立場角度去思考同一問題的方式，融進事理開顯。如此論爭的研究亦不妨看作一種文本解讀的活動，研究論爭及對話者本身也像去詮釋一部文本時一樣投進其中，拉開另一面迴響的空間。在這裡不只欣賞領會，更期待因為詮釋評比的介入而引起思考更替激盪的效果。

經典詮釋與修辭學傳統
一個西方詮釋學爭論的意義探討

《儒家經典詮釋方法》（2004.6）

前言

　　本文目的，在於從近年來哲學詮釋學內部關於「詮釋與修辭同出一源」的說法出發，先要檢討這一實際主張的歷史淵源及理論立場依據，提出時曾遭受到的諸多批評和反對之聲，從中真正瞭解此一舊說新議的現代意涵，然後再就其可言之成理的接受範圍與程度內，轉回探討中國哲學語言觀與經典詮釋之間的相關問題。直言之，筆者會認為當前西方哲學詮釋學中倡議的修辭學與詮釋學同源同體、合則兩利的說法，確實可以替回顧中國經典詮釋的傳統時提供若干啟發，也能夠為當前詮釋注疏的工作注入新的活力。

一、詮釋學與修辭學同出一源說

　　首先回顧一下修辭學的重要性。修辭學傳統，曾構成古代希臘一直到它在18世紀中斷前整個西方學術的骨幹之一，地位原本和邏輯學、文法學不相上下。甚至於我們可以說，教育傳播和學術研究的工作，是沒有修辭學即無法想像的。不論從書本的詮釋解讀或知識的傳佈推廣角度來看，修辭能力和理解能力皆屬為所有學者必備的條件。只要我們承認知識、思維始終是和語言活動聯繫在一起的，那麼我們就不能輕忽修辭學也是思考進行軌跡中的重要一環。舉以歷史實例來看，從希臘晚期到整個中世紀都有教育上所謂「三科四目」說：「三科」指教育的初階段，正是由「文法」、「修辭」和「辯證」組成，分別為讀書識字、語言表達和哲學推論的基本語文能力，其後才有「四目」，則是指教育進階的代數、幾

何、天文學和音樂這幾門知識內容。由此可見，語文修辭自古即為受教育而成為一個自由人必備的條件，語言可說是屬於所有知識學科最為基礎的層面。[1]

　　這種人文教育的理念在文藝復興時代，當人本位逐漸取代神本價值壟斷而復甦之際，依舊廣受提倡，促成許多近代以來修辭學的推廣與深入研究，例如義大利的人文主義學者。但是等發展到17至18世紀之間，近代科學方法論迅速興起時，愈來愈講究的則是合乎新興科學標準的證明邏輯（Beweis-Logik），修辭學就開始受到貶抑，甚至被逐出日趨嚴謹的學術工作之門。科學的新楷模轉變成數學和物理中的證明和推論，修辭學似乎只有在詩學、藝術和文學評論裡還保存著一席之位。尤有甚者，自此以降，「修辭學」和「邏輯」竟然成為兩個極端對立的概念，好像只要選擇了邏輯，就應該嚴格排斥修辭，而如果想要善用修辭，則必定就會減損邏輯推理的精確可靠程度。因此，隨著近代科學進展和主導地位的確立，18世紀這個時期，就經常被標示為西方修辭學傳統中斷的發生時間點，今日再談，則已是修辭學的重振、復興，甚至平反。

　　但是，大約從20世紀的五〇、六〇年代起，當代西方哲學界與其他各學術領域間，卻陸續表達出重新講求修辭學傳統與修辭不可偏廢的聲音；其中若干努力，甚至於直接以在學術領域中恢復修辭學為己任，並且隨著科技知識應該與人文關懷並重的普遍覺醒，成為相當受到肯定的新思考要求。[2]高達美（Hans-Georg Gadamer, 1900-2002）哲學詮釋學主張的詮釋學與修辭學同出一源的說法，就是出於如此背景的一種論述，同時也是對前述「邏輯抑或修辭？」那樣幾乎勢不兩立的相互排擠狀態，提出一番詮釋學新觀點下的持平修正之議。

　　其實，哲學詮釋學內部為修辭學活動與修辭學思維正名之舉，部分已蘊藏在海德格（Martin Heidegger, 1889-1976）早年用現象學方法研讀亞里斯多

1　希臘晚期到中世紀的百科知識中一向有所謂「七藝」之說（sieben freie Künste/*septem artes liberales*），即通過此七門功課始成為自由有教養的人。「三科」（Trivium）是 Grammatik、Rhetorik、Dialektik；四目（Quadrivium）為 Arithmetik、Geometrie、Astronomie、Musik。高達美也曾特別援引此「三科」之說強調修辭的重要，見 *GW* 2: 291（按以下高達美著作一律依據 Gadamer, *Gesammelte Werke*, 10 Bde. Tübingen: J. C. B. Mohr 1985-1994。縮寫成：*GW* 冊數：頁數）。

2　如本文要談的哲學詮釋學範圍內，前後就有 Martin Heidegger、Otto Pöggeler、Hans-Georg Gadamer、Paul Ricoeur、Jean Grondin 等。其他文化學學者 Hans Blumenberg、早期批判理論 Theodor W. Adorno，杜賓根修辭學派 Walter Jens 等人，比利時布魯塞爾學派的「新修辭學」（new rhetoric）學說始創者 Chaim Perelman 及受其影響的多位法政學者，目前大力倡議「論證理論」的 Robert Alexy、Josef Kopperschmidt 等，以及被籠統稱作「泛修辭學」（Panrhetorismus）的許多位解構學界和後現代學者。

德時，他的講授課程裡，就已頗有見地地重提亞式修辭學理論。[3] 但最具特色的完整表達，則見諸高達美詮釋學對話理論的後期發展中，當他將詮釋、理解、修辭、對話和辯證連貫起來後。尤其因為他的詮釋學「普遍性宣稱」（Universalitätsanspruch），遭到年輕一代意識形態批判理論學者，如當年阿佩爾（Karl-Otto Apel, 1922- ）和哈伯馬斯（Jürgen Habermas, 1929- ）強烈詰難之際，更激發他一方面講究修辭學，一方面恢復古代實踐哲學傳統，繼續為哲學詮釋學對人類理性思維可能貢獻所作的一些有力辯護。

　　哲學詮釋學，從最初的理論漸次成形之際，就把語言與思考之間的關聯與互益，當作是一個最為根本的立論基礎點。高達美詮釋學善用這點，很早就已經從人文主義傳統一些古典課題的重要性上，提醒我們修辭學在詮釋理解這個人類基本活動裡的正面價值。如何理解文本中傳達的事理，與如何善加論述、講說出所理解到的事理，以便能重現其旨意功效，兩者兩方面都屬於人的語言自然本能之持續充全與發展過程。闡述詮釋學和修辭學同源，為的就是把語言當中這兩樣自然稟賦或說天生素質（Naturanlage）再度結合起來。若能再配合著順勢而自然的演練發揮，使得閱讀與理解，詮釋與修辭等等語文活動側面相得益彰，匯聚成文化傳承的主要力量。所以高達美講修辭學和他講詮釋學一樣，都是從人的最根本的語言能力出發的，並且始終相信一種出自天性而自然發展的人類群體能力，令人經常能樂善求全，在對話溝通中消弭衝突與差異。

　　如今回個頭看，高達美確曾受海德格早年授課（1923 至 1928 年間）影響，對於後者一再講解的亞里斯多德實踐哲學和修辭學，都深有心得。所以《真理與方法》（1960）卷首論人文主義幾個基本信念，次及「共通感」（sensus communis）時，便立即觸及修辭學傳統，也點出修辭學與實踐哲學不可分，修辭活動和修辭效果自身就是在語言當中的實踐。[4] 高達美在此節當中，探研亞

3　Martin Heidegger, *Sophistes*, Gesamtausgabe, Bd. 19 (Frankfurt am Main: Klostermann 1991)，本論第 34 節，203 ff.，以及第 1 篇第 3 章各節，308 ff.。另外，《全集》第 18 冊也是專講亞里斯多德修辭學，以及 *Grundbegriffe der aristotelischen Philosophie* (Frankfurt am Main: Klostermann 2002)，也大量引用亞里斯多德的修辭學概念，此二書都是 1924 年、1925 年在馬堡的講稿。

4　參見 *GW*（1: 25 ff.）。按 *sensus communis* 一詞譯成「共通感」時，較具主觀意涵，但有時候也必須就其實質內容的客觀側面而言，則指的是在生活實踐上普遍為人接受的一些共識共見，重點為是一群人、甚至一個民族，一個社會共同分享並遵循的價值取向。因此，高達美在此節論述中，也常把它和英文的 common sense 和德文的 Gemeinsinn 相提並論。

里斯多德修辭學與實踐學外，還透過對義大利哲學家也是修辭學教授 Giovanni Battista Vico（1668-1744）、英國道德情感哲學家 Shaftesbury（1671-1713）、德國虔敬教派學者 Friedrich-Christoph Oetinger（1702-1782）幾位零星而且並不是非常重要的哲人思想中，具體勾勒出修辭作用在維繫發揮社會群體共識共見方面的卓越功能。

　　總的來說，高達美的詮釋學思想，因為一則深受浪漫主義時期語言和歷史思考影響，二則始終重視傳統人文教化（Bildung）理念的現代意義，三則刻意要和強調方法步驟明確性的技術考量或工具思維相區隔，因此，他會十分強調論述、詮釋以促成理解的活動當中，修辭學理應占有不可取代的一席之位。換言之，凡是經由對話交談而形成視域融合的過程裡，適當的修辭應用和權威期許，應該被視為可達致意義理解的有益催化觸媒，藉此可順利成就出彼此皆有所分享獲取的適用效果。修辭能力和詮釋活動不可分離，成為高達美對話理論裡面的一個鮮明的主張。這一方向，我們可以視為當今「普遍修辭學」（allgemeine Rhetorik）興起的一個重要環節，影響層面非常廣泛而且明顯可見。[5]

　　然而重建修辭學，當然要替修辭活動常給人的負面印象作辯護。修辭學一向最基本的要求原本就在於講話講得好而已，講得出一個效果來。而高達美認為這個「講得好」（das gut-Reden/ευ λεγειν）向來就是個包含著雙重意義的說法，它一方面固然是促使我們說話要能說得好、說得精彩出色的一種講話藝術，這是我們一般對於「修辭學」的正面理解。但另方面更不能忘記的是，它也同時要求我們講出正確的話，講出真實無妄的東西，這就包括讓眾人欣然接受的理由和論據來。由於這兩個面向缺一不可，因此「修辭學」對高達美而言根本上就排除了故意說假話，或虛言狡辯的態度及手段。所以這個副詞語的「好」有過程上要巧妙、精緻而美的意思，但也有結果上要正確得宜，恰如其份的意思，要能夠把豐富且實用的內容意涵表達呈現出來。換言之，真正講得好而精采的話語文字（das Schöne），對高達美來說必屬富含意理者（das Sinnvolle），而非虛有其表的浮言空話。詮釋學一向重視言說文字中之實事實理（sachlich），強調在實質意義上之事理關聯性（Sachbezogenheit），亦即，一方面相信文本內容上之富

5　德國修辭學者 Klaus Dockhorn 為《真理與方法》寫的書評是最早起共鳴者，見 Rezeizion von, "Wahrheit und Methode." *Göttingische Gelehrte Anzeigen* 218(1966): 169-206。

有啟發性及當下應用上之關聯，另方面更相信透過詮釋得當而能令人信服且樂於接受，這才是銜接理論與詮釋的重點所在。因此高達美特別要指出：詮釋理解活動的場所「正是這個詮釋學和修辭學共有的領域：令人信服的（而非邏輯強制要求的）論證之領域」。[6] 近年來宣揚高達美思想中修辭學成分最著力的一學者 Jean Grondin，就很有見地指出：詮釋學裡講究的修辭作為必定是和「內容意義」（Gehaltsinn），和需要表達的意蘊內涵聯結在一起的，所言確實不假。[7] 高達美也曾借用義大利哲學家維科的話來說，「口才」（*eloquentia*）和「睿智」（*prudentia*）兩個拉丁文字詞是不可分的，因為修辭學的功能非僅華美，更重實在。

古代修辭學理想中這一積極的雙義性質，讓高達美能夠主張修辭學和詮釋學兩者都是由人使用語言的天性及自然稟賦發展而來，並且很值得在今日科技思維壟斷一切論述模式的情形下，重新恢復其一席之地，使人文精神和共同生活世界的理念繼續發揮作用。所以，高達美很喜歡用一個德語形容詞「明白的」（einleuchtend）[8] 來表達這種讓人一聽就懂的、簡潔明瞭、卻讓人很容易領悟而願意接受的修辭效果。反之，科學理論的建立和論述當中，卻處處強調不可推翻的直接證明（Beweis）或證據（Evidenz）。當然，修辭學也是要講論據，也是要提出論證（Argumente）的。它並非根本不提陳理由，不去說明自身主張特定立場的根據何在（Rechenschaftsgeben）的，因為這是所有說話活動中涉及理性思考和敘述的主要側面。但是修辭卻在議題襯顯與信念推廣說服上，擁有不可取代的另一層積極意義，這也是為什麼高達美要提醒我們，在古代「明哲睿智」（*prudentia*）和「能言善辯」（*eloquentia*）兩者原本互為表裡的原因，因為在許多涉及到實際事務的情況下，明理才能論事，論事則不外明理。

詮釋的歷史與修辭的歷史同樣古老，理解的藝術和修辭的藝術密切相關，

6　見 *GW* 2: 273: "der Bereich der überzeugenden Argumente (und nicht der logisch zwingenden)"，另見 *GW* 2: 466 等多處。但高達美認為論證藝術（Argumentationskunst）只是屬於說話藝術（Redekunst）中的一種，見 *GW* 1: 26。

7　參見 Jean Gorndin, *Von Heidegger zu Gadamer – Unterwegs zur Hermeneutik* (Darmstadt: WBG 2001), 18。關於「內容意義」（Gehaltsinn）一詞的特殊現象學方法論意義，可參閱拙作，〈海德格的現象學方法概念再探〉，《鵝湖學誌》15 期，頁 93-115（1995 年）。

8　見 *GW* 1: 488 等多處，此字約略和「可接受、可採信的」（plausibel）意思相同。

高達美的詮釋學思考重拾修辭學理念，不但可從學術發展史的角度論說兩者同出一源，進一步更能借助修辭傳統的重振，讓今日的詮釋理解之所得，實際去善用發揮其豐厚意蘊，彰顯成效。因此在〈修辭與詮釋學〉（1976）這篇講稿裡，高達美對二者同源互惠，有非常深入的分析。他詳細剖析宗教改革詮釋學者和文藝復興修辭學家之間的交互關聯，也指出早期《聖經》詮釋學者如 Philipp Melanchthon（1497-1560）、Matthias Flacius Illyricus（1520-1575）、Johann Konrad Dannhauer（1603-1666），直到後來的 August Hermann Francke（1663-1727）、J. J. Rambach（1723）等的理論當中，都成功轉用人文主義修辭學的重要原則和概念。[9] 如果援引早期詮釋學家拉丁文的著作，凡進行理解閱讀的藝術（ars bene legendi/art of reading well），其實始終和進行說話講解的藝術（ars bene dicendi/art of speaking well）相互呼應。而詮釋學和修辭學同源，不僅在人類歷史上的語言活動裡信而有徵，本身更構成著歷史文化因而傳繼的憑藉。[10] 這裡存在著一種遠超出解釋各種不同類型文本之外的普遍性，即為語言的普遍性，把所有的問題領域、思考領域串聯起來，且延續下去。

二、詮釋學與修辭學的當代關聯

修辭學一般而言，其實也可以譯成「語藝學」，也就是語言說話的藝術，巧妙而能恰當得體，講說出詮釋理解的內容，完成其應用效果。尤其是轉到後來的對話理論時，高達美也像 Melanchthon 一樣，主張修辭活動和書寫的關係較間接，而是和說話的關係更直接，凡事要從口頭上就能講得精采生動，引人入勝。若從前面提起的《真理與方法》論 sensus communis 的內文判斷，特別是在論述關於公眾事務的取捨時，在評論共同價值利益的高下或衝突時，能夠博古通

9　像是整體與各部分之間的循環關係，或即一般所謂「詮釋學循環」，路德及宗教改革時代的詮釋學就討論得很多，但高達美特別指出這原本和修辭有關，此文外另見 Gadamer（*GW* 2: 276-291）。再具體舉例，如 Flacius 就曾用有機體的身體與四肢、也等於典籍著作中的篇章與節（*caput und membra*）之間的關係，去說明這個古典詮釋學已有的想法，並且進一步把它應用到宗教改革特殊的《聖經》詮釋需求上。

10　另外同一期間，詮釋學和修辭學的古代關聯問題，又曾經由於古典語言學者 Hasso Jaeger 在 *Archiv für Begriffsgeschichte* 刊物上和高達美數篇論文往來（1976-1978），爭論關於早期詮釋學的歷史定位問題，結果更引起廣泛注意和討論。

今而循理論事，把簡單但真確的道理講解得「充實而顯華彩」、「充實而有光輝」（*sensus communis vitae gaudens/sensu plenus*），[11] 這樣應該會是高達美心目中最佳的理想修辭言說效果。

　　如此，縱使在對話中發生爭執，高達美也會強調一種出自柏拉圖的「善意反問」，[12] 讓對話交談者能夠在一來一往的意見陳述與交換間，趨近事理而達成共識。「善意的反問」，以及在對話中進行的「視域融合」（Horizontverschmelzung），可謂高達美對話詮釋學的兩大核心思考，而修辭學傳統也因此在其中格外受到器重。在這裡，「善意的反駁」（die wohlmeinenden Widerlegungen）[13] 和詭辯式反駁全然不同：前者是為了讓對方對話更有效率地進行，更趨近問題的核心，甚至能幫助對方講出真正想講的內容，而不只是為了打斷對話或破壞交談。循此以行，自然會開啟有誠意的對話之途，藉由率直布公的交談溝通，可以預期共同達成之實際效果。當然這是因為同樣的態度，用在解經詮釋或所謂與文本交談的活動上，高達美一直都是如此樂觀其成，未嘗覺得有何困難的。

　　但是高達美一廂情願的善意之圖，立即受到意識形態批判理論方面的嚴厲批評，特別是他一向主張傳統與權威等前理解（Vorverständnisse）來源，會在理解當中形成無法排除的影響，這點更是讓批判理論不敢恭維而深致質疑。這一爭論過程和重點可參考拙作〈理解對話或爭議析辯？——高達美與阿佩爾兩種取徑的評比〉，內容正是關係到「修辭論述」與「奠基論述」（後者為先驗哲學的論述架構）兩種詮釋學取徑的差異，而其中後者正是阿佩爾（Karl-Otto Apel）先驗語用學的發展方向，並長期一貫地反對高達美。[14] 所以說，高達美會執意提升修辭

11　這是借用德國虔誠教派學者 Friedrich-Christoph Oetinger（1702-1782）的拉丁文詞句來形容的。

12　柏拉圖「在善意反問的嘗試之間」（εν ευμενεσιν ελενχοις）一語原文見柏拉圖的第七封信（Plato, Ep. VII, 344b 5），高達美則引用德文譯成 "in wohlwollenden Widerlegungsversuchen"，從此「善意的反問（或詰難、辯駁）」竟成為詮釋學對話理論服膺的重要信念，也是修辭學實踐的主要原則。

13　高達美常用此語，例見如 *GW* 1: 382 處就是引 Plato, Ep. VII, 344b；但他和 Jacques Derrida 的論戰間也有意凸顯這點，不幸卻被曲解為善良的意志之形上學餘波，見 *Text und Interpretation* 文集（*TI* 59）。那一場詮釋學爭論可參考拙作，〈書寫誌異與詮釋求通——追究一場南轅北轍的哲學對話〉，《東吳哲學學報》第 3 期，頁 179-207（1998 年）。

14　刊印於《哲學雜誌》第 34 期，頁 32-61（2001 年 1 月）。另更早一文〈文化傳承與社會批判——回顧 Apel、Habermas、Gadamer、Ricoeur 間的詮釋學論爭〉，《國立政治大學哲學學報》第 5 期，頁 57-76（1999 年）。

效果，加重修辭在凝聚社會生活主流共識上的分量，其實很主要原因之一，應是出自於他和意識形態批判理論的抗衡。

阿佩爾與哈伯馬斯當年認為：修辭學具有強制性質，尊古而趨保守，會造成今日社會群體溝通的障礙，斷絕我們達到無強制、無制約的解放路途。高達美則正好持相反的樂觀而緩進的態度，認為修辭教化的傳統當中，才會提供無數經得起一再考驗的共識共見，形成人類社會所必須的「具承載力的一致見解」（tragendes Einverständnis），實際支撐著我們共同生活的價值核心和基本的共通性。反過來批判改革卻主張貴在行動，它雖然也曾受詮釋學語言轉向所影響，卻並不認為修辭下達成的相互理解就等於一致協議（Verständigung），真的會具有約束效力和規範性質。因為勸勉說服的力量，根本不足以構成哲學論述上據理力爭、或以理服人的論證效果。理性論辯自有其嚴格的要求，不應該停留在只是企圖說服他人、引起共鳴的技巧末節。或者退一步說，即使一時一處能說服許多人的意見主張，畢竟還不等於真正能讓所有人普遍無異議接受的共識，亦即阿佩爾所堅信的拉丁文所謂「所有的人的共識」（consensus omnium）。[15] 訴諸修辭共鳴，反而會因此出現壓制少數的不平等言說情境，產生破壞無限制溝通的意識形態。像批判理論這種講求無限制論述溝通，以尋求真正社會共識的哲學思考，對特殊修辭所可能造成的社會扭曲一直深具戒心。故批判理論批評高達美普遍性宣告的同時，更有意要去限制修辭學的影響範圍。

於是繼詮釋學與修辭學同出一源說之後，高達美在和批判理論對陣之間，也跟著在隨後的進一步反省中，再度闡述一種詮釋學與修辭學範圍相同說，探入到比同源說更為深刻的層面，也更能顯見出修辭學在他心目中不可取代的當代意義。而且這一點卻正是包括哈伯馬斯在內的啟蒙導向的哲學家，都未曾見及的事實。下列這段回顧與啟蒙學者爭論的話最具代表性：「事實上詮釋學經驗開展到哪裡，理性存在樂於交談的意願（Gesprächsbereitschaft）就開展到哪裡。我很遺憾大家沒有承認此事實，即這個就是詮釋學和修辭學分享的領域：令人信服的（而非邏輯上強迫接受的）種種論證之領域。它是總體而論的實踐（Praxis）的領域和人性（Humanität）的領域，其任務恰好不是在『冷冰冰、硬梆梆

---

15 參閱前註所提到的兩篇文章討論內容。

（eisenhart）的推論』發揮威力的地方，不加討論商量地令人臣服其下，但同樣也不是在解放的反思確信掌握到『與事實相反的一致理解』處，而是在透過理性思慮，應該會能讓有爭議的觀點作成決定的地方。在這個領域裡，講話的藝術和論證的藝術（以及更別說相應而看到的深思熟慮的諮商研議）最為在行。」[16]

　　換言之，高達美在這裡不退反進，再提出「詮釋學和修辭學共有的領域」的主張，並且據此抗拒哈伯馬斯反修辭學的質疑是多慮而沒有必要的。他甚至進而駁斥無止境批判之說，認為「所有的社會實踐——甚至於連革命性質的——都是沒有修辭學功能即無法設想的」。[17] 哈伯馬斯錯誤地將一種「強迫性格」（Zwangscharakter）歸諸修辭學身上，但高達美恰好把適切發揮的說話修辭藝術看待成能輔佐詮釋理解，達致非強迫性、也就是可保留商量餘地而非無例外一體接受的共識共見，同時也促成公眾生活領域間所有事情共同的意見決定。高達美還強調，甚至一個當今以科學及技術為主的文化，終究也跳不出這樣的普遍共通性的範圍。[18] 我們可以這樣說：不論任何千真萬確的科學研究成果，以及由這些成果為基礎所開發出的新科技手段，甚至於一切社會改革的主張、所有政治理念、美學新思潮等等，只要這些都是爭取眾人信服而接納，而非一意強加於公眾服從者，那麼詮釋學對話與修辭就會在其間拓展其實質的效應範圍。整個人類社會實踐的領域，整個文化歷史流傳的領域，都盡屬於此，亦即屬於一個詮釋學和修辭學始終分享共有的領域，而它們不但在其中起一定的作用，而且他們也是維繫其持久不墜的最主要力量。

　　我們可以把高達美後來的這種想法，稱為詮釋學與修辭學的同範圍、同跨徑或效應領域同幅開啟、同幅展拓之說。的確，如此想法是充滿理想性的，現在就連所有自然科學的成就、技術上的進步也要透過修辭說服，始得以融入實際生活，為大家所接受。甚而因此說：「修辭學的無所不在（Ubiquität）是一種不受限制的無所不在，科學要透過它才開始成為一個生活中的社會因素。」[19] 批判理

16　原文見 *GW* 2: 466-467，中文翻譯有略加潤飾，但十分忠於原意，且括弧（）內文字皆出自原文，非譯者添加。

17　*GW* 2: 467，高達美和哈伯馬斯的爭論主要文章另收集在 *Hermeneutik und Ideologiekritik* (Frankfurt am Main: Suhrkamp 1971) 此書。

18　可參考高達美在 *GW* 2: 291 的申論。

19　*GW* 2: 237.

論投入社會實踐，會採取強力的攻錯指正、批判再批判的高姿態面對一切，但詮釋學則回顧經典以投注當前，盡量表現得循循善誘，希望令人有如春風化雨之感而自然融洽和睦。這看起來有點太溫和軟性，但是「我們今天必須強調說明：修辭學的論證方式，它雖然試圖讓『感動』（Affekte）起到作用，原則上卻是要使論證有效並且是以或然性（Wahrscheinlichkeit）來達成有效的，它的合理性是而且一直就是一個比科學確定性更為強而有力的社會決定因素。」[20] 詮釋學修辭進行上固然難免動之以情，卻絕非於理無據，憑空杜撰出來的，因為它同樣也是要講論據提出道理的，而它之能夠順利運作，正代表著公眾群體的實踐理性之希望。

　　修辭發揮的效應，有如高達美特別推崇的語言學家 Johannes Lohmann 所說的語言中「起效力的反思」（die effective Reflexion），這約略等同於高達美自己常講的「講話效果」（Redewirkung）一詞。[21] 由此看來，理想的修辭學運作可以在整個詮釋學的實效範圍內，處處展露出詮釋的言說性與實用性的一面。詮釋學本來就是講究要起實際效果，要將「適用」（Anwendung, Applikation）當作理解活動內在的一環，以便能創造出實效歷史的一個新的部分。於是在今天替修辭學重新辯護，恢復名譽之舉，同時更加深刻畫出詮釋學與實踐哲學原先的關聯。《真理與方法》已宣講過亞里斯多德實踐哲學對當前詮釋學的豐富意義，七〇年代以降，高達美更是幾乎每一篇論文都不忘重複這樣的主張。「詮釋學就是哲學，當作哲學，它就是實踐哲學」（"Hermeneutik ist Philosophie, und als Philosophie praktische Philosophie"）。[22] 至於現在的詮釋修辭學，則正是從語言說話的層面去彰顯出能夠起實際影響的功效。

三、修辭學、古典論題學與現代語用學

　　修辭學原先具有教育上非常重要的分量，但是近代科學興起之後，古老的修辭學傳統就在競相尋求更精準而能證明的科學方法下，長期遭受到貶抑。近代以

---

[20] 見高達美 75 歲自述一文，此文不僅回顧他和意識形態批判的論戰，重述修辭學傳統，並欣然認為此說已在法理學學者 Chaim Perelman 的「新修辭學」身上得到回響，見 *GW* 2: 499。另參見 *GW* 2: 467。

[21] *GW* 2: 245。Johannes Lohmann 深受海德格影響，與另一語言學者 Leo Weisgeber 呈現相當不同的面貌，而批判理論方面，尤其阿佩爾，則較多受後者「語言批判」（Sprachkritik）的影響。

[22] Hans-Georg Gadamer, *Vernunft im Zeitalter der Wissenschaft* (Frankfurt am Main: Suhrkamp 1980), 108.

來，除少數例外，普遍都認為修辭學無益乎真理的獲取，有時候甚至被視作進行謊言的代名詞。即使今日不乏有識之士重新強調修辭的重要性時，也不得不謹慎處理它和刻意爭取認同的宣傳（Propaganda），或者一般強詞奪理、另有目的的詭辯（Sophistik），以至蠱惑人心的煽動（Demagogie）等語言活動該如何加以區分的問題。這其間似乎充滿太多不確定之感和強烈疑懼，於是才會經常出現「修辭的背後是什麼？」這樣的疑問，似乎修辭永遠僅只是表面的修飾，甚至於會是掩飾，和事實真相一定不符，或者有很大的差距。批判理論懷疑語言修辭會造成不平等的對話和系統化被扭曲的溝通，阻礙真正的共識形成，其理亦然。直到20世紀，大家又開始對傳統啟蒙獨尊理性地位有所質疑後，修辭學才重振它在理性的公眾論述空間應可展現的功效。修辭與特定論題式的言說和意見討論，再度在今日成為一門顯學，但相對的，也引發不少批評和抗拒。

　　對高達美詮釋學而言，修辭學中卻是蘊涵著理解與行動、知識與情意結合的契機，正是人類所擁有的語言這項自然能力之極致發揮與表現。修辭學和詮釋學一樣，都是從自然本性中擁有的能力與活動開始，在自然而然進入語言世界，熟練學習再加培養充全的方式下，最後融匯成個人的語言對話及理解表達能力。所以他會說：「在理解當中發生的交融乃是語言的真正成就」。[23] 一般語言理解的發生圓熟，會如同視域融合及溝通順成一樣，都是自然發生的事情，在歷史條件當中提供傳統持續的機會。而相對的，「意識形態批判只表現著詮釋學反思的一個特殊的形式，那種力求消解一特定類別前見之形式。」[24] 換言之，社會群體中的相互溝通與意見交換上，當然會有可稱為意識形態之類的障礙出現，造成彼此的困擾及紛爭糾葛，但即使最堅持意識形態批判的理論者，最終也不得不承認：對特定傳統項目的批判抨擊，自身仍然為聯繫於傳統、又企圖變更傳統的一個部分。詮釋學試圖提升修辭誠意以鞏固其論述的態度，隨著和批判理論語用學（sprachpragmatisch）轉向的爭論，反變得更為執持堅定，並發掘出豐富材料，以供其靈活應用。

　　當代修辭學復起的普遍趨勢，不論是作為新的文本理論（Texttheorie），因而仍和詮釋學密切相關，為當前人文論述的主要依據，或是作為一般人文社會學

23　見 *GW* 1: 383；按：高達美在論爭間始終相信批判的反思應該被歸入詮釋學反思之內。
24　*GW* 2: 182.

科領域的語言論述深層基礎，總之修辭學擺脫汙名，重受肯定者隨處可見。Josef Kopperschmidt 稱此為學術上「修辭學復興」（Renaissance der Rhetorik）的現象。甚至連早期的批判理論領導者 Theodor W. Adorno 和社會學家哲學家 Niklas Luhmann 也曾為修辭學辯護，認為修辭適足以增強社會批判的語言力量，擴展理性的啟蒙功效。這些都可以勾勒出當前修辭理論、修辭思考共同上升趨勢的景象，並大膽嘗試新的論證方式之可能貢獻。

　　但據實而論，並非所有學者都會跟著高達美倡言「修辭學的普通性」（Universalität），或是贊成他說修辭活動的遍在性（Ubiquität）及自然茂生的理想狀態（按 Naturwüchsigkeit 特別指任其自然成長，毋需任何外力約束與規制）的。尤其至今仍有許多學者相當反對後現代狀況下，逐漸演變而出的一種「泛修辭學主義」（Panrhetorismus）[25] 現象，會嚴重模糊掉文學與哲學論述的應有分際。一則或許對修辭學的汙名化頗具戒心，再則自古以來廣義而言的修辭學和論題學關係密切，所以除了修辭學之名稱以外，目前不少學者則是借用古代「論題學」（Topik）[26] 的名稱，申述切近於詮釋學和修辭學思維的主張。因為他們不只注意詮釋學理解的實踐面（practical），還更重現語言論述在知識面上（epistemic）應有的建樹。因而縱使他們或曾因詮釋學倡言修辭精神而起共鳴，或許他們也都認為修辭無法被完全排斥在論證之外，但他們寧取「論題學」或者更具現代感的「論證理論」（Argumentationstheorie）[27] 等其他名稱。

　　《論題學》（Topika）書卷為亞里斯多德邏輯書的第一部，以往並不特別受重視，至少不像《分析前篇》、《分析後篇》等三段論式邏輯那樣重要。但工具書的範圍和作用，原本即涵蓋整個哲學學術所及的各領域，而在《論題學》這部分，其方法討論和解決問題的設計，針對的則是地位特殊但數量相當龐大的論證和論

---

25 此為 Jean Grondin 提起的新說詞，泛指有意比高達美更進一步的學者如 Richard Rorty、Gianni Vattimo、Jacques Derrida、Paul de Man 等等，不一而足。

26 如 較 早 有 Theodor Viehweg 在 法 哲 學 中 講 論 題 學（*Topik und Jurisprudenz. Ein Beitrag zur rechtswissenschaftlichen Grundlagenforschung*, 1. Aufl., 1954），Wilhelm Hennis 在 政 治 學 裡 講 論 題 學（Politik und praktische Philosophie, Neuwied, 1963）。高達美同事 Helmut Kuhn 的一篇文章（"Aristoteles und die Methode der politischen Wissenschaft." *Zeitschrift für Politik* NF 12: 101-120）更提倡論題學的復興。而海德格另一位弟子 Otto Pöggeler 亦然，甚至以論題學取代詮釋學。

27 最具代表性和整合力者首推 Josef Kopperschmidt, *Argumentationstheorie – Zur Einführung* (Hamburg: Junius 2000)，但 Kopperschmidt 雖然偏向批判理論的論述倫理學，卻也深受詮釋學和尼采思想影響。

據形式，共312種，構成許多領域中認真討論和解決問題爭議的基礎。所以《論題學》一向被認為應該是和他多部《倫理學》及《政治學》內容相關的。論題學雖然也是一套理論之學，卻特別表現出學院內所有關係到人世、政治社會實務的嚴謹討論。論題學在今天，部分是隨著不可否認的修辭學傾向而受重視，部分則跟著論證理論的實際需要而復甦，因為論題就是每一實際論證環繞著開展的核心，而目前研究論證理論者，都回返此一古典傳統以尋求適用於當代的有效論辯形式。

　　亞里斯多德在《論題學》第一卷就區分三種推證類型：第一類為確定知識或明證性質的（wissenschaftlich oder apodeiktisch），它們都根據最終的、究竟的普遍原理進行嚴謹推斷，所得出者皆為最具明證效力的真實知識，並構成每一門學科紮實的而且是可以教導的內容。第二種為辯證的（dialektisch），如對話般正反推進者。《論題學》探討的對象正式屬於這種推論，由於它們的數量最為龐大，樣式又相當繁多，故而在有關人間實踐議題的言詞討論當中，也肩負起最大部分的意見和知識交換溝通之重任。論題學的研究重點都投注在這一類的知識論述上，同時這也是修辭學可以在其中發揮極大輔佐功效的論域場。第三種則為爭議技巧的（eristisch）。[28] 由於此類論證推述上志在爭執，挑起間隙或製造爭端，為特定的狹隘目的服務，而不具有對一般知識的貢獻，最多只是要小心防制其出現及危害的非理性討論。[29]

　　一般認為亞氏邏輯的重心在三段論式推論（Syllogismus），西方傳統哲學大抵皆以此典型三段式推證作為學術研究的標準程序，由具普遍客觀效力的大原則為大前提，再提供一個涉及特定對象的命題為小前提，從中導出具知識性質的結論。西方邏輯思維的發展，大致也是順著這種典型三段論推理在進行擴充。但另有一大類希臘人稱為「不完整三段論」（enthymema/ενθυμημα）的推論式，才是《論題學》及《修辭術》兩部著作真正有待探討的基礎。簡單地講，另有一種廣為應用的三段論，為希臘城邦生活中作為一個最基本的公民訓練不可少的能力，反覆表現於討論對話當中，成為彼此交換意見、溝通觀點時一定會用的論述方式。這些推論形式不但常見，尤其在涉及公眾事物如法律、政治、外交、教育的

28　按此處可參考希臘神話中有關 Eris 女神拋出引起爭端的金蘋果（Zankapfel）故事。
29　按因此即通常被視為其附錄的第九卷《詭辯論駁篇》之內容，已非關論題或修辭。

討論辯論時，更是每個人想要表達意見、提出主張所賴以說服別人、共同解決問題的言說技巧。這裡，言之成理的可接受程度（plausibility）取代了規則的強制性，而且大量或然性而非必然性的命題陳述被納入論述進行之間。

　　三段論式和不完整三段論式的差別，主要在於不完整三段論式並不從像第一原理原則那樣的明確命題出發，它的前提並非確證的命題而是相對有效的。因此可知，三段論式和不完整三段論式邏輯推證論述的確證程度上不同。辯證是以正反意見進行的，辯證過程當中有各種不完整三段論式的應用；如果論辯過程中完全都使用到其自身即為真的命題作為前提，那麼推論出來的結果就可以達到確證知識的要求而和第一類相等。而今亞里斯多德《論題學》以這樣的推論式為主，正表示邏輯推論還有另一種可能，即使在不盡完備、不是千真萬確的前提下，我們也可以進行嚴謹的推論，而且得到行為選擇上可以遵守的結論。事實上，城邦內事務的爭議，各陳己見而又相互影響，以促成共識，往往都依此方式進行。這也就是高達美主張的修辭學是以或然性而非強制必然性進行的意思。

　　上述論題學的意義和它在亞里斯多德當時的重要性，其實也可以看做論題學重現當前學術領域的理由，而且它的爭議性反而較修辭學為少。同時我們觀察近數十年來的發展，特別可以看到這和當代愈來愈重視實踐哲學的趨勢密切相關，尤其在法學詮釋學、法理學和政治哲學方法論的反省和建構上。1959 年先有法理學者 Helmut Coing 教授在法學方法學理大量採用普遍詮釋學觀點。Theodor Viehweg 接著把問題限定在詮釋方法論中與論題式推證比較相符的部分。而到 Robert Alexy 時，更完成一整套法理邏輯上的推證理論，[30] 常被拿來和哲學上論述倫理學（Diskursethik）主張的論證模式相提並論。眾多發展中嚴謹寬鬆不一，但同樣重視論證當中的語用效果及可能起的實際作用，也使得論辯與修辭活動有新的融合機會。

　　因此，從前述詮釋學與批判理論之爭看來，我們可以說目前有兩個大的發展方向：一為當代的哲學詮釋學，偏好以互有助益的對話交談過程為典範，以共有共享的視域融合和團結凝聚（Solidarität）為目的，採取樂觀緩進的穩健姿態，虛己投入文化傳承的浩蕩巨流中，推陳出新以開展未來。另一股批判理論的哲學

30　Robert Alexy, *Theorie der juristischen Argumentation. Die Theorie des rationalen Diskurses als Theorie der juristischen Begründung* (Frankfurt am Main: Suhrkamp 1983).

勢力則是後來論述倫理學的發展，由阿佩爾先驗語用學和哈伯馬斯普遍語用學為主，迅速成為足以和哲學詮釋學抗衡的另一派立場。基於後一立場，人類理性之實踐形式，可以達到超過一時一地特殊關係脈絡限制的普遍有效性，尤其在批判理論的繼續發展中，論辯或論證活動（Argumentieren）為一種極特殊的促成認知真確並達到規範效力的溝通行動。除了阿佩爾和哈伯馬斯以外，幾位學者都正把承接溝通行動理論、論述倫理學之後的一套「論辯理論」或稱「論證理論」，放在法理學基礎研究、政治經濟政策等實務之學領域中具體落實，展現出批判理論語用學思考的應用成效。因此，在這些領域裡，哲學對其他學科，特別能表現出強勢的指導支助能力，在建立論證範例上有非常傑出的表現。

　　論證理論跟著修辭學和論題學的平衡發展而來，創造出當今之世如何經營群體溝通與共事的另一種學術模式。總之，修辭學和論題學一前一後，會同時成為學術工作注意的焦點，等於是把兩個久被忽略的語言哲學領域、語用學思考領域擺在現代人面前，重新給予應有的評價。因此，論題學及其相關的論證理論，已成為當前歐陸哲學兩大強勢背景之下的一個緩衝區，讓我們看到另一番具體展望，對整體社會實踐的貢獻可以期待。一方面，由於高達美或其他詮釋學者亟欲恢復修辭學傳統地位，而被某些學者有意再導引回到西方重理性主智的主流論述傳統，讓修辭學或論題學主張重新被接納為理性論辯的潤滑劑而非顛覆利器。另一方面，當阿佩爾論述倫理學或哈伯馬斯溝通行動理論都列舉真實性（Wahrheit）、真誠性（Wahrhaftigkeit）、規範的正確性（normative Richtigkeit），再加上適切的可理解性（Verständlichkeit）四大論述準則時，我們也看得到「修辭立其誠」的基本言說準則已然包含在內。如此開啟的不僅是新的學術領域和學術視野，並且也能夠於修辭與邏輯的對立當中，重新取得某種互不偏廢的平衡。

四、修辭論辯與經典注疏

　　本文開始時，我們指出當前關乎修辭學復起現象的主要爭論為：邏輯學和修辭學兩者究竟是否為相互排斥、完全不能共容的兩個「取代選項」（Alternativen），只能二中選一，而無法同時存在？爭論中無論從高達美詮釋學這方面，或者從維護邏輯論證的合理性和有效性要求的另一方來看，似乎都有這種

認知及偏好態度上的對立。[31] 於是，在各有所好的基本態勢下，修辭學傳統就夾在哲學詮釋學和意識形態批判理論的長期抗爭間，受到一方大力鼓吹而對方抗拒懷疑的對待。如何同時照顧到修辭與論證論辯兩個語用側面之關聯，而能夠提出合理解答，則仍然是應該再加努力的方向。

如果這些主張歸根究柢，都可以看成是重視邏輯推理或重視經驗傳承兩種出發點之差異，但問題是：這兩者真的是不能調和的嗎？「經驗」一詞現今特別指稱生活過、經歷到的經驗，也就是還始終活在其中的經驗（英文說 lived experience），因而往往包含由前人積累移轉和歷史變遷而言。論證式的論述工作，是以達到普遍無異議的共識為宗旨，於是歷史傳承和理性重建之間，會產生詮釋學與批判理論兩者各有所重的偏祖。因為批判理論一方，要求的正是社會實踐中理性重建的工作，因而不倚賴經驗承傳或權威教導，如此才能督促理性的成熟自主和擔負責任。事實上，哈伯馬斯最初評論詮釋學有所不足時，他正是著眼於社會科學共同的邏輯，而不是各具特色的人文歷史傳統，因此他會認為高達美無法站出傳統之外。[32] 但高達美確認為：指導人類社會進步的不必是全面規畫，與事實相反的溝通共識，或遠離實際情境的未來的烏托邦，否則人文社會科學將完全讓位給自然科學及技術掌控。高達美想要爭取修辭學的空間，營造「詮釋學論域」（hermeneutisches Universum）的今世理念，其實正和其他或以論題學之名、或以論證理論之名豐富人文社會科學論辯實力的學者一樣，都是著眼於更合乎人性的歷史社會實踐可能而已。

若以亞里斯多德實踐哲學方法論的論題學式邏輯而言，就有學者主張：辯證的推理和確證的推理並非兩套各自用在不同處的邏輯，而是通過推理以提出證明己見的兩個不同側面，提出理由和提出證據同等重要。[33] 高達美也接受此一看法。在 1976 年的演講〈修辭學與詮釋學〉裡，高達美明白表示他有意糾正當代科學倚望獨大的局面，要藉由帶動修辭學傳統的方式，帶動實踐哲學或生活世界

---

[31] 如前述和 Hasso Jaeger 有關詮釋學前史的爭議中，高達美為了對抗詮釋學方法論化的思考，似乎也不自覺地讓詮釋學站在修辭學的一邊，而不願站在邏輯的一邊。換言之，高達美並不贊同 Hasso Jaeger 所謂「詮釋學在 Dannhauer 時代，仍只是亞里斯多德邏輯學發展一支」的說法。

[32] Jürgen Habermas, *Zur Logik der Sozialwissenschaften* (Frankfurt am Main: Suhrkamp 1982), 271-286, 331-336.

[33] Otfried Höffe, *Praktische Philosophie – Das Modell des Aristoteles* (München 1971), 28.

中關乎實踐事務的共同討論。所以上文指出：即便是科學論述，具有相當確切的客觀依據和證明者，但若要付諸實現之際，卻須再能贏得公眾生活世界的一致同意才行。德國學者 Hans Blumenberg[34] 更主張修辭學的存在就是出自人類理性之不足，修辭學在知識與論證力量不足時，仍然是可以推動人類社會共同尋求進步動力的重要一環。因此，整體而言，高達美想在今日重新發揮修辭學精神，其實也並不孤單。不覺孤獨的理由在於：一則固然是因為當今許多同時代學者的相應呼聲，再則更因為有來自豐富經典世界的無窮資源。

所以，檢討過修辭學、詮釋學和批判理論語用學之間的分合爭執，它們如何可能在修辭與論辯間取捨平衡後，我們再轉回到經典詮釋的理論活動和詮釋任務。畢竟，這裡才是詮釋學思考最早的出發領域，也最可以預期它會有所回饋。其實，無論修辭學或論題學發展的引介，如何切合時代需求，開拓發明古老經典世界中涵蘊的現代新課題解答，始終是最為緊要的反思任務。因此，檢討過西方詮釋學環繞著修辭問題的論爭之餘，關於修辭、詮釋與解經活動如何統一、如何結合的問題，或許我們可以先從下述幾個角度來考量：

首先，和詮釋學提升修辭學的原始動力比較起來，華語文化世界中並沒有18世紀西方學術發展史上，因為數理化證明邏輯興起，而且因為其科學適用性獨樹一幟，而迅速壓迫、排擠其他語言活動的問題。縱使五四以來一直有緊追西方啟蒙腳步的呼聲和行動，中國的經學、史學傳統仍繼續保持基本活力。事實上，經典世界構成的文化傳統特性，就是研究風貌縱使會改變，可是義理傳遞不會中斷停止；即使偶一頓挫延滯，終必後繼有人。只不過，時代轉移之下的義理發揮和義理可行性的嘗試更新，卻始終為高達美哲學詮釋學在解讀經典上的指導原則和自我期許。沒有如西方18世紀人文主義學術傳統的式微，並不代表不需要隨著學術演進隨時自我調整，特別是在於能夠找到創新又發揮當世效益的解經格局和解經途徑方面。

其次，原始儒學傳統中的語言觀和天道觀的結合，以及中國哲學中特有的實踐面向的偏重，也會使得我們對高達美重啟修辭論述之言，別有另一番相應的理

---

[34] Hans Blumenberg, "An Anthropological Approach to the Contemporary Significance of Rhetoric." In *After Philosophy: End or Transformation?* eds. Kenneth Baynes, James Bohman and Thomas McCarty (Cambridge, Mass.: MIT Press 1987), 429-458.

解與期待。梅廣曾撰〈釋「修辭立其誠」：原始儒家的天道觀與語言觀——兼論宋儒的章句學〉[35] 一文，於此多有著墨。一般所謂義理之學和詞章句之學不可偏廢的主張，正可以從充滿修辭性格的哲學詮釋學裡，獲得一種新的呼應。尤其是，如果我們認為經典會對涉及今日社會法政之議題，對教育理念、文化傳統與生活價值等層面仍有所啟發，則論題與修辭結合的方式也不失為一個新的嘗試。此等大抵皆以或然性而非必然性的推論在進行主張辯護，重點在營造議題，說服公眾願意採納接受。例如我們可以提出「性本善」的論據和理由，但無法要求用形式邏輯的明證性去證明。用修辭佐證性善說的合理期待，或用是修辭強調性惡之說的治世功效，都屬於語言論述力量的開展，且真正寄望的是在實踐中有所改變，發揮經世致用之學的所長。

最後一點，經典其固然要為世所用，自身依然可保持其恆久不褪色的地位。經典化作語言文辭的內容，始終可具有一個規範的地位，不容任意解讀和隨性詮釋，而是以經典自為標準。所以詮釋學與修辭學合作的任務，在這裡充其量是去「順成」一種理解，讓它發揮其應有的能耐，而非要我們利用修辭詮釋去進行「逆」向操作，把根本沒有辦法言之成理的東西，用掩飾目的、操弄手段的態度擺在當代讀者、聽眾之前，誘導或騙取他們接受非經典內容所傳達的理路思維。就經典地位的提升與修辭活動的非手段化這兩個方面而言，哲學詮釋學中的修辭學觀點確也很值得我們借鏡。當然高達美其他學說如問答邏輯、善意且開放的對話態度等，對典籍詮釋與理解也有一定的幫助。

此外，值得一提的，詮釋學一向看重一個固有的經典的世界，修辭學也格外倚重蘊藏在舊有經典世界中的語文和思維的資源財富。當年高達美在二次戰後呼籲，要返回文化傳統，以拯救價值真空的破滅殘局。他提醒世人（特別是戰後的德國人）要能注重所有前已給予的（vorgegeben）文化寶庫，因為惟有設法重獲文化經典當中的豐富義涵，才足以彌補當時戰後個人及民族生命意義虛無之問題。重新詮釋理解傳統的經典文本，傳達義理真實，所謂修辭上之策略應用的手段性格問題，則顯然並非那麼重要，因為當時迫切尋覓的正是繼續生存下去的理由和目的。修辭詮釋得盡善盡美，可以是一個理解重新展開活動中構成性

---

35 刊登於《台大文史哲學報》第 55 期，頁 213-238（2001 年）。

（konstitutiv）的內涵要素，卻不必看待成某種策略性（strategisch）的外添成分。換句話說，修辭學和謀略企圖無關，而只是藉此喚起一些固有共享的價值意義回應而已，就像是詮釋學的終極目標一樣，想努力通過言說詮釋去推陳出新，為當前再營建出新的共通感和共通性（Gemeinsamkeit），而且所有的詮釋理解，都會因此是不一樣的再理解和再出發。[36]

五、結語

　　總結而論，對高達美來說，不論修辭學或詮釋學都早已非單純的規則科學（Regelwissenschaft）或輔助學科（Hilfsdiszilin）而已，因為兩者都已經在他的思考中，直接被提升到哲學的獨特高度，而且是和理解活動的實踐完全結合在一起的。所謂理解活動，理解的發生，眾所周知，自從海德格以來就被視作為人存在的最基本、最根源性的存有方式和存有狀態。凡要理解就要進行詮釋，按照前理解的軌跡和網絡去進行詮釋，而且理解詮釋之際，應用實效上的翻新可能同時也就瞭然在心，具體可行。修辭學的積極性正表現在這裡，一方面所有經典中的論述和主張，正是前人對事理詮釋理解的心得，甚至自認而至公認足以為後世垂法者，另方面經由語言呈現，文章義理再次獲得展示的機會與運用的可能。若是分別就詮釋學和修辭學的所欲達成的目標而論，前者要促成理解，後者要說服別人，那麼詮釋理解上真懂了也就能講述給別人，說服別人也相信其效應且採納其要旨，成為可共同實踐的理念。所以解經活動在今日，經典的詮釋與意義發揚固然須要修辭論述的輔佐，且事實上流傳至今的經典與其注疏，往往也已然是最佳的修辭典範。語言文字和義理思想自始即匯聚成一體，往後再透過注疏解經等活動，令經典世界中的聖人之言及載道之文，不斷有機會為世人誠心樂意接受。

---

[36] 高達美在戰後有一篇非常重要的談話〈文化之建立共同性的力量〉（"Die gemeinschaftsbildende Kraft der Kultur"），1946 年 9 月 16 日發表，最能表達他當時的用心；文章收在官方《1945 年到 1955 年間的德國人與德國問題》檔案文獻集 *Die Deutschen und die Deutsche Frage 1945-1955*, hrsg. von Manfred Overesch (Hannover: Niedersächsische Landeszentrale für politische Bildung), No. 29, 89-91。

詮釋、修辭與論辯溝通

《中日四書詮釋學初探》（2004.8）

一、問題背景與源起

　　語言轉向（the linguistic turn）[1] 為 20 世紀以來西方哲學界常見的表述，指的是哲學思考轉而注意到語言問題之共同趨勢與事實，但同時也各自表現出不同的樣貌和主張。其中普遍的訴求為：哲學要想在今日有所突破，不論是理論哲學在追求知識與真理上，或實踐哲學想要確定人際規範和群己關係，就必須轉從語言、從言說行動，或從語言表象的形式上去進行探究。語言清楚，思想就會通暢，而哲學問題都能解決。語言與思考之間的連繫，在發展歷史中從來不曾像現今這麼緊密，而哲學的反思，也從來不曾如此直接地落在語言現象之考察上。語言活動與「世界之開啟」（Welterschließung/world-disclosure），更成為一個難以否認的事實上之聯結，而歷史性事物與思維長久延續、始終可以承傳接近，甚至可以批判拒斥，靠的就是語言行動與論述作為上的聯結與脫離。

　　當然與此同時，語言轉向之際，不僅立即引起當前一連串哲學議題的翻新，也深化及例如詮釋學或語用學等本文想要探討的學說內容；但或許更有意義的是：在挖掘這樣的語言問題和論述反省之下，終究也將促成對哲學自身的定位、對於自我的期許，以及對於文化自相根源的再檢視。

---

[1] 此語一般據信最早由分析學家如 Gustav Bergman 和 Richard Rorty 等學者提出，但德語界會用 "die linguistische Wende" 一語也是其來有自，時間相當長久。但德語哲學論述中特別會同時指示到「語言」（Sprache）和「語言性」（Sprachlichkeit）這兩個概念，理論性較強，並且緊扣著希臘哲學以來理性與言說互為表裡的「邏各斯」（logos）傳統。

　　語言哲學和語言研究畢竟學派甚多，各有一家之論，且交錯影響、批駁相當複雜。我們特別關注的是海德格（Martin Heidegger, 1889-1976）、高達美（Hans-Georg Gadamer, 1900-2002）的詮釋學（詮釋修辭）一方，以及阿佩爾（Karl-Otto Apel, 1922- ）、哈伯馬斯（Jürgen Habermas, 1929- ）的論述倫理學（論辯溝通）一方，關注這兩方面的對話交集，並且檢視期間是否也有「視域融合」的可能。[2] 其中後提及的這一個方面，又表現為一種明白可見的語用學轉向，兩位代表性的哲學家皆是。其中，阿佩爾無疑是率先向美國實用主義符號學思考取經，而能建構當代語用學的開路功臣，其哲學性質最強，也受到較多注意。

　　我們先看講究詮釋與修辭的一方。作為詮釋學核心課題之理解與詮釋，當然是語言行為裡明顯的基本特色。用海德格的哲學思想來說明：人的存在自身，人自身的存有之過程，就是一個不斷進行存有理解，不斷嘗試去詮釋、設計存有意義的存在過程。所以理解、詮釋與語言使用，就是人的最根源性的活動，沒有任何其他活動能力可以相提並論。存有（Sein）和語言當中的理解活動直接相關，甚至被認為融匯合一的。

　　高達美接踵海德格後，把詮釋學思考提升到20世紀歐陸最具影響力的學派之一的地位，他自己則特別從理解之前結構去證成理解之歷史性，以及理解詮釋之依賴語言對話，後者他稱為存有理解之語言性（Sprachlichkeit）。高達美是在語言考察中，完成海德格的詮釋學之存有論的轉向。因此從傳統、權威與經典世界的肯定上，他嘗試去降低以往講究方式、規則的限制，而主張隨時隨地在現實歷史當中，重新建立起生動而有益的交談對談（Gespräch/dialogue）。存有和語言，在所有可能的對話交談間總會合而為一的。

　　不過如要針對高達美詮釋學的部分做評論，交談對話的模式顯然至少有兩種。一種是人與經典文本的對話，志在能詮釋理解，這是《真理與方法》擅長去描述的那種，像「你─我」間的親切關係也是在此際建立而確認出來的。但另一種人與他人間的對話，過程結局卻未必總是如此圓滿的。當然，兩種模式裡，修辭在對話交往中都可以起積極性作用。尤其是進入交談對話者的相互誠意、彼此尊重，以及保持意見表達上引人入勝的能力，更是對話成功的內在要素。高達美

2　綜觀而言，筆者認為這兩個方面之間彼此有相當的理解，但對話並不順暢，結果似乎也是各自走上不同的方向，取徑互異，哲學志業的表現自然也不相同。

倡言修辭，替古代修辭學、論題學平反，這個做法不會有太大問題，只不過當他想把在第一種模式的對話中所樂意接受的論點，直接搬到第二種狀況應用時，就顯得不十分順利了。

再轉到另一個方面，堅決主張論辯與溝通的法蘭克福之批判理論，卻展現出對理性言說的主體際規範效力信心十足，一貫主張經由論辯、溝通而達成普遍共識，是當今之世唯一可行的哲學道路。其中，阿佩爾由海德格和後期維根斯坦共同的傾向中，從我們語言活動的自我審查和檢討當中，掌握到語言使用與世界結構間的關係，而以「先驗語用學」（Transzendentalpragmatik）提出哲學性的答案。哈伯馬斯則熱中於重建社會性的理想言說溝通模型，以樹立其他行為互動的指標，故表現為一套「普遍語用學」（Universalpragmatik）。

阿佩爾引康德同時代的德國哲學家哈曼（Hamman）的話說：「沒有語言，我們就不會有理性」。他更進一步指出：西方哲學根本意義上就如哈曼所認定的：「理性是語言，也就是邏各思（logos）」（"Vernunft ist Sprache, nämlich λογος"）。[3] 於是確信希臘以來 λογος 一詞之理性同時兼具論說的功效，就表現在他確信理性、知識與語言之間的基本關係上，並從而建立起一種以反思溝通、合理論辯為基本架構的先驗語用學之哲學導向。

他常會因此而據理力爭，批評海德格以至高達美雖然講究語言，雖然一心克服「存有遺忘」（Seinsvergessenheit），結果卻不免淪為另一類型的「邏各思遺忘」（Logosvergessenheit），忽略或根本遺忘理性論辯的要求。反對修辭，反對含混不精確的語言表述，反對在意識形態的系統化扭曲下進行溝通，一開始就成為另一個方向的語用學思考重心。論述倫理學的名稱，講的特別是指「論辯式的論述」（argumentativer Diskurs）而非一般的言說、言談等欠缺普遍規約的活動。[4] 理性與語言使用之間的緊密關聯性，就成為現今哲學關注的一個新的中心，並可據以改造康德式的先驗哲學，作為真正的第一哲學。

所以阿佩爾甚至很早就改寫海德格著名的「在世存有」（In-der-Welt-sein）

---

[3] 這兩句引言都出自哈曼 1784 年 8 月 10 日寫給赫德爾（J. G. Herder, 1744-1803）的信函。

[4] 關於這個字詞的中譯，特別要參考 Dietrich Böhler 所撰寫的「論述」（Diskurs）這一條條文，刊於 *Historisches Wöterbuch der Rhetoric* Vol. 2 (Tübingen: Niemeyer 1994)；這是迄今為止，最能代表阿佩爾論述倫理學立場的內容分析和陳述，也對阿佩爾以降如 D. Böhler、Wolfgang Kuhlmann、Matthias Kettner、Marcel Niquet 等學者盡皆有效。

一語，變更為「在語言中的存有」（In-der-Sprache-sein），貼切表達出人的存在與認知活動不可偏離語言實在的理念。但他是從認知人類學的立場出發，指出一個前於語言活動的主體（vorsprachlich Subjekt/pre-linguistic subject），而且是免除行為承擔（handlungsentlastet/free from actions）的主體，根本是不可能想像的事情，而且，也是方法論個體主義和唯我論思考等錯誤所以會出現的根本原因。

沒有獨立於語言實在之外的主體，等於是說沒有不必跟其他主體交談溝通的主體。這和維根斯坦反對「私有語言」（private language）的論說同樣確定，因為放置在語言的向度當中，主體性的問題就是要從主體際性來考量的。保持私密，刻意阻絕及意見的壟斷都會在公開論述中化為幻影。傳統哲學以主體的理性為出發點並沒有錯，但是若不能同時考慮到主體際的共同有效性，則方法論上的獨我主義，或即只從單一主體或唯一的主體出發的立場，根本不能揭示世界樣貌。

在阿佩爾早期的著作當中，他總是用「身體先在性」（Leib*apriori*）來表達這一層思維，從而對近代傳統哲學中的「意識先在性」（Bewußtseins*apriori*）之片面性進行修正。他因此提出一套理論的架構，並在其間的每一項主張都宣示其基本的理據何在，置放進不可迴避、不可繞行的先在奠基。一個人只要在世存在，就已經是進行語言溝通，並且隨時與其他人交往互動的行為者，陳述發言上有進行理性辯論的義務，行為舉止間更有必須負起的責任。

從問題出現的背景上先約略而言，如今反思哲學在語言向度中開展，較近代以來僅只落在主體身上更具說服力，也更為貼切真實。這點對高達美的詮釋學反思和阿佩爾及哈伯馬斯的批判反思皆然。但是強調詮釋、修辭而保持對話，和強調論辯、溝通以達致共識，二者間卻在著重的語言側面和所根據的哲學理由上有顯然的差異。以下我們分別就這兩大方向加以討論。

二、詮釋與修辭

詮釋學與修辭學之間的關係及許多相同之處，並不算一個新的發現。施萊爾馬赫1819年的〈詮釋學講稿綱要〉即已提示，其實每一個理解的動作都是一個講話的動作的反轉，因為凡是透過詮釋以進行理解的目的，不過就是從話語（或寫作）的語言修辭表達當中，回頭過去掌握說話者（作者）的思維和想法而已。

這正代表著古典方法論詮釋學的標準想法和基本理念——如實按照原作者創作、書寫文本的過程，逆向操作去完成詮釋的任務，如此才會得到正確的理解。

狄爾泰在那篇〈詮釋學之興起〉論文裡，追溯古代詮釋活動開始時，更是以亞歷山大城圖書館為中心的版本校勘學、語法修辭研究之不同學派間的爭論為起點，當作詮釋學發展五個階段的第一階段，所以也揭開以往修辭與詮釋不可分的一頁歷史實情。[5] 中世紀許多學者，人文主義時期的古典人文學者、修辭學研究者和古典語言學家，在說明從事詮釋活動的原則時，都應用到修辭學的一些具體主張和豐富的語文實例為佐證。

20 世紀，或籠統的說當代哲學詮釋學的發展以來，是從海德格開始而跨進到一個新的階段。而詮釋學在此正式脫離以往單純的解經技巧，乃至方法論思考模式，轉而看重人自身實際存在最根源性的理解、詮釋和言說活動，並且揭露出人是在語言當中去掌握存有的基本格局。但詮釋學和修辭學之間的關係，在海德格與高達美相繼推動詮釋學的特殊時代重要性時，也仍然保留了下來。

海德格早年以重行提出亞理斯多德《修辭學》的特出重要性，他把亞里斯多德物理學、倫理學和存有論、邏輯修辭學思考以一爐並治的方式，曾經是《存有與時間》前的一個相當重要的準備階段，根本上也使得語言與存有問題間的關連性成為一大哲學顯題。海德格對詮釋學發展的一個特殊貢獻，表現在他的存有學轉向上，而高達美接踵海德格的步伐，更以語言和理解相關聯性的主張，用對話詮釋學（Gesprächshermeneutik）的設計繼續完成海德格的存有學轉向。[6]

依照高達美的〈自述〉，當年他在瑪堡於 Paul Friedländer 指導下鑽研古典語言學，曾有計畫地研讀古希臘文學作品，而除了哲學著作外，特別深受古代詩人 Pindar 的作品吸引，也開始發現到修辭學對哲學的互補功能（komplementäre Funktion），而且這一直延續到他動手撰寫出哲學詮釋學的理論。[7] 果真如此，當我們在《真理與方法》開卷不久，便讀到他強調詮釋學語修辭學的古代連繫，就並不會感到太意外。事實上，修辭學與詮釋學同源的說法，原本雖然可以從

5　詳見 "Die Entstehung der Hermeneutik" 一文所敘述的詮釋學發展五個階段的第一階段，Wilhelm Dilthey, *Gesammelte Schriften* Vol. 5, 317-331。

6　見全集第一冊的《真理與方法》第三部分。按以下高達美著作一律依據 Gadamer, *Gesammelte Werke*, 10 Bde. (Tübingen: J.C.B. Mohr 1985-1994)；縮寫成：*GW* 冊數：頁數。

7　根據高達美（*GW* II: 486）。

他很多不同著作的章節裡讀到，卻並未成為1960年這部主要著作的一個明確主題，正像亞里斯多德古典實踐哲學對詮釋學的現實關聯，以及黑格爾客觀精神理論的倫理辯證，也在這部著作中交待得不是非常深入。

《真理與方法》第三卷刻意突出語言問題，作為詮釋學的存有論轉向之延續時，注重的反倒是誠心善意的交談，一種極度理想性的柏拉圖式對話的現代再現。因此愈接近卷尾時，他更轉向發揚柏拉圖、奧古斯丁式的「光的形上學」（Lichtmetaphysik）學說，就存有與真理立論之餘，又重提非常古典的、而且充滿人文主義理想的美與善之合一說，這點卻正和語言文字間，同時講求修辭效果和美感呈現的要求相互吻合。基於高達美一向重視的人文價值訴求，再加上他自身理想主義和樂觀求全的性格，可說在在都很適切於修辭的講究和提倡。

修辭為和善的交談對話所不能欠缺的一個構成部分。從誠意的溝通信賴開始，由於語言文字的潤飾而增益傳達感染的力量，到能夠將互相理解所得充分詮釋體會，甚至繼續宣揚發揮。如此，修辭學理念對於詮釋學的任務和自我定位，當然極為重要。經典詮釋在於對自身所從出的文化傳統，進行實質精神內含的認識，由親和、深入而感動、認同與發揚光大，有如古典語言學者 August Boeckh 所言，是為「己知事物的再認知」（Erkenntnis des Erkannten）。修辭功能之一也正是讓人由熟悉而通曉（zu Hause sein），從夾雜著生疏而漸生親切認同，可以接納到彼此圓融無礙的視域交合。文化傳承與創新在他眼中因此顯得毫無滯礙。

高達美確實認為經典詮釋可以像對話交流一樣，讓我們透過他異陌生重新感到熟稔自在，更因此能秉持分享一些共同的東西。他列舉以往人文主義時期修辭學所講的對古典語文的仿傚（imitatio）之理想，實已隱含著一種不成問題而理所當然的接受態度（eine fraglose Selbstverständlichkeit）。[8] 這點我們可稱為「詮釋學合理性」（die hermeneutische Billigkeit），即基本上認同經典性文本的內容所講的都是真實而可同意、可接受的。而高達美自己則試用「完滿性的前把握」（Vorgriff zur Vollkommenheit）這項理解的前結構，表達出此種大體上會贊同的態度。

《真理與方法》出版後，高達美關於語言對話活動的一般性描述，以及他對

8　*GW* II: 281.

修辭與實踐哲學的特殊偏好，引起學界普遍好評，但保守傾向極樂觀態度同時也招致相當批評。Göttingen 大學修辭學教授 Klaus Dockhorn 曾為文稱許他指出詮釋學與修辭學的古代關聯，並引證許多古典語文研究上的實例，充分發揮其義。高達美後來曾數度引述之，以為奧援。[9] 另外，當時已先發展的新修辭學理論 Chaim Perelman 也援引高達美的主張，以至高達美也轉而利用 Perelman 學派的見解，對抗意識形態批判理論對修辭學的疑懼（1963）。

談論修辭理念時，高達美重拾回許多關係到希臘人對 logos 理解的重要面向，包括語言論述和溝通討論在維繫城邦生活運作的功能，解決庶務糾紛以至於匯聚群體價值信念，宣揚良好品味，提供深思熟慮的周全意見等方面，修辭或善辯都是無可替代的媒介。修辭在希臘城邦，恰好就是那種言詞上適當呈現眾人皆可贊同的事理之能力。因此，修辭學和詮釋學兩者應該和語言事物之普遍性（Universalität des Sprachlichen）原本密切相關，而非僅為著在有限領域裡，製造些額外添加的效果而已。[10] 修辭所能更喚起共鳴的，畢竟也只能是大家都願意接受的事物，而非漫無限制，容忍一切不知所云的的東西。如現在學者 Perelman 所主張的，修辭學不外一種公眾論辯術（forensic），古代社會需要它，現代亦然。

所以即使時至今日，修辭學論證之合理性不但不該接受懷疑排斥，反而應當作為更有效的一個社會群體的凝結因素，在效用上可納入異質的事物而繼續保持社會穩定與和諧。[11] 尤其是所謂新的科學技術發明和應用上，不能單獨交由專業的權威性評估來定奪，更須要普遍接納和採信。從這個角度看問題，專家學者能精確表述、嚴格證明的專業知識，並不能就構成比平常語言中明白易懂的說明和說服更具影響力的論據。修辭在此扮演著的正是辯證中介的潤滑角色，讓對話進行，知道如何將真實無誤的知識表達為平易可信的言詞，讓一般而普通的理性（eine gemeine Vernunft）或即共通的常識亦能接受。

詮釋學與修辭學同出一源，詮釋學與修辭學效用範圍同寬，這兩項重要的主張真正發揮的意義，其實在於高達美對修辭學適當應用與實踐哲學之理念貫徹的考慮上。因此他主張修辭學、詮釋學和社會學三大領域，應當以不同的正當性交

9　*GW* II: 111, 234, 246.
10　參見 *GW* II: 289，可視為詮釋與修辭同作用範圍說的另一個註腳。
11　*GW* II: 499.

互滲透而作用在一起，在各自獨立下貫徹自身的普遍聲稱。[12] 其用心顯然是要指出，即便在今日看似科技獨勝的時代，詮釋學語修辭學仍然有其維繫與傳佈人文價值的重要性。因此〈修辭學與詮釋學〉最後的結語是這樣寫的：

> 事實上即使是一個讓科學、以及以科學為基礎的技術占有主導地位的文
> 化，也永遠不能完全突破那個框出人類共同世界以及人類社會得更大的
> 人性之範圍。在那更大範圍內，修辭學和詮釋學始終有一個無可爭辯
> 的，也包容一切的位置。[13]

三、語用學的興起

高達美倡言修辭學不可偏廢，當時固然不乏迴響，但批評也所在多有。古典語言學者 Hasso Jaeger 在 *Archiv für Begriffsgeschichte* 發表針對新詮釋學而來的一篇論文，強調即便是第一位使用「詮釋學」（*hermeneutica*）為書名的近代學者 Dannhauer（1654），仍主張詮釋學為西方學術傳統中亞里斯多德邏輯學的分支。這一個後續補充，始終具有其內在的嚴守客觀論證的要求。如果配合著許多心存古典詮釋學典範，認為高達美詮釋學背離方法論及客觀性要求的其他詮釋學者的看法，Jaeger 所指責的事並非完全沒有道理。

但關於修辭學的想法，最主要的批評來自於意識形態批判理論，其不僅疑慮高達美對傳統與權威的偏愛，更從一開始就把詮釋學認同修辭傳統的部分，當作主要的批評標的之一，以為修辭的效益並非無法取代的，但修辭的弊端卻務必需要加以根絕。修辭徒有感動效果，卻難以防止論述不夠嚴謹，立論無法客觀的弊病，在講求或企盼真理發生之際，卻忽略真理如何可能發生之普遍有效的基礎。如此會變得只重視實質的圓滿，而欠缺形式條件或判準的討論，無法告訴我們為什麼這樣的理解會比那樣理解較好。

當代詮釋學擺脫科學主義嚴格方法論講究之後，認為新的社會凝結，原本和古代實踐哲學中所講的共同意見之形成並無二致，此種詮釋學轉向，確實受到當

---

12 *GW* II: 234.
13 *GW* II: 291.

前美國哲學界新實用主義思潮的歡迎。但是，德國批判理論所發展的語用學思考，和一般的實用主義是相當不同的，雖然他們之前也大量研讀並採用20世紀初美國重要實用主義哲學家的著作。[14]

　　語用學轉向重視語言行動之確然效力，應該具有強烈的規範意義，而規範必須是要在主體際、人際之間產生實際效用的。無論知識探討上的普遍客觀，或行為舉措中的集體約束，最終目標是如何可能達到一致有效的共同理解（Verständigung）基礎。批判理論以論辯及溝通為主軸的語用學思考，已如前述有阿佩爾「先驗語用學」（Transzendentalpragmatik）、哈伯馬斯「普遍語用學」（Universalpragmatik）兩種原先大體相同，但稍後各有所偏重的發展。

　　和詮釋學拉近與古典修辭學關係一樣，語用學思考重點，其實也大體符合當前語言哲學思考和實踐哲學理念相結合的趨勢。但非常不同的是：以批判為優先的語用學思考，或是以道德意識的最後反思奠基為首要條件（阿佩爾），或是以建立社會共識的普遍理論根據為第一任務（哈伯馬斯），都一致認定理性論述遠比未經批判、一味認同傳統權威的修辭詮釋（高達美）更為關鍵，他們不但據此質疑高達美詮釋學，同時也用來對抗廣泛的後現代哲學論述。

　　哈伯馬斯從社會科學的邏輯出發，要替社會化溝通行動設計一種程序上之合理性（Verfahrensrationalität），以保障遵循如此語言交互效用之運作下，得到的結果會是大家一體接受的共識（Konsens），而不止是若干族群中的共通感或共鳴而已。「普遍語用學」的要旨，在於從社會互動理論上重建出「可能的相互理解和達成一致之普遍性條件」有些什麼，生活世界中的差異如何被連接起來。他對此地回答是：我們只能夠進行有根據、有理由的辯論，因為社會性的溝通行動一開始就已經要求著有效性的基礎，所有會讓我們說話具有普遍效力的基本要求，都要明確顯題化出來，並且始終都被嘗試著要去兌現。

　　至於阿佩爾早先雖然深受海德格影響，想從認知人類學的觀點，提出一套海德格和高達美都未能成功的「先驗詮釋學」。隨後卻在和哈伯馬斯的合作和密切呼應下，認為即使社會科學也含有一詮釋學向度，而且正是這個向度，使得知識

14　特別是其中最堅持知識論取向的有 Charles Sanders Peirce（1839-914）、Charles Morris（1901-979）兩者的語言符號學理論。因而有一段時間阿佩爾試用「先驗語言符號學」（Transzendentalsemiotik）名稱代表他的「先驗詮釋學」，以和海德格、高達美區別，但終究認為稱「先驗語用學」最恰當。

之真確性和道德準則之規制性可以從語用活動裡建立起來。但他真正關注的，畢竟為主體際規範的先在性倫理預設。倫理學的先在性（a priori），尤其是在一個唯科學主義盛行的時代更顯迫切，其首要之務在於道德意識的反思奠基，唯有在這樣的終究基礎上，才會有所有其他符號使用、言說論述的成立空間。

「先驗語用學」的要旨，在反思地意識到能夠使論述得以可能的一些條件，其最終基礎是什麼？對此答案我們根本不能進行任何論辯，除非我們總是已經肯定、已經同意了若干特定的規範性先行預設或先決條件。在一切科學學術活動間，而且在一切認真的問題探究上，我們早已預設為前提的就是合理性的論辯活動（rational argumentation），其本身即是以普遍規範之共同有效為自己的根據。如此基本構想下，前面提過的「論辯性質的論述活動」（argumentativer Diskurs），對阿佩爾而言，不僅為一切言說溝通、意見表達交換的出發，也正如一最終仲裁者的角色，有如康德所言「理性之事實」（Faktum der Vernunft）的最終支撐點。

> 今天必須仍然被哲學及所有科學分享的論辯式論述之作用，就在於只藉由論證來解決所有關係到有效性宣稱的問題，也就是說，藉由提出良好的理由，而不是藉由其他例如修辭說服、或藉由提供優惠和施加威脅的談判協商。[15]

於此先驗語言符號學取代第一哲學的理想模式，一個嶄新的、順應當代哲學趨勢的第一哲學典範。[16] 事實上，阿佩爾很早（七〇年代初）就已開始提起三階段的第一哲學發展的說法。他自己最為專意的工作一直是「反思式最終奠基」（reflexive Letztbegründung），其必要性和可行性，一項不可迴避的哲學使命，因此他對於逐條列舉理想言說情境中應具備的有效性聲稱，並未像哈伯馬斯一樣熱中。但是有時候仍必須稍事說明時，他總會援引哈伯馬斯《溝通行動理論》中所揭示的理念，作為論述倫理學的四項先在性要求。

15　Matthias Kettner, "Karl-Otto Apel's contribution to critical theory." In *The Handbook of Critical Theory*, ed. David M. Rasmussen (London: Blackwell 1996), 267.

16　這部分的工作阿佩爾投入甚久，相關英譯論文集卻直到 1998 年才出現，參見 Karl-Otto Apel, *From a Transcendental-semiotic Point of View* (Manchester University Press)，共收錄十篇論文。

　　哈伯馬斯曾在不同著作裡，重複溝通行動理論中的四項基本要求，以下是按照1976年〈何謂普遍語用學？〉那篇文章的說法大致說明其要點。[17]

（一）「可理解性」（Verständlichkeit）：說話者必須選擇讓人聽得懂的表達方式，因而說的人和聽的人可以互相理解。講的話要讓人聽得懂，這是從開口說話、言談溝通一直到達成共識的最基本條件。

（二）「真實性」（Wahrheit）：說話者必須真的有話要說，或者他要說出的都是真的事情，有真實無妄的命題內容要陳述、要告知別人，因而可以把說話者之所知和聽到的人分享或傳達給他。簡言之，講的事情要是真實無誤的事。

（三）「真誠性」（Wahrhaftigkeit）：說話者必須願意把他的意圖真誠無欺地表達出來，真摯誠懇而無所隱瞞，因而讓聽者對於說話者的言詞表述都能夠相信，能夠信任他講的話。講話的意圖或態度要坦誠無欺。

（四）「規範上之正確性」（normative Richtigkeit）：最後，說話者必須在充分考慮到現有的規範及價值之情況中選擇出正確的言論，因而聽的人能夠接受如此言論，好讓聽的人和說話的人，兩方面都能夠在關係到一個被承認的規範性背景之下，彼此協調一致或達成相同的意見。講話的行為可以產生正確而恰當的互動。（按：中文的表達或許用「恰當性」或「適切性」來翻譯這項要求會比較好，因為此處特別強調在人際之間的關係中，產生一種合乎規範性或規制性的正確行為互動上的主體際效果。）

　　除此之外哈伯馬斯還提到一點，理想的情況下，溝通行動應該可以不受干擾地持續進行下去，只要有如所有參與者所認定的那樣，他們彼此間可以相互提出的這些要求都已正當提出。於是溝通協議的最終目標，不外是能夠引導　公認一致的理解同意（Einverständnis），而一致的理解同意，會完成於分別在可互相理解、可分享到認知內容、可相互信賴、可趨於意見一致這四個標準下所得致的

17　參見 Jürgen Habermas, *Vorstudien und Ergänzungen zur Theorie des kommunikativen Handelns* (Frankfurt am main: Suhrkamp 1984), 354-355，另外可參考同書頁138的四項有效性要求、頁141表格5四項有效性要求的對照表、頁440表格16普遍語用學的語言模式對照表中所列舉的四項有效性要求。

「主體際共同性」（intersubjektive Gemeinsamkeit）。[18] 哈伯馬斯推出一套表現社會學思維特色的溝通行動理論，以主體間際理性言說和交互論辯為中心，阿佩爾則更深一層去進行哲學奠基的工作。

暫且擱置下阿佩爾和哈伯馬斯近十年來的爭議不說，整體取向上，兩者共同認為在語用上必定需要一種強力規制性原則作為理念。因此論述倫理學當中，所有論述溝通的出發點上，就已經預先設計「理想的溝通情境」與「實在的溝通情境」交互作用的構想，或者從社會運動的側面而言，也可以稱為「生存策略」和「解放策略」的雙面並列與互動。那就是哈伯馬斯所說的「理想的言說情境」（ideale Sprechsituation）出現而且被抬高的原因。縱使在不平等的種種社會處境當中，始終有著一個被大家預期著的，而且要盡一切努力去讓它實現的理想性目標情境，其最後實現，是和每一個理性成熟自主之溝通主體自身「溝通勝任能力」（kommunikative Komprtenz）的發展密切相關的。

至於阿佩爾則更進一步反思，堅稱社會進步之所以可能如此設想，那是因為有一個先驗確定的「理想溝通共同體之先在性」（Kommunikationsgemeinschaft apriori），必須就哲學立場而言，足以作為一切溝通交往等語用活動的基礎。而且重點在於其與事實相反，意思是相對立於事實而先期標舉一理想溝通共同體的先在性，作為衡量一切實在界的溝通共同體進行過程間足資檢驗的先驗判準。換言之即傳統上康德式先驗哲學所謂「先於經驗而作用於經驗」之意，或說是要能夠「先於經驗而對經驗發生的進程起規制的作用」。阿佩爾會獨排眾議，他所主張的最終奠基，或終極立基，正表現在此一基礎的不可超逸、不可退避也無法繞行的終極性質（unhintergehbar）。

不論對哈伯馬斯或對阿佩爾而言，這樣的思考就是論述倫理學的基本訴求和理論主張。尤其後者在實際的情況當中，不只從理論上著重具有嚴格規範意義的理性論辯活動（Argumentation），他本人數十年來與其他哲學派別或其他哲學家間，更是以一次又一次的深入爭議（Auseinandersetzung）[19] 來進行的，使得他的思考表達有非常紮實而穩固的哲學奠基性見解。

---

[18] 但哈伯馬斯有時候會說三項，而且只有三項（genau drei），如前揭書頁 588，另見 J. Habermas, *Theorie des kommunikativer Handelns* Vol. 1 (Frankfurt am main: Suhrkamp 1981), 416-417, 443 f. 17。

[19] Karl-Otto Apel, *Auseinandersetzungen* (Frankfurt am Main: Suhrkamp 1998).

四、修辭與辯論

其實論述倫理學當中，未必會完全排除古代論題學（Topik）或修辭學的所有成份，像 Edmund Braun 作過的研究指出，阿佩爾論述理論與 Isocrates、Cicero 等古代修辭學說的關係。[20] 阿佩爾自己也不諱言，他曾從亞里斯多德探討過的特殊對話論辯（elenchos）處，得到最早的關於論辯性論述之靈感，即針對特定實務性論題（topoi）的爭論應該如何進行。但是正如 Dietrich Böhler 經過詳細比較檢討後評論的，阿佩爾先驗語用學強調以論述奠基的關鍵之一，仍然是要在一般可以應用到修辭、情緒感動的講話，和確實能遵循理由證成的論辯兩者之間，做出明快的劃分和抉擇。[21] 否則理解發生的結果，可能往往根本說不清楚事理究竟，反而會危害普遍有效論據的成立。

「先驗」的哲學思考方式，可說先行排除了許多構成修辭學存在理由的設想，例如博學多聞、博古通今、多識典故、熟記各種廣為傳誦引用的絕妙詞章等等，因為那些畢竟都屬後天接觸、訓練所得的。至於普遍語用學，雖然說社會溝通的性質比較凸顯，卻同樣確認凡是無成見的、無須仰賴權威教導的，而是嚴格要求自我啟蒙和理智自決的論述，恆先要被放置在首位，於是先驗哲學的取向，強調認知活動的客觀標準，與知識獲取的主體際普遍效用，都是批判的語用學排斥詮釋中滲進修辭要素的一些堅定理由。

論辯和溝通憑藉理性可檢視的共同論證和論據，詮釋修辭則衡情順勢完成個別見解的交流，兩種語言活動之間，可用「確信」和「說服」的區分加以說明。「確信」（Überzeugung/conviction）是要用證據、提證明、用邏輯推論堅實可靠的效力達成。產生確信總需要具備良好的理由論據，進行周延的檢討考察，提供有充分根據的論證（Argumente），最後因理性的共同承認為基礎。確信是就事論事，論理而不依賴人的，唯一值得信任的標準只是理性的正當使用，而理性本身並不當作一項權威看待。因此這樣的「信服力」（Überzeugungskraft）特指以理

[20] Edmund Braun, "Vorgeschichte der Transzendentalpragmatik – Isokrates, Ciciero und Aristoteles." In *Transzendentalpragmatik*, hrsg. von Andreas Dorschel u. a. (Frankfurt am Main: Suhrkamp 1993), 11-28.

[21] Dietrich Böhler, "Argumentativer Diskurs und rhetorische Kommunikation." In *Diskurs über Sprache*, Festschrift für Edmund Braun zun 65.Geburtstag. Hrsg. von Holger Burckhart (Würzburg: Königshausen & Neumann 1944), 53-68.

服人，得到公共的確信，一種論理上客觀真實且普遍有效的信服力（to convince, to make sure that it is the case）。

但是「說服」（Überredung/persuation）則略有不同，是靠著話語、言詞的感召力量，動人的講述技巧，達成訴求的傳遞和感染以至於喚起共鳴。起作用的是勸說或誘導（to talk into, to talk over, to persuade），雖然並非強制或脅迫逼使，但經常也總是在特定的時間、背景或一群人之間發生著效用，經不起長久考驗或詳實檢證。因此，修辭學常被認為只不過是一種說服的藝術（Überredungskunst），或是如尼采講評古代修辭學時，最喜歡提到的那種能說善道、能言善辯的能力（Beredsamkeit）。[22] 修辭學和現代性是無法並容的，康德在《判斷力批判》裡認為修辭學不止是說話中講的好（Wohlredenheit），還特別指那種巧言善道，因此有利用人性弱點的嫌疑，並不值得尊重。

西方講求理性的現代性思維，一般而言，會讓辯論者肩負更大更重的要求，必須把充分的理由和根據提呈清楚，而不能再等待他人對自己的論述去進行詮釋。這裡不是一點就通的說話魅力在起作用，也與喚起同情同感的努力毫無關係，因為所追求的並非一時奏效。以當代啟蒙主義哲學承繼者自居的批判理論，其發展出來的論述倫理學，強調理性主體本身的一種投身置入的行動（bodily engagement）進行論證，拒斥修辭學的姿態是相當明顯的。所以在語用學轉向下的論述溝通，誠如 Böhler 所明言，正是在這兩者間的一個抉擇，但顯然的對阿佩爾先驗語用學說而言，他選的是後者。[23] 修辭喚起相似動機，親切熟悉的感受，於是所欲講述傳達的事情或道理，很容易在一體融洽的氣氛渲染下獲得認可，實則僅止於發揮暗示效果（bloße Suggestivwirkung），絕非明智的選擇。

修辭與論辯是否果真無法相容，一時不易獲得定論。但正像任何多方論述可能出現的場合一般，當意見無法取決一尊時，往往可以再擴大論域視野，甚至多聽聽看新的聲音。有一套當前正多方矚目，漸進發展中的「論辯理論」或稱「論證理論」（Argumentationstheorie/theory of argumentation）的哲學兼具實務的學

---

22 尼采當年在瑞士巴色爾大學任古典語言學教授時的古代修辭學講課稿，大多收在 *Nietzsche Werke – Kritische Ausgabe*, Abteilung II, Bd. 4, (Walter de Gruyter 1995)。

23 參閱 Dietrich Böhler 指出，阿佩爾的選擇實為 "Prius der motivierender und sinnstiftenden Rede versus Primat der Begründungsreflexion von Prinzipien und des Geltungsdiskurses zur Rechtfertigung konkreter Normen" 這兩項，見前引文（1994，頁 53）。

說，如同 Josef Kopperschmied[24] 所從事整合者，由於內容豐富而且跨越學科，或許會更適合於言說詮釋的需要。

論辯理論列舉出的四位最代表性人物，較早的有比利時 Chaim Perelman（1912-1984）和英國 Stephan Toulmin（1922-），[25] 其後則進而嘗試融合前文探討的阿佩爾和哈伯馬斯的論述及溝通理論，尤其阿佩爾的哲學奠基的努力。其中如 Toulmin 和 Perelman 兩位，的確仍願意以修辭學之名進行論辯理論的經營，而哈伯馬斯及阿佩爾則斷然不能接受。但其他如法學界的，前有 Theodor Viehweg 的法學論題學（Topik），近有 Robert Alexy 的法學論證理論。此外，目前廣受注重的「實踐推理」（the practical reasoning），似乎也仍然是邏輯確證之外的另一種必要訓練，不但無法偏廢，整體適用與需要的範圍反而更廣。

論辯理論注重於論證結構的分析，舉凡其內容、時機、進行場域、對象，以及論證過程的控制，其手段、目的、策略及倫理訴求等，均為逐項研究的細目。論辯理論和古典論題學的傳統的關聯較為明顯，而非像高達美詮釋學一樣偏好修辭與誠意。不過論辯理論的一項共同的看法，卻同樣認為論辯間無法全然排除信念、態度、價值（beliefs, attitudes, values）等基本取向，而且整體而言無法仰仗必然性的證明作最終定奪，而是一切都按照論述間足以信服的程度（Plausibilität/plausibility），在屬於實務之情境變化的或然性（Wahrscheinlichkeit/probability）領域裡謹慎進行的。如此，論辯理論不失為詮釋修辭與論述溝通的一道橋樑，可銜接起前述兩大方向而互資借鏡，應該是更值得深入探討的另一語言向度。

五、結語

基於這篇論文發表的特殊場合，配合研討主題，筆者個人會傾向於主張修辭與論辯，是可以共存於經典詮釋活動當中的。但是這其中畢竟仍是有所分際的，而且進一步的確證，以及兩種取向間的輕重權衡，當然都還須要再從特定經典之詮釋理解的實務上去應驗或發揮。目前我們只能從文本探討的兩大典型去提問：

---

[24] Josef Kopperschmied, *Argumentationstheorie zur Einführung* (Hamburg: Junius 2000)，是目前為止最具整合性和代表性的一部著作。

[25] 代表性著作 Stephan Toulmin, *The Uses of Arguments* (The Cambridge University Press 1958)。

詮釋的任務究竟是修辭或辯論？或許可暫以概要對列的方式，比較出兩種取向所偏重議題的變化和主張立場上的差異。

批判理論的語用學轉向強調論述的正確效果，主體間充分溝通所得到的共識，因而並不重視經典，也根本反對權威，其最高旨趣在於歷史解放以及社會不對稱（asymmetries）的消除。相應的在語言論述及溝通的過程裡，阿佩爾和哈伯馬斯都反修辭、去典故、凡事講求在理由根據上令人信服，而非動之以情。其結果適合於造就法政倫理的規範性；在社會性的標準判定上較強，而缺少審美領域或文化向度的經營著墨。在詮釋活動方面，阿佩爾的先驗語用學關心的為知識進展上的符號詮釋（Zeicheninterpretation），而非高達美的經典文本詮釋的模式，符號的系統不會高過於人，符號只是人認知與論辯的工具。

高達美詮釋學主張古典人文教化的理想，忌諱現代社會專家式技術性的意見壟斷，也反對從超越位階上採取治療矯正的姿態。他的思考內容注重文化陶冶的一面，講究共同性價值意義的承續和信念的傳佈分享，也強調人類社會實踐活動上之不可操演，無法單向掌管控制，更反對社會工程或全盤計畫的說法。又由於他重視說話上的循循善誘，互相開啟新的視域，因此贊成發揮隱喻、譬喻、歷史典故、修辭等語言文字的力量，擅長於表達自己的思維，同時也勇於詮釋歷史典籍和他人的話中寓意，使得交談對話持續不已。

Dialog der Phronesis

共通感、團結與共識
對當代詮釋學思考下的相關實踐議題之審思
《中國詮釋學第二輯》（2004.12）

前言

　　「團結」（Solidarität/solidarity）這個字詞，是近年來哲學論述上很常見的一個受討論的概念。雖然這個字詞本身並不新奇，但它會成為哲學思考中的一個新的議題焦點，卻極具有時代性的洞察與創意，也適切反映出當前哲學愈來愈重視社會、文化、與人際實踐層面的趨勢。

　　為了更貼近這個概念提出時的主張和論說意旨，我們行文間有時候也不妨譯作「團結凝聚」，意思是指一群或多或少已有共同結合基礎，或擁有相當類近經驗與相屬利害關係，也準備為當下與未來互相支持、一起奮鬥的人群，以及之所以會促成他們表現出此一結聚共進退現象的理念及價值取捨。簡言之，這裡的問題在於：人群是如何結合、凝固成一體的？維繫他們在共同生活世界當中團結匯聚起來，而不輕易瓦解潰散、不會任憑眾人各行其是的基礎是什麼？

　　「共通感」通常用拉丁文 sensus communis 表達，是為當代哲學詮釋學思想興起之後，非常受到矚目的一個古典人文主義之主導概念，特別是因為它曾經在西方的修辭學傳統當中，一直有所討論和倡議，甚至廣泛認為在這一古典概念中，表達的就正是長期維繫社群穩定、常態發展的最關鍵力量所在。共通感概念不只是一個省美觀念，不只表達一種「趣味」或「品味」的普遍可傳達之可能，而且還提供一種倫理的群體生活基礎和依賴，根植於傳統與習俗的流通有效，內在於生活世界的軌跡和共信共守的行為準則。

　　「共識」（拉丁文 consensus／德文作 Konsens）理論則是當代批判理論的哲學及社會學核心思考之一，其逐漸發展為論述倫理學（Diskursethik）關鍵特色

後，更加取得了切合時代要求的普遍規範性意義，成為可以達成一致見解和共同接受的行為分際和互動方式之憑據。這期間，共識理論與共識的相關學說，與詮釋學思考的「共通感」理念始終有所區隔，且事實上前者已然成為目前有關實踐哲學議論的核心概念之一。關鍵在於論辯、論證的語用實踐活動。

　　以下我們先從兼具法政與社會實踐歷史意義的「團結」概念出發，主要探討它的獨特現代意含與哲學相干性（第一節）；接著我們討論詮釋學理念下的「共通感」概念，以及因此而被寄予厚望的「理想社群共同體有效型態」之問題（第二節）；這其間為平衡起見，也特別涉及到高達美對康德的若干批評，以及相應的先驗哲學立場的回顧，或必要的澄清工作（第三節）；從中我們可以再次發現論述倫理學中普遍性原則下，共識達成的設想與哲學思考之真正用心所在（第四節）；最後則期待這些考察和研究，能對當代實踐哲學論述有所啟發，雖然僅只能夠提出若干非常初步的結論。

一

　　Kurt Bayertz 於 1999 年所編 *Solidarity* 主題論文集，附錄部分就曾選取有307 部學術專著與論文，整理為一份分類參考書目；[1] 其絕大部分作品出自 20 世紀八〇年代與九〇年代，至今所見更是愈來愈多。因此「團結凝聚」概念在近來的哲學、社會學、法理學論述的份量已極為凸顯易見，幾乎無須再申論。而 Bayertz 自己的論文也從「團結」概念與倫理道德性（morality）、社會（society）、解放（liberation）、福利國家（welfare state）四大領域，探討這一概念目前在學術研討，以及在使用到實踐議題審思時的重要貢獻。[2] 這四者現今也都極待一番哲學論述上的證成。

　　但追溯其源，主要應該從社會學及法學思想史考察。法理學教授 Hasso Hofmann 的《法政哲學導論》論述團結與社會正義對當代的法政國家之重要性時，即指明「團結」原本就是一個道地的法理概念（Rechtsbegriff），而其來源則

1　Kurt Bayertz ed., *Solidarity* (Dordrecht: Kluwer Academic Publishers 1999), 319-335.

2　Ibid., 3-28.

出自羅馬法的民法相關規定。[3] 拉丁文 solidus 原本用以形容密實、緊固而持久的性質或連帶關係，但更曾經為羅馬民法的重要法律概念，經常透過介係詞詞組 in solidum 的形式出現，表示法律規定上「集體賠償、集體歸咎、全體（共同）義務承擔」（obligatio in solidum/Solidarobligation）的「連保、連坐法」精神。如此在有功同賞、有過同擔的人為設計下，促成了很原始卻也很有效的「一個人為所有的人，所有的人為一個人（或一件事）」（Einer für alle, alle für einen）之團結整合狀態。因而也就是說，一個團體中的諸多成員間，會暫時降低個別性而投注於整體性，並且必須彼此相互支持、照顧、也須互相干涉、監督，能夠同心同德、協力共作，以期發揮出整體一致調節的共進退作用。

　　除羅馬法律這一立法精神外，社會學教授 Hauke Brunkhorst 又從歐洲歷史列舉另兩項來源，內容上充實且擴大了上述羅馬法在「相異的人、互補的角色及異質的興趣」間，所形成的外加的團結。其中之一是異教徒間共和式的和睦相處與共同生活（希臘文 homonoia ／拉丁文 concordia）以及彼此間發展的友愛情誼（希臘文 philia ／拉丁文 amicitia）；另一項則是猶太教、基督教聖經傳統下教徒間的特殊兄弟之情（fraternitas/Brüderlichkeit），以及對世人因悲天憫人的普遍博愛精神（charitas/Nächstenliebe）。[4] 類似這樣的生活共處或宗教情感下的凝聚對待，當然也提供異質包容的基礎與相同信仰中互愛的力量，透過豐富而多樣化的調整適應，在世間人群當中，甚至於在異族間糾合出一種無法一擊就破，具有靈活變異性質（Elastizität）的相處之道。

　　不過正如 Brunkhorst 所言，「團結」在今天畢竟已經是「一個完全是現代性的概念」，[5] 它的最重要現代起源則須從法國大革命的劇變來看。在這裡，團結不再是守成守舊的束縛，反而和人類社會演進之必然趨勢結合在一起，同時也是求新求變的創發力量來源。法國大革命期間，當時人們不斷以「solidarité」為行動綱領與主要理念，並且緊密配合著法權思考上的「平等」概念，和政治上的「民主」概念，共同決定著近代歷史以來最重要的人類社會發展趨勢。革命進行間，

3　Hasso Hofmann, *Einführung in die Rechts – und Staatsphilosophie* (Darmstadt: WBG 2000), 193-203.

4　Brunkhorst, Hauke, *Solidarität – Von der Bürgerfreundschaft zur globalen Rechtsgenossenschaft* (Frankfurt am Main: Suhrkamp 2002), 11.

5　Ibid., 9.

人人呼喊著的是「自由、平等、博愛」（liberté, egalité, fraternité）的著名口號，雖然「fraternité」取代著「solidarité」，但毫無疑問，正強烈表達出當時在相互平等基礎上團結奮鬥，致力爭取自由與解放的積極態度。「友愛」與「團結」密不可分，這是現代市民社會的特色，而往後在所有爭自由、爭福祉、反壓迫、反侵略的各種型態的民眾號召中，在社會正義的持續追求中，都一再以如此結合著個人與群體的撼動聲勢展開。

當然在西方近代史以來種種政治與社會改革號召中，「團結」與工人運動各階段的發展史尤其密不可分。階級與利益的分合對抗，成為穩定發展與變異革新之交互作用下的巨大力量，直至1989年著名的波蘭「團結工聯」促使世局劇變，都是歷史實例。但正如現在法學家（如 Hofmann, 194）指出的，每次工人運動中發展的自覺性的團結，從今天的標準看來，如此「團結就是力量」未必是要對付、打擊甚至消滅外在壓迫，而應該是法理、正義、政治統治正當性上爭取平權。法蘭克福的哲學家 Axel Honneth 同樣更看重這種能推動社會進步、政治改革之良性、健康契機的真正的「團結」。（詳後：團結三部曲）

時至今日，奠定歐洲各國共同團結基礎的《馬斯垂克條約》裡，也明白規定著「歐洲的任務在於，融貫內去且和睦一致地（kohärent und solidarisch）塑造出各會員國之間以及各國人民間的對待關係」。這在冷戰結束的現在早已不再是如何不分散力量，共同對付外來威脅的問題，而是怎樣去透過內聚凝結的努力，促成異文異族，甚至於曾為世仇死敵的諸多民族間，基於平等互惠下同心同德、謀求康德以來邁向人類永久和平的重要一步。

「團結」是人類社會的一個重要現象。不論是短期的利害相權下暫時結合，或是長期理想共同實踐，人類歷史中始終不乏彼此牽繫、福禍同當且能同甘共苦、休戚與共地結合凝聚在一起的集體成就與表現。誠然，所謂有福共享、有難同當的一種凝聚意識，在不同時空環境和稟賦、氣質各異的成員結合之下，有時候也可以是非常淺陋甚至於鄙俗的型態，理性思慮上是完全無法苟同的。例如，從社會現實中屢見不鮮的拉幫結派，政治上黨同伐異，一直到強盜土匪的聚眾滋事和結伙行險，甚至現代社會中各種利益結合及風險規避等等，充滿私心自運與策略聯盟的經濟與政治的操作行為。正因為如此，「團結」視為一哲學議題仍有深入剖析的餘地。

而許多項現代群體生活性特色，如「共屬感」「忠誠」「共識」「同情同感」

「樂善助人」與「合作」，例如行為上非完全利己，多少是利他考量下個人的犧牲奉獻等等，如今都需要重新透過一個「團結」概念來掌握。[6]

「團結」問題確已成為現今哲學論述關注的焦點之一。尤其值得注意的是，即便是深受解構與後現代學風影響的美國新實用主義哲學如 Richard Rorty，都會對此問題有非常正面積極的探討。只不過，Rorty 是把它更改為比較簡易淺顯的「社會黏著劑」（social glue）一詞，內容上也採用較低標準的「共同不可容忍」為團結凝聚的底限。[7] 我們可以看出，由於現今哲學的形上學思想式微，知識論及論辯檢核的工作又傾向於以實質議題上的具體主張為試煉，因此，對於人類社會或生活共同體如何凝固、團結在一起，又如何能長久維繫不墜入這樣的問題思考，現在幾乎已成為觀察各學說立場特徵的最佳途徑。甚至說，這部分哲學討論之豐富而新穎的題材，幾乎已經可以取代傳統哲學上「倫理」（Sittlichkeit）與「道德」（Moralität）的爭論，亦即關乎實質倫理生活與抽象道德規範形式之間的權衡問題，而對當前人類處境有全新的意義。

二

「共通感」（sensus communis ／德文 Gemeinsinn 或 gemeinschaftlicher Sinn ／英文 common sense）是近 40 餘年來，由於高達美哲學詮釋學興起後，再度受廣泛宣揚的一個古典概念；而且更因為在《真理與方法》卷首，高達美每一人文主義概念都與 sensus communis 相關，可以說從根本而形成了一套「共通感」的舊說新詮，預告出詮釋學脫離方法論而靠向實踐哲學之取向。但與此同時，詮釋學立場卻也對康德哲學中的美學思考以及倫理學基本架構，展開了一系列不容忽視的檢討與批判。其中最針鋒相對的觀點指出：康德丟失掉「共通感」概念原本應保有的倫理與社會政治意含，因而也讓藝術領域當中不再具備富含真理的內容可供汲取。這是我們接下來要討論的主軸。

6　Andreas Wildt 替當今的「團結」概念定義尋求九項最根本的內容特性。見前引 Hauke Brunkhorst ed., *Solidarität*, 216-218。

7　Richard Rorty, *Contingency, Irony and Solidarity* (1989)（另外他在 2004 年的論辯文章之主旨，也是在問世界應該團結對抗恐怖主義或接受人性共同屈辱？）。

　　這一發展，等於是從當代反主體性哲學思維的特殊反省立場，重新論述一種實質性凝聚團結的古典理念，以及他即使在今日科技時代仍不可偏廢的地位。一方面，人們會執守每一文化生活必定擁有的一群核心價值與信念，信賴且服膺歷代以來所積聚而有的大量所謂「具承載力的一致同意」（die tragende Einverständnisse），或即彼此之間的共同理解、相互信賴，以作為整體公民社會穩健成長的依據與憑藉，但是另方面也任重道遠，不斷對這些固有資源再加詮釋求通，以求發揮其現世應用價值，尋求得更廣闊的承載與包容的力量。這已經不只是團結的問題，而是一切公民道德生活的本源。若缺少這一底層共識的支持與判斷，則一切科技進步等等成就能增進人類的幸福很有限，闖禍釀災的危機和後果卻屢見不鮮。

　　高達美在《真理與方法》中首先講明德語「教化」（Bildung）概念後，緊接著提出拉丁文「共通感」概念，因而立即轉回到一種內聚與積累的文化價值根源處，探尋古老而穩定的公眾良序生活之維繫所在。由於「教化」概念本身是「一個真正的歷史性的概念」（17），事實上來自於廣闊的歷史背景與文化教養脈絡，且其中必定涉及「普遍與共同的感知判斷能力（Sinn）」（23），此即為高達美所認定的「共通感」，德文 Gemeinsinn 或 gemeinschaftlicher Sinn 的真正本意。這裡指涉的是善良而好意的人心共同根源與憑藉，因而能面對無盡的世事變化，一起作出恰當而公正得宜的判斷取捨，它未必是一種主觀的能力（Vermögen），卻往往更是不斷的承受考驗與挑戰下的要求（Foderung）。與其說它是一先天的、特有的主動能力，不如說是積累訓練出來的後天共有的感受接納的能力。簡言之，在高達美看來，凡是大家會因為「受教化的意識而能在各方面都起作用的，即為一普遍的感覺（ein allgemeiner Sinn」，一種共通的感知判斷、分辨是非善惡的能力，社會長久凝聚的真實基礎（23）。

　　至於自身學說理論的傳承上，高達美論述所取法的對象首先是義大利人文主義學者維科（Giambattista Vico, 1668-1774），以其《新科學》的理念與修辭學傳統為借鏡。他一則配合哲學詮釋學的大膽嘗試，一意要探問只會用科學方法所達取不到的真理，再則又從修辭學者們倚重的古典語文之修辭學、倫題學理論裡，擷取人際間相互號召感染的正面積極力量，確定這才是人文精神發展向前的導引。是以他要強調維科的修辭學教授身分，強調修辭學對於「共通感」之教育和培養的重要意義，同時這正是當代詮釋學所要呼應的一種看法，期待在數理邏輯

之推論為主的方法論壟斷下，與科技思維相抗衡。

其後18世紀與維科遙相呼應，同樣體認到共通感之重要性的，為英國哲學家 Shaftesbury（1673-1713）。他的自然神學理論，高達美指出，會同時兼顧到許多人類的天生情感要素，而置諸於共通感的關聯中；如機智、幽默之外，還有友愛團結、關懷照顧、同情心、移情感染等等活潑生動的人際相處特性。因此整體而言，Shaftesbury 認為，「人文主義者理解的共通感，是一種對於共同福祉的感覺（感知判斷能力），但還有對共同體或社會之愛，樂善好施等人類真性情」（30）。如果對照來看，這和高達美自己強調的群際歸屬與傳統認同，彼此連繫且前後相續整合而得共有分享之理念，不但非常相近似，而且更是真正能據以發展出自然精誠團結之普遍人性根源——共通感的社會倫理意義就在於它始終是和善良群體大眾結合在一起講的。

這樣的見解上承希臘羅馬（尤其是斯多葛學派與其自然法理論），下啟蘇格蘭常識哲學的 Thomas Reid（1710-1796），在西方學術發展間未形成明確的系統卻也隨處可聞，彼此應和。其間最為重要的一個關鍵在於普遍（非絕對或全無例外）信賴人類共有感覺，以及因此而開啟出來的一種與社會群體正常而健全無偏的良好聯繫。如德語講的「健全理智」（der gesunde Verstand）（詳後）原本就該為此義，英語 common sense 同時也是促成良好社會生活之道德哲學基礎的 good sense，法語到後來生命哲學仍強調「bon sens」指導下，個人生命與整體社會環境的調適搭配（亦稱社會感／「sens social」）；這裡可看到不論 gesund、good sense 和 bon sens，一致都指向同樣良好美善的人性本源，以及它在社會中的自然充全——未必完滿，但是始終可信而且可以期待的。

所以高達美認為，直到今日在英語及拉丁語系國家裡，「共通感」仍表達「一種國家公民的普遍品質」（32）。但是德語世界中則不然，因為當時德國尚未具備那樣的社會政治發展條件。高達美發現的唯一的例外，是虔敬教派的傳教士 Friedrich Christopher Oetinger（1702-1782），因為只有他還從宗教情感的觀點宣揚「共通感」豐沛的生命蘊涵，即為 Oetinger 所言「sensus communis vitae gaudens」（33），有如一種豐沛充實的感受「sensus plenus」，藉此足以激發出生命的共通與相繫的感覺，令人頓時覺悟所有人類精神性共有共享的實質內容皆為美好而實在。表面上這是一種宗教信仰鼓舞下的生命情感，一種豐富而充實的鮮活感覺，然則這同時卻也是社會倫理教化所必須的維繫方式。因此高達美認為

Oetinger 的理論不失為「共通感」概念的一個在德國碩果僅存之反映。

正由於受到維科和 Shaftesbury 和 Oetinger 等不同學說來源的影響，高達美始終認為古典傳統中普遍有的 sensus communis 根本就是「一項公民的——倫理道德存在之要素」（37）。但在後來德國啟蒙主義哲學的大轉變下，著重的是不含政治意含的 Gemeinsinn，它針對以上所說的「共通感」之理解脈絡而言，中文翻譯成更具有普遍必然與一體絕對意含的「共通感」會比較恰當（詳後）。高達美曾經稱此德語世界中的特殊演變為「共同感概念之邏輯化」（Logisierung des Begriffes des Gemeinsinns），並且一路展開他對啟蒙主義、對康德美學、康德倫理學的詮釋學批評檢討。這是因為他認為康德哲學中凡事從理性的先天考量與規定出發，探究其根源和普遍可能性的根據何在，結果是否會忽略了德諺所云「Der Verstand kommt mit den Jahren」——智識能力與時俱長（或說是年歲與經歷）的這一側面。而眾所周知，高達美對康德多有評議之餘，接受的是亞里士多德倫理學和黑格爾所強調歷史辯證法下的若干觀點，並由此出發去批評啟蒙與近代主體性思考和意識哲學的立場。

因此，高達美批評康德哲學在先驗美學的主體性形式之下，喪失掉「共通感」（sensus communis）與「品味」（Geschmack[8]）概念原本應有的豐富實質知識內容之意含，甚至導致整個康德美學領域之空洞主觀化與抽象論理化。原因正是因為康德把原本實質內容豐盛的「共通感」（sensus communis），簡化為主體性及主觀化的「共同感」（Gemeinsinn）原則，結果「品味」也僅只是「純粹的趣味」或「先天可共有的普遍的鑑賞力」而已。「康德否認趣味有任何認識上的意義。它只是一個主觀原則，共同感也被歸結為這樣的原則」（49）。於是先驗哲學思考下，「共通感」不再提供前述應有的豐富內容，倫理教化與社會生活結合的側面，縮減為「對康德而言，重要的只是純粹的趣味判斷」（50）。純粹的，即不含加經驗內容的，僅止於主觀先天的先驗主體性而已。

回顧前節所言的，例如在人類生活中確有其事的兄弟情誼和友愛，自古曾為團結概念的重要起源之一，就可以想見高達美為什麼要抱怨亞里士多德倫理學中曾花費三卷篇幅討論的「友誼」（Freundlichkeit）問題，構成古代城邦生活中最

8　按 Geschmack 一詞在康德意義下較適合譯成「趣味」或「鑑賞力」，詳後。

值得珍視的人際關聯之一，在康德哲學中卻隻字未提。（但康德會說：所有的人都是我朋友。每一個理性存有，每一位自身作為一獨立目的而存在的人格。因為其基本精神就是以天下所有的人為友伴，發揚四海一家、無計後天差異的世界公民精神，共臻永久世界和平之域。）

高達美曾表示：古典人文主義傳統的「教化」概念當成一綿延不絕的文化過程來看待時，正和古代希臘思想中對整個「自然」（physis）的理解一樣，都是為了自身而在自身當中發展變化著，因而完全「沒有自身之外的目的」（17）。在這裡，我們或許可以替他說出：「共通感也沒有共通感之外的標準與尺度。」然則這樣的主張，固然可以強調人際團結內聚的側面，但如果有任何的單面轉向而任由傳統與權威主導之嫌時，卻一定會招致強烈的批評與質疑。事實上，發生於哲學詮釋學與論述倫理學之間長達數十年的論爭確實是如此引發的。

三

為持平起見，我們再次轉回康德先驗哲學出發點，啟蒙精神的哲學奠基處，重探康德對「共同感」（Gemeinsinn）的論述，其中當然隱含著他對粗淺平常的（gemein）常識觀點之「共通感」，所表示無法倚靠的先決態度。要言之，康德不討論滲透在經驗當中的常識和共通感覺能力，而看重所有的人會共同感受、認知到此般後天共識之先天理性基礎何在。因此即使到《第三批判》裡，康德所要追問的，仍然還是可普遍傳達的情感之所以可能的哲學基礎性質的問題。

其實在當時整個啟蒙時代的大環境之下，像是「健全的人類悟性」（der gesunde Meschenverstand）等相近似的詞語，在 Moses Mendelssohn（1729-1786）、Jacobi（1743-1819）、Herder（1744-1803）、Hamann（1730-1788）等許多哲學家著作裡也一再出現，卻各自賦予的涵義與輕重卻不盡相同。德國思想界曾受到蘇格蘭學派的常識或通識說、英國自然神學與自然情感說以及法國啟蒙哲學的不同來源的影響啟迪。整體而言，「健全的理智」（der gesunde Verstand）指的是一般正常人的理性看法，而非意見態度激越者，無知盲從或莽動者的片面偏執之見；是心智健全且態度開放平和，具對錯是非判斷能力而能和其他人相互溝通互動的人，他對大家都會表現的理智能力和共同看法，皆可接納而配合。這已約略等同於德語「理性」（Vernunft）的同義語，實即啟蒙精神所重

視的人皆有之、不假外求的正常的理性思考之能力。

此外，所謂「健全」亦表達理性應有的務實的處事態度，正常無偏且顧及現實的能力（Wirklichkeitssinn）（具有現實感知與判斷能力／Sinn für das Leben, Sinn für das Wirkliche）。這些意思，其實和高達美所贊同的「共通感」學說，或多或少仍有相當雷同。不過到康德的批判哲學裡，他不論提到 Gemeinsinn 或 sensus communis 時，確實都專就著審美活動中之趣味而論。因為康德自己曾明確說道：「趣味較之健全悟性有更多權利能夠被稱作 sensus communis；而且審美判斷力要比智性上（intellektuelle）之判斷力更能冠上一共同的感受力（eines gemeinschaftlichen Sinnes）之名稱」（V 160）。但是這裡 Sinn 這個詞是用以指出單純返回到 das Gemüt 上之效用而言，因為它所理解的是一種愉悅的情感，或說對康德言唯有純粹反思之趣味才能夠被認為是一種合法的「共同感」或「共通感」。

審美上之共同感，鑑賞或趣味判斷，雖然是透過情感而不是透過概念的一個主觀原則，因而只具有主觀必然性，「但仍然普遍有效地決定著是否引起愉悅（中意不中意）」（V 64）。換言之雖然審美趣味是一主觀的情感，但「不是當作一私有情感（Privatgefühl），而是當作一共同的（als ein gemeinschaftlicher）（情感）」（67: 157）；其必然性無法經由悟性提供「證明」（Demonstration）達成，而只能夠經由審美判斷力以「範式」（Exemplar）的方式確定。這是反思判斷由個別給予者身上所能看到的普遍，只具備範例之有效性（exemplarische Gültigkeit），或一個理想上之規範，亦即只提供一範例及樣本，間接而達到可因為示範以放大開來的普遍效果。如此一來，審美判斷即使沒有絕對無條件的必然性，但也不會完全沒有必然性（至少有主觀之必然），讓我們仍然有理由、有根據去說美感的普遍性，也就是說經由共同感而表象為客觀的必然。

所以在此處，康德關心的依舊是先天的普遍或必然基礎的問題。我們從《判斷力批判》裡和「共同感」相關的主要段落來看，康德的立場都十分明顯，首先他要指出：（§ 20-22）知識與判斷，連同其伴隨而起的信念，必須是普遍可傳達的（allgemein mitteilen／可轉告傳導），因而我們很有理由（根據）能預設一共同感（Gemeinsinn, V 65）；因為「一情感的普遍可傳達性（allgemeine Mitteilbarkeit）就預設著一共同感知」，而且這並非立足在心理學上的「人同此心、心同此理」之觀察而已，而是積極讓它「當作我們的知識之普遍可傳達性之

必要條件」（66）。惟有一共同的感知能力，才能確保我們傳達一共同的而非僅只是私有的情感時，不會落空或產生偏差。像這樣從強調必須能有一普遍的共同性質（gemeinschaftlich）之角度出發，去講「共同感」，這勢必要和一般經驗上未經批判地主張「大家都會這樣去想」「我們一向如此認為」或是「我們應該會做出如此判斷」是相當不同的想法，而毋寧說是一種針對「普遍可傳達性」「普遍可溝通性」所以可能的基礎之先驗的設想。這是我們中文翻譯上刻意把康德意義下所理解的講成是「共同感」而非「共通感」的原因。

　　因此之故極重要的一點是，「共同感」在康德來說不是一般的共通感而必須是一個理念（Idee/vgl. § 20-22, § 40），而審美判斷上的「趣味」或「鑑賞」則只是 sensus communis 的一種而已。因為我們不能忽略，其實康德在第三批判裡講 sensus communis 時，還曾經再用拉丁文提出 sensus communis logicus（邏輯的共同感）和 sensus communis aesteticus（審美的共同感／即趣味 Geschmack）的區分。兩者的重點都在於人類共同知識或共同情感之「普遍可傳達性」。然而在情感方面，即使可傳達性為一主觀原則，也不妨礙它可被接受為主觀上的普遍的，即接受為一個對任何人皆屬必然的理念。換言之，讓審美趣味的鑑賞能力在一個共同感的理念上統一起來（67-68），這個部分才是康德「共同感」學說的真正核心部分。

　　但是與此同時，同樣在 § 20-22 及 § 40 等章節段落，康德另一方面亦須讓他這樣的「共同感」設計，要嚴格與「迄今所有的 Gemeinsinn（sensus communs）相區隔」（64-68, 156-157），使得「共同感」能達到其論理上的真正目的，不要混同於日常平庸見解的論說。「共同感」在康德只有邏輯論理上之必要，先驗推證上之必要，而無法明列或暗指其實內涵的，這和「共通感」說法很不一樣。然則參考前述伽達莫爾對「德語中共同感概念之論理化」的評議，卻可以看出後者認為「共通感」無法顧及其豐富的教化涵義及歷史脈絡。因此依筆者之見，存在於伽達莫爾與康德差異當中，正是由於伽達莫爾重視交談對話當中的語言交互開顯作用，遠超過康德仍著重審美判斷之主觀奠基，因為語言對世界之實質開顯性，那才是詮釋學思考之焦點及所長。正如當年 Herder、Hamann、Humdoldt 三位學者都曾異口同聲指責康德哲學忽略語言活動的面向。對話、詮釋、溝通，此等經由語言界面的活動，如今事實上也正幫助康德所言的普遍可傳達性在哲學論述中，真能落實出來，這是屬於當代語言哲學思考興起後才有的新局面。

　　康德的「共同感」絕非普遍一般人的常識見解，平凡流俗、老生常談之類的東西。「Gemeinsinn」這個字詞裡可為形容詞使用的「gemein」，在德語中卻正好（不巧）表示平庸無奇的、不出色的、庸俗平常的意思，幾乎近乎一般所謂的流俗或世俗之意「vulgär」。康德當然會注意到這點字詞歧異，並藉以極力澄清即使將「普通的」（gemein）改換為「健全的」（gesund）這個形容詞，效果依舊未盡理想，因為那樣也只能暗指某種最低程度所要求的東西──「das Geringste」──只是尚未培養訓練出來的（unkultiviert），只是通常的、一般的，且雖然多半以至於絕大多數情況中會看到，但始終還渾暗不明的（「gemeiniglich」（gemeinhin）und dunkel）。[9] 緊守於此，難免心胸狹隘（borniert）甚至於是精神上受限的（geistig eingeschränkt），開不出一番普世文明所以可能的大格局。至於說康德哲學自身的任務，則當然是如前所述，是要明指那個「共同性」與「普遍可傳達性」的無可懷疑的基礎。

　　分辨對「共同感」與一般以 gesund、gemein 所形容的「共通感」後，再回來考察康德對何謂共同感的正面解釋如何？他的三個格律說特別值得一探究竟。他除了描述「我們所理解的 Gemeinsinn 不是一外感官，而是出自吾人認知能力（pl.）的自由的交互作用之結果（效用）（64）之外，還在一個非常符合啟蒙根本精神的著名段落中指出（通常的人類悟性）還必須遵循下述三個格律。（1）自己（自行）思考；（2）處在任何一位他人的位置思考；（3）任何時刻都與自己自身一致地思考。（158）這樣才會是滿足康德啟蒙標準下的真正普遍有效的「共同感」，並且因而有另一層面的如何與其他人取得共同一致的擴大思考之格局。

　　這三大格律簡單扼要而一氣呵成的確定提示當中，第一個稱作無前見的（vorurteilsfrei）思考方式之格律，也是悟性（Verstand）的格律；第二個稱作擴展開來的（erweiternd）思考方式之格律，也是判斷力（Urteilskraft）之格律，是我和人人一樣會有的判斷力；第三個則稱作一貫堅持到的的（consequent）思考方式之格律，也是理性（Vernunft）之最高格律。人類思考最重要的三種超感性能力，都齊備說明於此，而一旦展開其全體大用，確然即將會為人類文化歷史健全發展進步的的座，奠定好哲學的基石。可見這和前述所不以為然的偏狹的

───────

[9]　參讀康德《判斷力批判》64、156 以及高達美《真理與方法》中的一個相關批評。

borniert 正相反，而且這裡正就是能夠拓展傳達開來的，亦即能形成有教養、有文化的人類歷史進步，而其基礎則在於各自憑藉理性思考而依然有所共通的康德式「共同感」。

另外康德在一篇〈何謂思考定向？〉（"Was heiβt: sich im Denken orientieren?"）的短文裡，也曾十分強調的重述這三項格律，並特別指明第一個格律表示的「在自己自身（即在其自身的理性當中）尋求真理的最高測試石」這一啟蒙任務；而任何時刻都自己自行去思考這個格律其實就是啟蒙精神的最佳寫照。隨後在《邏輯學》及《人類學》著作裡，康德又多次重提「共同感」的這三大格律：第一個功能在去除成見和迷信，從自身出發克服無知。第二個由主體能動性自身推己及人，拓展開來也可回返自身進行檢討批判。最後，在這其間始終一致的出發、推展與檢驗，終可應證一切「共同感」的真實成效和具體建樹。[10]

誠然，《第三批判》的解讀，事實上一向也涉及康德哲學自身的系統完整性問題，重點在它是否成功銜接起「自然」與「自由」兩大領域之理性應用，這是偏重系統性的傳統解讀方式。但是現在另一種解讀興起，是「轉出」而不是「聯結」，是康德哲學的持續發展性問題，這是偏向發展性與生成性的解讀方式，看待重點在如何轉接上康德之後，甚至直到當代的哲學論述議題。Volker Gerhardt 的近作指出，康德《判斷力批判》開出的是另外一條道路，另一片論述場域。Irrlitz 新編寫的《康德手冊》亦綜合出許多晚近研究者的如此觀點。[11] 原因是康德雖說採取的是先天的（先驗哲學的）特殊哲學觀點，但並不妨礙後天經驗上實際進入到文化領域的發展空間，從發生開展（genetisch）的意義繼續探討完整的人的育成之問題。康德自知啟蒙是一條緩慢、漫長而困難的道路（158 Note），他還只是站在起點而已。文化發展的憑藉，是可以期望的，而且不只是特屬於一國一族的專有文化，而是具有光輝遠景的普世文明教養。所以說「人是能夠給出良好範例的動物」。

---

10 參閱另文《指南山麓論「指南」：康德哲學中「啟蒙」與「思想中定向」問題的探討》，發表於 2004 年 9 月由政治大學主辦的康德哲學會議（2004 Kant Canference in Taipei, NCCU），文中對於三項格律的出處，意義與具體行文有較詳盡的探討。

11 Volker Gerhardt, *Immanuel Kant – Leben und Vernunft* (Stuutgart: Reclam 2002). Gerd Irrlitz, *Kant Handbuch – Leben und Werk* (Stuttgart: Metzler 2002)。Gehart 主張文化和歷史都屬於康德第三大問題：「我可以期望什麼？」的開展性的範圍。這多少能在康德與高達美式立場間有所調整。另參考 Gerd Irrlitz, *Kant Handbuch – Leben und Werk* (Metzler 2002)。

四

　　先驗哲學基本上就該定位於康德在啟蒙聲浪之際，一種哲學性質的批判構思，一場由他所發動的思維方式之革命下的產物。於此他刻意擺脫經驗內容之決定，要從「先天」（a priori）觀點探究客觀性知識、普遍性法則與人類共同情感之所以可能成立的先然條件，是一種暫且先不考察事實狀態（de facto），而嚴謹追究更深一層法理、法權問題（de juri）的哲學奠基工作。人群社會的「團結凝聚」問題，因而不單是個社會現象或歷史偶然，不是文化生活「共通感」的維繫感召，而是「共識」如何形成、「共同性」如何建立的哲學性根本問題。這一方面，曾與高達美展開無數論戰的阿佩爾（Karl-Otto Apel, 1922- ）與哈伯馬斯，會因為他們幾乎是共同發展出來的論述倫理學共識理論，而對當代實踐哲學議題的討論，如「團結」問題自有其特殊貢獻，不能不顧，而且意義相當深遠。

　　若接著上節的對照討論來看，如果高達美倡言傳統文化與共同生活的分享與共有，倡導一種經由詮釋理解以自我充實與安頓；那麼康德所建議的還只是人類文化發展的層結構之先驗藍圖構思。不同於高達美心目中造就社會理想共同體型態的「共通感」，那種一般而言的「普遍而共通的感覺」，康德則是在要關注到啟蒙現代性的特殊奠基穩固下，如何去優先確定文化發展所需要的穩健出發點的。

　　再反轉過來對照，如果說康德注重的是知識、情感與行為準則之共同起源處、奠基處的主體性（Subjektivität），在此，諸般雜多的後天內容終可獲得適當的聯結與統一；那麼高達美注重的卻是從一開始就逐步充實、造就出主體成型的實體性（Substanzialität），是一種逆讀黑格爾《精神現象學》的特殊詮釋——要從主體性意識生命的發展過程裡，解讀出決定著主體性塑造的實體性，或實質性內容為何。而且眾所周知，高達美對康德多有評議之餘，接受的是黑格爾歷史辯證下現實界理論。他的疑問是：康德哲學中，凡事從理性的先天考量與規定出發，探究其究竟根源和普遍可能性的根據何在，結果是否會忽略德諺所云「Der Verstand kommt mit den Jahren.」智識能力與時（年歲與經歷）俱長的另一重要側面，也忘掉對歷來文化傳統所能夠提供給我們的豐富資源之取用。

　　高達美的視域融合說，承繼的是海德格如何將胡塞爾的「生活世界」說轉化為「在世存有」及「視域」的理論，藉由語言理解活動過程中，視域與視域之間推移、拓展和交遇融通，具體強調人存在之事實性的生活世界關聯，以及其間的

真理和意義之事實發生條件。這樣可以從實際歷史進程和生活形式的雙重向度，擷取其中的經典資源與制度化常軌，具體描繪人類社會生活上實事求是的傳延與演進方式，發揮黑格爾以來的倫理實體之辯證構成的學說。

　　但是如此進路和主張，受到阿佩爾和哈伯馬斯等批判立場的反對與攻擊。阿佩爾自己雖倡言語言轉向，但寧取語言世界而捨卻生活世界，強調與事實相反的極度理想語言共同體。他主張專家學者共同體的主體際一致承認，強調專業社群的理性指導和無制約的規範，而極度排斥隨緣偶遇的視域融合；要用規範強度鞏固規制性理念的普遍有效性，以抗拒凡事訴諸流通、慣常性的反進步思維。哈伯馬斯雖然不若阿佩爾一味追求反思性終極奠基，不會一心想完成康德式先驗哲學改造，但基本上也贊同能「普遍求同」的共識理論一定要更強固的先在根據和有效依據。

　　所以，儘管高達美一直對前述的人世間「一致理解」（Einverständnis）抱持厚望，從而詮釋求通的工作就因此任重道遠，期許世人對許多偉大的文化理念和人性正面價值能繼續傳承無懈。但是，在哈伯馬斯則認定社會上可共同接受的流行通用觀點（Geltung/currency），充其量僅只是某種暫時性的約定成習，始終尚缺乏其理性上必然會接受的有效性基礎（Geltungsbasis）之討論。從是否具有普世約束效力的觀點嚴格檢視下，哈伯馬斯的一套《溝通倫理學》[12] 的擘畫更顯得周密并然，論理、立基和檢討各種學說都更嚴謹。他的普遍語用學說、遠較詮釋學更為強固的共識（consensus）理論，理想言說情境說，專家共同體或專業社群的主張，以及溝通詮釋共同體，溝通行動之合理性，理性類型說，雖然多受阿佩爾影響，也構成自身理論中，生活世界與理論系統脫鉤又雙層次互補的另一番面貌。團結凝固的問題，也因此而有另一種合理化論述及正當性基礎。

　　阿佩爾是從早年開始，大力抨擊海德格爾與高達美式詮釋學發展太偏重存有學觀點的意義發生，而忽視知識論觀點的評斷與判準，未能分析說明達成相互理解、彼此同意因而產生牢固共識的可能性條件。由於缺乏一康德哲學意義下的規制性理念（die regulative Idee），結果若非如海德格爾晚期步向莫測高深的思哲之境界，就會像高達美那樣，轉身認同於傳統與權威的巨大影響。兩者一是陳義過高，遠離現實，可遇而不可求；另一則是混同認可於現狀事實的既定安排，卑之

12　Jürgen Habermas, *Theorie des kommunikativen Handels*, Band I, II (Frankfurt am Main: Suhrkamp).

無甚高論，可以與之共通、交流卻無法真正團結一致、確實同意。阿佩爾很早就針對高達美指出，哲學上重要的不是 sensus communis「共通感」，而是所有的人無例外地一致同意之共識「consensus omnium」，共同無異議的共識。[13]

依論述倫理學的共識觀點看來，高達美對康德頗有微詞的地方，正表示他自己對無異議共識如何可能的問題（不只是經對話融合而產生，還有產生後如何改進，貫徹的問題），尚需一哲學解答的鑰匙。如今阿佩爾與哈伯馬斯可說是重新由康德式的規制性理念與規範性普遍條件的哲學立場出發，在 20 世紀後期嘗試去論成團結與共識的基礎奠定。但是當阿佩爾與哈伯馬斯將眼光從高達美那樣只回顧過去的理解，拉回到對當下的批判以求解放而展望未來時，同樣也並不會那麼天真，認為共識是那麼輕易就可以達成的。

哲學家當然瞭解，異議異見（Dissens）是無法完全排除的；但是正是因為經常有異議存在，溝通互動上的爭執無止無休，所以追究共識基礎的哲學企圖才會顯得迫切而必要。阿佩爾接受訪問時也指出：異議與共識（Dissens und Konsens）當然是交錯並行而歸屬在一起的，強調共識達成的基礎並沒有要單方面地刻意壓制、消滅掉異議。阿佩爾也承認，「論述倫理學共識理論的中心思想是，共識會在全然自由的諸條件下被追求，因而異議在通常狀態中」（normalerweise）多少都還會出現。」[14] 但是正因為如此，哲學家要主張，「無強制的論述目標正在於，為著能提供出理由根據的共識之形成的宗旨，而讓所有異議冒出來而絕非去限制它們，這大約等同於說不透過非論辨的手段去阻擋它們」（71）。否則「共識」也可能會淪為「共犯」，徒然讓步給新一輪的情境扭曲與相互壓制的開始。

論述倫理學的特色就在於理性論辯式、交叉批判檢證有效性宣稱基礎的論述活動，其可能性以及進步意含，即事實上會進向實踐理想言說情境之先然肯定。如果只是約定俗成，且習以為常所保存秉持的約束和價值信念，不僅只有主觀的普遍有效性，而且還經常掩藏著系統性扭曲與不對等壓制，這時候惟有依靠理性論辯的活動本身，則提供一種「無強制的強制」（zwangloser Zwang），才能夠真正重建出可遵循的共識。因而理性論辯及溝通，是生活世界中最重要的語言運用活動，在實際互動當中也決定著共識形成與共識的維繫。

13　參閱拙作，〈文化傳承與社會批判〉一文論述其早年論爭，刊於《國立政治大學哲學學報》。
14　見 Rötzer（1987: 70-71）。

　　一般都知道哈伯馬斯從 20 世紀七〇年代起，就已經導進現象學「生活世界」概念，看作是溝通行動概念的互補概念；但其實身為重要的左派理論學者，他從很早也關注到當代「團結」問題的癥結所在。1973 年論晚期資本主義的正當性危機時，[15] 他從「可普遍化之興趣」這樣的著眼點出發，斷定倚賴傳統資源僅止於非常勉強、不足、有限而脆弱的範圍（knappe Resources），而真正的共同性不能由此達成。因為愈是進步、愈有道理而愈堅固的團結，需要愈強而有力、經得起理性溝通檢證的資源。另一方面個別系統（如金錢市場機制與政治權力組織），與伴隨而來的意識形態急速脫鉤前進，演化的結果已經無法再維繫住原本的團結和睦。哈伯馬斯日後溝通行動理論和共識說，等於是對此等問題的徹底檢討與解決之道。無法不斷經溝通論述去達成的團結，沒有堅實共識的團結是維繫不住的團結。

五

　　哈伯馬斯的學說今日在學界影響很廣，如 Dallmayer 和哈伯馬斯同樣主張，社會生活中須有兩個原則並重，平等與相互尊重的原則，實即正義原則與團結原則，眾人才會凝聚在一起且彼此截長補短，齊心共事一致的目標。[16] 再加前引 Brunkhorst 也透過解讀黑格爾的說法附和哈伯馬斯的法政理論：「團結並不是正義之外的另一個（概念），而正就是個人自由的民主化實現。」當今「共識」學說，勢必會對傳統的「團結」起哲學指引的效用，使它不再是個口號，而確實在許多領域中達成存異求同的共同性。

　　如此現實生活世界、公眾領域中講求的「團結凝聚」不能是一個空洞虛幻的辭彙，徒托美麗的遠景充飢，也不該是一聲令下、一律服從的強制與脅迫，要求我們因過去的包袱認命，或是對當前的勢力妥協。真正的現代性「團結」，應該在理性論辯的共識達成中尋求，絕不迴避每一個溝通環節上的合理證成，通過情境定義上所有可批判性議題與主張之討論申訴、共同檢視，以嚴格確定每一普遍

---

[15] Habermas, *Legitimationsprobleme des Spätkapitalismus*, S. 153.

[16] Fred Dallmayer, *Life – World, Modernity and Critique*. Paths between Heidegger and the Frankfurt School (Blackwell 1991), 119.

有效性宣稱的提出與成立。

　　一般而言，詮釋學及其相關學派傾向以共同生活世界和語言文化社群流行通用的論理常規為主，重視共同意見的形成和承續，經由慣例共識凝聚的世間常理，持續無斷裂地在變化更新中求同、求融合。所以基本上「共通感」主張凸出，承擔文化傳承、社群凝聚的原本側面。但是經由批判理論、論述倫理學的一番打造精煉後，「共識」學說再度如同康德「共同感」理論般提供一普遍「團結」所以可能的哲學論述基礎。

　　「團結」必須奠置在理性批判、檢驗工作的嚴密審視下，以及合理性講求的厚實基礎上，並非經驗後天的偶然累積的所能取代，亦非僅止於主觀的情感或狹隘的「我們」「你們」甚至是「他們」的對立之間。「理性易致分裂，感情與信仰才能造成團結」的說法，在現在聽來相當可疑可議，因為就共識理論而言，主體際性的共同接受與一致協議，社會生活裡能團結鞏固與協力共作的基礎，不外正是透過理性言說證成的。從個人與人群間原始的血親、聯姻、兄弟情、同胞愛之結盟，到草牧民族間的合睦相處，過渡到市民社會中凡事依憑法理、講求法權、權限的正義原則之實現，最後提升至合理性而具規範力的團結。如同 Axel Honneth 法哲學思考上的 Liebe—Rechte—Solidarität 正義原則三部曲，[17] 人類社會從原初偶然而聯結起來的共同性（Gemeinsamkeit），進展到勢必無法再分彼此的共同體（Gemeinschaft），其中是理性進步的成果。

　　前引的 Brunkhorst 曾說，團結應該有其道德實踐的具體意含與具體作為的要求。團結不是口號，而是要投身置入的行動（engaged action），或至少須是齊力採用行動的安排與準備（disposition to act）。若以當前哲學語彙而言，團結出現於生活世界（Lebenswelt）裡，並且對生活形式（Lebensformen）的維持或變革起決定作用，這其間並沒有一個局外人的立場，而要實地親身進入到遊戲的交互作用當中。當然無論詮釋學經典傳承解讀，或是仿效康德哲學而擴大到主體際性的理論證成，如同當前論述倫理學所強調程序嚴謹的論辯實踐，以得出凝聚真正團結的共識，最後成效畢竟還在於如何通過行為踐履，具體而實際地表現在生活行動當中。

17　按 Max Scheler 亦曾從人類學觀點，提出過類似主張。見 Axel Honneth, *Das Andere der Gerechtigkeit. Aufsätze zur praktischen Philosophie* (Frankfurt am Main: Suhrkamp 2000), 327。

詮釋學與詮釋理論

《人文社會科學的邏輯》（2005.6）

前言

　　詮釋學（Hermeneutik/hermeneutics）可謂20世紀歐陸哲學從現象學（Phänomenologie/phenomenolgy）出發，承先啟後，開啟出的最重要思潮之一。詮釋學富含無數技巧、方法檢討、理論發展，以至於一整套聲稱具有普全效用的哲學思索，本身淵遠流長，其來有自。它不僅長久蘊藉餘於自古以來傳述閱讀、宣講、註解、詮釋翻譯等活動的解經傳統當中，而且始終和文化歷史傳統本承襲，有著深厚的相互依存關係。發展到19世紀後期，又更進一步和歷史性人文精神科學自身的特殊進展需求，結下不解之緣。詮釋學問題不僅發生於各時代、各文化，亦即每當我們要面對不同的神話、史事乃至典籍文本和規章制度之際，同時它所涉及的關於人自身存在之歷史性問題的考察，更日益成為當前哲學思考必須正視的一門學問，尤其在偏重科技成就的單向度思考已普遍威脅到人文精神的開展時，詮釋學的重要性也就愈發顯著。

　　然而上述的講法，對當代思想稍有瞭解者皆不難察覺，這是特別指稱由海德格（Martin Heidegger, 1889-1976）、高達美（Hans-Georg Gadamer, 1990-2002）接續著狄爾泰（Wilhelm Dilthey, 1833-1911）、胡賽爾（Edmund Husserl, 1859-1938）所發展的「哲學詮釋學」（philosophische Hermeneutik/philosophical hermeneutics）而言。但實際上，詮釋學思想就它整體開展的各側面而論，卻早已遠超過這樣的僅止於一家一派之言而已。詮釋學從六〇年代初一躍成為歐陸思考的顯學開始，迄今40年來經歷過無數變化。不但詮釋學大師如高達美曾歷經各方挑戰，展開一場又一場的對話或是論爭；其他與高達美同時、甚至稍早的學者，亦有

跳過海德格、高達美一系而重返詮釋學原貌的方法論詮釋學，亦即繼續以客觀性理念和方法論運作為主要思考課題的詮釋學，如義大利 Emilio Betti 及美國 E. D. Hirsh；再或如法國 Paul Ricoeur 的詮釋學思考及其他所謂批判詮釋學等，都各自孕育有另一番不同風格的對於詮釋學的見解。更富意義的是近十餘年來，各種後高達美時代的詮釋理論與詮釋思考紛陳並進，各具特色，蔚就出和前述古典及當代詮釋學都大異其趣的嶄新學說。

　　從這樣的背景來看，詮釋學如果指的是一切和詮釋（Interpretation）活動有關的理論，則它包含著的意義和範圍都極為寬廣，並且會改良、結合著各式各樣舊學新說而成，遠超出我們想像得到的地步。本文目的，正在於介紹一些可謂非主流派別，然而卻正在蓬勃發展的詮釋理論與詮釋哲學。故以下本文將以「詮釋學」指稱舊說廣泛而言的所有方法論、以及不自限於方法論的詮釋學理論，而用「詮釋論」（Interpretationismus/interpretationism）和更具普遍性意圖的「詮釋哲學」（Interpretationsphilosophie/philosophy of interpretation）來指稱較新的、完全以詮釋是如何運作的作為哲學思考中心議題的學說理論；因為後面提起的這兩個說法，正好是本文要評介的兩位哲學家稱呼他們自己的哲學系統之名稱。

　　關於論述次序上，本文會先進一步說明這三個內容不盡相同，但所指亦非全然無關的名稱，分別指涉的是何人以及怎樣的哲學理論，同時指出三者間共通之處，都在於強調「詮釋」的必要性、無所不在性、多義性與創造性（第一節）；隨後分別評介國內或許還不很熟悉的 Hans Lenk「詮釋論」（第二節），以及 Günter Abel「詮釋哲學」兩種新說（第三節），探索其發生的背景及學說特質；接著再考察這兩者間曾發生的爭論和互相影響（第四節），最後再重新轉回到極廣義的「詮釋學」來看待此類同樣看重「詮釋」、但風格全然不同的新興詮釋理論（第五節），並且嘗試著衡量其未來繼續發展的可能（第六節）。

一

　　「詮釋學」現今已是眾皆耳熟能詳的名字，在此似乎不必多作贅述，暫且擺開古老的發展歷史甚至神話傳統不談，詮釋學之名畢竟是源自希臘文 ερμηνεια 所講的詮釋、講解、說明、傳譯等一系列活動之實務，而如今出自它的拉丁文同義 interpretatio 的「詮釋」（Interpretation）一語，則將是本文中最重要的一個關鍵

字。至於詮釋學原本愛用的 Auslegung 一語，其實德文裡基本上和 Interpretation
並無明顯字義上的差異，只不過前者是純粹的德語字彙，出自「詮釋」的動詞
auslegen，而後者則轉生自拉丁文，因而和英文、法文等拼法相同。不過詮釋學
發展史上，早從浪漫主義時期的 F. E. D. Schleiermacher（1768-1834）開始，確
實就有愈來愈重視「理解」（Verstehen/understanding）而不單獨講究「詮釋」的
趨向，這樣一方面固然造就當代詮釋舉不同於古典詮釋學的特性，但另方面卻反
而因此引起相當批評：認為當代或即哲學詮釋學陳義過高，只看到透過「詮釋」
中介可能達成的理解、自我理解以及相互理解等等預期下都會圓通融順，理所當
然的境地，卻缺乏對於詮釋活動自身的進行過程與步驟有具體可徵的詳實描述。
本文所要討論的「詮釋論」及「詮釋哲學」兩者，也正是在這層意義下而和一般
主流的「詮釋學」分道揚鑣，甚至根本就已捨棄「詮釋學」之名的。

　　「詮釋論」（Interpretationismus/interpretationism）一語構詞上非常接近
「科學主義／唯科學論」（Szientismus/scientism）或「實證論」（Positivismus/
positivism），所以中文也可譯作是一種「唯詮釋主義」，因其基本性格上就具
有排他性的「唯詮釋是尊」的意味。而率先採用此名稱作為一套系統化哲學
的工作者為德國 Karlsruhe 工科大學的哲學講座教授 Hans Lenk（b. 1935-）。根
據 Lenk 的說法，他大約自1975 年起即開始發展一套自創的「詮釋諸建構的
哲學」（Philosophie der Interpretationskonstrukte）（1991: 398），並因而投身於
可稱作「詮釋論」的廣泛陣營當中，以避開傳統形上學與知識論的困境，開
啟由詮釋運作過程之解析另闢蹊徑的哲學體系創新。因此這個新鑄造的合成
概念詞「詮釋建構」（Interpretationskonstrukt），[1] 以及其複數形的「詮釋諸建
構」（Interpretationskonstrukte），就成為這套新學說裡一個明顯的特徵或標誌。
事實上無論從名稱或實際內容上審視，「詮釋論」都較一般而言的「詮釋理論」
（Interpretationstheorie/Theory of Interpretation）更嚴格專注於「詮釋」，逕以「詮
釋」及詮釋之所得「建構、建構項或建構物」為一切的出發點，同時也是一切
進行到最終時的歸結點。「詮釋論」與「哲學詮釋學」不同的是，前者並不鬆
散地合「詮釋」及「理解」而立論，更不會很快跳躍到「融會」或說「貫通」

1　按這個名詞是指經由詮釋的認知掌握而加以建構出來的東西，因而又經常以複數形出現，本文將視不
　同的前後文義譯為「建構項」或「建構物」。

那樣的籠統之辭，反而會真正用心探討「詮釋」之所以為「詮釋」的每一個環節、要素、運作步驟、規則、層次等等十分深入而實在的問題。但是對於詮釋工作的必要性之堅持，卻毫無疑問是使得「詮釋論」之所以為「詮釋論」的一個最旗幟鮮明的立場：「不經由詮釋和詮釋諸建構，不論它們是構成性質的或僅只是規則應用的，我們就不能夠思考、設想，甚至於做任何事情。詮釋是必要的（*Interpretatio necessaria est*）」（Lenk, 1994b: 85）。詮釋之絕對必要性及不可或缺性（Unentbehrlichkeit/indispensability），實為「詮釋論」以及下述「詮釋哲學」的共同核心思想，不亞於一般詮釋學上所主張的理解與詮釋之「普全性」（Univeralität/universality）。

　　至於「詮釋哲學」（Interpretationsphilosophie/philosophy of interpretation）可謂同樣標舉「唯詮釋是問」而態度更極端、企圖心也更大的一套當代哲學學說，代表人物為更年輕的柏林科技大學哲學教授 Günter Abel（b. 1947-）。 Abel 詮釋哲學的強烈企圖，表現在曾明確指出其「詮釋哲學」是當代哲學要跳脫「本質主義」（Essentialismus/essentialism）與「相對主義」（Relativismus/relativism）困境的唯一出路，對歐陸哲學與英美哲學皆然的第三條路（Abel, 1993; 1995）；而這條路之所以可行，當然又是建立在步步為營、層次分明且紮實牢靠的對詮釋活動之一整套說明解析上的。因而 Abel 很早就仿尼采口氣以一句拉丁文說：**"sola interpretatione veritas."**（"Truth would just be a matter of interpretation."）由此充分表達出與「唯詮釋論」同調的基本精神（Abel, 1984: 155; Lenk, 1994: 80）。再引用 Abel 一句簡潔有力的話表達：「人對世界的理解以及對自我的理解都是在符號以及詮釋中進行的」（1995a: 381）。符號以及符號的詮釋，是從日常認知、科學研究、世界理解一直到哲學省思的全部工作內容及進行方式。維根斯坦的那句名言：「我的語言的界限意謂著我的世界的界限」，[2] 到「詮釋哲學」中則轉變成：「詮釋所及的界限就是世界的界限」[3] 據此立論，即有如宣稱所有的一切都是在詮釋的視域、以及在詮釋的實踐當中所發生的。所以先簡單指出，在 Abel 的「詮釋哲學」裡，我們將會看到像什麼是「真」（Wahrheit/truth），什麼是「實在」（Realität/reality），或如何進行「認知」（Kennen/knowing）等幾乎所有哲學

2　"*Die Grenzen meiner Sprache* bedeuten die Grenzen meiner Welt." *Tractatun* Nr. 5.6.
3　Abel, "Dei Grenzen der Interpretation *sind* die Grenzen der Welt." (1948), 169.

問題，全都得取決於什麼是詮釋，或者說詮釋可以進行到怎樣的地步而定。如果照海德格所言人的存在是一種「在世存有」（In-der-Welt-sein）的話，那麼 Abel 則要更進一步揭示「世界」原本不外就是整個人類詮釋活動可及、可掌握、營建出的世界；這也是他的「詮釋哲學」代表作書名就稱作《詮釋諸世界》的緣故（"Interpretationswelten" Abel, 1995; 1989b）。

關於「詮釋」的創造性與多義性，顯然是 Abel 與 Lenk 二人都極度強調，多所著墨的論述重心。其間 Abel 一貫用「詮釋特性」或譯「詮釋相關性」（"Interpretativität"）這個基本詞來形容（Abel, 1993: 14），而後來 Lenk 則自創了個很複雜的合成詞 "Interpretationsimprägniertheit" 來取代（Lenk, 1993b: 23），中文或可譯作「詮釋滲透性」或「詮釋飽含性」：意思是說舉凡一切認知、行動、審美、推理、判斷、論述溝通等諸多活動，都是積蘊、聯結於我們的詮釋舉動當中護育而成的，藉此說明詮釋動作、以及詮釋動作在每一階段製造的成果，皆具有無所不在的滲透性、貫穿性及飽和性。[4] 詮釋滲透一切，也孕育一切，鉅細無遺，質言之即如 Lenk 所說的：「我們不能不做詮釋。」（"Wir können nicht nicht interpretieren." 1993a: 244），因為我們根本無從遁出由詮釋交織而成的認知與行動的網狀脈絡之外。於是在這個稱做「詮釋滲透性原則」（"Grundsatz der Interpretationsimpärgniertheit" Kaegi, 1995: 283; Lenk, 1993b: 275, 607-608; 1993a: 264 u. a.）的名目下，詮釋的重要性不容置疑，堪可視為「詮釋論」和「詮釋哲學」緊接詮釋學之後，信心十足，繼續在「詮釋」這條知識皇城大道（Königsweg）上前行的任務指標。哲學思考的工作就是在詮釋的過程當中建構，同時也讓建構而然的一切知識所得，置諸持續運作的詮釋中得到進一步肯認。如此詮釋形成一種無止息的動態持續進程，既沒有第一個從無到有的確切起點，亦無須預期一個最終歸結的止境何在，一切都處於詮釋與再詮釋的進行過程當中；而所有的詮釋也就等於是某種承先啟後、繼往開來的所謂「中繼詮釋」（Zwischeninterpretation）：由接受、使用、疏解、驗證、更改與繼續傳遞的輪替

4　當 Lenk 明確表示要以 Interpretationspägniertheit 取代 Interpretativität（1993b, 23, 60 f.; 1993a: 243 ff.）時，從他的相關文句中可以得知這至少包括著一切認知與行為方式中對於詮釋的依賴性（interpretationsunabhängig）、必要性（-notwendig）、不可避免性（-unvermeidlich）、關連或約束性（-gebundich）等在內。Lenk 稱此為「詮釋特性論題」（"These der Interpretativtät" 1993a: 243），具有不可探問的究極性（"Unhintergehbarkeit der Interüretativität" 1993b: 26, 60）。

進行，構造出所有詮釋思考所特別看重的獨特運作軌跡。只不過「詮釋論」與「詮釋哲學」較諸「詮釋學」來說，前二者並不強調、甚至有意避免存有論基礎的「詮釋學循環」（hermeneutischer Zirkel/hermeneutical circle）說法，僅只單純訴諸存在為人的歷史性之事實，反而要從知識論上詮釋運作的類型與層級劃分，強調詮釋的廣面多樣性、多層次性和分見於各不同領域的實用性致知效果，明白講述出詮釋亦有其確切方法、步驟可尋的客觀面向。儘管如此，在反傳統形上學理路，抨擊傳統實在論主張，以及要求對真理與客觀性概念進行翻新等基本態度上，三者之間依舊還保留有相當大的共鳴空間。

二

　　首先看 Hans Lenk 的詮釋理論是偏重方法論角度的，即明白的 methodologisch 取向，因而他特別重視的是「建構」（Konstruieren/constructing）以及「構成作用」（Konstitution/constitution）這兩個字眼，尤其又以前者為最——即如何確實而成功地構成真確的知識之問題。由於他一向極為強調建構、諸多建構項（Konstrukte）以及構成活動本身的獨特重要性，認為捨這些不足以談哲學，所以自稱其說為「詮釋建構論」（"Interpretationskonstruktionism"），顯見其思考焦注在認識論兼方法學建構過程上的主要興趣（1993a: 247）。Lenk 曾把笛卡爾的「我思故我在」改作「我認知故我詮釋」（"Ich erkenne, also interpretiere ich"），用來指明「人是持續進行詮釋的動物」（"das interpretierende Wesen"）之事實，或者說得再貼切些：人是不斷籌劃著建構而且在行動間自己透過他的詮釋建構以付諸應用的動物（1993b: 260-272, 274; 1993a: 245）。如此，哲學不外就是創造性的詮釋，詮釋的方法在 Lenk 的「詮釋論」裡，遂非常系統化地被表徵為一切我們能夠從事認知（erkennen）、行動（handeln）、表詮指意（deuten）、評價（werten）、擔負責任（verantworten）之事實兼及其過程的條件（1993b: 25）。

　　為了凸顯詮釋活動的遍在性，Lenk 甚至還故作驚人之語仿《聖經》〈約翰福音〉「太初有道」，大力宣揚「太初有詮釋」（"Im Anfaug war die Interpretation" 1990: 121; 1993b: 27）的新穎理念：從一開始就是有詮釋充斥著天地與人際之間的。他自己承認這是他有意合併「太初有道（Wort/word）」和歌德《浮士德》裡「太初有行（Tat/deed）」兩句話，同時兼顧兩者旨意而發論，而我們從

這一說法上，特別可以看出認知與行為的相結合性在 Lenk 的思考中至關重要。因為回顧緣起，他經常合知行以同時發論的立場可謂其來有自：他最早的建構理論學說，就是從關於行為理論的研究為出發點的（1978; 1979; 1981; 1986）。當時他廣泛研究比較過一些行為理論，包括分析哲學的許多新觀點，其結論則獨具特色，並明白顯露詮釋理論的特殊見解：「行為並非直截了當的身體舉動（Bewegungen/movements），而是詮釋建構，是對於（大部分為可觀察的）舉動之意義說明（Deutungen）」（1978: 293; 1988: 69）。所有的人類行為皆發生於社會群體當中，因而有一定的彼此互動關係與發生狀況的脈絡可尋，而一切對一個特定動作的詮釋說明、賦加或指點出意義的活動，也惟有放置在特定的描述之下——像是要考慮當下相對的情境、前後關係狀態、依照不同的期望等等（1978: 294）——才會成立。例如投擲標槍這個動作，它可能是原始時代狩獵或交戰中的舉動，但也可能是現代運動場競技的演出項目，端視當時的不同發生情況而被詮釋為不同的行為。換言之一項行為之實在性無法訴諸存有學上的決定，而應該是一種語意脈絡上的詮釋所得：「一項行為不是一個存有學上 entity 而是一個詮釋建構，一種語意上加以詮釋的 entity：行為皆為語意學滲透著的」（1991: 154）。這是一個影響相當深遠的新的說法。

　　人的行為是 Hans Lenk 對問題的思考當中第一個（1978）[5] 被稱作為「詮釋建構」或「詮釋建構項（／物）」的東西，這一事實應該具有相當意義，因為從此後他非常一貫地將認知、行動、評價皆併入詮釋建構運作的系列當中，而能以開拓系統哲學的方式經營方法學的詮釋論。借用 Lenk 僅有的兩篇英文論文篇名來說，其實他正是從「詮釋性的行為作建構」（"Interpretative Action Constructs" 1981）這樣的主張開始，而其目標則是要「到向一種系統性詮釋」（"Towards a Systematic Interpretation" 1994a），即最後能逐漸顯現出無所不至而滲透一切的詮釋致知之終極性哲學意義。那麼「詮釋」究竟又是什麼呢？「詮釋是與展視角度（Perspektiven）相連接起來的建構形成，包括著構成作用在內！」[6] 詮釋不是

5　往後他繼行為之外又陸續指出理性（Vernunft）、觀念（Idee）、自我（das Ich）、真理（Wahrheit）、諸多的意義（Bedeutungen）、表象（Vorstellungen）、符號形式（symbolische Formen）、假說、理論和概念（Hypothesen, Theorien und Begriffe）、意圖（Intentionen）、行為之動機、價值和規範（Motive, Werte und Normen）等皆為不同側面的詮釋建構項或詮釋建構物。

6　見 1996b: 27 "Interpretationen sind also perspektivengebundene Konstruktbildung, einschließlich der

單純某種被動的事情，片面接受外來或已有的訊息資料而已，而是「一種主動且不斷建構的程序」（1993a: 22），即 Lenk 講的「理解的意義說明」（verstehende Deutung）和「主動的組構形成」（aktive Bildung）兩項作用所合成者（1993b: 27）。這其中被他稱為「建構」或「諸建構項」的東西，正是指那些大部分為約定俗成性質而且指示或表現出一定標誌作用的，也就是說，都含有某種可在使用中學習到的記號意義或語言意義者。

　　然而 Lenk 方法學導向的「詮釋建構論」裡，除開符號、記號和語言使用外，在詮釋過程上還特別重視他所稱作「圖式」（Schema, Schemata）的東西，以據此繼續進行更進一級的詮釋與構成，尤其是直接涉及到知識獲得者。「圖式」是什麼？按照 Lenk 講法所有不同的「圖式」原本也都是一種「詮釋建構項」（Schemata als Interpretationskonstrukte, 1994: 80 ff.），要瞭解什麼是一個「圖式」和要瞭解什麼是一個「建構項」是分不開的。在所有認知工作進行的領域裡，建立、選擇、應用現有及可能設定的圖式可以說即為基本初階的理論形成（Bilden）的工作方式，由此開始分別進行著由最淺到最深層、甚至於包括一切後設層級的構成性質的（konstruierend）認知運作功能。詮釋的進程在一切認知活動（Kognition）當中，都發揮著系統性建構或即構成的作用（1994: 90 ff.）。所以顯而易見的，Lenk「詮釋論」重視的不是詮釋學說的文本意義讀取（Ablesen），而是那些直接決定知識組成及建構的作業，諸如投射（Projizieren）、建構（Konstruieren）、組織（Strukturieren）一件知識所必要的各個積極要素（1993a: 247）；換句話用一個他的特殊名詞來說：亦即「圖式詮釋」（Schemainterpretation）對他而言更重於一般詮釋學所專注的「文本詮釋」（Textinterpretation）。Lenk 用到 Schemainterpretation 新模式以取代 Lese-interpretation 舊模式遂成為「詮釋論」有別於當代詮釋學的重大分野，讓人看得出來前者是更重視知識得取與知識架構的（1994: 90 ff.）。「圖式詮釋」的重要性不言而喻，因為它緊扣著知識的成立。其實所有的詮釋都是必須借助圖式並經常產生出新來的圖式的，因而所有的詮釋都不外就是「圖式詮釋」。

Konstitutionen!"。按關於 Perspektiv/Perspektivismus 一語舊譯「透視」、「面面觀」、「側面觀」等，今譯「視角」、「展示角度」以別於詮釋學說的「視域」（Horizont）。其實 Abel 會更愛用此語，充分發揮著尼采的 Perspektivismus 的詮釋理論特色。

　　於是 Lenk 對「圖式詮釋」性提出下述定義：「（圖式一）詮釋是一種總是透過展視性（Perspektivität）決定的，負載有諸般需求、行動及興趣導向的，從符號性質上說（symbolisch）是經由記號（Zeichen）與形式（Form）的構成及其使用規則而著落於（大多為社會性的）關聯脈絡中的組織化與形成作用，還有對於已歸諸其間或者能歸諸其間的諸多圖式與諸多建構項之運用」（1993a: 245）。這樣再進一步具體而言，那麼以一再的詮釋建構為準的認知活動，不外就是「許多詮釋性質兼圖式化的行動」（interpretatorisch-schematisierende Aktivitäten）[7] 所構成的；而 Lenk 教授所一直關心於方法學知識建構的「詮釋論」，也就是在這裡才表現出其特殊長處與獨到的貢獻。因為如此形成的即為一種系統化的詮釋建構工作：接納、採用、製造、檢覆、並持續不斷地改進、修訂那些建構與次級建構，或即圖式與次級圖式，使得詮釋建構以取得知識、利用知識再進行詮釋的活動，能夠靈活且發揮實用功效地持續進行下去。

　　從嚴謹周詳的方法論經營走向系統建構的新的可能性，是為 Lenk 的思考特質，但是在他極為豐富的著作裡，我們還可以讀到許多有關實用主義哲學觀點，以及先驗（transzendental）哲學立論立場的陳述。所以他常自稱他的哲學是具有先驗哲學特色的詮釋建構論（Lenk, 1990; 1991a; 1993a），[8] 而且強調其方法學構思當中，始終保持著對於詮釋致知的實用主義哲學效益之期許。從建構的詮釋論立場出發，他在 1993a 的著作裡回顧整個經由「詮釋學」發展到「詮釋論哲學」的過程，在 1993b 裡則展望自然科學與人文精神學科兩者間是可能搭起橋樑的（überbrückbar），亦即如果透過「詮釋」作為最高的知識原則的話。如此可見 Hans Lenk 把詮釋同時當作知識理論與先驗原則來看待的特殊見解，將會非常一貫的發揮展現「詮釋論」的特色：

　　諸詮釋能夠——而且大部分情形下將會——變換更替，但是詮釋特性，即詮釋關聯性（Interpretativität）本身，保持不變。可被認知者，是只有從詮釋上可以把握者，是只有在一個描述之下，在一個於一定框限中的詮釋之下才當作為（als/as）可以把握的。這是基本的觀念。（1993b: 61）

7　按關於圖示化詮釋活動的說明見 1992a: 248 ff.，除說明外 Lenk 曾列出一套詳細的知識活動說明圖表見 1999a: 254，現在附上中譯對照列印於文末，可供參考。
8　2003 年 Hans Lenk 教授訪台演講也特別強調圖式詮釋活動與康德先驗哲學的關係。

　　總之，還是不脫他始終堅持的那句老話：「詮釋是必要的因為是不可或缺的」。[9] 尤其是針對著各種知識如何獲得、肯定、把握之方法學構思上更是如此。此所以他會一再說明：「沒有詮釋則沒有任何事物可以把握得到（erfaßbar/graspable）」（1993b: 551），如此意義下從事哲學即從事思考（denken）、探問（fragen）且不斷進行超越既有一切的（transzendierend）詮釋與再詮釋（1994: 7-34）之事，或簡言之如他最近撰文所宣稱的：哲學活動本身即為透過「創造性的詮釋工作」（"Philosophie als kreative Interpretation." 1996）。[10]

三

　　如果說 Hans Lenk 的詮釋方法論是從他最早的行為理論研究而來，從思想方法論的精密考量為出發點，結果則走向認知實用主義思想的哲學主張，那麼下述要討論的 Günter Abel 的「詮釋哲學」，則是由後者之結合尼采、海德格思想和分析哲學的若干最新發展趨勢而來的，[11] 儘管這樣的結合乍看來會令人懷疑是否可能。但是跟 Lenk 相對照來看，Abel 的詮釋理論不是從如何「認知」，而是從什麼是「真理」、什麼是「實在」這類的哲學基本問題著手的。

　　當 Abel 在1988 年提出「詮釋哲學」這個名稱時，並不否認這個關鍵概念其實和 Lenk 較早起步所致力的詮釋建構理論有密切關聯（1988a: 51）。但是正如 Abel 自己所期許的，同時也像 Lenk 在同冊期刊上撰文評論的（Lenk, 1988: 72 ff.）：Abel 的一整套構思是要比其他任何詮釋理論範圍更廣、系統性更強、立場也更極端或更激進；因此它又常常被稱為「極端詮釋論」（radikaler Interpretationismus/radical interpretationism），以別於 Lenk 嚴守方法學格局的詮釋論（另參考 Graesser, 1990: 253）。換言之，Abel 不單只提出方法學思索而已，而

9　Lenk, "Interpretari necesse est quia indispensabile." (1993b), 511, cf. 314; 1991a: 283, 284; 1992: 54; 1994b: 85 等處一再的表述。

10　可再參閱 Lenk 教授此次訪台時特別介紹的 2003 年英文著作，此書目前已正式出版，詳見參考文獻。

11　按德語世界最完備的《歷史的哲學辭典》裡，〈實在論〉條文中關於分析哲學的實在論與反實在論之爭部分，就是由 Abel 所撰寫成的（1992a）；另一篇有關分析哲學新近發展的報導論文（1988a）裡，亦曾清楚記載他的觀察、反省，以及部分分析哲學新論適足以和詮釋哲學主張互相發明的看法。此外 Abel 在 1995 年的主要著作更是捨分析哲學背景即無法看懂的。

根本是要重新建立另一套以詮釋活動為主軸的新的哲學系統。他的原始出發點是精彩深入的尼采研究，及海德格的反形上學思考（1984; 1985a），後來更逐步鑽研英美分析傳統中如 Michael Dummett 反實在論（antirealism）、Hilary Putnam 的內實在論（internal realism），以及 Richard Rorty 的新實用主義（neo-pragmatism）等哲學新取向，在歐陸與分析哲學間融會貫通，自成一格。所以 Abel 有意提出「詮釋哲學」這個響亮而明確的稱號時（1988a: 51），一方面固然為了有別於流行的詮釋學，但另方面，他往往又特別稱之為「普遍的詮釋哲學」（"die allgemeine Interpretationsphilosophie" 1989: 2; 1990a: 119），強調這套哲學和英美分析哲學的新思考有相互呼應之處。所以事實上 Abel 的詮釋哲學除了歐陸思想的關聯外，就學說經營的進展上看是有意不作任何劃地自限，尋求融入更寬廣而積極的當代哲學陣營中。例如從分析哲學新論那一方面，他格外看重的是強烈的反形上學、反傳統實在論傾向，能夠以單一特殊事況之發生（Ereignis/event）取代確實無疑的個別事物（Ding/thing）之地位，從而更加會重視每一度關聯脈絡中的形成，而非單單把注意力投在固定不移的實在界物件上，亦即他1985b 論文中講的「單一物存有學」（Einzelding-Ontologie）與「事件存有學」（Ereignis-Ontologie）的區分。

　　然而 Abel 最主要的思考影響來源卻是尼采。早在1984 年出版的長篇尼采研究中，他就專章探討過「詮釋」在尼采思考中的特殊地位，指出尼采在批判傳統目的論思考的同時，是將「詮釋」提升為一種直接關係到「權力意志」如何運作之基本進程的特殊地位（Fundamentalvorgang, 1984: 133-184）；也惟有通過詮釋，才能讓尼采「永劫回歸說」（Wiederkunftslehre）不會掉進他深深懼怕的虛無主義下場（Abel, 1984a）。因此尼采的命題：「沒有事實，只有詮釋。」[12] 是對 Abel 整體思路有關鍵性決定作用的；而隨後到1985 年的論文裡，他更明確寫下一個自己的命題說：「所有『存在』的，都是詮釋，而詮釋是所有的，凡『存在』的。」[13] 這個命題不但清楚道出存有的事實性與詮釋的範圍所及，兩者間是完全

---

[12] "Tagsache gibt es nicht, nur Interpretationen." 按此處「詮釋」為複數，指不同的許多詮釋或是持續不斷的詮釋與再詮釋，因此並未排除對同一事實的不同理解。

[13] *"Alles was 'ist', ist Interpretation, und Interpretation ist alles, was 'ist'."* 按原文即斜體以加重語氣的；語見 Abel（1985a: 60; 1987: 40; 1989b: 11; 1996: 277 f.）；另見 Lenk（1988: 72）等處轉引。

輻湊而疊合在一起的，而且從此之後一直是 Abel 哲學思考上不變的指標，甚至因而一些評論者、後來還包括他本人在內，都常稱此語為「詮釋命題」或「詮釋律」（"Satz der Interpretation" 例見 Abel, 1996: 277ff.），認為據此最能夠表達出「詮釋哲學」的基本立場。從這一句話事實上源自尼采哲學中對於詮釋活動的思考所得，可以看得出 Abel 對尼采哲學的理解，在他整套系統的起點上扮演著重要角色。另外他對康德、黑格爾、海德格、維根斯坦的研究，對傳統及當代關於邏輯事項（das Logische）的思考，也是營建「詮釋哲學」新說的憑藉。如果再配合上分析哲學的新走向，雖然說乍看奇怪的搭配，卻正顯現 Abel 能在歐陸與英美哲學間左右逢源的思考進路。

　　Abel 認為「詮釋」其實是個相當簡縮的講法（1988b: 79 ff.; 1988a: 51 ff.），因為「詮釋」一詞真正要表達的是那些不同過程的諸條件之整體性以及其基本特性，亦即所有那些程序，經由它們，一切已存在著而且可作為對象者，能夠成為我們的世界或實在界的一部分，能夠對我們而言具有這樣或那樣的意義。因此，其意思不會只是一種從屬的、次要的學習方式及詮釋學理解而已，而更應該是一切無之不足以成立的根本所在。不論進行到最後結論是一個「如此這般的世界」（So-und-so Welt）或是得出一個「如此這般的意義」（So-und-so Sinn），這些都是我們透過記號世界、記號系統一步步經過詮釋而來的。如果再進一步講：在詮釋當中我們所做的事情就是「把某物視作為一特定的某物」（ein etwas als ein bestimmtes Etwas/a something as a definite something ）[14] 來進行的一連串活動，這其間包括有就現象上加以辨識（diskriminieren），在我們的基本概念的體系中加以認定（identifizieren）和再認定（re-identifizieren），經由記號圖式予以分類（klassifizieren）等等，直到然後能夠針對著一個如此形式化的世界而有所意見表達（Meinungen）、信念陳述（Überzeugungen）和確證的知識（Wissen/Abel, 1989: 2; 1995: 14）為止。

　　此處應該特別注意的一點是：Abel 上述說法是故意讓前一個「某物」（etwas/something）保持小寫表示一般非特定「某物」，而 "als" 後第二個「某物」（Etwas/Something）則破例改成大寫，表示一個經追加認定後的特定「某物」，[15]

14　按此一措詞分見 Abel（1988a: 51; 1988b: 80; 1989: 2; 1995: 14）等處，說明略有不同。
15　按德文不定代名詞 etwas 原本無須大寫，Abel 在此表現出某種近似海德格式文字敏感度的餘風，而且

因為 "als"（/as）一詞在此所表徵出的，正是經過詮釋過程加工的那個轉折關鍵，其意思相當於中文說的「當作是」、「看作是」、「視作為」，其實就都是說「被詮釋作」或簡單說等於「釋作」。換言之此處 als 的出現即代表著詮釋的作用之發揮。詮釋位居首位，其他所有感知辨別、認識活動、理論探討乃至學說系統建構、後設反省，皆屬據此而然並且嚴格說來也只能隨之而後所至者。從最底層的感官現象上之辨識且認定某物，一直進到較高層從經過證明的知識，說出特定某物對我們具有的意義何在，都包括在各種可合併到這整體詮釋過程的詮釋作用當中。所以就在 Abel「把某物當作一特定的某物」（ein etwas als eine bestimmtes Etwas）這一措詞裡，已然充分表現出「詮釋哲學」的獨特的基本立場，即一切外在認知作用都得歸結到「詮釋活動的內在性」（Inwendigkeit des Interpretierens, 1987b: 40; 1988b: 80）當中。

　　Günter Abel「詮釋哲學」的特色之一，是近幾年來明白主張一套有關「詮釋」的三個層次與三個向度之說，因而以一種較為單純化的方式，但是十分有效而明確的地陳述「詮釋」如何在我們進行哲學思考時各方面起著作用。他認為我們一般所說的「詮釋」必須要從詮釋的「邏輯」、「感性」和「倫理」三個不同向度（Dimensionen）來加以詳細說明，並率先發展一套（比 Hans Lenk 要早）關於「詮釋」的不同層級（Ebene）的學說。[16] 而且兩相對照一比，可以看得出來，Abel 的詮釋層級劃分得雖然沒有 Lenk 那麼細密詳盡，但三個向度延展開所涵蓋著的卻正是傳統上哲學的整體領域，只是如今已是完全搬到積極的詮釋活動上看待之。

　　首先 **Interpretation₁**，是詮釋第一層級的代號，內容為基本範疇化的或基本概念式的那種詮釋，只能取用、套用，不容隨意更改，因此都是屬於詮釋上的邏輯面的、不變的東西（das Logische），是在我們開口講述如此這般的經驗（**So-und-so** Erfahrung）之前就已經有的那些固定常項的東西。它們不可能改變，否則我們的世界就會變成另一個世界，不一樣的世界。其次 **Interpretation₂** 是詮

這點在 Abel 和 Lenk 兩人的文章中都不乏其例；例如 Lenk 曾訪海德格的 Ge-stell 而自造一名詞曰 Ge-faß，涵蘊著 anfassen, erfassen, befassen, auffassen, verfassen, zusammenfassen…… 等同字根動詞所表達的動態變化。

16 可分別參見 Abel（1988a: 51-52; 1988b: 80-82; 1989: 3-5; 1990a: 101; 1995: 14-15）等處討論。

釋第二層級的代號，內容為通過習慣得到，定固下來的一致同式樣性質的詮釋樣本（Muster），可用來組織經驗內含者。它們由於實用性和共通性而多少是固定的，但無法排除其「也能是別的樣子」（Auch-*anders*sein-Können）的可能性。最後 **Interpretation₃** 是詮釋第三層級的代號，內容為學習獲取過程中的詮釋說明（aneignende Deutung），又進一步分為描述的、解說的、理解的、指明意義的、立基的和證成的各種詮釋作用。整體來看，詮釋就是在這三個不同層級上運動的。此外 Abel 還曾指出：就深厚度、不可替換性及包含範圍廣度而論，是 **Interpretation₁** 最為基礎（1996: 272），但就重要性言則首推「對某物之學習獲取式意義說明」的 **Interpretation₃**（1996: 273），後者也就是我們實際上作詮釋作得最多的部分。

　　對應著詮釋的這三個層級，詮釋活動同時又表現出其不同的三個向度：首先是稱作 **Interpretations-*Logik*** 的邏輯向度，為最基本面的成份，涉及的是關係著狹義的語言概念系統、基本概念系統的範疇化作用，亦即那些最基本範疇的向度。其次是稱作 **Interpretations-*Ästhetik*** 的感性向度，那是符號使用中所涉及的感官直覺之形式，以及判斷形成中意義、指稱、內容條件上的個別成份。最後則為稱作 **Interpretations-*Ethik*** 的倫理向度，或許更好譯為規範向度，內容包括著所有「詮釋之實踐」（Interpretations-Praxis）的規範性要素，亦即使用符號去建構系統時的規範要素的成份，涉及的為詮釋規則之合規制性。Abel 強調這三個向度皆為「從詮釋思想而來的」（vom Interpretationsgedanken her）被如此命名。若再依據另一處較簡明的解說（Abel, 1995: 471）：在詮釋的邏輯向度上，我們考慮的主要是關係到詮釋的基本概念性者，感性覺知向度上是關係到感性直觀的諸形式者，而倫理規範向度上則是關係到詮釋諸規則之合規制性者。前文所云「詮釋諸世界」的講法，就是指在這三個層次上，循著這三個向度拓展出來的各式各樣的不同的詮釋之世界：邏輯的世界，感性知覺的經驗世界和倫理規範的世界。所以說：「世界既不是已事先製造好的既予的東西，也不是從無中生有被創造出來的。世界可以被看待成邏輯—感性—倫理的詮釋之循環運作的內在作用所得的產物，被看待為詮釋諸世界（Interpretations-Welten）」（Abel, 1989b, 12-13; 1995）。

　　「詮釋哲學」的另一主要特色，為 Abel 所採取的「真理即詮釋」的觀點（1987b; 1989a），而這又和他的尼采研究心得有關。Abel 的真理觀簡單地說是把

「詮釋」這個全新基本概念導引進來，使傳統上幾種主要真理觀的困難都得以在此消解。傳統真理觀不外三種看法：一、把真理看持作思維與思維的對象間的符合，二、把真理看待作事物之純粹本性的自行顯現，三、把真理看待作揭示出世界和意義自身的活動（Abel, 1987b: 37）。這其中第一種看法早已逐漸式微，因為預設一個外在獨立，與我們絲毫不發生任何關係的實在界，已非今日能夠接受的觀點。第二種看法有兩個主要困難：其一，若我們追問事物自身是透過什麼顯示給我們，是何從自行顯現的，則必須再承認物我之間另有一語言符號或象徵表達的中介世界；其二，但是一個完脫離於語言符號使用之外的「超越彼界」（按「此世此界」Diesseitigkeit 的相反）為不可能的，或說不可取的神話真理，於是如此一來，只有當代歐陸自尼采和海德格以來盛行的第三種看法值得深入追究，而 Abel 在這裡就引進「詮釋」新基本概念去嘗試新突破：真理不是固定不變的前置之物，等著我們如實去發現，而是在命名著我們由詮釋過程中所得致的結果。用他1987b 的話來講，這是一種依賴關係的倒轉：並非「詮釋」該依賴「真理」已經是什麼樣子而定，而是「真理」要依賴「詮釋」可以詮釋出什麼而然（1987: 38）。這樣的新主張不但奠定 Abel「詮釋哲學」的極端出發之重要基礎，並且他往後更認為能從分析哲學方面找到不少相應的支持（1995: 317 ff.），構成其詮釋學說中的一大特色。

　　Günter Abel 的「詮釋哲學」雖然起步較遲，但是卻能善用符號理論與分析哲學的論述長處，深入去發揮尼采、海德格的思想精華，頗有後來居上之勢；其部分原因，則要歸功於1988 年他與 Hans Lenk 的一場哲學對話。但是從他的「詮釋律」的大膽說法，從他的「真理即詮釋」的新穎觀點，再從他相當詳備的「詮釋三層級」與「詮釋三向度」說，可以看出他在理論經營或即哲學工作上銳意求新的獨創性表現。哲學就是詮釋，哲學理論就是縝密提出對於詮釋活動的說明與反省，而對 Günter Abel 言最終而論正像他最早從尼采那裡所學到的一致：知識、道德與存有，價值與意義，所有的一切都要置諸「再詮釋、轉換詮釋、與新詮釋（Re-, Um- und Neu-Interpretation）的過程」（1995: 426）當中，也惟獨在此過程當中才能獲得真正的學說意義和現實性。

四

前述兩位當代哲學工作者因為大體上方向雷同，議題重疊，思想發展過程中又留下許多相互參照影響、彼此評議攻錯的痕跡，所以在欲加評介時幾乎無法分開來討論。實際情況下，兩位學者於 1988 年之前就互相注意到對方的成果，並且已有通信討論的記錄（Lenk, 1993b: 53-54），於是後來才有 *Allgemeine Zeitschrlft für Philosophie* 期刊 1988 年第 13 卷第 3 期上這場關於「詮釋哲學」的專題討論。於是在他們的相互問難，彼此批評參照下，「詮釋哲學」與「詮釋論」更愈來愈受到廣泛注重。此外從 Lenk 在 1988 年以後的著作來看，他往後也愈來愈喜歡用「詮釋哲學」一語（1993a: 213 ff., 262），和 Abel 一致，表現有與後者合流之勢。只是對於新一代詮釋理論的經營重心，Lenk 始終抱持著與 Abel 不同的、更偏向於知識建構方法論的期望。所以，至少有兩點，是關於 1988 年爭議之事必須指出的。

首先 Lenk 在 1987 年 12 月 1 日致 Abel 的論學信函中已經提出，前述尼采的名言「沒有事實，祇有詮釋」在 Abel 的「詮釋哲學」被更改為「沒有實在，祇有詮釋」（"Realität gibt es nicht, nur Interpretationen" Abel, 1984: 162 ff.），Lenk 就認為言過其實（übertrieben, 1993b: 54），會有再次犯下「存有學化誤推」（"ontolo-gisierender Fehlschluß" 1993b: 25）的嫌疑，即詮釋學上常有人指責海德格、高達美的錯誤。Lenk 的主要疑慮是：Abel 會不會在「一切皆為詮釋！」（"Alles ist Interpretation!"）[17] 這樣口號下造成「一種絕對的詮釋觀念論」（zu einem absoluten interpretationistischen Idealismus, 1988: 72）？ Abel 則辯稱（1988b: 82）他的思考不可能只是那麼簡單地被歸結為「一切皆為詮釋」而已，因為問題的重點不是追究、設問詮釋之前或詮釋之外的現實，而更應該放在如何以系統開展的哲學思考方式，講明對詮釋活動和運作上的全幅度的理解及反省。況且 Abel 像 Lenk 一樣，也同樣一貫反對一個無所不知的詮釋者或說神性觀點下的詮釋者（Abel 1995: 421 ff.）那種舊式看法。只是如此一來，Abel 勢必也要承認 Lenk 出發點較為保留的方法學進路自有其可以取法之處。

---

17 按驚嘆號為 Lenk 所加，也就是說是 Lenk 企圖瞭解 Abel 思考時所詮釋出來的。

　　但是在另一方面，則 Lenk 依舊懷疑 Abel 存有論層次之泛詮釋化是否太過極端，因此考慮良久後，忍不住要將前述 Abel 命題「詮釋所及的界限就是世界的界限」做了僅僅一個字的更動，改變成：「詮釋所及的界限就是可掌握到的世界之界限。」[18] 也就是加上一形容詞「可掌握到的（**erfaßbar**）」，與其說是要修飾，倒不如說是稍加節制一下。由此觀之 Lenk 所重視的始終是認知方法論意義上的「一切可掌握者」（alles Erfaßbare, 1993b: 274），而非「捨詮釋即無實在」這樣的斷然全面主張，因為後者出發點是要反對傳統實在論形上學沒錯，但結果卻不知不覺又落入另一極端的形而上學表述語式中。「詮釋」與「實在」（Wirklichkeit/reality）之間是無須畫上等號的，此所以 Lenk 於論爭中非常強調這個一字之差的重大區別（1988: 74），因為惟有這樣一來才能把將世界（／實在界）泛詮釋化的傾向，重新拉回到只是研議如何透過詮釋去從認知方法上把握世界真實面目之實用主義觀點。日後 Lenk 一路進展到他的 2003 年的英文書稿時，從該書標題上（Grasping Reality）看仍然是緊緊掌握著這個一字之差的重要性（Lenk, 2000; 2003）。

　　第二個爭議重點是有關詮釋的層次劃分的問題。Lenk 認為 Abel 的三級說依然太籠統（pauschal, 1993a: 258），於是在和 Abel 對話後自行提出了另外一套較詳盡的「詮釋層級說」（Interprotationsstufen 簡寫為 IS, 1991a: 125 ff.）；不過他卻並不去談論詮釋的向度問題（Dimension），顯然他始終認定著詮釋只有一個向度，亦節建構方法論的那個向度。新的詮釋的等級有六級（6 Stufen der Interpretation），是把 Abel 的三級說包含在內，復加擴充而成的；我們根據 Lenk（1993a: 255, 259 ff.; 1993b: 56 ff.）內容譯介如下，以供參考：

IS$_1$　實際上並不變更的<u>生產的原始詮釋</u>

　　　（produktive Urinterpretation）

　　　（原本即有的／原始的構成作用以及圖式化結果）

IS$_2$　形成慣例的、形成相同式樣的<u>樣本詮釋</u>

　　　（Musterinterpretation）

　　　（習慣上的形式與圖式範疇化加上前語言的概念形成）

---

[18]　Lenk, "Die Grenzen der Interpretation sind die Grenzen der erfaßbaren Welt." (1993b: 55; 1988: 74).

IS₃　社會建構、文化傳承、而後被採用的約定俗成之概念形成

IS₃ₐ 前語言所規定的概念形成以及透過社會文化規定的詮釋

IS₃ᵦ 表象活動上由語言所規定的概念形成 [19]

IS₄　應用中、學習中有意識型構出的次序排定的詮釋
（Einordnungsinterpretation）

（分類活動、歸類納攝、進行描述、進行類別建立及類別安排；即目標
導向的概念形成）

IS₅　進行解說的，進行（狹義的）「理解」的，進行證成的，
進行（理論）奠基的詮釋（begründende Interpretation），
證成化活動的詮釋（Rechtfertigungsinterpretation）

IS₆　對於詮釋建構法之認知理論的（方法學的）後設詮釋
（Metainterpretation）

簡單說明一下：首先在這個新圖表裡 **IS₁** 就等同於 Abel 三級制中那個成份不變的 **Interpretation₁**，其次 **IS₂** 加 **IS₃**，等於 Abel 所說的 **Interpretation₂**，開始涉及大量記號以及語言使用的部分，最後 **IS₄** 加 **IS₅** 再加 **IS₆** 則等於並且大大擴增 Abel 所說的 **Interpretation₃** 的部分，亦即所有的那些各類型知識建構、理論成型、理論奠基一直到理論的後設檢討等工作範圍。其實在這一系統知識問題上，Lenk 與其說是反對 Abel 倒不如說是在補充擴大 Abel 對「詮釋」的系統性看法和陳述，甚至於可說是交談合作而對兩者共同倚重的「詮釋」給予更完整而詳實的表述。

上述兩個產生主要歧見的地方，無疑對「詮釋論」與「詮釋哲學」兩者都有一定的影響，更且是其未來發展上必須再加謹慎處理的題材。但總而言之1988年號 *Allgemeine Zeitschrlft für Philosophie* 期刊專號上的這場非常正面的討論，對雙方而言都是一個重要的轉捩點。此後1993年 Lenk 以《詮釋諸建構》（1993b）及《詮釋與哲學》（1993a）兩部專著，提出一套具先驗哲學性格的方法論的詮釋

---

[19] 這個詮釋層級中被進一步細分為兩個次層級，分別指涉前語言與語言表象活動間的概念構成，這是從前的著作中所沒有的修正，首見於 Lenk 教授 2003 年 11 月 15 日在政大哲學系發表的演講稿第 19 頁。

論；至 1994 年再以《從意義說明到評價》（1994）補充成全，使得他的一套理論延伸至幾乎所有領域範圍而更形完整，其間甚至還跨入古典中國哲學若干知識論課題加以發揮（1991; 1993d）。至於 Abel 這一邊，同樣也在隨後 1993 及 1995 年發表他自己的系統著作，深入檢討五到十個當代哲學議題的最重要概念，就分析哲學與歐陸傳統的對照下提陳「詮釋哲學」的特有觀點，從而把「詮釋哲學」推向另一個高峰，而且立即得到相當的注意並發揮其影響力。[20] 正由於兩位學者都正值創作力強、理論思路漸趨成熟的階段，相信他們仍會有更多的著作和更深入的哲學探討所得繼續發表，讓詮釋理論能以不同於詮釋學的面貌發揚光大。

五

　　本文所討論的 Hans Lenk 和 Günter Abel 兩個例子的特色是兩者皆屬於系統性強，理論要求和實際表現上都十分嚴謹而細密的哲學思考。雖然有第壹節中提到的共同相似立場，但是經過上文討論可以看得出「詮釋論」和「詮釋哲學」兩者跟「詮釋學」理論最大的不同點在於一、符號理論或行為理論的背景（Abel 前者，Lenk 後者）；二、分析哲學的興趣（Abel 及 Lenk 皆然）；三、真理理論的重建（Abel 重於 Lenk）；四、系統哲學的樣貌（Abel 及 Lenk 皆然）；五、與尼采思想的關聯（Abel 及 Lenk 皆然，但 Abel 又重於 Lenk）。看起來和前面四項特點並不搭調，但 Lenk 及 Abel 二人的哲學確實都和尼采密切相接，而尼采確實也是詮釋理論的另一不同於詮釋學的重要思想源頭。這些其外，如果用更廣義之說的「詮釋理論」（Interpretationstheorie/Theory of Interpretation）來講，其實至少還應該包括諸如 Josef Simon 的符號理論、Roland Barthes 的符號學文本批評理論、Paul de Man 和 Jacques Derrida 的詮釋即解構說、Gianni Vattimo 的後現代詮釋學理論，因為這些學說各自的發展淵源、內容偏重和取向固然有同有異，然而其格外重視「詮釋」的決定性作用則一。

　　「詮釋學」即當代哲學詮釋學的普全性聲稱，雖然堅定主張詮釋與理解的無

---

20 按此書宗旨即「將語言分析以及（並不在每一細節上遵循的）詮釋學觀點，擴大成一套實用主義的詮釋哲學，並且呼籲此三大方向間的一種合作」（Abel, 1995: 17）。隨後例如 1996 年 *Allgemeine Zeitschrift für Philosophie* 第 21 卷第 3 期立即引起數篇針對「詮釋哲學」的專題討論。

所不在，甚至無所不包，但無所不在和無所不包並不能具體說明詮釋基本運作狀況，究竟在每一層面如何實際系統化進行。所以「詮釋學」在對抗人文精神意義上之虛無主義（Nihilismus），與惟科學論的單向度歷史進程方面可以有所貢獻，但長久以來卻不斷遭到是否矯枉過正的質疑。例如 Helmut Seiffert 的《詮釋學導論》即直接指責「哲學詮釋學」陳意太崇高、神聖而不落實，不但無益幫助各分科專業之學（Fachwissenschaften），反而各專業領域中知識累積與知識進展絲毫未受影響的向前，已反過來迫使「詮釋學」再作反省（Seiffert, 1992: 42 ff.）。是或不是，但畢竟在「詮釋學」的名稱之下，一向不乏某些可稱作「另類詮釋學」的聲音。比如說 Rafael Capurro（b. 1945-）的《詮釋學與專業資訊》（1986）就是進一步發展稍早時 Düsseldorf 大學教授 Alwin Diemer（1920-1986）自行開創的一套「資訊詮釋學」（Informationshermeneutik）的理念，結合哲學概念思考、現代電腦資訊處理技術與知識整理歸類、輸入、輸出、建檔、儲存、取用等實務操作方式，形成一種當今各學門在資訊電腦化時代都不得不借助的有效的學術支援體系。「詮釋學」工作在此處不是只顧游走於各專業學科之方法訓練皆無法達致的領域，而是要確確實實將各科範圍所能掌握得到的知識訊息，一併匯合進講求有效應用的實踐行動。像這樣的「詮釋學」不只講究啟發性與融通性，更偏重實質進入技術性與理論性的相關問題，甚而對未來學術工作的可能影響變動，都一併加以檢討評估。

由此觀察，欲跳出「詮釋學」窠臼而走進當代哲學更大議論空間的「詮釋哲學」興起，並愈來愈受看重，實在並不足以為奇。有如 Kaegi 所指出的，現在 Lenk 和 Abel 已經站在同一邊而共同致力一種「毋須詮釋學的詮釋哲學」（Kaegi, 1995: 273; Lenk, 1993b: 106），儘管這條路同樣是尚未完成的思考任務。「詮釋論」與「詮釋哲學」仍有許多問題待解，甚至包括根本立場的問題像是：他們是否逕自將「詮釋」與「哲學思考」，把 interpretieren（interpret）和 philosophieren（philosophize）間畫上了個等號（Graeser, 1996）？或者果真如 Kaegi 的批評所言只是一廂情願，徒然又陷入到眾多詮釋當中攪成一團（"In Interpretationen verstrickt" Kaegi, 1995）罷了？但是無論如何，就普遍而言的「詮釋學」中系統建構性工作未必次要於重點描述式、特徵列舉式的思維，甚至說前者應該大幅超過後者的份量而言，這點是應該接受的重要啟示。有關哲學「詮釋學」最新引起的另一場論戰，或許可做一佐證：最近特別擅長且極力宣揚系統哲學的批判理

性論（Kritischer Rationalismus）代表者 Hans Albert（b. 1921-），正強力抨擊「詮釋學」在系統性方面的疏失（Albert 1993; 1994），並因而於1995年 *Philosophia Naturalis* 一冊專號上全面引發一場有關詮釋學的最新論戰，[21] 清楚延續著這個方向的爭議，也反應著現今普遍認為詮釋學思考有重新檢討之必要。Hans Albert 的主要論點是「詮釋學」不當依賴存有論方式的論証，亦即根本把詮釋理解活動存有學化，成為不容質疑的基本預設（／如此將「歷史性的理解」抬至過高地位的同時，是否也意味著輕忽或根本捨棄另一種「自然詮釋學」（Naturhermeneutik）的學術工作？）而這正是高達美式哲學詮釋學終究必須面對的自我檢討重點之一。

六

詮釋學以及各種和詮釋學密切相關的學說理論蓬勃發展，各競勝場，在今日的思想界已經是不爭的事實狀態。看過「詮釋論」與「詮釋哲學」之後，再回過頭來反省〈詮釋學理性的時代〉（"Zeitalter der hermeneutischen vernunft" Demmerling, 1996）是否已然來臨，又如果肯定是的話，其意義何在等問題，應該會有相當啟發。其實早在高達美翻新古典傳統的詮釋學學說時，就已經清楚自認到詮釋學從來不曾，現在仍不是，將來也不會是一個特定學派。即使在詮釋學最盛時期，經由詮釋學陣營訓練出來的，也只是分別從事各自有本有據的哲學研究及思考工作者。所以正如同 Otto Pöggeler 所言：〈詮釋哲學的未來〉（1994）就在於詮釋學仍只是一項未嘗終止的任務，而非一套出自既定立場所達成的最終論述。

關於「詮釋論」與「詮釋哲學」的介紹，不僅讓我們看到當代哲學之講求詮釋者並非僅限於一般熟知的「詮釋學」而已，尤其重要的是 Abel 和 Lenk 兩者再把問題方向拉回到方法學及認識論的重點上，如此更貼近傳統詮釋學的理論內含及規則應用上的清晰度，同時又能積極開拓出和英美分析哲學的交談空間。哲學必須要能進行許多細部的工作，深入的論述，而非逕自提出一番高遠的主張，這

---

21 *Philosophia Naturalis* 32.2 (1995): 155-317。該其專題即為「爭論中的詮釋學」（Hermeneutik in der Kontroverse），有近十篇論文分持正反觀點加入論戰。

正是「詮釋論」或「詮釋哲學」自別於「詮釋學」的要件。範疇、認知、指涉、意義、真理、推論關係與規則，理論建構過程與符號的使用，解說圖式的衍生與檢核，這些畢竟仍然是哲學作為一切知識根本之學所必須探討的課題，而即使是更深層的關於歷史、文化、政治社會之學的批判與反省，終究還是要以建構嚴謹、論據真實牢靠的一項項知識為基礎的。所以顯而易見的，像 Abel 和 Lenk 這樣再度強調系統性的「詮釋哲學」，就要比如 Pöggeler 所說的個別論題式的詮釋（topische Interpretation）更見全面包容，而一般海德格－高達美路線的詮釋學學者們，其論學方式與風格卻顯然多屬此類。易言之，當「詮釋」之適用範圍與適用功效至今已無人再能懷疑之際，對於詮釋運作及如何透過詮釋建構知識的探究，就更加成為值得深入探討，反覆研究的議題，以期能再度提出系統化說明與系統化証成的哲學思考工作，這才是「詮釋論」與「詮釋哲學」繼「詮釋學」之後而起的正面意義與積極作為。

附錄：圖式的詮釋活動說明中、德文列表對照

詮釋兼圖式化的諸項活動：
（圖式-）詮釋

進行構成的　　　　進行建構的　　　　　　　　　　　　　重新進行建構的活動

構成	有意識啟用	設計籌劃	應用	（重-）認定
無意識啟用	辨識	加編歸序	投射	（再次-）認識
活動化	對照	定向投射	執行	區分
造就形成	比較	變動	建構	啟用加編
發展	（重-）認定	結合	再呈現	歸攝納入
分化	描繪陳述	組織	表象	分門別類
穩定化	選取	整合	認知	廣義的理解
	精細化		描繪陳述	擴大應用

諸圖式的

透過、利用、以、依據或是在（恆常、形式、
結構、完型、對象、事件、程序、事實、關係、
前後脈絡）的圖式

在文本詮釋時
（重-）認定
應用諸圖式
（再次-）認識
狹義的理解

INTERPRETATORISCH-SCHEMATISIERENDE AKTIVIT
（SCHEMA-）INTERPRETATIONE

konstituierende　　　konstruierende　　　　　　　　Rekonstruierende Aktivitäte

Konstituieren	bewußtes Auslösen	Entwerfen	Anwenden	(Re-)Identifizieren
unbewußtes Auslösen	Diskriminieren	Zuordnen	Projizieren	(Wieder-)Erkennen
Aktivieren	Kontrastieren	Aufprojizieren	Durchführen	Unterscheiden
Ausbilden	Vergleichen	Variieren	Repräsentieren	Zuordnen durch Einsetzen
Entwickeln	(Re-)Identifizieren	Kombinieren	Vorstellen	Subsumieren
Differenzieren	Darstellen	Organisieren	Kognizieren	Sortierendes Klassifizieren
Stabilisieren	Auswählen	Integrieren	Darstellen	Verstehen i.w.S.
	Verfeinern			Sukzessives Weiteranwenden

von Schemata

durch, mittels, mit nach oder in Schemata
(von Konstanzen, Formen, Strukturen,
Gestalten, Gegenständen, Ereignissen,
Prozessen, Fakten, Relationen, Kontexten)

bei Textinterpretation:
(Re-)Identifizieren
Anwenden von Schemata
(Wieder-)Erkennen
Verstehen i.e.S.

資料來源：Lenk（1993a: 254）。

參考文獻

Albert, H. 1993. "Ein hermeneutischer Rückfall Habermas und der kritische Rationalismus." *Logos*, N. F. I: 3-34.

———. 1994. *Kritik der reinen Hermeneutik*. Der Antirealismus und das Problem des Verstehens, Tübingen: Mohr.

Cappuro, R. 1986. *Hermeneutik der Fachinformation*. Feilburg/Müchen: Karl Alber.

Demmerling, C. 1996. "Zeitalter der hermeneutischen Vernunft?" *Philosophische Rundschau* 43: 233-242.

Fellman, F. 1990. "Interpretationismus und symbolischer Pragmatismus. Zur Diskurssion zwischen Günter Abel und Hans Lenk in AZP 13.3(1988)." *Allgemeine Zeitschrift für Philosophie* 15(2): 51-59.

Graeser, A. 1996. "Interpretation, Interpretativität und Interpretationsmus." *Allgemeine Zeitschrift für Philosophie* 21(3): 253-260.

Abel, G. 1984. *Nietzche: Die Dynamik der Willen zur Macht und die ewige Wiederkehr*. Berlin: Walter de Gruyter.

———. G. 1984a. "Interpretationsgedanke und Wiederkunftslehre." In *Zur Aktualität Nietzches*, hrsg. M. Djuric und Simon J. Würzburg: Königshausen, pp. 87-104.

———. G. 1985a. "Nominalismus und Interpretation. Die Überwindung der Metaphysik im Denken Nietzches." In *Nietzche und die philosophische Tradition*, Bd. 2, hrsg. J. Simon. Würzburg, pp. 35-89.

———. 1985b. "Einzelding-und Ereignis-Ontologie." *Zeitschrift für philosophische Forschung* 39: 157-185.

———. 1987a. "Logik und Ästhetik." *Nietzche-Studien* 16: 112-148.

———. 1987b. "In Zeichen der Wahrheit: Die Wahrheit im Zeichen." *Radius* 32: 37-41.

———. 1988a. "Realismus, Pragmatismus, Interpretationismus. Zu neueren Entwicklungen der Analytischen Philosophie." *Allgemeine Zeitschrift für Philosophie* 13(3): 51-67.

———. 1988b. "Interpretationsphilosophie. Ein Antwort auf Hans Lenk." *Allgemeine Zeitschrift für Philosophie* 13(3): 79-86.

———. 1989a. "Wahrheit als Interpretation." In *Krisis der Metaphysik*, hrsg. G. Abel und J. Salaquarda. Berlin/New Youk: Walter de Gruyter, pp. 331-363.

———. 1989b. "Interpretations-Welten." *Philosophisches Jahrbuch* 96: 1-19.

———. 1990a. "Interpretatorische Vernunft und menschlicher Leib." In *Nietzsches Begriff der Philosophie*, hrsg. M. Djuric. Würzburg: Königshausen, pp. 100-130.

———. 1990b. "Das Prinzip der Nachsichtigkeit im Sprach- und Zeichenverstehen."

Allgemeine Zeitschrift für Philosophie 15(2): 1-18.

——. 1992a. "Zeichen und Interpretation." In *Zur Philosophie des Zeichens*, hrsg. T. Borsche und W. Stegmaier. Berlin/New York: Walter de Gruyter, pp. 167-191.

——. 1992b. Artikel "Realismus." In *Historisches Wörterbuch der Philosophie*, Bd. 8, hrsg. J. Ritter. pp. 162-169.

——. 1993. "Zur Wahrheitsverständnis jenseits von Naturalismus und Essentialismus." In *Perspektiven des Perspektivismus*, hrsg. V. Gerhardt und N. Herold. Gedenkenschrift zum Tode Friedrich Kaulbachs, Würzburg: Königshausen, pp. 313-335.

——. 1995. *Interpretationswelten – Gegenwartsphilosophie jenseits von Essentialismus und Relativismus*. Frankfurt am Main: Suhrkamp.

——. 1995a. "Imagination und Kognition. Zur Funktion der Einbildungskraft in Wahrnehmung, Sprache und Repräsentation." In *Denken der Individualität*, hrsg. T. S. Hoffmann und S. Majetschak. Festschrift für Josef Simon zum 65. Geburtstag. Berlin/New York: Walter de Gruyter, pp. 381-397.

——. 1996. "Interpretation und Realität. Erläuterungen zur Interpretationsphilosophie." *Allgemeine Zeitschrift für Philosophie* 21(3): 271-288.

Lenk H. 1978. "Handlung als Interpretationskonstrukt." In *Handlungstheorien interdisziplinär* II.I, hrsg. H. Lenk. München: Wilhelm Fink, pp. 279-350.

——. 1979. *Pragmatische Vernunft. Philosophie zwischen Wissenschaft und Praxis*. Stuttgart: Reclam.

——. 1981. "Interpretative Action Constructs." In *Scientific Philosophy Today*, eds. J. Agassi and R. S. Cohen. Dordrecht: Reidel, pp. 151-157.

——. 1986. "Vernunft als Idee und Handlungskonstrukt. Zur Rekonstruktion des Kantischen Vernunftbegriffs." In *Zur Kritik der wissenschaft-lichen Rationalität*, hrsg. H. Lenk. Frankfurt am Main: Suhrkamp, pp. 265-273.

——. 1987. *Sozialpsychologie und Sozialphilosophie*. Frankfurt am Main: Suhrkamp.

——. 1987a. "Über Verantwortungsbegriffe und das Verantwortungsproblem in der Technik." In *Technik und Ethik*, hrsg. H. Lenk und G. Ropohl. Stuttgart Reclam, pp. 112-148.

——. 1988. "Welterfassung als Interpretationskonstrukt. Bemerkungen zum methodo-logischen und transzendentalen Interpretationismus." *Allgemeine Zeitschrift für philosophie* 13(3): 69-78.

——. 1990. "Transzendentaler Interpretationismus – Ein philosophischer Entwurf." In *Die goldene Regel der Kritik*, hrsg. H. Holz. Bern: Peter Lang, pp. 121-135.

——. 1991a. "Zu einem methodologischen Interpretationskonstruktionismus./Toward a

Methodological Interpretationist Constructionism." *Journal for General Philosophy of Science* 22: 391-401.

——. 1991b. "Logik, cheng ming（正名）und Interpretationskonstrukte." *Zeitschrift für philosophische Forschung* 45: 391-401.

——. 1992. "Interpretation und Interpret." *Allgemeine Zeitschrift für Philosophie* 17(1): 49-54.

——. 1993a. *Philosophie und Interpretation*. Vorlesungen zur Entwicklung konstruktionistischer Interpretationsansätze. Frankfurt am Main: Suhrkamp.

——. 1993b. Interpretationskonstrukte. *Zur Kritik der interpretatorische Vernunft*. Frankfurt am Main: Suhrkamp.

——. 1993c. "Interpretation als funktionales Fundament der Zeichen." *Allgemeine Zeitschrift für Philosophie* 18(1): 63-68.

——. 1993d. "Introduction: If Aristotle Had Spoken and Wittgenstein Known Chinese....." In *Epistemological Issues in Classical Chinese Philosophy*, eds. H. Lenk and G. Paul. State University of New York Press.

——. 1994. *Von Deutungen zu Wertungen. Eine Einführung in aktuelles Philosophieren*. Frankfurt am Main: Suhrkamp.

——. 1994a. "Towards a Systematic Interpretation." In *The Question of Hermeneutics. Essays in Honor of Joseph J. Kockelmans*, ed. T. J. Stapleton. Dordrecht: Kluwer, pp. 79-88.

——. 1995. "Wer soll Verantwortung tragen? Probleme der Verantwortungsverteilung in komplexen (soziotechnischen-sozioökonomischen) Systemen." In *Verantwortung Prinzip oder Problem?* hrsg. Kurt Bayertz. Darmstadt: Wissenschaftliche Buchgesellschaft, pp. 241-286.

——. 1996. "Philosophie als kreatives Interpretieren." *Zeitschrift für philosophische Forschung* 50: 585-600.

——. 1999. *Praxisnahes Philosophieren. Eine Einführung*. Stuttgart: Kohlhammer.

——. 2000. *Erfassung der Wirklichkeit. Eine interpretationsrealistische Erkenntnistheorie*. Würzburg: Königshausen Neumann.

——. 2003. Grasping Reality. *An Interpretation-Realistic Epistemology*. World Scientific Publishing Co.

——. 2003a. "Hermeneutik und Schemaisierung. Methodologischer Schemainterpretationis mus als Verallgemeinerung der philosophischen Hermeneutik." 2003 年 11 月 15 日在政治大學哲學系發表的德語演講稿。

Ineichen, H. 1991. *Philosophische Hermeneutik*. Freiburg/München: Karl Alber.

Kaegi, D. 1995. "In Interpretationen verstrickt. Über Interpretationswelten und Interpretations-konstrukte." *Philosophische Rundschau* 42: 273-285.

Krämer, H. 1993. "Thesen zur philosophischen Hermeneutik." *Internationale Zeitschrift für Philosophie* 1: 173-188.

——. 1996/5. "Positionen zeitgenössischer philosophischer Hermeneutik." *Information Philosophie*: 24-38.

Löhrer, G. 1996. "Einige Bemerkungen zur Theorieebene der Interpretationsphilosophie." *Allgemeine Zeitschrift für Philosophie* 21(3): 261-270.

Moser, P. 1993. "Hans Lenks Analyse des Begriffs Verantwortung." *Information Philosophie* 1993(3): 85-88.

Pöggeler, O. 1994. "The Future of Hermeneutic Philosophy." In *The Question of Hermeneutics*. Essays in Honor of Joseph J. Kockelmans, ed. Timothy J. Stapleton. Dordrecht: Kluwer, pp. 17-35.

Schoz, O. R. 1994. "Neuerscheinungen zur Hermeneutik und ihrer Geschichte." *Allgemeine Zeitschrift für Philosophie* 19(3): 54-70.

Seiffert, H. 1992. *Einführung in die Hermeneutik. Die Lehre von der Interpretation in den Fach-wissenschaften*. Tübingen: Francke.

全球化與文化際理解溝通
詮釋學交互方式的適用性探討

《中國詮釋學第三輯》（2006.3）

Dialog der Phronesis

前言

　　本文有意避開文句訓詁、經典注疏等方法與技術性枝節，直接探討文化詮釋的哲學根本問題，並且會特別針對當前「全球化」趨勢下，正逐漸受到學界關注的「文化際哲學」（intercultural philosophy/interkulturelle Philosophie）發展現狀，對有關文化詮釋以及異文化理解溝通等問題，提出一些討論。其背景有二。

　　首先，「全球化」（globalization/Globalisierung）這個概念的理性掌握，或許至今仍處議論紛紛之中，但是其種種事實現象及持續擴張趨勢，挾帶著它在國際經濟與政治、群體社會層面的強大影響，無孔不入地滲透到現代生活世界各個角落，卻已是不容忽視的思考課題。從前哲學上不論在知識與道德方面，固然都有「普遍論」（universalism/Universalismus）的思維主張與理論要求，在社會以及法政與歷史實踐方面，更不乏「世界公民」（cosmopolitan/weltbürgerlich）或「永久和平」等積極說法和崇高理念；但所有這些，並未讓我們因此而接受今日的「全球化」潮流為順理成章之事，反而激起「文化差異」與「文化衝突」的疑慮，並開始認真探討「文化際」或「跨文化」哲學的可能性。

　　其次，歐陸的哲學詮釋學發展上，當年由高達美（Hans-Georg Gadamer, 1900-2002）率先倡議的對話式理解溝通之理想情境，不論當作一套說明理解經驗如何發生的現象學描述，或主旨在反對科技思維掌控操作之詮釋學替代性建議，這40餘年間確曾贏得若干響應，也遭遇相當挑戰。如今21世紀初始，在「文化際理解溝通」這一勢之所趨的外在要求下，卻更呈現其無可取代的優勢或說服力，但也同樣不能看成理所當然而無須審思的哲學方案。因而原意為「與文

本對話」的詮釋學理想形態，當交談對象轉變為「文化際對話」時，其適用性與困難何在等考慮，就成為本文研究澄清的重點。

基於以上兩點考慮，本文將從「全球化」與「生活世界」兩個貌似對立的概念開始探討（第一節），轉而介紹八〇年代中期起逐步推廣的「文化際哲學」研究趨勢，發掘其中明顯可知及隱而未見的哲學課題何在（第二節），再回頭評述高達美詮釋學理想「對話」模式的合理內涵、倡議主旨與相關疑義（第三節），評估其對於文化際理解溝通活動之適用價值（第四節），提出若干檢討與結論（第五節）。

一、全球化與生活世界

說「全球化」與「生活世界」為兩個貌似對立的概念並非沒有依據：前者往往指涉某種外在席捲而至，強加其上而造成跨界改變的風潮和趨勢，而「生活世界」則是我們「總是已經」（always already/immer schon）相當安適於其中的活動範圍和理解視域。兩者間存在著明顯的對比張力和有趣的互動關係。生活世界裡，特定個人與群體只占據相對的位置，各有其熟悉範圍和獨特偏好，但又隨時在其多重結構與聯結中，因擴大理解到他者而開啟不同向度。所以，我們於當前實踐哲學中論及「生活世界」這個概念時，當然不是指某種終極理想的最後共同體，亦非一成不變的眼前現實，而是事實上犬牙相錯、根柢盤結而呈現交織狀態的一個至大活動範圍、最終而言的可能理解視域，有如無所不至而各部分間彼此滲透流通的超級網絡。然而這樣的視域斷然不可能由個人獨自抓取得到，勢必要設法透過不斷與他人互動溝通，進而視域融合而窺見其端倪，卻始終無法到達通曉一切生活世界而無所不知的地步。簡言之，每個人在其中皆有四處通達之可能，實際上則無超出其上而綜觀全局之能耐。

反過來看，至於「全球化」的主題以及對於「全球性」的思考，表面上看來幾乎等於過去「整體性」、「全面性」、「普遍性」的另一種較時髦說法，尤其在強調所謂普世價值和全球秩序時，又再度提出的一種所有一切皆含括在內的新詞彙，幾乎和「絕對」或「沒有例外」、「無可避免」同義。這點可以特別參考

Ulrich Teusch 探討何謂全球化時，就曾使用「一切界限之相對化」[1]這一主旨適切說明：「全球化」的意義與實際成效，就在於不斷地跨越界限——國家、種族的，地域、文化的與特定階級或利益團體的——而造成開放性、穿越通透性與日益增長的自由化。全球化過程儼然預測出普遍論者的終局理想，看到人類社會逐步跨越地域文化的差異，打破局限而走向普世價值與全球秩序的齊一化。

　　歐洲哲學尤其自胡賽爾現象學開始，歷經海德格及高達美詮釋學和哈伯馬斯溝通行動理論的前後探究，使得「生活世界」提升至一個相當顯性的哲學課題，成為自然世界、傳統文化世界與人際群體互動世界三者融會處，理論探討與實踐認知的嘗試與檢證場所。[2]如今「全球化」思潮興起，關於事實性「生活世界」的討論又被帶進一新的視野中接受考驗。於是整體發展的全面一致性，與局部保守兼相對安適的多樣化與豐富性，正好展現於這兩個概念的對立間。

　　但是進一步考察，從「生活世界」逐漸由內而開放向外的嘗新與探試，和因為「全球化」自外強行進入其間的影響，兩者間並不缺乏互通迴旋和相應的理性探討空間。生活世界是主體際的共有世界，是「我們」的世界，非個人獨據而不與他人分享的領域，因此充滿著溝通互動的行為。生活世界一方面並非許多個別主體在其中各自為政、各自為主而不相往來，另方面也早已具備形形色色的相異文化與生活習慣的整合結果，是繁複多元而內涵豐富多變，不斷地相互影響與異質糅合而成的。因此生活世界固然熟悉，同時也會是與他者分有共享的世界，因而充滿新奇與訝異，為多元文化交會並存的所在。無盡其數的生活內涵與文化資源，與一般人日用常態間最熟悉而可憑藉的詮釋材料和實質性前理解內容，都已包含其中而又隨時進行變化交換著。

　　詮釋學思想當然一向是注重文化傳承的持續與創新，倡議溝通行動理論的。

　　哈伯馬斯也會認為文化、社會與人，三者都是生活世界中進行普遍性形式分析的要項。[3]前述「一切界限之相對化」，保持開放性而各領域間可以穿透也容

---

[1]　Ulrich Teusch, "Was Ist Globalisierungä Ein überblick" (Darmstadt: WBC 2004), 86-87.

[2]　可參考張鼎國，《生活世界與理解溝通》2002 年中研院第一次（理解、詮釋與儒家傳統）研討會。刊登稿見 2005 年李明輝編《理解、詮釋與儒家傳統》論文集。

[3]　哈伯馬斯對生活世界的分析見 *Theorie des kommunikativen Handelns* Vol. 2 (Frankfurt am Main: Suhrkamp 1981), ch. 5。其中哈伯馬斯一再用「多孔易滲透」（poros）形容生活世界的資源結構和互動互補的狀態。另見張鼎國，〈共通感、團結與共識〉，《中國詮釋學》第二輯。

許滲入，在出現距離與隔閡處加強理解溝通，進行詮釋轉譯以搭建橋樑，被動中兼主動而依舊可保有融通無礙的彈性空間，這事實上也就是生活世界中屬於文化側面的表現。現今許多文化研究學者提出「文化主義」（culturalism）一詞，要與科技思考依賴的「自然主義」（naturalism）相區隔，原意也在注重實踐理性的普及應用成效上，重新聚焦而讓生活世界中的文化接口重要性凸顯出來。[4]

人在生活世界有隨遇而安，接受既定事實的一面，但也有追求自身興趣與利害，尋求向外拓展的一面。日常生活世界中的平穩順遂，熟悉範圍內各適其所，這固然是現狀維繫與寄托的要素，但全球化無孔不入的滲透和改變，對環境、制度與共守價值造成劇烈衝擊，也是必須面對的不爭事實。全球化就是如此巨大而無法阻絕在外，全面性驅策及變動的寫照，接受全球化更應證生活世界原本即多元而多變化的實情。所以一方面，如何進行異文化的理解溝通，以及如何瞭解與他者共處互動之道，正好介於全球化巨變與生活世界偏安之間，而另一方面，現代哲學思考會承認同時並有、無分上下的多元文化存在之事實，正可以適時應景，在面對全球化衝擊並考慮生活世界差異的情況下，充分對這兩項工作提出可能性與現實困難度的哲學反思。

生活世界文化接口的考慮及多元文化的存在事實（multiculturalism），這其中當然仍須回答生活世界是否缺乏普效規範性的老問題，但同時已直接面對全球化趨勢的快速變動新格局。在全球化趨勢下，各領域間推動全球化並接受全球化，局中人既為主動者又是被動者的身分，既是參與者和觀察者也是批判者或抗拒者。果真無人能掌控全盤事態，那麼至少會沒有或大幅減少寡頭壟斷的決策過程——如科技應用不止限於專家學者的專業評估——創造審議式民主的推動空間，而有利於在論理與人性間取得平衡。甚至後民族國家時代的國際干預和聯合制裁的合理化，以及無世界政府組織之全球內政化，目前都紛紛成為當前哲學議題。

二、面對他者與異文化的理解溝通

文化際哲學的興起大約始於八〇年代中期，宗旨可由德國 GIP 成立新聞稿窺

4　可參考 Information Philosophie (August 2005/3) 的綜合趨勢報導與訪問記錄〈文化科學的轉向〉（"Die kulturwissenschaftliche Wende"）。

知：「理解與被理解的意願是同一枚詮釋學硬幣的兩面而互屬不可分離。文化際哲學學會不接受同一哲學引導的假像，杜撰出各文化、各哲學以及各宗教間的一種全面的共量通約，但同樣也不接受像言過其實的差異主張，去論述一種完全的不可共量性。」[5] 由此可見，這一新方向不只是並列、比較許多相對獨立而異質的現代文化，更會在同一與差異、單一與複多、熟悉與陌生之對立困難間尋求適當的調和，包括哲學思考自身的位置調整在內。正因為如此，文化際不僅自始和受詮釋學鼓舞密切相關，更反映 20 世紀後期哲學愈來愈注重差異趨向、注重如何對待他者的態度，此外也勢必改變自己以配合外在。

前節已言，即使在習於現狀的生活世界裡，傳統與傳統突破，往往有待於他者的出現、介入與甚至是挑戰。陌生新奇事物，不同意見者，乃至異文化與生活價值觀的傳播流行，即便不會是一項立即的威脅，至少構成不同發展的參考對照，引起自我反思與變革的契機。傳統雖然會強化我們生活形式背後的深層結構，蘊藏豐厚的固有文化素材並提供對新事物進行理解詮釋的資源，但自外而至的文化差異與多元抉擇卻更開啟反思空間，催化改革更新而非閉守自封。因而文化際研究的重要學者 Franz Martin Wimmer 指出：各種文化中心主義的思想一直是激生文化際哲學的主要促成原因；而今全球化思維下，對各種中心論的批判同時並起，也成為文化際哲學的主要內容。[6] 例如無限制的自我擴張與排除異己，凡事以出於自身傳統的共識為其他文化的齊同標準，想要強制加諸不同文化之上。從前哲學由主體性哲學延伸到主體際性與互為主體性哲學時，曾經出現過而反覆受到檢討的問題，如今更轉移到文化際與相異傳統中間再加審視。

但在破除各種特定中心論的同時，文化際多元並列亦非像後現代鼓舞下可任意更換，或進行無止境替代。因為任何一相對完善的文化，至少需要另一旗鼓相當且相對完備的文化價值與理念，才會促使前者跨出自身框架，因理解他異而重返自身並產生變化。最理想的情況下，即世間有各種不同的高度文化存在且相互碰觸激盪，感受到彼此對談與理解的需要。如今順應全球化呼聲，一則每一角落的生活世界與人類社會隨之轉變，再就是更加劇如此互相遭遇與交談的需求，讓哲學思考與文化定位面臨極大衝擊。所以如是處境更加強烈要求世人就全球範圍

5　http://www.int-gip.de
6　Franz Martin Wimmer, *Interkulturelle Philosophie* (Wien: Facultas 2004 UTB), 15-17, 53-62.

而論，採取觀點交換以致視域融合的方式，展開去中心與離中心的思考論述；不僅消除中心與邊陲的嚴格區分，也不預定進步與落後的強制標準，不斷溝通換位，卻也因此能互相欣賞接納。哲學上如何正確面向他者、對待相異文化與價值信念的理論兼實踐問題，正在此時此際大有可為。這也是目前許多學者都建議要以「文化際」當做新的哲學取向（Orientierung/orientation）的原因，不過這樣的發展背後有其長期的反思為依據，並非突然冒出的結果。

最早時，德國哲學家 Karl Jaspers 曾謂公元前200至800年之間為「軸心時期」（Achsenzeit），世界上同時孕育歐洲、中國與印度三大獨立文明，各自具完整的宗教觀與世界觀，也各為後世發展時自有的根基。在這個說法啟發下，早期文化際哲學研究者如 Ram Adham Mall 和 Heinz Hülsmann，就提出世界哲學三大起源地的主張，強調其平等發展的地位，與各自對自身歷史文化及未來發展的不可取代價值。[7] 最近瑞士籍哲學教授 Elmarr Hollenstein 更繪製一份世界哲學地圖，重述各種不同傳統和地域所發生的哲學思想，說明它們過去是如何依附於通商貿易等途徑流傳交會，並預測若能並行不悖，其對決定未來人類共同生活面貌的可期展望。[8] 哲學思想並非西方專利，面對他者與異文化理解溝通不僅是生活世界裡不時碰觸的偶然際遇，更是全球化腳步驅策下全面哲學反省的契機。

第二波的全球化與文化際思考中，哲學家們看到的就不是歷史上曾經有過的平行發展，反而是目前明顯的強弱對比和南北失衡等國際現實狀況。像南美洲解放神學的訴求，甚至非洲哲學睿智的反省力與批判性，也同時端上檯面，應驗多元文化存在的事實，並表明其間或許各有消長起伏，卻無法交由任一方全面主導。哲學上尊重他者的道德要求，與國際政經局勢的現實顧忌，都促使理性探討亦須相互虛心學習，或至少以相當的耐心及寬容，聽取不同傳統的智慧思辨。這也說明互相溝通理解時不能一切以自己的標準為中心，如 Karl-Otto Apel 批評德國社會似乎對多元文化有過敏反應，並聲稱他認為現今全球化趨勢下應採取多元互補（komplementarisch）而非單純同化（assimilatorisch）的社會整合政策。[9]

7　Mall und Hülsmann, *Die drei Geburtsorte der Philosophie. China, Indien, Europa* (Bonn 1989).

8　Elmar Holenstein, *Philosophie-Atlas. Orte und Wege des Denkens* (Zürich: Ammann 2004).

9　Bamberger Hegelwochen, *Globalisierung. Herausforderung für die Philosophie* (Bamberg: Universität-Verlag 1998).

因此，雙邊平等接納、互補互惠而非單方面強行同化，如此後殖民論述的中介觀點，也開始在全球多元價值取向中發聲。例如本身也熱心參與南北對話，協助提振第三世界於哲學議壇發言分量的 Apel，印裔學者 Ram Adham Mall，拉丁美洲學者 Raúl Fornet-Betancourt，瑞士籍教授 Elmar Hollenstein、日本 Ryosuke Ohashi、荷蘭 Heinz Kimmerle 及奧地利 Franz Martin Wimmer 都屬於這一波的投入者。除東亞與南美外，連肯亞學者 Henry Odera Oruka 也著書表明，即使在相對落後的非洲，也有其歷史背景與生活方式一套口授的睿智判斷之學問。

　　第三項更加籲請文化際平等看待與公正相持的哲學反省要素，則發生在 911 恐怖攻擊和宗教基本教義派狂熱的燃燒之後，那是在 21 世紀初始就影響巨大，且無法讓人無動於衷，複雜歷史恩怨與全面性文化衝突及宗教對抗下的場景。文化際理解溝通之哲學課題，如何消除持不同及敵對信念者不計後果的不對稱態勢，不只必須正視，更已迫在眉睫。過去許多年來，當然也不乏文化際與宗教際嘗試兼容並蓄的努力，例如杜賓根大學神學教授 Hans Küng 關於「世界倫理」（Weltethos）[10] 的計畫，因為配合著哲學思考上尊重他者的要求而取得廣泛認同，其間都透露寬容（Toleranz）或包容他者的要領，已成為宗教際與文化際共同關切的問題。但面對他者問題的嚴重性與困難度，至此遠超出世人想像而幾乎屬於不可理解、無法溝通的範圍。於是，西方基督宗教、猶太教共有的超越上帝位格神的「絕對他者」之說，應下降到全人類世間的邦鄰與國族、不同的文化傳統社會與生活地域之際，無須再抬頭仰望而是該彼此欣賞學習，如何可以與他人和睦交流而不必讓自己單方面聽從或隸屬於他人，如何可以接受他者之影響改變自己，卻不必放棄自主完全臣服於人。

三、哲學詮釋學與交談對話

　　宗教亦為文化的重要一環，特別是在眼前的世局當中，如何讓並不位於全球化贏面的其他宗教與文化不至於在挫敗、壓抑與經濟剝削下爆發不對稱反擊，危害舉世和平共處，因此也成為哲學思考身為文化產物而必須反思文化價值與文化

---

[10]　http://www.weltethos.Org。另參考劉述先，《世界倫理與文化差異》，《哲學雜誌》第 23 期（1998 年 2月）。

處境時的另一項重大任務。包括前引 GIP 發刊詞在內，特別值得注意的是其中許多學者間，都不約而同重視詮釋學在新一波文化際哲學研究中無可取代的地位，這構成重新探討高達美交互方式的一個重要因素。例如現任 GIP 主席的 Claudia Bickmann 自去年任職以來，也不斷用「思想家們的世界對話」（Weltgespräche der Denker）這一理念，強調她所屬意的文化際哲學推動的方式和宗旨。[11] 更多學者則開始探討一種對話溝通以達成相互理解、彼此尊重的文化際具體途徑，同樣於前述文化際平等交流的重要性背景下，讓我們再度對高達美的詮釋學主張寄予厚望。

　　回顧高達美對於詮釋學確實一向重視其應用發揮的圓成實效，屬觀念思維上融合並進的層次，而非其字源本義之考究，或某種方法學嚴格奠基之精確化設計。詮釋學不提供新的方法論考慮下的判準，詮釋學只期許不斷的溝通對話當中，可以得致彼此間意見的充分交流並導出可能的視域融合。因而這種充分具備對話性格的學說，後來甚至被冠上一個當事人自己也欣然接受的「交談對話詮釋學」（Gesprächshermeneutik）[12] 稱號，具有一定說服力。

　　但除了遵循古典詮釋學客觀主義方法論學者們的質疑外，高達美詮釋學的這套對話理論，或有意要結合實踐應用而立新論的學說，至少兩度經歷到較大挑戰。第一次是受到意識形態批判理論者的攻擊，認為高達美強調詮釋經驗之普遍性卻欠缺規範性，認為例如不平等對稱的對話，勢必難免意識形態的牽絆與扭曲。[13] 哈伯馬斯後來自創溝通行動理論，提倡的則是真正批判性與交相攻錯的論辯性對話。第二度挑戰，來自迂迴反諷與斷裂跳脫以避免正面交鋒的對話，為高達美與解構學者德希達之間的有趣遭遇，一場若有似無的交談，甚至於讓人有根本無法對話的印象，再次動搖到倡議對話交流並達致相互理解的哲學詮釋學。那場八〇年代初的論戰，在充分表現德法詮釋學差異的結果下，這樣出人意料而各講各的對話，體現出無法接受一套既成學說定見而思另闢蹊徑的策略。[14] 這是高

11　http://www.int-gip.de/presse.htm

12　Manfred Riedel, Ting-Kuo Chang, Jean Grondin.

13　參閱當年那場論爭所編輯出的一冊論文集 *Hermeneutik und Ideologiekritik* (Frankfurt am Main: Suhrkamp 1971)。另見張鼎國，〈文化傳承與社會批判〉，《政大哲學學報》第 5 期（1999 年 1 月）；〈詮釋學論爭在爭什麼：理解對話或爭論析辯〉，《哲學雜誌》第 34 期（2001 年 1 月）。

14　Philippe Forget hrsg., *Text und Interpretation*. Eine deutsch-französische Debatte... (München: Fink 1984)。另

達美對話理論遭遇到的另一考驗。

　　現在認真思考起來，其實兩次遭遇中，批判的挑戰，先指明僅有對話交談之不足，不過依其更積極意義而論，後來更加強調知情、平等、公開討論與彼此論證說服的論述倫理學取向，未嘗不是青出於藍的另一對話理論發展。其次，解構的挑戰，則再次揭發對話不容忽視對話夥伴特殊差異存在之事實，避免在未能充分表達差異的狀況下，受到另一方自認為較大、較具整合性的立場壟罩而取代。高達美原先設想詮釋學對話「你—我關係」[15] 理想形式時，心目中的對象當然首推傳統中的經典文本，藉由對話提問克服時代久遠的隔閡；不過，這若轉移到文化與文化之間的交流對話，過程畢竟無法盡如預期。因而德希達與高達美間不太成功但確實進行過的對話，正表明人與人間各有所圖的對話，與相異傳統及抗爭意見間的對話，一定不會像和文本進行對話般易於掌握。

　　高達美詮釋學經驗最高類型的對話式你我關係，發揮人類行為中非常重要的一個側面，要把一個「你」真正看作是「你」來經驗對待，包括不忽略這個同伴的要求，聽取他對我們說出的東西，尊重他對共同事務的不同角度、不同立場的詮釋和理解，換言之不只重視對方存在也重視對方的相關意見和可能貢獻。[16] 從這一方面看待，這正是上述理解他者和文化際交流溝通的重要指標，也早已成為社會學或政治學採納的新觀念。若從社會科學面對他者的考察而論，對話的視域融合先決條件即包含著他者或即對方觀點視角的採納（Perspektivenübernahme），離開自我中心與轉變觀察角度的可能性。也就是說，如何避免僅只是從自己的觀點投射出去，而是真正進入到原本不會採取的位置看待事情。[17]

　　再如 Seyla Behabib 所倡言，如何讓相互交談的諸共同體轉變成彼此依賴的諸共同體，因而使得文化相對主義的局部真理，演證成——依較弱的先驗論證方式——普遍論畢竟可能，而且為各文化、各哲學所必須接受為真，從而不再只是

　　見張鼎國，〈書寫誌異與詮釋求通：追究一場南轅北轍的哲學對話〉，《東吳哲學學報》第 3 期（1998 年 4 月）。

[15] 高達美對於詮釋學上如何探討「你」的經驗與對應態度共列舉三種類型對照，見《真理與方法》德文全集版第 364-368 頁。以下引用皆按照此頁碼並將全集縮寫為 GW。

[16] GW I: 367.

[17] Ronald Kurt, *Hermeneutik. Eine sozialwissenschaftliche Einführung* (Konstanz: UVK 2004), 173。另參考 Habermas 諸多著作中都不乏類似主張為基本對話的規範。

某一特定種族中心的普遍論。[18] Behabib 的建議，若簡單說，就如同指出一群人如果建立起團結一致的凝聚向力，自然就會分享各自珍重的價值為共同資源與財富，行為取向為共同努力的目標。高達美所言因參與──交談對話──而分享共有、視域融合的理念，因此會特別令人值得期待。但認識新朋友可以和發掘舊傳統有異曲同工之妙，能夠讓人類共有共享者，不一定要出自因陳舊而陌生的傳統創新，更可以直接為跨地域文化傳播來的新奇事物。

高達美雖然一向主張詮釋學的普遍性宣稱，但在他的《哲學自述》裡特別表明「『詮釋學的』哲學不作為一個『絕對的』立場」，[19] 既不強求齊一化，也沒有前述「以我為標準」的中心論主張，這畢竟有利於一種和諧對話氣氛塑造的。交談對話間，各種前理解、前判斷並未避而不談，而是置諸共同審議和討論溝通下，所謂文化偏見與種族偏見的看法，結果未嘗不會被揭露為為妨害對話的前判斷而遭排除。高達美曾以詮釋與翻譯之間的相同結構而言：「對話間達成的相互理解包含著伙伴間為了自己而有所準備，並且嘗試要接受陌生的和相敵對的事物其本身亦為有效。若這在雙方面都發生，而且每位對話伙伴，當他堅持他自身的種種理由時，也同時斟酌考慮種種相對立的理由，那麼大家終究能在不知不覺且並非任意的觀點交互轉替間──我們稱此為意見交換──獲致一共同的語言和共同的訴求。」[20] 詮釋學理解「視域融合」的說法，不只限於與文本對話時的歷史視域之融合貫通，更可以適用於與對話夥伴對話，以及與異文化和相異立場間的對話。

所以雖然這只是一個暫時的對詮釋學對話前理解下的觀點，卻足以讓我們將全球化趨勢和文化際詮釋學研究發展相提並論。其中全球化對當前任何一種學說理論都會構成一大挑戰，但一向強調文化際理解溝通的詮釋學進路，卻同時而獲得一個企思有所突破的著力點，再經由異文化對談的途徑持續詮釋理解的開啟向度。一向強調現代社會多元文化特色的 Charles Taylor 最近在紀念高達美的文章裡，也強力主張高達美思想根本可概括承「理解他者」的努力。即使高達美自己

[18] Seyla Benhabib, *The Claims of Culture. Equality and Diversity in the Global Era* (Princeton University Press 2002), 33-42.

[19] *GW* II: 505; Selbstdarstellung: 505.

[20] *GW* I: 390.

未直接論及「跨文化理解的問題」，[21] 而特別看重來自過去的經典文本，但他的對話理論最早指出要認知一件對象和跟一位談話夥伴互相理解是兩類完全不同的事。因此意在舊文化翻新的詮釋學，其實大有貢獻於異文化理解，這樣的見解同時也獲得其他致力於文化際哲學研究的學者響應及贊成。[22]

四、文化際哲學與對話詮釋學

「文化際哲學」正式出現於德語學界已久，但有兩種不同表達，各自含蘊著所要強調的重點。一種與英語表達大致相同，因而也較為通用的說法稱作 "intererkulturelle Philosophie"，含有期待一特定性質哲學之出現的意味，而另一種更積極的說法，則要求以對各不同文化傳統背景都能兼容並蓄、要求以跨越文化界限的規模與氣度進行更適應當前世局的哲學思考，故稱之為 "intererkulturelles Philosophieren"。前者先期勾勒出一片值得探討的廣大新領域，後者則以更見務實開放的態度，強調相互聽取學習與彼此尊重，避免文化或種族中心主義妨礙到理性的溝通交流之重要性。或許正是有鑑於現今文化——含宗教狂熱與民族主義——及政治—歷史恩怨的累積之下——全面衝突與恐怖對抗的嚴重後果，近幾年來似乎是以後一措詞愈見多用。

根據維也納大學哲學教授 Franz Martin Wimmer 的報導，[23]「文化際」這個形容詞最早非關哲學概念，正像「全球化」概念首先亦非哲學語彙一樣，而是來自於傳播學領域或文化研究的熱門用語，也構成其最重要的研究課題之一。如今哲學中這個用語甚而已取代另一較常見的「多元文化」的說法，因為後者只是指出一現象，或劃定另一可能研究新領域，並未直接涉及哲學思考的自身反省且兼具提供解決方案之效。文化際哲學研究在今日重視差異、尊重他者的時代，可謂遲

21　Charles Taylor, "Den Anderen Verstehen. Zum Gedanken an Hans-Georg Gadamer." *Transit-Europäische Revue* 24(Winter 2002/2003): 162-177.

22　例如 Vasilache 認為高達美和傅科，前者採正面肯定的態度而後者持批判態度，但同樣有貢獻於文化際理解。參閱 Andreas Vasilache, *Interkulturelles Verstehen nach Gadamer und Foucault* (Frankfurt am Main: Campus 2003)。

23　Franz M. Wimmer, "Interkuturelle Philosophie. Ein Bericht." In *Information Philosophie* (März 2000), 32-39.

早會出現的必然產物。[24]

　　如前所述，當哲學從主體性意識哲學的發展而開始考慮到「主體際」（Intersubjektivität）問題時，「文化際性」（Interkulturalität）問題自然更隨著全球化時代背景而浮現，並和尋求多元文化間對話溝通、達成相互理解和一致同意的當代理性運用之精神相符合。如果不再是從一成不變的哲學觀點、哲學運作方式，去對文化差異、對種族特性問題進行換個題目做做看的研究，如果不是把不同文化單純並置而比較，而總是希望更深入認識各民族的精神世界，瞭解各文化的深層結構與創新源頭，那麼哲學詮釋學視域融合的交互方式確實提供一種新的投入方式。以不斷進行自我調整的移動的身段，進入到呼應對答的互動遊戲當中。高達美當年的構想或許仍過於樂觀直接，但適用性則難以取代，即使欠缺成功的保證，至少也是穩當的起步。

　　哈伯馬斯最近面對交互方式是否適用於文化際交流的疑問，也援引分析哲學的 Davidson 和詮釋學的高達美雙方面的理論，表達下述肯定意見：「一個詮釋必須於任何情況下，都能消弭一方與另一方的詮釋學前理解之間的距離——不論這時候文化的或時空的距離是近或是遠，語意的距離是小或是大。所有的詮釋核心中都是轉譯。」這樣的講法不但呼應著早先他所批評的高達美，事實上更加強了高達美的論證效力：「一個自我封閉的意義宇宙之觀念，不和其他同屬這類的意義宇宙相比擬共量，根本是個不一致的概念。」[25] 這豈不就是當年高達美所言「詮釋學宇宙」（das hermeneutische Universum）的說法，一種經由交談對話而達成的非強制普遍性宣稱的理想，現在又成寄望所在。哈伯馬斯的論證倫理學或共識理論，或許可以添加許多程序上的嚴謹相互要求與共同約束，但是無論從謀求共識形成或直到最後行動上團結一致，始終仍須出自基本相互承認及平等對待下的交談溝通，那也是普遍語用學的根本出發點。

　　在前述交談對話詮釋學的啟示下，文化詮釋不再可能僅只是單向的處理，因為此時對話的伙伴不單會是一個活生生的「你」，更且是具有豐厚歷史傳承與生命延續力的超強活體，完全不可能聽命或受制於人，甚至於會在一切理性批判下

---

[24] 2005 年 9 月的德國哲學會年度會議也正式排進一場以「文化際哲學」為主題的討論會，數據見 http://www.kreativitaet2005.de (DGPhil)。

[25] Jürgen Habermas, *Der gespaltene Westen* (Frankfurt am Main: Suhrkamp 2004)，訪問稿見第 24 頁。

依舊如故。文化不是單一理性存有的個體，文化的主體性來自於在自身長久歷史過程中，曾經吸收容納進無數外來資源也解決消融過內在紛端，於未來發展上，勢必繼續遭逢內外變化與處境。從前所以會有文化「醬缸」的譬喻，正在說明其薰染無止境、積習未變與滯重難改的側面，但所謂對話關係中對同伴的開放性以及基本上人的經驗畢竟有限的看法，則開啟變革更新的可能。詮釋學交談對話主張無強制的交往對待以至於視域融合，目前在各文化迫切需要溝通交談的因緣際會下，正足以促成另一全球性啟蒙與相互啟蒙的開端。

　　高達美早先自己也曾展望現實，提出西方文化三度啟蒙的說法。他認為西方文化首度啟蒙發生在希臘雅典，同時就是哲學思想的開端，第二次為文藝復興人文主義興盛後的近代啟蒙運動，現今的第三度啟蒙則應該是洞悉工具理性弊害後，放棄彼此征服勝過而尋求實踐理性之啟蒙。其內容上須以推動對話，由真實的相互理解以改變自我理解之途徑著手。目前資訊超發達時代中的判斷力如何培養是這一波的重點，首待解決如國際政治與跨文化理解的實踐智慧問題，而其解答之道正是要反諸人類擁有語言溝通能力的基本面。[26] 高達美強調交談對話在他而言並不只是一個隱喻（Metapher），而是讓人回憶人性本源原已具備的能力。全球範圍內之達致相互理解的哲學可能性與現實困難度問題，當然不會因為一套圓融理想的高妙學說而迎刃而解，然而出自對話交談構想提出的種種理論及呼籲，則已處處可聞。

　　前言哈伯馬斯的一套標舉溝通合理性的論述理論，雖也受到解放理論、女性主義和多元文化信徒群起圍攻，但法蘭克福學派的社會政治哲學都普遍倡議的相互承認理論，或最近其學生 Cristina Lafont [27] 同樣結合詮釋學說重提語言開啟意義世界的功能，和他自己一貫普遍要求平等對稱的溝通互動，以相互理解為惟一終止暴力而不至於產生新暴力型態的途徑，都依然可見當時批判理論和詮釋學可有的初步共識。

　　另外較偏好詮釋學立場的文化際學者如 Mall [28] 和 Wimmer 等，不約而同採

26　Hans-Georg Gadamer, "Die dreifache Aufklärung." *Neue Deutsche Hefte* (1986): 227-233.

27　Cristina Lafont, *The Lingustic Turn in Hermeneutic Philosophy* (The MIT Press 1999); *Sprache und Welterschließung* (Frankfurt am Main: Suhrkamp 1994).

28　Ram Adhar Mall, *Philosophie in Vergleich der Kulturen*. Interkulturelle Philosophie – eine neue Orientierung (Darmstadt: WBG 1995).

用「交疊說」（These der überlappungen/overlappings），希望聯繫起詮釋學「視域融合」說及論述倫理學「共識」理論的部分，甚至主張異文化的交疊共識形成可推展到一切哲學論證的進行上。其中 Wimmer 更特別為塑造出新的文化際哲學導向，而提出一有趣的概念謂「多元論議」（Polylog）。[29] 這種多元論述的想法是從高達美文本詮釋你我關係下的對談，擴大到多邊議論和共同發言，主張一種同等級但不同種類的，由許多相異位置立場交互出發而共同檢討的無排他性多邊言論。這也是對話理論發展以來，另一種異中求同的努力，如同 Klaus Held 眾聲發言的世界現象學之政治性哲學的主張，或哈伯馬斯 2004 年 1 月間與現任羅馬教宗 Ratzinger 一場關於理性與信仰的對話中共同的結論。

五、結論

「文化詮釋」無疑會是當今詮釋學研究與應用上的嶄新一環，目前哲學思考最值得著力的所在。但「文化之重塑」一說，若以今日之哲學視野而言，聽起來似乎是和「打造國民總體意志」同樣不合時宜的說法。「認同」與「凝聚」是生活世界裡自然的表現，理性論證可以經由嚴謹證成與說服加速其步調，推廣並鞏固其成效，但文化傳統的生命力真正表現於對一切文化資源的「再生產」和「再製造」（Reproduktion），承先啟後的成就可能性，而非守成不變又囿於自我中心的保守定見，甚或狹隘民族主義與文化沙文主義的排外傾向。

高達美《真理與方法》暢論對話交談時，原本是發生在現代詮釋者與歷史性傳統經典文本間的情況，但是當對話情境改變而置諸文化際聯結時，我們可以無須糾結於「對話的主體是誰？誰與誰交談」這樣的質疑，直接把重點放到「如何訴諸歷史人性之相同相通為基礎」上。如此哈伯馬斯的文化學習與社會學習同時進行的雙重學習過程說，則可以是另一種較強調現代性的溝通共識理論，推展普效性民主程序以及去除國族界線的共同內政參與，從「無政府歐洲社會」擴充至「無政府世界內政」的另一種對話理念。哲學自身原為文化產物，歷史實效下的

---

29 參見 2003 年起發刊的 *polylog-Zeitschrift für interkulturelles Philosophieren* 網路版可見 http://www.Polylog. Org。另見 Franz Martin Wimmer 前引書（2004）及 *Globalität und Philosophie. Studien zur Interkulturalität* (Wien: Turia + Kant 2003)。

理性建構成果，具有所屬文化處境及文化脈絡之制約性，而另一方面現又展示出超越文化界限的自我要求，而放置到共同的全球化舞臺上。每一種源出生活世界的文化成果皆有其獨特價值，全球化時代要避免的是相對主義或哲學議題的渙散化，隨著文化差異的無限擴大，甚至於讓各文化珍視的精緻成果，淪為市場上商品化營銷販賣的可替換物。若是能夠以生活世界裡的相互尊重與彼此共存為出發點，歸結到詮釋學的對話進行與論述倫理學的共識形成上，則不失為一個值得努力的哲學新方向。

　　因此在可預見的未來，文化主體性或自主性的主張也許仍舊難免，但詮釋學的對話主張和共同達致理解的預期，則會愈來愈受重視。一方面基於善意贊同原則（Prinzip der Billigkeit），讓我們會承認另一套文化、其他不同文化同樣具有其完備性與創新變革的動力，有其值得學習之優點而非僵化陳舊、不合時宜之物，可以輕易超越而棄置不顧。另方面詮釋學「完滿性前把握」一說，也更加深經對話尋求理解溝通的願景。對話的途徑或許漫長而遙遠，緩不濟急，顯然只限於無立即衝突、無當下危機的場景裡從容不迫推動，在友善而相互欣賞尊重、彼此展現充分文化涵養的姿態中優雅上演。反之傲慢自大的文化沙文主義與極端排外的民族情感，正像種族中心論者一樣極度有礙於相互理解和對話。這在目前的文化際哲學研究中，經常會被當作為現代承認理論的另一種表現方式被要求，十分值得肯定。相互尊重與平等對談，接受不同文化資源對哲學論述的可能貢獻，如此將不再會有人說哲學本身即西方、特別是歐洲產物，以致於像海德格曾說過「西方哲學」根本是個形容詞累贅這種事情。

生活世界與理解溝通

《理解詮釋與儒家傳統：理論篇》（2007.12）

Dialog der Phronesis

前言：「生活世界」概念的問題

　　本文的基本出發點是「生活世界」（Lebenswelt/life-world）——這個字面上非常明白易懂，然而一旦思索追究起來，或要在理論建構過程中明確加以使用、釐清其固定意含時，意見卻並非全然一致的哲學概念。關於這個20世紀初才出現的新鮮哲學議題，我們可從當代許多著述裡都發現得到，更有不少學說曾集中探討過其根本旨意，並提出各種相關的議論和轉借發揮。但是，在不同應用和討論間，即便沒有針鋒相對的重大爭執，至少對「生活世界」在哲學建構中應有的地位和究竟重要性，卻始終莫衷一是，並不簡單。

　　例如說，它應該是某種先天性質（a priori）的東西，先於一切經驗與思考探討、學術研究的工作，還是全然後天的經驗累積和文化傳習，要先通過語言學習而得到，是因為歷史沿革才開展出的活動軌跡和作用範圍？義理探源或系統建構上，它是否需要一套先驗（transzendental）哲學的奠基準備，或是只要還原到平常狀態「總是已然」（immer schon）如此之事實性諸樣貌盡足矣？或者說，所謂「生活世界」始終僅限於一時一地、某一大範圍內依常理常態的現成日用層面，其間凡事變動如常，卻無終極究竟可言；還是說其中必然也具有某些普遍規範性的最終基礎，其構成及約束效力皆可經嚴謹證成之領域？難道說，真的只用一句籠統的「出發與歸結之處」，即可解決一切問題了？

　　本文試圖從廣義的詮釋學觀點出發，先行把「生活世界」看待成一切理解、詮釋與交談、論述溝通等等言說對話所實地發生且持續進行的場域；隨後，就一面順著時序，梗略把握住「生活世界」概念的原初構想和演變、應用發揮，另方

面，則特別側重兩種較具針對性的相異主張，以便展開具有對比性的議題研究和思考評述。當然全文的目的，是在釐清我們對「生活世界」這個哲學概念如何正確把握，並且替當前備受重視的實踐哲學論述尋求資源。

因此，本文要從胡賽爾現象學及詮釋學思考之興起階段開始，介紹並檢討其原由背景；其次，論及詮釋學思考上認為「語言」活動始終和「世界開啟」（Welterschließung/disclosure of world）緊密相銜的觀念，以考察語言轉向下的「生活世界」觀的轉變和問題之複雜化；再接著，我們還要引進批判理論、論述倫理學有意進一步強化此一詮釋學方向的努力，嚴格檢討「生活世界」經由語言互動而被無限放大後的若干問題和疑慮，其結果則嘗試轉提出一種語用學（sprachpragmatisch）取向的解決之道；最後透過這些不同立場的比較研究，期望能夠對理解溝通的發生和進行獲得更明確的指引。至於本文在基本態度上，會認為「生活世界」學說的內容確定和一些問題澄清，對實踐哲學的研究而言是具有高度相干性的論題，無論我們要進行詮釋或展開批判，都迫切需要如此關鍵性的指引。

一、生活世界概念的發生與演變——現象學與詮釋學時期

據高達美的說法，「生活世界」一詞並非胡賽爾率先使用的字眼。此一概念其來有自，原本出現在19世紀末科學理論的探討裡，意指有一前於科學的、直接的人類世界，值得重新作為科學活動所回溯指涉的思索場域。不同的哲學辭書相關條目，都曾指出像 Richard Avenarius（1843-1896）、Ernst Mach（1838-1916）兩位新康德哲學家的著述裡，已經有關於生活世界的說法，並認為這和胡賽爾會開始注意生活世界概念的動機，基本上是相符的：亦即要從一個前科學的（vorwissenschaftlich）、前反思（präreflexiv）的實際活動的世界，作為一切客觀學術研究之冒起發生（Genesis）與進行構成（Konstitution）的初始場所。[1]

但除此之外，由於德語的「生活」與「生命」並無分別，其實另一或許更重要的影響來源，則應該來自於狄爾泰的生命哲學（Lebensphilosophie），這特別在

---

1 如 *Historisches Wörterbuch der Philosophie, Europäische Enzyklopädie zu Philosophie und Wissenschaften* 等相關條目都有。

詮釋學思考匯入到現象學時最為醒目，引出不少創見和爭執。當今所常見的「生活形式」（Lebensformen）之說法，也初見諸狄爾泰所師法的 Schleiermacher 詮釋學著作裡，隨後大量出現於此一學派的心理學兼倫理學者如 Eduard Spranger（1882-1963）的精神科學著作裡，形成其理解理論之重要內容，同時又代表著狄爾泰影響下的對人文社會科學研究之旨趣。

當代詮釋學者 Rüdiger Bubner 則依循黑格爾之「理性在歷史中進展」的辯證，撰述有《歷史進程與行為規範》。[2] 他接受高達美的思考，探討歷史演變中如何從具體生活世界開出制度化規範的問題，是屬於詮釋學路線的當代實踐哲學研究。生活世界是具體生活實踐、行為活動發生進行及後果承擔、責任追究，一直到審查評估其可行性、繼續開展性的終究場域。唯有在此處能夠相約協定、凝聚共識，且落實為人間制度原則的諸多生活形式，那才是實實在在的規範之可能達致並穩固下來的正當途徑。不過，這一套有關歷史與實踐的思考路線，後來卻和阿佩爾、哈伯馬斯等批判理論所主張的共識說（Konsenstheorie）發生激烈爭論。

其實要議論生活世界，原本是會和許多其他相關的概念及語詞無法分開，例如前述的生活形式和生活的諸範圍領域（Lebensbereiche），每日的生活實踐（tägliche Lebenspraxis）或生活中之意義（Lebenssinn），還有胡賽爾自己也談及的生活產物或生活構成型樣（Lebensgebilde），[3] 甚至後來借自維根斯坦的語言遊戲（Sprachspiele）等說法。連社會學家韋伯和 Georg Simmel（1858-1918）等對現代人生活樣貌的若干洞見，亦經海德格的引述發揮，進入到高達美思考。總之，真正對焦於生活世界概念時，大體上我們不妨掌握住「狄爾泰—胡賽爾—海德格」這一發展線索，亦即以現象學和詮釋學的交會為主；之後，才會有自認為串聯起這一主軸，繼續從生活世界理論發展出「視域融合」（Horizontverschmelzung），讓企圖徹底發揮交談對話詮釋學立場的高達美，能緊接此一複雜多變的論述傳統開展。然則，高達美視生活世界為某種理所當然的理解發生場域之立場，幾乎無所保留的樂觀態度，與求同互通的自我開放觀點，旋

2　Rüdiger Bubner, *Geschichtsprozesse und Handlungsnormen. Untersuchungen zur praktischen Philosophie* (Frankfurt am Main: Suhrkamp 1984).

3　Edmund Husserl, "Krisis der Europäischen Wissenschaften und die Transzendentale Phänomenologie." In *Gesammelte Schrifen*, Bd. 8 (Hamburg: Felix Meiner 1992), 269 ff.

即受到強烈質疑與批判，引起更進一步的深入審思和新的哲學論述出現。

　　因為詮釋學原先是以文本乃至經典為主，但一經發展後，所有理解溝通之活動，是更直接放置在社會人際活動及整體生活世界的範圍下進行考量的。議論生活世界之主題，和詮釋學所看重的文本世界或經典世界，也並不是表面上看來那樣互不相干的。但哲學詮釋學對生活世界及傳統的看法上，所會強調的往往卻是被視為理所當然的單一側面，如歷史、文化、傳統和共同語言，甚至推崇權威和前判斷（Vorurteile）具保守說辭之嫌的看法。他所承襲者既不完全是海德格觀點，也未必合乎胡賽爾構想，復又不見容於側重客觀性與規範性的其他哲學思考。這是稍後要加討論的一個重點。

　　先說胡賽爾晚期現象學，依據 Klaus Held 的理解和編錄，實質上就該明確標示為一套《生活世界的現象學》，[4] 一門關於眾多學術領域發生究竟和源起所自的現象學科學。其實早在此一論文集之前，Paul Janssen 就曾逕以「歷史」與「生活世界」兩大課題，為討論晚期胡賽爾思考的主軸。[5] 更早之前，還有 Landgrebe 的一篇重要論文，[6] 特別稱許胡賽爾晚年提出生活世界說，是促使他終能擺脫笛卡爾主義（狹義主體性哲學）之勝場，確定放棄偏失的單獨主體說、改由主體際性擔綱的方向，徹底消解主客對立的傳統困境。當然自他們和高達美的著作開始，生活世界說的討論和著述更見豐富。例如緊接胡賽爾後，舒茲（Alfred Schutz, 1899-1959）的現象學社會學，和顧維棋（Aron Gurwitsch, 1901-1973）的現象學生活世界理論，都已屬於較為古典的文獻著述。當前 Klaus Held 關於胡賽爾生活世界現象學的研究解說，則提供詳實的綜合性評論和介紹，而德國 Bochum 大學的兩位現象學家 Bernhard Waldenfels 及 Elmar Holenstein 也分別從身體現象學、語言現象學觀點出發，對文化世界中的人我關

4　Edmund Husserl, *Phänomenologie der Lebenswelt, Ausgewählte Texte*, II, hrsg. von Klaus Held (Stuttgart: Reclam 1986)。Klaus Held 於編者前言對胡賽爾生成現象學中給予性方式的來源討論，構成性分析的可能條件，及客觀性理論的主體際性奠基都有說明，並指向生活世界為必要的解答。

5　Paul Janssen, *Geschichte und Lebenswelt. Ein Beitrag zur Diskussion von Husserls Spätwerk* (den Haag: Nijhoff 1970).

6　Ludwig Landgrebe, "Husserls Abschied vom Cartesianismus." *Philosophische Rundschau* 9(1961): 133-147。高達美 1963 年發表一篇長文檢討現象學運動發展，內容自然側重海德格在其中的樞紐地位，因而關於生活世界說方面他非常採信 Landgrebe 的論評；隨後他 1972 年再論生活世界之學時亦然。二者分別參見 Hans-Georg Gadamer, *Gesammelte Werke* III (Tubingen: Mohr 1985-1995), 105, 147（以下縮寫為 *GW*）。

係、群己分際和異文化相處等當代哲學課題，各有獨到的見解，都很具啟發性。

不過後來的高達美指出，《歐洲學術危機與先驗現象學》所提出的那樣一門關於生活世界之科學，性質上言畢竟仍是著眼於知識奠基工作，延續一項希臘以來的西方哲學傳統所努力的任務。雖然因為生活世界的討論，同時會開啟文化、精神科學領域的學術研究，但是真正的決定性貢獻，應該是來自海德格「在世存有」（In-der-Welt-sein）說前身的《事實性詮釋學》（*Hermeneutik der Faktizität*）。[7]海德格早先潛心於現象學理論研究，能迅速推陳出新，發揮創意而培植出所謂「詮釋學接枝於現象學之上」的當代哲學果實，成為20世紀顯著的學術發展之一。最重要的或許是，早在胡賽爾認真思索生活世界問題前，他自己已發展這套不同的考察和詮釋任務。他以存有學之名，借用現象學方法所賜與的課題開發之潛能，直接進行對人自身存在之「事實性生命」（das faktische Leben）的詮釋。那是一種無條件進入其內，接受此事實，其後始得以開展出其內容意含的積極研究態度。在這裡的「生命」實即生活世界中之「生活」，且配合日後《存有與時間》，[8]其中規定每一此有在其被拋性中本身即為一「在世存有」的說法，已經可以看出其實人生在世，原本不脫一現象學「生活世界」的概念之外。

這樣的創新的嘗試後來影響深遠，並且自有其詮釋學傳統上的來由。因為，海德格明顯已用到狄爾泰生命哲學中「生命自行詮釋其自身」（"Das Leben legt sich selber aus"）這條最基本的理念，並且套用現象學方法進行真正能開展其內蘊的詮釋，再配合著他自己的亞里斯多德研究成果以自創思想體系。「生命自行詮釋其自身」這個命題是狄爾泰晚年極其精要的陳述句，常被引用，而且該命題裡用一反身動詞 sich auslegen 表達起來，一方面固然彰顯生命自立的能動性，同時又讓自身處在一個實用活動的原初指涉及關聯脈絡之間。這個嘗試也算海德格某種程序脫離胡賽爾的突破。

7　Martin Heidegger, *Ontologie/Hermeneutik der Faktizität* (Frankfurt am Main: Klostermann 1988)，即全集第63冊，以下縮寫成 *HF*。本書是1923年夏季學期弗萊堡大學的講稿，後來增列許多附錄整理成書，全書雖然篇幅不多，卻公認為是當代詮釋學研究早期最重要的資料之一。也曾有一說，這本書根本就是1927年成名作之原始雛型，原因之一是《存有與時間》正是從1923這年夏天起開始撰寫，繼續發揮這一「事實性詮釋學」的材料和構想。

8　Martin Heidegger, *Sein und Zeit*，以下縮寫為 *SZ*，且標記各版本單行本通用的原作頁數。

　　現在海德格關注的焦點是具體而實在的日常實踐（Alltagspraxis），是日常生活當中時時刻刻的、本真屬己的，因而也是最為真實的存在，亦即每一個吾人自身的存有在此，海德格所說的 "Dasein" 這一特殊用語。他對事實性一詞的界定，鎖住的就是每一時刻間、任一處境下的我們自身的存在事實（"Faktizität ＝ jeweils unser eigenes Dasein"），[9] 也包括其間所有可能的自我詮釋和自我理解在內。這可說是一個極其特殊而切身的議究主題，原本不易（甚至於可以說根本不需要）為對象的東西之對象化或顯題化。這是海德格後來進行的對人的「此有分析」（Daseinsanalyse）工作的起點，即現象學的考察和詮釋，而追溯其原由實則是平常事實狀態下的生命之自我理解與詮釋。

　　於是，後來凡是詮釋學發展脈絡下接受生活世界的說法，都和海德格當年這一事實性詮釋學轉向密切相關。但由於《存有與時間》裡「基本存有學」（Fundamentalontologie）構想雖新，開拓的內容雖豐富而精采獨到，形式和實際撰寫上卻是未完成的，甚而是失敗而日後被放棄的，且往後詮釋學論述生活世界也就愈來愈脫離先驗奠基的路線。當我們回返生活與日常實踐的世界時，這裡不僅有器物使用上的指涉脈絡可循，更充滿豐厚而密實的知識素材和信念內容交織在一起，是積蘊疊加而成的共業成果，也是共同生活的具體而平實的依據，其內容意含無不經歷過長期的考驗，有其基本可信度也有其適用性實效。生活世界裡，每個人的存在已然從有所詮釋（Ausgelegtheit）的狀態開始，繼續進行生動而原初性的自我詮釋（Selbstauslegung），尋求達成對自身的完滿理解，也完成自身可成就的獨特而屬己的整體生命表現。因此，詮釋學中隨時可見的「自身理解」（Selbstverständnis）和無庸置疑的「理所當然」（Selbstverständlichkeit）這兩個德文概念，正適度表達不言而喻的屬於無疑問的事情。[10] 從最為平凡無奇的日常狀態，從模糊隱約的、暗藏不顯的，從眾流俗而無特色的（durchschnittlich）直到最決斷的獨到成就，新的詮釋和不一樣的理解，只是更加豐富這個原本變化之中的生活世界而已。所以高達美曾說，和海德格事實性詮釋學相比起來，狄

9　可參見 *HF*，頁 21、7 及全書各處。另參考 *SZ*，頁 56 及第 38 至 41 節等處。

10　可參考一新著 Hans-Helmuth Gander, *Selbstverständnis und Lebenswelt, Grundzüge einer phänomenologischen Hermeneutik im Ausgang von Husserl und Heidegger*（Frankfurt am Main: Klostermann 2001）。但是深受詮釋學影響的 Gander 在此是已經把海德格對胡賽爾哲學的繼承和改變，視為思考歷史上之理所當然，無法逆回的進行自我理解的取向。

爾泰和胡賽爾兩位前輩的生命概念中，思辨性的內容都還是未曾展開的（*GW* I: 255）。如此評述，一則當然在提升海德格的重要突破，另外也隱含他自己對生活世界說進行實踐哲學重點轉移的企圖。

因此，從胡賽爾集中討論生活世界的《危機》論著，再去看海德格已然完成於《危機》前的《事實性詮釋學》及《存有與時間》，雖然後二書避免使用生活世界而改用「在世存有」的說法，但挾帶其開啟當代詮釋學思考之效，拓展出的其實是另一條與先驗現象學思考漸行漸遠的道路。高達美甚至認為胡賽爾晚期會轉而著重生活世界，其實隱含著一種對海德格學說的答覆。《危機》是對《存有與時間》的隱含回答（*GW* III: 131），因為胡賽爾自信生活世界學說足以使得先驗還原的理論變得無懈可擊（*GW* III: 134）。然而在海德格而論，他實際關心的卻只是先回返到一個事實性的日常性生活的世界（Alltäglichkeit）。

二、語言詮釋與世界之開展

整體回顧下，生活世界論述雖集中出現於胡賽爾的晚期著作中，但同時也因為詮釋學理論的興起與擴展，重點之一轉移到人存在之生命事實性，突出詮釋活動的前理解、前結構以及視域等詮釋理解的事實要件，更成為廣泛引起重視的探究問題。生活世界不是純然抽象而脫離事實狀況之外的，不是凌駕於一切時間與時代間距之上的，而應該是由傳統習俗的遵循和最多只能是局部的改進所填滿的，在文化世界中持續流傳也不時發生調適與變化。這樣的一體世界當中，不只涉及我們對自然世界的知識，同時包含著所有非數理、不能符號化、量化的實踐知識亦然，如歷史世界社會的、文化的、個人內心世界表達的。詮釋學倚重語言層面的所有活動，面對文字流傳的典籍世界和人際接觸交流的互相對話，詮釋學更能展示一種不斷擴大融通的效果，此即目前正盛的「語言與世界開啟」[11]間的關係之探究。

高達美於提到胡賽爾晚期著作裡生活世界這個「神奇字詞」（Zauberwort）時，很快即指出：

---

11 目前最被引述的一部主題研究著作為 Cristina Lafont, *Sprache und Welterschließung. Zur linguistischen Wende der Hermeneutik Heideggers* (Frankfurt am Main: Suhrkamp 1994)。

這兩者，胡賽爾的生活世界學說和海德格的事實性之詮釋學的概念，都抓住到人之相對於理解與真理之無盡任務的時間性及有限性這一點。而我現在的論點則是，從這樣的洞見看來，知識所要提出的問題，不再只是對他異之物和陌生之物的可支配性。那是對實在界的科學研究的基本追求動力，特別是在我們自然科學研究裡明顯可見（……）。我卻更確切主張：「精神科學」中真正主要的並非客觀性，而是對於其對象之先行關係。（*GW* II: 323）。

　　一個神奇字詞固然容易攫獲我們的注意力，但高達美早已急切想把思考導引到他自己關心的議題上，即語言、歷史性與實踐。

　　此處所謂「先行關係」（vorgängige Beziehung），即是指著和生活世界說銜接起來的事實關係，而可以共有或可分享的實質性的意義世界作為其具體內容，成為他和兩位前輩最大的不同。因此高達美緊接著宣稱道：

　　我會為著這個領域（按：指精神科學），用分享（Teilhabe）的理念來補充客觀認知的理念，分享人類經驗的重要陳述，有如在藝術、在歷史裡面曾顯示出來過的。（*GW* II: 323）

　　共同歸屬當中的分享與共有，特別表現在語言、歷史、文化、藝術宗教等群體生活層面，表現在有所珍惜也願意善加維護的種種。

　　高達美自己對生活世界說的接納是從「視域」（Horizont）的角度切入的，這原本也符合胡賽爾最早的構想，某種渾暗意識之邊緣，但又無法否認的事先給予。「視域」之為「視域」，當作一地位特殊又無庸置疑的事先給定，當然會和海德格「理解之前結構」的創見密切相關，並且必須和他所理解的事實性詮釋學貢獻何在配合著看。但高達美卻已不再接受從「先驗」（transzendental）的觀點看待此問題，而後一觀點偏偏正是胡賽爾生活世界說和構成現象學的重要特性，甚至於早先的海德格也並未完全放棄。

　　如今對於高達美言，視域是事先給予的某種經驗發生之隱然範圍和概括呈是現背景。

　　每一體驗有其在此之前和在此之後的隱含的視域，並且到最後因為在此之前和在此之後所呈現出的體驗之連續成一體而融合成體驗之流的統一

性。(*GW* I: 249)

如此解讀之下，其實不難看出高達美自己所倡議的交談對話當中達成視域融合的主張。只是經驗和體驗在個別主體意識的活動當中進行，涉及內在時間意識的運作，交談對話則必須在主體際、在說話聽講之際逐步去呈現。

　　他認為早在胡賽爾現象學裡，當然在狄爾泰生命哲學亦然，生活已不僅止於一種自然態度之下簡單的「逕自如是活下去」(das "Gerade-Dahin Leben")，他更認為「『生活』(按：此處譯『生命』亦然)也是而且相當程度上是先驗還原的主體性，其為所有客觀化作用的根源(*GW* I: 253)」。但這雖然在胡賽爾是一項經過先驗還原所得到的結果，卻無法再由簡單的先驗主體性這般角度看待，因為這裡已轉向到、而且所觸及的是一種「實際有所作為的生命」(das leistende Leben)其自身。生活世界中事實上正是許多具體生命的存在，各自有所作為、有所活動也有合作互動，其間當然蘊含著無盡可能和事實發生變化中，可以來自每一個人自身的本無分別的、素樸的行事軌跡，也可以是出自前人／他人／眾人的集體共業。這一充滿高達美思考特色的詮釋學生活世界觀，我們可以提綱挈領，歸結整理出如下若干重點。

　　第一：生活世界是個詮釋學經驗裡所說的歷史性概念，因為生活世界在這裡特別和人的事實性存在與歷史性本質有關。上述引文中德語 "leistend" 第一分詞當作形容詞使用，指的就是不斷作為的、進行運轉的生存狀態，前有種種發展的痕跡和來由，往後更會充滿無數變化和可能。主體性的許多隱藏的根源與許多活動，其中有數目眾多的所謂「無記名的生活之成就」(die anonymen "Leistungen" des Lebens)，指無法歸諸任何可以直指其名的意向性或特定的個人意識活動(*GW* I: 253)。無記名或匿名之說法，雖源自胡賽爾，但高達美採用以一則指示出一個有意識的認知在這裡尚未發生作用，另則又同時表示除意識活動外，還有一歷史共業的背景，已然成為現實部分並一直發揮著影響實效者，繼續在以遠比我們能夠意識到、或能夠想像得出的規模與程度產生著作用。詮釋學經驗要讓我們經驗到自身的歷史性和有限性，而真正的歷史意識，根本上更應該是一種「實效歷史意識」(das wirkungsgeschichtliche Bewußtsein)。這個語詞在高達美言，可以說就是用來形容此點的。

　　因此高達美的認知中，生活世界這個概念不但從一開始就是針對著所有客觀

主義而設想的，藉以劃定一切客觀性產生的根源：但更重要的是「它本質上就是一個歷史性的概念」（*GW* I: 251）。它同時又意指著另一側面：「我們作為歷史性生存著（的人）所生活在其中的那個整體（*GW* I: 251）」。生活世界隱然而原本無從抗拒的，將我們所有的人及其活動收攝於其間，在那個無從全然客觀固定下來的脈絡聯結與歷史整體裡面。或者簡單地說，生活世界自身就是其自身無法被客觀化、對象化的，凡是能夠被客觀化、研究對象化的恆常僅止於其中一些個別的、分割開來的部分生活領域（Lebensbereiche）。[12] 這是高達美詮釋學生活世界觀點的第一項特色。

第二：生活世界是靠語言傳布且維繫其基本理解的，世界之視域形成與共同語言之中介兼開啟效果密不可分。高達美稱許胡賽爾在經驗發生學中，明確置生活世界的經驗於科學經驗之前，但是認為後者仍並未執行徹底，因而終究會遭遇到一大困難：

> 現實上自我（ego）之純粹且先驗的主體性本身並未被給予，而是一直在語言的觀念化（Idealisierung der Sprache）當中的，在已經共處於所有經驗獲取之際的語言裡，而且在這裡頭（按：在語言中），個別自我（Ich）之歸屬於一語言共同體（Sprachgemeinschaft）正產生著實際作用。（*GW* I: 353）

人是擁有並使用語言的生物，人的生活世界中，語言才是真正被給予之中的最優位者，並且透過言語上的溝通交換，傳達這種種給予方式當中的一切內涵，分別進行相應的理解與詮釋活動，這其實已遠超過任何個別主體之單獨的可能成就。

《真理與方法》的詮釋學理念主張說：擁有語言即擁有世界；擁有並使用語言的能力，才是能開顯出世界內含的前提，而且語言告知、傳達、詮釋的開啟幅度，實即世界開展之可能範圍。每一個別的人都生活在一個語言共同體當中，歸屬於其間，實際上也不時受其左右。如此，個別的人都屬於一語言共同體，或歸

---

12 依詮釋學者 Günter Figal 的講法，生活之「纏繞性和陷入性」使我們只能就生活世界之局部進行研究、討論及意見交換，無論是學術性的或非學術性的，但從未找得到一置身生活世界之外的立足點，遂以生活世界之整體為對象。見 Günter Figal, *Lebensvertricktheit und Abstandnahme* (Tübingen: Attempto 2001)，當然這和高達美見解一致，都深受海德格「在世存有」說影響。

屬於一群體、承受著一特定文化背景和知識信念。此時此一狀態之下，他的歸屬性（Zugehörigkeit）並未完全否定他的主動性和能動性，但卻同時大幅強調外在社會的、歷史傳統的和語言文化的對他自身一切活動之影響效果，也包括著他的認知活動和行動原則的決定在內（可參考高達美的實效歷史的主張：實效歷史意識是這樣的一種意識，它之受到實際歷史對它產生的效果，遠大於它能真正意識得到的地步）。如今在語言共同體之中其理亦然，因而惟有交談對話間所實現的才是真正的主體際性概念。

　　高達美甚至批評說，胡賽爾雖然已轉而注意到生活世界，卻把語言活動遺忘在陰影中（*GW* II: 361）。然而事實上，對當代以來的所有詮釋學思考而言，語言對話才是真正能讓我們在生活世界之中開啟世界各面向的憑藉。不論詮釋、理解、溝通，一直到高達美時時寄望的視域融合，總歸不外是在語言當中、藉著語言而進行的。這一層批評，其實也構成是對所謂主體性哲學或意識哲學之批評的一部分，原因之一是因為回顧胡賽爾的意向性現象學中，語言活動卻是縮減為直到意義表達（Bedeutungsausdrücken）的階段才出現的。高達美則始終主張語言之無所不包括在內的普及性質，因此即使還只是對意義之意向性行為，已預期著其指向之處的可以被說（Gesagtwerden）（*GW* II: 152 ff.）。

　　第三：生活世界的基調為「分有」與「共享」，《真理與方法》第一部分的「遊戲」說和第二、第三部分的「對話」說都指出這點特色。從這樣的根本主張裡我們還可以再發現：胡賽爾側重生活世界之前科學性質，構成客觀探索起源與發生的憑藉；海德格強調的是人類自身存在的當下事實性，其如何在被拋性狀態下籌劃向前，發展並造就自身存在；而高達美卻更看重另一特性：共同傳統與熟悉社會中的分享與共有（Teilhabe）這個現象。他因此習慣於看重人類歷史性存在中最美好的一面，像是各種各類足以傳世的經典，生活智慧、文化的成就和遺產，而非戰爭、毀滅、破壞和耗損——這是高達美他個人最主要的獨特立場和始終堅持，也充分表露他的樂觀主義態度。他的許多論述，最終不外告知我們狹義的經典文獻也好，或者廣義的傳統、文化歷史也好，確實有許多值得珍視保存、歷久彌新的內涵，需要藉由主要為透過語文進行的詮釋學任務，去促成對這些內涵的理解發生而繼續傳承並發揚光大。

　　對於傳統價值的珍視與尊重，促成高達美倡言與經典文本對談的詮釋活動，藉此成就出自我理解。交談對話中基本上可形成的視域融合，不只是展讀經典

過程中的心領神會，更為日常生活裡時刻發生的而造成可共享的基礎。我們也可以說，高達美他會在前述語言思考上特別強調交談對話之重要性，原因就是要替此分享與共有尋求提供一理所當然的產生背景。所以他會說：「我在我的著作裡試著要指明，對話模式對於這樣的分享形式具有結構性說明的意義（*GW* II: 323）」。甚至可以說：他是想藉此幫助胡賽爾完成一番所謂「對先驗思考方向的生活世界之回轉」（die lebensweltliche Umkehr der transzendentalen Denkrichtung）（*GW* III: 163），而接續上他自己認為海德格對詮釋學的最主要貢獻。

第四：生活世界是一群體人際的共同世界。《真理與方法》中高達美已點出：「生活世界總是同時也是一個共同（gemeinschaftlich）世界而包含著其他人之共同的在此存有在內（*GW* I: 252）」。因而無論從前述歷史性質的、語言告知交流的，以及可以共享的側面，都使得生活世界更具體而實在，甚至呈現出富有倫理意含的文化與價值的面向。高達美自己並不諱言，他從胡賽爾《危機》中關於生活世界之實踐，讀到的是一種新的倫理道德的思考脈動，對科學之科學性的壟斷宣稱加以約束，將之拉回到實踐與政治的範圍，共同生活世界之起作用的範圍。這才是他所同意的胡賽爾「生活世界之先在性」（Apriori der Lebenswelt）主張，並想更進一步，把它和古老的倫理政治思考中的「共通感」（sensus communis）實踐學說相提並置（*GW* III: 158-159）。

順著高達美這樣的生活世界概念解讀方向，原本為先驗哲學的主體性突然變成另一番面貌，生活世界也立即成為直接就是「我們人們」（"Wir Menschen"）的共有世界。高達美並且建議我們，可以先從什麼是一個「認識者」（ein Bekannter）的方式，去探討真正主體際世界經驗的形成過程。所謂「我們人們」的世界，因而應該是先從彼此相識的圈子開始，彼此相當熟悉卻無法完全互相控制的人開始，再逐漸擴張其交往認識的範圍，也逐漸分辨出彼此交情深淺，甚至於是敵是友的對待態度等等。如此層層疊疊向外開放擴展下，一直到一個社會群體及其內部規範和遊戲交往規則，隱然構成一個匿名視域（eine anonyme Horizont）的出現。「這個就是世界本身，在其互為主體經驗中具體化的世界本身：是這個，而不是一個數理可描述的先在性『客觀』世界，才是『此』世界（*GW* III: 154）」。這也才是屬於「我們人們」所共有的熟悉而可信的生活世界。

總結起來，對高達美言，我們不能說有兩種型態的生活世界，我們只能說對於生活世界中所遭遇的種種存有著的人事物，可以有兩種不同的存有學（*GW* III:

148 n. 3）。一種為西方傳統上只適合於處理手前存有（Vorhandensein）的表象思維之存有學；另一種存有學，語言轉向的存有學，則讓我們安適於充滿語言分享、文化歷史流傳和群體效果的生活世界裡。如此從生活世界開始立論，執守著一原初而根本的論域場，聽起來似乎是卑之無甚高論的言說，讓一切歸諸平常與平淡，期許乎凡事順遂且相融無礙。高達美說得簡單，卻也非常直截了當：「總是已經在承載著我們的東西了，那還需要對它進行一番奠基嗎？」（"Bedarf es einer Begründung dessen, was uns immer schon trägt?"）（*GW* II: 447）只不過，我們果真不需要對我們自身總是已經生活於其中的世界進行奠基或更具約束力的申論，這樣的建議在許多人看法下卻是非常危險的，易流於鬆散浮濫的一種主張。阿佩爾和哈伯馬斯，都算是從此一角度切入問題，而且算是批評海德格及高達美式詮釋學思考路徑最力者。

三、論述理論繼起與世界之語用學規定

六〇年代起檢討高達美詮釋學思考的論述中，對於他幾乎單方面退轉回傳統的延續及重新發揚光大的這樣路線調整，有許多不滿和批評的意見。其中如 Alfred Wellmer 曾經對高達美之倚重「傳統」概念所提出的批評，現在對這樣的「生活世界」說也將同樣無法迴避。Wellmer 指出：

> 啟蒙運動已知道詮釋學忘掉的事情：高達美說的我們所是的對話，也會是和權力控制相結合而且正因此而並非交談對話（……），傳統的脈絡當作可能真理與事實同意之場所時，同時也是事實上之非真和持續暴力之場所。[13]

哈伯馬斯當年駁斥詮釋學普遍性宣稱，即曾引用此主張，批評高達美為了維繫傳統，獨尊語言，至少遺忘了經濟生產勞動和權力宰制兩個面向。如今我們當然還可以追問：生活世界之中的合理化運作是如何可能又如何成功的？甚或是凡存在著

---

[13] 見當時最重要的詮釋學與批判理論之爭論文選集 *Hermeneutik und Ideologiekritik* (Frankfurt am Main: Suhrkamp 1971), 153. 哈伯馬斯的引用和發揮。這裡面一些對詮釋學思考的基本評議，直到《溝通行動理論》始終保持一致立場。

（凡是發生者）即為合理？

　　詮釋學早從海德格「事實性詮釋學」開始，已預將胡賽爾所要探討的「生活世界」說轉化為事實生活的「在世存有」去呈現；後來高達美「視域交融」理論，更藉由語言理解活動過程裡，視域與視域之間推移、拓展和交遇融通，用以具體強調人存在之事實性的生活世界關聯，及其間的真理和意義發生條件。高達美的語言開啟及視域融合說，承繼的正是這條海德格路線而非胡賽爾，於當代詮釋學方向上也發揮得最透徹。高達美後學，前述對批判理論頗多批評的Bubner，則跟著從歷史歷程和生活形式的雙重向度出發，描繪人類社會生活上實事求是的傳延與演進方式，發揮黑格爾式「倫理實體」之辯證構成的學說。

　　如此平實進路和無高調的主張，擺脫掉生活世界說原本的先驗取向，卻陷入哲學思考只能「順成」無法「證成」的困窘，難以說明改革更新的動力，一定會受到些批判性新立場的反對。如阿佩爾取語言世界（In-der-Sprache-sein）而捨生活世界，主張專家學者共同體的主體際一致承認，強調學術上由專業社群的理性指導，和倫理道德上無制約的共同規範，極度排斥隨緣偶遇的視域融合。他的論述倫理學（Diskursethik），要動用規範強度鞏固規制性理念的普遍有效性，以抗拒凡事訴諸流通共見、慣常性的反進步思維。哈伯馬斯雖然不若阿佩爾一味追求「反思性終極奠基」（reflexive Letztbegründung），不會執意想完成康德式的先驗哲學改造，但基本上也會贊同規制性「普遍求同」的共識理論，務須要有更強固的先在根據和有效依據才是正途。

　　所以，儘管高達美一向對那些出自我們所熟悉、可依賴的共同生活世界中種種「托載的一致理解」（tragendes Einverständnis）甚為倚重，抱持極大厚望，認為詮釋求通的工作會因此而任重道遠，更期許世人能對許多偉大文化理念和人性正面價值繼續傳承發揚。但是，在哈伯馬斯則認定社會上可共同接受的流行通用（Geltung/currency），充其量僅止是某種暫時性的約定成習，只是常規而非共識，始終尚缺乏其理性上必然會接受的有效基礎（Geltungsbasis）之討論。[14] 從是否具普世約束效力的觀點嚴格審視，哈伯馬斯的一套溝通論述的社會倫理學的擘劃，對言說行動有效性的種種要求（Gültigkeitsansprüche）探討顯得周密井然，

14　見前引論文集 *Hermeneutik und Ideologiekritik*, 152。

不但自身論理立基以及檢討各種其他學說時，都會更為嚴謹。在這裡，追究規範性和普效性（universale Gültigkeit）是優先於只是接受一般正常性（Normalität）和通常慣性之約定俗成（Üblichkeiten und Konventionen）。[15]

　　從普遍語用學觀點分析生活世界時，行動者與世界的關係分從三個向度來看：客觀世界（die objektive Welt）／社會世界（die soziale Welt）／主觀世界（die subjektive Welt），分別對應於一般所說可對照事實真假的外界實在世界、有對錯規範的人際關係交往世界和個人內心體驗與表達的世界，重點分別為客觀可徵的外在事實（Tatsachen）、主體際的相互規範（Normen）和主觀認同的個別體會（Erlebnisse）。對應於客觀世界諸多事物的事實存在，我們在語言行動上的表現所須注重的是真實性，即隨時都能說出真相（Wahrheit）的基本要求，而且是可以證實的肯定陳述（konstativ）；面對人際語言互動的考量，我們注重的為具有社會群體間相互約束性質的規則遵循之要求，例如發言場合、程序、禮節和秩序等是否得宜，此等要求可統稱為規範上之正確性（normative Richtigkeit）要求；最後則涉及每一個人主觀表達的主觀意念層面及其相應的對外角色扮演，則以內外一致的態度上之真誠無欺（Wahrhaftigkeit）的要求為其核心。

　　哈伯馬斯認為社會群體的團結凝聚，雖然有互相可接受的行為選項，也有已然達成共識的可能途徑，但是卻不能讓大家在未經意識形態批判的狀態下順從舊規、苟同求全。如何從僅只是「理解」（Verstehen）、「理解到了」（經由理解活動而得出的 Verständnis），或僅只是讓「理解發生」（Verstehensgeschehen）的狀態，再能夠進展到更具有普及規範及約束力的「相互理解」（Verständigung），甚至於最後達成彼此「同意」的無異議、無扭曲、無遮蔽的「一致理解」或直譯作「一致同意」（Einverständnis）時，那才是哈伯馬斯討論溝通行動理論建構當中，真正打算要解決的指標性問題。這裡所標舉的「相互理解」意指「溝通參與者關於一（語言）表述之有效性的驅向一致（Einigung）」；而「同意」更意謂著「說話者對於為爭取承認所提出的有效性宣稱之主體際承認」（*TKH* II: 184）。[16]

---

15 哈伯馬斯在許多方面深受阿佩爾前導影響，這些對詮釋學思想的批判，在後者直到晚期著作裡仍不斷出現，重要論例見 Karl-Otto Apel, *Dirkurs und Verantwortung. Das Problem des Übergangs zur postkonventionellen Moral* (Frankfurt am Main: Suhrkamp 1988), 469-470。

16 Jürgen Habermas, *Theorie des kommunikativen Handelns*, Band I, II (Frankfurt am Main: Suhrkamp 1988)，以下於內文縮寫成：*TKH* I 或 II：頁數。

　　質言之，凡是透過詮釋以進行理解的嘗試，仍須放置在三項有效性宣稱的各種要求中多重檢視，在隨時可能受到批判而被要求提出說明的情況下，才有可能是步向內容上正確無誤，應對互動上合乎規範和相互約束，而表達態度上也真誠無妄的理性論述，從而具有最後達成真正無扭曲、無脅迫共識的能耐。所以論述倫理學的進路，雖然基本立場上，開始時也接受高達美思考的特殊之處，但進行到後面就愈來愈嚴加批判性要求，力圖就程序規定和語用行為等側面導向更好、更正確、更能凝聚共識的一致性理解，而非凡事只求多少瞭解領會到了即可。

　　批判理論兼論述倫理學的重點在於，我們不能因為理所當然的隱約背景，就永遠不再需要進行顯題化（Thematisierung）檢討對待，因為一個重要環節正是發生在相干情境定義之詰難和可受批評性上。普遍語用學當中的溝通行動要以達成共識之勝任能力為指標；這包括培養、訓練，以及在一再被要求提供理由依據時，能夠以一種成熟、負責而適任的擔當態度進行語用溝通之能力，即哈伯馬斯所言的一個成熟自主，負得起責任而具有勝任能力（Kompetenz）之言說行動主體。再用阿佩爾的話表達：我們不能只從「我們的傳統作為歷史的以及事實的共識基礎」，否則錯誤與危機會一再出現，特別是相互誤解和製造異議的風險（Dissensrisiko），威脅到社會穩定，促使衝突發生，使生活世界同時也難逃時時刻刻會演變成風險社會的命運。

　　此處幾乎已無須指名道姓，顯見高達美的樸素觀點及樂觀態度，還須要再經過一番嚴格考驗。哈伯馬斯的社會學不再停留於詮釋、理解社會學的層面，而欲提升到意識形態批判及規範性的講究，為的就是能增加一專屬於批判性學科發揮的解放效果。現代性啟蒙的延續未嘗想要擺脫常人的生活世界，卻也絕不希望任憑情境變化發生，界限無節制推移替換。哈伯馬斯一貫對海德格、高達美詮釋學、理解社會學、現象學文化論的生活世界說多有批評，以展開自己的生活世界論述。《溝通行動理論》裡，他的普遍語用學說、共識理論，理想言說情境，專家共同體或專業社群，溝通詮釋共同體，溝通行動之合理性，理性類型說，雖然多有受阿佩爾影響的痕跡，卻也自構成他主張生活世界與理論系統雙層次互補的另一番面貌。社會如何團結凝聚，如何達成合理化的問題，也因此須尋求另一種論述及正當性基礎。他始終採取阿佩爾的主張：詮釋學理解必須置諸一規制原則下，亦即「把普遍的相互理解引導到一個不設界限的詮釋共同體（unbegrenzte

Interpretationsgemeinschaft）框架中」。[17] 而且格外值得注意的是，他和阿佩爾都認為此最高預設應該是相反於事實、與事實相對反（kontrafaktisch）的設定，是極度理想化的終極言說情境。如此才能產生規制性的力量，逕自與諸多事實狀況對立而能一一矯治後者。這是論述倫理學繼哲學詮釋學之後的的主要貢獻。

四、溝通行動理論與生活世界概念

　　長久以來，哈伯馬斯已對生活世界學說興趣濃厚，並曾用「社會的生活世界」（soziale Lebenswelt）一語，探討科學技術進步該如何中介而應用到人類實踐的問題，以免讓經驗的、分析的科學及其技術成就，成為凌駕一切之上的意識形態。[18] 科技之操作運用，其可行性的信念必須放置在許多其他信念當中共同評量，而生活世界，在許多後來他的論述裡，就正是一切如此屬於公眾所有的知識與信念的大貯藏庫（Reservoir/Wissensvorrat）。因此生活世界是必要時、特殊情境之下進行詮釋活動的資源（Interpretationsressource）所在，同時也是所有溝通行動參與者的共同背景信念（Hintergrundsüberzeugungungen）所匯集之處。

　　哈伯馬斯的《溝通行動理論》不僅是社會學理論的當代重要成就，同時又特別在第二冊裡，將胡賽爾以來、經過詮釋學無限放大的生活世界或即所謂「視域」的學說，帶進到一個新的、更顯見批判力的哲學思考視野。哈伯馬斯之重視生活世界說，學者多有論及。如 Donn Welton 即曾建議：我們不妨把此書上冊關於溝通論述作為之說明，看待成是溝通行動理論的「能思之學」（noetics），而下冊對生活世界的研討，則看成其所關聯的「所思之學」（noematics）。[19] 如此觀察，正代表哈伯馬斯繼踵海德格、高達美及呂克爾後，對現象學生活世界說的另一層深化；特別是針對著「規制性理念」以及針對著「規範性」來由追究的理論深化。而且筆者更認為，這部分哈伯馬斯的研究，已相當程度修正海德格「事實性詮釋學」，以及高達美單純透過語言為媒介的「視域融合」說。

17　Ibid., 154.

18　Jürgen Habermas, "Technische Fortschritt und soziale Lebenswelt." In *Technik und Wissenschaft als "Ideologie"* (Frankfurt am Main: Suhrkamp 1969), 104-119.

19　參閱 Donn Welton 在《現象學百科全書》的〈世界〉條文中的說明和評述。Article "World." In *Encyclopedia of Phenomenology* (Kluwer Academic Publishers 1997), 742。

　　前節可見，溝通行動理論的研究雖然具有哲學兼社會學的雙重性格，但是「語言和主體際之間的語用互動」這一關鍵，仍然會在這套言說論述的理論中，繼續成為對生活世界思考的新標的和新焦點。語言學以至於語用學的思維轉向，至此依然適用。此所以哈伯馬斯對生活世界之著墨，完全要就語言和溝通行動的有效基礎來思考，即為普遍語用學的論述理論之重要發展。這樣的主張，乍看來和詮釋學極為相近，仍屬一種語言優位下的產物。但細究下會發現，產生社會互動和協力共作的語用論辯溝通，重要性則遠超過文化傳統和價值共享的語意交會，因為前者更看重行為協調上確實可遵循的規範和指引，即嚴格的確實達成共識之取向。

　　哲學若要作為社會的代言人兼詮釋者，當然免不了一番入乎其內的功夫。這點哈伯馬斯很早就能接受實用論和詮釋學說，承受起所有語言傳介而關係到行為取向的知識，以及這些知識在日常實踐與日常溝通中的無盡聯結（Nexus）。如此，基本上是主體際之間交流互動的，共同運作下的知識成績，和可以一起努力的合作背景，足以取代傳統上孤獨寂寞的主體（einsames Subjekt）之位置。[20]詮釋學和論述倫理學，雙方面都反對原有的主體性哲學及意識哲學，惟獨後者仍會執守住互為主體溝通互動中必須建立的強力規定基礎。

　　又如前節所述，即便在生活世界而言，論述倫理學要為此間的語言世界提供一穩健模式，進行程序及其可檢驗基礎的規定；同樣，到哈伯馬斯特有的溝通行動說當中，當生活世界作為一補充概念被附帶（beiläufig）引進時，其內部自動自發的合理化也並非全無困難。因此哈伯馬斯強調另一建議：「把社會同時當作系統和生活世界去構想」（*TKH* II: 180, 183, 182-228, et passim）。對於溝通行動理論言，辯證解答我們所無法離開但也須要嚴格考察的生活世界，因而也成為描述改造生活世界之動能和產生機制時的基本要點。

　　其實早在 1973 年論《晚期資本主義的正當性問題》時，哈伯馬斯已分別從「社會整合」及「系統整合」兩個側面，突出生活世界集聚所有文化價值、社會規範和生活制度的功能，而系統則作為操縱掌控（Steuerung）的機制看待。「如果我們把一個社會系統看成生活世界，那麼其操控的側面就會減淡消失；（如

20　參見 Jürgen Habermas, *Moralbewußtsein und kommunikatives Handeln* (Frankfurt am Main: Suhrkamp 1981), 17。此文集首篇論文中，他以身處其間的代言人（Platzhalter）和詮釋者立場，說明哲學在社會研究中的角色。

果）我們把一個社會理解為系統，則有效性的側面（……）即始終未被考慮顧及」。[21] 發展至《溝通行動理論》第二冊裡，他再分從「參與者角度」和「觀察者角度」（Teilnehmer- und Beobachtersperspektiv）差異，經營溝通行動理論實際可開啟的內涵。參與者不能脫離生活世界的變動範圍界限外，只能「置身其中」，在內部借助普遍語用學研究所期許的說話溝通能力提升，和其他溝通互動者以達成共識為總體目標下，在聽講說話間互相理解，在行為取向上協調合作，在認同歸屬上趨於一致。而觀察者則不單透過語言媒介之內在於生活世界的有效性構想，更延伸到人類社會歷史演變的理論重建，甚至還能透過批判社會學的歷史重建，進行例如像是對當代性之病理學研究（Pathologien der Moderne, II: 433），用以滿足比單純詮釋、理解層次更高的診斷和解放任務要求。

如此系統觀察者角色，可從生活世界中拉出另一番學術工作切入的視野，在哈伯馬斯即所謂歷史重建的學術任務。人類從遠古發展到現代化國家與法制社會，如是複雜多變的歷程裡，只有語言中介在批判理論認為是不足的，至少應該還有其他兩項主體際性中介或媒介起作用，一為現代經濟體系的金錢中介（Geldmedium），主要表現在經濟活動領域裡；另一個是為行政管理體系中的權力中介（Machtmedium），主要表現在政治領域，須同時置諸考慮。哈伯馬斯的理論這一部分稱為「系統進化論」（Systemevolutionismus）研究，考察並重建歷史發展階段，評斷出自生活世界又落實回生活世界中一切制度化建立、改正與修訂，重建其普遍性的規範要素及進步理念。

生活世界與系統的關聯問題可以這樣看：如果說社會就是功能論意義的系統，大大小小的社會都可看待為大大小小的系統和次系統，這樣必然有所不妥。因為如此一來，立即會丟失許多不可歸約及化簡的側面；我們最多只能說社會及其發生所在的生活世界，也是可從不同系統制約的統合角度加以審查。生活世界有它自身內在的原動力和眾多資源、素材，可供選取採用，而且前節所述「行動者—世界」之關係主要也是就著生活世界的背景脈絡加以說明的。

大體上哈伯馬斯是先按照現象學的 Alfred Schütz 和 Thomas Luckmann，以及 Aron Gurwitsch 等社會學、人類學家觀點，整理出生活世界三大特性如下，

---

[21] Jürgen Habermas, *Legitimationsprobleme im Spätkapitalismus* (Frankfurt am Main: Suhrkamp 1973), 15。此書起首就是從生活世界與系統的對立，來探究晚期資本主義社會的危機。

但是這只代表他接受生活世界作為一溝通行動理論互補側面的用意（II: 198）。正如他處所言，學術性探討和哲學課題處理上，生活世界只提供若干必要的「初始活動空間」（Initialspielräumen），卻可能限制住更進一步「顯題化處置」（Thematisierung）的規範性探討路徑。

特性一：作為語用溝通背景脈絡與論述活動發生所著落的場所之處：這是上述已多有提及的「背景／視域／脈絡／資源／知識庫」等各種說法所形容之下的一個基本出發點。誠如哈伯馬斯所言：

> 溝通行為者總是內在於他們的生活世界之視域當中運動著：他們無法從它（此生活世界之視域）脫走出去。作為詮釋者，他們自己以及他們的語言行為，都屬於生活世界（……）。（II: 192）

以源生背景的確認及發生場域的著落而言，即使隨後立即要轉切到系統角度再加觀察，但結論仍須強調定泊與安置（Verankerung/Einbettung），如同船隻須下錨以便能固定停泊般，著落一穩當而適切的環境，成為其中共同約定且大體遵循的種種制度。

特性二：生活世界具體表現出某種主體際性溝通交往之原本不成問題：生活世界充滿許多基本上不成問題的知識素材、規範要求和一旦發生疑慮時可供解決疑難的資源。例如我們常常訴諸某種素樸的熟悉可靠性（die naive Vertrautheit）或直覺的（intuitive）熟悉可靠性，可以通稱此之謂生活世界中的理所當然（Selbstverständlichkeit）之可遵循模式，是人類群體間各種互動的基礎及共事的基本互信結構所在。有許多可以促成交往溝通的條件或說互動上可憑藉的共同資源，在生活世界中總是已然預設，總是已然派上用場（immer schon vorausgesetzt, immer schon verwendet），因而基本上是沒有問題（fraglos），也不造成困難的（unproblematisch, II: 198）。但是當然，如此情況下最多也只具有一粗淺而非穩固耐久的合理性，往往禁不起嚴格的檢驗與追究，尋求其理據。

特性三：最後則是生活世界之無法全盤否認，或不可完全脫離其境的事實：這點，哈伯馬斯又稱之為生活世界對於全面修正之免疫（Immunisierung, II: 201）：沒有任何單一系統可一舉解決全部問題，或讓我們脫離一切舊有連繫而從頭開始。在生活世界的內部，雖然情境變換迅速而多樣，但生活世界之界限卻無法被超越出去，終究只會是局部之改善和修正而已。生活世界固然有其一定範圍界限，內部卻呈現一種多孔而易於滲透的狀況（porös），有如一綿密的行動脈絡

或網狀聯接狀態（Vernetzung），不斷相互影響流動而又能逐漸趨於穩定平衡。

此三項特性交互歸結起來似乎毫無異議，實則藏匿著一大吊詭，因為生活世界畢竟是在「大體尚可」情況下，被接受為理所當然。批判意識強烈的哈伯馬斯對這一點特別敏銳，因此他指出僅只是生活世界知識必有一吊詭性格：其中絕對肯定性的感覺（das Gefühl absoluter Gewißheit），正是因為此等知識尚為前反思的，也是尚未加分化的（unausdifferenziert, II: 205）。於是這裡特別還再須要一層第二序的分化過程：生活世界的合理化和系統之複雜化攀升，兩者同時在社會演變過程裡成為緊密的互動項，一起成長又彼此分化開來。一方面有系統複雜性的升高（Komplizitätssteigerung），和另方面生活世界合理性的穩定，兩個不同面向和層次如何取得平衡，便成為首要的論述焦點（II: 230 ff.）。

對哈伯馬斯而言，社會可以被看待成生活世界，但生活世界並不就等於是社會，縱使社會與生活世界範圍上延展同寬（coextensiv），我們也不能直接把前者當成只是後者而已，否則的話會出現三大虛妄假相：行為者的自律性、文化的無依賴性和溝通的透明性（II: 224-225）。真正有能力的社會行為者要同心協力，一致去推動共同計畫，則有兩件事要極力避免，「失誤的相互理解之風險，也就是出現異議或產生誤解時，以及失誤的行動計畫之風險，也就是失敗」（II: 194）。論述倫理學上已知排除第一個風險更是克服第二個風險的條件，如今，溝通行動的規範上及規制理念上之重要性也由此可見。

於是如同論述理論中三個語用有效性共構基礎，哈伯馬斯再進一步由文化（Kultur）、社會（Gesellschaft）、人格性（Persönlichkeit）三層結構的方式去剖析生活世界構成，表明每一層結構各自在形成整個生活世界之合理性時所占有的地位，發揮著一定功效。這三個生活世界的結構要素分別為：

> 文化我用來命名溝通參與者們，由於要對世界之某事物進行相互理解時，所備供以詮釋的整個儲備知識（Wissensvorrat）。社會我用來命名那些正當合法的秩序安排，透過它們溝通參與者調整自己之歸屬於各社會群體並確保其團結凝固。而就人格性而言，我所理解的是讓一主體適任於進行語言和行動的那些能力資格（Kompetenzen），也就是說，使他們得以參與到相互理解的過程裡並且在其中主張自身的認同之資格能力。（II: 209）

在共同的生活世界裡，我們實際上總是從三個側面進行互動的：彼此間進行相互理解的側面（個別主體並未擁有完全獨立的自律自主），主體際之行為上協同運作側面（文化價值與信念落在行為表現時還須要社會秩序的合法化，而非文化決定論），和個別人格參加到社會化過程側面（每一個人的融入參與社會努力是否成功並未明朗）。溝通行動在三個側面的活動所要促成的積極功能則分別是：學習共同傳統並更新文化知識，包括共同生活價值和信念；幫助社會整合並製造團結一致，建立必要秩序；培養並形成個人在溝通互動下的認同和歸屬，各成為有社會行動能力的一分子（II: 208）。

生活世界雖然是作為一個補充的概念而被附帶的（beiläufig）引進到溝通行動理論的（II: 182 ff.），但反過來說，尋求生活世界內部自動自發的合理化或許有其困難，但也不能夠因此而聽任生活世界之受到殖民化（Kolonialisierung）或內容空洞化（II: 293）。哈伯馬斯強調說生活世界與系統的雙層次辯證聯結，但又主張兩者間的脫鉤（Entkoppelung），即系統方面無法強迫兩者始終保持同步調，結果則是劃分為文化、社會與個人人格的三個領域，重新在溝通行動進行者和參與者身上交織成新的生活世界概念，重新成為社會學的考察重心。這樣的論述，同時也大幅度開啟社會科學描述性研究，和重建式思考的進行空間，而再度賦予哲學發揮批判解放的功能。

至於同屬必要的系統的概念，他認為 Talcott Parsons（1902-1979）至 Niklas Luhmann（1927-1998）的系統（System）[22] 概念，畢竟只是一項理論概念，脫離現實且未顧及其真正能應用於世的實踐效果。無論要付諸行動或是謀求整合，總是該重新再由生活世界中普遍參與者角度和其接納程度來衡量，若由系統整合單方面則勢必無法強求。於是一種生活世界與系統間的二層辯證關係，遂成為哈伯馬斯此種哲學及社會學考察最具特色的模式。

22「任何社會接觸（soziale Kontakt），一直到社會本身當作所有可能的社會接觸之總體考慮，都被把握為系統。」這個標準定義見 Niklas Luhmann, *Soziale Systeme. Grundriss einer allgemeinen Theorie* (Frankfurt am Main: Suhrkamp 1985), 33。

五、結論

　　高達美的詮釋學裡，有意義的生活形式之開創，仰賴文化傳統的認同感與歸屬心，自身就是一套人文主義傳統的共通感的理論。雖然他並沒有教導我們應該像承認傳統權威與經典優越性一樣，毫無保留退回到生活世界之「如常」（Normalität），但是當他以 immer schon 取代 a priori 的生活世界先驗論述時，同時推動去先驗化的趨向，被批評為造成泛詮釋學化（Panhermeneutik）與唯詮釋學論（Hermeneutizismus）。[23]

　　一般而言，詮釋學及其相關學派傾向於以共同生活世界和語言文化社群流行通用的倫理常規為主，重視共同意見的持續形成和承繼維護，經由慣例共識凝聚的世間共有常理，長久無斷裂的在變化更新中求同、求融合。所以基本上詮釋學始終會強調文化傳承及社群凝聚的學說，會強調「自然法」思考的演進和一般的契約理論，傾向於主張于此足矣，其他激進發展都不能傷害到這一根本歷史性事實。高達美會認為生活世界非屬純粹之歷史偶然，而是概括的有承有受，之前固然已不乏理解、評估與嘗試，之後更未始不再保留另番詮釋和不同理解餘地。這樣的詮釋學性格下的主張，刻意迴避先驗立基的論述，反而樂見於重新詮釋並善用古典哲學資源，因而曾造成七〇、八〇年代以來盛極一時的新黑格爾學說和新亞里斯多德論述的出現。然而，無制約的普世道德立基與熟悉環境下的常理通例之爭，在這個脈絡的討論卻也最為明顯，最迫切須要去深入論辯。僅止於從生活形式、生活世界或生活常態出發的說法，顯然是無法令批判的審慎角度和一致共識的強力要求感到滿意的。

　　生活世界究竟只是個學術工作上（包括哲學思考與社會科學理論建構）的審察視野，或根本是文化決定與文化取向的詮釋學領域？如果只是後者，則惟有從事實性的生命存在間，藉由理解活動詮釋出無盡可能而開展多重向度。那麼，學術學理與文化生命上推陳出新的再生產（Reproduktion）工作又該如何進行？如何能講述或議論人類社會的未來會比現在更好？因此，哈伯馬斯看來，只將生活世界概念縮減為文化傳統層面，或僅止於生活行動之實用層面，對溝通行動理論

23　參見 Apel 前引書的批評，*Dirkurs und Verantwortung*, 419-421。

而言並不充分，有必要加以修正（Vorstudien, II: 593）。這是他始終反對文化論的生活世界概念之片面性的原因。

　　哈伯馬斯1993年重述胡賽爾生活世界概念與哲學、社會科學之學術研究之關係時，很適合在此引為結論：

> 一種哲學，意識到自身對生活世界之依賴而不讓生活世界徹底臣服其下或棄離生活世界遠去，彷彿是能夠向生活世界借來一種學術性格的聲音，因而不僅置生活世界在其社會科學描述之下，同時也回答著生活世界的問題。[24]

哲學必須要在系統與生活世界間穿梭來回且取得平衡，既不停留於充滿 common sense 的平常性生活世界，但也不過於偏袒學術探討中疊床架屋的體系建構以免會遠離了實踐。

---

[24] Jürgen Habermas, "Erdmund Husserl über Lebenswelt, Philosophie und Wissenschaft." In *Philosophie der Gegenwart – Gegenwart der Philosophie*, hrsg. von Herbert Schnädelbach and Geert Keil (Hamburg: Junius 1993), 269-279，此句結語見頁 278。Habermas 另出版的 *Nachmetaphysisches Denken. Philosophische Aufsätze* (Frankfurt am Main: Suhrkamp 1992) 論文集裡也有專文再度討論生活世界在普遍語用學中的重要性，見該書頁 84-104。

Dialog der Phronesis

第二部

面對未來——重探與追蹤

德國哲學與德國哲學界現狀
從兩篇文章談起

《哲學雜誌》第 11 期（1995.1）

德國哲學有什麼樣的特色？

德國哲學界現在的情況如何？

如果只從表面來看，當前德國的哲學界可說仍是非常熱鬧而多彩多姿的，研究討論哲學的風氣也始終未衰。雖然經濟不景氣，失業率高居不下，唸哲學的出路可謂差之又差，但是各大學的哲學系所，不論主修或輔修，學生人數一直相當眾多。這種情形尤其是在歷史悠久，哲學科系規模較大而教授陣容較佳的幾個大學最為明顯。據統計全德國修習哲學的學生有兩萬人以上，社會大眾愛好哲理的更是無計其數。走進幾個著名學府附近的大小書店，像慕尼黑大學後街的 Max Hüber，海德堡大學廣場邊的 Karl Winter，杜賓根老城木材市場旁的 GASTL，波昂城鬧區裡的 Bouvier，只見哲學名典應有盡有，德英法文的最新哲學著作也陳列有序，令人興奮地反映出愛智者眾的事實。

書刊出版方面，每年 10 月法蘭克福書展，一趟逛下來，雙腳發軟之餘，只能用目不暇給形容。但正當頭腦發脹，背囊沉重而口袋空空之時，卻也不得不私心歎佩德國哲學學界的活力充沛、表現不凡。不僅傳統上就出哲學書的幾家大出版社 —— Felix Meiner、Suhrkamp、Klostermann、Alber、Klett-Cotta 和 UTB 叢書，照例會有整櫥整架的哲學書籍，其他只要稍具規模的出版商，每年印行的哲學書也都不在少數。更有近年新興的後進者規模小而勁頭大，如漢堡的 Junius，法蘭克福的 Campus 和奧境維也納的 Passagen，幾乎專走哲學、社會人文思想路線，成績斐然。再加上老店改組後的 J.B. Metzler，或東西合併成的 Reclam 等知名書商，都特重人文思潮，表現得可圈可點，後勁十足。哲學新書出得多是不容否認的事實，歷代大師們的定版全集許多還在審慎編校付印中，而年輕學者們

的論文，升等著作早已紛紛擠進市場。退休老教授們更是不甘後人，著書立論，退而不休。其中有大部頭的專著。也有專就流行題目發揮的論文集，或一個接一個學術會議後的論文集刊，學術性及通俗性的兼而有之。更重要的是，這幾年哲學工具書的編印問世的不少，還有幾套新編的哲學史，哲學專業期刊也冒出好幾份，或全新的（像1991年起的《辯證》，1992年起的《國際哲學期刊》），[1] 或舊的復刊（如1993年底復刊的 *LOGOS*），[2] 或改組增刊[3] 的都有。甚至哲學日曆、哲學海報、哲學家明信片及哲學童話故事也都不愁乏人問津，爭相問世。

　　但是如果要進一步追問，究竟在這些表面的繁多熱鬧之後，當前德國哲學有些怎樣的具體建樹和成果可以一提，那就該好好靜下來想一想了。哲學本來就是要好好靜下來想一想的事情（事業），很多人也曾很嚴肅地想過了這個問題。最近在德國有兩篇文章，一篇是哲學界以外的報導，一篇是哲學圈內人撰寫的，都對這個問題提出了自己的答覆。可是也正是因為各是自己的答案，難免自說自話，未必得到大家的認同，所以兩篇文章都引發不少爭論，又在哲學界掀起一波

―――――

1　*Dialektik* 於1991年出刊，由德國最老牌的哲學專業出版社 Felix Meiner 負責出版，Hans Jörg Sandkühler 等人主編。這份刊物的主要路線標明為一份「哲學及各科學的百科全書式期刊」，每年出版三期，各有論述專題。理念和內容方面，可說是繼續著同一出版社1990年發行的四大冊一套《歐洲哲學及各科學百科全書》（*Europäische Enzyklopädie zu Philosophie und Wissenschaften*）的成績。特別值得一提的是該刊仍極力提倡馬克思理論的重要性，並且和義大利的「那不勒斯哲學院」通力合作，許多文章是出自原東德及東歐各國哲學家的手筆。*Internationale Zeitschrift für Philosophie* 自1992年起由史圖嘉特的 J.B. Metzler 發行，每年兩期，主編為兩位年輕哲學家：杜賓根的 Günter Figal 和海德堡的 Enno Rudolph（兩人都是高達美的年輕學生）。該刊主旨是要從哲學詮釋學再出發，重新促進德國哲學與世界各相異文化傳統之間的哲學性對話和討論，從文化際（interkulturell）的哲學對談與相互理解中，開拓理解活動的多樣性與多意性。目前主要撰稿人還限於德、義、法、美加等國，文章以德英法文刊登。

2　*LOGOS* 於1993年9月由杜賓根的 J.C.B. Mohr 復刊發行，仍走知識理論及系統哲學路線。值得注意的是沉寂已久的 Hans Albert 在新刊物中有相當影響，大有要重新振起科學哲學研究和詮釋學只重歷史、忽略系統的趨向相抗衡之勢。該刊副標題即「系統哲學期刊」（Zeitschrift für systematische Philosophie），雖然發刊詞中聲稱不代表任何特定哲學方向或學派。按 *LOGOS* 原為1910到1923年間德國人文社會科學界極有影響的一份刊物，副標題原為「文化哲學國際期刊」，重要編審撰稿人士有胡賽爾、韋伯、Heinrich Rickert、Wilhelm Windelband、Ernst Troeltsch、Georg Simmel、Richard Kroner、Rudolf Eugen 等。復刊後將每年度發行四期。

3　像《德國哲學雜誌》（*Deutsche Zeitschrift für Philosophie*）原為東德共黨馬列主義思想的機關刊物，1993年由德國國科會（DFG）資助，全面改組為一份「國際性的哲學研究雙月刊」，每年出版六期，各有研究主題和專題討論，廣邀美法等國哲學家為學術顧問，推動哲學討論上的國際合作，使德國哲學重新在世界舞台上發揮影響。但所有文章都以德文發表，近兩年出刊下來，內容上和馬列思想幾乎已毫無瓜葛，反而和美法兩地的當代思潮有許多共同焦點。

波的漣漪。本文的目的，正想先介紹一下這兩篇的內容及它們激起的反應，藉此轉述德國哲學界近事，然後再談談筆者個人意見。

第一篇文章是去年暑假刊登在《明鏡》周刊上的，題目是全盤否定的：〈思想家們退位〉（"Die Denker danken ab"）。[4] 如此毫不留情的宣佈，當然立即引發社會大眾注意，及哲學界內外議論紛紛。這篇被哲學界戲稱為「明鏡判決」（Das Spiegel Urteil）的報導，由於是《明鏡》一貫風格的集體編輯撰稿，更因為報導內容中對哲學家們的工作表現沒有絲毫同情的理解，竟採取完全否定的態度，所以到處成為關心哲學者的話題，也激發哲學家們自身的反省和辯駁。

《明鏡》一文的取景（Szenarium）只有兩處：一是波昂大學一角，位於喧鬧大街旁幽暗陳舊的哲學研究室裡和一位年輕學者，哲學系助教，也身兼 Allgemeine Zeitschrift für Philosophie 主要編輯負責人的一番交談。侷處大學建築（即原波昂城皇宮）一隅的研究室，平淡無奇，與周遭環境格格不入，令我們的訪客從一開始就大失所望。哲學是當今學院中沉寂孤立的一角，背負著傳統的光榮自得其樂，缺乏對社會現狀的關切以及對實際問題的敏銳，也無視鄰近各學科領域的大幅發展進步——這是一向持懷疑批判眼光的《明鏡》記者，對當前德國哲學的第一印象。而細讀通篇報導，大旨也不過是在證成這一初始印象而已。

第二場景則是在邦堡（Bamberg）舉辦的一場哲學聚會，而這也正是直接促成這篇《明鏡》報導問世的主要起因。原來邦城是德境素有「小威尼斯」美名的一處古城，精緻秀麗，歷史悠久，同時也是一座規模較小的大學城。自從 Walter Ch. Zimmerli 接任此城哲學講座以來，為振興哲學風氣，不讓附近 Erlangen 紐倫堡大學的哲學系專美於前，銳意求新，於是開辦「黑格爾周」（Hegel-Woche）的哲學推廣活動，廣邀各界人士參與，很受好評。（按：黑格爾於1806年底拿破崙大軍圍攻耶拿之際，匆匆抱著剛完成的《精神現象學》手稿出城，而後因經濟需要於1807年3月至1808年11月間任《邦堡日報》報社編輯之職，暫居此城，因此頗有一段淵源。）

《明鏡》判決書的起因，正是邦城1993年初夏的一場「大師會」（Meisterkurs）。「邦堡黑格爾周」活動，於1990年請來高達美和 Hans Joans 兩位

4　"Philosophie: Die Denker danken ab." *Der Spiegel* 29: 124-127（1993年7月19日），以下簡稱《明鏡》。

大師首演成功後，1991 年則由政治哲學家文化理論者 Hermann Lübbe，1992 年
由物理學家兼哲學家 Carl Friedrich von Weizäcker 獨挑大樑。每次除了有大師級
哲學界名人出場外，更有文化界社會名流、黨政議員、政府官員、企業界人士受
邀共襄盛舉，與念哲學的年輕學子們打成一片。時間上每次也長達一周，各種活
動安排，非常熱鬧。因此三屆舉辦下來，贏得不少好評，廣泛有報刊報導，也頗
受學界矚目，儼然可和 Bad Homburg 的「哲學論壇」（Forum für Philosophie）[5]
形成分庭抗禮之勢。1993 年主辦單位（邦堡大學、邦堡市政府和邦堡《法蘭克
日報》[6]）再接再勵，一方面從大西洋彼岸請到遠來的和尚，代表美國後分析時
代哲學而和歐陸思潮常相呼應的 Richard Rorty，但另方面更為了打破哲學本門界
線，又請到化學家 Ilya Prigogine[7] 和生物學家 Humberto Maturana[8] 與哲學家共
濟一堂，跨科系討論「時間」問題。同時為以廣宣傳，還特別發函邀請文化界最
具影響力的幾家媒體派員採訪：德文《時代》周報、《新蘇黎士日報》、《焦點》
雜誌、《明鏡》周刊及法文《世界日報》都有記者列席。誰知道《明鏡》派去文
化版主編，可能是只聽了一天即行離去，更且單憑著首日印象，隨即在該刊 7 月
份第 49 期當中，刊出這篇對整個哲學界無情一擊的報導。

　　文章大旨一如其聳動言聽的標題一樣，聲稱〈思想家們退位〉，對目前德國
各大學進行的哲學研究及哲學教學，盡是負面的報導與評價。原因在於哲學學者
愈來愈遠離現實，和社會說節，一味埋首復古懷舊式的古典研究工作，對當前諸

5　全名為 Forum für Philosophie Bad Homburg GmbH，是一家私人開辦的公司型企業，以推動哲學研究教
　學為宗旨。定期舉辦各種哲學會議、講座課程、研討會，供社會大眾參加（政黨、一般市民、工商企
　業界、各行業工會組織等），和法蘭克福大學哲學系合作密切。目前負責人為 Dr. Wolfgang Köhler 和法
　蘭克福哲學教授　Wolfgang Kuhlmann，Münster 大學哲學教授 Peter Pohs 也曾任經理一職。和「邦城黑
　格爾周」相比，「哲學論壇」表現得較學術性而專業化些，自 1986 左右開辦以來，平均每年都有一部
　相當有份量的專題哲學論文集，以「哲學論壇」之名交由 Suhrkamp 書局出版。
6　Frankischer Tag 按法蘭克福（Frankfurt am Main）市以西至德捷邊境一帶是德國所謂的 Franken 地區，
　又分上下兩區，邦堡正好位於中間位置。該日報現每年獨家印行「邦堡黑格爾週」的幾篇重要演講
　稿。
7　Ilya Prigogine 俄裔比利時公民，1917 年出生，1951 年起任布魯塞爾大學理論化學講座教授，1977 年諾
　貝爾化學獎得主。主要貢獻在熱力學、化學物理學方面，20 多年來嘗試以化學熱反應中的「耗散結構
　理論」（Theorie der disspativen Strukturen）解釋生命體系的組成及自生現象。
8　Humberto R. Maturana 智利籍分子生物學家，自六○年代起即開始研究神經系統以及生命系統的構成條
　件等問題。因提出一套「自生理論」（Theorie der Autopoiesis ／德文作 Selbsterzeugung）以分子的自生
　網絡解釋生命現象的起源、運作和組成（包括語言及認知活動）而著名。

如環境玻壞、生態失衡、墮胎、遺傳工程技術、新納粹暴行等大眾關切的課題，根本完全置諸不理。同時各大學派各自經營十幾二十年，結果也始終無法建構出較新的系統理論，和其他學科對共同相關的問題進行交談。就拿邦城哲學「大師會」首日情形來看，一位化學和一位生物學大師各帶來兩位得意門生，要和哲學家們共同討論「時間」的問題。原訂計畫是四位年輕自然科學家依次發表半小時各自的持論後，兩位大師各講評 15 分鐘，再由兩位主持人提出問題引導在座人士進行討論。結果卻一開始就亂場，變成幾位自然科學理論家爭議成一團的局面：兩位科學大師各有門生護衛，開始爭辯起究竟有沒有一客觀的時間存在這樣的問題——這當然是非常哲學的問題。但是當自然科學家各憑紮實的方法論訓練，科學理論主張，和極度專業的實驗室得出的論證針鋒相對，爭執不下時（大體上 Prigogine 持正論，Maturana 持反論），在場列席恭聽的數十位年輕哲學學者竟無一人能發一言。只有輕鬆灑意的美國哲學家 Rorty 曾插進一段，大意上卻也只能泛泛指說這樣爭論沒有必要，因為時間本無內在的本性，在時間之中只是不同的語言遊戲在進行著云云。

　　哲學家們怎麼了？（特別是指年輕一代的，執教於各大學的德國哲學家們）為什麼不再能對重要的議題發抒己見，參與共同討論？這是《明鏡》發出的最強烈質疑。《明鏡》引用漢諾威音樂戲劇學院哲學教授 Ulrich Pothast[9] 的談話說：人類歷史上從來沒有像現在這麼多（專業的）人，花這麼多時間在研究著哲學，但是結果這麼多哲學家的努力工作，對所有生活在世的人而言，卻也很少會像現在這樣幾乎沒什麼意義可言。我們可以套用《明鏡》慣用的犀利詞語和文體風格來形容一番；昔日偉大的「理性」代言人兼仲介者（Vernunftsvermittler），愛智的追求者，如今已淪為自家園地裡的「概念鐵皮匠」（Begriffsklempner），自願沉醉於以往的光榮成就，嫻熟展現著無數繼承而來的宏大深奧理論，搬弄敲打出一堆堆繁複艱難的概念，而且如此自得其樂（Eigenbrötelei／德文原意：自己烤麵包自己吃），不復再有和其他學科溝通討論的能力和意願。古蹟維護員

9　Pothast 正是德國當前典型的「非學院派」哲學家之一，雖然自身也擔任教職，卻有意疏遠其他學院哲學家。寫小說、寫散文短論（Essays）、搞美學理論，以及宣講生活藝術（Lebenskunst/Lebensprraxis），代表作 1988 年的《哲學書》（*Philosophisches Buch*. Frankfurt am Main: Suhrkamp 1988）融合各種文體及問題於一爐，其實正是一本「非哲學書」。

（Denkrnalpfleger）當然是拿不出任何宏偉可觀的新建築藍圖，也無視於現代人新的居住需求，更遑論去面對環境改變後新冒生出來的問題。

　　《明鏡》周報對哲學界如此的嚴厲指責，無情奚落，自然會使得古井也要生波。邦城哲學盛宴——事實上邦城哲學會得到的掌聲遠超過《明鏡》酷評，而且它實質上正代表著哲學界走出學院和社會各界結合的努力之一，因此好幾份不同報刊都把這項結合大師、哲學家、市民和學生的盛會形容成希臘哲學古風的再現，而逕以 Bamberger Symposium 之名稱之。附帶一提的是「哲學大師會」已獲得大量資助，即將制度化定期每兩年正式舉辦一次，下屆主題為「語言與認知」（Sprache und Kognition）——主人翁之一的 Walter Ch. Zimmerli 教授迅速於《焦點》雜誌上為文反駁，認為當前德國哲學家們的種種努力，事實上正是極端尋求新思維走向的表現，而且這可說正是過去近 20 年來幾乎沒有過的現象。他並且審慎但十分肯定的表示，德國哲學從戰後的凋零散亂，近半個世紀發展到今日的繁盛，不僅是每況愈佳的局面，而且更可以期待會出現一番「重大的突破」。雖然近年經濟情況欠佳，對哲學界影響很大，但事實證明「哲學王國」始終能維持不墜，而圈內圈外對哲學的熱情和期望絲毫不滅。因此這篇「明鏡判決」，也就被保持風度的直接當事人用「愛之深，責之切」輕輕帶過。Zimmerli 在《焦點》上特別提到名字的幾位學院哲學家分別是哥廷根大學（Göttigen）的 Günther Patzig、Konstanz 的 Jürgen Mittelstraβ，前文提到任教瑞士而活躍於全歐洲的 Hermann Lübbe，同樣參加了 1993 年黑格爾週活動的慕尼黑實踐哲學教授 Robert Spaemann，以及剛由 Karlsruhe 教職退休研究寫作正勤的 Hans Lenk[10] 幾位代表，都是積聚多年，目前已具推陳出新格局的明日之星。

　　1993 年底另外一場電台座談裡，Zimmerli 教授又感嘆不明白社會大眾要求的面對現實，究竟何指。他承認，如果說希望哲學家們對每一件發生或正要發生

---

10 其中尤其 Hans Lenk 果然在去年 6 月推出一部近七百頁的大作，把他沈潛數十年，最近幾年才因為跟柏林大學 Günter Abel 教授數度切磋討論而引起期待的一套系統哲學力作，正式公諸於世——*Hans Lenk: Interpretationskonstrukte* (Zur Kritik der Suhrkamp 1993)。此書和 Günter Abel 同時問世的另一部大作 *Interpretationswelten. Gegenwartsphilosophie jenseits von Essentialismus und Relativismus* (Framlfurt am Main:Suhrkamp 1993) 立即引發廣泛回響而展現德國系統哲學再振的新機。兩套新系統的名字是 Lenk 的 pragmatischer methodologischer und transzendentaler Interpretationismus 及 G. Abel 的「詮釋哲學」（Interpretationsphilosophie）。

的事，例如新納粹暴行，德國憲法218條修正案（墮胎合法化問題）、聯合國應不應該出兵以戰止戰、德軍可不可以參加聯合國任務（當時德國上下最關注的一個兩難之題），以至於經濟走向、環境汙染、大氣層破壞等等，都能立刻上台論議講道，指點迷津的話，這顯然不是喜歡經思熟慮的德國哲學家之所長。同時曾客座美國的她也指出，德國哲學家從來不會像它們的美國同行那樣，談話五分鐘之內必定轉到後現代、女性主義、權力批判等流行話題上（即使這些話題皆具有相當時代思考之背景），好像不如此就跟不上社會潮流似的。但是儘管實情如此，這絕不表示哲學家們就都缺乏對時代現況的關注，都吝惜於對社會實踐的投入。相反的，德國哲學家們始終秉直著一種自黑格爾以來成為傳統一部分的精神，從事於一種緊貼著時代進行的思考工作（Denken, das an der Zeit ist）。只不過正因為哲學家們背負著反省時代進程的任務，需要深入探討其中的真正哲學問題，又因為他們要兼顧到悠久的哲學傳統，以及現有的各種理論思潮，所以哲學家的工作成果，往往也不是一般社會大眾容易領會得的。即使要催促思想家即席發言，可能得到的結果也不是解決問題的現成答案，而是要求大家來共同認真思考，以便更能認識時代、認識自己的一項期待。

《明鏡》一文確實攪亂了一陣哲學古井中的寧靜，也引起一場媒體樂於引發的熱鬧議論，邦城主人 Zimmerli 連續數月成為報刊、電台爭相邀訪的對象。這位哲學教授的答覆，一直都表現得相當委婉溫和，態度執著而帶著點無奈。但是在一個資訊充斥，演出頻繁的現代多元社會當中，社會大眾對哲學的要求會越來越迫切（大概正因為現實上無法解決的難題太多），而當哲學內部對哲學何去何從的爭議依舊沒有定論之際（雖然每一位哲學家都依然十分努力繼續走自己認為正確的路線），像《明鏡》判決書這樣的評論，即不是第一遭，相信也不會是絕響。我們都還記得，柏拉圖對話錄中就講過希臘哲人泰利士（Thales）因觀看天上星空跌下腳前井泉，遭到女僕嘲笑的故事。只要有人不能瞭解哲學思考的精深華美，哲學家也難免常受人嘲諷的。然而外面的笑鬧過後，哲學家回到家裡又要坐下來靜靜反省一番：是不是德國目前的哲學教育出了問題？或者是不是歷代大師（包括今天仍在世的）樹立的風範也有可議之處？為什麼暢談「溝通」、「對話」、「理解」的現代智者竟不能和大眾溝通對話，讓大眾理解哲學之美勝？為什麼埋首「詮釋」人類歷史上最精華文典的佼佼者，沒辦法把自己的工作內容，解釋得更清楚些？

　　第二篇要談的文章正是代表著哲學界自身的這樣一番反省。這篇刊登在今年
2月號《哲學資訊》上的議論：〈論當前德國哲學的形勢〉，[11] 出自慕尼黑大學哲
學教授彭特（Lorenz Bruno Puntel, 1935-）手筆。彭氏以研究晚近以來各種「真
理理論」而著名，對形式邏輯、科學理論以及一般性的系統理論多有論述，頗具
貢獻，在傳統哲學方面則特別鑽研如黑格爾哲學體系這樣具有高度統一性的系統
哲學之方法、結構及表述方式。若說德國傳統哲學的榮耀，應該表現在哲學體系
之建立，哲學方法之講求，哲學思維之深度，能夠一再以博大精深，廣賅兼容的
系統思路深入探討基源課題，追究事理真相的話，那麼當前的德國學界的整體表
現，顯然是要讓彭特教授大失所望的。因此這篇文章的評論重點，完全集中在批
判目前德國哲學只重歷史取向，而忽視系統取向及問題意識這一側面。在彭氏眼
中，這正是德國哲學未來發展的致命弱點，難怪乎他要為文大力抨擊，大有欲振
弊起衰的強烈意圖。

　　批評德國哲學只重歷史，迴避現實，指責德國大學哲學教程悉數淪為哲學史
課程，彭特顯然並非第一人。曾任德國哲學總會會長的 Odo Marquard 即曾語帶
譏諷地表示過：現今詮釋學訓練下的德國年輕學者，除了只會搞「精神王國內
的古老建築翻修」（Altbausanierung im Reiche des Geistes）之外，現在再加彭式
一文，其實和《明鏡》判決書內容要旨並無二致。不同的是，身為哲學人求好
更心切，彭氏特別指出要重建系統是為挽回頹勢的不二法門，雖然他自己的觀察
結論仍然是相當悲觀的。另一點最大的不同是，彭特深知他的哲學同道們的動態
及研究取向、工作內容，對哲學界有長期的觀察、參與和瞭解，因而他的文章雖
然也和《明鏡》一樣只顧批判否定，對於關鍵性的問題——如何建立哲學學說體
系或怎樣才算是哲學學說體系——卻未著一詞，但是他畢竟仍能相當有系統地
把德國哲學中所謂的「哲學史取向」（philosophiegeschichtlich fixiert, geprägt und
orientiert）這一普遍趨勢，劃分為五種不同的模式加以說明。不論我們是否同意
他對他的同行們的指責，但順著他所裡出來的這五種研究哲學的方式，我們正好

11　Lorent B. Puntel, "Zur Situation der deutschen Philosophie der Gegenwart." *Information Philosophie* 1(1994):
　　5-30. 以下簡稱「彭文」。特別要注意的是標題及全文中「德國」一詞都故意用斜體印出。作者的說明
　　是：他採用的是一般經驗原則，所以「德國哲學」是指目前在德國境內各大學裡，多數哲學家們實際
　　從事的哲學研究及教學工作而言，並非只全部的哲學家。

可以進一步瞭解目前德國哲學的一般概況和趨向，繼之再來檢討彭氏所謂哲學思考上的「歷史取向」和「系統取向」之分野的問題。以下討論順序上當然是照著彭文的進行，但內容上都有加進筆者自己對這些相關的德國哲學家們的理解。

第一種是摘要式的或說擷取精華式的（resumptiv），這是最普遍常見的一種方式，目前大多數哲學著作都離不開如此模式。這種方式下，舉凡對哲學所謂何事的理解，哲學問題的提出以至哲學方法的選擇，無一不是採自過去哲學家的經典著作當中。因此這種研究方式固然也會針對實質問題進行探討，內容上做出不少言之有物的陳述（Sachaussagen），但基本卻都是依據往日大師的文本（Texte）再做發揮，而且都是透過無盡的歷史學及語言學的詮釋工夫而得的結果。

和第一種方式相比較，第二、第三、第四種對待哲學史的態度則不是片斷的，從特定對象或文本摘取精要的，因而與哲學史的關係亦非偶然的、隨意的。它們與哲學史的關係是全面性的，是以整個哲學史為對象的，而且三者各有一位哲學上著名的人物為代表，他們依次分別是：海德格、高達美、哈伯瑪斯。

以海德格為代表的的第二種方式，彭特教授名之為「超形上學的─存有歷史的」（übermetaphysisch-seinsgeschichtlich）立場。海德格對整個西方哲學發展理解之深，對傳統形上學批判之猛，可說是無人能出其右的。正因為如此，海德格的思想，始終和整個哲學史維持著極度緊張的關係。他的存有思考（Seinsdenken），其實不折不扣就是一場不斷地「和整個哲學史的對話」，而且一直進行的相當艱辛（所以他後來一再使用 Verwindung 這個字而不願再說 Überwindung）。他把整個形上學的發展，判定為一種只討論「存有物」（das Seiende）或「最高存有者」（das höhste Seiende），而無從詳盡「思考之事物」（die Sache des Denkens）的最高點——存有本身——的具有「存有遺忘」（Seinsvergessenheit）特性的發展。[12] 海德格和任何一位哲學史上特定思想家（像黑格爾）的對話，結果都會演變成和整個哲學史的對話，而整個哲學史，在他而言也就是這整個從柏拉圖發展到尼采的，這整個帶有「存有遺忘」色彩的形上學思想的完成的過程——完成的過程其實正是一「終結」的過程。海德格這種「超形上學的─存有歷史的」模式，按照彭特教授的說明，正表現在於他

---

12 特別參照海德格的 "Die onto-theo-logische Verfassung der Metaphysik" 一文，收錄於《同一與差異》一書頁 31 起（*Identität und Differenz*. Pfulligen: Neske 1957）。

一直強烈主張有一個好像是較以往更為優越，較以往更包容廣博的立場，然後要從這個立場出發（當然是一個「超形上學」的立場——不論「超形上學」這個用詞是否可以成立），去一一破解掉整個哲學史上（形上學史上）迄今所得的每一項「存有規定」（Seinsbestimmung）。彭氏因而認為，海德格的哲學不外就是海德格試圖以「超形上學」的架勢，去詮釋或說去批判整個哲學史的工作，而一部哲學史正是一部形上學史，正是一部「存有」顯現其自身的「存有歷史」（Seinsgeschichte）。彭氏還特別指出，這種主張並未隨海德格而成為過去，相反的仍相當影響著許多現在德國哲學家的見解，即使他們不再提起海德格的名字。

　　第三種對待哲學史的態度之模式，是高達美（Hans-Georg Gadamer）為代表的詮釋學立場。有趣的是彭氏此文對哲學詮釋學這一歷經30餘年不衰的顯學卻批評較少，只輕輕帶過去而已——而其他許多同樣批評德國哲學現在專情於歷史，不論議現實的持論者，卻大都或多或少地把罪魁禍首的矛頭直接指向詮釋學。其實高達美之詮釋學之所以為「哲學」詮釋學，理由無他，正是因為他處理到一切詮釋理解活動之最具普遍性的原則問題。所以雖然強調詮譯學的結果，會有鼓勵學者只顧進行古典哲學傳統的詮釋疏解工作之虞，但實際上哲學詮釋學自身卻始終持有高度的系統性理論建構及強烈的普全性主張（Universalitätsanspruch）。彭氏一文也承認第二、第三兩種方式都是具有系相統的，也不乏系統性陳述的，然而他仍舊認為兩者俱是空有發展系統之可能，而事實上卻未曾完全開展出來。因此他認為在詮釋學的立場上，哲學就是哲學經典之作的詮釋，哲學的工作則被理解為純然是以哲學史的方式在進行著的工作。換句話說。高達美詮釋學的基本立場，就是把哲學看待成是完全消融進整個廣大無邊的傳統關連脈絡當中的一種活動。他對整個哲學史的根本態度就是：他根本就不要走出到哲學史的外面去。

　　彭文列舉的第四種立場，是以哈伯瑪斯（Jürgen Habermas）為代表，可名之為「證成的—作為結局的」取向（rechtfertigend-resultative Richting），而它的精神來源則是黑格爾哲學。黑格爾把哲學史看待做「精神」（Geist）所歷經的各個階段的實際表達，「精神」必須一站一站走遍這些各階段的不同表現之後，才能到達終點回到自身之完成。而這整個過程同時也是「精神」證成自身的過程，因為所謂「終局」正是它的「結果」和「成績」（Resultat）。現在的哲學家們，當然不會再公然宣稱一種類似黑格爾「絕對精神」那樣的絕對立場，但是換湯不

換藥，利用同樣方式，去透過哲學史證成自身立場為最終結局（最終勝義）者卻大有人在。彭特以為，哈伯瑪斯對康德以降的「現代」（die Moderne）之發展各階段的個案研究，即為一顯著的例子。因為其最終目的，不外是要把終將會表現在「無強制的理想言說情境」之「溝通理性」（Kommunikative Vernunft/. Rationalität），證成是為一切事關「現代」者理當發展到的極致。此所以哈伯瑪斯一直在用一種敘述—詮釋—批判（deskriptiv-interpretativ-kritisch）的治學態度去對待哲學發展史，特別是從啟蒙運動開始康德到現在的這一段。彭特在說明這一取向時，是特別以哈伯瑪斯 1985 年那本著作[13] 為一明顯實例的。此處在哈伯瑪斯身上還可以觀察到一個在海德格身上也可以觀察到的現象：兩人都是很早就已發展出一基本的格式（Schema），其後的工作大體上只是在重複說明這個格式而已，而且是透過整個哲學史來說明的。而哈伯瑪斯的哲學工作，就是透過哲學史的發展取向的研究，一再申明他自己關於溝通理性的見解，正是在今日最能相應也是唯一可能言之成理的最終主張，不論是在理論建構的完滿性，或是在現實社會關懷的實踐理想性上皆然。

　　第五種最後一種關係著哲學史的態度，也是彭氏特別分開處理，註解最多，也抨擊取力的，是慕尼黑哲學家韓瑞希（Dieter Henrich）的研究取向，被稱之為「重構—詮釋的」（rekonstruktiv-interpretativ）取向。韓氏 1927 年出生於馬堡，在海德堡完成哲學博士及升等。六〇年代起即歷任柏林、海德堡正教授，1968 年後常年駐美，先後任紐約哥倫比亞大學、哈佛大學客座教授多年，亦曾講學日本，並擔任過「國際黑格爾協會」主席，頗具國際知名度。1981 年韓氏返德任慕尼黑大學哲學教授迄今，再度活躍於德國哲學界，門生無數，影響之廣不下於高達美。按韓瑞希曾為高達美的學生，治學方法及學說內容上原本極受高達美影響，但後來因集中研究德國古典觀念論中的自我意識（Selbstbewuβtsein）問題，發揮極具開創性的見解，也獨立出另一套研究方法的風格。同為慕尼黑教授的彭特，在這篇文章裡最表示不滿的，正是韓氏這種一再重新詮釋舊典，用以重構出哲學論證的方法，以及它在德國哲學界造成的影響。彭特認為，和前述三種治學態度（第一種根本不可取）比較，韓瑞希這種方法最是把哲學與哲學史完全混為

13　Jürgen Habermas, *Der metaphysische Diskurs der Moderne* (Frankfurt am Main: Suhrkamp 1985).

一談，使哲學研究與哲學史研究夾纏不清。這是彭特教授最不以為然的哲學類型，但偏偏卻是目前在德國各大學哲學研究上最當勢的一種進行方式。

顧名思義，如此進行的哲學是以詮釋哲學傳統上的偉大經典文本為主要任務，這點還不算要緊，況且和其他幾種差異不大。真正的問題，在彭氏眼中，是出在「重構」上──「重構」是要把本文作者在著作中的構想，以作者本人都未能發現或未能充分發揮的方式，重新開顯出來，建構出來並清楚表達出來。韓瑞希1966年的著作《費希特的原初洞見》，[14] 正是他詮釋重構德國古典哲學的一連串工作的開始，已經略具綱領地決定著往後的工作計畫。他的研究集中在從費希特開始，而後貫穿整個德國觀念論的「自我意識」中的古典反思模式（Reflexionsmodell）的問題上。先經由費希特研究，再透過對黑格爾反思邏輯的疏解，以及對康德第一批判中「超驗演繹」部分進行的細密的論證分析，韓式一方面詮釋疏解古典理論反思結構中的 Selbstbezüglichkeit 的關鍵，另一方面則藉此重構發展出和自我意識無法分開來的 Selbstverhalten 或 selbstverhältnis[15] 之理論，並因此重建一套能兼顧理性本質之理論思考與生命實踐雙方面開展的形上學。問題是，如此開拓出的關於自我意識的這些極具開展空間的理論，究竟該說是古典大師們的立場，還是韓瑞希自己的新境？這是彭特最大的疑問。

總體說來，彭特教授這篇文章的結論不是「形勢大好」，卻是「形勢大壞」。最嚴重的一點，是彭氏指出的一項事實，德國學院內的哲學界始終遺存著所謂「師徒制」這樣的傳統，一如古代的各個「行會」裡的情況。年輕學子如果想要在學術圈子裡出人頭地（這在今日更是難上加難的事情），除了自身聰明才智之外，務必要追隨名師之後，煎熬經年，而且研究方法與取材上，最好嚴守師門法度，亦步亦趨。標新立異固然不足為取，「吾愛吾師吾更愛真理」（Amicus Plato

14 Dieter Henrich, *Fichtes ursprungliche Einsicht, Frank-furt am Main: Klostermann* (1966)。這本僅數十頁的小冊子，原為一篇論文。英譯可見 Dareel E. Christensen ed., *Contemporary German Philosophy*, Volume 1 (Pennsylvania state University 1982), 15-53。

15 韓瑞希的著作中涉及許多對德國觀念論經典所進行的極細密的論證分析，其中像 Selbstbezug、Selbstbeziehung、Selbstbezüglichkeit 及 Selbstverhalten 與 Selbstverhältnis 等用詞，筆者一直還無法考慮出較適當而不相混的中譯對應。關於韓氏的主要詮釋成果和他發展的哲學學說內容，讀者可參閱 1982 年結集出版的一本論文集：*Selbstverhältnisse*，由史圖嘉特 Reclam 書局出版。但韓氏的貢獻，絕不只是在有關自我意識理論的新詮釋上，雖然這方面受他影響的學生最多（如 K. Cramer、U. Pothost、R. P. Horstmann、M. Frank 皆為後起之秀，舊稱海德堡學派）。

magis amica veritas）也是自立門戶以後的事情。這和《明鏡》一文指陳的現象
——現今年輕哲學家都不願站上第一線，確實有密切的關係。但是這種情勢下，
正加深彭特的憂慮，他擔心如果師傅們現在都如此打鐵，我們還能期望徒弟們將
來怎樣鍊鋼嗎？德國哲學發展的隱憂在此，彭特的批評也並非全無道理。

　　然而別的同行師傅們似乎不做如此悲論，也多半認為彭特小題大做，以偏蓋
全，對德國哲學現況做了不盡其實的評估。《哲學資訊》今年 8 月份一期，隨即
前所未見地引來許多知名哲學家的迴響，以讀者投書方式做出答覆（但都不是在
彭文中直接涉及者）。其中只有 Bochum 的 Harald Holz 表示同意彭特看法，贊同
要重倡系統建樹，但他同時也指出一些具體實例，說明並非無人嘗試系統建構的
努力。Holz 提到的有以 Paul Lorenzen 為代表 Erlangen-Konstanz 學派，法蘭克福
的 Karl-Otto Apel，以及他自己等多位。

　　然而另外三封投書，則不約而同地對彭特教授在「歷史取向」與「系統取
向」間強加劃分，深表不以為然。波昂的 Hans Michael Baumgartner 甚至直斥彭
特刻意強求的「真正系統性的哲學」（echt systematische Philosophie），根本是一
個荒誕不經的妄想（Chimäre）。即使康德的《純粹理性批判》一書，不也是經由
哲學史的回顧，透過對笛卡兒、萊布尼茲、休姆、沃爾夫多人的思想深入探討而
起的嗎？德國哲學之福不再於刻意排除哲學史取向的思考方式，相反的正是要不
做任何可以憑空強構體系的妄想。捨棄豐厚而多樣的傳統，勉強堆砌貌似系統的
建築，反而會造成哲學內容的貧乏，加深與社會現實的疏遠。另兩外持相同意見
者，漢諾威的 Reinhard Löw 和慕尼黑的 Hermann Krings，則認為彭文對「哲學
史取向」的苛責言過其實，又補充提出不少同行的成績，都是極具系統相的哲學
思考，同時更是不離哲學史詮釋所得的成果。但除此之外，後兩位哲學家特別指
出：彭氏自己也承認未把實踐哲學發展列入考慮（彭文，頁21），實際上正是最
大缺憾，亦即其無法掌握（或有意忽略？）當今哲學發展一大勝景的主因所在。
這點意見，雖然是彭文自己有意迴避的重點關鍵，卻是筆者本人深表同感的一種
看法。如果忽略德國哲學中目前格外受到重視的實踐哲學之發展，無異丟失了最
富開展潛力的一整個向度。

　　彭文和《明鏡》兩篇文章，從圈裡和圈外對德國哲學界提出批評質疑，引發
一些爭論和反應。從哲學界的反應、辯駁和自我反省當中，我們正好可以讀出一
些學界動態的發展脈絡，看出其中真正有意義的哲學取向。從而對兩篇文章矯枉

過正，失之偏頗的地方，有所瞭解。例如如前文所述，筆者認為《明鏡》完全是以邦堡大師會第一日所發生的情形，輕易否定了整個「黑格爾周」活動這場極受好評的盛事。然而事實上，就在6月23日晚上Robert Spaemann的一場公開演講：〈幸福的雙義性〉（"Zweideutigkeit des Glücks"），毫無疑問是這位實踐哲學權威多年研究的一篇傑出演說，把亞里斯多德Strebensethik精義發揮得淋漓盡致。他的學生Peter Koslowski和Reinhard Löw二人，1988年起前往漢諾威主持一個「哲學研究中心」，[16] 其宗旨就是要促進實踐哲學及應用倫理學的研究，使哲學重新成為關切著整個現實界發展的倫理之學。

　　另外一點，《明鏡》為了說明學界遺世孤立的現象，還特別提到幾位游走於學院式哲學邊緣的人物，他們作風獨特而較能吸引大眾的目光，卻往往不願自稱為哲學家。例如前文提起的Ulrich Porhast；殊不知Porhast正是韓瑞希早年得意門生，所謂「海德堡學派」的重要人物之一，對德國觀念論的研究基礎極深。30年前曾自稱是歷史學家而非哲學家的Hans Blumenberg，固然是因為文體獨特而擁有眾多讀者，但讀過他近作1989年仿柏拉圖洞窟之喻而寫的《洞窟出口》（Höhlenausgänge）一書者，都不得不承認那是一部歷史哲學的傑作，雖然它是以尼采式的箴言（Aphorismen）體裁寫出。原慕尼黑作家，能言善道的Peter Sloterdijk去年已轉赴Karlsruhe任教，仍是媒體寵兒，而他所以大受歡迎的原因，也是由於他能用現代的眼光，對西方哲學及教會傳統上的Gnosis（神見之知）加以新詮釋。所以他們都是有深厚的哲學背景知識，相當的歷史見解，才能夠常識以深入淺出的方式吸引讀者觀眾，達到推廣哲學的效果。這些現象反倒說明了哲學思考內容的豐富，能夠不斷推陳出新，才會有如此精采多姿的表現。

　　除了個人的成功演出之外，集體而組織化、制度化地轉身面對公眾，和現實層面對談的努力也清晰可見。1987年一本當代20位德國哲學家訪談錄，正巧也取用了黑格爾名句為書名：《緊貼著時代進行的思想》，[17] 就是跨出學院門檻，拉近哲學與社會大眾距離的紀錄。大約同時間法蘭克福附近Bad Homburg的「哲

---

[16] Forschungsinstitut für Philosophie Hannover 於 1988 年 9 月正式成立。首先推動的一系列哲學演講已結集出書：Peter Koslowski hrsg., *Orientierung durch Philosophie* (Tübingen: Mohr 1990)。此書正是對類似《明鏡》的看法，認為哲學與現實脫節者的最佳答覆之一。

[17] Florian Rötzer hrsg., *Denken, das an der Zeit ist* (Frankfurt am Mnin: Subrkamp 1987).

學論壇」開辦成立，以私人公司型式推動哲學講學與研究工作，會員遍布中德，有效結合教授、年輕學者、學生和一般市民（見註5）。1988年「漢諾威哲學研究中心」（見註16）也開始運作，1989年9月正式成立，在北德各個Hansa（商團）大城之間，宣講商業經濟倫理學，將20餘年來蔚為大觀的實踐哲學學術研究，帶入應用領域。該中心現推動系列講座，結集出書，每年出年刊及年度報告各一份，並計畫配合2000年漢諾威舉辦世界博覽會之際，密集推動一連串國際會議，促成各國跨文化的哲學、宗教及應用倫理學對談，盛況可期。1989年夏「邦城黑格爾週」登台公演，從1993年起制度化改為「邦城哲學大師會」每兩年一度定期演出，內容如前所述決不只限於哲學大師自說自話（但願下屆年輕哲學學者們肯多發表些意見！）。此外，各大學推動的通識教育（Studium generale）近年也莫不經心地規劃哲學課程，兼顧大學低年級學子入門導引需求，並滿足一般市民普遍愛智興趣，幾乎已成為各「大學城」（Universitätsstadt）裡新興社交場合。

　　當然所有這些，都是有學院中真正哲學研究的堅實傳統與實力作為後盾。在這裡，有皓首窮經的古典詮釋，有智慧結晶的系統建構，有析理明確的問題意識，更有認真嚴肅的現實社會文化批判，在一間間研究室裡默默進行，在大大小小的討論課（Seminare）、學術座談（Kolloquien）裡熱烈激盪於教授、助理與學生之間。

　　德國哲學難讀難懂是事實，不單是因為德文困難，更且是因為德國哲學，一向是在傳統思考的精華和現實難題的疏解這樣緊繃的張力（Spannung）之間，鍥而不捨，艱困探索前進。每當一股新的哲學思潮興起，一種新的哲學取向浮現時，它本身不只是一樣新奇的事物，徒然吸引大眾一時的矚目而已，更需要用心者頗下一番理論探源的工作，才能釐清它在思想發展上的來龍去脈，並評估它對現實課題可能有的貢獻。歷史精華的傳承和現實層面的照顧，兩者不但並行不悖，更且始終互為依憑。理論與現實之間並無絕對的分界，正如歷史取向與系統取向之間，根本不曾有不得混淆的禁令。所以研讀德國哲學，不但要先費力熟讀各種經典原作，也要密切注意最新的發展，才能夠真正進入各種哲學對話當中，聽取其間的微言奧義。

海德格的「現象學方法概念」再探

《鵝湖學誌》第 15 期（1995.12）

Dialog der Phronesis

前言

　　現象學（Phänomenologie/phenomenology）對身為胡賽爾助手、佛萊堡年輕哲學講師的海德格而言，只是一個「方法概念」（Methodenbegriff/concept of method）；它所提供的線索，只在指明哲學思考之如何進行的問題（Wie/how），而不去規定哲學思考之實質內容當為何物的問題（Was/what）。這一方法表白陳述，相信是所有閱讀過 1927 年《存有與時間》[1] 一書的讀者們都相常熟知的文句。然而，正如該書讀者同樣應該知悉的事實是：《存有與時間》導論第七節中所敘述者，僅僅是一個現象學的「前概念」（Vorbegriff/preliminary conception）——它只是一個準備性的或暫時性的（vorläufig/provisional），而非究竟完成義的方法概念。況且更重要的是：《存有與時間》一書事實上根本就是一部未竟之作，是一本未能按照原訂計畫寫成的著作——它實際上撰述完成的，還只有作者在〈導論〉第八節所擬定綱略的三分之一，甚至連一半都未能完成。

　　對海德格自己這位總是「走在路途上」（unterwegs/on the way）的思想家，這位在自己一生「有限時間」（1889-1976）當中，竭盡一切努力去理解「存有」（Sein/Being）、詮釋整部西方哲學「存有理解史」，俾便讓存有自身真能彰顯出來

---

[1]　文本引用資料，以《海德格全集》已出版者為主，但《存有與時間》一書亦引單行本。全集版依據 Martin Heidegger, *Gesamtausgabe*（簡寫為 *GA*），為 Frankfurt am Main 的 Klostermann 出版社所出，引註方式以 *GA* 為首，其後第一個數字為冊數；第二個數字為頁數。《存有與時間》依據 Tübingen 的 Marx Niemeyer 出版社第 13 版，頁數各版皆同，以 *SZ* 為簡寫，後附頁數。單純註明出處者直接置諸正文中。

的「存有思想家」（Seinsdenker/thinker of Being）而言，上述事實不但不是他的缺失或錯誤，反而自始即相當程度地反映他所拓展的現象學探索，或說即他的哲學思考工作本身的特質。本文名為「再探」，就是想要回溯到海德格在撰寫、發表《存有與時間》這部成名作當時，乃至這之前的開始處，重新再審視一番：當初他是如何接近、領會現象學之奧妙，又如何理解、籌謀自己的現象學考察之課題及方向的。就像海德格常講的一句話：無論如何起源一直是在未來當中（Herkunft aber bleibt stets Zukunft），[2] 意思是說，從何處而來，總是不斷保留在要到何處去中，甚至前者總決定著後者。縱使他後來著作裡罕見現象學之名。我們仍舊可發現他的整體思路特性，其實都深受最早時的現象學方法構思決定。

　　首先，我們要簡略回顧一下海德格醞釀一套自己的現象學哲學之背景和結果，時間為 1919 到 1928 年間（第一節）；其次，我們用 1927 年演講課《現象學諸基本問題》裡較清楚的陳述為主，重構他撰寫《存有與時間》時，浮現心目中的現象學方法理念三大基石為何（第二節）；再其次，我們更追溯到 1919 至 1923 年間，反覆提及的「現象」之三層意義面相的說法（第三節）；這樣弄清他早年所掌握應用的現象學方法，以及他所理解的「現象」概念之完整意義後，我們對海德格的思路取向，尤其《存有與時間》中現象學與詮釋學的結合及互相發用，都會有更深入體察。

一、海德格現象學方法概念發生與籌劃的背景

　　胡賽爾與海德格早期因共同致力於現象學哲學，一師一徒，一直保持良好關係。1919 年 1 月初，海德格在佛萊堡受賞識而開始擔任胡塞爾的助理，1923 年雖然由於接獲第一份教授聘書而離開轉赴瑪堡任教，但 1927 年出版的大作《存有與時間》仍然題獻給胡賽爾，1928 年夏末更再度回到佛萊堡，接任胡賽爾退休後留下來的正教授職。在這期間，胡賽爾曾驕傲地宣稱：「現象學就是我和海德格，此外沒有別人。」[3] 連胡賽爾的太太也曾當著亞斯培（Karl Jaspers）等名

2　見 GA（12: 91），原用以講述早年神學研習所接觸的詮釋學傳統，此處衡諸「現象學方法構思」亦適用。

3　見 Hans-Georg Gadamer, "Die Phänomenlogische Bewegung." *Philosophische Rundschau* 9(1963): 4，另有

家面前，稱呼海德格為「那個現象學的孩子（das phänomenologische Kind）」。[4]
尤其1923年之前在佛萊堡，哲學院裡幾乎有個不成文的內規：凡是參加胡塞爾
之現象學主要研討課（Hauptseminar）的學生，都必須先參加海德格主持的初級
研討課（Proseminar）及演講課程（Vorlesung）。而且翻開海德格這個時期的授
課課程的名稱及大綱來看，可以說無一不是關於現象學的課，甚至不難發現：其
間他每一次授課的內容，都可以說得上是一次現象學的實地操練，具體展現現象
學方法所能得致的成果。簡言之，這時期對於海德格來說，一切哲學課程不論專
家或專題，無非都可化為一場現象學的演練與示範，而一切或新或舊的哲學問題
之考察，同樣也都是捨現象學方法不得一探其究竟的。

　　這許多不同的現象學嘗試中，唯一共同的基本取向在於，海德格始終遵
奉現象學的最高準則：「到向事物本身！」（Zu den Sachen selbst!/To the Things
themselves!）[5] 亦即始終是要讓所欲探討的事物由自身以自顯自明，是要促使
「現象」真能成為「在自身顯現其自身者」（das sich-an-ihm-selbst-zeigend/that
which shows itself in itself）而後始能如實加以把握。同時這一點也確實成為他終
身奉行不渝的哲學指導原則，即使日後他不提現象學之名時，仍舊相信他自己
能夠以「存有」（Sein）問題取代胡賽爾的「意識」（Bewußtsein）或「主體性」
（Subjektivität）問題，當作現象學應該探究的「事物本身」，才是真能順應現象學
特色、發揮現象學最大潛能之舉。

　　海德格實際上從胡賽爾那裡習得的，並不是一套現成的、固定的現象學方
法，而且根本上言，胡賽爾當時也未曾提出一個構思完整的現象學理念。此所以
海德格會提示說：「我們並不是從現象學的理念演繹出、我們是從研究的具體進
行（Konkretion）中讀取她的（按：現象學的）原則來的」（GA 20: 105）。現象
學從來沒有任何現成的理念，我們從《存有與時間》和《現象學諸基本問題》兩
部未完成的著作，到最後都未能明白陳述出現象學理念究竟為何，即可充分瞭解
到：對海德格言，現象學其實只是作為存有論的有效方法而被嘗試、被研究、被

―――
　　多人引用。

4　Martin Heidegger and Karl Jaspers, *Briefwechsel 1920-1963*, hrsg. von Walter Biemel and Hans Saner
　　(Frankfurt am Main: Klostermann 1990), 222.

5　此語被海德格一再強調，散見許多論現象與並非論現象學的書冊中，此處可參見 *GA* 20: 104 ff.; *SZ* 31;
　　GA 2: 42。

持續發揮著。現象學只能被放置進存有之學、存有思考之「履行」或「完成」的曲折路程裡，才能夠獲得其自我彰顯、自我開展發用的可能機會，從而是可以讀取她的運作原則的。現象學之可貴，永遠在於她能促成我們創新思考之無限可能性，而不必拘限於她足某一特定哲學運動及流派之現實性。

「正如同現象不會是那麼乾脆地（ohne weiteres/easily, readily）被給予的，要獲取得現象毋寧是一項研究之任務，同樣地現象學概念也不會是那麼簡單一下子（mit einem Schlag/at a blow）即可終究確定的」（GA 20: 189）。「現象」和「現象學」，都沒有我們想像中那麼簡單，但是也正因為不簡單，兩者都註定要和哲學探討上最深奧的「存有問題」結有不解之緣。以下兩節分述海德格對「現象學」和「現象」兩者實質內涵的剖析，且一併說明這些當時實際上的主張，和他的「存有問題」如何一開始就交織成基本的理路及立場。

二、現象學方法的三大基底

首先我們要討論海德格的「現象學方法」上的主張，看他實際採取那些方式與步驟，嘗試建立新說。《存有與時間》裡，海德格曾答應要在未寫出的部分清楚交待什麼是「現象學的理念」（Idee der Phänomenologie, SZ 357; GA 2: 472），以別於第七節討論的只是現象學方法的「前概念」。Otto Pöggeler 亦曾指出，關於方法要到並未寫出的第一部分第三段才有究竟答案。[6] 但海德格自己指示，1927 年夏季的《現象學諸基本問題》可算續成此部分。因此，後者雖然還是沒明白述說「現象學的理念」是什麼，但至少對現象學方法有較清楚的整理，海德格稱之為「現象學方法的三大基底」。

此處名為基底（Grundstück）是因為這裡的首要任務是要闡明存有學（Ontologie）作為一門科學的特性與方法，這就需要先指明其存有層面上的基礎（ontisches Fundament）何在，以及它是以何種方式立基其上，也就是說要瞭解這門科學是要放在怎樣的基底上才能搭建得起來。所以名為基底，首先就有要說明其現象學研究可據以成立的根據基礎（Fundierung）何在的意思。

6　見 Otto Pöggeler, "Martin Heidegger." In *Philosophen des 20. Jahrhunderts*, hrsg. Margot Fleischer (Darmstadt: WBG 1990), 122。另參見 *GA 24* 序言。

其次，德文中基底即為基地，是指某人專屬擁有的土地範圍。存有學這門學問在海德格心目中，是一門極其特殊的哲學終究問題之學，蓋因存有之意義問題貫穿而遍在於一切存有者或即存有物之個別區域，且為每一處此等區域各因之可能成立的憑藉。前已述及，海德格早期論述現象學方法概念時，始終是和他籌劃中的存有究竟之學的學術性探究方法分離不開的，而這樣一門一切學術探討至極之處的獨特學問，現經歸納整理，正是需要在這三塊現象學專屬地基上才得以著手營建的。三者的依其論述的先後依序是「現象學還原」，「現象學建構」和「現象學拆解」三項，以下分述其要旨並略加評論。

（一）現象學還原

現象學還原（phänomenologische Reduktion/phenomenological reduction）原本為胡賽爾常用的一項思考步驟，要求我們研究問題時注意將日常的自然的態度或取向（natürliche Einstellung/natural attitude），調整提升至一種現象學探討的專業持態，如此才能正確觀見事物之原委。海德格所理解並採用的現象學還原，卻和胡賽爾大不相同，因為根本上前者關心的是存有問題的凸顯，不同於後者欲強調認識活動在意識結構中的奠基。海德格下述這段並非直譯的的文句，很足以釐清兩者問的基本差異所在：

> 對胡賽爾而言，他於1913年《觀念》一書裡首度明確提出的現象學還原，是要把人生活在物與人的世界當中所持自然態度下的現象學觀見眼光，導引回到超驗的意識生命以及意識生命當中各種能思所思相結合的經歷（dessen noetisch-noematische Erlebnisse）之方法，在此等經歷裡面，所有對象皆是作為意識相關係物（Bewußtseinskor-relate）而構成自身的。對我們來說，則現象學還原是意指把現象學注視的眼光，從一向以來對存有者的確定把握，導引回到對這般存有者之存有的理解上，也就是說要對存有者之無遮蔽（／開顯）的方式有一預期的設計與籌劃（Entwerfen auf/projection）。（GA 24: 29）

提問「存有」、理解「存有」當為一切哲學思考的最終旨趣，這才是海德格式「現象學還原」的第一要義。此處「還原」的存有學目的即為「以特定方式從存有者導引開並導引開到其存有上」（GA 24: 28-29）；而它因此所能達致的成

果，則是海德格所說的「存有理解」（Seinsverständnis），是真正能轉開出現象學嶄新貢獻的所在。這樣的貢獻將會是海氏存有思考上最終所期待的成果，而且會開拓出與以往的西方形上學存有論研究大異其趣的另一番局面。

　　上文中我們可以看出，海德格講「還原」著重的是「導領回」（Rückführung）這個動作，而不是只講求現象學存而不論的「還原」。他要求的不只是一種主體上的態度之改變，而是找回現象學真正該探究、適合於探索的「事物本身」為何，以作為引導著哲學思維前進方向的指標。他要求的是更深入一層的探索，而不停留在事物的表面。放在存有學研究上來說，即不以較容易探討的此類或彼類存有者為足，而是要深入究理，瞭解一切存有者背後的存有，即追問存有者如果由無遮蔽之真實本然（Unverborgenheit）開顯出來。我們可以說，「現象學還原」之在於海德格，不外就是「存有問題」的顯題化（Thematisierung）。

　　然則藉由「現象學還原」使我們審思的焦點轉回到存有本身，而非一直停留在個別存有者身上，這對海德格來說「卻不是現象學方法的唯一的、甚至也從未曾是現象學方法的核心的基底」（GA 24: 29）。 一旦還原而確定出現現象學研究的真正主題（Thema）何在，繼之則要決定怎麼去趨近它、處理它，亦即德文說要找到一個 Zugang（/approach）；尤其重要的是在於如何順應題材的特性，採取全新的、與前人迥異的手法及佈局，才是成敗關鍵所在。而這就要看海德格如何理解現象學建構與現象拆解，且兩者同時並用，做進一步的發揮了。

（二）現象學建構

　　現象學建構（phänomenologische Konstruktion）的提出，正說明年輕的海德格當時自有一番強烈的企圖心，要另建體系，以別於胡賽爾的超驗意識的現象學。海德格對於胡賽爾的「現象學構成」並不重視，雖然構成（Konstitution）可謂是胡氏晚期最主要的超驗現象學課題。在海德格眼中，「構成」從頭到底都是一套緊扣著認知理論在發展的東西，而他自己的關懷，卻始終是「存有」而非「認知」；「認知」僅只是無數存有可能中的一種活動而已，甚且並不是最主要的，因為它並非自動自發而具自主性者。認知之受到無數不同「興趣」（Interesse/interest）導引，正如同人的現實存有之當作一存在歷程來看，原本就是充盈著無數關懷與掛念通貫而成的。所以早在1919年時，海德格就已經對這

個問題自有其鮮明的立場：他一提到「超驗構成」問題時，立即指明「這是現象學的一個真正的核心，但卻不是最原初的、終極的（aber nicht das ursprüglichste, letzte）問題」（GA 18: 18）他自己心目中的哲學問題永遠是存有問題，是1916年以前即已浮現的終極問題。如今所要講究者，只是如何確立存有問題的提問方式（Fragstellung），以推陳出新，有所進展。

現象學還原的消極作為（指出存有者不是存有），還須要現象學建構的積極前行才有意義可言。換言之現象學還原的「帶領回到」（Rükführung），必須再加上現象學建構的「帶領到向」（Hinführung）才有明確的實質內涵可以期待。只是我們趨近存有者之存有的方式，不同於我們趨近個別存有者的方式，在這裡我們需要對存有本身無遮蔽的開顯，先有一前述預期式的籌劃與設計。而正是「這樣對一先給予的存有者之投向它的存有以及存有諸結構的設計，我們稱之為現象學建構」（GA 24: 29-30）。

前已述及，哲學思考的主題是存有而不是存有者，哲學思考不能停留在存有者身上滯步不前，不論那會是多麼的一種存有者（GA 22: § 4, S. 7 ff.）。這須要我們不斷採取一批判的態度，針對存有本身之開顯特性執行現象學建構。而後者的任務就在於，要在趨近於存有本身而不停頓於存有者的努力當中，如何逐步把握住存有本身的確定內涵。不講實際的建構，則前面還原的努力是徒然白費的，而後而要講的拆解也將淪為一場盲動。

（三）現象學拆解

現象學拆解（Destuktion/destruction）一詞原本可譯成「解構」，然則「解構」一詞在當代新思潮中，儼然已成為 deconstruction 一流行新詞的專用中譯，所以我們在依然忠於海德格原意之考量下，在此譯作「拆解」。「拆解」不是盲目的瓦解破壞（Zerstrümmern），也不是精華糟糠盡棄，而是一種調準目標的「開採」（gerichteter Abbau）；它不但需要對整體意義脈絡的可能上先有一確實的取向，同時更要求對此先行標明出來的事物有一「先著」（Vorgriff ／或譯「先行把握」），因而海德格很早就確信：所有的現象學的、批判的、也就是說有意義的拆解工作，全都是結合著「先著」（vorgriffsgebunden）而進行的（GA 59: 34 ff., cf. GA 59: 180, GA 61: 179 ff.）。唯其如此，「拆解」才會在他不斷推展的整個現象學方法運用當中，長期扮演著一項貌似消極而實為積極、能以否定手法經營出肯定

成效的重要角色。

　　「拆解」與「建構」互為發揮，原本就是一切歷史性存有的理解進行方式，如今更提供了完成現象學哲學的不二法門。「拆解」不會單純為了「拆解」而「拆解」，它完全不同一般消極破壞（zerströren/destroy）的舉動；「拆解」實際上都是為了特定的「建構」意圖為之的。所以說：「拆解並沒有要把過去埋葬於一無是處中，它有積極的意圖；它的消極作用反倒是不明說且不直接的」（SZ 23, GA 2: 31）。因而「拆解」的真正目標，是在於要把「拆解」中所得到的否定的理解素材當作肯定的理解素材，來加以積極把握且重新營建。「拆解」之是否能成功遂順，也就是在孜孜於拆解者是否能見及前人之所未見、能言前人之所未言，能在同樣那些形形色色的思考題材當中，論述建構出真正深具哲學意義者。

　　1927 年兩部著作裡，我們所見及的，主要都還是對於西方傳統存有學思考的一些拆解，大有一番徹底重新建構的野心與企圖。簡單的說，即建立以「此有現象學」為核心的「基礎存有學」（Fundamentalontologie），一舉奠定一切其他存有學根據。但是這樣嘗試，結果是未完成的，甚至照海德格自己後來講法，《存有與時間》根本是個「失敗」（"Verunglückung"）。[7] 或許正因為如此，「拆解」的現象學實際運作策略，即使到了後期的海德格，可說是依舊不稍減其威力，甚至於反而變本加厲的。我們看到他一直孜孜不倦地進行「拆解」，對傳統存有論格局無法正確且適當地提問存有問題加以嚴厲抨擊，甚至於到最後徹底否定整個西方以「表象思考」為主軸的認知形上學，而逕自大聲宣稱形上學已告死亡〔因為以完成而告死亡、因為已然走到盡頭而告死亡〕，的驚人之舉，其實正表示海德格其人的思考即論述風格，從頭開始就帶有要和傳統思想進行一番不懈的「好爭辯的反建構」（polemische Gegenkonstruktion）之意圖。這番意圖，於起初就屢次提到對存有學歷史加以拆解的必要時，即已充分表明如此獨特立場，隨後到《存有與時間》和《現象學諸基本問題》兩部著作都無意續完之後，他更加採取對傳統形上學全盤否定的激烈態勢，不斷用好爭辯（polemisch）的姿態與傳統舊

7　不看重《存有與時間》一書的地位與份量，是目前海德格研究中的一股重要趨勢，從 Hans-Georg Gadamer 開始，Günter Figal、Jean Grondin 和 Franco Volpi 皆然。海德格自己在一封給 Max Kommerell 的信裡寫說：「《存有與時間》是個失敗之作」，見 Figal, *Heidegger. Zur Einführung* (Hannover: Junius 1992), 51 所引，該書主張：撰寫《存有與時間》是海德格思考上的危機期而非突破期。

思維作對，挑剔爭論（auseinandersetzen）[8] 逐一進行拆解。

　　所有西方傳統哲學中側重「認知取向」、強調存有的系統建構的努力（由認知趨近存有、用主體把握客體），或是只問存有者如何而遺忘掉存有自身的學說，到了海德格手上都將面臨最嚴酷的考驗。若說海德格對當代哲學的最重要影響，當屬他在哲學思考上發揮的批判拆解的威力，使得海德格之後哲學的推進，不能再像海德格之前那麼充滿自信，宏觀營建而不落回生命之真實世界檢視之。這才是海德格思考上具有大魄力、大氣派的地方，也是現象學批判拆解發揮的持久功效。但是這已經超出了文本要討論的現象學方法概念之範圍，必須留待另文再處理。

三、現象概念之三個要素

（一）一套關於現象之整體意義的重新被發現的學說

　　相對於「現象學方法的三大基底」，有關「現象學概念之三個要素」的講解說明似乎並不十分集中，也沒有前者說得那麼清楚，但重要性卻是有過之而無不及的。它們散見於早期佛萊堡講義，近幾年才重新被發現而重視。[9] 再等幾部同時期講義手稿出全後，或許還會另有發現。現象概念之三個要素是指構成一現象之「意義整體」（Sinnganzheit）的三個互融的層面，三者分別是：「關涉」（Bezug）、「內蘊」（Gehalt）以及「完成」（Vollzug）。

　　海德格有時候稱它們為三項要素（-moment），有時候稱它們為三項意義（-sinn），有時候稱它們為三項特性（-charakter），而且幾乎都是用德文裡特有的連詞表達的：例如說 Gehalts-, Bezugs-, und Vollzugsmomente 三要素（*GA* 59: 178-179），或說 Bezugs-, Gehalt-, und Vollzugssinn 三意義（*GA* 59: 34, *GA* 61: 52, 179），再或是說 Bezugs-, Gehalts, und Vollzugscharakter 三特性（*GA* 9:

8　用書寫誌異大師 Jacques Derrida 的方式，該書作 Aus-ein-ander-setzen，參見 Derrida, "Heidegger's Ear: Philopolemology (Geschlecht IV)" 一文。John Sallis ed., *Reading Heidegger: Commemorations* (Indiana University Press 1993)。

9　陳榮灼曾根據 A. Rosales、Oskar Becker 與 T. Sheehan 等人間接引述（當時文稿尚未出版），提出此現象三要素的重要性。參見英文本《海德格與中國哲學》（台北：雙葉，1986），頁 64-65。

22），可見他極為強調三者連成一體、相輔相成的特點。但在 *GA* 59 裡及其他地方，他只提「關涉」和「完成」兩大特徵（Bezugscharakteristik, *GA* 59: 60 ff.; Vollzugscharakterstik, *GA* 59: 74 ff.），似乎「內蘊」並不重要；而單單在 *GA* 61 一冊裡卻又再加上「時熟」（Zeitigungsinn）[10] 一項，變成四者並列（Gehalt-, Bezugs-, Vollzugs- und Zeitigungssinn, *GA* 61: 179, cf. *GA* 61: 52 ff.）。然而無論如何，「現象學概念之三個要素」是指前三者而言，這點倒是沒有疑問的。

　　海德格首度提到一個「現象」的完整意義（Sinn/meaning），理當同時且不分彼此地包含著「關涉」（Bezug）、「內蘊」（Gehalt、「完成」〔Vollzug〕三方面之特性，據已公開的文稿是在 1919 到 1921 年間，一篇評論亞斯培《世界觀的心理學》（K. Jaspers, *Psychologie der Weltanschauungen*. 1919）的書評文章中（*GA* 9: 1 ff.）。此處他順著亞斯培對於人的生活整體意義之把握，強調這正是現象學方法可善加發揮的地方，因為現象學方法它所特別看重的意向性聯結上，就是同時含括著三個面相而合成的。他在此指出：「一個現象之全幅意義，包含著它在意向上的關涉、內蘊、完全特性（Bezugs-, Gehalts- und Vollzugscharakter）」（*GA* 9: 22）。這篇文章雖然未必是海德格最早將這三大現象意義或三大現象特性訴諸文字的，無疑卻是最早公諸於世的珍貴資料；尤其可貴者在於：它告訴我們海德格特意標示這三層三者一體之意義時，時間上甚至於是比他開始孕思一套以人的「事實存有」（Faktizität des Daseins）[11] 為具體中心，想要充分活用胡賽爾現象學方法理念，去撰寫他 1927 年始初步（半）完成的《存有與時間》之準備期更早的事情。不過以下評述並不單限於此文，而是通貫這整個時期的基本構想，更對照後來存有問題的實際開展來看的。

（二）現象之「關涉」意義

　　「關涉」（Bezug）指稱的是較一般的「關係」（Beziehung/relation）更進一步的直接聯繫，或者說它是針對著某特定的事物、某特定的人而發的，因而必

10　動詞 zeitigen，名詞 Zeitigung，當數海德格思想上非常重要的一環，事實上在他往後著作裡也常見。「時熟」是很勉強的中譯，原意是指在時間過程中自然成熟（時機成熟）而有結果出現。
11　關於「人之存有在此的事實性」可見 *GA* 59(1920)、*GA* 61(1921: 22)、*GA* 63(1923)、*GA* 17(1923: 24)、*GA* 19(1924: 25)、*GA* 20(1925) 等冊的逐步發展。

須具有其特定的脈絡連接（Zusammenhang/connection），甚且可說是具有某種特別的束縛相連（Verbindung）存在於其間的。「關涉」的特性就在於如此關係是從明確的一端出發，並且又因指向某一特定、但尚未完全明朗的另一端而成立的（即這個字的動詞常以 auf etwas beziehen 的形式出現）。同時一項「關涉」一旦出現或被指陳出來後，這兩端之間有如呈現著一定強度的張力（Spannung）般，逼使著一端要到達、會合另一端，完成一番整體意義追尋上的切實「履行」（Vollzug）。「關涉」指的總是切身之事，不能離乎其外者。此所以「關涉」義對海德格「存有問題」的探討，特別有舉足輕重的先知先見。

「關涉意義」在1920年的講稿中較為清楚，前文講「現象學還原」時述及對我們真正要探討的課題，得先有一 Zugang（入口或通道），以趨近之、走向前去才行。決定一個 Zugang，等於要從起點（Ansatz）、傾向（Tendenz）、所以範圍（Tragweite）三方面先行決定一正確的方向，決定如何趨向此題目範圍。而「這個趨向的關係（Beziehung）我們稱之為『關涉』。這關係是某種合乎意義者、是具有意義的（etwas Sinnmässiges, etwas Sinnhaftes），因而我們稱之為『關涉意義』」（GA 59: 60）。

關涉意義，其實正在後來《存有與時間》裡強調的，人的「此有」（Dasein）與「存有」之間的相互關涉，因為「此有」即為「存有在此」（Da-Sein），提出「存有問題」的這個提問者，他自身之存有亦涉入問題當中，而且他對此問題作何理解，根本就決定著自身如何存有之內容及命運。海德格聲稱這其中無關乎論證上的循環，而根本上就是「一種值得注意的向前又向後的相關涉」（"eine merkwürdige Rück-oder Vorbezogenheit" SZ 8, GA 2: 11, cf. GA 12: 94），根深柢固盤踞在人與存有間的特殊關係裡。如何發掘且完成這樣一種特殊關涉，才真是海德格存有思想的首要課題，死亡、憂懼、罪愆、虛無等等屬於「存在分析」的引人注目的課題，只不過這個大課題上的一些小小嘗試而已。而且這個思考大課題，也絲毫不受《存有與時間》的完成或未完成而改變。

例如1946年著名的《論人文主義信函》，通篇大旨仍在闡述這樣人的此有與存有之間的互相關涉，強調：「思想完成存有之關涉著人的本然」（"Das Denken vollbringt den Bezug des Seins zum Wesen des Menschen" GA 9: 313）。這裡用的動詞 vollbringen 意同 vollziehen，也兼有「完成」、「實行」、「實現」之意思，可再進一步參照稍後要講的現象之「完成」義。簡言之，即因為關涉受引導而促使其

趨近所關涉者，並且在趨近、履行之嘗試歷程中，促使所關涉者的全幅意義完全呈顯開示出來。由此可知，「關涉」又必須兼顧到下述「內蘊」以及「完成」兩種，匯集成真實完整的「現象」之意義出來。要言之，由一特殊之關涉，肯定此關涉之長久相應，實為一切意義追尋過程的起點，也就是「此有存有學」最早的用心所在。因而此有並非因意識而著，而是因為它就是存有在於此，它背上即背負著如此一特定的 Bezug。

（三）現象之「內蘊」意義

「內蘊」（Gehalt）也不同於一般所講的「內容」或「內含」（Inhalt/content）。「內蘊」係為思考內含之具有特殊內在價值者，而且特別是指深層的、包含於其中而仍有待努力發掘之，以便加以把握（halten/to hold; festhalten/to hold fast）並善自保存（bewahren/to preserve）者。海德格說：「關涉之指在什麼上以及到向什麼去就是內蘊」（"Das Worauf und Wozu des Bezugs ist der Gehalt" GA 61: 53）。「內蘊」一詞的提出，實際上已經暗示道一番無盡採擷、採集的過程，有目標地向著現象當中開採、掌握其意義內容。如果三者合而言之，「內蘊」可以說是最實質實項的，因為它居中而立，前面呼應著一項理當已然顯現的「關涉」，向後則迫切要求著「完成」必需進行到底。如此，「內蘊」實即所有意義實際開展過程裡所得到的及可能得到的一切內容，它居中聯繫，三者始得以通貫合為一整體。如果「關涉」和「完成」是針對一「現象」的如何成立，說明它的起始和終結，那麼「內蘊」就是針對一「現象」之是什麼而說，是故海德格也稱之為「什麼內蘊」（Wasgehalt）。缺少可以具體把握的豐富實質內涵，任何所謂的對於一「現象」的「先著」都只有徒然的、形式上的指稱而已，即海德格所說只具有「形式指稱地」（formal anzeigend）的性格。唯獨強調一層有待開發的「內蘊」意義在此，那麼原先僅只是形式指稱出來的「先著」才不會落空。如此看來，海德格特意提出「內蘊」一語，實具有深意。因為一般說來，任何有意義的研究對象都自有其特殊的「內蘊」，但是「內蘊意義」（Gehaltssinn）卻是只有在衡量著對象之全體意義之開啟時，才能真切地被詮釋而得。一切現象只要是被當作一現象來看，就預期著它的全幅意義之開展以至於被得取，所以海德格在講「內蘊意義」時，特別用「全幅意義＝現象」（"Voller Sinn=Phänomen" GA 61: 53）來表現其中的意思。當然，這又是和下面現象之「完成」意義密切相關的構想。

（四）現象之「完成」意義

「完成」（Vollzug）亦可翻譯作「執行」或「履行」，「履行」其實正是一種欲到達完滿狀態的實踐，是不停息地臻向完美的一番具體而連貫的生命活動。這原是每一個作為處在現實生命世界當中的人，所不得不追問的一個問題：「我現在要問，我如何在具體的經驗本深當中活著，我如何參與其間（「履行」的方式）」（GA 58: 250）。而且這樣的問題正具有此種特別性：亦即其追問所得的答案，即便只是一些初步的答案，就已經不再可能被當作是一個中性的、無關緊要的答案，而是立即成為切身的問題，成為具有屬己性的行為指導原則，會在持續不斷的後繼行為活動上扮演著統籌規劃的主導角色。因而前述引文所言「履行」的方式，斷非一般只是置身事外的觀察所得，而是全然投身其中、密切聽隨著且相應著所關涉事項之引領，去踐行得知出一番真實意義上知完滿充盈。

現象之「完成」或「履行」意義的強調，可說是海德格現象學方法概念的嘗試上最具創見的一項主張，也最足以預見他往後逐漸抬昇「詮釋學」在現象學中的地位之舉的原因。因為現象都不是一次給予的，相反的現象之自我顯示，可貴者就在於現象初始且通常（zunächst und zumeist）都並不自顯。[12] 這樣一來，所謂現象學描述必須轉生出詮釋的活動，才不至於落空，所以說：「現象學描述在方法上的意義就是詮釋」，而「此有存有學」即為一番詮釋的事業（das Geschäft der Auslegung, SZ 37, GA 2: 30）。「詮釋學」的逐漸趨近向特定文本（Text），性格上原本就帶有一種「對於完滿性、完滿狀態之先行掌握」（Vorgriff zur Vollkommenheit）的持態，期待竭盡努力，一再重行擷取新意，進行對話式的交流。「詮釋學」的加入，令現象學另創生機，邁向把握完整意義的希望之途上。在這樣趨向關涉所牽引的事物、以理解其充分開顯出的內蘊之追求完整意義的過程中，所有的觀察所得都只是「中途考察」（Zwischenbetrachtung），都要求在繼續的考察當中修正、補全完好意義的發生。

---

12 見 SZ 35，在海德格寫給 Edo Pivčević 和 Willam J. Richardson 的信件中都一再強調。

四

　　文本目的，是在於針對海德格對現象學方法的實際理解、以及基於如是理解而提出的一整套創新構思——亦即如何改善現象學之獨到處，建構真正能窮盡「存有問題」之哲學思考——並重新覈諸近年來最新出版的一手文稿，再加整理檢討之。文本目的不在於評判海德格和胡賽爾現象學的異同與優劣，更無意推許海式現象學研究成果，逕行視為現象學發展上的最終或最高成就。因為事實上，不同於胡賽爾其人、其思想終身是和現象學之名合而為一的，[13] 海德格固然一開始也在現象學運動中有其不可動搖的一席之位，然而幾乎是從 1928 年起，海德格就不再主動提及現象學之名。現象學之名不再出現，正如《存在與時間》、《時間概念史序言》及《現象學諸基本問題》幾部現象學構築都未能續成、也無意續成一樣清楚明白。

> 而今天呢？現象學哲學的時代似乎已過。她已經算作是某種過去的東西了，只有從歷史回顧上還跟著其他哲學流派被記上一筆。然則現象學就她最真切的意義言卻並不是一個流派。她是隨著不同時後而改變自己、並且惟其如此才持續下去的思考的可能性，要相應著所思考的事物〔去進行思考〕。如果能以這樣方式來知悉並且保持現象學，那麼她之當作一稱號可以消失不見，以利於思考的事物，其開示與否始終是一大奧祕。（*Zur Sache des Denkens*. Tübingen 1969, S. 90）

　　現象學不是要教我們去認識哲學是什麼，現象學要教我們該如何去進行哲學思考，現象學就是關注於「如何」的省思（Wiebetrachtung）。其實海德格可以說始終都是一位現象學家，他一生的努力不外促使思考所欲思考的事物如實顯現出來。現象學的真諦就是要讓人真能「見」到思維之所得，觀見生命追求所能開啟的全部意義。現象學在這裡即為一套「見學」，她就是一套哲學，而非只被當作去成就一套哲學學說系統的工具。所以海德格一向強調：哲學本身就是一場苦思

13　從 1928 年 Tübingen 演講 "Phänomenologie und Theologie" 之後，海德格甚少在提現象學之名，惟有一篇回顧文章 "Mein Weg in die Phänomenologie" (1963)，收錄在 *Zur Sache des Denkens* (Tübingen: Max Niemeyer 1969) 一書。另有幾封信函與講話中提起時，皆是回答別人的探問使然。

著方法的搏鬥（ein Ringen um die Methode, *GA* 58: 4-6, 135 以下）；沒有任何一套現成的方法可供人像學習一門技術般學到手，然後再去加以應用，去依照這樣方式依樣畫葫蘆，好建立起一套哲學來。現象學也正是同樣情形：「現象學並非對每一個人而言都是哲學」（*GA* 58: 135）！海德格自己選擇的是哲學上最深奧難解的存有問題，或許說他是受到這個問題所召喚、所吸引而走上了存有思考之路，他的貢獻不在於整理傳授一套現象學新法，而在於展現哲學思考如何不斷開拓推陳出新的格局。

「實踐智」與新亞里斯多德主義

《哲學雜誌》第 19 期（1997.2）

前言

　　本文目的在介紹「實踐智」（*phronesis*）這個概念，出現於當前實踐哲學重振的趨勢及各種新倫理思考理論建構之嘗試中，所扮演的關鍵性角色；以及這一古老的實踐哲學概念，如今又被重新重視時的哲學意涵。與此相關的，則是較難定論的所謂當前的「新亞里斯多德主義」（Neoaristotelismus/Neo-Aris-totelianism）究竟何指，以及它所代表的，到底是怎樣的一種思考立場及研究態度等問題。

一

　　希臘文 *phronesis* 一詞原本和哲學是「愛智之學」的「智慧」（*sophia*）一詞並無明顯區分，古代文獻中兩個字詞意義上甚至是可以相通的。雖然蘇格拉底已表示這種對於倫理價值的智性洞察力，是和「德行（arête/Tugend, das Beste/virtue, excellence）一詞幾乎同義的——意即他著名的「知德合一說」或「主智主義」的倫理學主張；柏拉圖也曾以非哲學用語的一般意義，形容 *phronesis* 為一種「分別好壞、知所行止」的善惡判斷之智；但是這個字詞，畢竟是到亞里斯多德的倫理思考當中，尤其是經過《尼科瑪倫理學》第 6 卷的專門討論後，才真正重要起來，且成為整個涉及實踐範圍領城中的一個真正關鍵性概念，這點

則是殆無疑義的。[1]《尼科瑪倫理學》各國譯本繁多，其 *phronesis* 一詞通常拉丁文作 *prudentia*，高思謙、苗力田中譯「明智」，英譯作 prudence/wisdom/practical wisdom 等，德文則有 Wisse/prak-tisches Wissen/Klugheit/Lebensklugheit 等用語與其相應。本文為了強調它與個人生命實踐、城邦現實彝際生活的直接關聯，同時更為了凸顯出它和當前實踐哲學復興的發展相輔相成的態勢，因此用中文時，將一律稱之為「實踐智」。

《尼科瑪倫理學》裡的 *phronesis* 概念，我們以往雖然中譯為「睿智」或「明智」，其實說得白話一點，並且完全符合亞里斯多德當初看重這個概念的原意，它就是一種直接且持續表現於所有行為實踐當中的「人生智慧」，為亞氏倫理學中非常被高舉的一項「智性德行」（intellectual virtue/Verstandestugend），[2] 標示著理性能力在德業行為中的實際指導活動。「實踐智」也可以譯作「人生智慧」的理由，是因為亞里斯多德明確指出：「實踐智」是連貫著整個人世間幸福美好的生命而言的，[3] 它所思慮的非僅一時一地的舉措應對，更總是著眼於其一生在世的完滿充實。尤其所有善行的實踐，美德的彰顯，都必須要有「實踐智」的參與其中，[4] 權衡左右，用智德來抉擇並佐成每一行為皆求善且達成善的目標。換言之，「實踐智」雖說關乎著整體人生一般而言（katholou/im ganzen, im allgemeinen/in general, as a whole），卻必項要針對隨時而起的特殊變化，詳究實際的得失效果，採取因時因事制宜的對策，在每一特殊處境之中選擇出最佳的因應之道。因此一位具實踐智慧的人士（phronemos/ein kluger Mensch/a prudentman），正就是一個知道怎樣在各種實際狀況當中，善加審度得失輕重，明瞭利害關係，而總能夠做出對於其自身整體向善的生命最為適當選擇的人。而一位能一再表現出如此由經驗歷練而得的判斷力、洞察事物能力、正確抉擇能力

1　有關於 phronesis 一詞的歷史起源，可參考 C. J. Rowe 所撰 Phronesis 條目，見 *Historisches Wörterbuch der Philosophie* 7(1989): 933-936 欄；另參考 F.E. Peters ed., *Greek Philosophical Terms: A Historical Lexikon* (New York University Press 1967), 157; Otfried Höffe, *Lexikon der Ethik* (Mchen: C. H. Beck 1986), 127-129。

2　Aristoteles, *Nichomachische Ethik*, hrsg. von Günther Bein (Hamburg: Felix Meiner 1972)。希英對照版使用 *Loeb Classical Library* (Harvard University Press 1990) 本。按：以下引述《尼科瑪倫理學》及亞里斯多德其他著作一律用 Immanuel Bekker 碼作 *NE* 或其他著作縮寫後卷數：頁數、欄別、行數，各種譯版本不再贅述。「實踐智」為智性之德見 *NE* I: 1103a 6; *NE* VI: 1140a 24 ff.。

3　*NE* VI: 1140a 25-28; *NE* I: 1095a 25.

4　*NE* VI: 1144b17-1145a6; *NE* X: 1178a16-19；另參考 *EE* III: 1234a29。

的人，對人、處身、行事有卓越才德的人，正是亞里斯多德倫理學裡經常鼓勵年輕人學習的對象。

　　《尼科瑪倫理學》第6卷，可以說正就是有關「實踐智」與其他四種「智性德目」同異分析，以及「實踐智」如何配合各項能力而展開實際運作並發揮效果的一篇相當詳盡的解說。「實踐智」總是表現在重要且多變情勢中的每一選擇決斷（prohairesis/Willenswahl, Entschluß/choice, preference）上之智慧，從而扮演著實際指導行動的原則性角色。而同時與這一全德相關的各種智性殊德，如周納諮議、善加思慮（euboulia/Wohlberatenheit/deliberative）、慎思或審慎明智（synesis, eusynesia/Verstädigkeit/intelligence）、通權達變之靈活巧思（deinotes/die geistige Gewandtheit, Geschicklichheit/cleverness）等等一連串功夫，亞里斯多德都有詳細的論述，並且因此而更彰顯出 phronesis 並非陳義甚高，而實屬具體可行的諸多側面。大體而言，亞里斯多德論述的重點，著重的是描述「實踐智」與德行之完滿實現間的密切關係，我們不能夠是具有實踐智慧而不同時是為著善的，[5] 因為 phronesis 與德行履踐之間始終是相輔相成的。德行使人會選定正確的行為目標，而「實踐智」則讓人知道如何循適當合宜的手段排除困難，達到目的，故「實踐智」正是永遠著眼於整體最終目標的，[6] 即如何完成持久向善的生命。因此他非常贊同蘇格拉底的學說，認為所有的德行之成就都同樣是為某種特定方式的「實踐智」之具體表現，但另一方面又更部分批評了蘇格拉底之說，而進一步開示道德修行之實踐意義上的「德智不離」說，即強調「實踐智」與進德修業之事是不可須臾分離的。換言之，phronesis 比一般經積習培育出來的善良人格品質（hexis/Habitus/disposition, state, characterstic）更具實踐積極意義的特色在於：一般的後者所得會因為淡忘而消失，然而由於 phronesis 所得的行為實踐上的知識，則是不會遺忘的，也就是說，它是長久不會失去作用的，當屬另一種類的知識。[7]

　　而上述這一說，後來特別受到海德格及高達美的重視，海德格認為這種「實

5　*NE* VI: 1144a 35-36.
6　*NE* VI: 1144a8-9, 1142b 32.
7　*NE* VI: 1140b28-30.

踐智」就是良知（Gewissen/conscience），而高達美則稱之為「Mehrwissen」，[8]
是比一般性質的理論或技能知識更多、更豐實的生命知識。高達美很喜歡生動地
描述當年受教於海德格的一幕，後者在關於亞里斯多德的研討課課堂上以一種復
活了的亞里斯多德的姿態滔滔不絕，而講到 *NE* 1140b 29「實踐智」不可能忘記
時。突然頓住詰問諸生這種知識是什麼，然後在一片靜默錯愕中大聲宣稱：「諸
位先生。這就是良知！（Das ist das Gewissen!）[9]「良知」正和「實踐智」一樣，
其發用是終其一生而著眼於整體或說完整人格的，是關乎全體的、普遍的，但另
一方面又是在每一特殊處境與行為決斷裡遭到考驗，必須讓人做出正確無悔的具
體抉擇的。普遍者與特殊者、全體與部分、目的與手段、理想與現實，抽象的原
則與具體的進行步驟，都要放置在這樣特別的、與一般知識不同的另類知識來考
量，而且同時也就是兩相結合成的付諸實踐，沒有任何猶豫。

二

　　海德格《存有與時間》著作中的「良知呼喚」（Ruf des Gewissens）之說，
仍然保留著亞里斯多德關乎整體生命之「實踐智」理論的影子，是這幾年來研究
海德格的學界相當重要的一項論題。[10] 高達美早年深受海德格用「現象學詮譯」
（phäomenologische Interpretation）手法去解讀《尼科瑪倫理學》第 6 卷等相關典
籍，不斷創發新意的啟迪之教，對於一種較純理論求真之知（*episteme*/scientific
knowledge/Wissenschaft）與技術產製之知（*techne*/technic）要更加切合人間現實
生命需求的行為實踐之知（*praxis*/practice），亦即亞氏倫理學說的實踐智慧，開
始懷抱著極大興趣，期望徹底研究一番，好從這裡開創出一套哲學新詮釋。1923
至 1928 年之間他追隨海德格身邊，撰寫教授資格論文，即有關柏拉圖倫理學思
考的問題，但另方面更同時跟著瑪堡名師專攻古希臘文，還取得古典語言學的

8　Hans-Georg Gadamer, "Heideggers (theologische) Jugendschrift." *Dilthey Jahrbuch* 6(1989): 231-232.

9　高達美談話時常津津樂道此事，印象深刻，並稱之為「詮釋學的一幕」（eine hermeneutische Szene），見
　　諸文字如 *Heideggers Wege* (Studien zum Spätwerk, Tingen: Mohr 1983), 32。另參考前註 *Dilthey Jahrbuch*
　　6（1989）文中追述 1932 年起如何和海德格私下討論亞里斯多德。

10　例如較早也最具代表性的 Franco Volpi, "*Sein und Zeit* als Homologien zur Nikomachischen Ethik."
　　Philosophisches Jahrbuch 96(1989): 225-240。

國家考試資格。1930 年一篇以〈實踐之知〉（"Praktisches Wissen"）為名的短篇論文，亦即日後他與 Leo Strauss 通信即自稱為「*phronesis* 論文」的作品，正代表他對古典實踐哲學研究方面最早的成績，曾被 Manfred Riedel 等學者視為他後來整個詮釋學思想的種子胚芽（Keimzelle）。[11] 至於《真理與方法》裡，讀者也清楚看得出來：以「實踐智」為主軸概念的亞里斯多德倫理學，依然是高達美繪製詮釋學理論輪廓時重要的指標及範式。一直到後來 1978 年出版的《柏拉圖與亞里斯多德之際的善觀念》，[12] 則屬於哲學詮釋學之偏向認同實踐哲學傳統這一思考方向的繼續及集大成之作。這一長期影響著高達美詮釋學的古典主題，近年來在海德格早期文稿一一出版，再加上 Manfred Riedel、Franco Volpi、Jean Grondin 等學者致力闡釋發掘之下，也愈來愈受到重新肯定。[13]

　　高達美哲學詮釋學發展過程上的實踐哲學取向，內容上環繞著他所診斷諸現代科技之學而提出的「實踐概念之沒落」（der Verfall des Begriffes von Praxis）[14] 這一主題而發，成為他在《真理與方法》後的一項重要思考課題，並同時銜接回早年的海德格之教。如今在大部分「海德格—高達美學派」的學者心目中，*phronesis* 儼然已變成一個 Zauberwort（按係 Günter Figal 語，意指一個極具魅力的字詞，一切問題因之迎刃而解），甚至比黑格爾用來批評康德倫理學，而刻意要和抽象性「道德」（Moralität）相對立的實質性「倫理」（Sittlichkeit）那個概念，還要更勝一籌，令人聞言肅然起敬。其實「實踐智」（*phronesis*）、「倫理」（Sittlichkeit）、再加上亞里斯多德另一希臘字 *ethos*（意為習俗倫常之理）這三個字詞，在廣義的新亞里斯多德和新黑格爾學說理，幾乎成了可以互相通用的思考標示，欲和崇尚「終極立基」（Letztbegrdung）的「道德」（Moralität）概念說一

---

11 此文現收入《高達美德文全集》第 5 冊（Tübingen: Mohr 1985），頁 230 起；另參考 Manfred Riedel, *Hörne auf die Sprache* (Die akroamatische Dimension der Hermeneutik, Frankfurt am Main: Suhrkamp 1990), 103, 131。

12 *Die Idee Guten zwischen Platon und Aristoteles*，現收入《高達美德文全集》第 7 冊（Tübingen: Mohr 1991），頁 128 起。

13 參見 Manfred Riedel（1990）前引書頁 103、頁 131 起全篇；又 Franco Volpi, "Praktische Klugheit im Nihilismus der Technik: Hermeneutik, praktische Philosophie, Neoaristotelismus" 及 Günter Figal, "Verstehen als geschichtliche Phronesis: Eine Erörterung der philosphischen Hermeneutik" 兩篇都發表於 *Internationale Zeitschrift für Philosophie*，1992 年創刊號「詮釋學理解理論專號」頁 5-23、24-37；拙作，"Geschichte, Vertstehen und Praxis" (Marburg: Tectum 1994), 95, 140 以下也曾處理這方面的題材。

14《高達美德文全集》第 2 冊（Tübingen: Mohr 1986），頁 454 起。

較短長。例如高達美與他的學生黎德爾（Manfred Riedel），[15] 甚至極力強調「實踐智」（*phronesis*）加上與其相關運作的「審慎明辨」之德 synesis 等，應該被稱譽為今天的「詮釋學之德」（die hermeneutische Tugend schlechthin）[16] 力行提倡。由此看來，海德格早年的講學，尤其是有關於亞里斯多德的現象學詮釋研究當中。早已埋下日後新亞里斯多德主義（不論是否借重「實踐智」這一觀念）普遍興起的種子。

　　但是 *phronesis* 之受重視，除了這裡「海德格—高達美」學派以外，還有並不直接追隨海德格之後的 Joachim Ritter（1903-1974）學派，包括 Robert Spaemann、Hermann Lübbe、Odo Marquard 等後學，以及當代社會學家 J. H. Newman 在社會學研究上所提出的「同意的文法」（A Grammer of Assent）[17] 之說；更早的則有評論法國大革命的英國保守派政治家 Edmund Burke（1729-1797），其思想格外受 Leo Strauss 看重。同樣受海德格早年授業所啟發的佛萊堡及瑪堡學生，除高達美外還有 Leo Strauss（1899-1973）及 Hannah Arendt（1906-1975）兩位治政治哲學者，具猶太教神學背景而力倡責任倫理學說的 Hans Jonas，當然更有精研亞里斯多德典籍的古典語言學者 Günther Bien 等人。Münster 學派的導師 Joachim Ritter 和他的眾多學生們特重精神科學，又強調實踐哲學在現代學術研究方面的關鍵地位，為現世實務之學（政治、法律、教會、教育）奠基。Ritter 自己精研亞里斯多德與黑格爾，復興兩者的 ethos 與 Sittlichkeit 之學說，他的學生 Robert Spaemann、Hermann Lübbe 亦皆為亞里斯多德專家，後者更把 *phronesis* 概念改譯為切近現代德語的 "die praktische Sittlichkeit" 及 "die pragmatische Sittlichkeit" 等概念，影響深遠。[18] 所以像 Jürgen Habermas 就把 Joachim Ritter 一整個學圈，都歸類為和高達美、Leo Strauss、Hans Jonas 等一樣的保守主義新亞里斯多德學派，相當不以為然。

---

15 Manfred Riedel 的學說可參閱拙作，〈黎德爾論第二哲學〉，《哲學學報》第 3 期，頁 102-130。

16 見 Gadamer, *Heidegger Wege* (1983), 118-119。另參見 Manfred Riedel (1990), 103, 158。

17 評介 Newman 學說者有 Joseph Dunne, "'Phronesis' and 'Techne' in Modern Philosophy and in Aristotle." In *Back to the Rough Ground* (University of Notre Dame Press 1993)；其前半部以 Newman、Hannah Arendt、高達美三家並列，論說 *phronesis* 在當代哲學之意義。

18 Joachim Ritter, "Studien zu Aristoteles und Hegel." In *Metaphysik und Politik* (Frankfurt am Main: Suhrkamp 1977)，此文即有針對亞里斯多德與黑格爾之相呼應發展的許多深入研討，對 *ethos* 的討論見頁 110 起。

三

「實踐智」概念之舊調重彈，從思想史發展的淵源來看，固然有上述這些線索可尋，然而最重要的則是：它確實在今日許多不同派系的哲學中出現，並因而開闢出相當值得重視的新思考方向。Alessandro Ferrara 的〈論實踐智〉一文，[19] 曾列舉有四大主要理由，導致當前眾多學者紛紛重提「實踐智」舊說的局面，本文正可以順其理路略加整合說明一下。

其一：過去20、30年間如 Thomas Kuhn 和其他後經驗主義科學哲學家對科學研究典範交替（Paradigmenwechsel）的探討，顯示出客觀主義者長久以來尋求一套確定方法，用以接受或排拒各科學理論的嘗試，遭到一大打擊。於是在 Richard Bernstein 所言當代學術工作要《超越客觀主義與相對主義》[20] 對峙的努力下，一種無法簡約為方法論規則、演繹性推論的「實踐智」之要素，即應運而重生。

其二：當代認知主義的倫理學說當中（Ferrara 特別指 Habermas、Rawls、Apel 三人），仍堅持要嚴格劃分普遍有效的規範或法則，以及較寬鬆的，可以為多元立場的價值取向兩大問題側面。其間的關鍵在於，前者一定要能夠據之以做出有普遍約束力的道德判斷，因而必須是以嚴謹的認知原則為基礎的。但是另一方面，「實踐智」則至少從下列四種考慮而言，會在道德判斷之形成中扮演一定角色：這分別是當我們必須（1）決定普遍規範如何應用到特殊處境上，或是（2）決定一個行動是否符合一般性規定時；其次（3）當一項規範有不同的詮釋，而且各自根植於爭執不下的價值取向時，亦即必須有所抉擇時；以及（4）當不同的行動都是若干行為舉止的詮釋時，亦即當同一行為舉止會因不同詮釋而有相異的倫理意含時。

其三：批判理論自身的某些困難，也令人轉而同情「實踐智」概念所代表的立場。對哈伯馬斯而言，命題之真以及規範之正確性兩者皆立基於合理的共識

19　Alessandro Ferrara, "On Phronesis." *Praxis International* 7(1987): 246-267，下述重點見頁 246-249。該期刊物共有三篇文章論新亞里斯多德主義及「實踐智」學說。

20　Richard J. Bernstein, "Science, Hermeneutics and Praxis." In *Beyond Objectivism and Relativism* (University of Pennsylvania Press 1983).

（rational consensus），而合理的共識則從「理想言說情境」（ideal speech situation）中發生。但是，進一步去深究構成「理想言說情境」的至少四項要求（不受任何限制的參與、資格及地位平等、有相同的機會去繼續或終止論述、同樣程度的誠實與合作動機）時，如果這些要求並無先天的等級制序，那麼「理想言說情境」也就無法作為去衡量共識之合理性質的尺度。事實上照哈伯馬斯的理論，我們不能評斷哪一個共識較其地共識更為合理，而充其量只能斷言說：從一個最接近於「理想言說情境」的具體真實情境裡產生的共識，會是最合理的共識。而 Ferrara 在此指出，但如此一來哈伯馬斯就必須在他有關有效性（validity）的說明中，遠比他願意接受的更大程度地容納進 *phronesis* 這樣的觀念，亦即辨識出那些要素的組合是最接近於（the best approximation of）「理想言說情境」的那種能力。再進一步，哈伯馬斯討論的現代合理性（modern rationality），是分化在知識、道德、審美領域，各有其獨立的有效性標準所管轄的；如果我們不願落回相對主義，又無法找到合理能承認分屬各領域自身標準的後設論述，就只好再度訴諸某種審慎或判斷力（prudence or judgment）的看法，以求貫通。

其四：歷史意識及人類學考察興起後，大幅削弱以往文化理念上的普遍主義（universalism）立場。本世紀早期以來的人類學研究，如 Malinowski、Evans-Pitchard、Levi-Strauss，一再加深對種族中心主義（ethnocentrism）的深刻懷疑：另一個社會、種族、文化，是不能強用同一標準為基礎去分析的。稍後社會哲學家 Peter Winch [21] 的著作就跟著指出，正如每一語言遊戲都是獨立自主的運作形式，由其內在規範性來界定它的活動一般（後期 Wittgenstein 的主張），每一共生活同體也無分原始進步，都各自具有指導其各個層面行為的實踐智慧在發揮著功效。凡事以現代西方社會為主，欲建立放諸四海皆準的普遍規範與參照標準，很本是行不通的事情。反之，每一自成關係脈絡的生活經驗與歷史傳承當中，自然累積有各以不可共約的基礎所發展出的完滿表現，作為行事的標準和楷模。

所以「實踐智」概念之大量出現於當今哲學論述中，不只限於歐陸，前述在美國講學的 Leo Strauss 及 Hannah Arendt 早已提及，加拿大的 Jean Grondin 及美國的 Jonh D. Caputo 隨之在後，而後者甚且倡言一套 meta*phronesis* 之說〔張鼎

---

[21] Peter Winch, *The Idea of a Social Science and its Relation to Philosophy* (New York: Humanities 1958)，以及論文 "Understanding a Primitive Society." In *Rationality*, ed. B. P. Wilson (Oxford University Press 1970)。

國〕。[22] 而除了 *Internationale Zeitschrift für Philosophie* 1922 年創刊號，和 *Praxis international* 7（1987）上那幾篇文章外，Charles W. Allen 論〈實踐智之優先性〉一文更指出：現代社會該強調所有深思熟慮的活動之形成，從其極致而言，不單純只是因為 phronesis 在其中扮演了某部分角色，而是因為它扮演了主要且最具決定性的角色。*Phronesis* 正是那種詳盡審度一切可能演變之後，做出關鍵性抉擇的行事上的智慧能力：因此它被推許為「是歷史蘊含的、共同生活團體養育成的能力，用針對每一相對獨特事件的適當方式充分弄明白其相對性獨特的關係脈絡」。[23] 這樣的實務上的智慧能力代代相傳改進，雖然未必有絕對客觀又普遍有效的最高標準，卻往往正是人間行事可凝聚共識的憑據，自然應證出有其不容否定的份量。而新一代的哲學思維在這個領域當中，也因此找到她更可以充分開展且滿足人世需求的空間。這就是「實踐智」新說，或是更廣泛地被稱為新亞里斯多德主義思想的發展背景。

四

不過上述的新趨勢雖則引人注意，甚或有所期盼，卻並非大家都能無異議接受的立場。堅持現代化未竟事業，執著於探究「合理性」（Rationalit）最終來源與極致的批判理論，就是反對最烈的挑戰之一。Karl-Otto Apel 曾經嚴厲批評新亞里斯多德學者們，他認為新亞里斯多德主義與故步自封、守成不變的新保守主義（Neokonservativismus）毫無差別：彼等不但蒙昧於混沌無章法的政治社會現實，欠缺改革求新的魄力，沒有絲毫革命的熱情，無力推進未遂的啟蒙大業，甚至於哲學思考上也依附傳統舊說，不求理論上之『轉化』精進。要如 Apel 自己從事的康德超驗哲學最終奠基工作的現代版，應該才可算數，亦即一套新的普遍性的超驗語用學（transzendentale Sprachpragmatik），就是因為積極轉化康德學說

---

22 參閱 John D. Caputo, "Repetition, Deconstruction, and the Hermeneutic Project." In *Radical Heremeneutics* (Indiana University Press 1987) 一書，所稱 meta-*phronesis* 或者 "a notion of rationally beyond *phronesis*" 之說見頁 211。

23 Charles W. Allen, "The Primacy of *Phronesis*: A Proposal for Avoiding Frustrating Tendencies in Our Conceptions of Rationally." *The Journal of Religion* 69(1989): 359-374，引文見頁 363。

而來的結果。[24] 或許他正認為這樣才是哲學該有的成績。

　　K.-O. Apel 把所有新亞里斯多德，亦即新保守主義者，歸納為所有接受下述這一條口號者：「慣常通例加上實踐智或者是判斷力＝共感共識的道德：這樣子就夠了，而只要是超出其外者，都是危險的道德主義兼烏托邦思想。」[25] 這樣子去大大簡化新亞里斯多德思考其實際內容的說法，和另一學者 Wolfgang Schnädelbach 加諸新亞里斯多德思考的兩大特徵：「對於烏托邦的批評」以及「對於任何倫理學最終基礎的駁斥」，[26] 正是完全相符的。由此可以看出，遭 Schnelbach 貶稱為「實踐智意識形態」（"Ideologie der *Phronesis*"）[27] 之新亞里斯多德主義，剛好是 Apel 自己想要證成的「後約定俗成的道德」（die postkonventionelle Moral）背道而馳的做法，因而也是他極力要加駁斥的。哲學思維的向上追求與嚮往，最後所得的論議及理念都必須能落回到現實，這點固然不錯；但落回到現實並不等於要遷就於現實，否則何從得來批判的動機和振拔的努力。尤其衡量得失，對哲學學理工作上更嚴重的或許是，千萬不要又因此而掉進相對主義與懷古守舊的窠臼。

　　因為根據 Apel 的評論，高達美的哲學詮釋學雖然宣稱以普全的語言存有學立場，一勞永逸克服了傳統歷史主義的相對論難題，但是依 Apel 所見卻認為，這仍然該歸屬於一種「超級歷史主義」（"Super-historismus"）[28] 的殘餘。其結局不但不能真正解決掉歷史相對論的危險學說，甚至於在倫理學新說的努力上，會有造成 Apel 所言「唯詮釋主義皆唯歷史主義」（Hermeneutizismus-

---

24 被德國《明鏡》周刊戲封為「終極奠基運動員」（Letztbegrdungsathlet）的 Karl-Otto Apel，從 1973 年兩冊文集 *Transformation der Philosophie* (Frankurt am Main: Suhrkamp) 起，一直致力此項工作。

25 "Üblichkeiten plus Phronesis bzw. Urteilskraft = commen-sense-Moral: das genügt; und was darüber hinausgeht, ist gefährlicher Moralismus – Utopismus." Karl-Otto Apel, "Das Problem der Übergang zur postkonven-tionellen Moral." In *Diskurs und Verantwortung* (Frankfurt am Main: Suhrkamp 1988), 381。1990 年筆者與陳榮灼、莊雅棠君拜訪居住法蘭克福近郊的 Apel，爽朗健談的 Apel 聽說筆者來自杜賓根，得意笑說他最近文章裡只用一句話就打倒高達美等新亞里斯多德倫理學，筆者拜讀大作，深信正是此言。

26 "Was ist Neoaristotelismus?" In *Moralität und Sittlichkeit. Das Problem Hegels und die Diskursethik*, hrsg. Wolfgang Kuhlmann (Frankfurt am Main: Suhrkamp 1986), 38-63, 51。此文英譯刊在 *Praxis International* 7(1987): 225-237，但為節譯，且略去所有註釋。該期包括前引 Alessandro Ferrara, "On Phronesis" 論文等，為當代社會哲學之新亞里斯多德專輯。

27 Ibid., 54.

28 Apel (1988), 380.

Historizismus）[29] 的雙重獨斷效應，後果十分堪虞；可以說是為了扭轉唯科學主義（Szientismus）造成的科技文化弊病，卻走上了另一個理論極端的做法。換言之。高達美等雖自認從海德格以降即超克歷史相對主義，但 Apel 仍舊批評如此去從事實踐哲學立論，會因為太重視歷史現實中約定俗成或積習妥協的成份，根本欠缺超越世俗之上的任何可靠道德標準，不值得給予太高評價。事實上有如前述，有關「實踐智」是否有必要在今日倫理學建構中舊調重彈，大部分也就演變成一場發生於「溝通倫理學」與「詮釋學哲學」兩種倫理思考之間的，一場涉及各自基本哲學立場，而針鋒相對的爭議。

　　指南針與路標之說，或許可用來說明兩者的基本差異，這是 Rüdiger Bubner 提出，而為 Apel 樂於引述的一個比喻。[30] 康德自己曾說實踐理性的無上斷言律令（der kategorische Imperativ）正像所有道德行為的指南針一般，而新亞里斯多德學者如 Bubner 卻主張，就像我們每一現代化城市到處都是道路、路標、建築、指示牌一樣，我們進入一城必須看得懂這些設備，遵照指標前行，而非光拿個指南針就能找到目的地的。Apel 極贊成此說，只是堅持有指南針真在手仍屬不可或缺。這一場主要在 Bubner、Apel、Habermas 三者間的論戰，筆者將以另一篇關於 Sittlichkeit 與 Moralität 對立問題現代版爭論的文章來討論之。

五

　　再回到原來的題目，誰才真正算是新亞里斯多德主義者（Neoaristoteliker）？Rüdiger Bubner 曾經在師生討論的場合，直截了當地斥說其實「新亞里斯多德主義」根本是一個貶詞，罵人的字眼（"ein Schimpfwort"），是用來排除某種特定思考立場，而非意欲與其討論、溝通、理解的態度，可謂套上個標籤以便「一竿子打翻一船人」的手法。事實上，「新亞里斯多德主義」從來未曾形成一個特定學派，也幾乎找不到一位自稱新亞里斯多德的學者。例如常被點名扯上的高達

29　Apel (1988), 377.
30　參考一篇訪記 "Interview: Karl-Otto Apel über Diskurs und Verantwortung." *Concordia* 17(1990): 80-100。事實上 Apel 已深受這番爭議的影響，從目前強調的「兩個層面的倫理學建構」，和特別補強 Diskursethik 對於「應用」（Anwendung）「責任」（Verantwortung）問題的看法，可見一斑。

美，他就明明白白自稱是現代的拍拉圖論者（Platonist）。新亞里斯多德和新黑格爾兩者，始終不曾像新康德學派那樣在哲學史上明確有所指，如今也找不到有人毫不保留地承認自己是其中之一。不過據實而論，凡是被冠上這兩個標籤的當代學者，或多或少表現出不滿康德式超驗哲學的架構，而要以更貼近歷史經驗現實的思考方式，重新找回哲學效用於生命世界的活力。這點則不失為相當可取的用心，況且各別而論，其理論著述經營的學術功力，比較起任何其他學派學者也是不遑多讓的。更加值得一提的是，現在一些受亞里斯多德思考影響的康德哲學研究者，如 Hannah Arendt、Manfred Riedel、Robert Spaemann、Otfried Höffe 等，都對康德實踐理性之哲學有不同的新詮釋。不過這已非本文所能討論的範圍。

　　如果真要明白追究，究竟哪些人可以被歸類、或經常被指稱為新亞里斯多德主義者，並不是一件容易的事情。不過偏向批判理論溝通倫理學立場的 Seyla Benhabib 曾指稱有三類新亞里斯多德學者，[31] 或許可供參考：一是德國學界的新保守派思想家，尤其是政治保守主義思想（從德國 Robert Spaemann 為中心一直到美國政治學者 Allan Bloom）。他們批評、診斷晚期資本主義社會問題時，表露出對傳統基本價值淪喪的強烈不安。資本主義經濟、社會現代化或科技巨變都不是生活失序、文化亂象的主因，政治自由主義及道德價值多元化才是罪魁禍首，而這種情況，又被歸咎於偏執的個人主義（individualism）及魯莽的自由思想（liberalism）所造成的。二是英美「社群主義」思想家（communitarians），被點名者有 Alasdair MacIntrye、Michael Sandel、Charles Taylor、Michael Walzer 等人。這些社群論者，同樣指責個人主義和自由主義的片面發展，使我們忽略共同參與、共同營建的古老而自然的生活方式之重要性；只是不同於保守論者的是：彼等無意重建基本價值體系，而是要在保持多元運作的群體生活當中凝聚社會共識，肯定群體際的制度與規範。三是一種詮釋學哲學的倫理學，以前述亞里斯多德對「實踐智」的理解為參照模式，指的則是前文多以評述的高達美一路的發展。

　　關於第三類的詮釋學說，Benhabib 有一段話倒是評述得非常清楚：「從亞里斯多德對柏拉圖的批評，高達美拯救出一種對所處處境感應靈敏的實踐理智之模

31　Seyla Benhabib, "In the Shadow of Aristotle and Hegel: Communicative Ethics and the Current Controversies in Practical Philosophy." *The Philosophical Forum* XXI(1989): 1-31.

式，其總是一個共同體中共有的倫理理解為背景在起著作用。從黑格爾對康德的批評，高達美借用了他的洞見，看到所有形式主義都以一個它從中抽離出來的關係脈絡作為前提，也看到沒有任何形式倫理學，是不具備著某些有關自身及社會建制之實質上的預設的」。[32] 從這裡我們也特別可以看到，不論保守主義、社群主義、詮釋學倫理思考這三條進路上，新亞里斯多德與新黑格爾主義都被當作同一陣營看待的，因而此文特指目前實踐哲學（偏法蘭克福立場）是籠罩在亞里斯多德及黑格爾的陰影（shadow）下。其實，與高達美齊名但早已過世的 Joachim Ritter 曾表示：黑格爾自己在政治哲學方面的立場，在他當年那個時代裡基本上就已經是一種新亞里斯多德學說了；新亞里斯多德與新黑格爾主義兩者，確實是常常無法區分的。[33] 事實上，哲學史的每一位巨人身影都是碩大的，問題不在乎誰遮住了誰的光輝，而在於從事哲學工作者如何面對時代的課題，進行個學派間的對談，以至於對哲學史上任何一有成就者的詮釋性解讀。

六

　　因此無論誰是誰不是，無論如何指稱，某種新亞里斯多德主義的興起，確已蔚成當前歐陸實踐哲學傳統復振之勢當中，一種即為明顯而引人注目的哲學思考特質，並且很快速地互相影響，甚至如前引 Benhabib 之文所說，已經直接、間接地到處都有不同側面的回響。尤其當哲學思考不再以存有、認知、實在、永恆為探討主題，而明白轉回到對於人間行為履踐、當世實務之學為其關注焦點時，新亞里斯多德主義往往就成為許多不同學派的一項共同傾向的立場。實踐哲學探討的對象領域，是不斷變動中的人事物的發展與變更的整體脈絡，而非固定不移的恆久實在，不是無時間性的（timeless/zeitlos）的理論終極境界或系統建構的根本起點，而是用黑格爾的方式表達：理性著落在現實歷史當中步步為營的自我表達與成全。[34] 因而，唯有在明確且具體的處境或說事實上的關係脈絡範圍

32　Ibid., 3.

33　Schnädelbach, "Was ist Neoaristotelismus?" 同前引德文頁 61 註 30 條。Joachim Ritter 的研究見前引書（1977）。

34　如此用主要是新黑格爾學說抨擊終極立場的為辯才無礙的 Rüdiger Bubner，參見其著作 "Untersuchungen zur praktischen Philosophie." *Geschichtsprozesse und Handlungsnormen* (Frankfurt am Main: Suhrkamp

內，才得以據實討論規範性之是否有效的問題，從而主張重現亞里斯多德倫理學注重「實踐智」之說，理當於現今多元且錯綜複雜的羣體互動共存當中，再次要求發揮其靈活運用諸特殊狀況的識見與判斷能力。哲學不是要放棄對於普遍者的追求，而是要督促自身返回由特殊者、充滿變動者的現實界當中，認知自身歸屬的歷史與羣體脈絡，從中尋覓可以加以普遍化的合理性、真實生活痕跡中的合理性。如此的合理性理論之建構，才會和「實踐智」一樣是真正有益於實際共同人生的，有益於一種始終是羣居的、彼此關切的，而且從過去、現在到未來都在共同營造著歷史與共同命運的實際人生。

1984)。另有和 Habermas 針鋒相對的 "Rationalit, Lebensform und Geschichte" 一文，刊在 Schnädelbach ed., *Rationalität* (Frankfurt am Main: Suhrkamp 1984), 198-217；而 Habermas 的答辯 "Über Moralität und Sittlichkeit/Was macht eine Lebensform rational?" *Ibid.*, 218-235。

海德格、高達美與希臘人 [1]

《哲學雜誌》第 21 期（1997.8）

Dialog der Phronesis

前言

　　眾所周知的，高達美（1900-2002）年輕時代——從 1922 年夏天剛得到博士學位開始，一直到 1928 年完成教授升等論文為止——長期追隨於海德格（1889-1976）左右。他的哲學思考受海德格啟發甚大，他更進一步完成了由海德格開端的當代哲學詮釋學理論，造就出 20 世紀最受重視的哲學學派之一，其奧義，或詮釋學的再發皇，反而是那位當時就已經聲名遠播的年輕哲學教師，採用「現象學詮釋」（die phänomenologische Interpretation）方法探討古希臘哲學時，挖掘出的許多精彩而引人入勝的研讀心得。1979 年高達美有篇文章，原本題目就稱為〈海德格與希臘人〉（"Heidegger und die Griechen"），[2] 專門探討了海德格與希臘人在哲學思考上之緊密關連處；1986/1987 年撰寫的〈回憶海德格的開始處〉（"Erinnerungen an Heideggers Anfälnge"），進一步講述後者當初其實是以「亞里斯多德詮釋」開闢出一片屬於自己的思考園地的；1986 年更有一篇〈海德格之回返希臘人〉（"Heideggers Rückgang auf die Griechen"）[3] 的重要演講，將海德格一生維步維艱的思考探索路途，完全歸功於他最初處理希臘哲人思想時的原

1　海德格（Martin Heidegger, 1889-1976）與高達美（Hans-Georg Gadamer, 1900- ）二人的著作，除另有說明外，前者以德文版《海德格全集》（*Gesamtausgabe*. Frankfurt am Main: Klostermann 1976- ）為準，一律縮寫成 *GA* 冊數：頁數；後者以德文版《高達美作品集》（*Gesammelte Werke*. Tübingen: J.C.B. Mohr 1985-1994）為準，縮寫成：*GW* 冊數：頁數。

2　此文後來改名為單稱〈希臘人〉（"Die Griechen"），收入他 1983 年出版的海德格晚期思想研究論文專集 *Heideggers Wege: Studien zum Spätwerk* (Tübingen: J. C. B. Mohr), 117-128；現在又收入 *GW* 3: 285-296。

3　後來改名為〈馬丁‧海德格的這一條道路〉（"Der eine Weg Martin Heideggers"），收入 *GW* 3: 417-430。

始發現和卓越洞見。無怪乎到1989年紀念海德格百歲誕辰的哲學盛會中，最受眾人矚目的海德格在世弟子高達美，又再一次特別用他最愛講述的〈海德格與希臘人〉[4]這個題目發表一篇重要演說，懷念他心目中的一代宗師馬丁・海德格。

　　至於對高達美本人來說，古希臘哲學對他的深入影響和無數啟發更是不言而喻。不單他的主要著作《真理與方法》（1960）裡，隨處可見到重新援引古典希臘學說與希臘哲思概念而發的精彩高論，藉古典之說論議當今之世，他近年已悉數出齊的十大冊《著作集》當中，更有份量甚重的5、6、7三冊內容專論希臘哲學，標題也訂為《希臘哲學Ⅰ、Ⅱ、Ⅲ》的論作集。高達美的論學精神，充滿著希臘人在追求真理同時不忘把握美、善的執著，而他的論學態度，更是時時效法著柏拉圖是透過對話以尋求溝通、交流、向上揚昇，藉由「善意的論難」（εὐμένειςἐλένχοι）以拓展彼此視野拓增、開展、相互融合的契機。因此，雖然他之鑽研、疏解黑格爾哲學的成就，學界早有公認，但他自己卻堅稱他並非黑格爾學派的一員（Hegelianer），反而欣然接受別人讚譽他為「今之柏拉圖論者」（Platonist der Gegenwart）。高達美與希臘哲學間的深層關係，於此可見一斑。

　　古希臘哲學毫無疑問是西方哲學的最主要源頭。尤其一向是德國哲學（如黑格爾之流）的最愛，學界還有個專門術語稱之為「Gräkomanie」（希臘狂熱），足以形容其勢。如今海德格、高達美不約而同地「以希臘為師」，一方面適足以說明希臘哲學的恆久份量，另方面更可望讓我們在漸近世紀末的哲學低迷氣氛當中，在「哲學之終結」聲浪喧囂撼動之際，去看看別人是怎樣在擷取自家傳統源泉，如何能夠返古以述今的。本文題目訂為〈海德格、高達美與希臘人〉，正是想先談其師，再論其徒；用意在追究這兩位在20世紀哲學發展上絕對都據有一席之位的大師。揣摩一下其學問、其思路是如何從研讀、詮釋古希臘哲學開始，又能夠明確針對著時代變遷而發論。且最後成就遠超過前人。況且事實上，哲學思考傳承的創造力與生命力，哲學該如何承繼舊有傳統之說以面對眼前新局、新挑戰，實在也沒有比透過這樣的題材更能具實彰顯得出來者。

4　〈海德格與希臘人〉（"Heidegger und die Griechen"），收入 *GW* 10: 31-45。

一

　　「海德格與希臘哲學的關係」整體來看，可以從三個方面或說三個思想階段分開來討論。一是最早的在《存有與時間》（1927）出版之前，廣泛研讀整個希臘時期的哲學思想，而特別表現在多篇亞里斯多德研究，再加上一部對柏拉圖《辯士篇》（Sophistes）對話錄的詳細研討（即全集第19冊）。而且，這個時期的若干洞察古意的發明，尤其對希臘哲學中的真理觀和時間觀的掌握，也一直影響到他自己構思、撰寫的《存有與時間》論述內容，甚至還包括他準備要寫而實際上並未寫出的部分。第二個時期，則是當他寫不出且事實上也放棄了撰寫《存有與時間》第一部分第三篇以下各章節之後，再重新膠著於一種重返希臘思考特色的語言觀及真理觀──如果兩者合而言之，也就是在深究希臘人的 logos 觀。至於第三個階段，則為經歷過三〇年代到四〇年代前期的一番思路「轉折」（Kehre）之後，在所謂「語言失落」（Sprachlosigkeit）或云「語言匱缺」（Sprachnot）的沈重壓力之下，乾脆徹底丟棄了形上學語言，也徹底否定掉由柏拉圖、亞里斯多德為首所經營出的傳統西方形上學理論，從而再繼續往回走去，轉身擁抱蘇格拉底前的少數幾位思想家，浸淫在彼等亦詩意、亦哲理的吉光片羽中，冀望著哲學或說另一種嶄新的思想工作的再開始。

　　首先討論第一個階段。海德格的思想分期和思路變化轉折的問題，一向有許多莫衷一是的爭辯，不過有一項看法目前倒是漸趨一致。那就是說：現在沒有人會否認，對海德格而言，他當年是同時跨進「胡賽爾」和「亞里斯多德」一今一古兩大學派的門牆，並且同樣能登堂入室，窺見其義理美勝的。[5] 所以說，那位從 1919 年起迅速展露頭角的表面上的現象學傳人，實地裡早已是亞里斯多德思想的大膽而饒富新義的詮釋者。就連胡賽爾當年也曾抱怨他太投入於亞里斯多德研究，而未能專心幫助自己發展現現象學思考大業。這一番歷史事實，近年來由於大量海德格早年文稿、當時演講授課的原稿以及學生筆記紛紛整理問世，早已造成學界海德格研究上的一個新關注重點，並從中獲致不少重要發現。如果借用高達美的回憶語，當年那位年輕老師開始講授希臘哲學時，在他眼中就和許

5　*GW* 8: 241.

多海德格早年學生一樣，簡直有如「一個復活了的亞里斯多德」（ein Aristoteles redivivus）[6] 般，如此令人印象深刻，終生難忘。情況的確如此，因為海德格的許多位學生，像 Leo Strauss、Hannah Arendt、Walter Böcker、Hans Jonas、Werner Marx、Ernst Tugendhat 等，後來都成為學界中，甚至部分在美國，研究古希臘思想及復興古典哲學、政治學說的佼佼者；再說目前正方興未艾的所謂「新亞里斯多德學說」（Neoaristotelismus）之復起，也確實在許多方面都要歸功於海德格早年啟迪之教的貢獻。[7]

再看看1927年海德格自己的現象學名著《存有與時間》，此書雖說是題獻給胡賽爾的，但書中稱引最多者卻是亞里斯多德而非胡賽爾，引用的次數遠超過任何其他哲人。[8] 尤有進者，該書導論第七節、本論29至34節再加63、77、83諸節串聯而讀，明白揭示另一種全然不同於胡賽爾的現象學方法理念，簡言之即結合了詮釋學的現象學新存有理論。由此可知，海德格始終是自有其獨特的思路，更一意要經營出不落前人窠臼的哲學；然而他令人驚歎的思考之原創性的發揮與表現，正源源來自他對古典哲學的詮釋工夫與深邃識見，甚至於到後來當自家系統建構不成時，竟激烈轉變成對古典傳統弊病的全盤且無情的批判。

義大利古典哲學研究者兼詮釋學者 Franco Volpi 近年來的工作，最能詳盡道出海德格《存有與時間》和亞里斯多德哲學兩者間的深刻關聯。例如 Volpi 曾一一指出《存有與時間》的核心概念「存有」、「時間」、「真理」如何出自亞里斯多德研究，後者倫理學思考中的「實踐智」（φρόνησις）概念如何投影在作為人存在整體結構中心的「掛念」（Sorge/care/*cura*）上，以及人的「存在」（Existenz）即「此有」（Dasein）、和「手前存有」（Vorhandensein）、「及手存有」（Zuhandensein）這三種存有者之存有方式，又是如何對應著亞里斯多德關於「行為實踐」（πράξις）、「理論觀照」（θεωρία）、和「技術製作」（ποίησις）三者間同異的解析。所以他的結論說，早年的海德格現象學研究的成績，其實就是在發揮亞里斯多德倫理學中對於人的描述，因此《存有與時間》和《尼科馬倫理學》第6卷，兩者間的關係就是一種（ὁμλογία），前者是要講和後者相同的話，是

6　*GW* 2: 486.

7　參閱拙作，〈「實踐智」與新亞里斯多德主義〉，《哲學雜誌》第 19 期，頁 66-84（1999 年 2 月）。

8　Hildegard Feick ed., *Index zu Heideggers "Sein und Zeit"* (Tübingen: Max Niemeyer Verlag 1991).

「同調論述」。[9] Volpi 的研究現在極受重視的原因之一，正是因為這和高達美、Werner Marx（1910- ?）、Ludwig Landgrebe、Otto Pögeler（1928- ）等海德格知名子弟，或 Helmut Kuhn（1889- ?）、Max Müller（1906- ?）等人的講法是完全一致的，如今 Volpi 只是啟用新材料應證多年來的傳述而已，除此之外，海德格百年誕辰時一份「亞里斯多德研究」文稿的傳奇性重新發現，也適時佐證著早年確有這麼一段公案。[10] 如今我們研讀全集第61冊《亞里斯多德研究研究的現象學詮釋》，課程時間為1921到1922年冬季學期，正如副標題所言是要當作「現象學研究導論」的，已確鑿無疑地揭示海德格認為「亞里斯多德為最早的現象學家」的看法，以及他自己的現象學研究要從亞里斯多德哲學出發的原委。再如全集63冊《存有學》同時命名為《事實性的詮釋學》（*Ontologie. Hermeneutik der Faktizität*），講授時間是1923年夏，內容則已然是後來《存有與時間》的縮影。到1924至1925年講授的《柏拉圖：辯士篇》，解說的對象為該篇柏拉圖對話，但背後的理論參照架構卻是亞里斯多德。這許多1919至1922年弗萊堡講學及1923至1928年馬堡講學的原稿陸續出版，正提供愈來愈多的線索，使得亞里斯多德對海德格《存有與時間》現象學研究的決定性影響，成為新興熱門題材。[11]（按海德格大作《存有與時間》即1923年夏季學期結束後，假期中開始提筆撰寫的，直寫到1927年才在未完成狀態下匆促出版。）

　　瞭解這些背景後，再回想《存有與時間》第七節裡講的「現象學方法概念」，就不會奇怪海德格當時何以要從「現象學」（Phänomenologie）的兩個希臘字根「φαίνομευογ」和「λόγος」去說明其意，還有他為何引用大量希臘文概念原意所做的解釋。「現象」之本意就是動詞義的自行顯現（φαίνεσθαι），這和「ραίνε」的動作有關，意指置諸光亮處而成為可顯見者，即「於自身顯現自身者」。至於「學」（-logie/λόγος）則指揭示、開顯而言，使得某物成為明顯可見者

9　參見 Franco Volpi, "Sein und Zeit: Homologien zur Nikomachischen Ethik." *Philosophisches Jahrbuch* 96(1989): 225-240; "Hermeneutik, praktische Philosophie, Aristotelismus." *Internationale Zeitschrift für Philosophie* 1(1992): 5-23. 按 Franco Volpi 為 Padua 哲學教授，多用義大利文及德文發表論文，但近三、四年來開始廣受重視而有著作譯成英文發表。

10　"Phänomenologische Interpretationen zu Aristoteles (Anzeige der hermeneutischen Situation)" 一文是由 Hans-Ulrich Lessing 發現後編輯發表於 *Dilthey-Jahrbuch* 6(1989): 235-274. 高達美有一前言介紹這篇寫於1922年9至10月間的論文，H. U. Lessing 的後記則說明此文傳奇性被發現的經過。

11　參閱拙作，〈海德格的「現象學方法概念」再探〉，《鵝湖學誌》第15期，頁93-115（1995年12月）。

的那種「δηλούγ」的過程,而這又和在言語中明白說出的「ἀπόφανσις」活動密切相關,其中關鍵處在於「λόγος」足以做到「解蔽」或「揭顯為真」的動作,按海德格之說即為「λόγος als ἀληθεύειν」或說是一種「λέγειν als ἀποφαίνεσθαι」。所以合而言之,「現象學」在這裡就是「ἀποφαίνεσθαι τά φαινόμενα」,就是「λέγειν τά φαινόμενα」,這顯然都已充分融進海德格所掌握到的希臘真理觀、語言觀在裡面。[12] 但是無論如何,海德格的這一套現象學新構想、新的系統營建並未徹底完成。反而是古希臘的「真理」和「語言」思考繼續決定著他自己後來的存有思考。

　　進入前述第二個階段,在《存有與時間》發表而未完成之際,海德格其實並未放棄形上學,因為即使是 1927 年《存有與時間》裡的存有新論——儘管他有意將之改造成與傳統格局迥然不同的基礎存有論(Fundamentalontologie)——但說起來畢竟仍屬形上學問題的一個最核心部分。而他 1928 年重回弗萊堡大學接任胡賽爾退休後的講席時,一篇重要的正教授就職演說《什麼是形上學?》,[13]跟著 1929 年的著作《康德與形上學問題》,[14] 1929/1930 年的演講課《形上學諸基本概念》(後改為全集 29/30 冊),還有 1935 年演講課程講稿、到 1953 年出書的《形上學導論》[15] 等多部著作及文稿,都是證明。換句話說,希臘人開始的形上學思考這時候仍然還是海德格的寄望所在。而哲學上欲回返希臘,則是為了回到形上學的最根源處,是為了以重新探究存有問題的方式,再讓「哲學之樹」充分吸取它迫切需要的養分資源,俾能重獲生機。[16]

　　於是在這個階段中,海德格對希臘傳統形而上思考及存有探究的回顧性質的考察,依舊不乏許多相當新穎而有意義的解釋,直接充實著他自己的一些想法。尤其幾個關係到整個西方哲學思考架構的核心概念,且來自於古代希臘的概念,此時都獲得令人耳目一新的再詮釋。實際的例子像(λόγος、φύσις、ἀλήθεια、

12　以上說明皆見諸《存有與時間》第七節,*GA* 2: 36-52。

13　就職演說 *Was Ist Metaphysik?* 1929 年在弗萊堡出版,1943 年第 4 版時加了後記,1949 年第 5 版時又改訂後記並加上一篇前言。整個演說內容、後記、前言三部分篇幅不相上下,是研究海德格思想相當重要的一部著作;現收入 *GA* 9: 103-122, 303-312, 365-383。

14　*Kant und das Problem der Metaphysik*。現收入 *GA* 3。

15　*Einführung in die Metaphysik*。現收入 *GA* 40。

16　可參閱 *Was Ist Metaphysik?* 導言起首就以笛卡爾「哲學樹」之喻提出的一段說明,見 *GA* 9: 365 起。

ὗποκείμενον、οὐσϊα、παρούσϊα、πρᾱξις、τέχνη、θεωρτᾱ、ήθος、έθος 及 πόλις）等等，散見於他的諸多著述當中，即為其中較顯著的舊調重彈，而且意義重大，影響非小。例如他對「φυσις」的疏解，不再依拉丁文翻譯「natura」理解為近代以來講的「自然」，而是返轉希臘古訓視之為存有之動力，一股不斷萌起、冒升出來的開顯之力量及其整個發生場域。[17] 而古希臘的城邦「πολις」，則被描繪成人的此有之存有在此的歷史場所（Geschichtsstätte），是和他人、時人共營共建一個自滿自足的生活世界，乃至於決定共同歷史命運的憑藉和所在。

　　這樣把最早時的希臘人思想及世界觀極度理想化的情況下，於是，希臘人的科學觀也被認為原本是和生活世界密切連接著的。海德格的希臘研究就指出，在希臘人來說「知識問題」（Erkenntnisproblem）與其說是照顧著為科學而科學地「科學之事實」（Faktum der Wissenschaft）來看待，還不如說更是伴隨著「事實生活上的具體經歷」萌生茁長出來的；換言之，他們的知識都是關乎真實生活的實用性人生知識。但不幸的是，希臘人之後的西方哲學卻開出了主要是科學之路的發展方向，而單向度的科學之路的盡頭，結果就是我們今日徒然擁有大量科技之知，擁有無窮無止境能力量，但是卻不知道該如何生活得更好、存在得更有意義的世紀末人類困境。所以海德格後來會說：西方形上學的終點或盡頭為現代科技，換句話說，當哲學發展成現代科技之際，同時也就是哲學的完成或結束之時。

　　海德格的意思是說：希臘人原有生動而多面的形而上探索，不過到柏拉圖和亞里斯多德時轉變成形而上學以後，形而上學開始只會思考存有物，研究手前性的存有，而逐漸淡忘對存有本身究竟意義的深思。這種形上學在中世紀時甘為神學之婢女，到近代以來則轉而替科學的進步服務，最後遂歸結為一切人類在技術開發上的成就。因而科學性的「技術」（Technik）之名的出現，實即代表著形上學的完成或是被結束。[18] 科技的特質就是：科學並不思考，技術則徒然對自然世界提出非分的挑戰（Herausforderung），因為它一味進行著對自然物資之過度掏空、極端強求式的掠奪與耗早已喪失原本人對大地的那種充滿「愛護與照顧」

---

[17] 參見 GA 40: 105-123；另參考〈亞里斯多德物理學二卷一章論概念之本質〉一篇長文，收入 GA 9: 239-301。

[18] Martin Heidegger, *Vorträge und Aufsätze III* (Pfullingen: Günther Neske3 1967), 72.

（Hegen und Pflegen）之情的關係。[19] 如果照這樣下去，遲早會弄得全人類都無家可歸（Heimatlosigkeit），無處可居住的地步，更遑論其他像中國哲學所強調的「安身立命」之類的哲學思考課題與任務。

於是乎，柏拉圖就在這種情況下成為被點名批判的代罪羔羊成為扭轉希臘人原初真理觀，亦即用「正確」（ὀρθότης/Richtigkeit）概念取代了「無蔽」（ά-λήθεια/Unverborgenheit）舊說的始作俑者。原意為無蔽、解蔽、揭顯的「真理」（Wahrheit als ά-λήθεια）一詞，從此在西方思想中轉變成和「假」（φεύδος）相對立而言的「真」，所強調的是對事物的認知與陳述，而且是要和事物之本質實情間的相符合的一種關係（ὁμοιωσις／拉丁文 adaequatio），使得一個缺如字首（das α privativum in ά-λήθεια）的無限積極意思從此湮沒不彰。同時柏拉圖洞窟之喻的描述被海德格認為是把哲學轉向只知道向上追求的神學，成為亞里斯多德式形上神學的前導。主要為1940年撰寫而到1947年和《論人文主義信函》同冊出版的小書：《柏拉圖的真理學說》（*Platons Lehre der Wahrheit*），不止是海德格在戰後第一部正式出版的著作，論述內容上更忠實記載著這個重大轉變。[20] 不單如此，這篇著作也是進入前述第三個階段的一個分水嶺，因為從此開始，他對一般所看重的希臘哲學的部分，亦即他自己曾仔細鑽研過的亞里斯多德和柏拉圖兩大希臘哲學重鎮，看法及評價上就江河日下，一日千里。他們不再是開創西方哲學王國的功臣兼元老，反倒像是帶壞哲學思考方向的千古罪人。所以「亞里斯多德比柏拉圖更希臘」這個著名但難免爭議的說法，其實並非一項時間前後錯置（Anachronismus），反而是後期海德格在十分厭棄形上學之餘，用一種對付一個「共犯結構體」的姿態，一舉否定掉在亞里斯多德身上定型的，那種從邏輯走向形而上思考的傳統西方主流哲學運作方式。

由此觀之第三階段中，海德格對西方傳統形上學的批判，其真正核心是在對西方近代以來極端化科技文明的批判：所以他會說，現代科技文化——原子時代（Atomzeitalter）的出身證明書（Geburtsurkunde），是在柏拉圖和亞里斯多德時就

---

[19] Martin Heidegger, *Vorträge und Aufsätze I* (Ibid.), 14-16.
[20] 現收入 *GA* 9: 203-238，前文解說皆可參考此文；但論述內容而言本文可謂 1930 年以來希臘真理觀研究的一個批判性總結，而批判的對象則直指柏拉圖一人。

已經發出來了。[21] 換言之，這兩位集希臘哲學思想之大成的希臘人，在海德格眼中看來，是要對西方傳統哲學即傳統形上學的發展取向負起相當責任的。他後來在師生談論的場合，遂把亞里斯多德凡俗化。戲稱：「他曾出生，工作了很多，後來死了。」這麼重視人的實際「存在」，強調人實際「存在」的無盡可能性的海德格，卻將一代希臘大哲的「存在」如此平庸化，豈不怪哉。但也正因為如此感嘆之下，他才會向嘗試和他一起翻譯《老子》的蕭師毅先生表示：「謝天謝地，你們中國人沒有亞里斯多德式的邏輯。」[22] 然而這些可都是話中有話，值得玩味。

因此海德格後期著作當中，除了柏拉圖、亞里斯多德外，反而更大量引用先蘇格拉底時期的古希臘哲人，像是諸如西方最早的思想家 Anaximander、Parmenides、Anaxagoras、Heraklit、Demokrit、Protagoras，希臘詩人 Pindar、Sophokles、Xenophon，以及歷史學家 Thukydides 等希臘人，都是他晚年著述中一再引述者。例如在 Sophokles 的史詩 Antigone 裡，海德格讀到人的「有限性」與「歷史性」在和命運搏鬥當中的種種表現。在「晦暗者」（ὁ Σκοτεινος）赫拉克利圖身上，他看到先哲如何追問尋思著站向光敞中，直接面對簡樸單純卻蘊藏無窮奧妙的事物之前驚訝不已（zu erstaunen/to be astonished），充分體認到譯作「無遮蔽」或「解蔽」的希臘文「真理」中的字首（α– privativum 不該單純被理解為一個缺如字首。[23] 在帕曼尼德斯的斷片文字裡，他又研討古希臘人如何揣摩「存有」與「思維」之間的分合同異，而理解到人的思維與命運間的關聯，以及希臘思想最早時所具有的豐富原創力。[24] 總之海德格對古代詩哲研讀得愈多，就愈加沈迷於那些蘊涵在簡單語文中的深思熟慮的智慧，但同時感謂良深，痛惜當代的世人已然不再會進行思考的活動。

整體說來，海德格在哲學思想史上的地位，泰半要取決於他對柏拉圖以來西方傳統形上學的否定，以及他對先蘇格拉底時期思想家的看重，也就是著名的「哲學之終結」與「思想的再開始」之說。此說影響深遠，卻也爭議不斷，如

---

[21] Martin Heidegger, *Was ist das – die Philosophie?* (Pfullingen: Günther Neske4 1966), 8.

[22] 參見蕭師毅，〈森林市場巧遇海德格〉，《哲學與文化》第 3 卷第 9 期，頁 4-8（1976 年 9 月）。

[23] Martin Heidegger, *Vorträge und Aufsätze III* (Ibid.), 53-78.

[24] Ibid., 27-52.

Werner Marx 所著《海德格與傳統》一書，對此論之甚詳。[25] 但是海德格之傳統形上學批判，及回返先蘇期諸子，憑藉的一是語源學解析，一是有如精讀一篇篇詩文般的字句推敲與義理詮釋，雖然根據許多專家論者的評議，他的字源學解讀或意義詮釋疏解，經常難脫牽強附會的斧鑿之痕，兩方面皆然。不過海德格自己則認為，語源學之大用在於探溯字詞語句的生動源頭，找回一個哲學概念作為原始生活與語言經驗中，作為一事物的整體的意義關聯性所開顯出來的「本然領域」（Wesensbereich），以助重新釋放出語言的力量來。[26] 而希臘人，在還沒有搞出形上學這種東西時，海德格說，原先就是居住在「語文之本然」（das Wesen der Sprache）[27] 當中的；尤其赫拉克利圖對「邏各思」（λόγος）的奧妙之探討，最能表現希臘原有的語言觀、理性觀、真理觀和世界觀。[28] 這是為什麼他要一再糾正說，亞里斯多德《政治學》第一卷講的「ξωον λόγον έχον」不應該照著拉丁文翻譯「animal rationale」理解成人是「理性的動物」，因為這句話原念應該是說人是「擁有語言的動物」，人是「會講話的動物」；[29] 人不但擁有語言說話的能力，更重要的是人始終是在進行著思慮、論述、講解、說明、辯證等等一連串的活動，並因此而思考、溝通，共策共力，過著羣居的城邦生活。所以，像海德格後期著名的「語言為存有之安宅（Haus des Seins）」[30] 的說法，也正是轉述出希臘 logos 觀的本義蘊含而已。只是像這樣人類在語言當中去發揮思考之專一虔敬（die Frömmigkeit des Denkens），深究存有之奧祕，開顯真理之義蘊，掌握自身命運之難測，卻不再是後世所擅長的哲學思考方式，或許只除了像神祕主義大師 Meister Eckart（1260-1327）、「詩哲」賀德靈（Friedrich Hölderlin, 1770-1843）等極少數幾個例外，當然還有論述寫作愈來愈讓人感到艱澀難懂的海德格自己。後世哲學講求的重點是「理性」，是以「主體性」（Subjektivität）為建構中心的、對於客觀存在世界無所不至其極的認知、鑽研、探究、掌握與駕馭，因此海德格在看穿其弊後，自己寧可回轉到更早以前的希臘人，去尋訪哲學的故土、失落的

25　Werner Marx, *Heidegger und die Tradition* (Hamburg: Felix Meiner2 1980).

26　Martin Heidegger, *Vorträge und Aufätze I* (Ibid.), 40-41.

27　Ibid., 24

28　Ibid., 3-25.

29　僅略舉數例：參見 *GA* 2: 34, 219-220、*GA* 9: 322、*GA* 40: 150, 183-187、*GA* 8: 66、*WM* 71 等處。

30　例見〈論人文主義信函〉，*GA* 9: 313-364 各處，*GA* 5: 310。

家園。

　　由此觀之，不論我們如何分期海德格的思路，他自己可是從頭到尾充滿著對古代希臘人又愛又恨（Ambivalenz）的難解情結。從他早期用功勤習亞里斯多德的影響，躍躍欲試，想要一舉解決亞里斯多德以降始終未完滿解答的存有之意義問題開始，直到最後，他會把出自希臘人之手的形上學，用黑格爾的話說成一個人人見之如見一黑死病患者般避之惟恐不及的字眼，[31] 其實也正表示海德格對希臘哲學開出的形上學傳統的徹底絕望而去。但是無論如何，與希臘人的交談即使到了後期，對海德格而言仍舊是至關緊要的事情，也許是除了尼采思想詮釋、和賀德齡詩詞解讀之外，唯重要的一件事情。要瞭解歐西文明何以會走入到今日科技掛帥這樣的死胡同，必須要從頭開始質問古希臘哲學；要探索現今之世究竟還有沒有從頭開始、另造新傳統的一線轉機，同樣也必須要追究回古希臘思想的起源處，要直回到希臘先蘇期諸子的語言和思維。在這裡，與希臘思想家和與希臘詩人交談同等重要，並且會是西方哲學欲跨出自身傳統框限，邁向與整個世界交談之途的必經門檻。因為就如海德格自己強調的：「這樣的交談還在等待著它的開始。它絲毫還沒準備好，而且它自身對我們而言，仍舊是那個不可避免的與東亞世界的交談的先決條件。」[32] 換句話說，歐洲人應該先知道自身的哲學思考傳統造成了今日世界發展趨勢的怎樣一種局面，並且藉由與源頭處的古希臘對話，釐清這一切狀況發展至今的整個來龍去脈，以及其中最見後果嚴重的思考疏失何在。唯有如此先進行自我反省沈思，然後才有可能、也才有資格在今日「資源耗盡、全球歐化」[33] 的普世困境當中，經由和世界上其他高度文化（Hochkulturen）的對談交流，嘗試共謀化解危機、再造新運之道。

　　可惜海德格本人並未完成這項工作，最重要的因素之一是他到後來找不到適當的語言：一方面他無法擺脫日益僵化的形上學概念語言，一方面又創造不出詩

31　......Metaphysik ist das Wort, wie abstrakt und beinahe auch Denken das Wort ist, vor dem jeder, mehr oder minder, wie vor einem mit der Pest Behafteten davon läuft.」這句話曾被海德格選為《什麼是形上學？》後記的刊頭語，見 *GA* 9: 303。

32　Martin Heidegger, *Vorträge und Aufsätze I* (Ibid.), 39.

33　海德格的措詞，參見 *Unterwegs zur Sprache* (Pfullingen: Günther Neske 1959, 3^1963), 103-104；當大地與人都走向全面歐化之際，海德格指出這絕非西方近代以來自以為是的「理性的勝利」，反而是造成源頭乾涸、萬有耗損的所謂「die alles verzehrende Europäisierung」。

意的新而真正適用的語言；於是就從此落入一個一方面自期自艾，一方面厚責古人的困境當中。或許海德格忘了他自己講過的一句話：「從柏拉圖以後現實物總是在觀念（／理型）的光芒下顯現自身，這並不是柏拉圖造成的。」（Daß sich seit Platon das Wirkliche im Lichte von Ideen zeigt, hat nicht Platon gemacht.[34]）同樣的道理，後代的西方哲學家如何繼續發揮超越感官界、直指觀念界的柏拉圖式形上學，或是推展亞里斯多德式邏輯及形上學運思模式，以至於從此造成什麼不良後果，這些都不能一概歸咎於那一對海德格心目中的希臘共犯。因此，海德格晚年這樣怪罪先哲，否定形上學的做法，確實令人忍不住要問：去掉兩個真正的巨頭之後，還能夠再從希臘開始嗎？如果答案是否定的，或一時無從確定的，那麼就只有忍受著難以煎熬的長夜漫漫。海德格本人好像真的停留在這樣孤單無助的漫漫長夜中，期待著他所謂「存有啟明」（Lichtung des Seins）的最大人間奧妙之「發生」（Ereignis）。因為事實上在他這樣子對待希臘人之後，希臘人能夠留下來給他的東西實在是非常有限。

二

再談到高達美自己呢？首先務必要指出，高達美是一位紮紮實實的古典語言學家，甚至早在遇到海德格前，就已經在馬堡（Marburg）名師 Paul Natorp（1854-1924）指導下以一篇《柏拉圖對話錄中的悅樂之木質》（*Das Wesen der Lust in den platonischen Dialogen*, 1922）取得博士學位。後來又跟隨 Paul Friedländer 等繼續攻讀古典語言學，不但於 1928 年通過國家考試，取得在文科中學教授希臘文、拉丁文的正式資格，而且從年輕時代起就和許多知名學者，像 Werner Jaeger、Julius Stenzel、Ernesto Grassi 等研究古希臘哲學的頂尖學者論學，還撰寫書評。像這樣透過古典語言學的極專業訓練，一方面能直接精讀古希臘哲學原典，反覆深究其義，一方面追溯每一部經典對往後發展的啟迪開示，影響與實效作用（Wirkungen）這正是一向重視傳統起源的德國學院哲學訓練一條典型正路。

---

34 Martin Heidegger, *Vorträge und Aufsätze I* (Ibid.), 17.

　　至於海德格和高達美之間的一場世紀師生緣，說起來也是因為希臘人的媒介而開啟。1922 年，高達美甫獲博士學位，因為海德格前述那篇亞里斯多德研究的論作寄到馬堡來應徵教職，高達美拜讀後大為折服，立即動身前往弗萊堡，並且從 1922 年夏季起跟著海德格研讀亞里斯多德倫理學，次年又陪同他轉回馬堡任教，直到 1928 年後者重返弗萊堡以前都隨伴在側。因此海德格鑽研希臘思想，開拓現象學詮釋學新說，蘊藉構思以至於撰寫出《存有與時間》的整個開創性黃金年代，高達美可以說都親身參與其盛。所以他自己 1928 年完成，1931 年出版的教授升等論文《柏拉圖的辯證式倫理學》（*Platos dialektische Ethik*）那部著作，也是在充分和海德格磋商研究的情況裡寫成的。高達美和海德格兩人一樣地喜愛希臘，一樣具有德國哲學家常見的希臘狂熱（Gräkomanie），但前者在他後來的詮釋學哲學工作裡，卻比後者更能夠在今日還繼續發揮著希臘哲理的實效大用。

　　高達美常喜歡用一個譬喻，說每一個人都活在歷史當中，無異於是通過一道掛滿列祖列宗畫像的長廊一路瀏覽著走來；對於西方哲學、西方思想而言，長廊初始懸掛的無疑正是一幅幅希臘人的肖像。希臘作為西方思想與文明的源頭，對後代的影響雖然會以不同的面貌出現，但其始終發揮著影響則無法否認。這正是高達美的命題：個人相對於歷史的實際歸屬，以及歷史傳統長河對於個人毫不止息的影響作用，在他的學說中就以保持著「歧義性」、「雙義性」的「實效歷史原則」（Prinzip der Wirkungsgeschichte）這個名稱，悄然但堅決地決定著一切後起的語言思考、理解活動的進行。每一個人皆隸屬於歷史，人必須在承繼歷史當中嘗試著開創新機，這是遠遠超過任何想要去批判歷史，或刻意和歷史傳統保持距離之類的舉動的。而且高達美對於將來的歷史會走向何處，人類的智慧和實踐的活動——包括每一位歷史存有的人對自身傳統的詮釋與再理解工作在內——將來會帶給我們怎樣的希望這類的問題，他的看法和態度也總是一片光明的。因此高達美會在和當年海德格門下同窗 Leo Strauss 通信時說：「*我的出發點並非完全的『存有遺忘』，不是『存有暗夜』，而是——我這麼說是反對海德格也反對 Buber——如此一種陳述並非真實。*」[35] 這裡面已隱然可見高達美對歷史，還有對待希臘人

35　參見 "Correspondence Concerning Wahrheit und Methode." *The Independent Journal of Philosophy II* (1978): 5-12，引文見頁 8。

然不同於海德格之處。

　　高達美哲學詮釋學的思考特色在於非常尊重傳統，又極度強調歷史延續的持久長存，向著未來敞開出無盡希望與可能，以致於他幾乎不會在意任何曾經有的或目前出現的矛盾、衝突、疏離、陌生、斷裂與困難。當然他如此幾近乎天真的樂觀想法，曾經遭遇許多不同方面而來的抨擊，例如當代皆能自成一家，分庭抗禮的哈伯馬斯（Jürgen Habermas）及德希達（Jacques Derrida）都曾同樣批評過他。[36] 但高達美對如是質疑有一個有趣但十分認真的間接答覆，他說：「悲觀主義是一種正直感的欠缺。」（Pessimismus ist ein Mangel an Aufrichtigkeit.[37]）（按此處德文「Aufrichtigkeit」可譯作「正直」、「真誠」、或「坦率」，兼有道德及非道德的色彩）。沒錯，「悲觀主義是不正直的」。或許我們還可以幫他再加上一句話，一句他可以用來指責他的老師海德格，只不過他自己不太敢或不願意說出來的話：「怪罪古人（／希臘人）是不道德的。」也就是說，像海德格後來那樣片面怪罪希臘人，正是學習不夠認真深入，是思考立論不盡負責的表現；至於說理由何在，我們不妨從以下高達美自己研究、對待希臘人的態度來對照反省。

　　相對於海德格把西方傳統以形上學、知識論為首的哲學思想，尤其當前已完全淪喪為科技思考及計算型態的方式，一股腦歸咎由柏拉圖、亞里斯多德集大成的希臘思想之際，高達美卻更見看重希臘人在倫理學、政治學、美學、詩學、修辭學，亦即在正義與秩序思考、美感與藝術品味把握、語言表達之精煉等等各方面的高度成就，以及其中所含蘊的深刻人文主義精神和文化陶成的理念。所以和海德格不同的是，高達美無意強烈表達對傳統主流哲學的不滿，當然也無須強力劃分何者為主流，何者為非主流，卻能夠更勤於挖掘——按即詮釋學開採（der hermeneutische Abbau）——更深藏於其間而未充分體現的無窮意蘊。西方形上學絕非像海德格所云僅止於求「真」，卻無見乎「美」、「善」的。柏拉圖本身的例子根本不用多說，再如亞里斯多德為求屬於「人間善」（τά άγθρώπινα άγατά）實現的一整套實踐哲學之經營，就是早年曾啟迪過海德格、日後卻被他拋諸腦後

---

36 參見拙作，〈「書寫誌異」與「詮釋求通」——追究一場南轅北轍的哲學對話〉，東吳大學「文化與差異學術研討會」（1977 年 6 月 21 日，台北：外雙溪），以及 Nicolas Davey, "A World of Hope and Optimism despite Present Difficulties–Gadamer's Critique of Perspectivism." *Man and World* 23(1990): 273-294。

37 Carsten Dutt hrsg., *Hans-Georg Gadamer im Gespräch* (Heidelberg: Carl Winter 1993), 71.

的「第二傳統」。[38] 換言之，像亞里斯多德就並未如他所言緊隨著柏拉圖真理觀之後，以「真實性」作為「真」的唯一標準，從而主導二千年來的所謂西方「第一哲學」源流。最後則終結於現代科技思考框架當中，無法自拔。亞里斯多德並不是只寫了邏輯、工具書、物理學、形上學幾部著作而已，別忘記那位還一口氣寫過三部倫理學及一部政治學研究的亞里斯多德。才正是西方古典實踐哲學的垂立典範者。整個希臘，尤其從蘇格拉底起，是有一套一脈相傳的倫理學思想的：

> 希臘人的倫理學——畢達哥拉斯學者和柏拉圖的節制倫理學（die Maß
> ethik），亞里斯多德所創的中道倫理學（Ethik der Mesotes）——在一種
> 深刻而廣泛的意義下正是一種良好品味的倫理學（eine Ethik des guten
> Geschmacks）。[39]

而一種能夠供作共同文化基礎的所謂良好的品味，不外就是像希臘人般對於「美」和「善」的真實不虛的追求與評賞的能力，使得一切精神上思慮上的探索所得，盡皆能夠表現在實際生活裡的體現。

同樣的看法特別證諸希臘人的藝術思考，畢竟柏拉圖描繪的靈魂晉升至最高處所遇及的善（ἀγαθόν）觀念，本身就是透過美（κάλον）的形式顯現出來的；同樣亞里斯多德也不是只搞邏輯、形上學，而從來不談藝術的。事實上，柏拉圖用美的饗宴之喻振奮精神向善的追求，在高達美心目中，恰恰是詮釋學說明「真理之參與及分享」（Teihabe der Wahrheit）[40] 時一幅最佳寫照。藝術精神與藝術品味始終在豐潤著形上學的內涵：「確實是眾藝術（die Künste），她們合起來共同掌管著我們西方傳統中的形上學遺產」。[41]《真理與方法》第一部分直接從藝術經驗之特殊性格開始，其中不但隨處可見希臘古典學說的啟示，而且更重要的，這表示對於藝術的興趣，才是真正隱藏於對一切精神科學之興趣背後者。後者之可貴，不是平行於藝術經驗的方式，而是承接其緒，是從此出發而大幅度、大規摸

---

[38] 高達美曾稱呼亞里斯多德實踐哲學為「第二道傳統脈系」（die zweite Traditionslinie）見 *GW* 2: 499；另參考 *GW* 1: 317-329。關於如何可重新恢復此「第二傳統」以開創「第二哲學」之路，請參閱拙文，〈黎德爾論「第二哲學」〉，《國立政治大學哲學學報》第 3 期，頁 66-84（1996 年 12 月）。

[39] *GW* 1: 45.

[40] "Teilhabe der Wahrheit" 一語無論討論文本詮釋或對談溝通時皆隨處可見。

[41] *GW* 8: 373。按《高達美作品集》第 8、9 兩冊內容完全都是美學與藝術理論的論文專集。

擴延到真理之超出方法其上的開顯領域去。故高達美自己的宏富著述中，就不乏精彩的藝術評論，甚至也曾啟迪出一些當代美學新論，這可以說都是間接輝映著希臘人的重視美育之教。所以綜合言之，高達美會更忠實地發揮希臘人的文化理念（παιδεία）當中，就如同希臘貴族階級的教育觀所特別重視的那樣，是以追求達到能夠合身心而言的「美而善」（κάλοκάγαθός）按即（κάλος καί ἀγαθός）為目漂，遠超過形而上探索終極真相的「真理」（ἀλήθεια）這個單一向度。

如果再借用幾個德文概念來進一步講述，高達美對於傳統，當然也包括他對希臘傳統的基本態度上，他是特別重視詮釋學「開採」（Abbau）而更勝過海德格的存有學「拆解」（Destruktion）的；而且他對於開採所得的古代智慧與洞見，更加能夠知道如何去「保存」（Bewahren）以及「證實」（Bewähren）。知道它們對當之世依舊具有歷久彌新的意義與價值。而他之所以會有這樣務實且積極的態度，重新從傳統當中贏得自信而又不失自主，一個關鍵性的理由在於他能反省地自別於海德格，在於他認定只有「形上學的概念」而沒有「形上學的語言」這回事。海德格嚴苛批判傳統形上學的同時，竟然把所有只適合傳統思考模式的概念性語言一律貶抑為形上學語言，是如今不堪再加使用的語言窠臼。但高達美則認為這是一種不好的也未加區分的說法，因為我們並沒有一種所謂「形上學的語言」[42]的東西—語言根本就是貫穿著形而上及形而下兩個層面而言的。哲學思考上難免會遭遇到僵化的概念和語詞，故不時須要加以詮釋疏通，克服困難，但是我們卻不能捨棄共通使用的語言去另闢蹊徑。同樣的，形而上的思維也許更會常常碰到不少障礙與迷惑，永遠都必須一再深思詳究，沒有止境，但是致力從事形上學思考本身卻是無法取消的。

換言之正如黑格爾的名言：「想看一個有教養的民族卻沒有形上學——就像一座裝飾得富麗堂皇的廟宇卻沒有神明一樣。」[43] 每一個民族在歷史上都不斷嘗試用自己的語言之美，表達出每一代精神追求與思想承傳最傑出的成就，並期望因此流傳給後代共享。希臘人留給西方後世的精神文明，文化遺產以及哲學啟迪，在高達美心目中都是絕對無法抹煞或取代的。他和海德格一樣，都主張希臘文與德文是兩種最適合於進行反覆辯證思考，用來表達深奧哲理的語言，

---

[42] 例見 *GW* 2: 11-13、*GW* 10: 132 等處；詳細論證見 *GW* 3: 229 起〈形上學的語言〉一文。

[43] 語見黑格爾《大邏輯》第一版導言。

即真正具有哲學性格的語言。例如他在波士頓大學一場研討會的演講中特別強調，先蘇格拉底時期的思想應該以「從宗教到哲學」的方式來把握，因為其間的關鍵在於，整個希臘哲學的發展可視之為「清楚講述出超越界」（Articulating Transcendence）[44] 的努力，是要用哲理論述的方式講出信仰神話當中所曾執著的事理，並因而造就出西方哲學的開啟。所以從先蘇期一直到亞里斯多德。儘管有多采多姿的繁複變化，但希臘思想仍找得到有其一脈相連的主軸，而沒有如海德格所稱發生於拉圖的那種斷裂。1950 年〈形上學前史〉和1964 年〈柏拉圖與先蘇格拉底諸子〉[45] 的兩篇文章，最能清楚讀出高達美上述不同於他的老師的看法。

　　事實上高達美最早的文章之一，1930 年發表的短文〈實踐知識〉（"Praktisches Wissen"），[46] 就是在描繪出他自己心目中認定的那一道主軸何在，不過他完整的研究成果，要到1978 年被視為第二部主要著作的《在柏拉圖與亞里斯多德之間的善觀念》（Die idee des Guten zwischen Plato und Aristoteles）[47] 出版時，才算初步完成。簡單地說，高達美看到希臘哲學最重要的問題不是存有，而是人的問題，是善的問題，他稱之為「蘇格拉底的問題」；[48] 而且一直到亞里斯多德實踐哲學，它都是希臘最主要的哲學課題。這尤其是一個連貫在蘇格拉底、柏拉圖、亞里斯多德三者共同思考，意在尋求關於對人而言什麼是善的問題（die Frage des menschlichen Guten）的解答；也就是說，他們追問的同樣都是屬於人世間的善（τά άγθφώπινα άγατά），亦即可以透過行為實踐而獲得的善（τό πφακτόν αγαθόν）是什麼，而這一問題的思考和答案正是和每一世代的人該如何自處切身相關的──因為提問這樣的問題，和如何照著思考所得去實踐，這本身就是人生在世的終極目標與任務。如果從這個角度來看，其實這裡面根本沒有所謂僵固的形上學的問題，只有貫通形而上和形而下的整個人生的具體實踐的問

44　Hans-Georg Gadamer: "Articulating Transcendence." In *The Beginning and the Beyond. Papers from the Gadamer and Voegelin Conferences*, ed. Fred Lawrence. Supplementary Issue of Lonergan Workshop, Volume 4 (California: Scholars Press 1984), 1-12.

45　分別見 *GW* 6: 9-29、*GW* 6: 58-70。

46　*GW* 5: 230-248.

47　*GW* 7: 128-227.

48　參閱〈蘇格拉底的問題與亞里斯多德〉一文，*GW* 7: 373-380。

題。換句話說，高達美看到的是柏拉圖和亞里斯多德的共同特性、優點、長處與貢獻，而避免了無謂的失望、怨懟和指責，所以他之詮釋疏解希臘哲學的路子，走得要比海德格更坦蕩、光輝而充滿著希望。

在這裡，高達美十分清楚他和海德格思想間的差距，也不諱言他想修正海德格的若干看法：「在我看來，我們不可以把柏拉圖解讀為存有神學（Ontotheologie）的前導者。甚至亞里斯多德的形上學也擁有比海德格當時所開啟出來的更多的一些向度。」[49] 他接著進一步指出，上述 1978 年他的《善觀念》這部嚴謹的學術論作裡，他自己正是在嘗試顛倒海德格的講法，要讓大家相信「亞里斯多德遠比人們會接受的更是一個柏拉圖論者（Platonist）」，而且所謂（按即海德格所加諸他身上的）「存有神學」的學說，也只是他從《物理學》發展出來而置諸《形上學》中的許多面向之一而已。因此，我們翻開高達美《著作集》5、6 兩冊收錄極多各時期的論文裡，都一一記載著高達美持續研究希臘思想的心得，並不時強調希臘哲學的統一性和整合性，而非前後衝突又相互矛盾；再有數十篇的希臘哲學專著書評稿，更顯見他在這個專業領域裡的用功之勤。但是更見重要性的文集還要算是全集第 7 冊，副標題為《柏拉圖在對話中》（Plato im Dialog）的那一冊，其中不但收有前述《善觀念》那篇長文，內容上又同時是和柏拉圖對話，也是在詮釋、對話中，繼續發揮柏拉圖藉由對話增益學思的愛智精神。

事實上我們可以進一步指出，高達美在哲學史上最主要的貢獻不是一個否定或切斷的舉動，他不誇大任何的斷裂與衝突，而是一個兩相連接的舉動，也就是要把黑格爾的辯證（Dialektik）導引回到柏拉圖的對話（Dialog），重新使得抽象沈重的辯證與活潑生動的對話聯結起來。詮釋與理解，交談與對話不僅是詮釋學所偏愛的論述主題，更且是詮釋學工作實際運行活動的方式；高達美的哲學經常被稱做交談對話的哲學（Philosophie des Gespräches）。[50] 或即交談對話的詮釋學（Gesprächshermeneutik），[51] 正代表柏拉圖所撰寫的蘇格拉底式的對話錄，如何

---

49 見 GW 2: 12。按海德格在前述《柏拉圖的真理學說》裡就是如此解讀的。

50 Carsten Dutt hrsg., Hans-Georg Gadamer im Gespräch (Ibid.), 36.

51 參閱拙作，〈理解、詮釋與對話——從哲學詮釋學的實踐觀點論多元主義〉，中研院社科所「多元主義學術研討會」（1996 年 5 月，台北：南港）。

從一開始就影響著他的整個哲學思想。從柏拉圖的《第七封信》裡，高達美深刻瞭解到每一個人的思想、反省、辯證，原本不外就是柏拉圖所說的「靈魂與靈魂自身的對話」，[52] 是每一個人致力於精神上自我提升的努力，與智性上自我成全的活動及過程。高達美自己想要救回在海德格那裡遭受不白之冤的柏拉圖，重拾他的對話精神，實際上也等於是保住了哲學依舊可以在交談對話中繼續前進的生機，而希臘人也將永遠是西方哲學的主要對話者之一。因此高達美這樣做不但讓當今之世重新連繫上希臘人，同時也保存住形上學與形上學的語言：

> 形上學的語言是而且總歸是對話，即使這樣的對話是跨越了幾百、幾千年的距離在進行著。因為這個緣故哲學的文本都不是真正的文本或著作，而是一場歷經許多時代前行的文談之文稿。[53]

而如何繼續這樣的對話，發揮更豐富的意義，這正是哲學詮釋學一向致力的工作，也稱得上是他在哲學世紀末絕地反（／返）思的一大功勞，而且和海德格與希臘人之間那種艱難尷尬的轉折真是不可同日而語。

高達美的哲學詮釋學確實是博學多識，能夠縱橫古今的；而他講學論述的風格，又神似柏拉圖振奮人類精神既向上嚮往追求，也從旁善意求全的春風化雨之勢。綜括而言之，他確實更像一位詮釋學的終身實踐者，更能不盲目崇拜也不輕言貶抑地以古人，尤其以希臘人為師，他提醒世人別誤將後代的錯誤偏差都歸罪給希臘先哲，以免徒然自陷溺於無所適從的思維困境當中。因此之故，我們在事後看來，或許高達美自己正是有意持續回顧古希臘的智慧，先用詮釋再詮釋的方式重新搭建歷史傳承的橋樑，復由語言對話中謀求意義與理解的溝通和交流，以彌補他的老師海德格與整個西方哲學傳統間的斷裂；他甚至可以把亞里思多總說過的「吾愛吾師，吾更愛真理」（Amicus Plato magis amica veritas）那句話，改說成「吾愛吾師海德格，吾更愛真理和希臘人」。那麼一來，「海德格、高達美與希臘人」彼此間的層層關係，也將更值得我們再三深思。

---

52 *GW* 10: 107, 108-109.
53 *GW* 2: 13.

三

　　海德格把西方自柏拉圖以降的哲學思考一整個都貼上了「存有遺忘」的標籤，然後自己則轉身投向更早期、更接近源起開端處的先蘇格拉底時期，在零星斷片中尋覓哲思玄理。但是這樣的做法恰當嗎？對蘇格拉底、柏拉圖、亞里斯多德這三位毫無疑問是最具份量的希臘人來說公允嗎？法國哲學家 Emmanuel Levinas 說得好：「對我而言希臘人並非先蘇格拉底之前的（希臘人）。什麼是先蘇格拉底的（思想）是要先透過蘇格拉底的（思想）才成為可理解的。」[54] 歷史的發展自有其前呼後應、起承轉合的真實效果與作用，後人無法任意切割丟棄，單撿所好者而優為之；即使是常被評論為哲學黑暗時期的中世紀思想，也不乏許多宏大體系與處處顯見的智慧幽光，況且是真正開創西方哲學傳統格局的雅典三哲。

　　如此評斷之下，高達美的一大功績，確實正像哈伯馬斯一篇頒獎頌辭的標題所言，是把鄉下人海德格艱澀孤僻、在峻山嶺上清冷而曲高寡和的哲思小徑，重新導引回到眾人皆可熟悉、可親近之，可以讓大家會面、交談、溝通、品評、論議的城市生活通衢大道當中（Urbanisierung der Heideggerschen Provinz）。[55] 從上述他們一前一後，一師一徒對待希臘人的不同態度上，我們特別可以看出兩人秉性、器度與風格上的羑異。高達美為學雍容大度，尤其擅長於欣賞別人的好處，更能夠帶領我們領略希臘哲學的豐厚優美，看到那裡有全人類皆可共用共享的文化遺產，思想精華。海德格則立論刻意清奇高妙，絲毫不掩飾個人的品鑑好惡，優劣取捨，結果惟有少數幾個可以入得海德格慧眼的先蘇期希臘詩哲，算得上還夠資格像《什麼是──哲學？》一書結尾形容的那般，作為在另一座最遙遠處高山頂峰上和他（思想家海德格）；聲通唱和的詩人。

　　結果可想而知：晚年的海德格是沈默的，退斂而常愛歎息的，他早就無心

---

54 Florian Rötzer, *Conversations with French Philosophers* (Humanities Press 1995), 64.

55 Jürgen Habermas, "Urbanisierung der Heideggerschen Provinz. Laudatio auf Hans-Georg Gadamer." In *Hans-Georg Gadamer und Jürgen Habermas: Das Erbe Hegels. Zwei Reden aus Anlaß des Hegel-Preises* (Frankfurt am Main: Suhrkamp 1979), 9-31. 又關於海德格的鄉土地域性格，可參閱他 1933 年拒絕柏林大學聘任而撰寫的〈我們為什麼留在鄉下地方？〉("Warum Bleiben wir in der Provinz?") 那篇講話，現收入 *GW* 13: 9-13。

——或許也根本沒有辦法——替他在納粹政權期間惹人議論的行為和言詞辯解，只會深自抱憾整個主導世界走向的西方文明怎麼會陷落到如此地步去，但偏偏又苦於語言限制之無從突破，而不能真正經營、訴說出能拯救人類免於更大浩劫的新興思想來。這是海德格，也是海德格對希臘人又愛又恨，又批判又期待的低迴不已的基調。兩相對照之下，高達美可以說比較會善待古人，會尊重傳統，而且他的哲學也正因為如此而具有豐碩紮實的內含意義。他大大沖淡了海德格的「世界黑夜」及「存有遺忘」之說，而以更見虛心的態度求教希臘，聆聽古代的智慧和遠見，因為他需要更多的光與熱力來對抗虛無主義的到來。他研究開發希臘哲學的態度，亦即他的詮釋，必須要放置在他整個哲學工作的一番內容轉向（eine Inhaltliche Wendung）[56] 的脈絡中去瞭解、去體會。古希臘哲學，如前所述，則正是構成如此轉向成功的一大重點。《真理與方法》第二版序言裡，那段針對其師海德格而發，惟措辭仍屬相當含蓄的言論，的確很適合借用在這裡當作本文的一個結束語。高達美是這樣說的：

> 可是我不想否認，在我這方面來說，我在理解諸要素的遍在性關聯當中特別凸顯了對過去事物和傳統事物之獲取這個方向。連海德格也會和許多我的批評者一樣，認為這裡面缺少了在導致結論上的終極徹底性。（然而）作為科學的形上學之終結是什麼意思？她（按指哲學）之終結於科學是什麼意思？當科學攀升至全面的技術統治（Technokratie），以及因而由尼采虛無主義預言所導引出的「存有遺忘」之「世界黑夜」時，那麼人們還應當目送著黃昏落日的最後一抹餘暉——而不欣然轉身期盼著朝陽重返的第一道曙光嗎？[57]

毫無疑問的，那道終必會再現的黎明曙光並不一定要來自古希臘的天空，但可以肯定的，卻將是無分古今中外，永遠在前瞻後顧的哲學思考所共同追求、共同投以厚望的生命智慧不止息處。

---

56 *GW* 2: 447。按此處宣稱的詮釋學運作格局上的一種「內容上的轉向」，可謂針對著海德格式詮釋學的「存有學轉向」而言。

57 同上，同段落。

Dialog der Phronesis

指南山麓論「指南」
康德哲學中「啟蒙」與「思想中定向」問題的探討

《國立政治大學哲學學報》第 13 期（2005.1）

前言

　　康德在 1786 年曾有一篇短文〈何謂：在思想中定向？〉（"Was heisst: sich im Denken orientieren?"）[1]（以下簡稱〈思想中定向〉）問世，這和他 1784 年另外一篇、但相較下卻極知名的文章〈對「什麼是啟蒙？」問題之答覆〉（"Beantwortung der Frage: Was ist Aufklärung?"）（以下簡稱〈什麼是啟蒙〉）情況類似，都是對同時代學者間正熱烈討論的思想性問題之回應；因而，都是並不直接關涉自身思想體系之完整建立，而要歸之於表達立場差異的特定主張及參與論辯之作。但是，兩篇文章中透顯的重要想法，正由於是面對外界紛爭且應邀而公開表明立場之舉，所以其中論說同異見解時，卻讓我們見微知著，別具其他大部頭著作──如三大《批判》或《道德形上學》──長篇立論所無法取代的特殊價值。

　　本文意圖採取詮釋學從小處解讀，以求對應於整體理解的方式，加深我們對一位思想家的全面把握和特性探究，所以選取此篇文章為材料，討論康德哲學的重要問題。筆者甚至認為，系統性論述的夾縫處，其微言大義更為可觀，更透顯出值得玩味的真知灼見。或許正如 Karl-Otto Apel 所言，康德在諸如《論永久和平》這類精簡論文之中，反而能夠逾越系統著作所定框架，添加更多能發揮批判哲學要旨的思考論述空間。

---

[1] 以下引康德著作皆以 Wilhelm Weischedel 所編的 10 冊裝訂 *Werke* (Darmstadt: WBG 1983) 和學院版全集（*Akademische Ausgabe.* de Gruyter）同時並用，標示成：*Werke* 冊數：頁數／*AA* 冊數：頁數。至於〈思想中定向〉一文則另加附原版頁數，即當年原始期刊上的 *A* 304-330。

　　以下我們扼要先勾勒出這篇應時短文的論說重點，和幾個關鍵概念（第一節），同時，辨別康德啟蒙理念與當時其他思想家相較下的特殊處（第二節）；但緊接著進一步扣緊此文當中、以及他處屢次強調以「自行思考」（Selbstdenken）——即啟用每一個人皆具備的自身理性——為「真理最高試金石」之啟蒙主張，和他一向視「理性」為「指南針」（Kompaß der Vernunft）的著名比喻，去進行一些實際對照於當代觀點下的重新檢視（第三節）；最後，期望讓兩個世紀前勇於在思潮競爭激盪間站出來堅定發言的康德，能再度置入當代哲學對話的情境脈絡裡（第四節），從中探索若干可能的思想演變及問題解答（第五節）。

一

　　首先，有關於〈思想中定向〉這篇1786年8月完稿寄出、同年10月正式刊在《柏林月刊》（Berlinische Monatsschrift）上的文章，其歷史背景考察和相關材料的問題，限於篇幅在此無法詳述。重要的是：康德撰寫此文確曾受到外來的邀請和敦促，文章內容也看得到他認真且誠摯的回應，其中他不僅相當一致的貫徹自身批判哲學立場，且相關的論題和論旨，後來都繼續出現在如1790年《判斷力批判》、1798年《人類學》及1800年《邏輯講稿》等其他著作，發展線索十分明晰。總之，這篇文章承先啟後，非常值得深入探究。

　　我們直接進入文章內容：此文態度明確，論理清晰，和從中一貫透顯的啟蒙主張極為吻合。其實對康德而言，啟蒙精神才是根本主張，如何透過自身思維去進行必要時的定位方向判定，則為其具體作法，兩者之間原本並不相礙。所以先簡單針對 Mendelssohn（1729-1786）等人的開場白後（討論詳第二節），康德在文章中就區分幾種不同層次和重要性的導向或定向活動。當然，理性活動到達超感性（übersinnlich）領域時，該要如何定向，這是整篇文章最關注的要領。

　　根據字源學研究，德文動詞的「定向」 "sich orientieren" 來自法語 "orienter" 而和表示「日出、東方」的 "orient" 有關；又由於語法上是個反身動詞，所以同時包含著「自己定出方向」，以及「替自身定位、定向」的雙重性，主客交互關係重疊。這其實正和文末最後一個註腳當中標明為「自行思考」（Selbstdenken）的那個關鍵詞語一樣，都扣緊著一「自我」、「自己」、「自身」為核心原點，這多少也反映出日後種種對所謂「反思哲學」（Reflexionsphilosophie）或「主體性哲

學」（Subjektivitätsphilosophie）的議論批評，並非全然無的放矢；特別是因為這篇文章也曾集中反對理性不當的「思辨」（spekulativ）使用，若和黑格爾早期耶拿著作「併讀」會極為有趣而發人省思。

首先，「定向」的字詞本意，是指「從一個給定的世界地帶中（在其中我們可以把地平一分為四）找出其他地帶，特別是找到日出方位」。[2] 隨後我們自然知道正午時刻太陽會到達我們頭頂的天空，也知道了東南西北，循序漸進，不難隨時加以定位而知所進退。但是這其間，無論如何，一定先需要「在我自己的主體身上的一個分辨的感覺（Gefühl），也就是右手和左手的感覺」。[3] 換言之，即使沒有看到任何對象而原地打轉時，至少我有一主觀（主體上的）能力知道我是從左向右轉，還是從右向左轉動，從而能先天（a priori）決定可能會碰到的對象間的位置差異。康德稱如此的最基本定向方式為「地理學的」（geographisch），天文學家和航海者，日夜都能如此觀測日出和北極星指引而不致迷航失所。

其次，上述地理定向可以再提高一層而成為「數學的」（mathematisch）。設想有人在自己所熟悉、但現在一片漆黑的房間裡，通常他只要抓住一件記憶中知其位置的物件，就可以定向（例如計算腳步距離再摸索其他東西）。但康德提醒我們，這裡起作用的仍不外一主觀的分辨憑據，因為只要別人暗中動過手腳，例如將所有東西左右對換過，那麼除了四面牆壁還維持原狀外，很難憑記憶定向找出其他東西放置處。這說明了只有主體記憶（Gedächtnis）中而無法再親眼證驗於外界，即使再加上精確數學計算的輔助，仍無法提供足夠客觀的基礎，並不牢靠。至此我們可以理解，如果第一種地理定向是回轉到主體自身的身體方向感覺，第二種則回轉到主體的記憶和因此計算出來的位置判斷，但如果這兩種都無以為繼，那麼我們只好訴諸理性思維的更高能力。

所以最後，康德又把定向概念再提升到本文主題所繫的「在思想當中」，實則即就是以先驗哲學立場為準的「邏輯的」或「論理的」（logisch）定位方式。

2　原版 *A* 307, *Werke* 5: 269, *AA* VIII: 134。

3　同上。此處「在我自己的主體上」（an meinem eigenen Subjekt）這一用語非常關鍵，其實批判哲學所說「主觀的」（subjektiv）不外也就等同於「屬主體所有的」、「與主體相關聯的」、「由主體自身而然的」幾種說法，是近代哲學以來的「主體性」（Subjektivität）概念的發展，而絕非一般所謂的片面主觀性。此外康德此一說法，細究之下，可以充分呼應當代哲學思考所言的「身體先在」（bodily a priori）說及「身體介入」（bodily engagement）之必要性等新見解。

顯而易見，這是需要純粹理性自行擔當的一項要務，不假他求而要自己執行。當定向活動如此在純粹思維間進行時，此刻已完全沒有任何經驗所知對象存在，沒有可供作直觀的客體，而根本僅有令其可能出現的（純粹）空間而已；但若和前兩種定向相較，仍然可輕易由類比推知：能夠在理性如此掌控導引（lenken）其自身應用之際，決定它自身判斷能力所作判斷是否適當之際，真正在起作用者，仍然不可能是按照客觀知識根據，而僅只按照一主觀區分理由，嘗試去讓理性所作成的判斷能「置諸一確定格律下」（unter eine bestimmte Maxime）進行最終必要的審思、反省與評斷的工作。

因而緊接於此處，就有一個註腳裡非常明確地對所謂「在思想中定向」加以解說道：「思想中自行定向因而究其根本是說：在理性的客觀性原則不足之際（Unzulänglichkeit），自行於（理性判斷的）持以為真（Fürwahrhalten）當中按照一個同樣它所有的（按即理性它自己的）主觀原則來加以決定。」[4] 這個說明當中有兩點特別值得注意，第一點：「不敷使用的客觀原則」為複數，而「按照理性自身的一個主觀原則」為不定冠詞單數，配合上文所言的「置諸一確定格律下」。因此可知，這必須是一種由主體所自訂的格律出發，而又可以不產生矛盾、不自我牴觸的可普遍化原則。第二點：此處很長的一句事關重要定義的話語裡，前後就有 "sich orientieren" 和 "sich bestimmen" 的落筆對照，而且中間還有一後置屬格 "derselben"，表示就是同樣的這一理性自身所有、自身所為的，這些都完全符合後文極力強調「自行思考」之無可取代的關鍵地位。

那麼我們會問，這樣的主觀原則、主觀的手段或憑藉（Mittel）會是什麼？康德立刻告訴我們那不外正是一種「對理性所自有的需要之感覺（das Gefühl der Vernunft eigenen Bedürfnisses）」[5] ——即理性自覺其有一自身內在的需求的感覺。當然，他在這裡並非表達一種主觀專斷的立場，主張一切事理終究可歸諸於自身決定已足；相反的，他特別要提醒下判斷時的謹慎應用，尤其是觸及到超感性事物之經驗邊緣地帶，甚至於是必要時須退回理性自身，以謹慎看待理性思考中是否會出現矛盾。因為言明自身的「需要」或「需求」（Bedürfnis）隱含所知

4　原版 *A* 310, *Werke* 5: 270, *AA* VIII: 136。
5　頁數同上。此處 "eigenen" 不僅是「自有的」、「自己所有的」，也是「特有的」的意思；雖然這聽起來似乎會有「奇特的」、「特立獨行」的意味，但實際意含卻並非如此。

畢竟有限的意思，還不足以確鑿、不能讓自己遽下判斷並持以為真。同時反過來看，也正因為知道得畢竟還不夠多，還找不出足夠的客觀根據和客觀原則支持判斷，理性更會迫切有一批判的及消極意涵出現，要求自身思考不能隨意跨越「界限」（Schranken），犯下錯誤（Irrtum）。

　　況且真正說起來，理性並不直接去「感覺」或「感受」（gegühlt）到什麼，應該說理性是「洞察到它的缺乏，而且是因為認知驅促（Erkenntnistrieb）（才會）產生需要的感覺」。[6] 這和道德情感並不直接促成道德法則的產生，反而是源自於理性的道德法則、以及理性自身引起了道德情感，因為此時主動而自由的意志需要有其確定的根據，這其中的道理完全一樣。因此可說，「理性之需要」對康德言是一個很實在的需要，也確有其事，絕非偶然或任意。如同 Werner Euler 所評斷的：「這是一個必然性（Notwendigkeit）之主觀的理由。」[7] 而且正是從這裡開始，康德開始轉而提出他自己對整個問題的解答方案，一種真正符合啟蒙精神的要求而回歸理性自主性的解說。

　　從一般方向感當中主觀分辨的先設憑藉，三段抽離到純粹思維當中即便無充分客觀基礎、也會生出一主觀感受的自身需求之必要，或者如後文所言理性自身所主張的一項「權利」（Recht），以便能主動提供必要的原理原則——這是康德此文的主要論述方向。那麼正如理性應用有兩個側面，理性的需要也有兩種要求，分為理論上的及實踐上的理性需要，且後者無疑更顯重要，因為在這裡我們無條件「必須做出判斷」，以便能讓理性指導我們的行為。因此我們從理性上，也只能憑藉著理性自身，必須決定我們要先行預設什麼和接受什麼：「現在出現的卻正是理性需要的權利，作為一主觀理由（的權利）去先行預設什麼並接受什麼，它透過客觀理由所不可妄想知道的；並因此而在思想當中，在無法測度的以及對我們而言如同濃密黑夜般充塞的超感性空間裡，完全只靠它自己的需要去進行定向。」[8] 為表達理性需要的積極意義，康德這裡還特別用到 "eintreten"（進場、出現、開始作用）這一動詞，而且如前文「一主觀理由」用單數而諸多「客

6　原版 *A* 316, *Werke* 5: 274, *AA* VIII: 139 n.。

7　Werner Euler, "Orientierung im Denken: Kants Auflösung des Spinoza-Streits." In *Kant und die Berliner Aufklärung. Akten des IX. Internationalen Kant-Kongresses*, Band V (Berlin: Walter de Gruyter 2001), 171.

8　*A* 311, *Werke* 5: 271, *AA* VIII: 137.

觀理由」為複數，表達強烈的啟蒙自主之充分自信；後文更斷定這才是理性自身不容讓渡的「優先權利」（Vorrecht），否則勢必天下大亂。

但是這一最後評斷（Beurteilen）的源頭，康德認為我們必須給予一個新的名稱，因而在他則選用「理性信仰」、或譯「理性信念」（Vernunftglaube）[9] 的重要說法，簡單說就是理性所相信的，基於自身感覺到的一種主觀需要而相信的，更且還據以提出一項優先於一切其他之上的權利主張。故表面上看來，「理性」和「信念、信仰」合併為一個字詞，似乎有點自相牴觸的狀況，但實際上卻是康德此文中一項突破創舉，標明理性本身有其可以積極主動提供者。（當然日後1793 年的著作《僅止於理性界限內的宗教》裡，對這個概念特別倚重，多所著墨，但其主要是論及批判哲學中的宗教思考觀點，非關本文主要處理的課題。）

理性之信仰不是知識，不可能加諸證明，也不能像 Mendelssohn 般單純看待作純粹理性的一個自身洞見（Einsicht），直接視作客觀知識；不然會有放任純粹理性隨意進行思辨應用之嫌，而陷入獨斷論危機。配合前述理論及實踐兩種理性需要之分，這裡的理性信念，由於它是以實踐意圖上的需要為依據，因而能夠被稱做一個理性的「設準」（**Postulat**），非僅理論需要上的理性假說而已。然則其足以當真的程度卻不下於任何知識，也就是說，依此進行有關行為上之判斷，雖然無緣於可客觀證明的確定性（Gewißheit），但是我們依然可主張：我們愈是意識到其不可改變，就愈加秉持我們如此相信的堅定不移（Festigkeit）；[10] 若是欠缺此明確出發的一番堅信，任何知識與行為準則都難免零散、混亂而基礎不穩。

於是緊隨其後，一個構成整段文字的長句，非常值得全段摘引譯出：「那麼一純粹的理性信念就是路標或指南針，藉由它，思辨思考者在他於超感性對象領域裡的理性巡遊（Vernunftstreifereien）間定出方向，而一般的、但（道德上）理性健全的人，不論於理論或實踐企圖間，也都能完全符合他的使命之全部目的而標示出他的道路來。而且這個理性之信念也正是那個對任何其他信念（信仰）、甚至於對任何天啟信仰而言，必須要被奠立為基礎的（一個信念）。」[11] 可見到康德所偏好的「指南」之說，不論是個隱喻、啟蒙精神或理性信念之必要的

9　*A* 319, *Werke* 5: 276, *AA* VIII: 140。按 Allen Wood 英譯為 "rational belief or faith"。

10　參考 *A* 319, *Werke* 5: 277, *AA* VIII: 141 n.。

11　原版 *A* 320-321, *Werke* 5: 277, *AA* VIII: 142。

口號，也正式在此文裡有立場鮮明的適當表述。值此康德逝世兩百周年，許多的「理性信任的喪失」之論述出現時，此說格外令人深思。

二

　　理性自主兼指南在握的全幅信心下，康德此文更勇於用一種大聲疾呼的語調，力諍啟蒙中思想自由的真正實現尚須持續的努力和謹慎應對。康德因此相當程度回應著外界紛爭與疑慮不安，也意圖引導大家（特別是一些柏林啟蒙學者）認清局勢與時代方向（一般認為這和當時普魯士王朝可能會發生的外在局勢變化有關），[12] 站在能幫助人類普遍進步的這一邊。而他所揭櫫且維護的「思想自由」（Freiheit zu denken）的主張，會歸結到主動提供定向的「自行思考」上來看，也就等於是昭告天下說：「理性之只置諸於自己所給予的法則下，此外無它」；因為現實的後果極其明顯：「如果理性不願置諸它自己所給定的法則之下，它必將臣服於他人給予它的法則」。[13]

　　啟蒙的真諦，在康德心目中，即要求每一個人能由自己出發、指引自身方向的這個基本態度，推崇的是清晰冷靜的理性思考，這當然和一種熱中沉醉的狂熱是完全不同的兩回事情。所以文章最後他也語重心長，提醒世人別隨著幾位自命天才者的狂熱鼓吹（Genieschwärmerei）蜂擁起舞，棄離各自本當為之的理性思考於不顧。如此再由 Aufklärung 與 Schwärmerei 的區隔，為通篇維護人類理性自主、思想自由之堅定啟蒙立場，畫下決斷而有力的句點。

　　掌握全文重點後，我們再嘗試將文本置諸上下文本或前後文本，回到此文的歷史背景和論述出發點。雖然，文中多有討論上帝存在與信仰態度，但實質上卻該歸類為一篇知識論或先驗邏輯的論文，因為這裡關注的是純粹理性之正確致知應用的問題。所以，康德從一開始就明白拉開他和 Mendelssohn 對此一看法的區隔。前述三種定向過程的析辨，是要提出「擴展開來且更為確定的定向概念」，

12　參閱前引 *Kant und die Berliner Aufklärung* (Berlin: Walter de Gruyter 2001)，即第 9 屆國際康德哲學會議論文集裡，有許多這方面歷史背景和思想發展的探討。另〈思想中定向〉有一長註，澄清《純粹理性批判》和 Spinozism 毫無關係，一般論者認為也是一個明顯的動作。

13　*A* 326, *Werke* 5: 281, *AA* 145.

目的也是為幫助能更進一步明講 Mendelssohn 的「健全理性之格律」（Maxim der gesunden Vernunft）究竟為何，[14] 闡釋真正批判哲學的啟蒙旨意。

　　Mendelssohn 雖然和康德一樣重視純粹思維的自主性，倚重抽象思維自身定向活動之必要性，但他未能如康德般堅定，將純粹理性的定向置諸在一切應用、甚至包括思辨應用於對象之上，亦即涉及超感性對象時。因此康德指說他一下子稱那個最終引導根據（Leitungsmittel）為「共同感」（Gemeinsinn）、一下子為「健全理性」（die gesunde Vernunft）、一下又是「簡單質樸的人類悟性」（der schlichte Menschenverstand）；如此搖擺未決，正是缺乏理性確信與思考定向的表徵，結果則陷進放任空想和廢黜理性的危機。而追究其原由，正是因為他把一個主觀感受到的強烈需要，誤認是一理性之洞見、甚至就是客觀知識，並且直接在理論側面而非實踐側面去和「上帝存在」的存有學認知黏貼在一起，不當推展到超感性經驗的領域裡去發揮指導功能。

　　此所以康德文章終結處，還是落回到「自己思考」（Selbstdenken）這個核心原點為旨歸：「自己思考意謂著在自己自身內（亦即在他自有的理性當中）尋求真理的最高試金石；而這個任何時刻自己去思考之格律就是啟蒙。」[15] 這才是真正奠立在思維主體上的最終憑藉與究竟根基。但是，這當然不是說可以像有些人自己想像（構想）的那樣，將啟蒙指定為某種確鑿知識，提出獨斷而經不起理性檢核的超感性事物說法，無須驗證。相反的，這裡關乎認知能力之終究正確應用上的一項消極原則，即前述喚起批判與深入省思的自身要務，而不轉由任何監護人或說教者代勞，不論是政府、教會或家庭。

　　如是論述，一方面正銜接上 1784 年〈什麼是啟蒙〉論文裡，那句影響人類歷史兩百多年的口號：「*Sapere aude!*」（要有勇氣動用你自己的理解！）但另一方面卻已然可見更為成熟而自信的表述，因為康德在此文文末，有如預見到諸多啟蒙和現代性日後惡果般，還曾告訴我們說：一個擁有諸多知識（Erkenntnisse／informations）的人，經常卻會在應用到這些知識的時候表現得最不啟蒙（am wenigsten aufgeklärt／也可以說最不開明、最不具有理性思考的能力）。顯然，這其間還需要更高一層的指導，或即比喻的說法須有一支「指南針」，但是是來自

────────

[14] 原版 *A* 307, *Werke* 5: 268, *AA* VIII: 134。

[15] *A* 329, *Werke* 5: 283, *AA* VIII: 146。該文最結尾的一個註腳，其中括弧及括號中文字皆為原文。

於自身的裝備而不假外求。因此他緊接著說：要求一個人勇於「動用他自有的理性所要說的不外就是，凡是當一個人應該去接受什麼的時候，都要自己問自己：他是否已善盡可能地發現到那個他接受某事的理由，或者還有那個從他接受之事所導致的規律，都適足以成為他的理性之應用的普遍性原理原則？」[16] 這就是真理之最高、最終試金石的意義，因為這是任何一個人自己能隨時隨地進行的檢查測試，而且他在測試間，可望讓迷信和熱中吹揚的事情輕易消失不見，即使他尚未擁有具客觀理由的知識去一一駁倒它們。[17]

　　如果比較康德和 Mendelssohn 的啟蒙看法，後者的〈論「何謂啟蒙？」問題〉發表於 1784 年 9 月，康德的〈什麼是啟蒙〉則是同年 12 月同一份刊物上，不過兩者的啟蒙見解，評論時當然不限單一篇文章而已。[18] Mendelssohn 的文章主張「啟蒙」、「文化」（Kultur）與「教化」（Bildung）這三個概念密不可分，於是他所關心者總是事關一整個時代的全民的啟蒙（Aufklärung des Volkes），是歷史及社會的事，非僅「個別人之自我啟蒙」（Selbstaufklärung des Einzelnen）；[19] 相較下正如「定向」問題和「自行思考」問題一樣，康德似乎恆以「自我啟蒙」為堅定出發，其次才能拓展格局，納進其他相關考量。對康德言，人的自然傾向及使命即為「自行思考」，以及因而須擺脫開一切形式的監護照管，認真秉持理性啟蒙、自我要求的精神向前進步。兩相比較，顯然康德無意「為民說教」，只是喚起每一個人對最終「自我指導原則」的掌握，自己執守住自身可明的究竟思考主動而不特意向大眾教學啟迪（heuristisch）。因此我們只能教人如何自己去進行哲學思考而不能教人哲學是什麼。[20]

---

16 同一結尾註腳。按 1784 年〈什麼是啟蒙〉裡原本是用 "Habe den Mut, dich deines eigenen Verstandes zu bedienen!" 來講解 "Sapere aude!"（*A* 481, *Werke* 9: 53, *AA* VIII: 35），但此時重點已稍有轉移而成："Sich seiner eigenen Vernunft bedienen"，這一變化頗具意義，例如當今康德學者如 Otfried Höffe 就常用 Verstandsubjekt 和 Vernunftsubjekt 的區分來解決一些康德哲學詮釋上的問題。

17 這篇文章裡康德主要針對 Schwärmerei，但其他著作則一向抗拒未經檢驗或未能檢證的「迷信」（Aberglauben），例如「擺除迷信就叫作啟蒙」（*KU* B158, *AA* V: 294）。

18 兩位思想家論「啟蒙」的論文及相關評論可參考 Norbert Hinske and Reiner Specht eds., *Die Philosophie der deutschen Aufklärung: Texte und Darstellung* (Stuttgart: Reclam 1990)。但 Mendelssohn 另有一部當時相當著名的《黎明時刻》（*Morgenstunden*），也是康德前文多有批評而不滿意的一部著作。

19 見 Mendelssohn 紀念版全集 6.1 冊 113 至 119 頁（Stuttgart: Frohmann Holzboog 1981）。另參考前引 Norbert Hinske 的許多評述、摘要及 Karol Bal, "Was heißt aufklären und was ist Aufklärung? Ein Vergleich zwischen Kant und Mendelssohn." In Ibid. *Kant und die Berliner Aufklärung*, 133-139。

20 *KrV* B865, *AA* III: 541-542.

　　許多對「啟蒙」進行歷史研究的著作都曾指出，「啟蒙」原本就有雙重性，現實文化政治的和純粹理性的、形而上探索和社會外在發展的兩個層面。其間充滿抗衡張力的場域，例如說理性主張進入實踐領域間遭逢的各種阻力與助力的問題，不僅複雜難說，所有的問題也絕非一己之定向即可解。康德自己也承認涉及「理性自我維持」（Selbsterhaltung der Vernunft）這一格律時，如何堅守理性的問題「在個別主體身上（in einzelnen Subjekten）透過教育去奠定啟蒙，是相當容易的（……），但是要啟蒙一整個時代，卻很漫長艱鉅」。[21] 那麼，就個人皆可自主的啟蒙或自我思考而言，人與外界實在環境的互動，是否也應該是個重要的哲學思考課題？人與其他人之間的關係又該如何述說分明？〈思想中定向〉並非沒有意識到如此問題，例如康德提醒言論自由和書寫自由之重要性不亞於思想自由時，也曾用驚嘆號格外強調說：「然而，我們還會思考到多少而又思考得多正確，假如說我們不能彷彿是在與他人之共同性當中思考，不能跟那些我們傳達我們的想法給他們而他們也傳達他們的想法給我們的其他人一起思考呢！」[22] 但是我們真正可以依賴的憑藉，對康德而言，畢竟還是從自身理性思辨出發，去尋求與其他有理性的人的一致看法和共同做法而已；反之若不能反求諸己，動輒向外尋覓奧援與指導，即喪失「思想中定向」的積極意義。

　　所以康德在〈什麼是啟蒙〉裡，雖然也指明國家任務之一即保障思想言論自由，同時促進教育；但是在「定向」與「指南」說裡，這一外在側面不論其影響力多大卻是不可仰賴的，無法取代「自行思考」。如前所述，〈思想中定向〉反而在擔憂外界環境的可能變化，會相當不利於啟蒙和思想自由發展的進程。前引「理性不願置諸自己所給定的法規下，則必將臣服於他人給出的法則」那句警語，不啻在告知所有當時的人：那些外來的法則，不論出自教會或來自政府，皆為啟蒙精神不願接受或至少應該有所保留的，除非最後經由自行思考證實其與理性認定者並無牴觸。因之總而言之，真正重點仍在每個人緊握手中的那支「指南針」—— 主體能夠在理性思考中定向之先天的積極主動性。

21　A 329, *Werke* 5: 283, *AA* VIII: 146。此文最結尾處的一個註腳裡的文句，另參考 *KU* B158。
22　A 325, *Werke* 5: 280, *AA* VIII: 145；特別值得參考《判斷力批判》*KU* B157, *AA* V: 293 同樣加重用到 "gleichsam" 的說法以及 *KU* 各節談論「共同感」時所著眼的「可傳達性」（Mitteilbareit）與此處的對照。而「傳達」（mitteilen）或譯「告知」的說法，在下文的討論間也將會特別顯得重要。

三

　　現在暫時離開〈思想中定向〉這篇短文。康德晚年論文手稿〈形上學的進步〉裡，對「指南針」這一譬喻的論旨又有一番清楚描繪。康德檢討過去至今的形上學所作所為時，堅持要循正確思維方式之格律帶向進步之途：「這就好像這樣一個人，他偏離正途，而返轉回他出發的位置，好拿起他的指南針在手裡，（那麼他）至少會受到讚許說，他並沒有在不正確（不適當）的路上繼續遊盪下去，也沒有靜靜站著不動，而是再度將自己放置回他的出發處，好為自己定向」。[23] 當有人發現自己迷離失所，不知如何正確決定去路時，固然不宜暴虎馮河、獨斷冒進，也別摸著石頭過河，走一步算一步而缺乏長遠規劃，於是返轉起點以釐清疑慮，未嘗不是恰當選擇。如此決不是劃地自限的退縮，而是理性謀定而後動的明智之舉，目的仍是活動進退間所循規範與尺度拿捏間最後標準何在的問題。

　　當然哲學思考上，這還可以有更深一層的寓意：理性思維才是形上學進步的最佳依靠。我們用最近 Bernhard Jensen 引述上段康德原文時所附評論，可以明顯對照出如是譬喻，對啟蒙那個時代而言的特殊指導性意義：「當獨斷論在其迷失方向中仍繼續前行而懷疑論在其沒有方向中止步不前之際，（康德的）批判論返回到其出發點，嘗試去找出一個新的方向」。[24] 向大眾宣揚一種專斷無據的錯誤客觀知識，或是自我放棄而消聲匿跡，兩者皆非理性之公開使用的良好典範；對照之下，那麼啟蒙精神的肯定與發揚，則確實為康德對全人類的特殊貢獻。至於說為什麼需要如此「指南」？若再參考 Jensen 的答案是：以理性樹立為主觀所需要而又必須去遵循的指南針之說，可避免「康德的批判的形上學製造出思想中導向是一片空白（tabula rasa）的假象」，[25] 但同時又並不因此開啟權威說教、理性他律等不當現象的大門。另一學者 Rudolf A. Makkreel 則提出一個「先驗導向」（transcendental orientation）[26] 說的康德新詮釋，配合當代的哲學論述。但是

23　*Werke* 5: 592, *AA* XX: 261.

24　Bernhard Jensen, *Was heisst sich orientieren?* Von der Krise der Aufklärung zur Orientierung der Vernunft nach Kant (München: Wilhelm Fink 2003), 125.

25　Bernhard Jensen, Ibid., 126.

26　Rudolf A. Makkreel, *Imagination and Interpretation in Kant. The Hermeneutical Import of the Critique of*

否能因此從康德改造出一種「先驗詮釋學」主張，其實還有相當困難，雖然20世紀至少有 Martin Heidegger 和 Karl-Otto Apel 兩位極具份量的哲學家，先後都曾嘗試過這樣的康德詮釋。

總之事實是：康德一貫主張啟蒙以自身理性思考為根本出發點，從前述〈思想中定向〉結語處已確然可知，若再配合《札記》這句旨意相同的話：「受啟蒙的意思是說：自行思考，在自己自我當中尋求真理的最高測試石，亦即是說在原理原則中」，[27] 立場更見分明。返抵自身理性思考當中，是提供所有原理原則的泉源（Quelle）處，包括客觀的及主觀的原理原則，也涵蓋著理論知識上及行為實踐指導上的應用規範。我們始終都可以看到先驗哲學「哥白尼轉向」下的革命性思維特性與模式，將一切知識起源、出發點與著落位置盡皆奠基於主體性當中，放置在純粹理性之自主性與能動性上，確立一種凡事由主體出發定位的堅定不移的性格，也充分符合建築學藍圖式的哲學基本構思。

但是我們在瞭解康德對「啟蒙」與「定向」的堅定看法後，或許還應該進一步發問：「返身定向」會不會只是一個邁不出腳步的「原點定位」而已？完全沒有外界參考點和擴充點的「定向」是否可能？用中文表達方式探問：堅定主位是沒有問題的，但「定向」畢竟還是要問到向何處去，這又包括如何借助可能的參考位置一步步前行，逐漸接近一個所欲到達的目標；甚至於說，如後來黑格爾哲學所強調的：能夠因此而改變原來的自己。因此 Werner Stegmaier 曾一語中的指說：「定向」原本並不是一個顯性問題，「因為定向不是那個真正重要的，定向是對那真正重要的東西之指向到其上」。[28] 其中的道理亦然。

如此再回顧「指南針」喻，其實也該繼續追究：除了「回向」確定位置以策安全外，勢必還有「定向」所至、或說未來「走向」何處的更實際問題，比如所有可能目標和相關選項的列舉，以及彼此間之比較與抉擇的問題。所以康德經常喜歡引用此喻並非沒有道理：單單擁有指南針本身並沒有意義，但不時能回到一清楚可信的起點之際，指南針確實可幫助我們重新判斷方向，找出前赴的目標方

Judgment (The University of Chicago Press 1990), ch. 8.

[27] "Aufgeklärt seyn heißt: selbst denken, den obsten Probirstein der Wahrheit in sich selbst suchen, d.i. in Grundsätzen." *Refl.* 6204, *AA* XVIII: 488.

[28] "Denn Orientierung ist nicht das, worauf es ankommt, sondern das, was darauf verweist, worauf es ankommt." W. Stegmaier (Ibid. 1992), 1.

位與自身關係，這卻是進一步進退舉止不可或缺的憑藉。而且我們一再拿起指南針來，鮮少只單純為了去「認識」東南西北方，往往會有意要判定相關定位與動態的關係變化，以達到所欲完成的特殊行動取向與實踐目標。因此「指南」不僅反身自省，思辨周慮，更促成一種從自身擴展出去與外界相銜接的思維格局。

原先在《純粹理性批判》論「理性一般」時，康德亦曾極強調理性知識與悟性知識不同，因為這裡（理性知識）具有另一種「思維指向」（Denkrichtung）[29]的超強功能。至於理性何以有此能耐，則是因為它是最終的原理原則的能力，依康德所言就是「一切紛爭的最高裁決所」[30]──理性自身當中是創造出統一性的所在，理性不會自己和自己起爭執，或者讓自己出現自相矛盾的狀況。要言之，理性本身就是最終系統形成與統一性形成的根本主動能力，或即直如〈思想中定向〉所言：「因為真理的最後測試石總是理性」。[31] 儘管當時在第一批判那樣的論述進度和論述脈絡裡，康德已明言，是無法將「理性一般」說個清楚究竟的，但是我們已經可見，理性提供原則正和自行思考提供指南定向一樣重要，甚至就是最重要的一環。而第一批判之後，康德論及理性已不單是理性之理論思辨的應用側面而已，尚須兼顧其實踐應用層面，追究出實際行為準則上之確定性與可普遍性等問題解答，於是指南針譬喻在此更能發揮勝義。確實在格律倫理學的基礎上，康德在《道德形上學基礎》也明白表示「定言令式」（kategorischer Imperativ）的提出，原本就是為替一切行為實踐、一切行為導向之可靠指南針的說法。不過這個比喻固然和〈思想中定向〉一路討論下來的啟蒙精神完全符合，套用在行動決斷場合也相當具說服力，卻曾經引發許多主張黑格爾與亞里斯多德式實踐哲學的學者們譏評。

我們在一般而言的行動進退之間，雖然可以設想某些先天必不可缺的基本裝備，如一支指南磁針和一份星空位置圖在手，以取代簡單的左邊右邊的分辨感覺，也無須先熟知一整套技術操作的煩瑣規定。[32] 或者如 Makkreel 所言，我們可配合自身最終無法取代的整體性「生命感」（Lebensgefühl），在加上隨時能與

29　*KrV* B358, *AA* III: 238-239.

30　*KrV* B768, *AA* III: 485.

31　*A* 318, *Werke* 5: 276, *AA* VIII: 140-141。原文 "denn der letzte Probierstein der Wahrheit ist immer die Vernunft".

32　Bernhard Jensen, Ibid., 125-126.

他人相聯結而能互通無礙的「共同感」，兩相結合下，因此表現為一種「先驗定向」（transcendental orientation）的先決能力。但是問題仍然是：僅有一支指南針在握，真的可以順利定向，找到要去的地方嗎？在周遭以至於轉進入陌生環境時都能夠來去自如嗎？如果衡諸事實，我們並非成天生活在汪洋大海或荒野裡，而是看似複雜卻有一定秩序的都市空間，到處都有街道建築和各種交通、通訊和參考諮詢設施。所以現代生活世界中，真正需要的是看得懂街道圖、路標和指示牌，或者乾脆如俗諺所云「路在口上」用問的。換言之，熟悉各種後天的常態規則與通行慣例，能借助文字圖案告示說明而找出目標去向，更能夠善於語言溝通、詢問他人，避免自己盲目摸索，這才可望達到事半功倍的效果。[33] 這裡關係到的不是「指南針」引喻是否正確的問題，而是事實上是否足以成行的問題。

要回答這樣處在現代生活情境的質疑，答案就不只是信守著指南針（自行思考）及維持理性自主的單一支撐點而已，勢必還要兼顧到可與他人、與同時代人相互對照傳達的「共同感」（德文 Gemeinsinn ／拉丁文 *sensus communis*）等相接續問題，如對話交流、理解與溝通等等。康德並不是未曾注意到如此問題，因此晚於〈思想中定向〉之後，他不僅在1790 年出版的《判斷力批判》時論及「共同感」，其間一方面固然刻意要和以往以至當時的共同感學說相區隔，包括 Mendelssohn 在內，另一方面則確實有意將之提升為一個主要的理性之理念。隨後1798 年在《實用論意圖下的人類學》著作裡康德又兩度重述此說；再其後更在1800 年由學生編輯整理的《邏輯學講稿手冊》裡，指陳出代表著一般人類悟性所說的 *sensus communis* 時，坦言這一理念「在其自身也是一塊試金石，用以發現人為造作的悟性應用之錯誤」，[34] 是為理性思考不可或缺的理性理念。於是，前文所云「思考中定向」的「自行思考」，若再加上康德終必也會接受的共同感學說，自然就有另一番不同的面貌，更具開拓格局與轉出自我封閉的意義。

自行思考與其他人的共同感之間的聯結問題，所以會具有不容忽視的重要性，除了那是康德後來確實認真思索的擴張性嘗試外，更因為這也能通往許多當代的哲學論述，排除若干對康德哲學並不全然正確的批評。這一方面當然是基於他人存在之普遍事實，另一方面則是與其相互間傳達、告知或交往溝通的特

---

[33] 參見 1986 年 Rüdiger Bubner 與 Karl-Otto Apel 在蘇黎世黑格爾哲學會議的著名論辯。
[34] *Werke* 5: 484, *AA* IX: 57.

殊但實際的現象；更何況藉此還可以繼續深入討論許多問題面向，例如康德與他的時代的關係問題，對文本知識（書本／經典——這些顯然都不是自行思考所得的）的態度問題，以及一種對康德的詮釋學解讀的可能性問題等等。這些問題雖未必都能有所解答，但我們接著，至少可由「自行思考」擴充至「置於他人位置思考」、再轉回「始終與自己自身一致思考」的另一種三階段表述的啟蒙定向立場，進行一些很能相應於當代思潮的探索。

四

從本文前兩節的討論和評介當中，我們清楚認知到對康德的啟蒙理想而論，始終有一個「自行思考」最具優先權（Vorrecht）。〈思想中定向〉裡說以理性信念、理性自身合理的相信最具優位，其他皆不容僭越於此，否則會像當時 Mendelssohn 與 Jacobie 的爭辯一樣替狂熱異說、甚至無神論思想大開方便之門。[35] 所以事實確如 Bernhard Jensen 所言：在〈思想中定向〉裡，康德是要把 Mendelssohn 所偏好的「共同感」凌駕理性上的優先性翻轉過來，是為著要根據理性自身需要和信念，反過來替糾纏著存有論、糾纏著經驗內容及熱情說教意含而夾雜不清的共同感去定向。[36] 但康德倡言返身理性思考，反思尋求更高真理標準、最終知識與信念基礎之同時，畢竟未曾廢棄其他延伸及拓展的可能。重拾「共同感」學說，正可表明那並非一個始終圈封於自身內而跨不出去的主體性，也破除所謂「個體性形上學」等誤解。總而言之，「任何時刻自行去思考」的康德啟蒙格律，仍必須要重新考慮由他思慮更周延的「健全理性」三項格律去配合補充。

因此我們再把前節末尾三個發問的可能方向，先歸結到兩個問題上：第一個問題是：全無其他外在參考點的定向是否可能？尤其是理性自身與外在參考點和他人相近判斷或共同意見的聯結問題？或許可如 Werner Stegmaier 相當深入的論文所探討的那樣：是否有必須承認〈根據其他定向的定向〉[37] 之可能性，

35　*A* 322, *Werke* 5: 278, *AA* VIII: 147；另見 *A* 329, *Werke* 5: 283, *AA* VIII: 146 n.。

36　Ibid., 126.

37　W. Stegmaier, "Orientierung an anderer Orientierung. Zum Umgang mit Texten nach Kant." In *Kant*

甚至於直指出定向之依賴於其他定向的必要性？第二個問題則為：歸位定向是
否仍需要在必要時跨步向前探索？亦即，時時以自己思考的理性為基準和評斷
之際，與一種「大膽嘗試的詮釋學」"Erwägungshermeneutik" 相銜接的可能性
如何？這其間涉及的就是「世界之定向」（Weltorientierung）與「世界之開啟」
（Welterschließung）兩者間的相連接問題。

　　然則要回答這些當代哲學問題意識下的論點，如上所言，確已非〈思考中定
向〉一文所能解決。這時候，我們不妨借助以「自行思考」的啟蒙格律為出發
點，所能展開的三大步驟的說法，看待進一步擴大格局的可能性問題，亦即以康
德在〈思想中定向〉外其他的，但密切銜接於「自行思考」的三大格律為準，進
行探討。特別是如高達美哲學詮釋學對康德最為不滿的「共同感」理論，瞭解康
德始終如一的看法究竟如何。前言康德對「共同感」之緊接續於「自行思考」的
討論至少在三部較晚著作裡都有涉及，雖然都不是核心關鍵，卻明顯可見一種並
不違背初衷的視野擴充和彈性轉折。

　　如前所述，康德至少在三部著作、四處行文處明顯提出過「自行思考」完整
開展性之三項格律的說法。首先是大家所最熟知的《判斷力批判》第40節——
「趣味（Geschmack）作為一種共同感（sensus communis）」的那一節，即康德稱
之為「一般人類悟性的（三項）格律」者。但他同時也特別註明這套說法並不真
正屬於那裡（不屬於議論審美趣味的所在），所以並不能在此窮盡其旨意（因趣
味僅只是共同感的一種），在該處只是借以說明主觀普遍原則之亦能起一作用的
情形而已。其實《判斷力批判》早在20節已訴諸共同感理念之重要性，並明確
指出：「這裡我們所理解的共同感不是一個外感官，而是出自吾人認知能力的自
由交互作用（aus dem freien Spiel unserer Erkenntniskräfte）之效果」。[38] 到第21
節和22節接著解說其中足以確定一主觀之必要性，提供趣味判斷以「範例的有
效性」（exemplarische Gültigkeit），保證其可普遍傳達性（Mitteilbarkeit）的必要
條件。但是真正重要的，還是要到第40節裡，在一個配合以闡釋啟蒙根本精神
的著名段落中，康德明白列舉出「通常的人類悟性」還必須遵循下述三個格律，

---

　　verstehen/Understanding Kant. Über die Interpretation philosophischer Texte (Darmstadt: Wissenschaftliche Buchgesellschaft 2001), 199-234.

[38] 引言見 *KU* B64, *AA* V: 238；另參見 *KU* B64-68, B156-161 等處。

才足以成就為更高的知識能力——其依序為「一：自己（自行）思考，二：處在任何一位他人的位置思考，三：任何時刻都與自己自身一致地思考」。[39] 當然更重要的是這三者必須為嚴格按照如此先後次序而首尾相貫、一氣呵成的連續性格律，這樣才會是滿足康德啟蒙標準下的真正而普遍有效的「共同感」，可提升為理性之理念者。

對這三大格律簡單扼要的明確提示當中，第一個是無成見的（vorurteilsfrei）思考方式之格律，也是屬於悟性（Verstand）運作的格律；第二個是持續擴張開來的（erweiternd）思考方式之格律，也是屬於判斷力（Urteilskraft）運作之格律，是見諸我和人人一樣都會擁有的判斷力；第三個是決心或一貫堅持到底的（konsequent）思考方式之格律，也是屬於理性（Vernunft）自我活動之最高格律，因為一切的可能，最後迴轉到自身必定要與自身理性之思考評斷相一致。人類三種超感性能力（悟性／判斷力／理性）的檢討規約，都已齊備於此，而一旦我們順勢展開其全體大用，確然將會為人類文化歷史健全開展進步的底座，預先奠定好穩健的哲學基石。因此，康德說的「共同感」具有高度的理念性、但「只是理想的規範」（eine bloße idealische Norm）的作用，這和以往一般德、法語世界裡所謂可能傾向於流俗化、平庸化（gemein）的「共同感」概念大相逕庭。因為康德這裡所說的和「拘謹偏狹的」（borniert）、「俗世的」（vulgar）、「未經培養教化」（noch nicht kultivert）等說法全然不同，反之，康德所說的才是能夠在人際間普遍拓展傳達開來的，亦即預期會成為每一個有教養、有文化的人理性上皆能接納者，而其基礎正在於一種真正的「共同感」理念之確立與秉持。[40] 最近 Volker Gerhardt 論康德文化哲學與歷史哲學的真正基礎，其實盡在於此一概念，並且因而能夠和後世生命哲學相接，確實有其見地。[41]

近年來由於詮釋學思想的盛行，許多學者都會特別倚重第三批判中的「判斷力」的部分。例如 Jean Grondin《康德導讀》即指出第三批判裡特別派上用場的「反思判斷」正表示「一普遍者從缺，雖然對它的需求存在」的狀況。他接著

---

[39] 同上 *KU* B158, *AA* V: 294。

[40] 康德言「共同感」與當時一般所言的差異，可參見 *KU* B64、B156-161 等處，另參考拙作，〈共通感、團結與共識〉發表於佛光人文社會學院（2004 年 6 月 3 日）。

[41] Volker Gerhardt, *Immanuel Kant – Vernunft und Leben* (Stuttgart: Reclam 2002), 3.20, 3.22, 5.18, 6.15.

分析：「大家都知道趣味（鑑賞）是無從爭論的，但一個鑑賞判斷仍然是可以傳達的。如果它是能夠被傳達給其他人的，（那麼）儘管事實上的一致贊同並未出現，它仍享有一種特殊的、雖然是成問題的有效性，這是第三批判所想要去構述的」。[42] 相對的前述〈思想中定向〉雖並未提及「反省判斷」，但也曾強調確實是在「決定判斷」有所不足的情況下，[43] 才會促成或激生起我們的理性信念，自身感受到的一種理性需求的正當權利。

《判斷力批判》裡論及三格律或許還只是一段「插曲間奏」，[44] 因為「趣味」畢竟僅止是共同感的一種而已，不是全部；而且審美判斷的「趣味」只是我們能稱為「審美共同感」（sensus communis aestheticus）的那一種，另外還有「邏輯的共同感」（sensus communis logicus），[45] 後者才是和啟蒙精神的思維定向問題真正相干的探討課題。因此到人類學著作的實用論觀點時，由於已正式涉及到「什麼是人？」的批判哲學終究問題，又有兩度出現了包含著與他人共同感在內的健全理性思考三步驟說，值得我們進一步考察。我們可以說發展到人類學觀點、人類學意圖的思考時，康德哲學的整體大用已見明朗，甚至有說「先驗哲學是作為人類學的一個部分而可能的」，[46] 因為從第一批判以來康德第四個由總攝綱領而歸結成果所要解答的問題正是：「什麼是一個人？」（Was ist der Mensch?）

《實用論意圖的人類學》著作裡，由於主題已是人類理性整全開展與文化進步的問題，所以論述間非常貼近著啟蒙精神的展望與現實連繫的側面，同時也務必要拓啟思考中定向，到與他人溝通傳達的可能性問題。先是在人類學觀點下，論及人類三種較高等認識能力（悟性／判斷力／理性）相比較與相連接問題時，康德為表達一種處世的實踐「智慧」（Weisheit）如何獲取，特別強調即使是這樣的智慧，也不能期待由別人來灌輸（eingießen），仍必須從自己自身當中開引展現出來（aus sich selbst herausbringen）。他指出：「成功獲得它的處方包含著三項導引至此途徑的格律：一、自行思考，二、（在傳達與人之際）處於其他人的

---

42 Jean Grondin, *Kant zur Einführung* (Hamburg: Junius 1994), 127。其他可參考 Manfred Riedel。

43 *A* 310, *Werke* 5: 271, *AA* VIII: 136.

44 *KU* B160 "Episode"——因為這套包含「共同感」在內的三格律並不屬於這裡。

45 此區分見 *KU* 160 n.。本文認為《人類學》與《邏輯》著作中論「共同感」格律遠比《判斷力批判》重要，理由在此。

46 Volker Gerhardt, Ibid. (2002), 140-141.

位置思考，三、隨時與自己自身保持一致地思考。」[47] 這樣的說法具有極佳的開拓性與融通性，尤其在接下去的文句論述裡，康德是依人的後天的年歲發展而區分，討論人生各階段的表現特色和智慧體現方式之不同。類似如此充滿實用觀點和後天處世經驗的陳述段落，在《人類學》著作裡屢見不鮮，風格和早先著重先驗奠基的立論方式大異其趣，非常值得注意。[48]

隨後康德此書第二度重引此三項論點時，更強調對於學習思考的人（Klasse der Denker）而言，上述三個引導我們成功得到智慧的格律，甚至能被當作不可改變的命令或要求（zu unwandelbaren Geboten）看待。於是重複列舉過三項格律後，他加以解釋道：「第一個原則為否定性的（拉丁文諺語『不必無條件相信大師的話』），不受強迫的思潮方式之原則，第二個為肯定的，是自由開放的（der liberalen），能順應乎其他人的概念的思維方式之原則，第三個是貫徹到底（始終一致）的思維方式之原則；人類學研究上每一個人對於這些，以及更多的對於這些原則的相反狀況，都能舉出實例來。」[49] 這一解說之間更為平實，而且非常配合著啟蒙精神。因為康德更指陳說：其實這已是人的自身之內在的最重要的革命，思維的革命；他沿用〈什麼是啟蒙〉的著名開場白表示，這一場由三大格律聯合指導下的思維革命，能夠具體幫助我們每一個人「脫出自己招致的不成熟狀態（aus seiner selbstverschuldeten Unmündigkeit）」。[50] 若依康德的話語形容：從此人類改變至今為止凡事由別人替他思考、而他只是模仿著照做的方式，不再讓人牽引著活動，而是用自己的腳站立於經驗的土地上，即便還不免蹣跚搖擺，但終亦能夠開始自行跨步前進。因此實踐智慧也要自身開出，雖須通過共同感的對照以避免錯誤，而最後始終堅持自身理性審斷，這仍舊是康德從〈什麼是啟蒙〉、〈思想中定向〉以來一貫的立場。

最後再進入到《邏輯講稿手冊》裡的敘述，依然是大同小異，且三者順序上必定保持不變的：「根本避免犯錯的普遍規則及條件是一、自己去思考，二、

---

[47] *BA* 122, *Werke* 10: 511, *AA* VII: 200.

[48] Otfried Höffe 一向主張康德與亞里斯多德倫理學之間有非常密切的接合，因此反對一般講亞里斯多德實踐哲學的學者只顧及亞里斯多德和黑格爾實質倫理學說的關聯，對康德哲學詮釋上並不公平。我們從《人類學》這裡的某些論述確實可以看到不少間接的佐證。持類似觀點的還有 Volker Gerhardt。

[49] *BA* 166-7, *Werke* 10: 549, *AA* VII: 228-229.

[50] 參見 *BA* 167, *Werke* 10: 549, *AA* VII: 229，引文見〈什麼是啟蒙〉A 481, *Werke* 9: 53, *AA* VIII: 35。

自己在一個別人的位置上去思考，三、任何時候和自己自身相一致地去思考。
——自己思考的格律可名為啟蒙的（die aufgeklärte 思維方式）；在思想中設身處
地到其他觀點的格律，（可名為）擴大開的（思維方式）；而在任何時候都和自己
自身相一致地去思考的格律，（可名為）貫徹或持平扼要的（die konsequente oder
bündige）思維方式」。[51] 這樣一段文字出現在這樣一部著作裡，相當程度完整
呈現出康德心目中優先從「自行思考」的啟蒙格律出發，其次再由傳達與交換意
義下與他人共同思考，最後還是要回到自身相和諧一致地思考，這一整體可謂是
sensus communis logicus 的基本主張，以及其中依舊反映出啟蒙精神所要求的遵
循理性為全人類健全發展共同基石之崇高理念。

五

　　考察過上述幾處相當一致的健全人類理性三格律說，我們終究還是發現：首
先，未曾移轉的，康德的論述起點依然放置在第一項「自行思考」。理性自由與
自律、自主的最終基石，這塊真理的最高試金石一定是他的起始點，不作他移。
因為，若對照著前文〈思想中定向〉與指南針喻，最具優先權的這「第一個是
一個從來不是被動的理性之格律」。[52] 理性一旦喪失主動奮發，即永遠淪落在他
律（Heteronomie）、權威、成見、迷信、盲從和自我怠惰等等狀態，昏暗虛無的
「前啟蒙」泥沼當中，無法脫身。所以我們可以肯定的說，儘管包含著共同感在
內的三格律說或可解決一些進一步必然要思考到的問題，但對於康德而言，始終
要點仍然是在〈思想中定向〉裡被揭櫫為「真理最高試金石」的「自行思考」。

　　其次，至於說《邏輯講稿》所明言的「共同感在其自身也是（auch）一塊試
金石」主張，說比較自己和他人的判斷也是「一項外在的特徵或外在的真理試金

51　*Werke* 5: 485, *AA* IX: 57。第三個格律回到自己自身思考時，康德最常會用相一致／einstimmig／同一
　　聲音的、全體一致的；也用 konsequent／得出結果的、一貫的、徹底的、堅定的，bündig／簡明扼要
　　的、確鑿的、令人信服的、可一致接受的，或 folgerecht／推論一致的。本文中譯儘先通順貼切，但
　　W. Stegmaier（2001）前引論文中，曾經對康德幾處行文間的不同措詞用語做過極有意義的比較分析，
　　見該篇論文頁 220 至 224 等處。
52　*KU* B158, *AA* V: 294.

石」，[53] 則顯然屬於一種擴大開的思維方式之講法。理由很簡單，即使在偏向個別主體（Einzelsubjekt）的啟蒙精神之下，也是建立在特殊需要的主觀原則，而非隨興偶發的主觀私人情感（Privatgefühl）；而且凡是真能預設為先決條件者，也決不會是一己私有的秉賦與主觀的私自條件（Privatbedingung），別人所不具備者（或許除了天才之外）。理性判斷其中必定是屬於共有可分享的而非私有的，批判哲學從來不會是基於一特立獨行的自我主體而立論，而總是合併有共同性與普遍可傳達性的考量在內。這或許是當代哲學可用「主體際性」或即「互為主體性」作更佳概念表達的另一個向度，但康德原本的思考定向說也未嘗沒有觸及這點。只是康德所言的傳達（Mitteilen），依然偏重於預估到主動提供一可傳達者給予其他人，而非被動分享已有者之後（Mithaben）的再去除轉達給其他的人，因而並不涉及一個「共同存有」（Mitsein）是否結構上須置放於前的問題。

　　回顧《判斷力批判》的一段關鍵說明：「關於共同感人們必須理解為一種共同性感覺（Sinnes ／官能）的理念，亦即一種評判能力之理念，（此官能）在其反思中會（先天地）照顧到其他任何人想法中的表象方式，以便彷彿能憑藉全體的人類理性而奉行他的判斷（……）」[54] 雖然康德並不諱言「彷彿」、「好像是」（gleichsam）的說法，雖然康德這裡仍舊要承認這是「先天地」也要兼顧到其他人的想法、觀點、概念表達和表象方式，但是究竟而言，就像前述 Volker Gerhardt 倚重康德共同感三格律說時一再主張的：「主體是活在傳達交流當中的，即使他只單獨為他自己通徹思考。因為思考是一內在活動，是唯有當其想法可成為判斷而且因此而好像隨時可傳達般時始然的。」[55] Volker Gerhardt 並因此駁斥近年來盛行指責康德的主體僅止於一個「唯我論」（solipsistisch）或「獨語獨白式」（monologisch）思維的論斷。[56] 簡要而言，康德先驗哲學之一切知識與思考，也必要顧全到諸如「可與他人溝通交往、相互理解、爭取同意、獲得共識」這些當代哲學思考特殊要求的意義，那也應該是毫無疑問的。

　　從討論空間中的定位到思維中的定位，我們看到「定位」不是一個單純的地

---

53 *Werke* 5: 484, *AA* IX: 57.
54 引文見 *KU* B157, *AA* V: 293；並參考本文前述註 21 預先提到〈思想中定向〉裡與此可相互對照的說明。
55 Volker Gerhardt, Ibid. (2002), 329.
56 同上同頁；另外 Otfried Höffe 則以「共和法體」、「先驗交換」的契約主張駁斥同樣立場。

理的方位問題，更涉及到指向的目標及行為實踐目的何在。除了啟蒙理念下操之在己的先然規定和主觀必需的信念外，還有如何掌握實際進程與發生狀態的定向之雙重意義。甚且於此，還有更長遠的歷史定位與歷史目標的訂立問題，如何把握一個理想進步的遵循方向，而非遷就現實如大眾信仰、政治勢力或流行思潮。這其間的活動自然也須容納進認知上（如書本的知識吸引和經典的傳承閱讀和詮釋），以及行為上（如可供取法仿效的楷模，教導傳授的規矩或善意應對的習俗等等）許多後天的因素。或如前述 Werner Stegmaier 的研究，再配合當代眾多哲學觀點所確信者，我們並不會有完全無需任何其他參照定位的定位，或說我們必然要能根據已有的定向才能繼續定向（Orientierung an anderer Orientierung）。因此我們還必須能接著康德之後，嘗試替他解答如果缺乏任何其他參考點、接著點的聯結之下，如何可能有效定位與定向的問題，從他的著作裡進行新的詮釋。

　　黑格爾學者 Herbert Schnädelbach 曾主張哲學本身兼具科學致知及啟蒙導向的任務，因為哲學根本上即為一種「在吾人所有思考、認知與行為的原則範圍間，進行思想定向之嘗試（Versuch gedanklicher Orientierung）」。[57] 這樣的定位導向應該是持續進行的，不斷嘗試與修正的。康德的啟蒙定向說，以及指南針的比喻，僅只代表一番開宗明義、長程規劃上初始的努力，是哲學家提出的一個方向，一套原理原則。至於如何以實質的學識內容、道德理念逐步填寫充實這番啟蒙大業，共臻現代化進步以及弭平衝突紛爭的和平之境，仍訴諸人類持久共同的表現。

---

57 Herbert Schnädelbach, "Philosophie als Wissenschaft und als Aufklärung." In *Zur Rehabilitierung des "animal rationale"* (Frankfurt am Main Suhrkamp 1992), 381.

Dialog der Phronesis

歷史、歷史意識與實效歷史
論高達美哲學詮釋學中「歷史性」概念之演變

《揭諦》第 11 期（2006.6）

前言

　　這篇論文基本上將順著「什麼是歷史？」這個問題出發，探討一般常用而原本偏重「事件發生」（Geschehen/event, happening）意義的德語「歷史」（Geschichte/history），以及較偏重於對過去事物進行考察研究的「歷史／史學」（Historik, Historie/science of history），這兩個概念間的主從異同關係。但是連帶著，又將觸及與此相干的「命運」（Geschick, Schicksal/fate, destiny）問題，或者說，即為存在於一種強調「歷史關聯性」（*Geschichtlichkeit*/historicity）之同時，也要強調一種能夠靈巧適應的「命運關聯性」（Geschicklichkeit/aptitude, fitness），這兩個自海德格「轉向」（Kehre）後已隱然相聯貫之用語間的問題。其實這樣的思考方式，在當前的哲學與人文思想當中，尤其是到高達美的哲學詮釋學發展後，開啟出一種非常特殊的反思效果與警世意涵，由此引發而生的具體轉變，則進一步表現在對歷史問題之不同以往的深刻見解裡。

　　由這一主題脈絡著手，本文主要討論的是三位都曾經深究歷史問題，而且思想上雖不能說完全一脈相承、但確實有顯著前後呼應關係的德國哲學家：狄爾泰（Wilhelm Dilthey, 1833-1911）（第一節），海德格（Martin Heidegger, 1889-1976）（第二節），海德格弟子高達美（Hans-Georg Gadamer, 1900-2002）（第三節），而以後者特別提出的「實效歷史」（Wirkungsgeschichte/effective history）說為歸結（第四節），結論則揭示這是高達美真正感知到海德格命運說後之獨到貢獻，同時更為解讀高達美詮釋學實踐向度之關鍵（第五節）。全文中，我們從這三位詮釋學發展關鍵人物間的思路銜接、轉變、創發之際，可勾勒出他們哲學思考上

曾如何分別從方法論、存有學以及實踐哲學的不同層次，嘗試對如何進行歷史理解這個人類大問題提出一些答案。還有的是這其間穿插著的「歷史」、「生命」、「存在」、「意義」、「理解」與「命運」等概念間的各種複雜細部關聯，又是如何被一一觸及到的。當然，這一特定哲學派別的路線，並非當前種種歷史學反省中的唯一選項，但是針對20世紀以來的人文思考特性而言，此間凸顯出的問題意識，已形成繼續進行有關人類歷史與歷史研究的學術思辯性論述時，無法再行迴避的題目。

一

　　人類思考自始以來雖然不時回首過去、以看待當前，但歷史概念在哲學探討課題上贏得一席之地，為18、19世紀浪漫主義時期萌芽，至黑格爾哲學中始取得決定性地位，且從他之後更見盛行的事。黑格爾始終強調人類理性，必須是那種在歷史進展當中逐步實現出自身的理性，而人類所爭取的自由，也是只有在歷史變化當中循序去履踐完成的自由。理性、運動、進步與開展，在黑格爾一套綿密構思的觀念論體系當中，被系統化論述為人類精神理念的具體實質內容，其中所透顯出來的幾個最重要表徵。歷史發展過程與生成變化經過成為哲學的主題，而哲學思考的實際進展深度，也反映到歷史新面貌的持續形塑當中。

　　Wilhelm Dilthey 的哲學出現於黑格爾後相當一段時間，處身在對歷史的思考更加迫切，而「精神科學」（Geisteswissenschaften/Human Studies）各學門亦漸趨成熟的 19 世紀末到20 世紀初。不過身處在學術界當時的新康德學說主流氛圍下，狄爾泰的思考則嘗試以較為具體的、個別的人所表現出的「生命」（Leben/life），去取代黑格爾較為抽象的、廣泛而言的「精神」（Geist/spirit），視歷史為人類生命客觀化的種種外在表現累積的實際成果。但是不可否認的，他所關心的重點課題，優先性仍放置在客觀的理解和把握如何進行上，即知識的標準化與正確性方面，也就是要如何保持一股科學性質（wissenschaftlich/scientific）的研究態度之要求。從他的眾多著作當中，都經常可讀到所謂要有「到達一個可控制的程度之客觀性」（*GS* 5: 319, 328 et passim）這樣的說法，就標示出許多很好的例證。

　　所以應該怎樣從知識的奠基與方法的確定著眼，去構思一種切合那個時代所

要求的哲學思考，以便真的能探究歷史知識的特殊性，這便是他自許要完成的任務。簡而言之，即要緊跟著自然知識之後，解答歷史知識如何可能的問題。為了達成這樣的理想，狄爾泰繼續發展康德哲學的批判態度，但是他很早就計畫推出一套《歷史理性批判》（*Kritik der historischen Vernunft*）而非僅像《純粹理性批判》的論著（*GS* 1: ix）。因為透過這樣一套新的理性批判的嚴格思考，不僅可奠定歷史科學的穩固知識基礎，同時我們將可以因此不只得到一種知識的理論，更加深個人生命實踐中對自我的思慮（*GS* 5: xxi: "Selbstbesinnung" /"self reflection"）的內在要求。真正要認識自己，非單純透過一般心理學上主觀「內省」（Introspektion），更應該對個別或集體生命所客觀表現出來的實際歷史素材進行研究，唯有在這裡，才能提供人類精神生活的豐富內含及無盡養分，不至於讓我們的思想僅停留在抽象概念的層面，也不至於單純達成「先驗」（transzendental）層次的架構工作，卻完全欠缺實質而多樣的開展樣貌。

　　科學性與客觀知識性的重要，可以用狄爾泰下述略帶文學意味的表達方式來看，他曾寫道：「每一門精神科學像是一座橋，跨越湍急的河流，像一艘船，航行於對我們言深不可測的海洋。生命就是這條河流，就是這片海洋，無法探究，難於理解」（*GS* 5: xlii）。生命是無法窮盡的現象，變化多端的表現與結果，不能完全分析得清清楚楚，於是我們只有借助生活所客觀表現出來的歷史，提供我們足以建構出一個將所有人共同凝聚在一起的「歷史世界」（geschichtliche Welt/historical world）之材料，而精神科學的價值也正在於此。[1] 精神科學，就是分別針對著「生命」與「歷史」外在客觀活動呈現出來的諸多發展面向，所能夠成立的各種兼具有方法進程與客觀知識系統內容的學問。[2] 這可說是狄爾泰一生的學術志業。

　　「生命」與「歷史」成為狄爾泰哲學思考的重心。對他而言，人的具體生

---

[1] 參閱 *GS* 7: *Der Aufbau der geschichtlichen Welt in den Geisteswissenschaften*（《在精神科學中的歷史世界之構成》）但是狄爾泰有時候也廣泛稱之為一個「精神性的世界」（"Die geistige Welt"），例如 *GS* 5、*GS* 6 等各處。

[2] 根據高達美的詮釋學歷史研究，德語「精神科學」一詞固然和黑格爾哲學強調「精神」有關，但這個用語在德語世界的首度出現，卻是狄爾泰那個時代用來翻譯 John Stuart Mill《邏輯系統》（*A System of Logic*, 1843）書中，討論歷史與社會科學時使用到的複數型的 moral sciences 一詞。因此德語 Geisteswissenschaften 也總會以複數的型式出現（*GW* 1: 9）。

命，人的存在基本上就是一種歷史的存在，要問「人是什麼？」基本上也「只有人的歷史才能夠告訴他人是什麼」（*GS* 8: 224）。所以狄爾泰一再宣稱「人是一種歷史性的動物」（*GS* 7: 291）或「一種歷史本質」（*GS* 7: 151, 278; *GS* 9: 157）。因而一種哲學立場上的「歷史主義」或說「唯歷史論」（Historismus/historicism）也從狄爾泰這裡開始，演變成一種鮮明的思維主張，並從此而一再引起激烈的爭議，尤其是關係到人文社會科學之方法學層面時為然。然而畢竟在狄爾泰而論，他事實上正是從近代精神科學方法論或說基礎學的立場著手的。他從康德學說實際未能延展到的歷史理性批判的奠基性工作著手，要替所有在自然科學迅速進展之際相形遜色的人文、歷史、社會科學另行闢拓一片學術工作的新天地。他所關切的正是歷史認識論的方法學問題，因為從這裡出發才能談論可共享的「歷史世界」之建立，及其如何可能當作科學研究領域的合法性問題。這裡涉及的為另外一個組群的，與原有自然科學互相平行發展的眾多學科，其研究內容與進行方式皆迥然有異於自然科學，但研究成效卻同樣可達客觀性要求的的諸多學門（*GS* 7: 170-192）。

　　人文歷史學科與自然科學之間的性質差異，用當時新康德學派學者 Wilhelm Windelband（1848-1915）的語彙來講，基本上就是存在於前者採取特殊性個別事實描繪式的（idiographisch/idiographic），而後者採取普通法則尋求與定立式的（nomothetisch/nomothetic）態度，分別處理它們的不同題材。換言之，亦即是存在於個體化、特殊化（individualisierend individualizing）與證成通則化、一般化（generalisierend/generalizing）兩者間的根本差異。而化解之道，則促使狄爾泰向傳統的詮釋學尋求奧援，因為這門學問在近代詮釋學之父 Schleiermacher 的整理下，發展出一套能同時注重主觀與客觀層面，即語法詮釋與心理理解技巧兩者間平衡對話的辯證之學。也就是說，由於狄爾泰早先深入研究過 Schleiermacher 的著作與生平（*GS* 12; *GS* 13; *GS* 14），環繞著「理解」（Verstehen/understanding）活動為中心的詮釋學技巧與詮釋學方法意識，正好提供了方法論上足能相應著歷史世界的特殊性之選擇。[3] 依此讓他建立起在「體驗」（Erlebnis/experience）、「表達」（Ausdruck/expression）與「理解」（Verstehen/understanding）三個部分所

3　參見〈詮釋學的興起〉一文（*GS* 5: 317-331），此為研究詮釋學發展史上的一篇重要文獻。

串演而成的一套完整的方法論運作程序，以生命與歷史表現為主題的精神科學亦足以成就出客觀且實際的學問。因此我們可以瞭解，狄爾泰一心奠定確實基礎的精神科學，一旦銜接上詮釋學理論時，依學術的性格定位而言，都屬於以歷史學為主軸所貫穿起來的各門人文精神科學（historische Geisteswissenschaften），而同時，若依這些歷史性學科的運作方法，又可稱作「進行理解的（verstehende）精神科學」。如此，一個對他而言原本就非常清楚的學術研究任務，可以說藉著詮釋學的特性而充分開展出它的方法可能性與現實可行性。

　　但是整體而論，狄爾泰的學術貢獻並不僅止於致力於精神科學的方法論奠基，深入探討我們如何進行客觀的理解活動而建構成一個具有「意義連貫性」與「作用連貫性」的歷史世界而已。更重要的是他在「生命」與「歷史」之間建立了直接而緊密的關聯。這中間能開展出來的，即整個人文歷史世界的研究範圍，實際上也就是人類生命實踐活動與歷史作為的場域。用他自己常用的字彙表達，我們研究精神科學的目的，就是要在如此綜錯複雜的發展關係脈絡中，建立起能夠前後相繫的「意義聯結」（Bedeutungszusammhang/meaning-connection）與「作用聯結」（Wirkungszusammenhang/effect-connection）。於是後來不只海德格、高達美，許多繼起的學者都由此評斷狄爾泰所論的精神科學，其實是和「倫理—政治的向度」（die ethisch—politischen Dimensionen）有相當關係，亦即和古典的、亞里斯多德式實踐哲學傳統有關。[4] 詮釋學原本發展已逐漸走上專門探究「理解」與「詮釋」的人類本源性活動之路，現在不論狄爾泰是倡言「從生命本身理解它自己之意願」，或是規定我們只能就「生命自己詮釋自己、開出自身」，[5] 再經由後來海德格與高達美的繼續深思，便構成當代詮釋學思考在「歷史」問題上密切關聯著「生命」、「實踐」與「命運」而立論。所以誠如專門研究狄爾泰及詮釋學的德國學者 Bollnow 所言：「狄爾泰最真實獨到又具決定性的貢獻是將一套生命哲學和歷史問題統一起來」（Bollnow, 1980: 25）。

4　例見 Pöggeler（1994: 337）。當然，這般評議其實不但適用於狄爾泰，更適用於後來特別將詮釋學思考轉向實踐哲學的高達美，詳後。

5　狄爾泰生命哲學著作裡確實常指出這樣的基本取向，而會出現例如像此處引用的 "das Leben selber aus ihm verstehen zu wollen"（*GS* 5: 5），或 "Das Leben legt sich selber asu"（*GS* 5; *GS* 7; *GS* 12）這樣的警語；但是根據高達美個人的評斷，高達美後來卻認為狄爾泰因為太偏重方法論與客觀性研究，未能處理好科學與生命哲學之分裂的問題。參閱高達美（*GW* 1: 235 ff.）。

二

　　哲學研究上出身於胡賽爾現象學陣營的海德格，曾因為早先短暫的神學研習而接觸到 Schleiermacher 和狄爾泰開發經營有成的詮釋學理論，深受其影響。於是，當他試圖將現象學與詮釋學兩相結合時，一方面，他特別以獨立而能夠進行自我決斷的個人的真實「存在」（Existenz/existence）為主題，亦即人的真實性的「存有在此」或即「此有」（menschliches Dasein/human Being-there）為中心，這樣固然是換了一個角度深化狄爾泰談論的「生命」。然則另一方面，他也絲毫沒有遺忘「歷史」問題的重要性，而且他更是換作從「存有」與「時間」之關聯的出發立場，重新闡述人的特殊的存有方式，基本上就是由「此有」的「時間性」（Zeitlichkeit/temporality）與「歷史性」（Geschichtlichkeit/historicity）所決定的初始事實。這樣以人的「此有」最為優先，然後在「時間」視域下對「存有」問題重加探究的企圖，儘管未順利完成，影響卻極為深遠，而最明顯的結果就是增加我們對「時間性」與「歷史性」的掌握深度。

　　海德格在 1927 年出版的名著《存有與時間》（*Sein und Zeit*）裡，首先在「歷史」（Geschichte/history）與「歷史學」（Historie, Geschichtswissenschaft/ science of history）兩者間作出一明確而且非常有深義的區隔。[6] 他從現象學分析的觀點出發，強調人的「存在於世」事實上是先面臨著也接續著歷史與過去，然後才有歷史學，換言之是先出現可供歷史學探索的諸多流傳對象，文物史實材料，以及自身未經反思的過去經過等等，才會有歷史學研究的興起，以至於種種對於此學科方法、態度、目標上的進一步講求。[7] 人的存有不僅有現在而已，更已多方根植於過去也開放到向未來。所以海德格認為從最根本的源起意義上來講：「*歷史問題的位置不可在歷史學當中尋找*」（*SZ* 375），而是放在人自身存在的極特殊存有方式上去審查並思考的──人必須先在歷史中，隨後才會嘗試要理解歷史、探究歷史。一切存有問題，當然也包括歷史存有的問題，都要從人自身這種有限性存有的獨特存有方式與獨特存有樣態為準，去加以理解掌握，這是他

6　此處正如英譯本譯者所提供的說明：海德格用 "Historie" 一詞時是指 "science of history"，而用 "Geschichte" 時則特別是指 "the kind of history that actually *happens*"，見英譯本頁 30 註 1。

7　對海德格言，歷史學是以人的存在本身的歷史性為成立依據的，參見 *SZ* 76。

當時所欲建立的所謂「*基礎存有學*」（Fundamentalontologie/fundamental ontology）的核心宗旨。

其間，海德格特別強調從字源上的關聯來看，「歷史」的原意應該是和事件的「發生」（Geschehen/happening）有關。「歷史意識」的問題到此處不等同於史學研究者的主體意識之出發點，或哲學、方法學理論建構依據的問題，而是更深一層地反意識到主體自身的歷史性條件的問題，即是歷史制約性的問題；並主張唯有以此為事實根據，才能真正討論一切歷史認識與歷史理解如何可能的問題。但如此進行理論深入的結果，在把歷史意識的重心從史學研究者憑藉為出發點的方法意識與學術建構意識，轉移到對自身有限性存在的自我覺察之際，一則強化了歷史意識與自我反思的關聯，但與此同時，也更明白凸顯出人之歷史與人之自身命運間的互動關係。這點不單在《存有與時間》中，即便到後期海德格強烈質疑西方傳統形上學思考方式的諸多著作中，也表達得愈來愈明顯。這也就是他日後，愈來愈會把西方人如何理解「存有」問題的一部「存有歷史」（Seinsgeschichte/history of Being），講解成根本上就是造成或降臨於西方人身上的「*存有命運*」（Seinsgeschick/destiny of Being）說之根本理由。[8]

《存有與時間》裡，海德格在先行把歷史和歷史學劃分開來的情況下，由淺入深的探討我們一般對「歷史」此一用語之問題的四個不同層面之理解（*SZ* §75: 378-379），我們將順著他的次序及措詞稍加說明而列舉如下。

第一層意含下的「歷史」一詞，既不是關於歷史之科學，也不是那個作為歷史科學研究對象的客體，而是和這個未必要客觀化的存有者主體本身被理解為「消逝」或「過去」的事物（als *Vergangenes*/as *something past*）直接有關。當我們說「這個或那個已經屬於歷史」的時候，我們指的正是這個意思。成為過去就是不再是現前的事情，不再發生作用的東西。日常用語中最常聽到的「歷史」一詞，特別是和這種說法下「成為過去」或「消失不再」的意思結合在一起的。這就等於我們日常語言中，常常稱某個人物或某件事情已經「走入歷史」般，成為

8　關於海德格後來不講「存有歷史」與「歷史性」，改講「存有命運」與「存有差遣」（Seinsgeschicke）與「命運關聯性」，可參考 Werner Marx, *Heidegger und die Tradition*, 2. Aufl. (Hamburg: Felix Meiner 1980), 166, 167, 174 ff.，以及本文稍後所述高達美的繼續發揮。而關於海德格的形上學批判，他從中所強調的人類思考歷史與遭逢命運間的關係，可參考張鼎國，〈海德格、高達美與希臘人〉，《哲學雜誌》第 21 期，頁 98-125（1977 年 8 月）。

過去而消逝俱往矣。

其次，固然歷史主要和「過去」有關這樣的想法根深柢固，但是「過去」不會單純的只指涉「過去的事物」而已，因為任何真實發生過的事不但自身有一源起，亦即有一「來源」（Herkunft/derivation），同時也會從一段起源來由當中導致出更多的東西，亦即會有一「未來」（Zukunft/future）。換言之，任何東西能夠有歷史，都是和一段「生成變化」（Werden/Becoming）之演進到發展有關的。而只要是發展就有起有落，有其開始亦有開始後的延續向前。因而，凡是我們可以說「有一歷史」（eine Geschichte haben/have a history）的地方，我們同樣也能說這裡正「造成一歷史」（eine Geschichte machen/make such a history）。質言之，正像海德格于此處指出的：「歷史在這裡意指一種事情發生——或『作用的聯結』，它把『過去』，『現在』和『未來』貫穿在一起。」[9] 這也是他後來會在許多著作和講話當中，一再強調「所由來」（Herkunft）和「將到向」（Zukunft）兩者間緊密相接的一重要因素。[10] 我們說「凡走過必留痕跡」，但同時又會有後人循此蹤跡而繼續走向未可知之處。

再進一步看，歷史其實就正是「在時間中」變化著的存有者自身之整體呈現，也就是人自身的所有活動與所有作為，人與人之間的各種關係表現的一切結合，包括其「精神」與「文化」層面的各種變遷與興衰現象等等（Wandlungen und Geschicke/changes and fates, vicissitudes）。這個時候，則我們指的是屬於人自身存在的一整個特殊表現的領域，即通常是和「自然」區別開的「精神」及「文化」的另一種更廣大而多變化的活動領域，雖然「自然」在特定意義下也可以被理解為是屬於歷史的，例如我們會說「自然史」。海德格說的這一層意義的「歷史」，就會和人在歷史當中或是「自作自受」、或是「自求多福」的命運經營格外相關，甚至包括海德格自己的以及他那個時代的整個遭遇。

最後回轉平常，不論是歷史研究上所承認的，或理所當然已經接受的，凡是由傳統而流傳下來者（das Überlieferte als solches/whatever has been handed down to us as such），人類精神表現與文化創造的所有典章制度、藝術文物、科技成

---

9 所謂『不斷流逝的時間之謎』，表達出的正是這種一面「成為過去」（Vergehen/passing away）與一面繼續「變成」（Werden/becoming, coming into existence）之間切不斷的連接。

10 高達美最重要的「實效歷史」說正可以看成是如此歷史理解的一個延續性想法，詳後。

就、倫理風俗及道德理念，都可以視之為是「歷史性質的」──都是屬於歷史造就流傳而非自然所給予的。因而在這一意義下歷史就等於是傳統之流變，等於一切我們或多或少已接受並正在繼續者，不管我們往後的時日是否會再去變更、改變其中的若干細節，甚或根本轉化它的發展方向。這些也就是歷史學研究與認知的材料，或理所當然含蘊在我們存在所來由處的豐沛資源。

但是分析歸分析，海德格同時更指出這四種說法當中所具有共同連繫的一點，就是說它們「都關係到人作為事件之「主體」（Subjekt/subject）」（SZ 379），和人之（所謂）主體於世界中之各項作為（Leistungen/performances）直接相關。綜合以上四層意含總結為一個意思的話，如海德格自己表白道：

> 歷史（Geschichte）就是存在著的此有於時間中所遭遇著的特殊事件之發生（Geschehen），而且是如此地發生，亦即在人與其他人的共同存有中「已過去的」而同時又「被流傳下來」並且持續作用的（fortwirkende）這樣的發生，會在被強調的意義下看作是歷史（als Geschichte）而讓它有效（gelten）。（Ibid.）

如此綜合而論，歷史不該僅僅是「過去」，所謂「過去」在歷史當中並沒有特殊的優勢，因為在人的歷史性當中，更被看重的是直到「現在」的當下依然有意義者，以及至「未來」仍然會持續發揮影響與實效者。於是海德格緊接著闡明人的「歷史性基本結構」（SZ §74）後，更要明白指出不論是所講的關乎個人一己決斷之單純的「命運」（Schicksal/fate），或是涉及到與同一世代、與人共同承受的「時運」（Geschick/destiny），[11] 最終也都得歸結到「人的存在根本上就為歷史的存在」這一顛撲不破的內在結構性因素，或說「存在分析」中這個最直接、最接近根源處的一項「歷史性」基本事實。

海德格對於「歷史」以及對於「歷史意識」問題的深究，如他自己說明，很重要的來源是狄爾泰和約克伯爵（Graf Paul Yorck von Wartenburg, 1877-1897）的「生命」及「歷史」概念（SZ 397-404）。至於他本人的關注焦點，則是把這兩個概念都關聯到「歷史性」與「命運」的連接上面。他曾經特別從當年約克伯

---

11 按這是海德格特殊的講法，參見 SZ 384-385，但本文中並不特別區分而都以中文一般通稱的「命運」一詞行文。

爵寫給狄爾泰信件中讀到一句話：「我們共同的對於理解歷史性之興趣。」並且把它轉引到《存有與時間》後半部一個相當關鍵的位置（*SZ* 398）。但如今回顧起來，這句話中說的「我們」，其實不但可以講在當時的約克伯爵與狄爾泰兩人身上，用來形容海德格自己甚至他和稍後的高達美兩人身上，也會同樣貼切。海德格在狄爾泰詮釋學思考中看到的，早已超過單純的歷史學方法論視域，而在說明人如何在從事詮釋與理解的同時，發現到一切理解活動終究脫離不開人自身的歷史性與事實性存在，因而一切關乎自身存在的「命運」之經營與遭逢，也全都發生於歷史之中的這一生命的事實。因此，他在論述狄爾泰哲學貢獻的段落裡曾經明白指出：「詮釋學正是這種理解活動的自我啟蒙而且只有在一衍生的形式下才是歷史學的方法論」（*SZ* 398）。到後來，儘管海德格自己後期著作中已經很少再提到「詮釋學」的名稱，但是他對於詮釋學的這番洞見，有關「歷史」與「命運」問題的詮釋學見解，卻是他的著名弟子高達美有心探究到底的學術目標。

三

　　高達美承續而又更發揮海德格這種把歷史性──或說「歷史性之存有方式」（Seinsart der Geschichtlichkeit）──直接視為歷史理解之根源性條件的看法。例如《真理與方法》裡他說：

> 我們研習歷史（Historie），只是因為我們自身就是「歷史的」（geschichtlich），這個意思是說，人的存有在此（Dasein）在其回憶和遺忘的整個活動中之歷史性（Geschichtlichkeit），才是我們根本上能夠把過去事物喚回眼前的條件。（*GW* 1: 266）

　　他對理解發生之際諸多狀態的特徵描繪，他對詮釋學經驗產生時的種種條件說明與背景解析，無時無刻不在強調人類存在自身的歷史性與有限性，而從他開始的當代的「哲學的」詮釋學，也就是在這樣的一項基本認知上推展開來的。詮釋學到高達美時，追究的不是理解活動之科學方法論或是先驗奠基的條件，而是人的有限生命之事實出發狀況與可能的全幅度開展之究竟根據，與這其中無盡深刻的哲學義蘊。

　　高達美哲學詮釋學對於「歷史」問題的關注，可謂其來有自且淵遠流長，不

下他對「實踐」問題以及同時對「語言」問題的持久專注與深入檢討。[12] 事實上，早在 1943 年他就有篇名為〈晚近以來德國哲學中的歷史問題〉[13] 的重要文章；此外，他早期對赫德（Johann Gottfried Herder, 1744-1803）思想的重視，對文化、精神等人文學科的關注，甚至自身對藝術史、語言、詩歌、音樂的愛好，這些都和歷史問題以及歷史研究的特殊地位有關。而 1960 年《真理與方法》出版前兩年，他更曾以《歷史意識的問題》[14] 為題，赴比利時魯汶天主大學進行一學期客座講授。這一系列講稿，後來被公認為是《真理與方法》前身和準備之一，內容上不但首度介紹了他繼海德格之後，大力發展出的一套新的哲學詮釋學思考，同時更明白透露他倚重海德格而欲超出狄爾泰，亦即要擺脫詮釋學的知識論方法學層面，而要從實存存有學一路發揮到實踐哲學的企圖。所以正如他1960 年時講道：「對客觀性的追求只界定了科學活動的有限的意義」[15]──這正是他一再毫無保留地接受海德格思考立場，強調歷史性理解前結構，並一再重申歷史意識不應該只停留在一個方法意識的不變的初衷。例如上述 1943 年的論文裡，高達美就已經清楚表明他注重歷史與實踐問題的基本看法而對「歷史」問題的研究定位給予下列一番饒富深思的說明：

> 真實說來歷史問題不是當作一個科學性知識的問題，而是當作自身的生命意識問題而受人關切。而且它也不單是說這一點，不單是說我們人有一歷史，也就是說我們人的生命是處在我們興起、繁盛及衰退的命運當中的。真正具決定性的毋寧在說，我們正是在這樣的命運起伏當中尋求我們的存有之意義的。將我們扯入其中的時間之力量，在我們之中喚起一股本身要支配時間的力量之意識，以通過時間去形塑（gestalten/mould, shape）我們的命運。在自身為有限性當中我們追問著

---

12 參閱 Ting-Kuo Chang, *Geschichte, Verstehen und Praxis. Eine Untersuchung zur philosophischen Hermeneutik Hans-Georg Gadamers* (Marburg: Tectum Verlag 1994)（《歷史、理解與實踐》）。

13 "Das Problem der Geschichte in der neueren deutschen Philosophie" *GW* 2: 27-36.

14 Hans-Georg Gadamer, *Das Problem des historischen Bewußtseins.* aus dem Französischen rückübersetzt von Tobias Nikolaus Klass (Tübingen: Mohr 2001)．此書稿原先只有法文版原稿和英文翻譯兩種，因此未曾收入德文全集，直到 2001 年才有完整的德文重譯版本出現。其中五篇演說按照 1958 的演講稿，曾於 1963 年出版過法文版，前言則根據 1975 年專為英文稿所寫的序。

15 另參見 *GW* 1: 246, 248 ff., 338 ff., 457 ff. 等各處的討論。因為高達美是要用現象學、詮釋學「實事求是」的「事理性」（Sachlichkeit）追求，來取代「客觀性」（Objektivität）。

一個意義。這才是歷史性的問題，它如此般推動著哲學思考。（*GW* 2: 29）

　　這段文字裡我們所讀到的一番宏觀思維，不但一口氣指點出「時間」、「歷史」、「有限性」與「命運」、「存有意義」的關聯，同時也可以看待成他後來成名作《真理與方法》中「實效歷史原則」（Das Prinzip der Wirkungsgeschichte/the principle of effective history, *GW* 1: 305 ff.）的一個最原初的根據，實在是非常值得我們一再注意的一個段落。這篇文章最後更簡潔有力的結論則寫道：「歷史就是我們所曾是以及現在所是的。歷史是我們命運之所必須者（das Verbindliche/the obliged）」（*GW* 2: 36）。對高達美言，研究歷史最終是為了探索自身存有之意義，為了在時間的巨大壓力下決定一個方向，尋求實踐可能的目標，如何在有限性條件與諸多限定當中面對命運，開啟出路，甚至能夠因此推動哲學思考向前邁進。

　　歷史、傳統與命運的緊密相結合，確實構成高達美的思想發展上一以貫之的一個特色，後來更進一步表現在《真理與方法》中，表現在當他分別以「藝術經驗」、「歷史經驗」與「語言經驗」的三部分，去進行充滿人文素養與時代關懷的學術論述當中。三者合而言之即為與一切「經驗科學」探討對象都不同的「詮釋學經驗」。他的思考極富時代的使命感與積極參與的精神，開啟了善意與樂觀求全與對話交談溝通的態度，似乎想在人類當前的歷史階段與命運處境中尋求思想性的解答之道。他的詮釋學不願自限於方法論的講求與客觀性的追究，而始終保有自己更廣闊的任務和擔當。或許借用他形容黑格爾的話來說：「歷史精神的本質並不在於對過去事物的恢復，而是在於與當前生命的思維性中介（in der denkenden Vermittlung mit dem gegenwärtigen Leben）」（*GW* 1: 174），如此不僅劃分開他和 Schleiermacher、狄爾泰等古典詮釋學的區隔，若用這句話作為對他自身所從事思考的寫照亦毫無不妥。

　　高達美的思維方式與學術工作是哲學的、全面性的，而非心理學或歷史學的、局部性或特殊性的。作為一種無所不包的「普全而周到」（universal）的哲學態度而言，詮釋學是優於歷史學的，亦即像他毫不保留地所說的：「詮釋學要超過歷史學而成為主人」（*GW* 1: 221）。或者說在這裡歷史學應該向詮釋學學習，因為：「歷史理解的完成，像文本理解一樣，在於『精神的當下』（geistige

Gegenwart）」（Ibid.）。如此高達美像海德格一樣，對「歷史」、對「歷史學」、對「歷史意識」問題，進行的依然是窮根竭底的追問，以圖順勢轉變我們目前的思考方向和思考視域。因而他不斷謹慎地提醒，就像傳統的詮釋學工作進行方式一樣，詮釋學者要直接面對文本、與文本互動，對於真正的歷史科學研究工作來說，也無法在歷史之上、或歷史之外，擬空設立出一個反映虛妄主體性的歷史意識：

> 其實並不存在著歷史的終結或超出歷史之外的東西。因此，對於世界史
> 全部歷程的理解，只能從歷史的流傳本身才能獲得。但是這一點卻正也
> 是語文學詮釋學的要求，亦即一篇文本的意義要由文本本身才能被理
> 解。那麼說來歷史學的基礎就是詮釋學。（GW 1: 203）

詮釋學會重視歷史脈絡，詮釋學會回溯傳統演變，詮釋學把過去流傳下來的經典作品文籍看得無比重要，但是這樣絕非單純地為歷史而歷史的態度，更非保守退卻的表現。同樣的，高達美會推許已然建立的權威和楷模的重要性和引導性，卻決不徒然鼓勵盲目無理性的服從，因為畢竟「權威也是依據認知（Wissen/knowledge）為基礎的」，權威也是經過歷代一而再、再而三地被肯定、受到認可（anerkannt/acknowledged）才樹立起來的。反而是方法理念的講究，刻意排除前判斷而偏重客觀性，會造成權威與理性的相對立，從而忽略掉人文精神學科研究者自身皆歸屬於同一歷史傳統，並非超脫其外，而且其研究動機與研究旨趣，皆起於並將回饋於當前的歷史延續與未來發展這一事實。所以1959年另一篇論文〈理解之循環〉他還強調忘卻此一有限性與限定性的結果，反而讓人無法掙脫歷史相對論的糾結：

> 所謂的歷史主義的天真就在於，它迴避這種反省並且在對其工作程序方
> 法的信任中遺忘了自身的歷史性。我們在這裡必須從一種理解不佳的歷
> 史思考中，去呼籲一種理解得比較好的歷史思考。一種真實的歷史性思
> 考必須同時思考到自身的歷史性。（GW 2: 64）

人的現實存在之有限性與歷史性的這一事實，亦即海德格早年曾經用《事實

性之詮釋學》（*Hermeneutik der Faktizität/hermeneutics of facticity*）[16] 這樣的名稱
論述過的思考，那才是高達美所學到，且始終堅持進行下去的理念，並因而讓自
己和只顧當作方法學基礎的舊有詮釋學區分開來。

　　如果古典詮釋學重心放置在方法論的經營上，欲透過客觀知識重返歷史真實
的原貌，則黑格爾哲學剛好就代表著哲學上那個「與歷史意識的自我遺忘極度相
反的立場」（*GW* 1: 174）。如前引文句：「因而黑格爾說出了決定性的真理，也就
是歷史性精神的本質不在於對過去事物的恢復，而在於與當下生命的思維性中
介」（Ibid.）。換言之，高達美要藉由黑格爾講出一理念：真正的歷史意識不能忘
卻所謂歷史意識本身也是歷史的產物，也受實效歷史之規制，並且須在此體認
下去負起自身的歷史任務。如此理解，歷史研究才不會只顧回首過去，向著從前
往而不返，不再回來面對現在以改變將來命運。正像黑格爾的思維模式不在「重
建」（Rekonstruktion/reconstruction）而在於「整合」（Integration），這正是黑格爾
辯證思考能夠引進詮釋學裡發揮力量之處，而如今高達美自己則嘗試要用「視域
融合」（Horizontverschmelzung/fusion of horizons）[17] 的說法，把詮釋學的歷史思
考方式推向另一個高峰，語言對話與交談互動當中的「視域融合」再加上述「實
效歷史」，可謂他在哲學詮釋學思想中一對關係緊密而用心一致的新說。

四

　　「實效歷史」（Wirkungsgeschichte）確實為高達美哲學思考上，一個很突破
創新又深具啟發意義的概念，它雖然是從藝術史理論中借用的現成術語，但相較
於以往詮釋學裡使用頻繁，大家耳熟能詳的「詮釋學循環」（der hermeneutsche
Zirkel/the hermeneutical circle）、或「理解前結構」（Vorstruktur des Verstehens/fore
structure of understanding）等語，現在這個原則，卻更能充分發揮其歷史思考層
面欲言而不易暢言的一些要旨。尤其一項顯著的差異在於，高達美可藉此擺脫
掉以往談論「歷史意識」（das historische Bewußtsein）時，難免會隱匿其間的一
整套主體性哲學或即意識哲學的架構基礎，甚至於一種「無限理智」（*intellectus*

16　原為海德格 1923 年授課講稿《存有學》的副標題，參閱 *GA* 63。
17　參見 *GW* 1: 307 ff.、*GW* 2: 55 ff. 各處，散見於高達美著作當中。

infinitus）的不合時宜的思考預設。因為事實上，當《真理與方法》重申「理解之歷史性」（Geschichtlichkeit des Verstehens/historicality of understanding）為詮釋學最高原則時（*GW* 1: 270 ff.），或許還在延續海德格已發揮至相當程度的固有理念。但當高達美別具慧眼，引出「實效歷史意識」（das wirkungsgeschichtliche Bewußtsein/the historically effected consciousness）這一用語，亦即這個「實效歷史」原則說法時，則無疑更進一步，講出了海德格要連繫「歷史」與「命運」的深刻體認，應該算是經由他的一番詮釋，道出後者對「歷史」與「存有」問題的真正洞見。[18]

　　這是因為在高達美的體會下，海德格晚年會避開已深具黑格爾哲學意含的「歷史」和「歷史性」，[19] 改為訴說人類思考旅程上的「命運」和「命運性」，此一事實很值得追究。按海德格在《存有與時間》中由「歷史」講到「命運」與「時運」（Geschick），而後來更自行鑄造出 "Seinsgeschick" 這個用詞，中文或可譯成「存有命運」或「存有差遣」，或單數、或複數而大量散見於中期、後期著作，並且到最後，逐漸將整個西方傳統形上學發展判定為「存有遺忘」（Seinsvergessenheit/forgottenness of Being）之普遍人類命運。[20] 高達美認為海德格文字上不再提《存有與時間》前後時期的 "Geschichte" 和 "Geschichtlichkeit"，而改用表面看來字母只略有不同的 "Geschick" 和 "Geschicklichkeit"，其間差異卻不可以道里計，實為具有深刻現代意義的哲學思考之根本轉變（*GW* 3: 95）。高達美甚至搶著替他說明：

> 他（按指海德格）代之而講 "Geschick"（命運）和 "Geschicklichkeit"

---

18 《真理與方法》中「實效歷史」是唯一被稱作一項「原則」者（*GW* 1: 305 ff.），由海德格所言「理解之歷史性」提升而來。但前述 1958 年講稿正文結語裡，應該算是高達美首次提此用語，他事後並加註說明此語與《真理與方法》第三部分語言思考構想之關聯；見 Gadamer, *Das Problem des historischen Bewußtseins* (Ibid.), 55 n.。

19 高達美雖然從黑格爾的辯證法獲益良多，但他認為黑格爾那個時代「精神」（Geist）仍難脫基督宗教「聖靈」思想之影響，因而會有相關的「絕對精神」的哲學概念，並指向必然可至的整體絕對知識，這和海德格後的哲學轉變已不相容。限於篇幅緣故，此處無法申論。

20 Jürgen Habermas 曾因為海德格這樣將一切歸信於「存有本身」與「命運差遣」的趨向，認為就是造成他會誤信納粹興起，無法分辨是非對錯的主要原因，見哈伯馬斯《現代性哲學論述》第 5 及 6 講。至於高達美自己和海德格對西方哲學思想命運的不同評價，可參考前引論文〈海德格、高達美與希臘人〉。

（命運關聯性），如同是在著力強調，這裡關係到的，不在於人的此有自
己要去抓住的可能性，不在於歷史發生的（geschichtliches）意識以及自
我意識，而是在於被送交給人的（was dem Menschen zugeschickt wird）
並因而讓人非常受其決定（的事情），從而一切自我決定以及一切自我
意識都遠遠不及於此。（Ibid.）

　　如今高達美自己要用「實效歷史」說明的，也就是這樣的自我限定性主
張，但結論卻不至於再像海德格那麼絕望。「實效歷史」一詞中的「實效」
（Wirkung/effect），中文可譯成「效果」、「效應」、「作用」、「影響」，或直譯即為
「因果」關係中的「果」。此外就字根而論，它又和動詞「工作活動」（wirken）、
形容詞「起作用的」（wirksam）及「實在的」（wirklich）都有明顯相關性。當
然，若從「效果」或「實效」言，歷史發展中的前後因果關係，不會像實證科學
在自然法則中所陳述的那麼精準切要，那麼具確定不移性，往往也無法追究得完
全清楚透明，甚而可建立起單一因素、單一結果的直線聯結。然而正因為如此，
狄爾泰當年意在奠立人文研究基礎方法學的企圖才顯得可貴，或至少不會一無可
取。現在，高達美從「真理」與「方法」並置中刻意抬高「真理」以超越「方
法」時，似乎更勇於偏向著人文精神科學的特殊性與優越性，尤其要保持著後者
中不隨意下最後定論的檢討開放性。所以他不僅不願再講「方法意識」，也不喜
歡再講「歷史意識」，而要講一種所謂的「實效歷史意識」，並明言「實效歷史
意識」與其說仍是一種「意識」，還不如說更多地是一個「存有」（"mehr Sein als
Bewußtsein"/"rather Being than consciousness"），[21] 更多地接近於一種存有方式與
存有狀態，非僅止於一種單純的意識而已，因為它所涉及的東西，遠比一簡單的
意識所能夠意識得到的更超出許多。[22] 這也就是前述歷史性事實的如實情況之
正確反應。

　　原來在藝術史研究中，尤其文學作品，每件作品對「後來的」理解者和詮釋

21　一位匿名審查者建議翻譯成「實效歷史意識的存有多於意識的存有」，或「在存有方面，實效歷史意識
　　比意識更為豐富」，但因原文為 "als das wirkungsgeschichtliche Bewußtsein, das mehr Sein als Bewußtsein
　　ist"，重點在於描述我們自我理解的一個界限經驗，在區隔一般的意識哲學，所以並未採用。高達美同
　　樣的表達措辭屢見不鮮，進一步可參考結論另一段引文。

22　引言句見 GW 1: 346 ff.，相關思考如問答邏輯與對話結構（368 ff.），和整個第 3 部分的語言思考（385
　　ff.）皆密集闡明此說。另可參見 GW（2: 228 ff., 239 ff.）。

者而言，基本上總是有一段無法克服，無法完全回復從前樣貌與情境的距離，所謂的時間距離與時代差異，而且在這段經過中間，作品也總已引起並攜帶有一連串影響痕跡，這些就被稱為作品本身的「實效歷史」，構成許多的延續性。因此像高達美說的：「作品與影響實效當作一個意義統一體去思考」時，此即「實效歷史」（GW 2: 475）。如此觀點下，當後人理解前人作品時，重新追究原作者意圖（mens auctoris）並不那麼重要，作品本身以及歷代發揮的影響作用，才是牽引我們再進行作品詮釋的實際連繫側面。從而我們一定會帶著多少已受前人影響的前判斷、前理解和自身的視域去審視評價，尋求作品現今對我們的意義，亦即在原已發現的種種適用性上，再增添能符合當前期望的不同的適用性。

這樣的思考若對照到人類最切身而真實的歷史發生來看，其理亦然。歷史同樣是一直在開展變化，是一直有許多效應持續著與更替著，不會全然中止也不會一成不變地保持原狀。而我們則勢必捲入其間無數大大小小、或長久或短暫的作用圈內，無法完全不受其影響。人不能跳脫出歷史之外去看待歷史，而是要讓自身成為歷史長流中一個承先啟後的契機，一個順勢卻又隨時可能發生轉變的環節。但無論如何，歷史加諸我們身上的影響，以及歷史交付給我們去加以回應的要求，會遠超過我們的想像和自信之上，儼然有如不可能完全掌握在己的「命運」般。是故高達美一再說：真正的歷史思考「必須同時也考慮到自身的歷史性」（GW 1: 366），因為這裡所強調的正像《真理與方法》另一段話所言：

> 真實說來歷史不屬於我們，而是我們都歸屬於歷史。早在我們回到思慮以理解我們自己之前，我們就以理所當然而無需證明的（selbstverständlich/self-evident, obvious）方式，在我們所生活於其間的家庭、社會和國家當中理解著自己。主體性的焦點是一面哈哈鏡。個體的自我思慮只是歷史生命緊密相扣之大環流裡的亮光一閃。（GW 1: 281）

這段文字原本雖然用來講述個人存有的歷史實在性當中，前理解和前判斷的重要性遠超過他自己個人所能達到的理解和判斷，但是轉用來說明「實效歷史」遠超出個人意識之外的先行決定效果，結果反而會更恰當。因此高達美主張「實效歷史意識」更是一種存有，而不必當成一種新的意識，以免又走回由主體性奠基一切的舊路。《歷史意識問題》講稿裡，我們第一次讀到「實效歷史」的說

詞，從《真理與方法》開始，則進一步看到「實效歷史意識總是在語言活動中完成」[23] 的詳細主張，經由交談對話的語言活動連繫過去與現在的銜接，一方面闡述「理解之語言性格乃是實效歷史意識的具體化過程」（GW 1: 392），另一方面也指出人類有限性、歷史性的存在如何可能彰顯存有的意義。語言活動，問答、對話與交流、溝通，環繞所有理解與詮釋進行的具體實現，都不再只是個別主體性本身的問題，而是分有與共享發生的範圍。高達美愈來愈確定唯有透過交談對話的實際履踐形式，才能讓有限存有真正面對現世命運，進入到無盡意義發生之不可結束的開放性中成為其間的一股力量。

　　不過或許是因為《真理與方法》出版時，立即受到一些評論與指責，尤其高達美太看重過去的事物，強調傳統與權威無可取代的地位，致使他承受如意識形態批判理論等學派的強烈質疑。為此故，他至少兩度再澄清「實效歷史意識」的複雜程度與不可否認。首先是在《真理與方法》第二版前言裡（1965），他特別指明他使用「實效歷史意識」一語時，已充分知道這根本上是個充滿歧義性的（zweideutig/ambiguous）說詞：一方面，它指的先是說意識在歷史進行當中是被歷史起著作用（erwirkt/effected）且受歷史決定的（bestimmt/determined），而後另一方面，才指說能夠對這樣被起作用且受其決定的狀態，引起一意識或擁有一意識，即能夠意識到這一層非常實在的根本狀態（GW 2: 443-444）。與此同時，即便是這樣的「實效歷史意識」，其本身也只會是相較有限的（endlich/finite），無法深究到底或進行任何根本了結的。換言之高達美要告訴我們：歷史加諸我們身上的作用遠超過我們能夠徹底理解它、完全弄得清楚它，甚至冒然自認為可以去支配它的程度。這才是「實效歷史」這個詮釋學最高點原則的真正旨意，以及隨之而起的進行交談對話的重要性所在。

　　其次，相當於上述第二版前言，同樣為 1965 年的另一篇文章〈歷史連續性與存在的瞬間〉裡，在說明海德格歷史性與時間性思考真意之際，為強調「我們總是已經置身於歷史中間而在那裡面」這點，高達美再次提及他自己使用此語時刻意保留的多義性：

　　我名之為「實效歷史意識」，因為我藉此一方面要說，我們的意識

---

23 「問題的本質是〔各種〕可能性之置諸開放及保持開放」（GW 2: 64）。

是實效歷史中被決定著的意識，也就是說，被一種實際之發生（ein wirkliches Geschehen）所決定著，要說我們的意識無法擺脫掉它，以一種能站到過去之對立面的意思擺脫掉它。而且我也認為另一方面，應該要（es gilt）經常地在我們之中喚起一種對於如此受歷史影響的存有狀態之意識──當然還要將一切我們弄明白而必須做一了斷的過去之事，以某種方式承擔它對我們開顯的真理。（GW 2: 142-143）。

這兩處引文段落，非常貼切道出高達美自己的歷史性思考結果：接受歷史的教訓並接受命運的挑戰。因此反轉過來看問題，雖然高達美講求的不是固定的方法論，而是一套問答辯證的邏輯，[24] 雖然他強調歷史進行的力量遠超過個人的意願，可是這決不表示人在歷史傳統的前進當中無聲無息。他要求的反而是一種積極參與至其間的態度，要求能夠置身投入歷史與傳統的承載與繼續當中，有如在藝術審美活動投進一場遊戲活動中：但不是要充作遊戲的主體，而是以遊戲本身的進行為前提。對於人文精神科學的研究者來說，這樣的要求會更形重要，因為人文精神科學中的「真理」與「意義」，正是以如此方式去獲取或者讓其發生的。高達美的美學思考中反對「審美意識」和他的歷史思考中有意沖淡「歷史意識」，甚至再其次到語言思考中根本無所謂「語言主體」或「語言意識」，三者間正好是前後相應的。[25] 哲學詮釋學發展到高達美，「歷史意識」僅等同於「對自身歷史性之認知」，[26] 並且被進一步要求確實依據「實效歷史」原則體現出來。

五

海德格有幾位學生，歷經過德國引發的長期戰亂與災害之後，最能夠深刻體認海德格晚期思想從「歷史性」、「有限性」轉注到「存有命運」的無耐與滄桑。其中兩位為前文引述過的 Otto Pöggeler 和 Werner Marx，另外就是高達美自己。

---

24 但高達美也並非完全不談「歷史意識」，但是他要強調在 hermeneutical consciousness 下所喚醒的那種 historical consciousness 是充滿著 "the multiplicity of the voices that echo the past" 的。而豐富性與繁複性正是經由不斷對話詮釋而得的。

25 "Wissen um die eigene Geschichtlichkeit" GW 1: 300 ff., 399 ff.; GW 2: 410 ff.

26 Werner Marx 和高達美二人除了都是海德格的學生之外，也都是極知名的黑格爾研究者。

高達美尤其懷抱著替海德格以及替科技時代之理性尋求答案的心情，提出他自己反對主體性、反對意識哲學的哲學詮釋學思考。他的「實效歷史」原則說，無論是否讓所有人接受，確實就是他對詮釋學長久以來討論歷史研究、討論「歷史性」問題的一個獨到的新觀點，直接銜結起歷史與命運的關聯，指點理解的迫切性與使命感。1983 年他為一部 Werner Marx 解說海德格著作撰寫長篇書評中，毫不掩飾地宣稱他比 Werner Marx 更能理解海德格，甚至於更能理解黑格爾：[27]

> 我相信我看到了，當海德格說「存有命運」取代「存有歷史」時，他目標何在。當我連繫著《存有與時間》的詮釋學概念，講到是存有而更勝過是意識的實效歷史意識時，我在嘗試用我的方式去幫助表達其目標。其實有別於一個被知道或是可知道的歷史，始終還有一個要被接受的命運，限制著我們的思考與理解之諸多可能性。（GW 3: 346-347）

我們可以發現，早先高達美於 1965 年論文〈存在的瞬間與歷史的延續〉所講述的話，或許還只是說他和海德格對「歷史性」共同的思想：「歷史性概念要說出的不是某種關於一個過去事實上曾如此發生之事的關聯，而是關於人的存有方式，他立於歷史中而且在他的存有自身之中，從根本上是只有透過歷史性概念才能夠被理解的」（GW 2: 135）。但如今到了 1983 年這篇書評裡，卻完全顯示出他意圖翻新與深化海德格之處，雖然整體表現保守、穩健但充滿自信的哲學思維，甚至反映出他的詮釋學說的真正特色。

詮釋學解讀鼓勵從細節，甚至未被發現的細節，重新把握整體宗旨。如果遵循此一原則，最後我們可以揭露《真理與方法》以往不太受注意的一篇卷首引用題詩，德國詩哲里爾克（Rainer Maria Rilke, 1875-1926）的一篇作品，來對照本文力圖指明的高達美歷史性思考中對命運的看法。這首詩不論是事先已選定的一番揭櫫明志，或完稿才畫龍點睛的事後增添，內容所表現的正好就是高達美自己此書要宣揚的見解，也是他期許詮釋學於現代世界的可能貢獻：

> 如果你隨手接住自己拋出的東西，那不過
> 手腳靈活而贏得不值；

27　Werner Marx 和高達美二人除了都是海德格的學生之外，也都是極知名的黑格爾研究者。

若當你霎時補獲飛球，

一位永恆的共同遊戲者

向你投擲，正對你中間，異常巧妙地

奮力揮擲，以那

如上帝所造巨橋之拱弧般飛至。

那時節能夠接到才算一番本事：

不是你的，而是一個世界的。

　　熟悉里爾克詩作的人不難瞭解在這裡，「一位永恆的共同遊戲者」，即指命運的女神。對於「實效歷史意識」下的現代人來說，重要的不是自問自答，不是全盤按照自己的規劃行事，以科技思考的專業技巧去掌管控制一切。高達美標舉「實效歷史」原則，促使我們在各種牽制與限定當中妥善應對，透過詮釋對話拓展自身理解視域，源源轉化古典的豐富啟迪為今所用，也謀求與他人交談溝通以推廣共識，形成新的共通價值與信念。所以高達美的哲學詮釋學雖然有意以「真理」與「方法」的對置開啟討論主題，實質上卻是一整套創新的關於理解活動之豐富內涵的說明，分別從藝術、歷史、語言三個領域展開相互呼應的表達，取材廣泛而一一進行調解與中介，多方應驗「實效歷史」與「視域融合」的詮釋進行原則。只不過他始終不願見到有人把他這套東西看成又是一門新的科學，新的方法論或理解竅門，或是和真誠實踐沒有絲毫干係地又徒增一番理論而已。事實上他的詮釋學思考是從實踐開始，而後再維繫在保持詮釋學對話的開放與融通之實踐上的，針對這一點而言，高達美自己也無疑正展現出他始終要求的這樣一位人文學者之風範。

參考文獻

原始資料主要使用下列三套《全集》

Wilhelm Dilthey

    GS   *Gesammelte Schriften* Bd. 1-. Stuttgart: Teubner 1959 ff.

Martin Heidegger

    GA   *Gesamtausgabe*, Bd. 1-. Frankfurt am Main: Klostermann 1975 ff.

Hans-Georg Gadamer

    GW   *Gesammelte Werke*, Bd. 1-10. Tübingen: Mohr 1986-1995.

其他單篇或單行本原始資料及其縮寫

Martin Heidegger

    SZ   *Sein und Zeit*, 13. Aufl. Tübingen: Max Niemeyer 1976.（單行本）

Gadamer, Hans-Georg. 1979. "The Problem of Historical Consciousness." In *Interpretive Social Sciences. A Reader*, eds. Paul Rabinow and William M. Sullivan. University of California Press, pp. 103-160.

——. 2001. *Das Problem des historischen Bewußtseins*. aus dem Französischen rückübersetzt von Tobias Nikolaus Klass. Tübingen: Mohr.

Bambach, Charles R. 1995. *Heidegger, Dilthey, and the Crisis of Historicism*. Cornell University Press.

Chang, Ting-Kuo. 1994 *Geschichte, Verstehen und Praxis*. Eine Untersuchung zur philosophischen Hermeneutik Hans-Georg Gadamers. Marburg: Tectum Verlag.

Grene, Marjorie. 1986. "The Paradoxes of Historicity." In *Hermeneutics and Modern Philosophy*, ed. Brice R. Wachterhauser. State University of New York Press, pp. 168-189.

Hoy, David. 1978. "History, Historicity, and Historiography in *Being and Time*." In *Heidegger and Modern Philosophy*, ed. M. Murry. New Haven Yale: University Press, pp. 329-353.

Marx, Werner. 1979. *Heidegger und die Tradition*, 2. Aufl. Hamburg: Felix Meiner 1980.

——. 1983. *Gibt es auf Erden ein Maß?* Grundbestimmungen einer nachmetaphysischen Ethik. Hamburg: Felix Meiner.

Palmer, Richard E. 1969. *Hermeneutics: Interpretation Theory in Schleiermacher, Dilthey, Heidegger, and Gadamer*. Northwestern University Press.

Pöggeler, Otto. 1994. *Schritte zu einer hermeneutischen Philosophie*. Freiburg/München: Karl Alber.

Dialog der Phronesis

文本與詮釋
論高達美如何理解康德《判斷力批判》

《中央大學人文學報》（2008.4）

前言

　　高達美在討論20世紀初始之哲學基礎時，曾明確列舉出他心目中，就西方之哲學傳統而言，最為重要的三大思考交談的對象，他們應該是：

（1）希臘人（他特別指名柏拉圖、亞里斯多德二人，卻有意合兩者為一），

（2）康德（可視為近代以來、主體性哲學先驗奠基的主要開創者），

（3）黑格爾（可視為古典德國觀念論、思辨性辯證哲學之集大成者）。[1]

　　但是1960年高達美的傳世著作、20世紀詮釋學經典之一的《真理與方法》問世，其第一部分為首，於深入探討藝術經驗之真實面貌、探討藝術活動中之理解如何發生的問題，以作為他闡揚詮釋學理念之必要切入點時，他卻對康德《判斷力批判》的許多觀點都提出相當強烈的批評；他有意援引黑格爾的藝術哲學、海德格的美學作品存有論，甚至於亞里斯多德的實踐哲學及悲劇理論、詩學，以對照出康德美學的若干缺失。那麼，看來他和康德的首度交談，至少在美學論述方面，是呈現出了否定多於肯認、批評超過接納的態度。而我們閱讀文本而進行詮釋，至此難免要問：他究竟是如何理解康德著作《判斷力批判》的？

---

[1]　論〈20世紀的哲學基礎〉，引見 Hans-Georg Gadamer, *Kleine Schriften* I (Tübingen: Mohr 1967), 147。上文括弧中為本文作者所加按語，也是一種評論。事實上，高達美一向推崇希臘時期的柏拉圖、亞里斯多德二哲，而對近代黑格爾哲學的理解與詮釋，更是用功甚勤，但是相對的，他和康德的立場似乎距離較遠。何以致此？有無調和的可能？這是本文的重要思考方向

　　本文將要指出，其實《真理與方法》第一部分的論述裡，高達美有他自己獨特的哲學實踐與關注焦點，已然包含著他的詮釋學思考的完整主張。他所推展的，是和康德完全不同的思考任務，以回應今非昔比的時代要求。然而，本文同時也須回到康德第三《批判》，發揮詮釋學「文本再詮釋」的精神，進一步檢討高達美對這部哲學名著的理解、詮釋和種種評議，甚至對康德的哲學立場，是否會讓人有偏讀、誤讀或太快下定論的疑慮，是否曲解或故意忽略了康德原旨。因此，本文有心讓兩百年前的哲人經典，能夠再度就其自身之前後脈絡（上下文）和學說系統定位而說話，俾便和高達美的、或任何其他當代新的詮釋進行對談。若此，本文可視作是對高達美「交談對話詮釋學」（Gesprächshermeneutik）的適用性的，一個既算是具體落實、又兼作案例檢討的發言。

　　以下，本文先討論高達美對「審美意識」（das ästhetishe Bewusstsein）的綜合批評和議論，那是他早期面對康德時，最明顯的「前理解」和「前判斷」，或說「前見」（第一節）；再則實質進入《真理與方法》裡指責康德所言審美「趣味」（Geschmack）不起認知意義、脫離倫理教化內涵等立論失當（第二節）；然後是他批評康德美學「自由美」之區別於「依存美」、和「自然美」之優先於「藝術美」的主觀抽象性，以及高達美自己「審美無區分」的糾正性殊異主張（第三節）；最後從康德論「美的藝術」首選之詩作藝術（Dichtkunst），從構想力與悟性於人類語言表達中之自由共作、相互結合，探問《判斷力批判》思考與詮釋學之間視域融合的可能（第四節），再於結論處，指出關於康德此書當代詮釋的可能方向（第五節）。

一

　　高達美的詮釋學出發點所以會選擇「藝術」（Kunst）為論域，一則如大家熟知，是因為他對近代以來科學方法論成效的質疑，對追求科學與技術進步凌駕一切其他價值之上的反抗。但次則，哲學上更具深意的，則是因為他長期反對「主體性哲學」與「意識哲學」奠基式學說建構。顯然，在藝術欣賞、審美活動間，整體而言，其距離科學方法論統轄的核心範圍最遠，最不受到此等拘束，同時又無須刻意堅持一時時抱客觀審判態度之主體；在藝術的領域裡，鼓勵的是藉由欣賞而領會，反而會強調我們能與作品對象密切互動，甚至融為一體，開啟一個最

自由生動的自我成長空間。甚至連自古即存的詮釋學這門學問，長久以來，與其說是一套方法規則考察，不如說原本即屬一門「藝術技巧之學」（Kunstlehre）：運用之妙，存乎一心之間。若有足夠人文素養，再加適度詮釋經驗，即可源源擷取一切可共享的理解資源，其成效遠超出任何固定法則、已知步驟的限制外。《真理與方法》從剖析藝術奧秘開始，擴充、轉進到一切歷史精神科學領域中共同的真理問題，最後歸結於語言對話間的無窮存有張力，皆可依此觀之。

因此，高達美這篇巨作的三個部分，分別可視為第一藝術領域，是在對鑑賞者或創作主體（天才）之審美意識進行批判，及至第二部分，對精神科學各學科間的歷史學意識（historisches Bewusstsein）批判，而第三語言問題轉向下，又轉為對獨白式說話者意識和語言工具論的批判。這樣的全書解讀策略之切實可行，正足以說明高達美之批評康德美學的徹底主觀化與形式化，不僅其來有自，且根深柢固，所以表達得相當強烈。於是他這部主要著作，一開始就批評科學方法論和方法意識，以拉開哲學詮釋學與舊有方法論詮釋學的區隔；與此同時，在重新探討一些較明確方法目標更具主導功能的人文主義傳統中，以「教化」（Bildung）為首的幾個重要概念後，立即拉出一連串對康德美學缺失的數落。可以說，他暫時避開正面去詮釋康德單一著作、或康德整體學說的工作，卻把對康德美學的質疑，當成發揚自己詮釋學理念的借力發揮點。

若如上述，則藝術領域內，最大的癥結正是他對一般所說「審美意識」的徹底不信任。尤其發展到「天才」（Genie）概念的引進和其相關的問題處理上，他與康德學說對抗尤甚，認為康德美學，走向了背離現實的鑑賞與創作之雙重主體性奠基的道路。這點，可從他本人倡議的詮釋學，從不追究無意識的原初創作情境與原作者意圖，但一向著重作品欣賞的成效與實際受用，強調自我轉化與自我理解，可以略窺一斑。在他看來，「審美意識」認真考慮下，會與前述一味追求歷史客觀性的史學意識同樣危險，誘使人誤把歷史或藝術始終放置在主體意識活動的對立面，是去接受審查並嘗試掌控或加破解的對象，被異化成為與己毫不相干的事物，從而無法真正進入其間、展開互動，無法看清楚人自身之歷史性存有方式，以及人隨時受到「實效歷史」（Wirkungsgeschichte）作用的真實狀況。[2]

2　在 1962 年的一篇論文：〈美學與詮釋學〉中，他雖然並未特別討論康德學說，但立論處處反對審美意識的主張也完全一致。參見 *Kleine Schriften* II, 1-8。

　　關於美學主觀化（Subjektivisierung）或美學主體性奠基方式不妥的原因，高達美最明顯而直接的表白如下：「關於藝術的意識，審美意識，總是一個次要的意識，它相對於從藝術作品而來的直接的真理訴求而言總是次要的。」[3] 優先就主體性之確立上強求所謂「審美主權」（die ästhetische Souveränität），可謂是純粹的先驗理想性，若和我們實際接觸藝術時之經驗實在性相較下，會在在顯得格格不入，徒增某種疏離或異化的結果，很不真確。因此稱之為「第二義的」（sekundär），亦即次要的，是衍生、歧出的東西，非根本性思維應當停留處。至於高達美自己所重視而一路論述拓展的，則始終偏向於「藝術活動」，以及「作品存有」這兩大現實經驗側面的詳盡發揮，不會特意標舉一「審美意識」。至於他自己間接立論的「實效歷史意識」，也不忘重複聲明那已經更多的是一種關乎理解發生的存有方式，而非僅為意識而已（mehr Sein als Bewusstsein）。[4]

　　因此我們在《真理與方法》第一部分，讀到許多高達美自身的學說，有些是整理重述，有些是適時創新，但是都脫離審美意識，轉而圍繞著上述兩個經驗實在性側面，闡明藝術領域中的詮釋學經驗活動。關於前者，藝術之實際接觸與聆賞活動經驗面，他提出的有「遊戲互動說」、「雙重模仿說」、「雙重表現說」，以及哲學意味更強的特殊認識作用與自我理解說，精神交流與當下整合說等等都是；而關於後者作品面，即藝術作品之事實存在與持久不衰，他又提出藝術作品的存在即表現（Darstellung）說、文學類作品特殊地位說，還有「全面中介說」、藝術品與欣賞者的同時轉型共構說，以及藝術品「存有價值」（Seinsvalenz）的孳生增長說、審美擴張說等等，環環相扣而立論流暢。兩相比對之下，高達美斷然捨棄審美意識而極力抬舉真實作品經驗，全面強調藝術領域內的認知轉化活動與真理發生要素，積極鼓勵我們與各種與不同類型、不同時代藝術世界的親身接觸、交流，因欣賞、接受而能達成分享和共有，都是屬於理解詮釋遠大於客觀批評的活動，最後再統合收攝在詮釋學的豐富預期中，所以敢於大膽抨擊康德主觀化兼空洞化的美學思考。至少 1960 年左右，他確實批評得相當綿密而犀利。

　　根據高達美的考察，「審美意識」說之弊端主要表現於三方面。其一是：進

3　*Kleine Schriften* I, 102.
4　這是一個經常出現的說法，清楚表示高達美的存有學取向而非意識哲學的認知　論取向。例見 *Kleine Schriften* IV, 203。

入藝術領域時會喧賓奪「主」，不利於真正藝術經驗進行與欣賞活動之開展，減低藝術品之存有價值與獨特份量。在這方面，高達美自己是用另一套刻意貶抑主體能動性的「遊戲（Spiel）說」取而代之的。他主張：「遊戲的真正主體（……）正是遊戲本身」。[5] 遊戲本身才是恆常的主角、才是活動的中心，而非一置身事外的主體，於不受影響的情況下自由決定。真實藝術經驗，是緣由著傳世作品存在，不時吸引住接觸者、成為觀賞焦點而實地帶動起來的。所以先承認作品有意蘊、有內容，對我們隨時可以「有話要說」，這才是比審美意識之主體更恰當的經驗方式。

弊端之二是：審美意識不但容易掏空作品的歷史文化背景，切斷創作及理解脈絡的可連續性，讓作品無從提供至今仍為有效的啟迪與教導等言說內容，更會「無法解釋藝術作品之無可取代性」。[6] 因為憑實而論，每一件偉大藝術作品雖保存、流傳於現實世俗世界，卻往往表現出神聖而超越的精神性質，故而為人珍視共賞，為繼續展現而善加收藏。這點，或許是受黑格爾美學「藝術宗教」（Kunstreligion）說影響，但高達美並未搬弄宗教藝術的說法，而是單純反問審美主觀化、趣味化結果，該如何解釋一般文明社會都不容忍的「褻瀆藝術」（Kunst-Frevel），或反對「藝術名品破壞」（Vandalismus）的共同現象何由產生？藝術品的存有顯然是比一般的「財產」、「擁有」，包含有更高的文化價值與精神意義，甚至早已超過主觀與特殊的有限性方式之外，贏得其普世的地位。

最後第三點缺失是：如果我們反過來，像高達美一樣，訴求教化社會中由於豐富藝術作品帶動起來的全面參與、普遍分享及互通共鳴等外在非主觀因素，強調個別主體於被動而忘我狀態下，實際促成自己與他人精神交流的層面，結果一定會比康德單從純粹「趣味」或「共同感」這一主觀原則出發，以此為準去「強求」（ansinnen）所有的人普遍贊同更為貼切。所以詮釋學的美學立場是從一種特殊的藝術經驗之時間性出發，著重藝術品實際存在而能讓我們佇足、逗留，以重要作品超出個人其上的無時間性，令有限主體在此理解、詮釋，進行認知學習而不覺無聊。換言之，我們應該避免審美意識堅持下，可如普通物件般將諸多異質、異時作品並列排開於面前的「共時性」（Simultanität）觀點，而採取每一優

5　Hans-Georg Gadamer, *Gesammelte Werke* I, 109.

6　*Gesammelte Werke* I, 156.

質作品皆能與吾人當下精神充分交流的「同時性」（Gleichzeitigkeit）觀點。[7]

　　這節討論至此，仍只是對高達美一般而言，他和康德式美學保持距離的根本前理解之探討；先指出主要是因為他自己——於海德格《論藝術作品起源》與黑格爾《美學講稿》雙重影響下——反對美學領域之徹底主觀化，所以會特別針對鑑賞者審美意識說，與創作者具殊異自然秉賦之天才說兩個康德學說側面，展開許多深入檢討。其中前者，主張審美判斷的鑑賞活動必須嚴格立基於主體性，是主觀的普遍性，而僅止於能提供範例的（exemplarisch）必然性；後者，則是為了解釋何以作品產生的緣故，強行過渡到一特殊的從創作主體性出發之效果。甚至說在天才的身上，其無從解釋的自然成效，還超過所有可能的人間學習與藝術蘊釀之上。但無論是前者鑑賞者或是後者天才，高達美認為，兩者皆建立於主體自身之先在能動性上為準，與他強調「遊戲」精神中由被動、互動間再轉而主動的著眼點不同。這是根本的出發點、前理解不同之故，他於《真理與方法》出版先後期間一再宣稱：「為了正確對待藝術經驗，我們必須首先展開對審美意識之批判。」[8] 而其結果，表現到包括對康德純粹鑑賞說與創作天才說的雙面批判在內，以另行求取一幅圓融統合、的確像是在如實進行藝術欣賞活動的面貌。總之，反對審美意識之先驗抽象化、反對審美主觀化，這正是高達美當年理解《判斷力批判》時，最為強不可奪的前判斷，所有其他細節的討論，都環繞著如此前理解的大方向而展開。此外，高達美指責康德美學的若干重點，事實上也已成為目前研究第三批判及康德美學思想者無法迴避的課題，學界甚至還因此有搶救康德審美判斷客觀性的訴求出現。[9]

7　評審人之一曾建議除共同感的社會倫　面向外，也應該探討審美不區分的特殊時間性問題，誠為高見。因本文原稿僅在此處對藝術經驗中的時間性問題點到為止，之後並未發揮，難免「令人有些不安」。事實上筆者另文〈佇立時間邊緣的希臘神廟——從《藝術作品起源》回探《存有與時間》的詮釋學出口〉已接續嘗試此異常複雜的問題，一個橫亙於康德、黑格爾、海德格與高達美之間的美學問題也是存有問題，然而進展依舊有限，故該文尚未發表。

8　Hans-Georg Gadamer, *Gesammelte Werke* I, 104.

9　Kristina Engelhard, "Kant in der Gegenwartsästhetik." In *Warum Kant Heute?* hrsg. Dieter Heidemann und Kristina Engelhard (Berlin: de Gruyter 2003), 352-383。其引述高達美對康德美學主體主義批評的部分見頁359-361。

二

其實回顧起來，1958 年高達美受命替海德格文稿《論藝術作品起源》撰寫導讀時，業已接受了作品美學之存有互動觀點。反之，他認為是康德的哲學美學，不論就「觀看者之鑑賞和藝術家之天才，都一樣讓人掌握不到有關於概念（Begriffen）、規範（Normen）或者規則（Regeln）的應用」，[10] 會呈現出欠缺客觀面與外在實際面與之相應的、純理論的建構傾向。所以一方面，由於構想力和悟性的和諧相應，主觀上，意即僅止於在奠基主體之層面上，審美判斷固然足以喚起某種生命情感的振奮，或心靈整體力量的提升，促成美學領域內關於自主性（Autonomie）的哲學論述，但其結果，卻可能成為自封在內而無法跨出其外的趨勢。因此他當時緊接著直指康德而說：「另一方面美學之奠基於心靈諸力量的主體性上又意謂著一種危險的主觀化之開端。」[11] 似乎儘管康德無此本意，也必須替後來的種種發展負責。我們在這裡，格外能瞭解前述《真理與方法》開始的對「主觀主義」（Subjektivismus）評斷之由來，尤其關於藝術美的歷史人文探討，以及關於藝術中的真理之認識問題，這時候都被他認為是康德美學無法適當處理的重大盲點。[12]

特別是如今高達美意在從古典人文主義概念著手，如「教化」、「品味」、「共通感」、「判斷力」來展開詮釋、理解的詮釋學討論時，立即面對到同樣大量探討過後三項概念內含，結果卻處處和自己想法相牴觸的康德美學。所以他率先指責康德雖通篇議論「趣味」或譯「鑑賞」（Geschmack），卻根本已抽去所有藝術真理的內容規定，而康德探討「共同感」（*sensus communis*）這個原則時，卻又避開其政治倫理生活中的教化意涵。隨之而後，他更全面展開對美學主觀化與審美意識抽象化的的一波波攻勢。其間，他所批評者也不完全出自康德本人學說，例如體驗美學、審美教化、或 19 世紀末波希米亞式藝術家等天才說流弊，但多少都和康德哲學美學基本方向有關。同時，即使他直接指名康德所說者，亦會或有

---

[10] 見高達美為 Martin Heidegger, *Der Ursprung des Kunstwerkes* (Stuttgart: Reclam 1960) 所撰寫的那篇導讀，引言見該書頁 100。

[11] Martin Heidegger, *Der Ursprung des Kunstwerkes*, 101.

[12] *Gesammelte Werke* I, 105.

貶或有褒，並不一味否定到底。況且所有這些評論稍嫌凌亂而交錯出現，不過整體訊息卻予人非常鮮明的印象：上一節所說詮釋學藝術經驗理論，和康德式先驗哲學之美學間，道不同不相為謀，不能再走回頭路。前者由歷史傳遞、文化造就的豐盛經驗資源帶動並成長，後者則持續前兩部《批判》強調先驗哲學特質和先天的純粹性（Reinheit），結果加深美學主觀化以及空虛不實的疑慮，甚至於延續至今，造成藝術僅停留在「無利害關係之愉悅」（das interesselose Wohlgefallen）這樣空泛無實的感受狀態。[13]

因此，本節我們再依照高達美1960年《真理與方法》行文議論的順序，從頭看他對康德美學中幾個關鍵字詞裡所呈現的美學觀念之批評。其依次為（1）共同感、（2）判斷力、（3）鑑賞或譯作趣味和（4）天才 這四個主要項目；其間更細部穿插許多康德與非康德的進一步發揮，惟限於篇幅，無法完全照顧周到。

（1）首先高達美於人文主義理想下探討的共通感（sensus communis），是一個原本由希臘羅馬世代而來的拉丁文概念，最早發端於亞里思多德，在斯多亞學派及中世紀皆甚為重視，近代初始也格外受維科（Vico）等人文主義及修辭學者們依賴，代有傳續，直到18世紀仍然在學術領域內盛行有效。內容上這一概念包括許多社會共通的行為實踐上的判斷標準，健全而一般都會有的常識，以至對公眾事務合理處置、對公共福祉的適當安排等良好的共識、共見以及共同感覺。特別是英語系（蘇格蘭常識學派）及拉丁語系（西班牙語及法國生命哲學），無論說共有、共通的 good sense 或是 bon sens，皆指一種對共同福祉與什麼是善的共有感覺與自然表現。其中會蘊含情感、機智、幽默、友誼、具渲染力的關懷、體諒與同情，關愛與期待等人際要素，且確實構成社會生活的主要連繫力量，族群與政體認同等凝聚溝通、團結一體之感。

用我們今天的語言來說，高達美心目中「共通感」是良序美俗不可或缺的條件，未必須由近代以來法政思想的哲學基礎論述去証成，反而是一切法政社會合理化思考所以有效的具體歷史與文化依據。因此《真理與方法》中探討「共通感」概念時，也故意不去追究其「希臘的—哲學的」來源。[14] 因為

---

13 直到1996年接受 Jean Grondin 訪談回顧之際，高達美最堅持者仍是不能如此解讀《判斷力批判》，見文集 Hans-Georg Gadamer, *Gadamer Lesebuch*, hrsg. von Jean Grondin (Tübingen: Mohr 1997), 283。

14 *Gesammelte Werke* I, 30.

高達美指出：這的思考發展至德國啟蒙運動哲學之際，除稍早一虔誠教派教士 Friederich Christoph Oetinger（1702-1782）為例外，卻在宗教與學術分離，嚴謹專一的學術專業奠基工作之下，使得「共通感」走向形式化與齊一化的方向，並一律放置到「自行思考」（Selbstdenken）的奠基主體之中，所以比較適合譯稱為一種「共同感」（其德文則為 Gemeinsinn）。尤其康德的啟蒙哲學，為區隔一般好像理所當然、實則始終說不明白的所謂「健全人類悟性」（das gesunde Menschenverstand），為防止批判性哲學思維再走回宗教與情感狂熱式渲染鼓動的道路（Schwärmerei），於第三批判重啟「共同感」理論時，更加深了如此主體哲學奠基式而非舊有教化傳統式，因自我轉變而接受啟迪的考量。

　　於是，高達美指稱德國啟蒙的這一趨勢為「共同感之邏輯化（Logisierung）」，是某種純粹的論理化，結果註定會喪失一切內容上之豐富積累與承傳，切斷社會政治生活中倫理教化義涵。[15] 他認為康德美學即為一顯例，Gemeinsinn 只是「虛給」而出，或譯「先給」（vorgibt）出來的一個鑑賞判斷的主觀必然性條件，[16] 且「鑑賞」這項先天進行判斷的能力，本身也是康德所說的 *sensus communis* 主觀原則的一種，[17] 缺乏人文歷史及教化倫常的具體指涉，更毫無認識內容可言。易言之，當高達美與康德同樣使用拉丁文 *sensus communis* 一詞時，其實是有很大的差異。當然，高達美這樣的講法，似乎無視於康德本人對於審美共同感（*sensus communis aestheticus*）和邏輯共同感（*sensus communis logicus*）間還有區分仍然十分注意，以及康德後來到《邏輯學講稿》和《人類學》著作繼續探討「共同感」問題時，確曾有進一步發揮和補充。[18] 但是如今，高達美為了強調作品美學，為了拯救或說正確對待藝術經驗，他的康德美學詮釋卻深具疑慮，並且在這裡說出了一個可謂最為嚴重的評斷：「奠立於康德之

---

[15] 參見 *Gesammelte Werke* I, 37 起以下的重要評論。

[16] 參見康德《判斷力批判》第 20 節的標題以及 18 至 22 節的內文討論。以下引用版本為 Karl Vorländer ed., Immanuel Kant, *Kritik der Urteilskraft* (Hamburg: Felix Meiner 1974)，若涉及章節段落的主旨會用段落編號，若涉及概念用字或直接引言句，則明確標示各版本都共通的原始頁數。

[17] *Kritik der Urteilskraft* 第 40 節。

[18] 「審美共同感」與「邏輯共同感」之預作區分，見 *Kritik der Urteilskraft* 的第 40 節頁 160 註腳。另可參考張鼎國，〈指南山麓論指南——康德哲學中「啟蒙」與「思想中定向」問題的探討〉，《國立政治大學哲學學報》第 13 期，頁 63-98（2005 年 1 月）。

上的美學主觀主義與不可知論」。[19]

（2）相繼的，哲學上原本深具認知統合意義的判斷力（Urteilskraft）一詞，高達美認為，至《判斷力批判》裡也就縮減成單純為審美之事，亦即對於美的鑑賞之活動：「因而對康德來說那整個能稱為一感官判斷能力的適用範圍，就只剩下審美的鑑賞判斷。」[20] 人間活動裡，原本表現極為豐富而多樣的判斷能力，若只針對如何進行美的鑑賞而發用，這樣當然算是一種有效範圍上的窄化，況且康德主要談論的都還只是自然美為優先而已。但其實，高達美並未進一步探討審美判斷之後的〈目的論判斷〉的部分，他僅只批評到天才說之後就完全不再跟著康德走。目的論判斷當然亦為一種判斷，比審美更無須經由感性取材，而結果正成就更高層次上自然與自由、理論與實踐的緊密聯結，其同樣不具備另行提供知識增長之功效，卻能夠替《僅為理性範圍內之宗教》及《實用觀點下的人類學》提供更完整充分的準備。

如此就高達美看來，不論是共同感或判斷力，在康德那裡都因為過度的主觀先天性立場，既不利於實際經驗的發生、或實踐知識活動的進行，也不易獲得有認知成效的自我理解的果實。高達美自己的意見相對顯得十分積極：他不會執守任何美學的先驗目的，而是把對象明確、且內涵豐盛的藝術經驗，拉進到一種更接近詮釋學式的自我理解之實效上衡量。他自己一貫主張：「藝術就是知識（Erkentnis）而且對藝術作品的經驗是讓這樣的知識成為共有分享（teilhaftig）。」[21] 這是他暗諷康德式的審美不可知論之理由，也唯有這樣才符合人文教化傳統的、而非徒然標舉一些先驗特徵的經驗美學意義。反之康德美學因奠基於「純粹鑑賞判斷」，對藝術之承認即變得不可能，遑論透過藝術而增進知識見聞，開展眼界而能夠理解自我。這是康德要付出的代價：「他否認Geschmack 的知識意義。它是個主觀原則。」[22] 而對高達美幾乎不言而喻的是：

19　原文為 "den auf Kant begründeten ästhetischen Subjektivismus und Agnostizismus" 語見 *Gesammelte Werke* I, 105。按後者一說，康德原本是指「物自體」（Ding an sich）不可知，高達美卻有意轉移到審美領域內批評之，其間有很大商榷餘地。

20　*Gesammelte Werke* I, 39.

21　*Gesammelte Werke* I, 103.

22　*Gesammelte Werke* I, 49.

「藝術作品的經驗包含著理解，本身表現著某種詮釋學現象。」[23] 所以他甚至敢於宣說：「美學必須歸併到詮釋學裡。」[24] 因為他始終確信：詮釋學擁有遠比審美意識及史學意識更為寬廣而開闊的人文教養空間。

（3）因此，同樣有別於康德第三批判，高達美自己所講的 Geschmack 概念，中文比較適於譯作「品味」，而非康德意義下完全不涉及內容意思、又無關乎評價衡量標準積累的單向主觀「鑑賞」或純粹的「趣味」。[25] 這其中也讓人明白發現兩者之間極大的差異。高達美認為，從整體社會實踐而非個人主觀的鑑賞進行、或趣味發現的活動來看待，他所認知且贊同的「品味」不僅代表生活提升、風格講究等一般現象，其間也更多可資學習、玩賞、比較、褒貶、評論的認識素材，同時也往往是群體社會中教化禮儀是否全面普及，而其中又會包含著何等內容之重要指標。所以他說：「品味絕不限於就其裝飾性上被規定的自然美和藝術美，而是包括著道德和禮儀的整個領域」，[26] 是一個被抬舉到相當高度的自為標準。[27] 換句話說，對高達美言品味是表，共通感是裡；風雅應該不只是個人品味或風格的主觀凸顯，更如實反應著整個社會禮儀教化的傳達流變、提升向善，以及其間彼此相互接納與調整適應的整體風貌。

這裡看得出高達美對「品味」寄予高度推舉，同樣是根據他一整套的「教化人文主義」（Bildungshumanismus）以申論：「品味還遵循著一種內容上之尺度。在一個社會裡有效的東西，哪種品味支配於其中，這就鑄造著社會生活的共同性。一個這樣的社會選擇出來也會知道，什麼屬於它而什麼不屬於它。」[28] 換言之，有怎樣的藝術家們、創作出怎樣作品而為社會所接受、欣賞而珍視，正就反映出這個社會的整體生活格調，與其中所共同表現的理想品味之統一性。品味當然沒有絕對的良窳優劣的評量標準，然則有品味和沒有品味的差別卻是明顯的；因為品味始終在繼續發展創新及重新整合之際，而且從教化社會的觀點看，好的

23　*Gesammelte Werke* I, 106.

24　*Gesammelte Werke* I, 170.

25　Geschmack 以往宗白華中譯「趣味」與「品味」似乎很接近，但近年來鄧曉芒譯「鑑賞」更為精確並漸為通行。然而高達美對「教化」、「品味」概念史的追述，確實看得出來是和康德大異其「趣」的。

26　*Gesammelte Werke* I, 43-44.

27　高達美與康德至少有一點趨於一致，亦即同樣贊同古諺所說關於 Geschmack 是無法爭議的。

28　*Gesammelte Werke* I, 90.

品味的相反不是壞的品味，而是根本沒有品味。[29]

　　高達美用美和品味的向上發展能量相互覆蓋與重疊，具體落實之間，以達成美善合一的理想教化社會，至於康德提出的，則是「美為道德善的象徵」[30] 之點到為止的抽象說法，確實存在著極大差異。尤其 1960 年《真理與方法》裡因為強調文學、文著的重要性，他在析論「象徵」與「譬喻」之別時，曾特別著重古典修辭的「譬喻」，而相對欲減低現代意義的「象徵」。所以他說正像一個成功的譬喻不是論說的基礎、而是論說的完成一樣：「（與康德不同的，）品味確實並非道德判斷的基礎，但卻是道德判斷的最高實現。」[31] 甚且由實踐哲學觀點研之，整個希臘生活世界裡，其城邦社會規範與實踐哲學理想，最終都適足以表現「一種好品味的倫理學」[32] 而彰顯出一整個時代的教化理念。這在以鑑賞與天才為主軸的形式美學學說裡，卻無由出現；或許我們持平而論，最多只能討論此一美善世界或「目的王國」出現的可能性條件與基礎，未展開任何對於如此社會的實境描述與內涵詮釋。人間社會，的確應該是一個追求美與追求善並行的、美善合一的世界，但高達美認為，良好品味更應該是其具體表現，而且豐富多樣、變化無窮而不定於一尊，不去冀求齊一的基礎和絕對的統一。

　　當然為了不要誤讀康德，高達美也不忘提醒讀者：康德討論 Geschmack 時，畢竟還保留住其中的人際交往意義，即社交意含（Geselligkeit ／即中文所謂「以文會友，以友輔仁」的可溝通性與可傳達性）。這或許正是康德論「共同感」與主觀認定上之可傳達性、可溝通性（Mitteilbarkeit）的一個很好的註解，若加發揮闡明，未嘗不能找出與詮釋學理論相通處。但高達美已認定康德講 Geschmack，是只滿足一個先驗立基的哲學系統之功能，是只對審美判斷力自身原則有興趣：「因此對康德來說，重要的只是純粹的鑑賞判斷。」[33] 先天的、先驗上論說的一項共同感受之能力而已。於是像《純粹理性批判》以及《（純粹的）實踐理性批判》一樣，《判斷力批判》也是擺脫開一切歷史性實際存在的藝術作品，而直接談論可能的藝術經驗之停留於「純粹性」的美學著作。在他看來，

29　*Gesammelte Werke* I, 42.

30　見 *Kritik der Urteilskraft* 第 59 節標題及內文討論。

31　*Gesammelte Werke* I, 45.

32　*Gesammelte Werke* I, 45.

33　*Gesammelte Werke* I, 49.

「純粹的」鑑賞判斷與「無關利害的愉悅」兩者，遂成為康德美學對真實藝術經驗問題所能提供的單薄答覆。

（4）最後一項，當康德講到「天才」（Genie）時，對高達美而言，無異又是另一個先驗原理的突兀出現，不但讓他表示出不能理解的態度，更對因此而隨後出現的一連串屬於藝術世界之特殊現象，提出不少評議。[34] 康德雖然明白宣說：「美的藝術就是天才的藝術」，[35] 但其先驗哲學系統上倚重的卻是自然美優於藝術美，以及他有關於「壯美」或「崇高」（das Erhabene）的學說，第50節甚至有「大力修剪天才的想像力雙翼」之說。可見天才說遠不及鑑賞說重要，而且格外值得注意的是：高達美對康德美學思考的評議間，幾乎未有一言提及「壯美」或「崇高」（das Erhabene），卻緊追著其天才學說未必是出自康德初衷的一些缺失，一路抨擊討伐。這點，我們稍後於本文結論處再加討論。

因此，高達美要指出對康德而言，雖然原則上「鑑賞是和天才站在同一基礎上的」，但畢竟相較之下，「天才概念的系統意義是限制在藝術美的特殊情況，反之鑑賞概念才為普遍的。」[36] 天才說有其特殊需求，好像是為了從自然美強行過渡到藝術美才出現，而且究竟而言，其身亦為自然中的天賜寵兒。天才的出現，反而漸次造成某種局外人身分，特立獨行、獨來獨往，所謂如魚如鳥般自由，不問世事，單純為藝術而藝術。藝術家的活動既無涉利害酬勞，不具世間任務，又置身任何偶然機緣（Kontigenz）的環境遭遇外，脫離社會現實的牽制與羈絆，甚至也不受禮俗與文教的約束。[37] 於是到康德之後美學思想，天才於藝術創作中的地位更加舉足輕重，但卻也離世益遠，形成追求唯美或「獨立的美學王國」等現象。此等雖非康德原罪，卻是藝術可以脫離現實、無益教化之始。

《真理與方法》裡指陳天才概念始自康德，原意為答覆藝術品創作之由來，後來卻成為審美教化說、體驗美學，浪漫主義個體性形上學及無意識創作說的濫觴。如果現在再放進當代詮釋學的脈絡當中，天才作為藝術作品起源的一個說明，儼然會像一個比「作者意圖」（mens auctoris）更加不可捉摸、非比尋常

---

34 詳見 *Gesammelte Werke* I, 63 f.。當然，高達美不能直說這些都符合康德天才說的原意。

35 見 *Kritik der Urteilskraft* 第46節標題及內文討論。

36 見 *Gesammelte Werke* I, 59。

37 參見 *Gesammelte Werke* I, 93 以下的討論。至於這些發展是否符合康德原旨，同樣也是高達美當時迴避的問題。

的「原作者自身」，較所謂的「作品自身」更遠離於我們的詮釋理解，成為某種
純粹的「在己」（an sich）而非「為了我們」（für uns）的存在。詮釋學講求的
藝術欣賞方式，則始終為有意識、有成效的理解和詮釋活動，能夠視某物為某
物（etwas als etwas），從內含和義蘊的多重側面加以認知把握，從而進行內容明
白、可傳達的對話溝通，而遠超過只是寄望於無意識創作的主體——天才問世。

三

　　高達美深受古典研究的薰陶，對藝術史及詩歌文學作品極為嫻熟，雖然哲學
上因海德格而接近過現象學，卻自有一套融合柏拉圖對話與黑格爾辯證的對話詮
釋學。他始終認為，無論審美意識的凸顯，或主體性哲學的確立，都並沒有這麼
重要，非此不行。藝術經驗應該以作品存有為中心，現實地拓展擴充，而其存有
方式即其「表現」（Darstellung），包括繼續表現和讓其表現；真正藝術活動就是
「表現」、「表達」，或如前述「藝術作品總是有話要說」而能說出其意義內涵。
Darstellung 此概念還可譯成「呈現」、「展示出」、「演出」，包括語言描述及形象
表現到身體姿態的「扮演」；因而從靜態物的文字閱讀、繪畫凝視、雕刻觀看，
到建築古蹟巡視，以至更具流動性的音樂詮釋、戲劇演出、詩歌吟誦及其聆聽、
觀賞皆然。這方面高達美自己的主張是：「藝術的存有不能被當作一審美意識的
對象而被規定，因為反過來說審美的行為要比其對自身所知者多出許多。審美行
為是表現的存有過程的一個部分（ein Teil des *Seinsvorganges der Darstellung*），
而且本質上歸屬於遊戲之作為遊戲自身。」[38] 遊戲說與表現說，才是真正構成高
達美詮釋學藝術理論的最核心部分。

　　於是有一個非常特別的，中譯「審美不區分」或「審美無區分」（die
ästhetische Nichtunterscheidung）的主張，被認定將會更適切於要求多方搭配、
共同組成的遊戲說格局，以及表現說所欲調和出的普遍參與方式和共作效果。
當然，這是個高達美自鑄之詞，他時而稱之為一「學說」（Lehre），但時而又直
名其為一個「非概念」（Unbegriff），[39] 似乎表白他藉此僅只志在破解什麼而非取

38　*Gesammelte Werke* I, 121 f.
39　此說見 *Gesammelte Werke* II, 14。這是 1977 年以後的說法，但高達美並未明言這是否是對當年「審美

代、覆蓋之；並非認真另立一套周全新說，而只嘗試打開某種因過度區分而自陷其中的哲學設定。因為真正造成審美意識僵化的，其實就是種種不當的審美區分，諸般因抽象隔離與強自劃分而造成的封閉性，而相對應於前述第一節對審美意識的批判，他始終還想強調：甚至一切審美區分，基於「審美意識」而成立的「審美區分」，也總是次要的。「審美不區分」，因而，是故意「有別於區分」（im Unterscheide zu der Unterscheidung）而來的，可以讓我們一則更忠於要求無我投入的藝術活動精神，再則可避免會阻撓、甚至否定認知途徑的抽象隔絕。[40] 藝術作品固然引起新的如遊戲般的經驗活動，但仍需要不斷有共同遊戲者才得以展開。

　　因此不論遊戲說與雙重表現（Darstellung）或雙重模仿（mimesis）說，高達美都大膽啟用「審美不區分」，貫徹詮釋學反對不當區分與難消解對立的特殊任務。「很清楚的：在模仿中被模仿的、由詩人刻劃呈現出的、由表演者表現出的、被觀眾認知到的東西，都那麼是所意謂的東西（das Gemeinte），那麼是表現活動的意義所在之處，因而創作活動或表現成果本身根本不可能從中抽出而提取開。」[41] 真正的藝術作品，都藉由這樣的演出和表現機會而獲得存有、也延續住其存有，隨時再發揮出並印證著其不可取代的藝術價值。「如果人們仍要區分，只會把刻劃手法和使用素材，把藝術觀點（理解）和創作過程分開。但這些區分都是次要的。」[42] 當然，一般所知的藝術評論，以至業餘的一般討論，難免也會剖析分明，專門從事於各種創作手法、風格、素材、效果方面各自差異的細節評述。但就每一個人無須任何指導、訓練皆可嘗試的藝術欣賞言，基本要求的仍是親自接觸，在某種融會貫通而無分區隔的當下具體情境間，直接發現到受啟發感動的整全效果；甚而因理解自身存在樣貌而引起自我改變，不止於單純地感受到娛悅或賞心悅目而已。[43]

　　所以事實上，如何能夠讓一幅內容傳佈上意涵豐富且形態多變，更具有普遍人間參與、更多觀賞共鳴的藝術活動之整全圖像鮮活呈顯，以說明無所不能的藝

　　不區分」矯枉過正的一種改變。

[40] *Gesammelte Werke* I, 91 f., 122, 144, 403, 479.

[41] *Gesammelte Werke* I, 122.

[42] *Gesammelte Werke* I, 122.

[43]《真理與方法》裡特別以亞里思多德著名的悲劇理論為例，提出生動說明，參見 *Gesammelte Werke* I, 133 f. 的討論。

術任務和無所不在的藝術品味，揭示藝術與真理認知間的密切關係，這才是高達美詮釋學關心的課題。從藝術之真正表現這個過程是「審美不區分」來看，藝術活動間形式與內容的，手法與材料的及主觀與客觀的，內在與外在的都密切相應而交織在一起，那麼，一切自然美與藝術美之分、自由美與依存美之分、甚至決定判斷與反思判斷之分，皆屬多餘。這裡我們也必須再針對「審美不區分」，再提出兩點說明和討論。

首先，是高達美的「審美擴充說」。眾所周知的，康德《判斷力批判》一開始區分了讓「特殊者含攝在一給定普遍者之下」的規定判斷，以及「為一給定的特殊者尋求出普遍概念」之反思判斷兩種不同判斷，為兩種先天立法能力。[44] 而審美的鑑賞判斷，所依據的往往為後者，具特殊的反思性格，而能主觀上提供範例的（exemplarisch）必然性。現在，高達美卻借力黑格爾而加指點：「真實無妄的判斷力總是兩者兼具的。」[45] 他以司法上的實務推證判斷的情形，比照藝術理解間的意義獲取和視域交換，認為兩者都說明認知上、理解詮釋間，對普遍者與特殊者的討論和決定，從來不會僅有單方向的活動。

以法詮釋學上法條普遍性及案例殊異性而論，最能說明這點：「人們將一特殊者收攝（subsumiert）至其下的普遍者，也正因此而繼續決定著自身。因而一法條之法理意義透過司法審判而決定自身，並且原則上其規範的普遍性也透過案例具體化決定自身。」[46] 這裡我們可以發現：應用法規以判案時對普遍性原則的「創造性的法理補充（Rechtsergänzung）」，[47] 與藝術欣賞活動裡原本存在卻略有模糊的「尺度」（Maß）或「概念」（Begriff），會一再被「審美地擴張開來」（ästhetisch erweitert），這兩種詮釋學理解的情形兩相對照，實具異曲同工之妙，也印證《真理與方法》第一部分常有第二部分的準備在內。

其次，第二點說明為高達美最反對的自然美與藝術美之分。康德美學原本為銜接目的論判斷之前的一特殊論域，雖強調感官活動與審美娛悅間的鑑賞判斷，卻不必等面對高度人為創作的藝術品之際才發生，不涉及一獨立的經驗領域。美

44　參見 *Kritik der Urteilskraft* 導論第 IV 節。
45　*Gesammelte Werke* II, 455.
46　*Gesammelte Werke* II, 255.
47　*Gesammelte Werke* I, 335.

是生活於自然間，隨處可見令人愉悅的事物，無須概念知識的幫助也不牽涉到任何利害關係；而是時時湧現的良善美感，發現事物之合法則與合目的性，可接近、可欣賞，一切盡在無言。這就是自然美優於藝術美，並由此確定目的論的中心地位。高達美則直指而出：「然而康德在藝術美與自然美的區分裡有一不可否認的弱點：在藝術的情況下，按照康德，構想力的「自由」遊戲是關係到「給定的」概念的。藝術美不是「自由」的，而是「依存」的美。這裡康德陷入一錯誤的二選一，一邊是表象一客體為對象的藝術而一邊是無對象的自然，而未能從表象活動（亦即從一客體的「概念」）去理解自由為一種內在於藝術創造本身的變化活動，其自身就具有對真理的特殊關係」。[48]

康德等於是把所有的好處都歸給自然美，其具有優先性，又起到一道德善象徵的作用，甚至對藝術創作卓具貢獻的天才本人，亦為自然當中之才華橫溢者，凡人所不及。但高達美卻無法同意，不同意這一區分重要，更不同意自然美之特顯突出：「我們將必須承認：自然美並不以同樣意義講話，像是由人所創作並且為了人所創作的作品，像我們名之為藝術作品的東西那樣向我們講出什麼。」[49]他甚至認為：反過來看，康德會偏好自然美，正是因為自然美會缺乏特定表達力（Ausdruckskraft）的反面例證。[50] 不同於由人所創作出來、給人欣賞的世間繁富作品，自然美最多起一象徵的作用，並未也不須講話，未表達或表現什麼。所有語言活動或意義表達溝通等，在此似乎是不相干的事情，因而也就沒有詮釋與理解的發展空間。自然美充其量只是某種無言之美。

整體而言，康德的種種區分，都有其第三批判的自身任務與系統內在理路上的要求。高達美則不然：「毋寧說自然中和藝術中的美，都透過那整個人在倫理現實間拓展開的美的海洋所充沛起來。」[51] 這該是最能夠表達其審美不區分和審美擴充說的一個句子，幾乎讓人提前聽到「詮釋學宇宙」的宣示。如此可知，構想力的豐富創作力以及它和悟性（概念能力）的和諧並興、且充分自由的交互作用，才是高達美認為真正值得重視者。既不忘卻可能起自實踐中因緣際會之偶然

48　*Gesammelte Werke* VIII, 196 (*GW* VIII: 196/*Relevance* 164).

49　*Gesammelte Werke* VIII, 3.

50　*Gesammelte Werke* I, 57.

51　*Gesammelte Werke* I, 44.

興起，也無法排除客觀概念知識的傳達內容，以及諸如風格轉移、鑑賞品味高下等實質性的藝術哲學問題。相對於康德，高達美倡言審美無區分，倡言藝術美理當優出於自然美，他似乎想要把僅發生於構想力自由創作與悟性合法則性要求之間，一場依舊停留於主體內部的遊戲，提早轉看待成是已然發生於「你」、「我」對話交流間的視域融合。

　　審美無區分不但否定審美意識之強加區分並造成隔離，同時也徹底取消一種藝術作品自身（純粹之作品在己、作者意圖、原蹟原件、原初客觀標準等等）的想法，讓藝術之所以為藝術的重心放置到有作品不斷得以表現（Darstellung）、一再重演、重現而為後人接受的雙重模仿及創新性格當中。但說明至此，是否一連串總結於「審美無區分」的評論，讓他和康德漸行漸遠，也完全無視於康德先驗哲學系統其相關分析與整合的要求？如第一批判以來分析列舉，推證為真和辯證駁偽？或說審美無區分是否矯枉過正，毀去美學獨立自主領域內的概念清晰性？如若高達美自己也承認這是個「非概念」（Unbegriff），[52]那麼這對於只在意修辭論說效果，意在找出貼切字詞傳達而不拘泥正確概念形成的詮釋學思考，根本不成問題。果真如此，或許「審美不區分」早已可看作他後來討論經典詮釋時，交談對話間「視域融合」一個美學前兆。

四

　　以上我們看到高達美對康德的批評與不滿多且密集，交錯出一幅和詮釋學理想相去甚遠的圖像。簡化說，他以審美意識的不當設定和主體性奠基為批評起點，以「審美不區分」的提出作總結。的確，在他看來審美意識不算什麼。有鑑於真正被稱作「經典」的作品所能向我們傳達、告知的義蘊豐富（die Fülle），審美意識說徒然阻礙我們與作品的交流並進行理解。[53]詮釋學一向看重經典文著，看重傑出的文本與卓越的作品，其中美不勝收的精神啟迪效果與文化傳承使命，有如藝術殿堂裡當作人類集體業績般供奉的公有財產。[54]

---

[52] *Gesammelte Werke* II, 14.

[53] *Gesammelte Werke* II, 223.

[54] 高達美曾指出，康德否定語文學和歷史學研究會在美的鑑賞中有什麼幫助，精神科學在此甚至喪失其

　　康德開始時確實是集中於自然美，對美的鑑賞或趣味時如此，至「天才」與「壯美」出現時亦且如此。自然中的對象之為美，撇開認知概念之歸攝作用與實踐興趣之利害摻雜，因而是純粹的鑑賞活動。但事實上，同樣眾所周知的，康德對審美判斷的討論雖然集中在鑑賞之上，但他對鑑賞可能性條件的先驗推證直到第59節，到直接把美看待成道德善的一個象徵之前，整個推證合理化過程是仍屬尚未完成的。美作為自然中應有、應出現的道德善的象徵，針就這一點而論，康德畢竟未淪為內容上完全放空無物的格局，反而有其密實的論述結構基礎。

　　美，可以是自然美或者是藝術美，其間差別在於：「一自然美是一美的事物；而藝術美則是對一事物之美的表象（Vorstellung）。」[55] 但只要是美，我們就「可以名之為審美理念之表達（Ausdruck）：只是在美的藝術裡，這個理念必須透過一個對客體之概念來促成，但在美的自然當中對一給予直觀之單純反思，而不必有此對象應該是什麼的概念，就足以喚醒並傳達那個被視為表達的客體之理念。」[56] 當藝術美不得不搬上檯面之際，美不但更是審美理念的表達，康德也不能再僅只用天才概念來解答所有的問題。因而我們開始看到「美的藝術」（die schönen Künste）的分類、排序問題等等討論，且能從中發現極有意義的發展，並非不甚重要。例如康德所謂「講話的諸藝術」（die redenden Künste），對詩的藝術、語言功效與修辭學之有限度的保留，這些都是除了「共同感」與「共通感」間的可能關聯與銜接外，亦可提供詮釋學與《判斷力批判》接合的可能性。

　　從高達美之理解評論康德美學思想言，首先，應該要再深入檢討高達美「審美不區分」（ästhetische Nichtunterscheidung）的看法，指出這雖然有利於他的藝術作品存有方式之「遊戲」（Spiel）說，以及偏重觀賞者／詮釋者立場之「模仿」（mimesis）說，但是從康德哲學立場言，這卻是違背主體奠基批判所特別著重的自主性原則的。如果一般而言，反思判斷與決定判斷、自然美與藝術美、審美意識與審美對象、乃至於形式與內容、創作與材料之間完全不作區分，固然可擺脫科學方法論入侵藝術審美的高度精神活動，卻很容易陷入論理上的進退失據，混

正當理由的基礎，見 *Gesammelte Werke* I, 46，但其實康德《判斷力批判》第 60 節論稱「人文學科」或「人文教化訓練」（*humaniora*）時，並未排斥文化或教養等前知識的形式，可提供預備的工作。

55　*Kritik der Urteilskraft* 第 48 節，引見頁 188。

56　*Kritik der Urteilskraft* 第 51 節，引見頁 204。

為一談。批判理論哲學家哈伯馬斯與 Karl-Otto Apel 等，早先批評過詮釋學說，認為海德格和高達美真理思考都欠缺一規制性原則（das regulative Prinzip），在此處對照高達美對康德美學的批評後，更顯不容迴避。此其一。

其二，康德從審美鑑賞判斷中，所見及人類各種認識能力間的自由交互作用，應該是他美學理論裡極為重要的一個部分。一種真正能和諧並作於自身理性中的認識活動，基本上是發生於每一理性主體自身當中，同時又能先天上確定其可傳達諸其他同樣是理性存有的主體間的。[57] 這裡涉及的正是認識活動的基本可傳達、可溝通性，據以要求「每一個其他人的同意」，[58] 這和高達美所言相異之視域間尋求融合的差異甚大。雖然康德也會用自由遊戲（das freie Spiel）或者「並作」（Zusammenspiel）等字詞，形容各認知能力（Erkenntniskräfte）或情緒能力（Gemüthsvermögen）間和諧無礙的共同運作狀況。但相較下，高達美「遊戲」之喻或「視域融合」（Horizontverschmelzung）現象，是否反而會只是充滿善意期待的發生，無須經過一種規制性理念或必然性的討論？若然，那麼誰才會是真正主觀？這樣的詰問，現在若再回顧康德啟蒙宗旨來討論會更具意義。事實上1980年高達美回顧他當初認真處理「遊戲」概念的一處說明，甚至表示：「我發現自己真正說來是完全站在康德附近的，當他談論起諸認知能力之自由遊戲時。」[59] 他真正拒不接受的，惟有自然美之勝過藝術美而已。

其三，康德美學對某些特定「美的藝術」的分析，非常確切而並不含糊。例如詩的藝術（Dichtkunst），即高達美所說的 Poesie，不僅被列為講話藝術之首，甚且為所有美的藝術之首選，審美價值地位最高層級者。[60] 高達美最重視的修辭學理念及修辭學傳統，也並未在科學奠基性思想中完全棄置不顧。康德真正貶抑的是暗藏特殊目標（subreptiv）、針對特定說話對象（群眾）而發的（restriktiv）說話技巧之雄辯術（Rednerkunst/ars oratoria），而非能引起普遍共感的修辭學與詩學。[61] 簡言之，康德並未完全排斥修辭學與詩學兩種「講談藝

---

[57] 目前較新版英譯本皆把 Mitteilbarkeit 譯作 communicability to others 即為一例。

[58] 參見 *Kritik der Urteilskraft* 第 59 節。

[59] *Gesammelte Werke* VIII, 204.

[60] Dichten 會同時有「創作」及「寫作」或「作詩」之意，但卻絕非沒有根由、毫無憑據的「虛構」或「杜撰」，和康德常用的另一動詞 erdichten 不同。

[61] 參見 *Kritik der Urteilskraft* 第 51 節、53 節的討論。

術」（die redenden Künste）皆可列身「美的藝術」之列，不過兩者輕重顯然有所不同（「講話修辭藝術是把一件悟性的事情當作是一種構想力的自由發揮來推動的藝術，而詩的藝術則是把構想力的一番自由發揮當作是一件悟性的事情來執行。」[62]）善用構想力與悟性的合作，這不但可能相當符合高達美所言「講話優美」或「說得好」（ευ λεγειν）與「善意詰難」（ευμενεις ελενχοι）的詮釋學交談對話原則，同時更顯見康德對相關問題的精細思考，確能有助於今世語言哲學的一般論述基礎。當然，真正的修辭學，始終須聯結於最深切的自我道德要求而出發：自己無由感動的內容，如何可能表達傳遞給他人？自己都不會相信的事情，又如何可能說服別人接受？所謂「修辭立其誠」，這點高達美與康德都會是真正重要的同樣考量。

同時，康德也很清楚哲學原理一定要通過語言辯證、聽聞傳說的廣闊領域（acroamatisch），而非像數學理論般直接通過公理（axiomatisch）。所以《判斷力批判》第59節裡，康德關於非透過圖式（Schema）中介的、而屬象徵（Symbol）性質的 Hypotypose（如何把關於一直觀對象的反思轉迻到完全不同的概念上）之討論，以及對這些經由類推而來、不混合感性直觀內容的概念表達上之積極作用的探討，也很可以和高達美重視的譬喻（Allegorien）說相互發明對照。因為，畢竟康德也注意到「理性之詮釋」（Auslegung der Vernunft）的工作不可或缺。所以與59節相關，除一種不經圖式、而透過象徵的概念活動和概念表達外，同時康德對於一切哲學原理原則之語言表達性（Diskursivität）的洞察，承認哲學難免要向著屬於聞聽論說（acroamata）而非圖式（schemata）中介或公理（axiomata）演繹的方式，另啟特殊的知識建構途徑。這一肯定哲學須聽聞論述知識、須對傳統哲學概念如「基礎」、「實體」、「偶屬性」、「必然」等加以詳實論述及澄清的看法，正表示除自行思維外亦有相互論辯的側面，開啟康德哲學對詮釋、理解、溝通活動的積極面，很值得由詮釋學角度予以開發。

62　參見 *Kritik der Urteilskraft* 第 51 節，引言見頁 205。非常值得注意的是，高達美在 *Gesammelte Werke* I，頁 77 處可謂預留伏筆，故意用對等聯結詞 und 引述這一說明，經簡化以強調不可偏廢，保留住、甚至要強調 Beredsamkeit 畢竟仍屬「美的藝術」的地位。

五

　　如前我們看見，高達美依一種包羅萬象的藝術哲學為準，用其間必當蘊藏的豐富內涵與無盡資源，責難康德從前獨特的美學思考成就，其實非常容易造成一脈立論主觀化與內涵空洞化的審美虛幻。[63] 高達美不但善用藝術品舉例，嫻熟於藝術史及知名藝術理論，本人更精研博覽，詩詞背誦如流，是人文素養極高的學者。但是面對著哲學文本，似乎是件遠比藝術品評困難得多的事情。海德格曾說思想家著作都是隔代交談的書寫發聲，高達美也指出：「哲學諸文本（……）真正並非文本或作品，而是對一場穿越時代而進行的對話之文稿。」[64] 如果他自己都主張說：文本與詮釋間應轉化為一場生動對話，或說可引申至交談模式之譬喻予以發明；那麼，高達美之理解《判斷力批判》，康德這部文本和他的這些詮釋，這場對話進行不順的糾結何在？

　　首先，他對哥白尼轉向下率先追究主體主動性能力，以完成先驗奠基的主體性哲學，絲毫未表同情。反對審美意識僅止是其中一端。康德的哲學美學獨立性以對審美意識（其發用則為鑑賞判斷）的分析為核心，指出其於人類生命情感提升中不可或缺的地位，透過「美是道德善的象徵」，起到自然界知識與道德際自主間的聯繫作用，讓理性的理論及實踐應用二者可同時兼顧且和諧並作。康德本人自有其出發點，一路照顧下的持續開展，甚至圓成其說宗旨的獨創性發揮。但畢竟先天探究各種成立可能性的必要條件，這和詮釋學理論一貫偏重總是已然（immer schon）發生的存有事實，確為兩種很不相同的思考起始與思考方向。先驗哲學重視的是邏輯推證上的，而非發生時序上的優先性。

　　其次，康德美學思考僅只占一本重要哲學著作的二分之一（強），此書復占批判哲學全體系的三分之一（弱），如果堅持詮釋學上整體與部分於解讀過程

---

63 與高達美或詮釋學毫不相干的英美研究，藝術理論者如 Nelson Goodman, Richard Wollheim 等也曾指出康德美學裡，因為無需一明確概念而有所謂「認知空洞」（the "empty cognitive stock"）的疑慮，但 Christopher Janaway 曾替康德辯護，謂康德已成功翻轉出自由與實踐領域的普遍必然性，未停留於純粹美學之中。見 Christopher Janaway, "Kant's Aesthetics and the Empty Cognitive Stock." In *Kant's Critique of the Power of Judgment: Critical Essays*, ed. Paul Guyer (Lanham: Rowman & Littlefield Publishers 2003), 67-86。

64 *Gesammelte Werke* II, 13.

間，須交互啟明的理解循環策略，《真理與方法》反而顯得急於藉由嚴詞評議康德的一些拆開來的想法，以彰顯高達美心目中最符合詮釋學經驗的藝術遊戲說。如此雖不一定是斷章取義，至少不時有論此失彼的未盡周全之嫌。1977 年高達美《論美的現實性》和 1980 年〈直觀與直觀性〉，[65] 高達美又逐漸承認康德若干美學洞見之不可取代的貢獻，已可略見一斑。其中又以前述悟性與構想力兩種認知能力間的「自由遊戲」（das freie Spiel）說為然，不過對自然美的優先仍然不予同意。另外 1985 年全集版，在原先毫無一言提到康德「壯美」（das Erhabene）思考的《真理與方法》裡，他也事後添增一註腳，[66] 承認此「壯美」分析對當代藝術及道德哲學論述的特殊意義，等於間接承認當時疏漏，看來對話果真需要時間。

最後可再得而申論者，則是如何讓一部接一部的哲學經典文本與詮釋，化身一場又一場無盡的對話與實踐，走出更寬廣充實而兼容並蓄的哲學研究道路之問題。本文僅可視為往這一方向進行的一個初步嘗試。至於如何再次從細部問題的追究，轉回到綜觀角度呈現，整合出一個從康德《判斷力批判》一直延伸至《人類學》、《邏輯學》的理性啟蒙三格律說之精確的康德哲學立場，並藉由高達美「共通感」說對照下，檢視康德「共同感」學說的積極現代意含，尚有待努力。

---

65 兩篇論文分別刊於 *Gesammelte Werke* I, 94-142, 189-205。其中思考更深，看法已有若干改變。
66 見 *Gesammelte Werke* I, 57 的註腳增補處。這是全集版問世前各單行本中未曾出現的補充。

參考文獻

張鼎國，2005。〈指南山麓論指南——康德哲學中「啟蒙」與「思想中定向」問題的
探討〉，《國立政治大學哲學學報》第13期，頁63-98。

Engelhard, K. 2003. "Kant in der Gegenwartsästhetik." In *Warum Kant Heute?* hrsg. Dieter
Heidemann und Kristina Engelhard. Berlin: de Gruyter.

Gadamer, H.-G. 1967. *Kleine Schrifte I: Philosophie/Hermeneutik*. Tübingen: Mohr.

——. 1977. *Die Aktualität des Schönen: Kunst als Spiel, Symbol und Fest*. Stuttgart:
Reclam.

——. 1979. *Kleine Schrifte II: Interpretationen*, 2. Aufl. Tübingen: Mohr.

——. 1986. *Gesammelte Werke I: Hermeneutik I/Wahrheit und Methode: Grundzüge einer
philosophischen Hermeneutik*. Tübingen: Mohr.

——. 1986-95. *Gesammelte Werke II: Hermeneutik II/Wahrheit und Methode:
Ergänzungen/Register*. Tübingen: Mohr.

——. 1993. *Gesammelte Werke* VIII: *Ästhetik und Poetik I/Kunst als Aussage*. Tübingen:
Mohr.

Gadamer, H.-G. and C. Dutt. 2000. *Hermeneutik/Ästhetik/Praktische Philosophie: Hans-
Georg Gadamer im Gespräch*. Heidelberg: Winter.

Grondin, J. (Hrsg.). 1997. *Gadamer Lesebuch*. Tübingen: Mohr.

Guyer, P. (Ed.). 2003. *Kant's Critique of the Power of Judgment: Critical Essays*. Lanham:
Rowman & Littlefield Publishers.

Heidegger, M. 1960. *Der Ursprung des Kunstwerkes*. Mit einer Einführung von Hans-
Georg Gadamer. Stuttgart: Reclam.

Janaway, C. 2003. "Kant's Aesthetics and the Empty Cognitive Stock." In *Kant's Critique
of the Power of Judgment: Critical Essays*, ed. Paul Guyer. Lanham: Rowman &
Littlefield Publishers, pp. 67-86.

Kant, I. 1974/2001. *Kritik der Urteilskraft*. Hrsg. Heiner F. Klemme. Hamburg: Felix
Meiner.

——. 1990. *Erste Einleitung in die Kritik der Urteilskraft*. Hrsg. Gerhard Lehmann.
Hamburg: Felix Meiner.

——. 2000. *Critique of the Power of Judgment*. Translated Paul Guyer and Eric Natthews.
Cambridge: Cambridge University Press.

佇立時間邊緣的希臘神殿
從海德格《藝術作品起源》回探《存有與時間》的詮釋學出路

《現象學與人文科學》第 5 期（2009.12）

前言

　　若說這篇會議論文緣起，除紀念《存有與時間》（*Sein und Zeit*，以下簡稱 *SZ*）[1] 問世 80 週年外，可得言者有三。

　　其一，因為關注 1930 年代中，一篇海德格著名的演說《藝術作品起源》（*Der Ursprung des Kunstwerkes*，以下簡稱《起源》[2]）在他整體思想變化間的位置，這是許多學者探討過的題目。若先簡言之，此講稿篇幅並不豐厚，蘊涵的深刻意義卻相當獨特，1950 年初刊即收入文集《林中路徑》（*Holzwege*）為首選，深受作者重視之程度可見。我們甚至可大膽設問：這是當年時空和世局巨變下、個人與國族命運摸索間，海德格指出的第一條思想可能出路嗎？

　　其二，後來《起源》全稿託付高達美整理，請後者加撰〈導讀〉以小冊專書形式出版（1960 年 *Reclam* 版。書成，高達美〈導讀〉表現得理解精闢，評介中肯明晰，深受海德格肯定；且此書題材和論旨，明顯重見於高達美本人同年問世的《真理與方法》（*Wahrheit und Methode*，以下簡稱 *WM*）[3] 內容與風貌上。兩位哲人間前後呼應，歷歷可尋，以及後起者對前者思想的詮釋開展，在在呈現

1　Martin Heidegger, *Sein und Zeit* 最早於 1927 年出版時為未竟之作，至 1953 年以前皆註明為「前半部」（Erste Hälfte），第 7 版則刪除，放棄原計畫。本文依慣例一律引 *SZ* 原版頁數，根據單行本第 13 版（Tübingen: Niemeyer 1985）；引海德格《全集》則縮寫成：*GA* 冊數：頁數，根據 Martin Heidegger, Gesamtausgabe, Bd 1- (Frankfurt am Main: Klostermann 1985) 至今。

2　以下隨文附 *Reclam* 及 *Holzwege* 頁數，版本說明詳後。

3　根據 Hans-Georg Gadamer, *Wahrheit und Methode*, 4. Aufl. (1975) 原版頁數；引高達美《著作集》，*Gesammelte Werke*, Bd.1-10 (Tübingen: J.C.B. Mohr 1986-1995)，縮寫為 *GW*。

當年那篇演講，其中有關詮釋思考的解讀，對當代詮釋學成型有決定性推動力量。這方面的主題，雖然也有人研究過，始終仍感不足。

其三，《起源》內容除詩文引句外，舉例最鮮明者有二：一為梵谷畫作《農鞋》，一為屹立至今的希臘神殿。前一例因知名畫作而成議題，學者多有討論，甚至曾為究竟指哪一幅畫？幾號作品？挑起過大大爭論。後一例，述說神廟建築今昔，對當今讀者卻更具詮釋學意義。因為若配合文中「世界」與「大地」消長對峙、真理在於「顯」「隱」之際，與「自然」即為「冒出」到「撤回」間等等論說語彙，海德格將一套大膽嘗試的思考表達得貼切生動，明確扣回到1927年 *SZ* 裡未澄清處。

所以我們要問：《起源》如何接替 *SZ*？《起源》是否已另行覓得一思考出口？這樣子提問，很可以形成一個以文本對探文本的提問解讀。

本文將指明：希臘神殿之佇立定址，儼然滄海桑田、人世無常感慨聲中，另一種穿越時間與歷史變化的亙古見證，比高度依賴語言文字的神話傳說、或經典文本，更顯堅固不移。當然，廟宇神殿之建築實體猶存，大抵歸功於建材耐久，歷代間未遭摧殘破壞，加上人為修繕，甚至因觀光旅遊等消費需求，增添保存價值和維護動機。但當年海德格獨具慧見，以希臘神殿為一民族之總體意志表達的遺跡，講述藝術品中真理的開示、精神的安置、神明的進駐及消退，已另啟 *SZ* 以來追問存有意義的新頁。這對於詮釋學盛起後「古蹟維護員」（Denkmalpfleger）的譏諷（Odo Marquard），對於詮釋學究竟志在「翻新」（Renovierung）或「修復」（Restauration）等質疑，這篇演說都可啟迪解惑，值得探訪。

如下我們的行程會先查詢著作的出現時機和版本變更（第一節），然後開始評述內容大要（第二節）。當然會優先擇取其中思維創新之處，以及針對詮釋學而言最切要的論旨，而無法鉅細無遺討論，也避免在語詞概念轉譯間過度糾結。演講行文間，配合著希臘神殿的出現，提出了深刻論說的「世界」與「大地」之爭（第三節），包括晦澀的「雙重遮蔽」論以及藝術真理「始創」（Stiftung）說（第四節），都是極凸顯的思考創意與言論探險，須格外留意。其後，讓我們檢討這些新嘗試，對一般而言的詮釋任務起何效應，又如何形成他自己探索「存有／真理／意義」問題的新觀點（第五節），從中看待一種能延續海德格思想的詮釋學之繼起（第六節）。

一、《藝術作品起源》的出現時機與成稿經過

　　《藝術作品起源》出現於海德格主要著作《存有與時間》（1927）出版後，有跡象顯示他已無意完成、無法完成，或至少不急於完成 SZ §8 原計畫大綱之際。兼之這一時間點，發生在他與納粹崛起間一段似有若無的外在關係（1933-1934）結束後，某種思想改變或「轉折」（Kehre）（1936-1946）蘊釀中。因此如許多學者共同指出，這部 1933 年前已初具文稿雛型，1935/1936 改成講稿、多次宣讀發表，1950 年於《林中路徑》刊出，最後 1960 年全文修訂、交由高達美加撰〈導讀〉、編成 Reclam 單行小冊的著作，其實正是他思想「轉折」的一份佐證。這份關鍵文本，勢必要從他思考蛻變，及後來改變存有發問立場，甚至變更書寫論述風格的事實與效應來衡量。若說對這部重要文獻的解讀，本身即為一詮釋學極大挑戰，應不為過。

　　文章撰寫上，目前所知，海德格 1931/1932 年已擬一初稿（文稿編號 3109），標題《論藝術作品的起源》（*Vom Ursprung des Kunstwerkes*），[4] 但並非為演講準備，文字不多，許多精彩用詞和論點也未出現。至 1935 年 11 月 13 日受邀於弗萊堡藝術學會演說時，始有第二份為演講用稿（編號 3503）；1936 年 1 月，應瑞士蘇黎世大學學生會邀請，重複宣讀一次。第三份文稿最接近現刊本，是 1936 年 11 月 17 日、24 日及 12 月 4 日，分三次於法蘭克福發表的系列演說，（編號 3608 ／當時高達美曾專程到場聆聽），並於 1949 年秋加〈後記〉（編號 5002）發表於《林中路徑》篇首，數度重印間，僅小幅變動。

　　另方面，外在環境移轉下，五〇年代中、後期，海德格個人聲名出人意外地於戰後再起高峰，這和他可以恢復演說、授課，出席座談而造成風潮有關。但長期沉寂後，一時又有大量手稿、著作、演說談話輯印成書，促使他 1956 年修訂講稿，增添幾紙〈附錄〉（編號 5603）且親自委託高達美執筆〈導讀〉，編成流通更廣的 Reclam 版袖珍書冊（編號仍是 3608）；用意在幫助一般讀者理解他愈來愈難以掌握的思想與行文風格，表明他對存有問題的微妙轉變。且事實證明，高達美寫的〈導讀〉貢獻不小。現在的《全集》本（*GA* 5），收錄的是兩個同樣

4　曾整理刊登於 *Heidegger Studies* 5 (Berlin 1989), 5-22，本文有參考對照。海德格所有作品編號根據 *Heidegger-Jahrbuch 1* (Freiburg/München: Alber 2004), 459-598 所公佈。

編號 3608 的對校版本，以隨頁註腳標示用字差異。

　　令人玩味的是，根據多方記載，我們幾可確知：海德格這位精通希臘哲學，熟知希臘文化及精神理念的黑森林哲學家，竟是直到 Reclam 版發行後的 1962 年，年過 70，才因為太太 70 歲生日相偕造訪希臘，首次造訪《起源》裡引以為例的神廟遺址。他身後出版的希臘遊記《棲居》（Aufenthalte）裡，曾有很具個人書寫風格的景物描述和踏訪心得。1964 及 1966 年，他第二及第三度前往；1967 年 3 至 4 月旅居雅典科學藝術學院，同年 5 月 13 到 21 日再因太太 75 歲生日賀禮，搭船遊訪了愛琴海 Ägäis 諸島，留下另一部遊記。[5]

　　這麼說來，就像德希達曾質疑的：海德格講《農鞋》時究竟講第幾號畫作？德希達發難，意在解構由藝術中獲致真理的詮釋途徑；而同樣難免有人迷惑：海德格當年所指、或神遊的，究竟是哪座神殿？即作者是否曾親臨現境，所謂「在場」與「不在場」問題？像他初稿指名「上城」（acropolis）可謂希臘民族精神表彰，然則雅典的 acropolis（或譯「衛城」）固然最有名，是旅遊畫冊常見圖片及報導的，但古希臘幾乎每座城都有上城，即該城神殿遺址，公眾場合所在。換句話問：他是指某一處、特定一處說，或大家熟知的無數座希臘神殿中任何一處？[6]

　　只不過，果真如此放任歷史考察、客觀求證，恐怕正是理解此文的障礙；更弔詭的，會剛好是此文立論上須克服的一種態度：以「研究」取代「思想」，而非為思考掙得一條出路。海德格借助神殿為喻以立說，其實是他長久以來，認定希臘人對「真理」原初看法即為 αλήθεια（無遮／無蔽）兼為 α-λήθεια（「揭─蔽」或「顯─隱」）的延伸而已。所以這些演說並不觸及對象與對象化問題，無須處理外在客觀物如何被確定為對象而「置諸於前」，即所謂「表象」（Vorstellung）思考問題；[7] 而是歷史上當真不乏此等屹立不搖的藝術品存在人間，讓有限存有

5　第一篇遊記 Martin Heidegger, *Aufenthalte* 為德文小冊，1989 年為紀念百歲誕辰由家族交付 Klostermann 出版；英譯 *Sojourns: The Journey to Greece* 2005 年 SUNY 出版。後來第二及第一篇共同編入 2000 年出版的全集第 75 冊《希臘遊記》。兩篇遊記都大量引用 Hölderlin 詩句，反覆討論 αλήθεια 概念，並特別著墨 Aφαια 女神（古代的無影無形之神 Aphaia，不出現、不現形之神）的廟宇，以強調 A-φαια 與 A-λήθεια 的關係，這點對於理解《起源》的思考內容幫助極大。

6　另初稿也曾以 Naumburger Dom 為德意志民族之精神表達，但後來只提到 Bamberger Dom 存在原址而已；參考前文註 4。

7　海德格五〇年代探討《何謂思想？》問題時常說：與傳統哲學有別，現在要提倡的是「本質思維」（das

的人們得以趨近、面對，促使人們去追究時間中的發生與消逝、出現與不出現，去靜思真與非真、意義得失與偉大歷史場景、時空臨在（Anwesenheit）等深奧問題。一項由他自己發動、要改變 *SZ* 的思維轉型，已悄然展開。

　　所以《起源》舉神殿為例，重點本非那些斷桓殘壁，散落傾倒的樑柱石塊，亦非搬進博物館的局部精華，如慕尼黑收藏的系列大理石雕 "Die Aegeneten"，更不是遠古為遮陽擋雨而搭建起的屋宇之用途。神殿之為古蹟舊址，是無法輕易消除或否定掉的實存實有，像高達美的話說：「一藝術作品的意義就在於，它事實上存有在那。」[8]──藝術作品乃超出個人其上的存有在此（Da-sein）：那處一度為神明被供奉、受崇隆的所在，如今仍保存有對一個民族興衰的見證，讓後世有機會蒐集記載傳說，融進回憶與想像，在遺址處依稀補捉幕幕景象，重探當年生活世界中的現實與意義。演講裡有如此的文字描繪：

> 一棟建築作品，一座希臘神廟，並不模仿什麼。單純佇立於多裂痕的巨岩山谷間。建築容納神明形象入內，讓她立此掩蔽並透過敞開的軒廊柱石向外拓出一片聖域。神明因神廟而現身殿內。神明臨在本身形成一神聖屬地的場域延伸及界限推移。然則神殿及它的領地並非飄浮無定。是神殿建物首度連接起周遭那些路徑及那些事物的關係並聚合其成一整體，出生與死亡、災禍與喜慶、勝利與怯弱、堅毅與墮落皆發生其間──共同為人的存有顯現出其命運的面貌。這大片統轄人事關聯的開闊處即為此歷史民族的世界。從這開出也落在此處，終歸要他們加緊實現自身決定的命運。（*Reclam* 37, *Holzwege* 27）

　　因而重點不在確認遺跡或恢復舊觀，即便我們重返故地，那世界定然已近頹壞、崩解，然而又由於確有其事，依稀見證著某一世界的歷史命運，遺傳至今。如此變化，講稿裡用「世界崩壞」（Weltzerfall）、「世界退離」（Weltentzug）等語詞形容，相對於 *SZ* 以來所言「在世存有」（In-der-Welt-sein），遂產生一強烈對

---

wesentliche Denken）而非「表象思維」（das vorstellende Denken）。《起源》正是本質思維而非表象思維，詳後。另外，此文批評美學「體驗」（Erlebnis）亦可為一例證，足見這並非高達美 1960 年論藝術中真理時首倡。

8　"Der Sinn eines Kunstwerkes beruht vielmehr darauf, dass es da ist." In *Die Aktualität des Schönen*, Hans-Georg Gadamer (Stuttgart: Reclam 1977), 45.

照，透露出前後論議焦點的轉移。這或許令人想起注重藝術作品地位的黑格爾美學，強調藝術的「過去性格」（Vergangensheitscharakt），但稍後要說明：黑格爾這個美學論點，卻是海德格與高達美一致反對的。

神廟建築立身於時間彷彿停頓之處，棲居大地而尚未消失殆盡，訴說著過往的榮景與興盛，供世人造訪、逗留、憑弔，於憶古當中緬懷舊世，為現今的生命從中發掘義蘊。總之，這樣的藝術作品確曾撐起過一段歷史，開顯出一個世界，讓神明現身、精神表現具體成型；且儘管事過境遷，仍有豐富意理可供追思整理，當下理解。這是通貫演講全稿的旨趣，也是本文所欲啟明的詮釋學出路。

二、《起源》內容與其創新之論

實際進到文稿，有簡短引言鋪陳一循環布局後，海德格分〈物與作品〉、〈作品與真理〉、〈真理與藝術〉三段，展開一場充滿創意的哲理思辯。篇首出現一番深具海德格風格的循環論說，明確指陳不同論述的詮釋可能；很特殊的布局，此處不必贅述，但充分印證 SZ 裡標舉「理解」與「詮釋」的特殊要求：不畏懼循環，嘗試正確踏入其間，從往來相應間找到真正值得思究的探討題目（Thema, SZ 153）。所以題旨解析中的理解循環，暗藏的正是詮釋上推陳創新的根本可能。開場白反覆突兀外，提起兩個討論藝術問題時常被套用的概念，以說明藝術作品之非僅是「物」（Ding），但其後完全不再處理：一是「譬喻」（Allergorie），一為「象徵」（Symbol），典型的美學思考語彙。

「譬喻」是借用他說，藉以揭開無法明說、不能直說的東西；「象徵」則內含深意，引領至高遠或深奧之處，意義由來的本源地。兩者同時揭示藝術作品之不止於為「物」。根據海德格擅長的字源考究，譬喻的希臘文原意為換個方式去說（άλλο αγορεύει），也公開向其他人講說，說出不單所說的東西而已，而且讓其他的東西（das Andere）也因此可被說出（Reclam 10, Holzwege 4）。這在語言文詞的表達及傳遞效果上尤其重要，故修辭學與詮釋學的工作同樣借重譬喻，可謂理所當然，後來高達美《真理與方法》於此著墨甚深，顯見受其影響。

象徵問題亦且如是。象徵所指，象徵所要象徵出來，被一併帶出、合在一起呈現出的東西，原非固定不移的對象，反而是須在趨近中認清、摸索間辨識，嘗試接觸下始得澄明的事物。這些都是德文說的「事理」（Sache），是內涵的道

理，或事情重點、重要處，而非一般「事物」或「物件」（Ding），[9] 更和近代
哲學中與「現象」出現相對的「物自體」（Ding an sich）無關。藝術活動的安排
間，象徵所象徵的，總是在理解及視域之前緣地帶，所謂界限或邊緣處，引領理
解活動於似曾已知及實際未知之間，到向可能的且更為寬廣的更新之知。[10]

　　至於「物」，正是首篇演講〈物與作品〉析辨的焦點。海德格先指出：「整
個而論「物」這個字在這裡命名著任何不是根本沒有的東西。」[11] 並且以數學
等號列出德文、拉丁文「物」與「存有物」、「存有者」間可代換的用字關係：
"Ding=res=ens=ein Seiendes"（*Reclam* 12, *Holzwege* 6）。那麼，如此一個平凡
到不能再平凡的字詞，在討論藝術之藝術作品時會有何關聯？我們在此只能進
行最簡單整理，但很快可以看出任何熟悉《存有與時間》的讀者都能看出的差
異：海德格現在發現到既非「手前存有」（Vorhandensein）、亦非「及手存有」
（Zuhandensein）的另一種「藝術作品之存有」，同時也是另一種不再能沿用1927
年「此有分析」的「存有在此」（Da-sein）。[12] 這篇演講進行的方向就是由「物」
到「具」，再由「用品」到「作品」，而後能暢言「真理」與「藝術」的問題。

　　基於一貫懷疑傳統概念適用性的態度，海德格首篇演說還列舉三種西方
哲學對於「物」的固定看法，討論後指出其不足，無以澄清「藝術品」之為
「物品」。其一是：對存有論與知識論影響最大，無論從語句構成或物體構成
都具決定性的一個概念：「物」是諸多性質的托子或載體（als den Träger von
Merkmalen）。Träger 即希臘文概念 το υποκείμενον，原意為基本的或總是置諸
其下者，引申為物之核心或其本質；中世紀譯成 subjectum（後來的「主體」
Subjekt），相關字 υπόστασις 則譯成 substantia（後來的「實體」Substanz），至於

9　雖然 Ding 和 Sache 這兩個語詞在中文裡都可譯為「事物」。
10　高達美早先 1960 年《真理與方法》也深究象徵問題，但是特別倡議要恢復譬喻的論說地位之重要性，
　　是為了突顯語言問題及文著類藝術品；至 1977 年論《美的現實性》（*Die Aktualität des Schönen*，以下簡
　　稱 *Aktualität*）時，才終於承認象徵之巨大實效以及超語言力量。
11　"Im Ganzen nennt hier das Wort Ding jegliches, was nicht schlechthin nichts ist." *Reclam* 12, *Holzwege* 5.
12　海德格至時發現一特殊存有者〔存有物〕而改變存有論格局，許多 學者都有共見，不一一引述。但筆
　　者個人更認為，海德格進展至五〇年代即脫離 *SZ* 以「此有」、「手前存有」、「及手存有」共構成「在
　　世存有」的論述架勢，取代之以一面追問《何謂思想？》（Was heißt Denken? 參考 *GA* 8、*GA* 14 等），
　　另則探詢什麼是一物（Ding）、如何瞥見一物——包括經驗之物、思維之物、超感官物、時間中追求之
　　物，主體、實體、乃至於永恆、歷史、命運之為物。如此主張無法在此詳論，但無疑可視為始自《起
　　源》的一項重大轉折。

非本質、非核心的各特徵 συμβεβηκός 就是 accidens。這是「實體」與「偶屬性」的古典概念，分指事物的本質或核心實體，以及可歸諸其上的外緣特性、屬性。

其二：第二種物概念謂「物」是感知「感受雜多性的統一」（als die Einheit einer Empfindungsmannigkeit）。這是從感性活動、感性之學（即審美之學）來講，基本上認定「物」即凡是「感覺感知到的東西」（αισθητόν）。這一概念，同樣也是知識探討與存有規定上極常用概念，表現一定的思維方式與認知態度，卻很容易錯失物之在己的實然面——物之自有其發展演變、自有其份量的一面，因而不適宜探究藝術作品之為物。

其三：最後一說，「物」是經由形式整理過的材料（als den geformten Stoff），或即形式（Form/ύλη）加入質料（Stoff/μορφή）後兩相結合而構成者（das Stoff-Form-Gefüge）。這一對概念，表面上看來，最適合討論美學及藝術創作理論，也不乏前例可循；但實際上，其背後隱藏有「理型」（ειδος）說與「創造」思想（Schöpfungsgedanke）的這對哲學概念，早就超出美學範圍之外，甚至可以講任何東西——能講一切「存有物」、也能講一切「器物」（Zeugding），惟獨講不出真正的藝術作品之為物，仍不適用。

如此演講前三分之一，大多環繞著三大規定而進行，這些概念與字詞不但流傳長久，同時變化繁多，可見傳統提供的概念不可謂不足。然而問題在於從開始以來，「羅馬人的思想取用了希臘的字彙，卻沒有這些字彙所講述的相應原初經驗，缺少希臘的話語」（*Reclam* 14-15, *Holzwege* 7）。這是海德格總評，原文即斜體強調語。它們再經近代哲學幾度移用轉換到今天，字詞與思想經驗間差距更可想而知。結果一方面，他的回溯再次詳述西方傳統的形上學思考，於遭遇到何謂一「存有物」、何謂一「存有者」或何謂一「物」的嚴苛追究時，都言有所窮，概念都不適用。但另方面，也借助對於「物」（Ding）、「具／用品」（Zeug）和「作品」（Werk）三者間的層層差異指陳其區分，從而提示不同的存有探討之可能，以便後面能處理更本質性的「藝術」與「真理」問題。通篇觀之，儘管語多重複且一再循環，算得上標準的現象學操作，由淺入深，逐步推出「世界」、「大地」、「真理」等說法。

首段演說費心強調的是：自然物之由工匠製成器皿，提供生活所需用具，並非一嚴格意義的作品，至少未說明藝術作品之為藝術品的本質。生產器物與創造作品顯然不能一視同值，前者特別講求其可靠性、耐用操作，及消耗故障時的可

替換性，有其不同於「物」的特殊意義，但還缺少成為「作品」其獨一無二的出現價值。後者，藝術作品，時間上雖可能稍縱即逝，未必都像巨型建築般挺立長久，但受珍視與不可取代程度，卻讓我們普遍認為破壞藝術品是和褻瀆神明一樣，無法容忍。這是藝術活動和宗教經驗裡特有的現象。

如此推進下，第一段落「物與作品」遂以梵谷《農鞋》為例，說明藝術品如何開顯一世界，呈現土地耕耘的艱辛生活，令物不止是物，具不止為具。海德格解說《農鞋》畫面時，也首次提起「大地」、「世界」這對概念：舊鞋子這雙用物原屬於大地，卻在農婦耕作活動的世界中備受重視、賦與意義；而一幅作品，正因此能讓「真理」安立於己身當中（Insichruhen/*Reclam* 28, *Holzwege* 19）。於是接近結尾處，引錄瑞士詩人 Conrad Ferdinand Meyer（1825-1898）一首短詩《羅馬噴泉》，比擬藝術品無言豐沛的層層湧現，於靜立中有躍動，流動無止間又安之自在。「藝術是真理之自行置入作品中」。[13] 這句貫通全文的名言，不像答案的一個答案，也首次確定，並牽引讀者聽眾思考。同時還有一事隨之確鑿：整部演講，關切的是「真」的問題，不必直接談「美」。

第二段「作品與真理」起，舉例發揮的取材才轉至希臘神殿。前文總是在說真理的發生，真理之置諸於藝術作品中，現在，則用神廟建築而成的譬喻，貼切說明「什麼是真理？」「真理如何安置到作品當中？」等進一步問題。海德格等於是以一種不親自到場的現象學描述，借助「神殿是什麼？」「神殿因何存在？」、「當初的精神和目的如今安在？」「其意義于今何存？」這類問題，尋思超出人類有限存有的更寬廣視域如何開啟，又何以維繫。事實上，從1931/1932年初稿以來，迫切要舉出希臘神殿為例，最重要的動機，一直未改的說明主題不外乎：如此龐然建物，比《農鞋》更適於指稱一歷史性的人間世界之開設與建立，更凸顯蒼天之下，無言大地與喧鬧人世的顯隱消長。這等於在探究說：此中確曾有真義發生，但後世該當如何詮釋、如何理解之？

神殿之為神殿，擁有許多傳說、記載、追述，也由後人平添若干想像，但

13　"Die Kunst ist das Sich-ins-Werk-Setzen der Wahrheit." *Reclam* 34, *Holzwege* 24。另一重複出現、經常引用的著名話語為「真理之置入作品中」（das Ins-Werk-setzen der Wahrheit），以彰顯藝術作品之真正為物，或創作活動之究竟何事。筆者認為無論 Setzen 或是 Sich setzen，都可以從這裡講作品存在的 Insichruhen，以及其他著作常說的 Seinlassen 去掌握。

始立之初，有兩項活動絕不會少。一是祭獻活動（Weihen），選定一莊嚴隆重時刻，於此一場合公開落成，即揭幕啟用的儀式；且從此神明常在，敬獻不斷。另一項為禮讚或榮耀其名（Rühmen），一族一城之人行事間、活動出外時必頌揚其名，事成則歸功庇佑，增添神明專有的尊榮與光彩。這兩者皆為敬神祭祀活動間，最基本的精神與核心態度。但演講如果僅及於此，可謂絲毫不足為奇。講稿最值得摘取深思的要點精華，依筆者所見，至少可梳理出下列許多細項。

其一、神殿並不模仿什麼而打造：

神殿的建築與完成，毫無模仿（abbilden）的問題，神殿不曾仿照原型，而是直接為供奉神明所建，並因此崇高目的，不僅為凡人居住房舍般的「具」的功能。故神殿的創建，和畫作、雕刻不同，更非製造一雙鞋子。神殿不仿照什麼樣子或根據一個模子製作，反而在騰出巧具創意的空間，讓神明造型能現身其中；是以物質材料搭建的莊嚴空間，迎納並經營其精神性質的內含。甚至原本無形無體的 *Aφαία* 女神的廟宇，亦且如是。每座神殿以尊崇所供奉神明為神明，且特為此立，以發揮落成時追求的意義為存在意義。對海德格言，這就是「真理之發生」與「世界之開啟」的意思：一座神殿，往往能於平常人世當中，豎立起巨大不尋常者（das Ungeheure），引領風氣，指導活動。[14]

其二、神殿開啟出一個歷史世界：

與神殿同時同地，建立起的是一人間共有的世界，而作者是誰已無關緊要，跡近消失。藝術創作之成為作品，以製作者消退為代價，如日後詮釋學說文本意旨發揮時，詮釋者引退般。「正是在偉大的藝術，也唯有偉大藝術中，談論藝術家相比於談論作品也變得無關緊要，幾乎像是在創作中自行消失讓作品到來的通道」（*Reclam* 35, *Holzwege* 25）。一歷史共業就算有出資者，有設計師及指揮眾人施工者，也不會比神明偉大。況且建築師異於工匠處，正在於其因作品落成始傳名。於是，近代美學天才創造說的迷思，在神明光耀的輝映、或說精神內涵的傳

---

14 且效果一如讀詩之脫離日常生活經驗般，因為其中所接觸者無他，乃為巨大的精神力量。可參考 *SZ* 論「本真性」（Eigentlichkeit）之出現於「日常性」（Alltäglichkeit）；但當時是論說個別屬己者之振發與決斷，現在則講述到一整個歷史族群的可能命運。

承下，黯然失色。所以後來高達美詮釋經典、討論傑出文本之流傳時，會同樣要求作者讓位，不以原初意圖為客觀重建標準。這是因理解重心已轉移到作品始立、真理置入後，意義如何彰顯，如何善加經營、存護與發揚光大等問題。

其三、神殿立起「世界」之際，也讓「大地」因作品而帶出：

更為重要的是，海德格以希臘神殿為喻，在此確實打算另有所講、別有所說，嘗試透過藝術新論以解開存有謎團的企圖。這也是高達美導讀時，直稱其最見驚奇之語──要藉一巨型建築藝術、歷史構作物以講述「世界」（Welt）與「大地」（Erde）間的「爭執」（Streit），直可撼動人心的一組嶄新概念（*Reclam* 98）。一座神殿矗立地表，遠超出個人之上，凝繫著一國一族命運變遷，且至今仍深藏著時空變化及意義承傳間深刻奧妙的道理，不論世人能否重述再現。這是海德格立論最令人驚奇之處，須多加疏解。

三、「世界」與「大地」之爭

「世界」不論在現象學、以及在海德格早期，都不算陌生語彙。《存有與時間》言稱「在世存有」，「世界」為人之此有事實生活其中的處所（生活世界／Lebenswelt），繼續存在下所有可能的展演場域，超越的可能範圍。那其實已包含著至少潛在地所有可能的「存有開放性」（Offenheit des Seins）與「存有啟明」（Lichtung des Seins）在內。但問題是，如果一切只是等待著揭開、發現、彰顯、啟明與開放，一切無阻撓、無緊張、無差錯，心想事成，無由失敗或落空，則存有、意義、真理以至於藝術，俱皆無足為奇，遑論成謎。如「決斷」之後仍可復陷「沉淪」（Verfallen），三〇年代間突然迸出「世界與大地爭執」講題，又引出「真理萌起於顯隱交錯」的複雜性：揭與蔽共存、定與未定相滲透。

海德格許多其他著作和講課間，都說過希臘人「自然」（Φύσις）原意就是冒出頭來，如草木萌芽、綻出地表而呈現各色形狀。可是可見的向上生長之同時，定有不可見的向下盤根固柢，藏匿土壤深處，這有如可形而上地說：有出自於無，無復滲入到有。其實最早（1931/1932）的初稿中，更一度出現「非世界」

（*Unwelt*）這一特殊造字，[15] 後未沿用，卻改成艱深晦澀的世界之抽回或撤離
（Entzug），即大地藏匿等說法，闡述兩股相對力量，進行「顯與隱互轉」的講解
分析。因為世界就是世界，變化無盡間的整體與總合，一切都在這發生，只能說
「世界世界化」（"*Welt weltet*" *Reclam* 41, *Holzwege* 30）而終不能像「真與非真」、
「物與非物」、「作品與非作品」般，去講「世界與非世界」。否則，難道除了「世
界」外還有另一個「非世界」，虛無縹緲的「彼岸」或「隔世」？

　　然而1935/1936年一旦採取「大地」說法，則格局更新，精彩盡出；如高達
美《導讀》所講：「世界概念在大地概念中找到一個對立概念」。[16] 海德格現在
要講述兩者關係非僅有出自無，更且於作品中仍一體不分，繼續對峙相持。於
是，「世界」固然為自行開啟的人世領域，一歷史民族命運當中的種種決定，從
簡單的到重大的，都在此推動而出現。「大地」卻展示為包藏封閉的力量（das
sich Verschließende），不斷地撤退、收回、起蔽、出錯，相掩朦混，拒絕給盡
於存有者。因為真理一旦置諸作品當中，意義一旦彰顯到一立起的世界領域，
隨即不急不緩，堅決走上可錯亂、隱退乃至消失之途。故講稿裡宣稱：「世界與
大地為本質上彼此不同卻又從未分開。世界奠立在大地上，大地突聳到世界中」
（*Reclam* 45-46, *Holzwege* 34）。大地與世界，就這樣一直都是神殿之為作品的
「兩大本質特徵」（zwei Wesenszüge），相向牽引著，且盡此景象，即為「顯隱互
轉」最真切的寫照，理解上可說蘊意無窮。人們能為自己立起一個世界，固然是
在大地上進行製造，惟此同時：「世界在其安立於大地之際，力求加高於大地。
世界為開啟者，容忍不得閉鎖的東西。但大地為收藏庇護者，卻總是傾向於把世
界包納並留存於己身之中」（Ibid.）。此之謂世界與大地之爭，恆久且巨大的存有
張力。

　　當然，若借喻於巨型神殿，張力效果何止千百倍於前文《農鞋》畫面或《羅
馬噴泉》。畢竟希臘神殿之為人間作品，各部分緊密組接（gefügt），整體型態既
一則高聳突出，開啟出大片活動空間，另方面無言靜立，等待追憶或詮釋。如此

15　見 Martin Heidegger, "Vom Ursprung des Kunstwerkes. Erste Ausarbeitung." *Heidegger Studies* 5 (Berlin
　　1989), 9.

16　*Reclam* 98。此外高達美晚年〈我的哲學之旅〉追憶當時的感動：「大地」概念「戲劇性地再度跨出
　　德語哲學語彙的界限。」見 "Reflexions on My Philosophical Journey." In *The Philosophy of Hans-Georg
　　Gadamer*. The Library of Living Philosophers vol. 24, ed. Lewis E. Hahn (Open Court 1997), 47。

作品既突聳（Ragen）而又靜止（Ruhen），頑強抗拒著時間不消逝（*Reclam* 39，*Holzwege* 33）。一座鉅構如斯，象徵著一古老民族曾眾志成城，事實上開啟過一世界，享有光輝歲月，然則作品生成之際，「大地」被帶入其間，起到作用。可見「大地」並非單純的物料供給、之後再資源回收而已，而根本是另一股時間拉鋸力量。大地藏匿而庇護、搶救、收回並令其退隱，即講稿所說「隱匿」與「掩藏」的「雙重遮蔽」（zweifache Verbergung），隨著時間短長、年代久遠，其存有是否持續、意義是否彰顯，或復歸於沉寂大地，遂遭到無情考驗。這樣光景，對那個民族的歷史命運如此，對他們所共有、共享的世界與遺留作品的意義，也未嘗不是如此。文中這也稱之為「澄明」（Lichtung）與「雙重隱匿」（zweifache Verbergung）之爭，可視同「世界」與「大地」之爭的延長續曲。

其四、從「世界」與「大地」之爭到「真理」的「雙重遮蔽」說：

所以海德格在第二段延續到第三段講稿結束，費了相當篇幅和文字講解此一艱澀主題，證實這反向拉扯的「兩大本質特性」所言非妄。其中為了闡釋「大地」之不可避免，他使用許多否定意義的動詞講解，且大多是具歧意性即雙意性。例如最重要的「遮蔽」（Verbergen）當然是和「揭開」（Entbergen）及「澄明」（Lichtung）相對；至於「封閉」（Verschließen），就針對 *SZ* 強調的「開啟」（Erschließen）、「揭啟性」（Erschlossenheit）、「決斷」（Entschlossenheit）重新立論。後再嘗試以雙重的「拒絕不給」（Verweigern）來說明雙重「遮蔽」或「封閉」的意思：一是當作「拒絕給」或「失敗」（als Versagen），二是縱使給出，卻變成「放錯」、「阻礙」、「偽裝」（als Verstellen），結果同樣都造成「阻卻」（Verwehren）或排除、破壞效果，造成事情不順、效果不彰，預期結局錯失或根本不靈。易言之，凡是被揭啟、開示出的東西，都有復歸於隱沒不彰的疑慮和戒慎，於是問題就不僅是單方面的開出一個世界而已了。

但是像許多其他著作一樣，海德格在演講中使用大量語詞相關性的效果，特別是在朗誦、聆聽間的效果，而非只為閱讀理解，更非概念推證式的書寫，因此很難逐一迻譯。但重點無疑是指陳：「神殿之立於此中發生著真理。這並不是說，有什麼東西被正確地展示出並重給出，而是說存有物整個被帶入無蔽（Unverborgenheit）裡並維持在其中。維持原初就意謂著保護看守（hüten）」（*Reclam* 54, *Holzwege* 41）。神殿的屹立述說著真理發生，真理的發生讓一存有

之事物整個進入到無蔽和光敞（Lichtung），但與此同時「世界」與「大地」對峙，又已然上演「光敞與遮蔽」（Lichtung und Verbergung）、「揭露與掩藏」（Ent- und Verbergung）等等光影遮撥中的劇情場景。換言之，其間終究為一真理開闊互轉的問題，就像語詞概念糾纏間，這段看似結論的文字：「這樣的拒絕不給以其雙重隱匿的方式是屬於真理的本質的。真在其本質中即非一真」（Reclam 53, Holzwege 40）。

所以第二段結論是：藝術可讓存有自隱蔽、幽暗間明亮起來，有如真理光輝（Licht）安置於作品中閃耀（Scheinen），並宣稱：「這樣安置到作品當中的光輝照耀就是美（das Schöne）。美是一種方式，真如何當作無蔽揭蔽而出現（west）的方式」（Reclam 55, Holzwege 42）。全文唯一提到「美」的這兩句話，卻如此鮮明地和「真」綁在一起講：「真」與「非真」對峙相持間，顯、隱、明、暗變動之際，美在其中展現矣。而第三段「真理與藝術」接著說明真理之發生而成就為藝術，如何置入到作品當中，進到一個被開啟安排出的世界而保存於此，並進而處理創作及保存之同等艱辛，「真與非真」的無止境問題。他自己還不忘提醒大家：這是 SZ §44 業已提出的獨特想法（Reclam 60, Holzwege 47）。

其五、「雙重遮蔽」與「原初爭執」：

講說至此，我們發現關於「世界與大地之彼此相向為一場爭執」的理解，原可用來講《羅馬噴泉》裡的動與靜、自在自足與盈滿湧出，也可以講《農鞋》畫面裡的農事操勞與短暫歇息，但更好的，無疑是講需要借助神殿氣勢才講得出來的「真理發生」（Wahrheitsgeschehen），及發生後勢必經歷的變遷與考驗。「爭執」（Streit）是為一種彼此間的對立相向（Gegeneinander），但也可以是兩方對向互轉（gegenwendig），總是不可分開而互相牽制。當作品開顯一世界而真理發生於其中，讓各般存有之物都安排至一開放處所（ins Offene）、妥善陳列布置好（Einrichtung），此時事物與事物彼此關連襯顯、相互牽動，讓「光敞開放」與「遮蔽覆蓋」的對向互轉（das Gegenwendige von Lichtung und Verbergung）盡情展演，通過必要爭執而取得一個結果來（erstritten）。

因此他說：「真理向著作品中去。真理僅當作世界與大地相向間的爭執而出現（west）」（Reclam 61）。真理置入了作品，卻是經由爭執而強行進入，且進入後依然爭執不休，若隱若現，若實若虛，以致最靜默的作品，仍可迴盪起最激烈

攪動。這可以是一時一地的顯隱互轉——作品的某些部分由顯變隱，另部分由暗而亮，此即所謂內在「爭執」，一如真理發生、未發生初始，拉扯抗爭而互不相讓。不過，那也可以是永久重複的無止境爭執，推至所有作品、歷史變化間皆然——此即思想中可以一直追究到存有究竟來源處的無底爭執，則會冒出有如下文所講的「真即非真」或「原初爭執」（Urstreit）。

　　不過這裡所謂「原初爭執」（Urstreit），還不會是演說惟一的玄奇妙論，亦非最終答案。這與稍後還有的「原初始創」（Urstiftung）、「原初詩作」（Urdichtung），「原初語言」（Ursprache）等「原初」主張合併起來審視，或許可差強比擬，讓我們約略趨近海德格心目中所謂的藝術之「本源」（Ursprung）——其字面解讀即為真理發生的「原初跳躍向前」（Ur- als Vorsprung）——究竟為何的問題。

四、「原初爭執」與「始創」三部曲

　　其六、「原初爭執」、「裂隙」與「存有造型」：

　　因此到最後第三段演講「真理與藝術」，海德格愈來愈投入（或陷進？）有關「原初爭執」（Urstreit）的極端詮釋，與更貼近本源處的疏導。由其他資料看，這和他一向欣賞希臘哲人赫拉克利圖斯（Heraclitus, 550-480 BC），尤其編號第52及53號的斷片——分別點出「一切起源於相爭」和「自然好隱」的那兩條——當然有很深關聯；不過同一時期間，他對德國詩人賀德齡（Friedrich Hölderlin, 1770-1843）詩篇的研讀，應該也是主要靈感來源。

　　如果以前都說真的本質都是開顯、揭示、去遮蔽，重點是發現一原為遮蔽之物的 Unverborgenheit 狀態，那麼現在說「真的本質為非—真（Un-wahrheit）」，則更是指其實不真、尚未全真、已然成真者未必維持為真，揭露為真者復又遭撤回解消，以至於不保或存繫不住、無以為繼等等。因為「尚未」（Noch-nicht）及「不被」（Un-）發現，同樣屬於真之為無蔽的由來當中，是雙重拒絕或雙重遮掩的另一個「非」或「不」（*Reclam* 60, *Holzwege* 47）。故海德格討論「即非真」至此，不單要說：「真理的本質當中就有一種原初爭執（Urstreit）」，更自行提醒讀

者聽眾，可返回 *SZ* §44 的一個預示觀點相對照。[17]

　　此外闡述神殿結構時，海德格又再度訴諸文字敏銳度，尋獲另組語詞使喚。任何事物或任何作品之成型，以一特有樣貌或造型（Gestalt）出現，開始之際都有如「爭執」間兩相撕扯下會出現「裂口」及「隙縫」（Riß），同時也提供一初步大樣的「輪廓」或「梗概」（Umriß），一歷史事件的發生樣貌；以至於我們可仔細再說設計安排，如建築中精確結構的「垂直剖面圖」（Aufriß），或標示整個基地分配布置的「平面圖」（Grundriß）等等。[18] 如此決定下存有 Gestalt 造型出現，不但說明其結構樣貌，都是原初爭執間強力「撕扯」（Reißen）使然，也間接回答其晚期常說的「任其發生」（Geschehenlassen）及「任其存有」（Seinlassen）是否純粹被動的問題。這對後期思想的許多表達模式的理解，顯得尤其切要。

　　其七、新的「始創」三部曲：

　　講稿由「爭執」與「原初爭執」的奇特觀點，再推向另一極端，即展開「始創」（Stiftung）並回溯「原初始創」（Urstiftung）的探討。這是因為「爭執」不是只為了爭執而爭執，爭執間大地皲裂則世界冒出；爭執至一地步則輪廓浮現、大勢底定，導入一個真理發生、意義開顯的始創新階，於是必將轉向與「爭執」（Streit）相對的另一關鍵字詞，其為「始立」或譯「創建」（Stiftung）。這有如是說：爭執到相當地步，造成實際效應約略浮現，即化作另一開始，可締造新頁，或留待繼續可能的爭執。這儼然已是後來的詮釋學實效歷史（Wirkungsgeschichte），總是不一樣（anders）理解的說法，值得格外注意。

　　不過海德格這邊，他早先1928年《論理據之本質》（*Vom Wesen des Grundes*）就曾以 Grund（理由／根據／基礎）的本質為探討核心，認為要進行 Gründen 活動，得經由三種側面，分別是第一：當作「始立」或譯「創建」（als

---

17 「真轉非真、非真轉真」雖可說於 *SZ* 第 44 節已見端倪，惟當時僅說「此有同樣原初地在真和非真之中」（*SZ* 223）。因為「此有在真之中」和「此有在非真中」皆可成立，並暗示「在非真中之存有」（In-der Unwahrheit-sein）或即為構成「在世存有」的一個本質決定。見 *SZ* 222。

18 （*EA* 12, *Reclam* 63-64）。這組字的出現有兩件事令人深思：一是 1927 年 *SZ* 第 8 節原書計畫草圖即 Aufriß，二是 1929 年《康德與形上學問題》（*GA* 9）說的「詮釋暴力」及 *SZ* 第 44 節中說的「強奪」（Raub），皆為爭執拉扯的產物。二者雖已放棄，畢竟確曾為海德格個人獨創出的局面。

Stiften），第二：取為基礎或以為根據地（als Bodennehmen），第三：提出論據以證實（als Begründen），現在對照下略有不同。《起源》當然已脫離了奠基思考模式，改成以「始創」（Stiftung）為主軸去說明生成變化與發生（Werden und Geschehen），從此展開人類歷史裡一番真正實效，承受起伏與興衰。簡單地說，哲學上確定萬有本質、或尋求普遍知識奠基的工作，已經改變成探索人事變遷中無盡本源、以提供充分理據詮釋。

所以《起源》不同於《理據》，改為第一「贈予」（Schenken）、第二「建成」（Gründen）、第三「始立」（Anfangen）為論說標的與次序；主題已不是 Gründen 而是 Stiften，Gründen 反成為依 Stiften 為主的活動間第二項可能。換言之，《起源》直指藝術品存在事實，不問如何可能而問實際發生之初始。新的三部曲的解說是這樣：首先「贈予」（Schenken）是指一項饋贈與賞賜，代表著存有世界的意義豐盈（Überfluß），有機會得到原本未能擁有的，令人感恩知福。其次「建成」或「底定」（Gründen），指稱本來未確立或不曾開放、不曾布置起來的，本來根本未曾出現者業已成立，奠定基石。然則待一切安置妥當、真實創建後，並非從此就固若磐石，永世不移；因創業為艱，守成更加不易，此所以第三雖言「始立」，卻預言著每一輪「開始」（Anfang）已有「結束」（Ende）的在內。

其八、語言、創作與詩：

上述由1928 年修改而來的新說法，我們不妨稱為「始創（Stiftung）三部曲」，以總結「真理」與「藝術」的關係；但其間極明顯，又和這篇演說論文外的其他許多著作連接密切的，還有其中所凸顯的「語言」（Sprache）、「詩作」（Dichtung）與「原初創作」（Urdichtung）等重要意義。其實這個時期，無論1935 年講授《形上學導論》（GA 40）時摘錄、詮釋的希臘悲劇《安堤岡尼》命運搏鬥場景，1936 年關於〈賀德齡與詩的本質〉思考和其他演講，海德格都提出許多民族命運與語言本質的思考，對他本人後期何以偏愛詩與藝術的語言，也有決定性指引。他有愈來愈多的論文和演講，集中於發揮語言奧妙、展現詩性本質之思想探索，甚至令不少人難以接受。但《起源》中對語言與詩的看法，尚未走上偏鋒，若配合著「始創三部曲」及前述各項創意主題，反而比前述「世界與大地相爭」容易領會。

「始創」之當成真理發生，特別是和「存有」（Sein）之「講述」（Sage）相

關，和語言、傳說、詩、詩作以及原初詩作有關；這在演講稿前段已有零星透露，到揭示「始創」意義時更形倚重。例如前述第三項的「開始」，就是藝術作品的始立及完成，作品成立出現，新而巨大的意義被贈予，精神達致極高成就；但時間消逝、陰影密佈，又發起或煽動（anstiften）另一場真理爭執與存有保存之戰。這聽來神秘，不過如果看成都在語言流傳間發生，道理即明。第二段演講就曾提到：民族的傳說當中，新舊神明之戰都發生於詩歌、戲劇等文學作品當中，引領眾人的認知和取捨，如神殿般堅定見證著歷史變遷。無論如何，《起源》行文至後段，明白揭櫫語言文字於藝術創作本源處的特殊份量，故強調：「語言自身即為本質意義的詩作。」[19] 又說：「藝術的本質是詩作。」[20] 再套用《賀德齡詩的詮釋》裡的話可說：「詩作是對存有的文字上的始創。」[21] 或直說：「原初語言但就是當成存有之始創的詩作」。[22]

　　「始創」活動樣貌繁多，舉凡吟詩、詠讚、寫作、朗誦、傳唱等遠古以來原始人類活動皆屬之。如果沒有詩人諸多傳說、史詩、悲劇、戲曲等語文作品，希臘神殿立於時間邊緣的迷人力量，其意義恐怕喪失殆盡。當然，「詩」（Poesie）與「詩作」（Dichtung）不盡相同，「詩」為名詞指成篇作品，「詩作」則為最基本的藝術創作之形式，事關動詞意義的「寫詩」、「作詩」或「創作」（Dichten）。因此「詩」是以語言說話為材料的「語言作品」（Sprachwerk），諸多藝術作品中的一類，與其他類的關係是並列的。但是「詩作」則是特別指語言表達、語言文字上構思之艱辛困阨而言的，最具原初及始創性格的藝術創作活動。

　　海德格自己讀詩、評論詩文語詞之間，常告訴我們，對每一民族而言，詩的語言擁有最強大的原創力量，可以對一切存有進行所謂「始創性的命名」（das stiftende Nennen）。[23] 故詩作是一切藝術創作之始源，每一民族有自己的語言，命物以名，也得以講述自身的命運發展，掌握當下方位與未來展望，且如此活

---

[19] "Die Sprache slbst ist Dichtung im wesentlichen Sinne." *Reclam* 76, *Holzwege* 60.

[20] "Das Wesen der Kunst ist die Dichtung." *Reclam* 77, *Holzwege* 61. "*Alle Kunst ist im Wesen* [......] *Dichtung.*" *Reclam* 73-74, *Holzwege* 58.

[21] Heidegger, "Dichtung ist worthafte Stiftung des Seins." In *Erläuterungen zu Hölderlins Dichtung*, 38。按〈賀德齡與詩的本質〉為 1936 年 4 月 2 日在羅馬的演講稿，不僅時間極接近，且內容主張上聲聲呼應。眾謂海德格晚期大量轉向語言、詩與藝術，良有以也。

[22] "Die Ursprache aber ist die Dichtung als Stiftung des Seins." Ibid., 40.

[23] 語見 Martin Heidegger, *Hebel–der Hausfreund*, 3. Auflage (1965), 28.

動，最為彰顯何以藝術本質即為真理的發生。海德格關心的是人在被拋狀態存有、有限處境間，該如何講述出他對整個存有的籌思規劃之困難，也就是〈附錄〉最後兩段所說「存有」與「講述」的互屬關係。[24]

其九、創作與保存維護：

最後可提，對所謂詮釋學出路必須一提的，為藝術品「創作」及「保存」的問題──作品之製成、做出（Schaffen）與事後的保存和維護（Bewahren）關係。海德格認為若創作成功，令置入作品的真理更為明顯（deutlicher），但保存得宜，則意義現實性對我們而言本質上將更為豐富（reicher）。所以作品須創作出來，同時也要保存者維繫發揚，延續其存在，進行讓其保持開放的理解詮釋。因此夾在「始立三部曲」中一個較小的主題是：「就像一件作品若未被創造則不能存有，本質地需要創作者〔複數〕，同樣被創作的東西自身若無保存者〔複數〕也不能成為存有著的」（Reclam 67-68, Holzwege 53）。作品不僅限於為藝術享用而成立，所以真理發生與始創，不單是意義置入成功與否，也立即面臨如何令其持續有效，不致湮滅的問題。這是日後高達美詮釋學特別主張要與作品對話的緣故：詮釋學不停留於創造發生，更致力乎詮釋理解，對於藝術作品或經典文獻皆然。

其十、〈後記〉與〈附錄〉的補遺：

以上數說《起源》演講內容，當然也是梗概，而且似乎列舉了更多思考問題，不像在提供明確答案。海德格自己於1936年後、1949年前的〈後記〉再度提筆時，也先承認藝術之謎無解，只要求嚴格精確以對（genau nehmen）的態度。此時，他依舊批評黑格爾《美學演講錄》視藝術為過去事物的觀點，同時也轉出「真」與「美」和「善」並不對立的主張，印證他自己這部演講錄仍以「真與非真互轉」為中心思考。1956年〈附錄〉又討論自己演說間若干行文用字上的考慮，稍嫌枝節零碎。不過其中有關於「發現」（Feststellen）一語的分析，卻引申到「發現」可以有多麼「堅固」（fest）等有趣問題，包括 θέσις 和 πέρας 的詮釋。這一大段事後追述，因為和筆者這篇文章的標題「邊緣」有關，值得引述。

---

24 眾所周知，語言思考和語言轉向是高達美詮釋學的關鍵，但是他的詩作二階段論，即 Dichten 藝術創作的二階段論，以及對修辭學的依重，其實受海德格《起源》演講影響更深。

　　海德格指出，希臘神殿開立一世界，後人發現其有，但可以只是某種處於邊緣處、理解界限上（πέρας）的遭遇，而不涉及如何確認、如何確定的對象問題。這是因為希臘人說的「邊緣」或「界線」（Grenze），並不是現在所理解的不可逾越的「界限」，而是環繞周圍的「輪廓」（Umriß）而已。希臘人說的 πέρας 不會將事物封鎖在外（abriegeln），也不會逕自認為界外無他物，它其實最多只是一道已見、未見的「前緣」地帶，並不因此故步自封，亦非不可突破的「框架」（Ge-stelle）。希臘人說的「立題」（Thesis/θέσις）亦然：如演講中說論理間站住一位置、決定一題旨或論點，或說立出一個綱要，這些也是隨視域推展而定，其是否即永恆真理仍待考察。這個有關「邊緣」、「界限」與內文中難理的拉扯爭執間浮現「裂痕」、實即「梗概」或「輪廓」的說法，確實是促成本文寫作標題的引導動機。稍後，我們會再看到高達美的評論，並適時指出，這些不僅和本文題目深切相關，更對「視域融合」說很有淵源。

五、開闢詮釋學途徑的影響實效

　　海德格〈後記〉寫說：「整篇《藝術作品起源》論文很自知卻未明言地在探問存有本質的路途上前行。」所以，追問藝術之起源，其實仍在追問存有的本質，並未止歇。但《起源》從第二講描述神殿冒出於「世界與大地相爭」的裂縫，枞靜立時間消逝的邊際，到第三講逼進藝術與真理的共同起源，探索語言籌畫的「始創三部曲」，究竟有沒有突破原先《存有與時間》格局？有沒有更貼近存有本質？有沒有溯探回到極接近本源之處，到一個新的 Ort（地方）？[25] 這是我們必須接替思考的課題。

　　筆者這篇文章裡仍把德文 Sein 譯「存有」，Wesen 則譯成「本質之有」或「本然出現」，名詞時亦可直說「存在」或「存有」。前者 Sein 的譯法，會影響不少相關概念，例如 "Dasein" 不說「此在」而說「此有」等；後者因為海德格對 Wesen 這個字詞本身，及其合成字詞，特著重動詞原型的根本動態及變化歷程，或說出現與否（An- und Abwesen）、出現後是否仍為其本然狀態等意思。這並不

---

25 演講全文結束處引的是賀德齡詩句："Schwer verläßt/Was nahe dem Ursprung wohnet, den Ort." *Die Wanderung* IV, 167，極貼切。

是簡單說：本質的東西會變成非本質，而非本質隨時有可能變成本質的；而是就思想探索不會輕易滿足的要求言，無論「實體」、「存有」、「本質」等形上學慣用語詞，以及前文對何為一「物」的傳統固定概念，對他來說，其實都還需要再往前推，逼近於一更形深邃的顯隱之際：一面固然是開啟、彰顯、揭示，與另一面卻是退隱、遮蔽甚或消失無存之間的，那一整片詮釋學該致力的場域。希臘神殿殘存立於天地之間，未被遺忘，即為一寫照。[26]

　　海德格基本上並不排斥 Wesen 這個字，當時他許多著作仍追究「真理之本質」、「理據的本質」或後來「詩作的本質」；況且即使他力斥表象思考時，仍倡議回返一種本質思考（das wesentliche Denken）。甚至這裡如〈後記〉所言：「起源這個字這裡所指的是從真理之本質思考的。」以至於《藝術作品起源》原本應該譯成「本源」更佳，或許能更呼應前述幾個立說重點。[27] 真正因《起源》論述而豁然開朗的，其實是說不論 Wesen 之為「本然存有」或「存有本然」，出現與不出現，在場與不在場，顯與隱，揭示與遮蔽，籌劃與落空，其中總是暗藏著一個有關彰顯、表露、在場或出現與否的更深一層分判，不知底定何處。如此文或他處所說的無底深淵（Abgrund）般難以捉摸。

　　若再對照五〇年代常出現 Anwesen（presence）與 Abwesen（ansence）並列的方式，更容易瞭解：「存有」問題，不能只從 Anwesen 與 Anwesenheit 的決定即確定來看。Anwesen 要擺脫開 Abwesen 才出現，但出現之際，也已是其他可能 Abwesen 作用開始時。如此一來，一切事物皆出入於顯隱之際，「在與不在」（das An- und Abwesen），都處身於呈在與不呈在、出現與不出現、乃至時間的當下與非當下、空間的現前與非現前。海德格早知一味以 Anwesenheit 疏解 Seiendheit 有所欠缺，此後也抨擊形上學概念與科技不會思考，但《起源》能直言世界與大地之爭，述說顯隱之際的奧妙無盡，無疑又是一個 *SZ* 後的新開始。

　　綜合本文以上二、三、四節至此的摘錄重點及講述，我們可以理解《起

26　其實演講中曾強調即使作品可能落入遺忘，遺忘亦非沒有，遺忘仍是一種保存，指向作品並追思其寓意（*Reclam* 68, *Holzwege* 53）。

27　（*Holzwege* 66, *Reclam* 85）。此外，原稿最初也說，撰文目的是要超過長久以來所有對藝術之本質規定（Wesensbestimmungen）的評價之探討，直指藝術究竟起源，其實也正是以探討藝術作品「起源」或「本源」問題，取代以往追究藝術之「本質」的問題。初稿文末也曾經出現 Unwesen des Wesens 的筆法，或許也是如 Unwelt 相似，無字而造字使用；但效果顯然不佳，故不取，已如前述。

源》主題是真理與藝術，[28] 但結果轉出「始創」和語言。其實很久前，海德格的 rororo 傳記作者 Walter Biemel 有鑑於他中、後期反覆講明古希臘「真理」概念的看法，亟思有所突破，因而主張《起源》論文根本是從藝術之本源思考真理之本質，以狀似「無蔽」、「揭蔽」，但實為「顯隱爭立」，指明藝術作品之所以存在。再因為《起源》〈後記〉裡，思想家自己承認此文思慮、處理的是「藝術之謎」，藝術之存在本身就是個謎；而且是要學習去觀看這樣的謎，非去解決。這正是現象學家觀看事理本身的態度。因而本文主張：透過「藝術之謎」我們能看到的，是海德格多年難以講清的「存有之真」即為「無遮無蔽」的顯隱之際這難解之謎，且因此能啟迪一條詮釋學的道路。可說典型的現象學入手，先抓出主題論的，依描述變通而趨向本質或本源，再從詮釋學拓展擴增，充裕實質可得的意涵及旨趣。

　　希臘神殿究竟是海德格演講中的一個譬喻？或象徵？或兩者兼具？本文的大膽前理解在於：《存有與時間》根本無法完成、已告失敗（gescheitert），如他自己承認的。SZ 會像一座已不再完整的神殿建築物般存在，需要從作者的始創之初及他的後繼文本，或許因緣際會，加上旁人適當的詮釋解說，才能繼續挺立。海德格於 Reclam 版前言，難得讚許高達美為此部演講解讀甚佳，讓讀者理解他後期許多著作獲得一決定性指點（Wink）。

　　正是高達美評論此演講，認為最重要的是海德格新提出了令人驚訝的概念掌握，如「世界」與「大地」之說，然則與此同時，也拉開與 SZ 既成部分的距離，無法轉回。對海德格言，「大地」是藝術作品的一必要的存有規定：大地是無盡藏的發源起點，也是吞食堙滅、撤銷回收的無形力量，即使傾一城一國眾力豎立起的神殿，向天際開放的世界，但迄今殘存型體輪廓，隨時有完全隱沒不顯的虞慮。真理的發生與意義的維護保存，同屬不易。如同我們回顧 SZ 時，其探討時間性問題並未窮盡，且觸及歷史性（Geschichtlichkeit）與一民族在歷史當中的共同時運（Geschick）之後，對此有的存在分析（die existenziale Daseinsanalyse）竟無以為繼。況且真切回想當年時代背景，即暗合本文主張：關鍵是三〇年代間海德格思考裡，所謂真理的顯隱之際，已融入命運多桀及歷史

28　持相同見解者如 Dieter Henrich、Andrea Kern、Walter Biemel、Otto Pöggler、項退結。

演變的向度。

　　依高達美當初指引：希臘神殿佇立不只供現象描述而已，更該思考「讓存有本身如真理發生般被把握」（Reclam 107）。偉大藝術的創造與存在，超越個體，導引有限意識脫離自身，投向時間邊緣、真理開顯復隱匿之際。因此人類有限存有，特別需要歷史鉅構、前人業績，如建築的神廟殿堂、或語文性經典傳說，這是詮釋學自我理解的推展坦途。SZ 要講明有限性個別此有，從結構分析上說「那是被拋擲的反拋擲」（"Es ist geworfener Entwurf." Reclam 99）。但高達美進一步暗示得好：不論個人一己之本真、屬己的投注與設計（籌劃或反拋擲），抑或是一整個歷史民族的命運變遷，始終都要力圖擺脫其有限與成見，邁向存有視域更高遠廣闊處，要從當下的承繼到向未來，而非追究封閉於過往者。

　　所以高達美〈導論〉間指證，現今從一切理解皆為自我理解的詮釋學現象來看，我們確實會遭遇許多「存有形式」，其對有限意識而言，都難以給定一恰當位置，因為它們既非歷史的，也不是手前的。例如數學的事態關係之無時間性，自然之四時循環的無時間性，以及所有跨越時代距離傳遞下來的藝術光華之無時間性。所有這些，都不是原先 SZ「僅只為有限者」（das Nur-Endliche）的此有觀點，可輕易探索，找到答案的。「無意識、數、夢境、自然運轉、藝術之驚奇——所有這些都只顯現在於歷史中認識著自己並理解著自己的此有之邊緣（am Rande），好像可由某種界限概念（Grenzbegriffen）的方式把握得到般」（Reclam 97）。可見海德格在「世界與大地爭執」間勉強敘述「真理發生」的奧妙，後來的高達美，即轉移到詮釋和理解間的重新獲取且受用去。

　　還是高達美提醒我們的有道理：《存有與時間》講的是有限此有爭取「本真性」（Eigentlichkeit），是不斷於揭示間開啟可能性的「被拋入者與他的計畫」（das Geworfene und sein Entwurf），是決斷行動；《起源》卻已覺察到所有有限者的計畫與力量投注，恆有相反方向的拉扯與牽制，好像是存有當中一定會有「敵人、對手、持異議者」（im Sein, so etwas wie eine Gegnershaft des Anwesens）出現阻撓般，令計畫不成、意願落空。這才是「顯隱相向」（Gegeneinander von Entbergung und Verbergung）的最真實、最警惕意義，也是歷來詩人和哲學家們共同的題材，當今詮釋學者須面對的任務。因此他循著《起源》揭示：藝術作品的存在，必非一般器物、對象物的存有層次可及，而該視為時間邊緣處，仍保存著真理內容的存有。此所以人類面對傳世作品，會玩味流連，有如在瞬間追求時

間永恆與意義飽滿，遠超出一般概念掌握的能力所及（*Reclam* 110-111）。

　　高達美當年於此已有洞悉，故謂作品之創造、其存在，所以會高出個人之上而又打動人心，正在於作品內蘊豐沛、意義非凡，所謂「*作品有話對我們講說*」。這般情景，不正像希臘神殿靜立大地一隅，時間歷史邊陲，幸未全然遺忘湮滅，仍等待著讓人解讀一樣？藝術品過去出現，現在還在，將來也會繼續保存，藝術作品對欣賞、詮釋、理解者始終可交談而有話說，這是他回應海德格思路的詮釋學解決方案。多年後高達美自己講得更好、更明確、更耐人尋思（1977）：

> 藝術經驗之可貴，在於我們於藝術作品中學到一特殊逗留（Verweiln）。那種逗留的明顯特徵表現在，它不會變無聊（langweilig）。我們愈讓自己流連忘返，它就顯得愈加在說話，愈多面多樣性，愈見其豐富。藝術的時間經驗之本質是，我們學會逗留。這或許是我們對人們稱作永恆（Ewigkeit）者之適當合宜的有限回應。（*Aktualität* 60, *GW* 8: 136）

　　不過《真理與方法》裡高達美比較不講「作品」（Werke）而講「構作物」或「構成物」（Gebilde），希望進一步發揮共同型構，讓詮釋者在參與中分有、分享的歷史活動。那顯然又是一個新開始，而且他的藝術遊戲說，看到的是能夠讓主客完全交融的「完滿性」（Vollkommenheit）經驗可能。因為對他言，一件作品不止於單一件作品本身，還帶著有文化傳承上迄今未止、生生不息的實效歷史（Wirkungsgeschichte）。同時一項真理之發生，往往不是最終結果，仍須我們承先啟後，繼往開來，才可能讓源源活水般，持續灌注當前仍可進行的精神探索與思想整合。高達美的思考重心不弄玄虛，改置於詮釋學者之所謂「實踐與執行的真理」（Vollzugswahrheit）[29] 上，以繼續海德格的《起源》之旅。

六、哲學詮釋學的繼起與發揮

　　海德格晚年不再是膠著於孤獨個體的存在主義哲學家，而是深悟人類存有之

---

[29] 高達美《著作集》專講詩與美學的兩冊文集 *GW* 8 為 *Kunst als Aussage*，*GW* 9 為 *Hermneutik im Vollzug*，可與 *WM* 第一部分合併參考。

有限性，經歷過風浪起伏，將近知天、知命之年的存有牧者（Hirt），大地棲居之客。至於他一方面知曉歷史多變，感嘆命運捉弄、造化無常，或許更已預見發展中的國族悲劇之餘，另一方面曾否後悔他接受過錯誤的存有召喚？[30] 這點非本文興趣，也無從臆斷，高達美更有意迴避。但海德格從此偏好詩與藝術，全力抨擊科學及技術思考限制，棄絕傳統形上學僵固語言，斷言哲學必須終結後重新開始，[31] 那些都是他最明顯的改變。

但歷史實效方面，海德格陷入的語言匱乏與語言困窘（Sprachnot），並未令高達美卻步，反促成詮釋學開展的契機。因為，人文精神世界裡美不勝收的典範珍藏，經典文本的真實世界，完全可以像藝術品般，讓後人找到值得投注精力、再起實效的實踐場域。高達美自己原本沒有停留在藝術領域的打算，他由藝術作品轉向經典文本，由哲學的實踐過程裡列顯詮釋與理解的特徵，他關注的焦點，一貫擺在語言中介和對話的進行上。[32] 所以他會說，他曾遠遠追隨《藝術作品起源》的晚期海德格，但非關「詩與神話」（Poesie und Mythologie），而是學習如何思考（Denken）、如何理解（Verstehen），是詮釋學的反思。

海德格與高達美，這兩位影響前世紀哲學極重要的人物，關係決不可能只由一篇講稿窺見。不過回顧下，高達美《真理與方法》卷首，若非借重藝術領域之理解，循序進入到他於詮釋實踐間所體認的理論特徵，實在也很難有更好發揮。例如說，若直接從第二部分前半詮釋學發展史的考察開始，就很難揭示精神科學中真理問題的特殊性，更不易拉開他和古典詮釋學〔如史萊馬赫及狄爾泰〕間的距離。借助藝術領域，其實是繞道對藝術中的真理探訪，能開闢邊疆以進行視域重整，避開方法問題之糾纏，打破科學壟斷迷思。非議固然不少，卻是他能因此祖護人文學科，有意提高人文精神學科整體地位與價值的一項突破創始。

《起源》揭發的不可解之謎，不論是講稿中屹立不移的希臘神殿，其他晚期著作裡先蘇期思想家莫測高深的斷片，還是賀德齡詩篇，他面對每一處可再度開啟的深邃義理，即視為一思想挑戰。海德格不辭艱困探索本源，一心追求他本人

---

30 最著名者如 Karl-Otto Apel、Jürgen Habermas 等後起哲學家的嚴厲批評。

31 可參閱 Werner Marx 的「第二傳統」之說。

32 《真理與方法》開始以藝術真理為標的，為的只是引進到人文精神科學領域的討論，況且其中主要工作在檢視並恢復人文主義傳統的舊有概念，和只適用於科技研究的方法論相抗衡。

的「始創」，但困頓掙扎下，後來不得不退隱到詩與藝術的天地獨處。反之，高達美卻引領我們走進由語言開道之詮釋闡述，以語言轉向來落實人間交往，以交談對話、向經典學習來克服現代人的失根性（Bodenlosigkeit）。[33]

語言勢將在此扮演更關鍵角色，決定性的中介。這不單是為提高語言重要性，同時也嘗試暴露一切現有語言的困局，尤其是無法再行溝通理解的語言。所以《起源》作者在〈附錄〉最後一句話，承認自己仍停留於尋覓適當語詞的「困境」（Notstand）；反之，高達美則於〈導讀〉時就指出：藝術要成為語言，冀望「始創」與「真理發生」，都必須在「預先開闢出的語言道路」（die vorgebahnte Bahne der Sprache）上進行。因而他一方面強調「語言的先行性」（die Vorgängigkeit der Sprache），一方面預示每一現有語言都可能自陷其中的局部性——然而所有的詮釋理解，難道不都正是如此進行的？[34]

正面面對藝術之謎，以及對藝術品存有論的解析，無疑是海德格《起源》思索的具體表現，對世界與大地相爭的描繪，則藉神殿仍屹立世間，見證時間幾近停頓的邊緣，見證「始創」得來不易、存護更見艱鉅。但高達美則認為，如今不同的是，該如何借助對藝術品存有之探討，而非再從人之此有分析，將發問位置推至更為前緣的地帶。因此，高達美確實並未完全跟著海德格走，[35] 雖然 *WM* 第三部宣稱要以「語言」思考導引，去完成已啟動而未成功的「存有學轉向」。換言之《起源》雖曾令他感動，他也受託撰寫了〈導讀〉，卻常自稱他只是「遠遠地觀察」晚期海德格，似乎他所見所思並真正關切的，只是海德格三〇年代林中摸索間，首次瞥見的光敞處所，一個可由詮釋學全面接手的出口。從此他能

---

33 依 Dieter Henrich 所見，高達美 1958 年即已部分針對康德《判斷力批判》奠定之先驗美學發難，撰有〈審美意識之疑問〉以揭櫫詮釋學觀點，要旨盡在於詮釋學對語言對話活動的倚重。這點轉變，確實為當代藝術理論不同於先天奠基式哲學美學之特色。如果我們可稱之為當代藝術思考的語言轉向的話，後天的、現實世界和歷史流傳間，依靠語文傳述與詮的「藝術生成」（Kunstwerden）與「藝術理解」（Kunstverstehen），那才是人文教化精神下的美學關懷所在，亦即高達美藝術思考的特殊貢獻。可參見 Dieter Henrich, "Theorieformen moderner Kunsttheorie." In *Theorien der Kunst*, eds. D. Henrich and Wolfgang Iser (Frankfurt am Main: Suhrkamp 1992), 20。

34 高達美〈導讀〉的結語見 *Reclam* 113-114，令人直接想到他日後名句：「存有，其可被理解者，是語言。」（Sein, das verstanden werden kann, ist Sprache.）此處不申。

35 Jean Grondin 特別認為高達美方面，於 1960 年前後此一期間，他對海德格反而保持一種故意不明說的態度（"a certain reticence"）：一種審慎的沉默，無言以告。見 Jean Grondin, *Hans-Georg Gadamer – A Biography* (Yale University Press 2003), 290-293。

夠，如哈伯馬斯一篇賀辭所讚揚的，將後期海德格的深沉思考，自鄉居野地帶回人間市集，要求對話與溝通的生活世界。[36]

總之，高達美無疑是最懂得這次演講意義及份量的人，海德格對他的贊許應該也不止於那篇〈導讀〉而已。高達美常言他自己在為通向晚期海德格思想標示蹊徑，[37] 且直至 1977 年仍不忘《起源》經由世界與大地之爭所說出的真理：

> 我們要感謝海德格在本世紀走出的思想腳步，最可能讓我們從觀念論之意義概念裡擺脫出來並且可以這麼說，讓我們在揭開、解蔽、開顯而出以及遮蔽和掩藏起來的雙重互轉間，聽取到藝術向我們訴說的存有豐富或是真理蘊涵。他指出，希臘概念的無蔽，僅止是人在世界中基本經驗的一面。在揭蔽的旁邊而且和揭蔽無法分開的，恰恰還有掩藏及遮蔽，還有人的有限性的另一面。（*Aktualität* 45, *GW* 8: 125）

這不但是《起源》那些主題再現，別處更稱此為哲學與詩的共同語言特徵，所以他還指出：「看來這對於詩人和哲學家，從柏拉圖到海德格皆然，在語言奧秘中由同樣的發現與撤回的辯證（die gleiche Dialektik von Entdeckung und Entzug）加以掌握」（*GW* 8: 239）。如前文所述，其中關鍵就在於可能的「剝奪」或「撤回」（Entzug），往往由不得個人。這會與過去從主體性奠基出發以論述客觀經驗、絕對知識都不相同。現在詮釋學立場講述的經驗是：由藝術活動所始創者，作品之為物，不外一事理本身的積蘊與傳達，其中有意義開啟或釋放（Offenlegung von Sinn），但同時也進行著意義之搶救、收藏與保持（Bergung von Sinn）。前者如舊物般可感謝前人成果，對我們言像接受「贈予」，然而追問到關於他們所「建立」、「始創」，其中被安置的真理究竟為何，至今還有何新意，可如何整合融入到當前，成為我們的一個相干部分，這就完全是後人理解、詮釋間去應對落實的使命。一座神殿屹立舊墟如此，甚至於從中散失的文物也一樣：

---

36 Jürgen Habermas, "Urbanisierung der Heideggerschen Provinz/Laudatio auf Hans-Georg Gadamer" In *Das Erbe Hegels. Zwei Reden aus Anlaß des Hegel Preises*, eds Hans-Georg Gadamer and Jürgen Habermas (Frankfurt am Main: Suhrkamp 1977), 9-31.

37 所謂 "to blaze a trail to the later Heidegger" 見高達美，〈我的哲學之旅〉，英文稿刊於 *The Philosophy of Hans-Georg Gadamer*. The Library of Living Philosophers, vol. 24 同前引頁 46。

應該承認的是，某座古代神像，即使不再放置神殿中當作反思觀賞的藝術品，而今天陳列現代博物館內，如今它立於我們面前，它仍包含著那個它所由而生的宗教經驗的世界，而且這產生了有意義的結果，即它的這個世界仍然還是屬於我們的世界的。同時擁抱住兩者在內的，即詮釋學宇宙。（*WM* xviii-xix, *GW* 2: 441）

高達美早就強調，海德格從《存有與時間》後，就不再是先驗奠基的哲學系統建構，不是意識哲學或主體性哲學體系問題。《起源》更進一步，由於如此深邃的哲學慧見，連傳統觀念論可窮盡知識之路，可依循概念推論讓事物（包括主體自身在內）通體透明、至不再變化地步的想法，同樣無法成立。偉大的藝術作品，一如傑出的文獻經典、傳統權威等歷史流傳物，始終還有更多更新的豐富內涵，還有可深入領會的實用意義待發掘，讓理解與詮釋取得更大空間，源源啟迪後世。這正是高達美《真理與方法》發揚哲學詮釋學特色時的主要依據與期許。

「誰是我們？」／「我們是誰？」
對海德格納粹時期「政治」探問的回顧

《政治與社會哲學評論》第 34 期（2010.9）

前言

　　詮釋學講求的是文本詮釋，是解讀、傳揚文本所蘊含的豐厚義理，尤其是那些經典的、傑出的文獻。但必要時，也須審慎理解文本問世時的外在「處境」，或說「時代」背景。[1] 這包括有：作者書寫、論作之際的歷史環境因素，他所面對的人類社會之發展階段，以及個人、家庭、社群、國族的重大命運起伏。簡言之，作者的主觀探問動機和寫作目的，是如何連繫於外在現實而起。

　　海德格（Martin Heidegger, 1889-1976）於 20 世紀三〇年代間，思想發生過一大轉折（Kehre），已是廣為人知的事。若說這一轉折和他 1933 年出任弗萊堡大學校長，次年辭職有關，相信許多人也會同意。但排除個人得失，不必替他爭辯一時愚智，甚至就不妨承認說：即使成為一位思想大家，仍有可能誤判時局，因言行涉入而助長了特定政治認同。但無論如何，1930 年代的「海德格事件」[2] 確實前所未見，而且根據許多文稿省思、記載，更出人意料地，發現他是讓哲學思考經由「誰是我們？」／「我們是誰？」（Wer sind wir?）這樣率直而近乎天真的提問，切入「政治的」（das Politische）錯綜複雜之域，新闢論述思慮的向度。

1　《存有與時間》（*Sein und Zeit*, 1927/1977）宣稱要在「時間」的視域當中探討「存有」問題，而最後結論一直出不來。但其實，如果「時間」不是什麼「純粹感性的先天形式」，像康德的先驗哲學專用語彙那樣的說法，那麼「時間」也正是世人所處於其間的不同「時代」（Zeit/time）──各自不同，卻能彼此相通──而已。這一點上德、英、中文都講得通，絲毫無奇。

2　一般常見講法為 "the Heidegger's Case" 或 "Nazi Affair"，詳情無法在此細述。相關外部文獻討論至少百餘種，但觀點非常紛歧。

　　本文無意追究海德格的「政治」動作或「政治」表態，那會使「政治」可討論的意義範圍縮限太多。我們深感興趣的，為當年世事變遷下，他的思考反應與立場改變，即刻的和事後補述的。這其中最鮮明的包括有：他退返古代源頭而痛批西方思想至今的發展，他探討希臘以來「城邦」（polis）、「語言」（logos）、「真」（alētheia）即發生於顯隱之際的說法，如何應驗於現世；他轉身投注存有本身（Sein/Seyn）的無名開啟，遠超過之前專心分析個人的當下「此有」（Dasein）。此外，難能可貴的還有他對人類歷史與命運的苦思，對哲學與科學關係的再檢討，他對古代技藝（technē）和現代科技（Technik）差異的剖析，以及特別在政治、科技這些新興論域內，對於人類「全盤掌控」思考模式的痛切控訴。

　　至於與會議主題直接相關者，[3] 則是不論在 polis 這個古典希臘概念下，或在現今的國族、社群共同體裡生活著的「我們」──政治生活、政治制度與政治氛圍裡的人民、民眾或泛指世間之人──「我們」該如何去面對整體存有變化，於認同與抗拒等類似紛擾間，思索自身的應對可能。過去如此，迄今難免。

　　以下，本文由幾組概念和用語，觀察海德格約1933至1949年間的政治探問，他前後的政治興趣和反省批判：「我們」與「人民」（第一節）；「城邦」、「家園」與「命運共同體」（第二節）；「科學」、「技術」與「存有遺忘」（第三節）；「歷史」與「命運」（第四節）。另為方便討論，我們不妨配合幾個圖表，用以解說轉折中和轉折後的海德格思想。

一、「我們」／「人民」

　　早在1923年夏，海德格用《存有學》（Ontologie）為題講授「事實性之詮釋學」（Hermeneutik der Faktizität），就開宗明義指出：「事實性（Faktizität）是對『我們的』『本真的』此有（Dasein）之存有特性的標示」（GA 63: 7）。[4]

3　本文原發表於2008年11月上海復旦大學「哲學南北論壇」，是首次由上海復旦大學哲學系和北京北大哲學系、加上香港中文大學及台北政治大學哲學系聯合舉辦，會議主題為「中國文化視野下的政治哲學」。會議稿次年3月曾在台北學界定期聚會間再度提出討論，此次修訂投稿，又獲得兩位審稿人詳盡指正而修改，在此特別感謝匿名審稿人非常細心的建議，前兩次討論時學者們的評論，以及國科會研究計畫補助。
4　以下引用海德格著作都依據1975年起由 Klostermann 出版社發行的 Gesamtausgabe 為根據，縮寫成：

這份講稿，正是後來《存有與時間》透過「此有分析」（Daseinsanalyse）探討「存有」（Sein）意義的前奏。然而兩個形容，有兩點疑問。第一點：何以要說「我們的」？隨意說還是特意說的？第二點：每一個人，若必然為「共同存有」（Mitsein），又如何才能成就自己「本真的」、「真正的」、或「屬己的」（eigentlich）「存有於此」（Da-Sein）？那兩個早已附加上去的形容用語，處理的先後和輕重卻很不一致。

顯然的，1927 年《存有與時間》（*Sein und Zeit*）發表的內容裡，偏重的是「此有」為「在世存有」（In-der-Welt-sein），時時以「掛念」（Sorge）為核心而進行「存有理解」，經「發現」、「開啟」去照料、經營世間的一切存有，也透過「分辨」、「區隔」、「決定」、「決斷」而預先面對只專屬於自己的死亡到來，激生出開啟本真存有之可能。因此，雖然說「此有」也得和其他人同處一個世界而表現為「共同存有」（Mitsein），但每一個人自身或本人的存有（Selbstsein），其「本真性」（Eigentlichkeit）及「終歸屬我自有」（Jemeinigkeit）這些特徵，才是分析個人自身「存在」（Existenz）時的焦點。至於平淡無奇、身分不明的「人們」或「他人」（Man），無聊而又拖累，反成了自我理解的絆腳石，是「本真存有」無法完全避免掉的沉淪狀態（Verfallensein）。所以，「存在分析」重視的為本真的「我」，而非「我們」，是「個體」存在而非「群體」共在，原本很不「政治」的哲學。

不過《存有與時間》全書計畫畢竟尚未完成，況且，該書44 節 c 段也曾提起過「我們」（wir/uns）（*SZ*: 227-278）。第74、75 兩節論歷史性「命運」，更強調除了發生於一己的運命（Schicksal/fate）外，凡與他人共在下，因互相告知（Mitteilen）且共同奮鬥（Kampfen）所發生者，才是真正包括己身在內的共同命運（Geschick/destiny），屬於「共同群體」（Gemeinschaft）、「民族」（Volk）、或整個「世代」（Generation）全體決定的命運（*SZ*: 384-385）。至少從書中有這樣內容，我們可說，那和三〇年代終於轉變，還是有清楚線索相連。更可指出，海德格常言思想本身即蘊含一番行動、是態度或應對準備（handelnd und verhaltend），同時主張人不但要確切知曉所思，更應該有意願實現貫徹（wissend

---

GA 冊數：頁數。至於 *SZ* 則是照一般通例標示原始頁碼。

und wollend）。若有這樣的存有理解，那麼一旦風起雲湧，時局驟變，他確實也很難不為所動。

1933 年納粹初掌政權，海德格 5 月 1 日註冊為這個「國家社會主義德意志勞工黨」（NSDAP）的黨員，旋即晉身大學領導核心，且就職演說裡依據上述觀點，期勉大家犧牲奉獻，要結合研究、生產、服役等勞動形式報效國家云云。當然，他並未預見此政權崛起，卻以高度紀律和效率整軍治國，反猶排外，大規模發動戰爭，終遭失敗，導致舉國蒙受慘重損失，家人失散，聯軍占領分治等等結局。這些滔天巨變，無疑是三〇至四〇年代最攪動世局的大事。而《存有與時間》後，「我們」與「我們的」存有終於又回到思考中心，不過所謂「我們的」存有於此，現在成了「人民」和「國家」存在──當然特指德意志人民而言。

1933 年 5 月校長演說〈德國大學的自我主張〉（Die Selbstbehauptung der deutschen Universität）想從領導和行政觀點，以全體大學師生為呼籲對象，提出一些很具哲學思考特色，但很不幸的，也常被認為是贊同納粹意識形態的主張。雖說次年他主動請辭，姑且不論何以致之，至少他曾自願入黨且出任校長，言行上支持國家社會主義領導，戰後又拒絕公開表示後悔，也未提出令人滿意的答覆，從此爭議不休。[5]

1934 年辭退校長職位，夏季學期預告的課程名稱原為「國家與科學」，臨時卻改成「作為語言本質問題之邏輯」。[6] 講課原稿中製有圖表（見下圖一），標示出一個有趣的轉折點，說明全篇論述要旨（GA 38: 97）。

5　那篇 1933 年短短的文本 "Die Selbstbehauptung der deutschen Universität"，倡言「勞動服務」（Arbeitsdienst）、「國防役服務」（Wehrdienst）和「知識服務」（Wissensdienst）三大項目；現如大家所知，已成為評議「海德格事件」最重要的、但非唯一的文獻（見 Ott, 1988; Wolin, 1993 等）。

6　*Logik als die Frage nach dem Wesen der Sprache* (GA 38)。1998 年正式出版，英譯 2009 年。

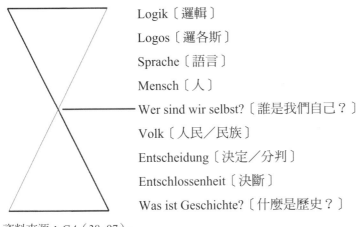

Logik〔邏輯〕

Logos〔邏各斯〕

Sprache〔語言〕

Mensch〔人〕

Wer sind wir selbst?〔誰是我們自己？〕

Volk〔人民／民族〕

Entscheidung〔決定／分判〕

Entschlossenheit〔決斷〕

Was ist Geschichte?〔什麼是歷史？〕

資料來源：*GA*（38: 97）。

圖 1

　　我們看到附圖軸線上以「誰是我們自己？」（Wer sind wir selbst?）這個問題位置居中，刻意造成一道強力扭轉，硬是把開始時探問邏輯的問題，透過對共同語言、透過對共同決定與決斷的討論，折轉成「何謂歷史？」（Was ist Geschichte?）的問題。一個從邏輯學出發的課程，竟會轉入時局評論兼歷史考察的開始，不可不謂寓意深遠。

　　此外撰寫於 1936 至 1938 年的《哲學文稿》（*Beiträge zur Philosophie: Vom Ereignis*）第 19 節標題「哲學」，也同樣隱藏著「誰是我們？」的提問在括號內，相當醒目（*GA* 65: 48 ff.）。[7] 但他強調：這非關政治「主體」或「主權」，卻有點像他擱置「自我主張」（Selbstbehauptung），改由哲學家關注現實世界的思考方式，催促出那個時代所迫切需要的「自我思索」（Selbstbesinnung）。由此可見「我們」與「人民」兩者，再度成為重要話題，且結束校長任命後，他有更長時間轉向關於「家園」、「城邦」的思考，繼而強烈怪罪「技術」躍居人類命運主宰地位，逐漸提出深思警告。那麼什麼是「人民」？誰又算是人民？1934 年的授課中有這麼一段有趣文字：

7　*Beiträge zur Philosophie* (*GA* 65) 於 1989 年出版，近年常被推崇為海德格第二部主要著作，內容則為非正式講課的編號式段落書寫。此書為一整批札記的開端，海德格辯護者很喜歡引用。該書 19 節標題為 "Philosophie (Zur Frage: wer sind wir?)" 儼然宣告哲學思考是為了回答「誰是我們？」的問題，令人玩味。

菲特烈大君稱人民為一種多舌而不長眼睛的動物。1933 年 11 月 12 日進
行了人民的意見調查。警政總署下令：「動用警棍驅散人民。」1914 年
8 月 1 日人民決定要武裝起義。德意志人民當中有 1 千 8 百萬人居住在
國界之外。卡爾·馬克思稱所有的勞動工作者為「人民」以別於遊手好
閒者和剝削者。民族精神（Volksgeist）是浪漫主義時期信仰、詩作與
哲學的共同根基。宗教是人民的鴉片。（GA 38: 61）

這些互不相干的說法，是否指稱相同？如通稱菲特烈大君的普魯士王，發
言中顯然語帶輕蔑；1933 年公投是指退出國聯之事，僅限於有投票權的公民；
遭警棍驅趕者，則是不聽勸阻的民眾……。海德格三〇年代起一再強調「思索」
（Besinnung），要求的正是追問意義，那也是探究事物本源的本質性思考，而非
決定研究對象的表象性思考。現在問題不在劃定對象，而在喚起民心自覺。所以
校長演說裡，他聲調高昂：「但是我們究竟知道嗎，我們自己是誰，這個德意志
民族最高學府的教師與學生們全體？我們根本上能夠知道這點，而不進行最持
久也最堅定而困難的自我思索（Selbstbesinnung）嗎」（GA 16: 107）？他的意思
在於大聲呼籲，重點是誰聽了會深思、會理解而意願共同參與。因為明白了個人
思想之不足，他現在走上了「通告、分擔與奮鬥」（Mitteilen und Kämpfen）這條
路，然而政治不正是如此進行的？人民必須出來思索、講話、分擔、奮發圖強。

所以海德格政治思考中，「人民」不是操弄、擺佈、算計的對象，而要喚起
其自覺與思索。但許多文本證實，他並未就此採取「主體性」，或集體「人格」
觀點，因為從「我」到「我們」，從「你」到「你們」，都不單純是人稱複數的變
化。上述呼籲是適時的號召，要大家一起思考，至少哲學家要發問，從與眾同在
的立場思考世局。於是校長卸職後，這種新的發問態度以及新發問位置，一躍
成為他最根本的關懷。換言之，他牽掛的不單是「政治」問題，而在發出時代
聲音，詰問當年那些「我們」與「共同存有」會如何決定歷史命運：當時人們的
「存有理解」究竟會變成什麼樣貌？原來存有的問題，也終須經由政治考察。

提問不同，答案自然不同，更直接反映出思考轉折，連期待「存有之真」開
顯的方向都徹底倒轉。無怪乎，海德格從此會站在「人民」或「國族」的非個人
立場，無法置身事外，事實上像絕大多數德國民眾都無從避免般，捲入了政治的
領域，並由此探詢歷史與命運，見證「存有本真」。這是他投入「政治」的極特

殊方式。從這時候起,他的思想無法接回前有基礎,也無意續成《存有與時間》的原初計畫。他甚至以整個西方哲學的存有開顯史為抨擊檢討範圍,刻意尋求更原初、更本源的萬物「開端」。這是那短暫的「政治」作為後,再歷經漫長辛苦的「政治」思索下真正關切的課題,一路造成個人想法的實質轉變。[8]

二、「城邦」/「家園」「命運共同體」

那麼,海德格關心的「政治的」是什麼?[9] 先簡單講,那不是 Tagespolitik 如「政策施為」、「領導統御」、「法律制定」或「行政管理」那些常務,也不是一門行為科學研究對象的政治專業之學,而是決心要去知道:政治或群居生活如何關係著我們自身的存有;從而更須有一必要的決斷,跟著做或不做。而且,即便世局發展未如己願,甚至蘊藏災禍,亦應投注其間,進行必要思索,讓不常聽聞而且僅止少數能言者的「人民的聲音」得到表達(GA 65: 319 §196)。如此機會稀少罕見,甚至微不足道,卻屬必要為之的發聲、迴響,及革新訴求。[10]

至此哲學衍生出「我們是誰?」的大哉問,遠勝於形上學的重要性。就連海德格剛從馬堡回弗萊堡接任胡塞爾教席,到任演說〈什麼是形上學?〉("Was ist Metaphysik?" 1929)裡的開場白也曾經這麼問:「我們(Wir)提問,此地(hier)及此時(jetzt),為我們(für uns)而問。我們的此有──研究人員、教師及學生們的組織團體──是由學術來決定的」(GA 9: 103)。如此提問方式,原本鑽研形上學究竟的學術性格,卻預先透露出對現實政局、對群體共同處境演變的緊

8　海德格 1919 至 1923 年於 Freiburg 任 Husserl 助理且自行開課,1923 年秋赴 Marburg 任正式教職,1927 刊行 SZ,1928 重返 Freiburg 接 Husserl 教席,至退休為止。其中 1933 至 1934 年所謂公開政治作為,但其後正常授課並著述,包括 1939 至 1945 戰爭期間。二戰結束,1945 至 1949 年他被禁止公開講課。但 1949 年的 Bremer und Freiburger Vorträge 演講,又成為所有相關思考的另一部代表著作。

9　「什麼是政治?」(das Politische?)先借用江宜樺(2005,頁 1-57)整理的幾個經典定義:1.「政治是群體生活公共事務的管理」(J. S. Mill)。2.「政治是國家與國家之間、或一個國家內部各團體之間,權力的分配、維護或轉移」(Max Weber)。3.「政治是決定敵友關係的活動,是生死存亡的鬥爭」(Carl Schmitt)。4.「政治是公共空間中,自由行動的展開」(Hannah Arend)。5.「政治是在不牽涉整全性學說的情況下,對社會基本結構的理性討論,以及重疊性共識的追求」(John Rawls)。相較下,筆者會認為對海德格而言可謂:「此有之在世存有中任何一件只為一己思考之事,即已涉及政治事務與家國城邦之歷史命運(即最廣義的 das Politische)。」詳見六個圖表。

10　但 Richard Polt(1999)、Peter Trawny(2003)稱海氏後期思想為 esoterisch(秘傳之教、少數能解),筆者頗為保留。少數壟斷與精英掌管的想法,正是海德格反形上學理論、反專家科技所無法接受的。

張關懷，頗值得注意。但是多年後（1983），海德格家族決定重刊1933年校長演講文，附加1945年他本人寫下的，關於當年短暫任職校長一事的一些說明：包括他1933至1934年間願意接受推選的原委，交待一些事實與當時想法，其中不乏辯護之辭。但例如上述〈什麼是形上學？〉中「*我們此時此地為我們而提問*」這段文字，1945年重引全文時，就刻意把將主格、受格兩個「我們」，以及「此時」和「此地」，還有「學術」和我們的「熱情」共六個字眼，都用斜體印出以加強語氣，一方面說明他出任校長只是因為心懷學術志業，但另方面也想表明他當年說「我們」，僅針對一座高等學府的內部而言，未涉政治。

　　若事情果如此，那麼他是先在校園發聲，次而突兀但短暫以大學校長身分出現，雖然迅速請辭，卻自此無法擺脫更加關切現實的思考方向，造成變化。他註定要在家國群體當中，為政治、為歷史與命運的共同體，為「人民」思索解惑，或許也預提警訊。哈伯馬斯曾指出海德格風雲際會中，竟意外出現「集體論」（kollektivistisch）轉向，[11] 的確不錯。Karl Löwith則指稱他的老師開始以「德意志的生存」，取代了原先的個人的屬己存在。[12] 至於許多人指責他錯將「領袖召喚」當成了「良心召喚」，這點不論對人對事，都不易斷定。但總之，海德格自己留下的大批書稿，和他的部分講課內容，都足以代表這時期由學院出發，迅速拓展到心懷全民以至邦國的焦慮深思。

　　於是三〇年代中期到四〇年代，並沒有明白讚揚或指責黨國領導對錯下，這類嶄新探索、重要題材經長久醞釀而湧現；看來作為思想家的海德格，遠比作為政治行動者更為多產而勇於表達。其中，關於德意志民族的特殊處境和可能命運，他大量引用德國詩哲賀德林的詩篇（Friedrich Hölderlin, 1770-1843），尤其幾首河川頌讚詩，配合希臘詩人Pindar與Sophocles悲劇和史詩，如後者名作 *Antigone* 合唱曲前三段的詩文場景，將「城邦」、「家園」與人世間遷徙流離的「命運」緊鎖在一起，用來講課。從詮釋的觀點而言，那些授課內容處處以古喻今，盡是他的政治思索，充滿對世局的反省與擔憂，不過卻始終未曾表露對國家社會主義的懷疑或否定。[13]

11　見Jürgen Habermas（1988）。

12　Karl Löwith著，區立遠譯（2007）。

13　這段期間之著作，可依據文本從1934年的 *GA* 38《邏輯》（*Logik als die Frage nach dem Wesen der*

　　除正式課程外，他還有一系列非公開的札記，以前述《哲學文稿》（GA 65）居首，冊數多而主題似連貫又跳躍，有若一篇篇的哲思絮語（GA 65; GA 66; GA 67; GA 69; GA 70; GA 71; GA 72; GA 77）；又因為措辭用語異常艱深，有大量特殊寓意的德語及古典語詞概念正反交錯，討論起來相當困難。比較明確者，則須對照他相關題目的授課或正式演講，如本文主要參考的 GA 38、GA 40、GA 41、GA 79 裡有關於「語言」、「技術」、「真理」、「存有」等思考關注焦點，可勉強解讀出一些東西。而所有上述這些著作的書寫，都發生於 1934 至 1949 年間，時局莫測中苦思而多產的作品，惟至今仍有若干尚未輯印成書。[14]

　　課堂上，主要仍靠著海德格心目中最能代表「德國」的那位詩人，他於 1935 年〈藝術作品起源〉（"Der Ursprung des Kunstwerkes"）、1936 年〈賀德林與詩的本質〉（"Hölderlin und das Wesen der Dichtung"）兩次演講（GA 4; GA 5），加上對賀德林河川讚頌詩作〈日耳曼兒女〉（"Germanien"）、〈萊茵河〉（"Rhein"）、〈多瑙長河〉（"Ister"）、〈海洋頌〉（"Archipelagus"）等一系列詮釋，頻頻觸及「城邦」與「家園」的主題。人類歷史中，萬有皆如大河奔流，決定人在地表的居住與遷徙，「家園」與「城邦」緣此而建立、展開變化──所謂「成立家園」（Heimischwerden）。然而，一旦有人好大喜功又維繫失敗，即陷入「流離失所」。那什麼是希臘人說的 πόλις？我們一般會譯作「城邦」，規模大於村落而遠不及現代國家。海德格則有意重訪希臘本源，尋覓當今意義。首先他指出 πόλις 是和「磁極」πόλος 有關的，「城邦」的存在就有如「磁極」（Pol）、如漩渦的中心般，讓所有的存有者都受之牽連而環繞著它啟動。其次，πόλις 又和「通道」πόρος 有關的，所有「通道」πόρος 必匯集至此，也由此出發。這裡原本就是一個特殊的生存聚集與成就家宅之處，原須安定。但除此之外，「我們」（Wir）與「漩渦」（Wirbel）這兩個德文字眼的音義聯想，說明上也在這裡巧妙發揮了些作

Sprache）、1935 年的 GA 40《形上學導論》開始，但我們特別重視充滿歷史隱喻及命運告誡的三部賀德林詩作詮釋（1934/1935: GA 39; 1941/1942: GA 52; 1942: GA 53）；若配合希臘悲劇作品、古典哲學概念的溯源及解說，再配合 1935《形上學導論》以來倚重的希臘悲劇 Antigone 合唱詩文，正譜出其政治思索中最精彩的論說。尤其他 1942 年對賀德林詩作 "Ister" 的大河詮釋，可稱最佳代表之作，非常影響本文的思路。2004 年有一部十分成功的現代紀錄片問世，就是根據 GA 53 拍攝而成，見參 Heidegger, Martin, Jean-Luc Nancy, and Philippe Lacoue-Labarthe et al., (2004)。

14　1936 年起的尼采詮釋系列 GA 43、GA 44、GA 46、GA 47、GA 48、GA 50 則本文未能兼顧，這點必須承認。

用。[15]

於是在這裡，我們一切活動與訴求 πέλειν（德語 sich bewegen 可說明一切舉動與運動）包括無謂喧嚷與紛擾相繼發生，如同一具磁極之端的活動場所，讓人往來聚散不止。因此他指出：πόλις 不只是國家，也不只是城市，它先前就是、且至今真正的意思仍是「場所」（Stätte）：「是人之置身於存有者當中的人之歷史的居留所在。」人在其中安身立命，隨時與他人同在而延續生命、經營生活、共創歷史事業，大規模發展生活倫理習俗、法律秩序，規定著人與人如何同處共事。所以他多次宣告 polis 即為「一民族的歷史性場所」（EM 1935），並指證所謂「國家」（Staat），「正是作為民族的歷史性存有」（GA 38: 165 ff. §28e）而問世，為「政治思考」所必要關注。[16]

什麼是 πόλις？到最後，他描述的是一幅非常古典的圖像：「屬於 polis 的有諸神與神殿，慶典與遊戲，統治者與元老會議，人民集會場與軍人，船隊與軍旅，詩人與思想家」（GA 53: 101）。[17] 這般場景，聽來幾乎不食現代性人間煙火，卻強烈表明：這裡不是專屬政治家、政客、從政者與政策制定者的領域。他強調：這其中進行發展的一切，都為大家所共有，也開放給人與他人、開放給人與存有物間各種可能安排，要由人對存有物整體之理解去加以把握。如此，人在其中共同存有而又各適其所（sich fügen），一面安頓好自身，一面處理外物而與人發展關係；一面居留不去，一面隨時準備一起承受變局。這是古代以來真正的政治場域與公眾領域，是故何謂 das Politische 該由何謂 polis 決定，而斷然沒有反過來讓「政治」去控管家園城邦所有事務的道理（GA 53: 99）。

古代如此，時至今日，人和所有其他存有者之間的全體關係，難道不依舊在這個共同居留的處所被決定著，受到安排照顧，承擔其間變化嗎？──一道變好或變壞？若套用〈藝術作品起源〉的語彙：家園、城邦與國族，都是人在「大地」（Erde）上建立的處處歷史績效，專屬某一時代、某一民族的「世界」，常在也常變。這些由一時一地，眾多人、事、物匯流而成的存有聚集所在，即為這批人安身立命的地方，讓一切可能創造的榮景共業於此展開。人類歷史變化發生於

15　見 GA 53: 100。按較早 GA 39: 42 ff. 卻另有一說，則「漩渦」專指語言對話（Gespräch）而言。

16　若依據〈日耳曼兒女〉的詮釋，甚至還直指眾說紛紜中的「祖國」（Vaterland）（GA 39: 121）。

17　按此段文字略同於 GA（40: 161）；兩處皆屬出自大河系列的哲學詮釋。

其中，精神的追求與真理的安置也不外歸結於此。所謂創業惟艱，守成不易，海德格三〇年代大膽挖掘此一貌似平常而風險難測的向度，實非偶然，亦不容易。

其實有如前述，這些思考和1923年的詮釋學主題仍舊一致，因為初提存有問題時已表明「存有」為及物的（Sein–transtiv: das faktische Leben! GA 63: 7），存有要具體著落於事實性生命，在眾皆所是的生活裡，家國、城邦與人民當中。所以當初規定詮釋學主題為「*事實性＝總是我們自身所有的生活*」（Faktizität＝jeweils unser eigenes Leben, *GA* 63: 21），為每一狀況下──隨時隨地、隨緣所遇──的本真生活，結果都會事關自身詮釋，如何正確提問而真切理解的問題。政治共同體或城邦生活的現實性於是浮現，群居共在間，我們事實上是一起形塑生活樣貌，探索生存意義，也同時承擔著後果。城邦，正是我們共同的生活世界。

1930年代的德國當然並不例外，只是進展極度特殊，結局也非同小可。這個集威瑪共和文化成就，交由納粹換手統轄的時刻，海德格最初也許起心動念，加入行動行列，但很快退回哲學思維特有的反省。他費心重繪 polis 原初圖像，適時返本溯源，讓大家瞭解：語言、文化、歷史、技術、藝術、知識等生活方式，原初都以 polis 群居為中心，積累發達而得以保存。如此思考下，海德格果真把「存有理解」轉放到國族興盛、與存亡維繫的時空脈絡中予以審度？[18]

三、「科學」／「技術」／「存有遺忘」

海德格是否變成了只敢寄情詩作解讀，卻拙於實際作為的修辭學家？高達美一次訪談裡替他辯護：就1933/1934年之前講，他和其他哲學家一樣，並不真想為了政治而活；何況時至今日，政治也始終屬於沒法講清楚的事，講不清，又總

---

18 Gadamer 曾經很仔細提醒大家，海德格手邊保留的 *SZ* 對 Dasein 重下註腳為「自我理解的（發生）場所」（Stätte des Seinsverständnisses, *GA* 2: 11b），參見 Hans-Georg Gadamer（1983: 109-110）。筆者認為：這正是海德格自 1929 年《康德與形上學問題》（*Kant und das Problem der Metaphysik*）起，要把先前起點從 Da-Sein im Menschen 轉移到康德「什麼是人？」（Was ist der Mensch?）起，再轉移到「怎樣是一個人？」（"Was ist ein Mensch?" *GA* 3: 217, 218），以及「誰才是人？」（"Wer ist der Meschen?" *GA* 40: 149, 152），最後直接捫心自問「我是誰？」／「我們是誰？」而當下轉移到一種事關存有決斷、存有態度之人世歷史問題上，用以面對共同命運。換言之，**Was** 的問題，對他而言已不如 **Wer** 和 **Wie** 來得更加重要，這是支持本文的一個重要前理解。

想談論，卻無人預知局勢演變。所以，他承認海德格犯下了政治錯誤，但重點在於他能警覺退出，並於1935/1936年〈藝術作品起源〉起的後期思考中，進行一番深切自我轉變後的政治思索。[19] 或許惟有思考活動，才屬於哲學家的強項。

確實，從海德格著作內容和事後解釋看來，他很不懂現實政治或政策意義下的「政治」，對世俗的權力遊戲表現笨拙（unbewandert und unbegabt）。[20] 那麼哲學思考上，他提出了些什麼新意？若撇開 Ereignis、Ge-stell、Austrag、Bestand 等極難傳譯或再加評論的題目外，他探討哲學、科學、技術與實際政治間的關係變化，他批評計算與算計、權謀與宰制，他抗拒對存有物整體之對象化與全盤支配，以及他嘆息「存有遺忘」與「存有棄置」，應該都是值得一聞的反省題材。

1934年校長演說有一句話：「所有的科學都是哲學，不論它會知道這點或願意（接受承認）這點──或不」（GA 16）。他主張：科學即學術，始終都還連繫著那個哲學開端，並由此獲取它的力量。1938年重新討論科技問題，他又引述此言，但接著說：「現代科學也是哲學，特別由於它否認這點。政治科學的概念僅只是現代科學本質特徵的一個粗糙而自我誤解的變種（Abart）。那（按指政治科學）成了某種方式的技術（Technik）」（GA 16: 349）。這，算是他對政治科學、對現代政治研究最明確的一次評論。至少這時節，他驚見政治事務、政治思考淪為專業統治技術，淪為權力操作輔具的無奈下場。所以說，從早先仍秉持古典哲學信念──如哲學必定是科學，而科學就應該依據、或參照哲學以確定其研究對象與探討目的──到五〇年代大聲宣告形上學全面遺忘存有，以及哲學之終結，這一立場算是他「政治事件」後最大的轉變。

海德格1934年力言大學須從事「知識服務」（Wissensdienst），為「國家民族的『此有』（Dasein）」，實即國家生存與國家發展培育領導人才。同時，他轉述希臘人稱神話人物普羅米修斯（Promethius）為第一位哲學家的故事，因為後者替世人帶來了火──那不止提供光明，更是人類開始擁有知識與技術的隱喻。但他也借用 Aischylos 悲劇，指出 τέχνη 雖為知識一種，相較於必然性知識則頓感無力，遠不足以和真實命運抗衡（GA 6）。因而他主張：大學裡知識要和堅定的意志結合，而技術則必須以深厚的科學為基礎，發揮最大潛能，能夠改造國家命

---

19 訪談見 Daniel M. Gross and Ansgar Kemmann eds., (2005), 61。
20 高達美用語，同上。

運。這是當年那位納粹黨員兼大學校長的呼籲。日後他退而思索，卻得出不同結論。

《形上學導論》（*Einführung in die Metaphysik, SS* 1935）是他戰後最先出版的知名著作，卻曾引燃多方批判和激烈爭論，但海德格一貫堅稱：這份授課內容，正是他思想立場「那時候已明確與納粹對立」（*GA* 40: 233）的證明。書中探討的形上學，仍然算是他「存有」之學的延續，但須經由不同分辨與析解的角度，詳細看待存有問題的各個面向。

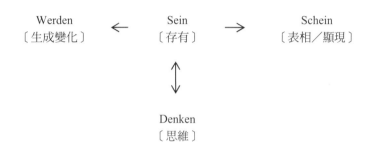

資料來源：GA（40: 203）。

圖 2

不過，當他解析至最後，轉向當時許多學院內部以文化研究和價值哲學角度的研究時，卻表露出十分不以為然的態度。我們看到原書152頁，最關鍵一段話如此寫道（括號裡的文句當初雖已寫成，講課時並未唸出來）：

> 這些在今天完全當作國家社會主義哲學到處販售的東西，卻與此一運動的內在真理及偉大之處（亦即全面決定的技術與現代人之間的相會）絲毫不得要領，而只會在諸多「價值」（Werten）與「全體性」（Ganzheiten）的領域裡混水摸魚而已。（*GA* 40: 208）[21]

---

21 他指陳的，應該是當時盛行的價值哲學研究成果，新康德學派的大量學術著作。他說根據 1928 年一份書目統計，僅第一部分就有 661 本著作。海德格與新康德學派曾有長期的不同見解之爭。

資料來源：*GA*（40: 204）。

圖 3

　　那麼如前所述，海德格主張政治之 學該由 πόλις 決定，而非挾持政治學以決定城邦家園必須如何如何。同樣道理，屬於倫理規範的東西（das Ethische），該由人的「共同居住」（ἦθος）事實狀態決定，邏輯關係的項目（das Logische）則按「語言論說」（λόγος）實際進行決定，三者都不可顛倒為之（*GA* 53: 98）；否則很容易淪為專斷、高傲，只求學術成就而昧於原初目的、脫離濟世任務的現代學術性格。不幸的，如今各科學都這樣一意抽離現實關懷，自認居高在上，以存有價值之名左右大局，對全體「存有者」和「存有物」遂行支配之實。然而，一旦「存有歷史」的發展階段，到達現代政治學的科學理解也成為一門專精「技術」時，那麼不論對象整體、存有物全體、或現實世界全局，竟都紛紛落入各種價值觀與全體性的框架，變成必要時操作與調控的標的物。

　　海德格寫於1938至1940年間的 *GA* 69，標題即用到「存有歷史」（*Die Geschichte des Seyns*），後半部就集中討論 Was ist Koinon? 問題。[22] 原本希臘文 το κοινόν，指共同者或共同體，所有的或全部的，但現代科技思考下，此處卻特別發展到跟國家的集權統治方式有關，如「國家事務」或說「全體國民」，是「一體共同」的「全體」或「全面」的意思。這個字眼，較諸「全國軍民同胞」、或「全體人民」，來得更強烈而具有完全支配性。由此出發，如同一切經濟力、戰鬥力、物質資源與總體人力的「全面總動員」（totale Mobilisierung），或各式

22　可參考 *GA* 9: 177 批評 quidditas – das Was – το κοινόν 如何成為西方哲學探究事物、即存有物整體之方式，依此而把握存有者之存有。同時期 *GA* 65、*GA* 66、*GA* 69、*GA* 70、*GA* 90 好幾冊手稿都有討論。

各樣「全面戰爭」（der totale Krieg）、「無止境戰爭」（grenzlose），不再思考緣由與後果，交戰不計代價，完全無保留地投擲一切力量……，全都成了理所當然之事，像國家機器不斷擴權，又充分利用現代科技，進行無所不用其極的新興統治模式。

因而 Technik 不再是 τέχνη，古代的「技藝」與「才能」。如今與現代技術最相關的是 Machenschaft，來自 Mache 這個字，等於希臘 ποίησις 概念的德語說法（GA 69: 47）。Mache 的意思可以是單純的「做」，如事情正在進行當中（in der Mache），可以是「技巧」或「演技」，如說「熟練的技巧」或「高明演技」（eine geschickliche Mache），但又可為「矇騙」，「煞有介事」或貶意的「技倆」。那不再是創作新事物而是有效處理大批、大批的對象——不僅一般中文所說的「動手做」，更暗含「權謀算計」，一種「機關算盡」的「權術」或「操弄」，呈現高度效率，且不達目的永不休止的「遂其所願」。甚至可說：簡直就是尼采「權力意志」（Wille zur Macht）[23] 的翻版？因此西方的 τέχνη 到 Technik 不但表現為一種「知」（Wissen），更是充滿強力或暴力（Gewalt）的工具知識，若從「存有歷史」的反向角度來看，這同時也是一個決定人類命運的關鍵局面（GA 40: 168）。

在「權謀算計」下推動城邦的政治事務，結果不單透過持續的擴大並鞏固授權，有效達到掌控「全體」（το κοινόν）的目標，甚而嘗試超出全體，凌駕所有一切可能的與現實存在的人、事、物之上。最後因為權力完全集中到位，造成「壓倒性支配」優勢（Übermächtigung），行使全面統治。若此，從爭取授權與全權委任開始，到全面統治與通盤宰制的政治技術結局，構成的可謂即為政治現象上的「權術」—「權力」—「全權掌控」，海德格明確稱之為 “Machenschaft–Macht–Übermächtigung” 的「權力三部曲」（GA 69: 47）。[24] 顯而可見，他試圖編織起德語 Machen 和 Macht 兩個字詞的關聯，把許多現象都歸咎於大抵是造成負面結果的 Machenschaft 使然。國家機器、全國總動員、徵召令、高行政效律的技術官僚體系、內政管理、科學與技術人員、生產力、軍事指揮系統、機械化隊……，甚而包括秘密警察在內，這些都不會是人民在進行決定與決斷，而是上級。

---

23 1936 至 1946 年間的尼采詮釋，最重要的兩個論點一是「權力意志作為形上學」，很不好的形上學餘緒，另一是「權力意志作為藝術」，徘徊於藝術與技術之間。那確為出自這個時期的評論。

24 可參考納粹 1933 年於國會強行通過 Ermächtigung 授權法案一事。

技術發展憑藉科學進步，其研究成果並以科學實驗為基礎。現代技術早已不像手工製造中使用到「工具」而已，更以操作「機械設備」為主，是透過「機器」應用而大量生產製造，進而促使人用機具製造出更多機器設備，達到全面自動化的地步。所以哲學家苦心孤詣，正是因為有鑑於現代技術特出之處，在於它不僅止於「工具」而已，也不再只為「從事」某一活動，竟然發展出其自身特有的強大力量、宰制性格及精良無誤的要求。人自認為擁有技術，是我們在操作機械；但技術本身出於自身、且只為了其自身，卻飆向一特屬的專精紀律或極大化效能，讓自認操作者欲罷不能，茫然興起自我陶醉的勝利意識（*GA* 53: 53-54）。

所以1938年論文〈世界圖像的年代〉（"Die Zeit des Weltbildes"）「機械技術」（Machinentechnik）這個合成字，標明著形上學最後階段的人世氛圍，徹底決定人與物、甚至人與人的關係。現代技術不講求手腳靈活，創意不斷，也沒有古代技藝 τέχνη 那樣運氣好不好的問題。現代 Technik 是以科學研究為基礎的生產管控技術，不問巧拙，只求達成，做不出來立即換人換手，重要的是專業知識和貫徹能力，不停地操作生產，一種無止無休的「企業」（Betrieb）精神與規模（*GA* 5: 81, 95 ff.）。現代科技研究不問目標是否正當，不論結果是否變化，我們使用機器而製造更多、更精良、效率更高的機器，正像我們擁有權力以追求更大、更全面而無從反抗的集權統治一樣，兩件事本身都不再是手段，甚至躍居為至高的追求目標。結果當然是專為技術而技術，只為權力而權力，不知伊於胡底。

二戰期間的納粹政府，正代表著現代科技那種既要掌握全盤佈局、又能大規模行動的意識之基本形式。個人，遠不足以為這樣的意識主體，惟有國家能夠。對照此際發展，海德格要說：「polis 對希臘人根本上還是要去探問的（值得提問）。對現代意識而言『政治的』卻是必然且無條件沒問題的」（*GA* 53: 118）。於是絕對沒問題和「全面性」或「全體一律」綁住不放，有如一個形上學確定性的最終答案，一個「政治正確性」的至高準則，掩蓋進一步「真理」的探求可能──服從！跟著做就對了。但完全沒問題，往往隱藏極大問題──國家社會主義下，果真是無止境的勝利意識，國族團結，即可能人定勝天？還是一場巨大災難的來臨前奏？二戰後的冷戰對峙，豈不又成了另一場爭奪世界統治權的競逐開始？

出自這樣的反省下，戰後1949年著名的 Bremen 演講裡，他接受調查後的首度公開演說，有一大段關於農村活動舊景的平實描繪，但話鋒一轉，尖銳出現如

下令人震驚的語句：

> 農地耕作現在成為機械化的糧食產業，本質上和毒氣室及火燒場大量屍
> 體的生產處理（Fabrikation von Leichen）是相同的，和一些國家裡的封
> 鎖以至饑荒是相同的，和氫彈的生產和製造是相同的。（*GA* 79: 27）

　　這四件「本質上相同」的事，聽來令人駭然：竟然到戰後仍未有對納粹受害
者的哀悼與憐憫，相比於他對當年政治認同的批判未做回應，更難令人接受。然
而，如此無情也毫不修飾的表達，正欲指責絕對化集權統治與全面技術之禍害。
說這是歷史教訓的所以發生，是人類命運下場，實不為過。

四、「歷史」／「命運」

　　因此海德格會毫不客氣地指出：如果竟有人會認為我們的存有不是歷史性的
（geschichtlich），那可以說「幾乎為病態的猜疑了」（*GA* 38: 109）。我們的「存
有」是歷史性的，我們如何理解、經營自身與他人的共同存有，我們的城邦政治
生活，同樣也都是歷史性在世任務，且關係到共同命運。1934 至 1935 年間他已
有此體認，而歷史走勢及命運造化，讓 1930 到 1940 年代的德國於風起雲湧後跌
落谷底，更無情證實了這位德國思想家的憂慮。

　　總之，海德格五〇年代後徹底棄絕形上學，強力推出科技批判，甚而還曾
令人不解地大聲宣告說：「科學不思考」（Die Wissenschaft denkt nicht, *GA* 79: 7）
——不論他的意思是說科學不會思考或不再思考，都隱藏著對科學完全淪為技術
發展的指責，再加上對一切事物因此受政治活動消耗的不滿，歷歷數來，確實有
許多這段期間積鬱的思緒。

　　若再回顧到當初《存有與時間》他對人潮存有「命運」（Geschick）的定
義：「我們理解為此有在共同存有中與其他人一起發生之事」（*SZ*: 384）。其
實，由事關個人一己運氣及遭遇的 Schicksal 開始，到大家要共同承擔的時局命
運 Geschick 間，就已預告一必然的轉折。尤其是關於國族、或一整個世代的命
運，他特別指出 Mitteilung 和 Kampf 兩件事情，一屬溝通告知、對話理解的層
面，一為共同努力、付諸實現的行動。後者 Kampf 為當年德國最盛行的口號，
如同決定、決斷、奮鬥，一時之間振奮人心起動，下場卻相當無奈。然而前者

Mitteilung，要透過語言交談而分享或至少是讓人得知這條路，卻是艱辛而孤單寂默的途徑。

所以，海德格雖多次藉由賀德林詩句——「當我們成一場交談對話之際／而能夠彼此聽到」（Seit ein Gespräch wir sind/Und hören können voneinander）——期待著一線發聲出力的希望，卻非當年納粹德國那個異常壯大起來的城邦裡，有人聽得進去的話語。語言發生及交談進行中，人才開始有了專屬於人的歷史；而若對話溝通失敗、眾口噤聲，任憑少數人專斷執行，那正潛藏著極大危險（GA 39: 72）。海德格自己一時對話失敗，轉而一面從事哲學思索與寫作，一面選擇了與詩歌及希臘悲劇的交談，打開了語言詮釋另一深具意義的聆聽向度。

一連串賀德林詩作解讀整理中，前已述及，海德格都強調 polis 應該為場所，是有限性此有那樣的歷史性居留的場所，那個「此有」的「此」：「polis 是歷史場所，那個 Da，在這裡面、從這裡出來而且為著這地方，歷史發生著」（GA 40: 161）。此處可讓人安身立命，但也因為人在其中妄自作為，隨時會翻覆傾斜而流離失所。他 1935 年《形上學導論》已經引述了古希臘 Antigone（GA 40），在課堂上別具心裁討論形上學，到戰事圖窮見匕的 1942 年，他更一頭鑽進 "Der Ister" 河詩篇（多瑙河在歐洲全程也稱 Danube 河）的深度詮釋（GA 53），竟然分不清楚那時到底在述說希臘人的悲歌、還是警惕德意志即將面臨的命運。

悲劇詩人 Sophocles 作品 Antigone 合唱詩有三句話最傳神，為海德格一再引錄。這三句詩文，配合賀德林的河川系列及 "Andenken"、"Archipelagus"、"Mnemosyne" 等其他相關詩篇解讀，最能構成環繞著家園 πόλις 與通道 πόρος 或居住地 τόπος 這些主題論說，以及在陸地與海洋抉擇間的命運召喚、歷史回憶，最能體現人原本於地表上安穩定居、經營照顧的平凡心願，與忍不住投向澎湃海洋的強烈衝動。海德格當時看到的，似乎是驚濤駭浪中的政治場景與國族風險。

Antigone 第一段即指名在眾多奇特的事物當中，人最奇特而不安於室（το δεινότατον/der Mensch als das Unheimlichste）。不過，奇特同時也意味著可怕、令人心存恐懼的巨大不尋常者（das Ungeheure），敢於放膽在人間打拚衝撞的暴行者（Gewalt-tätiger）（GA 40: 160; GA 53: 85, 86），往往造成事端、引生不安。Das Ungeheure 並不是 Hobbes 的大海怪，而是城邦中人的不安與躁動，盲目輕率。因而接下來又講到南風凜冽間，仍有人一意怒海征伐，為開啟新通路而遭遇前所未見之事，飽受命運捉弄，處處受困受挫而自食惡果。原詩用動詞 πέλειν 訴說人

的出航，即德文 sich bewegen 的意思，用名詞 τόλμα 形容大無畏勇氣，但我們已可想見：現代人一旦掌握高科技並裝備精良，威力會有多驚人又多難以馴服，堅信唯有討伐出征才能為家國帶來巨大財富。[25]

　　轉到詩文第二段中間則出現 παντοπόρος ἄπορος/Überallhinaus unterwegs–ausweglos，生動形容人們不安於室，興風作浪，四向闢路轉進、冒險前行，結果因欠缺經驗而苦無去路，一切化為烏有（GA 53: 91 ff.）。第二段的對文中，再度以疊韻的文字 ὑψίπολις ἄπολις/Stätte übersteigend – Stätte-los，進而描繪人居處行止間始終好高騖遠，動盪起伏，不但攪動居處不寧，甚而終致一生流離顛沛（GA 53: 97 ff.）。於是 pantoporos–aporos（筆者試譯：四下開路退無路）以及 hypsipolis–apolis（筆者試譯：高舉邦國毀家園）這對韻文語句，就成了海德格借古喻今的鮮明詞彙，表達他三〇年代到四〇年代初所看到的「政治」圖像根本是一幅思想、語言主旨渙散，人世間流離失所的光景。[26] 質言之，人以人的有限生命捨本逐末、遺忘存有，莫甚於此。然而更嚴重的，或許也更切近而難以釋懷的，是他講到有限生命，講到死亡，1949 年的演講裡除前節令人震驚的「最終解決方案」情景描述，還有這段文字：

> 數十萬人集體死亡。他們死亡嗎？他們喪生。他們受害而喪命。他們死亡嗎？他們成為屍體生產製造中一件件的物件。他們死亡嗎？他們在集中營裡悄悄地被處理掉了。他們死亡嗎？就連在沒有這類設施的地方（亦然）——上百萬貧困交加者現今正在中國因飢餓而陷入（如動物般）生命結束。（GA 79: 56）

　　那是實情，毫不誇張。且原文最後一句用的是 in ein Verenden，特意形容枉死，未得其所，非壽終正寢。這個字眼通常不會指稱人的死亡，因為聽來好像強調「報銷」，或動物般集體暴斃。沒有錯，凡人都是有限性的、歷史性的，也都會遭逢世局巨變，和至少若干程度的無情災運。但蒼天普照之下，罔顧生民塗

25　裝備當然包括武裝。海德格常言 technisiert 即等於 gerüstet，軍事上表現在機動化。

26　參見 GA（53: 111, 116-117）、GA（40: 161）。另可參考 Miguel de Beistegui（1998）。當然 **dystopias** 一般譯成「反烏托邦」、「黑暗烏托邦」，而且 topos 意思是「位置」而非「城邦」、「場所」（**polis**），是「話題」而非「通路」（**poros**）。

炭，凡事爭權奪利而怠忽照料育養之責，縱使有民胞物與的天命召喚，亦屬枉然。對我們今天來說，我們仍可追問：那是「歷史」問題，還是「政治」問題？或者最不須煩心：「他們」的「命」不好？

《布來梅演講》就認為上述天地間極不仁的景象，確定也有因世人思索中斷、人謀不臧所造成的歷史遺憾。從納粹集中營起接踵而至，後來的古拉格群島、柏林圍牆，第三世界利物資禁運、經濟封鎖，無視人為飢荒以進行戰爭或代理戰爭，那都是權力爭霸或勢力範圍交鋒，再加上科技力量濫用的結果。那些事情，並非都隨著那些時代而成為過去（GA 79）。海德格自己，他對人類命運與歷史的考察是認真而無奈的，但對思考停滯及現代科技的批判，卻嚴肅而深刻。至於各種政治運動或戰事征伐，或許是他心存懷疑而始終不敢明言的。戰時如此，戰後亦然。但《布來梅演講》話中有話，可知海德格「政治」思索講的，早已不限於德國人的歷史與命運。

全集66冊標題《思索》（Besinnung）寫於三〇年代後期，第 XII 主題「歷史與技術」看似互不相干，但這一節裡，海德格特別闡明狹義的歷史考察、歷史主義的歷史觀如何關閉了過去事物的開放性，而當代脫韁發展的技術，又預先消耗掉未來的可能（GA 66: 179-184）。如此人之存在於世間，固然可寄托個體於群體，然而共同起惑造業的結果，面對諸神逃逸、大地荒蕪的殘局，卻成了無人能解的難題。或許他心目中真的認為：唯有詩人，才有那種特殊能耐，如「半神」（Halbgötter）般立身天地神人之間，能追憶著過去本源（erinnern），並喚起未來憧憬與期待（erwinken），嘗試連接起無法復返之事（das Nie-mehr-Rückgängige）（GA 69: 49）。

海德格後期不再提詮釋學名號，卻對詮釋學發展意義非常，在此可見端倪。1949 年 Bremen 演講裡，他又簡化圖4，抽出其中「天」與「地」、「諸神」與「凡人」兩組對立，製成一個名為「四合」（das Geviert）的圖表，像是他五〇年代後主要論述的新「框架」或「輪廓」（見圖5）。[27]

---

27 圖5須略做說明，因為正中央「世界」與「大地」一組對立概念是本文作者另行插入。相關論述無法在此深入，但根據理由，可參考張鼎國，〈佇立時間邊緣的希臘神殿：從海德格〈藝術作品起源〉回探《存有與時間》的詮釋學出路〉，即將刊印於《現象學與人文科學》「存有與時間出版 80 週年紀念專號」。

Zeit
〔時間／時代〕

Zeit — Raum
〔時 — 空〕

Entrückung　und　Zuweisung
〔迷困／恍動　和　指向／分派〕

Inzwischen
〔在此中間〕

Welt　　Gott
〔世界〕　〔神明〕

Mensch　　Erde
〔人〕　　〔大地〕

資料來源：*GA*（69: 27）。

圖 4

Himmel　　die Göttlichen
〔天〕　　　〔諸神〕

Welt
〔世界〕

Erde　　Erde　　die Sterblichen
〔地〕　〔大地〕　〔有限凡人／終有一死者〕

資料來源：*GA*（79: 48）。

圖 5

　　若回到「歷史」與「命運」的討論，人類歷史不斷發生危機，另方面也充滿轉機。四〇年代起海德格轉移悲情，倡言另一思考開端，回返初始並接近本源處的開端（1941: *GA* 70, *Über den Anfang*）。那是他經歷轉折、重新預備與綢繆下的另一度開始──畢竟不管局勢演變幸與不幸，每個時代都會呼喚著英雄，或冀望救星出現，再度形塑歷史命運。不論「救贖者」（das Rettende）是出於自身反省，群策群力，或神明將至，總有一股希望與力量繼續尋求改變、救贖與保全。這點正有如稍早 *GA* 65 裡第 5 和第 6 命運安排（Fügungen），是屬於未來的向度

以及最終神明的,但他聲明這不是基督教意義下的絕對他者,而是與過去所有經歷都全然不同的完全不一樣的未來。[28]

對人類共同的存有歷史觀點而言,海德格強調的是全面科技的危害,是西方形上學思考發展至今概念僵化、語言匱乏的殘局,導致舉世思想貧困,或因循守舊,或盲目冒進,到處呈顯存有遺忘的症狀。但他並不回到舊有的輝煌經典,或再提出新普世價值,而僅僅依賴極少數詩人、作家作品,醉心於零星詩篇解讀,咀嚼文字風華。哲學思考上,則盡棄一切系統學說與學派理論,甚至棄「哲學」之名,從先蘇期思想斷簡探究本義,甚至尋求慰藉。若然,他心目中難以忘情的世界,仍然承繼一條上接古希臘、發展至日耳曼民族而興盛的主軸(Greece–German Axis),雖然世界從來不是只有歐洲。

五、結論

現在,凡是現象學家,都愛用「世界」一詞。雖說海德格未對一終究「普全視域」(Universalhorizont)的「世界」提出答案(Klaus Held 著,孫周興編,倪梁康等譯,2004)。但海德格後來常講的「天地神人」(見上圖5),等於重新界定「在世存有」的「世界」為何。本文中,我們看到他自1923年起稱「此有」即事實生存於一「世界」裡的「在世存有」,原可望一舉打破觀念論與實在論的長久對峙。不料三〇年代捲入政治,無事惹塵埃的結果,苦思未解;四〇年代後局勢大壞,又把一切怪罪於技術本質。最後到1949年,除了用 Ge-stell 定義現代技術本質,繼續撻伐科技思考掛帥,弄得人間大地荒蕪、資源窮絕,真正值得維護的事物無人照料外,他總算另覓開端,描繪出半新半舊、僅供參考的「世界」想像:

> 世界是由大地與天,神明與人所構成的四合。四者互化的交相輝映(Spiegel-Spiel)保住一切(萬有)為真,所有的存有在這四者交互作用間成物出現或不出現地自成一體。(GA 79: 48)[29]

---

28 "Der ganz Andere gegen die Gewesenen, zumal gegen die christenlichen." GA 65: 403.

29 這原是1949年的表達方式:萬有,一切存有著的(alles, was ist),都在此一體間保住並延續其出現與不出現的可能,一個最終的存有理解與不理解之發生場域。較早的想法參考圖4和圖5。接下來圖6為

die Göttlichen
〔神明〕

	Dinge　〔事物〕	
Himmel	Sachen　〔事理〕	Erde
〔天〕	Menshen　〔人〕	〔地〕

alles was ist　〔一切之有／有之一切〕

Seinsverständnisse　〔存有理解〕

die Sterblichen
〔終有一死者〕〔凡人〕

資料來源：作者自行整理繪製。

圖 6

　　這幅述說玄奧的圖像，非不可理喻，也多少窺見他晚年的特殊思維與談論主題，特別是關於「思維」（Denken）與「物」（Ding）的長篇大論。於是他的政治作為及政治思慮，其可能的詮釋出口，最大意義在於：他從此脫離僅只從形式告知、或形式指點出（formal anzeigend）每一個人自身「存在」的方式，進到實際歷史與共同命運，探討「共同存有」問題，所有人共同的世界。那樣的思慮，勢必包括著家族、國人、世人，包括著人類過去、當下與未來，甚至將一切存有的人、事、物關係，置諸這樣一幅巨大而模糊的輪廓中衡量得失，進行存有理解。至於可否成功，起何效用，這就成了我們再理解、再詮釋，繼之探問的議題。

　　再回到本文題目，海德格三〇年代政治處境真正說來，未必會比戰敗後必須停止授課，受占領軍調查（一種稱之為「去納粹化」的政治清查）嚴重；也不若外界質問、事後批評紛至杳來，許多學生、友人同事刻意疏遠更顯難堪。海德格奇特的思想內涵仍受人矚目，甚至敵對國人士都絡繹於途，追隨者眾。對當初的「政治事件」，他選擇了無言以對，招致不滿；就連 1966 年《明鏡周刊》（Spiegel）專訪，還破例要求等他辭世才刊出。德國歷史如此發展，當然不是任何人始料所及，但另一方面，海德格思想轉折提供我們一絕佳機會，探討一個承受家國命運、世局變化而認真思考的案例，不計其成功與否。

唯一不直接出自海德格著作，而由作者提出供討論的。

　　海德格歷經波折，論述格局遠較《存有與時間》更寬廣，確實也更難。然而 20 世紀已經是前一個世紀了。當年由德意志民族出發的存有問題，是會成為任何族群、不同時代的問題的。且一旦發生，又應驗要踏出一己、一家、一族範圍，決定「誰是我們？」／「我們是誰？」實非易事。不僅政治認同上如此，引生不同背景的思考及理解間相互挑戰，還有歷史功過追訴與眼前利益分合等難以協調的分歧，就連科學考察，都經常存在差異大於見解相同的激烈論爭。如此觀察，圖6 若能充作存有理解之域，講明無法言明之人間變化，即使樸素天真卻不失幾分真實。正如同哲學及政治思考中，「誰是我們自己？」／「我們自己是誰？」的探討，根本上都屬於主體際語言溝通、理解詮釋的問題般，我們無妨也像「我與我們，我們與我」的難解關係一樣，成為自身探問且反復提出討論。

參考文獻

原著縮寫及引用版本
海德格《全集》著作引用

Heidegger, Martin. 1975-. *Gesamtausgabe*. Frankfurt am Main: Klostermann.

GA2	*Sein und Zeit* (1927). 1977 SZ.
GA16	*Reden und andere Zeugnisse eines Lebensweges* (1910-1976). 2000.
GA38	*Logik als die Frage nach dem Wesen der Sprache* (SS 1934). 1998.
GA39	*Hölderlins Hymnen "Germanien" und "Der Rhein"* (WW 1934/35). 1980.
GA40	*Einführung in die Metaphysik* (SS 1935). 1983.
GA41	*Die Frage nach dem Ding. Zu Kants Lehre von den transzendentalen Grundsätzen* (WS 1935/36). 1984.
GA52	*Hölderlins Hymne "Andenken"* (WS 1941/42). 1982.
GA53	*Hölderlins Hymne "Der Ister"* (SS 1942). 1984.
GA65	*Beiträge zur Philosophie: Vom Ereignis* (1936-38). 1989.
GA66	*Besinnung* (1938-39). 1997.
GA67	*Metaphysik und Nihilismus* (1938-39/1946-48). 1999.
GA69	*Die Geschichte des Seyns* (1938-40). 1998.
GA70	*Über den Anfang* (1941). 2005.
GA79	*Bremer und Freibürger Vorträge* (1949). 1994.

Held, Klaus，2004。《世界現象學》，孫周興編，倪梁康等譯。台北縣：左岸文化。

Löwith, Karl，2007。《一九三三：一個猶太哲學家的德國回憶》，區立遠譯。台北：行人。

江宜樺，2005。〈西方「政治」概念之分析〉，《政治與社會哲學評論》第12期，頁1-57。

張鼎國，未出版。〈佇立時間邊緣的希臘神殿：從海德格《藝術作品起源》回探《存有 與時間》的詮釋學出路〉，《現象學與人文科學》。

Beistegui, M. de. 1998. *Heidegger and the Political: Dystopias*. London: Routledge.

Gadamer, H.- G. 1983. *Heideggers Wege: Studien zum Spätwerk*. Tübingen: Mohr.

Gross, D. M. and Kemmann, A. (Eds.). 2005. *Heidegger and Rhetoric*. Albany: State University of New York Press.

Habermas, J. 1988. *Der philosophische Diskurs der Moderne: zwölf Vorlesungen*. Frankfurt am Main: Suhrkamp.

Heidegger, M., Nancy, J. L., and Lacoue-Labarthe P. et al. *The Ister*, eds. D. Barison and

D. Ross. 2004. New York: First Run/Icarus Films. (A DVD film based on Martin Heidegger's wartime Hölderlin lectures.)

Ott, H. 1988. *Martin Heidegger – Unterwegs zu seiner Biographie*. Frankfurt am Main: Campus.

Polt, R. 1999. *Heidegger: An Introduction*. London: UCL Press.

Trawny, P. 2003. *Martin Heidegger*. Frankfurt am Main: Campus.

Wolin, R. (Ed.). 1993. *Heidegger Controversy: A Critical Reader*. Cambridge Miss.: MIT Press.